Ipsen | Staatsrecht I – Staatsorganisationsrecht

Staatsrecht I

Staatsorganisationsrecht

Von
Dr. Jörn Ipsen
Professor an der Universität Osnabrück
Präsident des Niedersächsischen Staatsgerichtshofs

24., neu bearbeitete Auflage

Verlag Franz Vahlen München 2012

Zitiervorschlag: *Ipsen* StaatsR I Rn.

www.vahlen.de

ISBN 978 3 8006 3979 3

Satz und Druck: Druckerei C. H. Beck, Nördlingen (Adresse wie Verlag)
Umschlagkonzeption: Martina Busch, Grafikdesign, Fürstenfeldbruck

Gedruckt auf säurefreiem, alterungsbeständigem Papier
(hergestellt aus chlorfrei gebleichtem Zellstoff)

Für Nils und Birga

Vorwort

Die freundliche Aufnahme auch der 23. Auflage des Lehrbuchs hat eine Neuauflage wiederum binnen Jahresfrist erforderlich gemacht. In ihr sind die neueren Entscheidungen des Bundesverfassungsgerichts ebenso berücksichtigt wie Gesetzesänderungen und in der Zwischenzeit erschienene Literatur zum Staatsrecht. Der für Studierende nicht leicht zugängliche Stoff des Staatsorganisationsrechts wird nicht ausschließlich abstrakt dargestellt, sondern durch Fallbeispiele illustriert. Sie lassen anschaulich werden, welche Rolle dem Staatsrecht in der heutigen Rechtspraxis zukommt. Bewusst wurde hierbei ein Höchstmaß an Aktualität angestrebt, so dass der Leser auch auf »Fälle« stößt, die noch nicht Gegenstand von Entscheidungen des Bundesverfassungsgerichts gewesen sind. Dies möge als Zeichen dafür verstanden werden, dass das Staatsrecht ein in stetem Wandel begriffenes Rechtsgebiet ist.

Naturgemäß spielt die Judikatur des Bundesverfassungsgerichts im Staatsrecht eine ausschlaggebende Rolle, denn das Grundgesetz gilt so, wie es die Verfassungsgerichtsbarkeit auslegt. Die wichtigsten Entscheidungen sind deshalb den einzelnen Kapiteln in Gestalt einer Rechtsprechungsübersicht angefügt. Ihre Lektüre ist für das Studium des Staatsrechts unentbehrlich, was kritische Distanz zu einzelnen Judikaten nicht ausschließt. Die Literaturübersichten am Ende der einzelnen Kapitel sollen eine rasche Orientierung ermöglichen. Bei der Auswahl wurden neben den grundlegenden Arbeiten vor allem Publikationen berücksichtigt, die eine didaktische Zielsetzung aufweisen.

Angesichts der Beschränkung, die für den Umfang eines Lehrbuchs geboten ist, das nicht nur *durchgelesen,* sondern *durchgearbeitet* werden will, sind die staatstheoretischen Passagen knapp ausgefallen. Diese Zurückhaltung sollte als Verweisung auf die Lehrbücher verstanden werden, die der theoretischen Dimension der Verfassung und ihrer tragenden Grundsätze breiteren Raum geben und insoweit keiner Ergänzung bedürfen.

Das vorliegende Lehrbuch wird durch Kontrollfragen und Antworten ergänzt, die der Wiederholung und Vertiefung des Stoffes dienen und unter der Internetadresse http://www.joernipsen.de/kontrollfragen.php abgerufen werden können. An gleicher Stelle finden sich Hinweise auf neuere Publikationen des Autors. Anregungen und Kritik werden an die E-Mail-Adresse: Joern.Ipsen@uni-osnabrueck.de erbeten.

Mein herzlicher Dank gilt meinem wissenschaftlichen Mitarbeiter Christian Hoff, der mich bei der Neuauflage des Buches hilfreich unterstützt hat.

Osnabrück, im August 2012 — *Jörn Ipsen*

Inhaltsübersicht

Vorwort VII

Inhaltsverzeichnis XIII

Abkürzungsverzeichnis XXI

Literaturverzeichnis (Auswahl) XXIX

A. Einführung 1
- **§ 1 Staat und Staatsrecht** 1
  - I. Staatslehre, Staatsrechtslehre und Staatswissenschaft 1
  - II. Die Drei-Elemente-Lehre 2
  - III. Der Staat als juristische Person 3
  - IV. Das Staatsorganisationsrecht in der Rechtsordnung 5
  - V. Literatur 7
- **§ 2 Das Grundgesetz als Verfassung Deutschlands** 8
  - I. Der Einigungsvertrag vom 31.8.1990 8
  - II. Der »Zwei-plus-Vier-Vertrag« 10
  - III. Die zukünftige Verfassung Deutschlands 11
  - IV. Rechtsprechung 12
  - V. Literatur 13
- **§ 3 Die Europäische Union** 14
  - I. Von der Montanunion zur Europäischen Union 14
  - II. Die Bundesrepublik als Mitglied der Europäischen Union 16
  - III. Grundlagen der Europäischen Union 18
  - IV. Die europäische Grundrechtecharta 19
  - V. Die Europäische Union als »Staatenverbund« 19
  - VI. Rechtsprechung 20
  - VII. Literatur 20

B. Die Parlamentarische Demokratie 23
- **§ 4 Wahlen und Abstimmungen** 24
  - I. Die Wahlsysteme 24
  - II. Die Wahlrechtsgrundsätze des Art. 38 Abs. 1 GG 26
  - III. Das Wahlsystem des Bundeswahlgesetzes 34
  - IV. Wahlprüfung 39
  - V. Abstimmungen 40
  - VI. Wahlen zum Europäischen Parlament 43
  - VII. Rechtsprechung 44
  - VIII. Literatur 44
- **§ 5 Die politischen Parteien** 46
  - I. Die Funktion der politischen Parteien in der parlamentarischen Demokratie 46
  - II. Die Chancengleichheit der Parteien 50
  - III. Die staatliche Parteienfinanzierung 53
  - IV. Das Verbot verfassungswidriger Parteien (Art. 21 Abs. 2 GG) 57
  - V. Übersicht: Einnahmen der im Bundestag vertretenen Parteien in EUR (2010) 61
  - VI. Politische Parteien in der Europäischen Union 62
  - VII. Rechtsprechung 62
  - VIII. Literatur 62
- **§ 6 Der Bundestag** 64
  - I. Funktionen des Parlaments im parlamentarischen Regierungssystem 64
  - II. Organisation und Arbeitsweise des Bundestages 77
  - III. Die Rechtsstellung des Abgeordneten 85
  - IV. Übersicht: Verfahren der Bundesgesetzgebung I (Initiative, Beratung, Gesetzesbeschluss) 92
  - V. Das Europäische Parlament 92

VI. Rechtsprechung 94
VII. Literatur 94
§ 7 Der Bundesrat 96
I. Zusammensetzung und Arbeitsweise des Bundesrates 96
II. Die Mitwirkung des Bundesrates an der Gesetzgebung des Bundes (Gesetzgebungsverfahren II) 99
III. Beteiligung des Bundesrates an Regierung und Verwaltung des Bundes 109
IV. Mitwirkung des Bundesrates in Angelegenheiten der Europäischen Union 112
V. Übersichten: Verfahren der Bundesgesetzgebung II (Beteiligung des Bundesrates) 114
VI. Zum Vergleich: Die Europäische Union 115
VII. Rechtsprechung 116
VIII. Literatur 116
§ 8 Die Bundesregierung 118
I. Der Bundeskanzler (»Kanzlerprinzip«) 118
II. Die Bundesminister (»Ressortprinzip«) 126
III. Die Bundesregierung als Kollegialorgan (»Kabinettsprinzip«) 129
IV. Zum Vergleich: Die Europäische Union 130
V. Rechtsprechung 131
VI. Literatur 131
§ 9 Der Bundespräsident 133
I. Die Stellung des Staatsoberhauptes im Regierungssystem 133
II. Staatsrechtliche Kompetenzen des Bundespräsidenten 135
III. Rechtsstellung des Bundespräsidenten 143
IV. Zum Vergleich: Die Europäische Union 146
V. Rechtsprechung 146
VI. Literatur 147

C. Der Bundesstaat 149
§ 10 Die Verteilung der Gesetzgebungskompetenzen 153
I. Die Zuständigkeitsvermutung zugunsten der Länder (Art. 70 GG) 153
II. Ausschließliche Gesetzgebungskompetenz des Bundes 154
III. Konkurrierende Gesetzgebungszuständigkeit des Bundes (Art. 72, 74 GG) 156
IV. Neue Zuständigkeitsverteilung zwischen Bund und Ländern 162
V. Grundsatzgesetzgebung des Bundes (Art. 109 Abs. 4 GG) 164
VI. Ungeschriebene Gesetzgebungskompetenzen des Bundes? 165
VII. Übersicht: Gesetzgebungskompetenzen des Bundes 168
VIII. Zum Vergleich: Die Europäische Union 169
IX. Rechtsprechung 170
X. Literatur 170
§ 11 Die Ausführung der Bundesgesetze durch Landes- und Bundesverwaltung 171
I. Ausführung der Bundesgesetze durch die Länder 171
II. Die Ausführung der Bundesgesetze durch bundeseigene Verwaltung 180
III. Verfassungsgrundsätze der Verwaltungsorganisation 185
IV. Übersicht: Ausführung der Bundesgesetze durch Bundes- und Landesverwaltung 190
V. Vollzug des Unionsrechts 191
VI. Rechtsprechung 192
VII. Literatur 193
§ 12 Gerichtsorganisation und Rechtsprechung des Bundes 194
I. Gerichtsaufbau in der Bundesrepublik 194
II. Bundesgerichte als Instanzgerichte 195
III. Übersichten 197
IV. Gerichte der Europäischen Union 198
V. Rechtsprechung 198
VI. Literatur 198
§ 13 Das bundesstaatliche Rechtsverhältnis 199
I. Homogenitätsprinzip (Art. 28 Abs. 1 S. 1 GG) 199
II. Pflicht zum bundesfreundlichen Verhalten (Bundestreue) 200
III. Vorrang des Bundesrechts (Art. 31 GG) 201
IV. Bundeszwang (Art. 37 GG) 202

V. Moderne Gestaltungsformen bundesstaatlicher Zusammenarbeit 204
VI. Zum Vergleich: Die Europäische Union 207
VII. Rechtsprechung 207
VIII. Literatur 207

D. Der Rechtsstaat 209
§ 14 Trennung und Zuordnung der Staatsfunktionen 210
I. Trennung der Staatsfunktionen 210
II. Konstituierung »besonderer« Organe 212
III. Zuweisung der Funktionen an die verschiedenen Staatsorgane 213
IV. Einrichtung von Kontrollen 214
V. Gewaltenteilung in der Europäischen Union 215
VI. Übersicht: Trennung und Zuordnung der Staatsfunktionen 216
VII. Rechtsprechung 216
VIII. Literatur 216
§ 15 Die Rechtsgebundenheit der Staatsorgane 218
I. Dichotomie von »Gesetz und Recht« (Art. 20 Abs. 3 GG) 218
II. Rechtsstaatliche Normenhierarchie 218
III. Vorrang und Vorbehalt des Gesetzes 222
IV. Rechtsetzung in der Europäischen Union 223
V. Rechtsprechung 224
VI. Literatur 225
§ 16 Der Rechtsschutz durch unabhängige Gerichte 226
I. Rechtsweggarantie (Art. 19 Abs. 4 GG) 226
II. Richterliche Unabhängigkeit (Art. 97 GG) 229
III. Der gesetzliche Richter (Art. 101 Abs. 1 S. 2 GG) 231
IV. Rechtsschutz in der Europäischen Union 232
V. Rechtsprechung 233
VI. Literatur 233
§ 17 Das Bundesverfassungsgericht 234
I. Der Rechtsstatus des Bundesverfassungsgerichts 234
II. Zur Organisation des Bundesverfassungsgerichts 236
III. Das Bundesverfassungsgericht im Spannungsverhältnis von Recht und Politik 238
IV. Der Europäische Gerichtshof als Verfassungsgericht der Europäischen Union 240
V. Rechtsprechung 241
VI. Literatur 241
§ 18 Verfassungsgerichtliche Verfahrensarten 243
I. Organstreitverfahren (Art. 93 Abs. 1 Nr. 1 GG, §§ 13 Nr. 5, 63 ff. BVerfGG) 244
II. Bund-Länder-Streitigkeit (Art. 93 Abs. 1 Nr. 3 GG, §§ 13 Nr. 7, 68 ff. BVerfGG) 247
III. Abstrakte Normenkontrolle (Art. 93 Abs. 1 Nr. 2 GG, §§ 13 Nr. 6, 76 ff. BVerfGG) 249
IV. Konkrete Normenkontrolle (Art. 100 Abs. 1 GG, §§ 13 Nr. 11, 80 ff. BVerfGG) . 255
V. Verfassungsbeschwerde (Art. 93 Abs. 1 Nr. 4 a GG, §§ 13 Nr. 8 a, 90 ff. BVerfGG) 259
VI. Übersichten 264
VII. Verfahrensarten vor dem Europäischen Gerichtshof 266
VIII. Rechtsprechung 268
IX. Literatur 270

E. Das Sozialstaatsprinzip 271
§ 19 Die Bundesrepublik als Sozialstaat 274
I. Grundgesetzliche Ausformungen des Sozialstaatsprinzips 274
II. Das Sozialstaatsprinzip in der Rechtsprechung des Bundesverfassungsgerichts 276
III. Schranken des Sozialstaates? 277
IV. Übersicht: Der Bundeshaushalt 279
V. Sozialpolitik in der Europäischen Union 279
VI. Rechtsprechung 280
VII. Literatur 280

F. Der Schutz der Verfassung 281
§ 20 Institute zur Sicherung der Verfassung 282
I. Der Bestandsschutz des Grundgesetzes 282
II. Verfassungsschutz im Innenbereich 288
III. Die Abwehr verfassungsfeindlicher Bestrebungen 291
IV. Zum Vergleich: Die Europäische Union 294
V. Rechtsprechung 295
VI. Literatur 295

G. Die Bundesrepublik in der Staatengemeinschaft 297
§ 21 Die auswärtigen Beziehungen 298
I. Bundes- und Landeskompetenzen im Bereich der auswärtigen Beziehungen 298
II. Zuständigkeit der Bundesorgane im Bereich der auswärtigen Beziehungen 302
III. Die verfassungsrechtliche Kontrolle von Akten der »auswärtigen Gewalt« 307
IV. Übersichten: Völkerrechtliche Verträge 310
V. Beispiel einer Ratifikationsurkunde 312
VI. Die auswärtigen Beziehungen der Europäischen Union 312
VII. Rechtsprechung 313
VIII. Literatur 313
§ 22 Die Mitgliedschaft der Bundesrepublik in internationalen Organisationen 315
I. Vereinte Nationen (UNO) 316
II. Nordatlantik-Vertrag (NATO) 317
III. Europarat 317
IV. Rechtsprechung 318
V. Literatur 318

Sachverzeichnis 319

Inhaltsverzeichnis

Vorwort VII

Inhaltsübersicht IX

Abkürzungsverzeichnis XXI

Literaturverzeichnis (Auswahl) XXIX

A. Einführung 1

§ 1 Staat und Staatsrecht 1

I. Staatslehre, Staatsrechtslehre und Staatswissenschaft 1
II. Die Drei-Elemente-Lehre 2
III. Der Staat als juristische Person 3
IV. Das Staatsorganisationsrecht in der Rechtsordnung 5
1. Staatsorganisationsrecht – Staatsrecht – Öffentliches Recht 5
2. Staatsrecht – Verfassungsrecht 6
V. Literatur 7

§ 2 Das Grundgesetz als Verfassung Deutschlands 8

I. Der Einigungsvertrag vom 31.8.1990 8
II. Der »Zwei-plus-Vier-Vertrag« 10
III. Die zukünftige Verfassung Deutschlands 11
IV. Rechtsprechung 12
V. Literatur 13

§ 3 Die Europäische Union 14

I. Von der Montanunion zur Europäischen Union 14
II. Die Bundesrepublik als Mitglied der Europäischen Union 16
1. Das primäre Unionsrecht 16
2. Das »sekundäre« Unionsrecht 16
3. Das Verhältnis von nationalem und supranationalem Recht 17
III. Grundlagen der Europäischen Union 18
1. Wirtschafts- und Währungsunion 18
2. Gemeinsame Außen- und Sicherheitspolitik 18
3. Justizielle und polizeiliche Zusammenarbeit in Strafsachen 18
IV. Die europäische Grundrechtecharta 19
V. Die Europäische Union als »Staatenverbund« 19
VI. Rechtsprechung 20
VII. Literatur 20

B. Die Parlamentarische Demokratie 23

§ 4 Wahlen und Abstimmungen 24

I. Die Wahlsysteme 24
1. Das Mehrheitswahlrecht 24
2. Das Verhältniswahlrecht 25
II. Die Wahlrechtsgrundsätze des Art. 38 Abs. 1 GG 26
1. Grundsatz 1: Die Allgemeinheit der Wahl 26
2. Grundsatz 2: Die Unmittelbarkeit der Wahl 27
3. Grundsatz 3: Die Geheimheit der Wahl 28
4. Grundsatz 4: Die Freiheit der Wahl 29
5. Grundsatz 5: Die Gleichheit der Wahl 30
III. Das Wahlsystem des Bundeswahlgesetzes 34
IV. Wahlprüfung 39
V. Abstimmungen 40
VI. Wahlen zum Europäischen Parlament 43
VII. Rechtsprechung 44
VIII. Literatur 44

§ 5 Die politischen Parteien ... 46
I. Die Funktion der politischen Parteien in der parlamentarischen Demokratie ... 46
1. Begriff der »politischen Partei« ... 46
2. Gründungsfreiheit und innere Ordnung der Parteien ... 47
3. Mitwirkung bei der »politischen Willensbildung des Volkes« ... 48
II. Die Chancengleichheit der Parteien ... 50
1. Materialer und formaler Gleichheitssatz ... 50
2. Ausformung der Chancengleichheit durch das Parteiengesetz ... 51
3. Gerichtliche Durchsetzung der Chancengleichheit ... 52
III. Die staatliche Parteienfinanzierung ... 53
1. Unmittelbare Parteienfinanzierung ... 54
2. Rechenschaftspflicht und Festsetzungsverfahren ... 56
3. Steuerliche Begünstigung von Mitgliedsbeiträgen und Parteispenden ... 57
IV. Das Verbot verfassungswidriger Parteien (Art. 21 Abs. 2 GG) ... 57
1. Die »freiheitliche demokratische Grundordnung« als Schutzgut ... 58
2. Das Verbotsverfahren (§§ 43 ff. BVerfGG) ... 58
3. Rechtsfolgen des Parteiverbots ... 59
V. Übersicht: Einnahmen der im Bundestag vertretenen Parteien in EUR (2010) ... 61
VI. Politische Parteien in der Europäischen Union ... 62
VII. Rechtsprechung ... 62
VIII. Literatur ... 62
§ 6 Der Bundestag ... 64
I. Funktionen des Parlaments im parlamentarischen Regierungssystem ... 64
1. Wahlfunktion ... 64
2. Kontrollfunktion ... 65
a) Zitier- und Interpellationsrecht (Art. 43 Abs. 1 GG) ... 65
b) Einsetzung von Untersuchungsausschüssen (Art. 44 GG) ... 66
c) Schlichte Parlamentsbeschlüsse ... 68
3. Gesetzgebungsfunktion (Gesetzgebungsverfahren I) ... 69
a) Gesetzesinitiative (Art. 76 GG) ... 69
b) Gesetzesberatung ... 70
c) Gesetzesbeschluss (Art. 77 Abs. 1 GG) ... 72
4. Mitwirkungsfunktion in Angelegenheiten der Europäischen Union und der NATO ... 73
5. Repräsentationsfunktion ... 75
II. Organisation und Arbeitsweise des Bundestages ... 77
1. Präsident, Präsidium, Ältestenrat ... 77
a) Bundestagspräsident (Art. 40 GG) ... 77
b) Präsidium ... 78
c) Ältestenrat ... 78
2. Bundestagsausschüsse ... 79
3. Fraktionen ... 81
4. Wahlperiode des Bundestages (Art. 39 Abs. 1 GG) ... 83
III. Die Rechtsstellung des Abgeordneten ... 85
1. Das parlamentarische Mandat (Art. 38 Abs. 1 GG) ... 85
2. Indemnität und Immunität (Art. 46 GG) ... 86
a) Indemnität (Art. 46 Abs. 1 GG) ... 86
b) Immunität (Art. 46 Abs. 2 GG) ... 87
3. Parlamentarische Rechte des Abgeordneten ... 89
4. Anspruch auf angemessene Entschädigung (Art. 48 Abs. 3 GG) ... 90
5. Pflichten der Abgeordneten ... 91
IV. Übersicht: Verfahren der Bundesgesetzgebung I (Initiative, Beratung, Gesetzesbeschluss) ... 92
V. Das Europäische Parlament ... 92
VI. Rechtsprechung ... 94
VII. Literatur ... 94
§ 7 Der Bundesrat ... 96
I. Zusammensetzung und Arbeitsweise des Bundesrates ... 96

II. Die Mitwirkung des Bundesrates an der Gesetzgebung des Bundes (Gesetzgebungsverfahren II) ... 99
1. Einspruchs- und Zustimmungsgesetze ... 99
2. Zustimmungsbedürftigkeit von Änderungsgesetzen ... 103
3. Aufspaltung von Gesetzen ... 105
4. Vermittlungsverfahren (Art. 77 Abs. 2 GG) ... 106
a) Vermittlungsverfahren bei Einspruchsgesetzen ... 106
b) Vermittlungsverfahren bei Zustimmungsgesetzen ... 108
5. Zustandekommen von Bundesgesetzen (Art. 78 GG) ... 108
III. Beteiligung des Bundesrates an Regierung und Verwaltung des Bundes ... 109
1. Zustimmungsbedürftigkeit von Rechtsverordnungen (Art. 80 Abs. 2 GG) ... 109
2. Zustimmungsbedürftigkeit von Verwaltungsvorschriften (Art. 84 Abs. 2, 85 Abs. 2 S. 1 GG) ... 111
IV. Mitwirkung des Bundesrates in Angelegenheiten der Europäischen Union ... 112
V. Übersichten: Verfahren der Bundesgesetzgebung II (Beteiligung des Bundesrates) 114
1. Einspruchsgesetz ... 114
2. Zustimmungsgesetz ... 115
VI. Zum Vergleich: Die Europäische Union ... 115
VII. Rechtsprechung ... 116
VIII. Literatur ... 116

§ 8 Die Bundesregierung ... 118
I. Der Bundeskanzler (»Kanzlerprinzip«) ... 118
1. Wahl des Bundeskanzlers (Art. 63 GG) ... 118
2. Die persönliche Rechtsstellung des Bundeskanzlers ... 119
3. Kompetenzen ... 120
a) Richtlinienkompetenz (Art. 65 S. 1 GG) ... 120
b) Personalentscheidungen und Organisationsgewalt ... 121
c) Geschäftsleitungsbefugnis ... 123
4. Vertrauensfrage (Art. 68 GG) ... 123
5. Konstruktives Misstrauensvotum (Art. 67 GG) ... 125
6. Rücktritt ... 125
II. Die Bundesminister (»Ressortprinzip«) ... 126
1. Selbständige Leitung des Geschäftsbereichs (Art. 65 S. 2 GG) ... 126
2. Die einzelnen Ressorts ... 127
3. Verantwortlichkeit der Bundesminister ... 127
III. Die Bundesregierung als Kollegialorgan (»Kabinettsprinzip«) ... 129
IV. Zum Vergleich: Die Europäische Union ... 130
V. Rechtsprechung ... 131
VI. Literatur ... 131

§ 9 Der Bundespräsident ... 133
I. Die Stellung des Staatsoberhauptes im Regierungssystem ... 133
1. Die Stellung des Reichspräsidenten nach der Weimarer Reichsverfassung ... 133
2. Die Parlamentarisierung des Regierungssystems durch das Grundgesetz ... 134
II. Staatsrechtliche Kompetenzen des Bundespräsidenten ... 135
1. Die völkerrechtliche Vertretung des Bundes (Art. 59 Abs. 1 GG) ... 135
2. Ernennung und Entlassung von Amtsträgern des Bundes (Art. 60 Abs. 1, 64 Abs. 1 GG) ... 136
3. Ausfertigung und Verkündung von Bundesgesetzen (Gesetzgebungsverfahren III) ... 137
4. Auflösung des Bundestages (Art. 63 Abs. 4, 68 Abs. 1 GG) ... 140
5. Begnadigungsrecht (Art. 60 Abs. 2 GG) ... 142
III. Rechtsstellung des Bundespräsidenten ... 143
1. Wahl des Bundespräsidenten (Art. 54 GG) ... 143
2. Inkompatibilität und Immunität (Art. 55, 60 GG) ... 144
3. Gegenzeichnung (Art. 58 GG) ... 144
4. Präsidentenanklage (Art. 61 GG) ... 146
IV. Zum Vergleich: Die Europäische Union ... 146

V. Rechtsprechung ... 146
VI. Literatur ... 147

C. Der Bundesstaat ... 149
§ 10 Die Verteilung der Gesetzgebungskompetenzen ... 153
I. Die Zuständigkeitsvermutung zugunsten der Länder (Art. 70 GG) ... 153
II. Ausschließliche Gesetzgebungskompetenz des Bundes ... 154
1. Bundeskompetenzen nach Art. 71, 73 GG ... 154
2. Kompetenzzuweisungen durch den Begriff »Bundesgesetz« ... 155
III. Konkurrierende Gesetzgebungszuständigkeit des Bundes (Art. 72, 74 GG) ... 156
1. Kernkompetenzen ... 156
2. Bedarfskompetenzen (Art. 72 Abs. 2 GG) ... 158
3. Abweichungskompetenzen (Art. 72 Abs. 3 GG) ... 161
IV. Neue Zuständigkeitsverteilung zwischen Bund und Ländern ... 162
1. Neue Länderzuständigkeiten ... 162
2. Neue Bundeszuständigkeiten ... 163
3. Wiedergewinnung des föderalen Gleichgewichts? ... 163
V. Grundsatzgesetzgebung des Bundes (Art. 109 Abs. 4 GG) ... 164
VI. Ungeschriebene Gesetzgebungskompetenzen des Bundes? ... 165
1. Bundeskompetenzen kraft Sachzusammenhangs ... 165
2. »Annex-Kompetenz« ... 165
3. Kompetenzen »aus der Natur der Sache« ... 166
VII. Übersicht: Gesetzgebungskompetenzen des Bundes ... 168
VIII. Zum Vergleich: Die Europäische Union ... 169
IX. Rechtsprechung ... 170
X. Literatur ... 170
§ 11 Die Ausführung der Bundesgesetze durch Landes- und Bundesverwaltung ... 171
I. Ausführung der Bundesgesetze durch die Länder ... 171
1. Ausführung der Bundesgesetze als landeseigene Angelegenheit (Art. 83, 84 GG) ... 172
a) Behördenorganisation und Verwaltungsverfahren (Art. 84 Abs. 1 GG) ... 172
b) Erlass von Verwaltungsvorschriften (Art. 84 Abs. 2 GG) ... 175
c) Rechtsaufsicht des Bundes (Art. 84 Abs. 3 GG) ... 175
d) Aufsichtsmaßnahmen (Art. 84 Abs. 3 und 4 GG) ... 176
2. Ausführung der Bundesgesetze im Auftrag des Bundes (Art. 85 GG) ... 177
a) Behördenorganisation und Verwaltungsverfahren; Verwaltungsvorschriften (Art. 85 Abs. 1 und 2 GG) ... 178
b) Bund-Länder-Verhältnis bei der Auftragsverwaltung ... 179
II. Die Ausführung der Bundesgesetze durch bundeseigene Verwaltung ... 180
1. Die Ausführung der Bundesgesetze durch bundeseigene Verwaltung mit eigenem Verwaltungsunterbau (Typ 1) ... 181
2. Die Ausführung der Bundesgesetze durch Bundesoberbehörden (Typ 2) ... 183
3. Die Ausführung der Bundesgesetze durch bundesunmittelbare Körperschaften und Anstalten des öffentlichen Rechts (Typ 3) ... 184
III. Verfassungsgrundsätze der Verwaltungsorganisation ... 185
1. Verbot der Mischverwaltung ... 185
2. Typenzwang für bundeseigene Verwaltung? ... 187
3. Gesetzgebungskompetenzen als Grenze der Verwaltungskompetenzen ... 188
4. Flucht ins Privatrecht ... 189
IV. Übersicht: Ausführung der Bundesgesetze durch Bundes- und Landesverwaltung ... 190
1. Ausführung der Bundesgesetze durch Landesverwaltung ... 190
2. Ausführung der Bundesgesetze durch bundeseigene Verwaltung ... 191
V. Vollzug des Unionsrechts ... 191
VI. Rechtsprechung ... 192
VII. Literatur ... 193
§ 12 Gerichtsorganisation und Rechtsprechung des Bundes ... 194
I. Gerichtsaufbau in der Bundesrepublik ... 194
II. Bundesgerichte als Instanzgerichte ... 195
1. Bundespatentgericht ... 196

2. Truppendienstgerichte (Art. 96 Abs. 4 GG) . . . 196
3. Staatsschutzsachen (Art. 96 Abs. 5 GG) . . . 196
III. Übersichten . . . 197
1. Instanzenzug zwischen Länder- und Bundesgerichten . . . 197
2. Ausschließliche Gerichtsbarkeit des Bundes (Art. 96 GG) . . . 198
IV. Gerichte der Europäischen Union . . . 198
V. Rechtsprechung . . . 198
VI. Literatur . . . 198
§ 13 Das bundesstaatliche Rechtsverhältnis . . . 199
I. Homogenitätsprinzip (Art. 28 Abs. 1 S. 1 GG) . . . 199
II. Pflicht zum bundesfreundlichen Verhalten (Bundestreue) . . . 200
III. Vorrang des Bundesrechts (Art. 31 GG) . . . 201
IV. Bundeszwang (Art. 37 GG) . . . 202
V. Moderne Gestaltungsformen bundesstaatlicher Zusammenarbeit . . . 204
1. Gemeinschaftsaufgaben, Verwaltungszusammenarbeit (Art. 91 a–e GG) . . . 204
2. »Paktierender Föderalismus« . . . 206
3. Selbstkoordination der Länder . . . 206
VI. Zum Vergleich: Die Europäische Union . . . 207
VII. Rechtsprechung . . . 207
VIII. Literatur . . . 207

D. Der Rechtsstaat . . . 209
§ 14 Trennung und Zuordnung der Staatsfunktionen . . . 210
I. Trennung der Staatsfunktionen . . . 210
1. Gesetzgebung (Rechtsetzung) . . . 211
2. Vollziehung . . . 211
3. Rechtsprechung . . . 211
II. Konstituierung »besonderer« Organe . . . 212
III. Zuweisung der Funktionen an die verschiedenen Staatsorgane . . . 213
IV. Einrichtung von Kontrollen . . . 214
V. Gewaltenteilung in der Europäischen Union . . . 215
VI. Übersicht: Trennung und Zuordnung der Staatsfunktionen . . . 216
VII. Rechtsprechung . . . 216
VIII. Literatur . . . 216
§ 15 Die Rechtsgebundenheit der Staatsorgane . . . 218
I. Dichotomie von »Gesetz und Recht« (Art. 20 Abs. 3 GG) . . . 218
II. Rechtsstaatliche Normenhierarchie . . . 218
1. Verfassung . . . 219
2. Parlamentsgesetz . . . 219
3. Rechtsverordnungen . . . 220
III. Vorrang und Vorbehalt des Gesetzes . . . 222
1. Vorrang der Verfassung . . . 222
2. Vorrang und Vorbehalt des Gesetzes . . . 222
IV. Rechtsetzung in der Europäischen Union . . . 223
V. Rechtsprechung . . . 224
VI. Literatur . . . 225
§ 16 Der Rechtsschutz durch unabhängige Gerichte . . . 226
I. Rechtsweggarantie (Art. 19 Abs. 4 GG) . . . 226
1. Begriff der »öffentlichen Gewalt« . . . 226
2. Behauptung der Verletzung subjektiver Rechte . . . 227
3. Rechtsweg als Weg zu Gerichten . . . 228
4. Grundsatz der »Rechtsschutzeffektivität« . . . 228
II. Richterliche Unabhängigkeit (Art. 97 GG) . . . 229
1. Sachliche Unabhängigkeit des Richters (Art. 97 Abs. 1 GG) . . . 229
2. Persönliche Unabhängigkeit (Art. 97 Abs. 2 GG) . . . 230
III. Der gesetzliche Richter (Art. 101 Abs. 1 S. 2 GG) . . . 231
IV. Rechtsschutz in der Europäischen Union . . . 232
V. Rechtsprechung . . . 233
VI. Literatur . . . 233

§ 17 Das Bundesverfassungsgericht ... 234
I. Der Rechtsstatus des Bundesverfassungsgerichts ... 234
II. Zur Organisation des Bundesverfassungsgerichts ... 236
1. Richterwahl (Art. 94 Abs. 1 GG) ... 236
2. Wahlvoraussetzungen und Rechtsstellung der Richter ... 237
III. Das Bundesverfassungsgericht im Spannungsverhältnis von Recht und Politik ... 238
IV. Der Europäische Gerichtshof als Verfassungsgericht der Europäischen Union ... 240
V. Rechtsprechung ... 241
VI. Literatur ... 241
§ 18 Verfassungsgerichtliche Verfahrensarten ... 243
I. Organstreitverfahren (Art. 93 Abs. 1 Nr. 1 GG, §§ 13 Nr. 5, 63 ff. BVerfGG) ... 244
1. Rechtsnatur der Organstreitigkeit ... 244
2. Zulässigkeitsvoraussetzungen ... 245
a) Parteifähigkeit (§ 63 BVerfGG) ... 245
b) Antragsbefugnis (§ 64 Abs. 1, 2 BVerfGG) ... 246
c) Entscheidung (§ 67 BVerfGG) ... 247
II. Bund-Länder-Streitigkeit (Art. 93 Abs. 1 Nr. 3 GG, §§ 13 Nr. 7, 68 ff. BVerfGG) 247
1. Rechtsnatur und Ausgestaltung des Verfahrens ... 248
2. Zur gegenwärtigen Bedeutung der Bund-Länder-Streitigkeit ... 248
III. Abstrakte Normenkontrolle (Art. 93 Abs. 1 Nr. 2 GG, §§ 13 Nr. 6, 76 ff. BVerfGG) ... 249
1. Rechtsnatur der abstrakten Normenkontrolle ... 249
2. Zulässigkeitsvoraussetzungen ... 250
a) Antragsberechtigung ... 250
b) Prüfungsgegenstand ... 250
c) Antragsbefugnis (§ 76 Abs. 1 BVerfGG) ... 252
3. Prüfungsmaßstab und Entscheidung ... 252
IV. Konkrete Normenkontrolle (Art. 100 Abs. 1 GG, §§ 13 Nr. 11, 80 ff. BVerfGG) . 255
1. Richterliche Kompetenz zur Prüfung der Verfassungsmäßigkeit von Gesetzen 255
2. Zulässigkeitsvoraussetzungen ... 256
a) Vorlageberechtigung ... 256
b) Vorlagefähige Norm ... 256
c) Entscheidungserheblichkeit ... 258
d) Überzeugung von der Verfassungswidrigkeit der Norm ... 258
3. Normenkontrollentscheidung ... 259
V. Verfassungsbeschwerde (Art. 93 Abs. 1 Nr. 4 a GG, §§ 13 Nr. 8 a, 90 ff. BVerfGG) ... 259
1. Rechtsnatur der Verfassungsbeschwerde ... 259
2. Zulässigkeitsvoraussetzungen ... 260
a) Beschwerdefähigkeit (Antragsberechtigung) ... 260
b) Akt der »öffentlichen Gewalt« ... 260
c) Beschwerdebefugnis ... 260
d) Frist ... 261
e) Erschöpfung des Rechtswegs (§ 90 Abs. 2 BVerfGG) ... 261
3. Das Annahmeverfahren (§§ 93 a–d BVerfGG) ... 262
VI. Übersichten ... 264
1. Verfassungsgerichtliche Verfahrensarten ... 264
2. Entscheidungen des BVerfG gegliedert nach Verfahrensarten ... 265
VII. Verfahrensarten vor dem Europäischen Gerichtshof ... 266
1. Vertragsverletzungsklage (Art. 258 AEUV) ... 266
2. Nichtigkeitsklage (Art. 263 AEUV) ... 266
3. Untätigkeitsklage (Art. 265 AEUV) ... 267
4. Vorabentscheidungsverfahren ... 268
VIII. Rechtsprechung ... 268
IX. Literatur ... 270

E. Das Sozialstaatsprinzip ... 271
§ 19 Die Bundesrepublik als Sozialstaat ... 274
I. Grundgesetzliche Ausformungen des Sozialstaatsprinzips ... 274

1. Bewältigung der Kriegsfolgen . . . 274
2. Sozialversicherung . . . 274
3. Sozialhilfe . . . 275
4. Arbeitsrecht, insbesondere Arbeitsschutz . . . 275
5. Ausbildungsförderung . . . 275
II. Das Sozialstaatsprinzip in der Rechtsprechung des Bundesverfassungsgerichts . . 276
1. Allgemeine Bedeutung des Sozialstaatsprinzips . . . 276
2. Sozialstaatsprinzip und »Daseinsfürsorge« . . . 277
3. Sozialstaatsprinzip und Sozialversicherung . . . 277
III. Schranken des Sozialstaates? . . . 277
IV. Übersicht: Der Bundeshaushalt . . . 279
V. Sozialpolitik in der Europäischen Union . . . 279
VI. Rechtsprechung . . . 280
VII. Literatur . . . 280

F. Der Schutz der Verfassung . . . 281
§ 20 Institute zur Sicherung der Verfassung . . . 282
I. Der Bestandsschutz des Grundgesetzes . . . 282
1. Erschwerte Abänderbarkeit der Verfassung (Art. 79 Abs. 2 GG) . . . 282
2. Das Verbot der Verfassungsdurchbrechung (Art. 79 Abs. 1 S. 1 GG) . . . 283
3. Die sog. »Klarstellungsklausel« (Art. 79 Abs. 1 S. 2 GG) . . . 285
4. Grenzen der Verfassungsänderung (Art. 79 Abs. 3 GG) . . . 285
II. Verfassungsschutz im Innenbereich . . . 288
1. Verfassungstreue des Beamten . . . 289
2. Präsidentenanklage und Richteranklage (Art. 61, 98 Abs. 2 GG) . . . 290
3. Verfassungssicherung durch parlamentarische Kontrolle . . . 291
III. Die Abwehr verfassungsfeindlicher Bestrebungen . . . 291
1. Nachrichtendienstlicher Verfassungsschutz . . . 292
2. Abwehr konkreter Gefahren für die Verfassung . . . 292
3. Grundrechtsverwirkung, Vereins- und Parteiverbot (Art. 18, 9 Abs. 2, 21 Abs. 2 GG) . . . 293
4. Strafrechtlicher Verfassungsschutz . . . 294
IV. Zum Vergleich: Die Europäische Union . . . 294
V. Rechtsprechung . . . 295
VI. Literatur . . . 295

G. Die Bundesrepublik in der Staatengemeinschaft . . . 297
§ 21 Die auswärtigen Beziehungen . . . 298
I. Bundes- und Landeskompetenzen im Bereich der auswärtigen Beziehungen . . . 298
1. Abschluss- und Transformations-(Vollzugs-)kompetenz . . . 298
2. Bundeskompetenzen im Bereich der auswärtigen Beziehungen . . . 299
3. Teilhabe der Bundesländer an den auswärtigen Beziehungen . . . 301
II. Zuständigkeit der Bundesorgane im Bereich der auswärtigen Beziehungen . . . 302
1. Pflege der auswärtigen Beziehungen als exekutivische Kompetenz . . . 302
2. Beteiligung von Bundestag und Bundesrat an Verträgen mit auswärtigen Staaten (Art. 59 Abs. 2 GG) . . . 303
3. Beteiligung des Bundespräsidenten an der Vertragsgesetzgebung . . . 307
4. Verwaltungsabkommen (Art. 59 Abs. 2 S. 2 GG) . . . 307
III. Die verfassungsrechtliche Kontrolle von Akten der »auswärtigen Gewalt« . . . 307
1. Vertragsgesetz als Gegenstand der abstrakten Normenkontrolle (Art. 93 Abs. 1 Nr. 2 GG) . . . 308
2. Inhaltliche Kontrolle völkerrechtlicher Verträge durch das Bundesverfassungsgericht . . . 309
IV. Übersichten: Völkerrechtliche Verträge . . . 310
1. Verbandskompetenzen (Abschluss und Transformation) . . . 310
2. Vertragsarten und Mitwirkungsakte von Bundestag und Bundesrat . . . 310
3. Verfahren des Vertragsabschlusses . . . 311
V. Beispiel einer Ratifikationsurkunde . . . 312
VI. Die auswärtigen Beziehungen der Europäischen Union . . . 312

VII. Rechtsprechung ... 313
VIII. Literatur ... 313
§ 22 Die Mitgliedschaft der Bundesrepublik in internationalen Organisationen ... 315
I. Vereinte Nationen (UNO) ... 316
II. Nordatlantik-Vertrag (NATO) ... 317
III. Europarat ... 317
IV. Rechtsprechung ... 318
V. Literatur ... 318

Sachverzeichnis ... 319

Abkürzungsverzeichnis

a. A.	anderer Ansicht
a. a. O.	am angegebenen Ort
AbgG	Gesetz über die Rechtsverhältnisse der Mitglieder des Deutschen Bundestages (Abgeordnetengesetz)
ABl.	Amtsblatt
Abs.	Absatz
Abschn.	Abschnitt
abw.	abweichend, abweichende
AEG	Allgemeines Eisenbahngesetz
ÄndG	Änderungsgesetz
AEUV	Vertrag über die Arbeitsweise der Europäischen Union
a. F.	alte Fassung
AG	Amtsgericht
AK-GG	Alternativkommentar zum Grundgesetz
Alt.	Alternative
a. M.	andere Meinung
Anh.	Anhang
Anm.	Anmerkung
AO	Abgabenordnung
AöR	Archiv des öffentlichen Rechts
APlFG	Ausbildungsplatzförderungsgesetz
ArbG	Arbeitsgericht
ArbGG	Arbeitsgerichtsgesetz
Art.	Artikel
AtomG	Atomgesetz
Aufl.	Auflage
AuslG	Ausländergesetz
Bad.-Württ.	Baden-Württemberg
BAföG	Bundesausbildungsförderungsgesetz
BAG	Bundesarbeitsgericht
BAnz	Bundesanzeiger
BauGB	Baugesetzbuch
BauNVO	Baunutzungsverordnung
Bay., bay.	Bayern, bayerisch
BayVBl.	Bayerische Verwaltungsblätter
BBergG	Bundesberggesetz
Bbg.	Brandenburg
BB	Betriebsberater
BBG	Bundesbeamtengesetz
BBleiG	Benzinbleigesetz
Bd.	Band
Bde.	Bände
BDG	Bundesdisziplinargesetz
Beil.	Beilage
Bek.	Bekanntmachung
BENeuglG	Gesetz zur Zusammenführung und Neugliederung der Bundeseisenbahnen
ber.	berichtigt
Berl.	Berlin
bes.	besonders
BesGr	Besoldungsgruppe
Beschl.	Beschluss

Bevollm. .... Bevollmächtigter
BFH .... Bundesfinanzhof
BGB .... Bürgerliches Gesetzbuch
BGBl. .... Bundesgesetzblatt
BGH .... Bundesgerichtshof
BGHZ .... Entscheidungen des BGH in Zivilsachen
BHO .... Bundeshaushaltsordnung
BImSchG .... Gesetz zum Schutz vor schädlichen Umwelteinwirkungen durch Luftverunreinigungen, Geräusche, Erschütterungen und ähnliche Vorgänge (Bundes-Immissionsschutzgesetz)
BJagdG .... Bundesjagdgesetz
BK .... Bonner Kommentar zum Grundgesetz
BKGG .... Bundeskindergeldgesetz
BMinG .... Bundesministergesetz
BMU .... Bundesministerium für Umwelt, Naturschutz und Reaktorsicherheit
BND .... Bundesnachrichtendienst
BNotO .... Bundesnotarordnung
BPatG .... Bundespatentgesetz
BR-Drucks. .... Bundesratsdrucksache
BReg. .... Bundesregierung
Brem. .... Bremen
BRRG .... Beamtenrechtsrahmengesetz
BSG .... Bundessozialgericht
BSGE .... Entscheidungen des Bundessozialgerichts
BT .... Bundestag
BT-Drucks. .... Bundestagsdrucksache
Buchst. .... Buchstabe
BVerfG .... Bundesverfassungsgericht
BVerfGE .... Entscheidungen des Bundesverfassungsgerichts
BVerfGG .... Bundesverfassungsgerichtsgesetz
BVerwG .... Bundesverwaltungsgericht
BVerwGE .... Entscheidungen des Bundesverwaltungsgerichts
B-VG (Österr.) .... Bundes-Verfassungsgesetz (Österreich)
BWahlG .... Bundeswahlgesetz
bzw. .... beziehungsweise

d. h. .... das heißt
ders. .... derselbe
dies. .... dieselbe(n)
Diss. .... Dissertation
DiszSen .... Disziplinarsenat
DM .... Deutsche Mark
DÖD .... Der öffentliche Dienst
DÖV .... Die Öffentliche Verwaltung
DRiG .... Deutsches Richtergesetz
DRiZ .... Deutsche Richterzeitung
dt. .... deutsch
DtZ .... Deutsch-Deutsche Rechtszeitschrift
DVBl. .... Deutsches Verwaltungsblatt

E .... Entscheidung
EAG .... Europäische Atomgemeinschaft
EAGV .... Vertrag zur Gründung der Europäischen Atomgemeinschaft
ECU .... European Currency Unit
EG .... Europäische Gemeinschaft
EGGVG .... Einführungsgesetz zum Gerichtsverfassungsgesetz
EGKS .... Europäische Gemeinschaft für Kohle und Stahl

EGKSV .... Vertrag über die Gründung der Europäischen Gemeinschaft für Kohle und Stahl
EGV .... Vertrag zur Gründung der Europäischen Gemeinschaft
EinigungsV .... Einigungsvertrag
Einl. .... Einleitung
EMRK .... Europäische Konvention zum Schutze der Menschenrechte und Grundfreiheiten
EP .... Europäisches Parlament
ESF .... Europäischer Sozialfonds
Erl. .... Erläuterung(en)
EStG .... Einkommensteuergesetz
EU .... Europäische Union
EuG .... Europäisches Gericht erster Instanz
EuGH .... Europäischer Gerichtshof
EuGRZ .... Europäische Grundrechte-Zeitschrift
EuR .... Europarecht
EUV .... Vertrag über die Europäische Union
EVerkVerwG ...... Gesetz über die Eisenbahnverkehrsverwaltung des Bundes
evtl. .... eventuell
EVV .... Vertrag über eine Verfassung für Europa
EWG .... Europäische Wirtschaftsgemeinschaft
EWGV .... Vertrag zur Gründung der Europäischen Wirtschaftsgemeinschaft
EWI .... Europäisches Wirtschaftsinstitut
EWS .... Europäisches Währungssystem
EZB .... Europäische Zentralbank

f., ff. .... folgende Seite, folgende Seiten
FAG .... Finanzausgleichsgesetz
FAZ .... Frankfurter Allgemeine Zeitung
FG .... Finanzgericht
FGO .... Finanzgerichtsordnung
Fn. .... Fußnote
FS .... Festschrift

G 10 .... Gesetz zur Beschränkung des Brief-, Post- und Fernmeldegeheimnisses
GA .... Goltdammer's Archiv für Strafrecht
GBl. .... Gesetzblatt
GBO .... Grundbuchordnung
gem. .... gemäß
GLKrWG .... Gemeinde- und Landkreiswahlgesetz
GO .... Geschäftsordnung
GOBR .... Geschäftsordnung des Bundesrates
GOBReg .... Geschäftsordnung der Bundesregierung
GOBT .... Geschäftsordnung des Bundestages
GOBVerfG .... Geschäftsordnung des Bundesverfassungsgerichts
GO-VermA .... Gemeinsame Geschäftsordnung des Bundestages und des Bundesrates für den Ausschuss nach Artikel 77 des Grundgesetzes (Vermittlungsausschuss)
GG .... Grundgesetz
ggf. .... gegebenenfalls
GGO .... Gemeinsame Geschäftsordnung der Bundesministerien (Teil I und II)
GmbH .... Gesellschaft mit beschränkter Haftung
GMBl. .... Gemeinsames Ministerialblatt
GVBl. .... Gesetz- und Verordnungsblatt
GVG .... Gerichtsverfassungsgesetz

Halbs. .... Halbsatz
Hamb., hamb. ..... Hamburg, hamburgisch
HdStR .... Handbuch des Staatsrechts
Hess., hess. .... Hessen, hessisch

HGB .... Handelsgesetzbuch
h. M. .... herrschende Meinung
HRG .... Hochschulrahmengesetz
Hrsg./hrsg. .... Herausgeber/herausgegeben
HVerfG .... Hamburgisches Verfassungsgericht
HZG .... Hochschul-Zulassungsgesetz

IBRD .... International Bank for Reconstruction and Development
ICAO .... International Civil Aviation Organization
i. d. F. .... in der Fassung
i. E. .... im Einzelnen
ILO .... International Labour Organization
insbes. .... insbesondere
i. S. d. .... im Sinne der, im Sinne des
i. S. v. .... im Sinne von
i. V. m. .... in Verbindung mit

JA .... Juristische Arbeitsblätter
jew. .... jeweils
JMStV .... Jugendmedienschutz-Staatsvertrag
JöR .... Jahrbuch des öffentlichen Rechts der Gegenwart
Jura .... Juristische Ausbildung
JuS .... Juristische Schulung
JW .... Juristische Wochenschrift
JZ .... Juristenzeitung

Kap. .... Kapitel
KG .... Kammergericht
KKW .... Kernkraftwerk
KMK .... Ständige Konferenz der Kultusminister
krit. .... kritisch
KritV .... Kritische Vierteljahresschrift für Gesetzgebung und Rechtswissenschaft
KWG .... Kommunalwahlgesetz

LAG .... Landesarbeitsgericht
LG .... Landgericht
LKWG .... Landes- und Kommunalwahlgesetz
LMedienG .... Landesmediengesetz
LPartG .... Lebenspartnerschaftsgesetz
LPartErGG .... LPartG-Ergänzungsgesetz
LRG .... Landesrundfunkgesetz
LS .... Leitsatz
LSG .... Landessozialgericht
LT .... Landtag
LWahlG .... Landeswahlgesetz

MAD .... Militärischer Abschirmdienst
MDR .... Monatsschrift für Deutsches Recht
Meckl.-Vorp. ...... Mecklenburg-Vorpommern
MedienG .... Mediengesetz
MStV Berl.-Bdb. .. Staatsvertrag über die Zusammenarbeit zwischen Berlin und Brandenburg im Bereich der Medien
m. w. N. .... mit weiteren Nachweisen

Nachdr. .... Nachdruck
Nachw. .... Nachweis(e)

NATO .... North Atlantic Treaty Organization
NATO-V .... Natovertrag
Neudr. .... Neudruck
Nds., nds. .... Niedersachsen, niedersächsisch
nds. LJagdG .... niedersächsisches Landesjagdgesetz
Nds. StGH .... Niedersächsischer Staatsgerichtshof
NdsVBl. .... Niedersächsische Verwaltungsblätter
n. F. .... neue Fassung
NJ .... Neue Justiz
NJW .... Neue Juristische Wochenschrift
Nr. .... Nummer
NVwZ .... Neue Zeitschrift für Verwaltungsrecht
Nordrh. Westf. .... Nordrhein-Westfalen
NWVBl. .... Nordrhein-Westfälische Verwaltungsblätter
NZWehr .... Neue Zeitschrift für Wehrrecht
NZWohnr .... Neue Zeitschrift für Wohnrecht

OECD .... Organization for Economic Cooperation and Development
ÖffR .... Öffentliches Recht
OLG .... Oberlandesgericht
o. Verf. .... ohne Verfasser
OVG .... Oberverwaltungsgericht

PartG .... Gesetz über die politischen Parteien
PlenProt. .... Plenarprotokoll
PostUmwG .... Gesetz zur Umwandlung der Unternehmen der Deutschen Bundespost in die Rechtsform der Aktiengesellschaft (Postumwandlungsgesetz)
PostVerfG .... Postverfassungsgesetz
PrGS .... Preußische Gesetzessammlung
PrVerfUrk .... Preußische Verfassungsurkunde
PTRegG .... Gesetz über die Regulierung der Telekommunikation und des Postwesens
PTSG .... Gesetz zur Sicherstellung des Postwesens und der Telekommunikation
PUAG .... Untersuchungsausschussgesetz

Rn. .... Randnummer
RG .... Reichsgericht
RGBl. .... Reichsgesetzblatt
Rh.-Pf. .... Rheinland-Pfalz
RIW .... Recht der internationalen Wirtschaft
Rs. .... Rechtssache
RSK .... Reaktorsicherheitskommission
Rspr. .... Rechtsprechung
RV .... Reichsverfassung (von 1871)
RVO .... Rechtsverordnung
RVOen .... Rechtsverordnungen

S. .... Satz/Seite
Saarl. .... Saarland
Sachs., sächs. ...... Sachsen, sächsisch
Sachs.-Anh. .... Sachsen-Anhalt
Schl.-Holst. .... Schleswig-Holstein
Schweiz. BVerf .... Bundesverfassung der Schweizerischen Eidgenossenschaft vom 18. April 1999
SeeUG .... Gesetz über die Untersuchung von Seeunfällen
SG .... Sozialgericht
SGG .... Sozialgerichtsgesetz
Slg .... Rechtsprechungssammlung des EuGH
sog. .... sogenannt(e)

StGB .... Strafgesetzbuch
StPO .... Strafprozeßordnung
str. .... streitig
StrafSen .... Strafsenat
st. Rspr. .... ständige Rechtsprechung
StVG .... Straßenverkehrsgesetz
StVO .... Straßenverkehrsordnung
StVRÄndG .... Gesetz zur Änderung des Straßenverkehrsgesetzes und anderer straßenverkehrsrechtlicher Vorschriften

TelwegG .... Telegraphenwegegesetz
Thür. .... Thüringen
ThürVBl. .... Thüringer Verwaltungsblätter
TrpDienstGer ..... Truppendienstgericht

Umdr. .... Umdruck
UNO .... Vereinte Nationen
unstr. .... unstreitig
Urt. .... Urteil
U. S. Const. .... Constitution of the United States
usw. .... und so weiter
u. U. .... unter Umständen

v. .... von, vom
VBlBW .... Verwaltungsblätter für Baden-Württemberg
Verf. .... Verfassung
verb. .... verbessert
VersR .... Versicherungsrecht
VerfGH .... Verfassungsgerichtshof
VerfUrk .... Verfassungsurkunde
Verw .... Die Verwaltung
VerwArch .... Verwaltungsarchiv
VerwarnVW .... Allgemeine Verwaltungsvorschrift für die Erteilung einer Verwarnung bei Straßenverkehrsordnungswidrigkeiten
VG .... Verwaltungsgericht
VGH .... Verwaltungsgerichtshof
vgl. .... vergleiche
VkBl. .... Verkehrsblatt
VR .... Verwaltungsrundschau
VV .... Verwaltungsvorschriften
VVDStRL .... Veröffentlichungen der Vereinigung der Deutschen Staatsrechtslehrer
VwGO .... Verwaltungsgerichtsordnung
VwPO (E) .... Verwaltungsprozeßordnung (Entwurf)
VwVfG .... Verwaltungsverfahrensgesetz

WDO .... Wehrdisziplinarordnung
WehrDiszSen ...... Wehrdisziplinarsenat
WEU .... Westeuropäische Union
WHO .... World Health Organization
WP .... Wahlperiode
WRV .... Verfassung des Deutschen Reiches von 1919 (Weimarer Reichsverfassung)
WSA .... Wiener Schlußakte

z. .... zu/zum/zur
z. B. .... zum Beispiel
ZBR .... Zeitschrift für Beamtenrecht

ZivilR .... Zivilrecht
ZfP .... Zeitschrift für Politik
ZG .... Zeitschrift für Gesetzgebung
ZParl .... Zeitschrift für Parlamentsfragen
ZPO .... Zivilprozeßordnung
ZRP .... Zeitschrift für Rechtspolitik
ZSE .... Zeitschrift für Staats- und Europawissenschaften
zutr. .... zutreffend

Literaturverzeichnis (Auswahl)

1. Kommentare zum Grundgesetz

Bonner Kommentar, Kommentar zum Bonner Grundgesetz, Bd. 1–14, Loseblatt-Ausgabe, Stand: Juni 2012.

Denninger, Erhard/Hoffmann-Riem, Wolfgang/Schneider, Hans-Peter/Stein, Ekkehart (Hrsg.), Kommentar zum Grundgesetz für die Bundesrepublik Deutschland (Reihe Alternativkommentare), Loseblatt-Ausgabe, Stand: August 2002.

Dreier, Horst (Hrsg.), Grundgesetz-Kommentar, Bd. I, 2. Aufl. 2004; Bd. II, 2. Aufl. 2006; Bd. III, 2. Aufl. 2008.

Epping, Volker/Hillgruber, Christian, Grundgesetz – Kommentar, 2009.

Hömig, Dieter (Hrsg.), Grundgesetz für die Bundesrepublik Deutschland, 9. Aufl. 2010.

Jarass, Hans D./Pieroth, Bodo, Grundgesetz für die Bundesrepublik Deutschland, 12. Aufl. 2012.

Leibholz, Gerhard/Rinck, Hans Justus/Hesselberger, Dieter, Grundgesetz für die Bundesrepublik Deutschland, Kommentar anhand der Rechtsprechung des Bundesverfassungsgerichts, Loseblatt-Ausgabe, Stand: November 2011.

v. Mangoldt, Hermann/Klein, Friedrich/Starck, Christian, Kommentar zum Grundgesetz, Bd. 1, 6. Aufl. 2010; Bd. 2, 6. Aufl. 2010; Bd. 3, 6. Aufl. 2010.

Maunz, Theodor/Dürig, Günter, Grundgesetz – Kommentar, Bd. I–VI, Loseblatt-Ausgabe, Stand: Januar 2012.

v. Münch, Ingo/Kunig, Philip (Hrsg.), Grundgesetz – Kommentar, Bd. 1, 6. Aufl. 2012; Bd. 2, 6. Aufl. 2012.

Sachs, Michael (Hrsg.), Grundgesetz-Kommentar, 6. Aufl. 2011.

Schmidt-Bleibtreu, Bruno/Hofmann, Hans/Hopfauf, Axel, Kommentar zum Grundgesetz für die Bundesrepublik Deutschland, 12. Aufl. 2011.

2. Handbücher des Staatsrechts

Benda, Ernst/Maihofer, Werner/Vogel, Hans-Jochen (Hrsg.), Handbuch des Verfassungsrechts der Bundesrepublik Deutschland, 2. Aufl. 1994.

Isensee, Josef/Kirchhof, Paul (Hrsg.), Handbuch des Staatsrechts der Bundesrepublik Deutschland, Bd. I, 3. Aufl. 2003; Bd. II, 3. Aufl. 2004; Bd. III, 3. Aufl. 2005; Bd. IV, 3. Aufl. 2006; Bd. V, 3. Aufl. 2007; Bd. VI, 3. Aufl. 2008; Bd. VII, 3. Aufl. 2009; Bd. VIII, 3. Aufl. 2010; Bd. IX, 2. Aufl. 2011.

Schneider, Hans-Peter/Zeh, Wolfgang (Hrsg.), Parlamentsrecht und Parlamentspraxis in der Bundesrepublik Deutschland, 1989.

Stern, Klaus, Das Staatsrecht der Bundesrepublik Deutschland, Bd. I, 2. Aufl. 1984; Bd. II, 1980; Bd. III/1, 1988; Bd. III/2, 1994; Bd. IV/1, 2006; Bd. V, 2000.

3. Lehrbücher und Grundrisse zum Staatsrecht

Badura, Peter, Staatsrecht, 5. Aufl. 2012.

Battis, Ulrich/Gusy, Christoph, Einführung in das Staatsrecht, 5. Aufl. 2011.

Berg, Wilfried, Staatsrecht, 6. Aufl. 2011.

Degenhart, Christoph, Staatsrecht I, 27. Aufl. 2011.

Gröpl, Christoph, Staatsrecht I, 3. Aufl. 2011.

Hesse, Konrad, Grundzüge des Verfassungsrechts der Bundesrepublik Deutschland, 20. Aufl. 1995, Nachdr. 1999.

Ipsen, Jörn, Der Staat der Mitte. Verfassungsgeschichte der Bundesrepublik Deutschland, 2009.

Kämmerer, Jörn Axel, Staatsorganisationsrecht, 2. Aufl. 2012.

Kloepfer, Michael, Verfassungsrecht, Bd. I, 2011.

Maurer, Hartmut, Staatsrecht, 6. Aufl. 2010.

v. Münch, Ingo/Mager, Ute, Staatsrecht I, 7. Aufl. 2009.

Stein, Ekkehart/Frank, Götz, Staatsrecht, 21. Aufl. 2010.

Zippelius, Reinhold/Würtenberger, Thomas, Deutsches Staatsrecht, 32. Aufl. 2008.

4. Lehrbücher und Grundrisse zum Europa- und Völkerrecht

Geiger, Rudolf, Grundgesetz und Völkerrecht, 5. Aufl. 2010.
Herdegen, Matthias, Europarecht, 14. Aufl. 2012.
Hobe, Stephan, Europarecht, 7. Aufl. 2012.
Ipsen, Knut, Völkerrecht, 5. Aufl. 2004.
Oppermann, Thomas/Classen, Claus Dieter/Nettesheim, Martin, Europarecht, 5. Aufl. 2011.
Schweitzer, Michael, Staatsrecht III, 10. Aufl. 2010.
Schweitzer, Michael/Hummer, Waldemar/Obwexer, Walter, Europarecht, 2007.
Streinz, Rudolf, Europarecht, 9. Aufl. 2012.
Streinz, Rudolf/Ohler, Christoph/Herrmann, Christoph, Der Vertrag von Lissabon zur Reform der EU, 3. Aufl. 2010.

5. Fall- und Entscheidungssammlungen

Bumke, Christian/Voßkuhle, Andreas, Casebook Verfassungsrecht, 5. Aufl. 2008.
Degenhart, Christoph, Klausurenkurs im Staatsrecht I, 2. Aufl. 2011.
Grimm, Dieter/Kirchhof, Paul (Hrsg.), Entscheidungen des Bundesverfassungsgerichts. Studienauswahl, 2 Bde., 3. Aufl. 2007.
Kisker, Gunter/Höfling, Wolfram, Fälle zum Staatsorganisationsrecht, 4. Aufl. 2009.
Schwabe, Jürgen, Entscheidungen des Bundesverfassungsgerichts, 8. Aufl. 2004.

A. Einführung

§ 1 Staat und Staatsrecht

Der Staat ist Gegenstand ganz unterschiedlicher **rechtswissenschaftlicher** (und anderer wissenschaftlicher) **Disziplinen.** Ihnen sind jeweils verschiedene Perspektiven – und Methoden – eigen, die – scheinbar – zu **unterschiedlichen Staatsbegriffen** führen. Nicht selten entsteht hierdurch Verwirrung, denn die Ergebnisse der einen Disziplin mögen für die andere unergiebig sein. Insbesondere ist ein in deskriptiver Betrachtung des Staates gewonnener Begriff nicht ohne weiteres rechtlich bedeutsam. Umgekehrt mag ein »juristischer« Staatsbegriff wenig über die tatsächliche Erscheinungsform des Staates aussagen. 1

I. Staatslehre, Staatsrechtslehre und Staatswissenschaft

Die theoretische – seinswissenschaftliche – Erfassung des Staates ist Anliegen der **Allgemeinen Staatslehre,** einer traditionell der Rechtswissenschaft zugeordneten Disziplin, die den gleichen Forschungsgegenstand wie die Politikwissenschaft hat, sich in den Methoden von ihr jedoch nicht unwesentlich unterscheidet.[1] Der Staatslehre ist eine normative Betrachtung – besser: eine Untersuchung der Rechtsnormen – keineswegs fremd, denn Staaten – namentlich der moderne Verfassungsstaat – sind nicht zuletzt aufgrund ihrer Rechtsordnungen begreifbar.[2] Gleichwohl sind die Prämissen, unter denen sich die Staatslehre mit dem Recht beschäftigt, andere als bei der Staatsrechtslehre. Diese bewegt sich **innerhalb** einer (für sie) verbindlichen Normenordnung, während sich jene von außen nähert. Das Staatsrecht orientiert alle wissenschaftliche Bemühung am Maßstab der **Gerechtigkeit** und ist also **dogmatisch;** die Staatslehre ist demgegenüber als **seinswissenschaftliche** Disziplin auf die Erkenntnis der **Wahrheit** verpflichtet. 2

Aus dieser Differenz in Fragestellung und Methode folgt zwanglos, warum viele von der Allgemeinen Staatslehre diskutierte Staatsbegriffe als juristisch wenig ergiebig erscheinen. Die komplexe Erscheinung des modernen Staates auf einen – notwendig verkürzenden – Begriff zu bringen, kann für das Rechtsverständnis überaus förderlich sein. Staatstheoretische Abbreviaturen aber gehen – soweit sie konsensfähig sind – allenfalls in die Suprastruktur des Rechts ein; sie sind *dogmatisch* nicht unmittelbar zu verwenden. Dieser Umstand will nicht besagen, dass die Beschäftigung mit der Allgemeinen Staatslehre für den Juristen überflüssig oder nutzlos wäre. Diese Disziplin gibt Antwort auf Fragen, die »juristisch« nicht zu beantworten sind. Gleichwohl verdient festgehalten zu werden, dass die Staatslehre eine *theoretische,* keine *dogmatische* Disziplin ist und die von ihr gewonnenen Begriffe diese Eigenart teilen.[3] 3

---

1 Vgl. *K. Stern,* Staatsrecht I, S. 45 ff.

2 Vgl. nur *T. Fleiner/L. Basta Fleiner,* Allgemeine Staatslehre, S. 291 f.; *M. Kriele,* Einführung in die Staatslehre, S. 76 ff.; *R. Zippelius,* Allgemeine Staatslehre, S. 51 f.

3 Ähnlich *M. Kriele,* Einführung in die Staatslehre, S. 57 f.

Weiter führend ist insofern der von *G. F. Schuppert* unternommene Versuch, die Spuren der herkömmlichen Staatslehre zu verlassen und die wissenschaftlichen Disziplinen, deren Gegenstand der Staat ist, zu einer **»Staatswissenschaft«** zu bündeln.[4] Hiernach erscheinen Politikwissenschaft, Volkswirtschaftslehre und Organisationssoziologie nicht länger als »außerjuristisch«; sie werden vielmehr in eine umfassende Untersuchung der Funktionsbedingungen des modernen Staates integriert. Dieser interdisziplinäre Ansatz deutet zugleich auf die Möglichkeiten und Grenzen rechtswissenschaftlicher Aussagen hin.

4 Skepsis ist dagegen gegenüber Versuchen geboten, **historische Staatsbegriffe** aus ihrem jeweiligen Kontext zu lösen und auf die Staatswirklichkeit der Gegenwart zu übertragen. Die **Staatsphilosophie** hat sich seit der Antike (Platon, Aristoteles) mit dem Wesen des Staates befasst, sich dabei aber an einer dem geschichtlichen Wandel unterworfenen **sozialen Wirklichkeit** orientiert. So macht es begreiflicherweise einen Unterschied, ob einer Philosophie das Sozialmodell der griechischen Polis oder des preußischen Obrigkeitsstaates zugrunde liegt.[5] Da es Staaten – oder staatsähnliche Gebilde – in unterschiedlichen Epochen der Geschichte und in unterschiedlichen Teilen der Welt gegeben hat – und *gibt* –, ist es angezeigt, den Staatsbegriff nicht unnötig mit Wertungen zu befrachten und dadurch zu verengen.

II. Die Drei-Elemente-Lehre

5 Aus der Sicht des Völkerrechts ist der Staat ein Völkerrechtssubjekt, dessen konstituierende Merkmale das **Staatsgebiet,** das **Staatsvolk** und die (effektiv ausgeübte) **Staatsgewalt** bilden.[6] Im Unterschied zu den von der Staatslehre gewonnenen »phänomenologischen« Staatsbegriffen handelt es sich hier um eine **normative Kategorie,** die nicht allein eine Wirklichkeit begrifflich zu erfassen sucht, sondern die Voraussetzungen angibt, unter denen ein soziales Gebilde völkerrechtlich als Staat anzuerkennen ist.[7] Eine solche Anerkennung hat konkrete Rechtsfolgen und ist nicht zuletzt Voraussetzung für die Aufnahme in die Vereinten Nationen, deren Mitglieder nur Staaten sein können.[8]

6 Im Allgemeinen besteht an der Staatsqualität eines Gemeinwesens kein Zweifel. Eine juristische »Prüfung«, ob Frankreich, Italien oder die Bundesrepublik Deutschland Staaten sind, wäre abwegig. In Grenzfällen allerdings erweist sich die Drei-Elemente-Lehre als hilfreich, obwohl sie Wertungen weder ersetzt noch überflüssig macht. Bis 1969 wurde der ehemaligen DDR die Anerkennung als Staat durch die Bundesrepublik mit der Begründung vorenthalten, es gebe keine eigene »Staatsgewalt«, sondern

4 *G. F. Schuppert,* Staatswissenschaft, 2003.

5 Nach *G. W. F. Hegel,* Grundlinien der Philosophie des Rechts, 7. Aufl. 2002, § 257 ist »der Staat ... die Wirklichkeit der sittlichen Idee ...«. Ein Blick in die Realität existierender Staaten (insbesondere der »Schurkenstaaten«) lehrt, dass es sich hierbei nicht um eine Definition des Staates schlechthin, sondern um eine Apotheose des preußischen Staates zur Zeit *Hegels* handelt.

6 Vgl. *V. Epping,* in: K. Ipsen, Völkerrecht, § 5 Rn. 2 ff.; *T. Fleiner/L. Basta Fleiner,* Allgemeine Staatslehre, S. 291 ff.; *K. Doehring,* Staatsrecht, 3. Aufl. 1984, S. 87 ff. Die sog. »Drei-Elemente-Lehre« geht auf *G. Jellinek,* Allgemeine Staatslehre, 3. Aufl. 1913, Neudr. 1976, S. 394 ff. zurück.

7 Vgl. *M. Kriele,* Einführung in die Staatslehre, S. 57 ff. Die Polemik *H. Krügers,* Allgemeine Staatslehre, S. 145 f., gegen die »Drei-Elemente-Lehre« erscheint deshalb wenig überzeugend.

8 Art. 4 Abs. 1 UN-Charta »Mitglied der Vereinten Nationen können alle sonstigen friedliebenden Staaten werden, welche die Verpflichtungen aus dieser Charta übernehmen und nach dem Urteil der Organisation fähig und willens sind, diese Verpflichtungen zu erfüllen.«

nur ein Besatzungsregime. Die Politik der Nicht-Anerkennung war selbstverständlich keine bloße »Subsumtion« unter die Drei-Elemente-Lehre; sie war nur im Rahmen des Ost-West-Konfliktes verstehbar und begründete einen völkerrechtlichen Alleinvertretungsanspruch der Bundesrepublik für das ganze deutsche Volk (»Hallstein-Doktrin«).[9] Ein Beispiel dafür, dass einzelne Elemente des Staatsbegriffs vorliegen, andere aber zweifelhaft sind, bildet Palästina. Obwohl es zweifelsfrei ein Volk der »Palästinenser« gibt und dieses auf einem bestimmten Gebiet (»Palästina«) siedelt,[10] ist ein *Staat* »Palästina« bislang weder ausgerufen noch anerkannt worden.

Aus der Drei-Elemente-Lehre lässt sich immerhin ableiten, dass ein Staat notwendig ein **Personen**verband ist, der seine (unabgeleiteten) **Befugnisse** – nämlich die »Staatsgewalt« – auf einem bestimmten **Territorium** (dem Staatsgebiet) ausübt. 7

Die Kennzeichnung des Staates als »Personenverband« wäre für sich genommen nicht ausreichend, weil ein Staat seine Befugnisse nicht nur gegenüber den eigenen Staatsangehörigen – dem »Staatsvolk« –, sondern gegenüber allen Menschen ausübt, die sich auf seinem Territorium aufhalten. Die Ausübung öffentlicher Befugnisse *über* Menschen *auf* einem bestimmten Gebiet wird in dem Begriff der **»Gebietskörperschaft«** eingefangen.[11] 8

III. Der Staat als juristische Person

Das Staatsrecht setzt logisch den Staat voraus. Die Drei-Elemente-Lehre hilft also nicht weiter, wenn *innerstaatliche* Rechte und Pflichten in Frage stehen. Da die deskriptiven Begriffsbildungen der Staatslehre die Wirklichkeit des Staates zu erfassen versuchen, erweisen sie sich *staatsrechtlich* ebenfalls als unergiebig. Selbst die Kennzeichnung als »Gebietskörperschaft« würde für sich genommen noch keine Rechtsfolgen zeitigen. In diese Lücke tritt die Lehre vom Staat als **juristischer Person.** 9

Für das Zivilrecht ist die rechtliche Verselbständigung von Personenmehrheiten (eingetragener Verein, Gesellschaft mit beschränkter Haftung, Aktiengesellschaft) oder Vermögen (Stiftung) seit jeher eine Selbstverständlichkeit. Anders als bei Gesamthandsgemeinschaften (Gesellschaft bürgerlichen Rechts, Erbengemeinschaft) sind nicht die beteiligten Personen Träger von Rechten und Pflichten, durch das Recht wird vielmehr ein neues, rechtsfähiges Zurechnungssubjekt geschaffen. 10

Den Staat als juristische Person – freilich im Gegensatz zu den eben genannten: des öffentlichen Rechts – zu begreifen, bereitet uns heute keinerlei gedankliche Schwierigkeit. Die Lehre vom Staat als juristischer Person – nämlich als Gebietskörperschaft – darf deshalb heute als herrschend gelten.[12] Im 19. Jahrhundert barg sie hingegen erhebliche Sprengkraft. 11

Wenn man den Staat als »juristische Person« begriff, so trennte man ihn gleichzeitig von der »natürlichen Person« des Herrschers und maß diesem die Stellung eines Organs zu. 12

9 Vgl. *K. Stern,* Staatsrecht V, S. 1448 m. w. N.; *J. Ipsen,* Der Staat der Mitte, S. 330 f.

10 Str., vgl. *V. Epping,* in: K. Ipsen, Völkerrecht, § 5 Rn. 9.

11 Vgl. *K. Stern,* Staatsrecht I, S. 235.

12 Nachw. und zugleich grundsätzliche Einwendungen bei *E.-W. Böckenförde,* FS H.J. Wolff, S. 287 ff.

13 Mit eben dieser Zielrichtung hat der Göttinger Staatsrechtslehrer *Wilhelm Eduard Albrecht* (1800–1876) die Theorie vom Staat als juristischer Person in einer berühmt gewordenen Schrift (1837) entwickelt. In Abkehr von früheren Eigentumsvorstellungen geht Albrecht davon aus, dass der Staat nicht lediglich »die Summe individueller Interessen des Herrschers und der Untertanen, sondern ein höheres, allgemeines Gesamtinteresse« darstelle, von den Individuen mit ihrer privaten Rechtspersönlichkeit (zu denen ausdrücklich der Herrscher gerechnet wird) also zu trennen sei: »Indem wir somit in Beziehung auf das erste Gebiet dem Individuum alle selbständige juristische Persönlichkeit (das um seiner selbst willen Berechtigt-Seyn) absprechen, werden wir notwendig dahingeführt, die Persönlichkeit, die in diesem Gebiete herrscht, handelt, Rechte hat, dem Staate selbst zuzuschreiben, diesen daher als juristische Person zu denken.«[13]

14 Juristische Personen – des öffentlichen wie des privaten Rechts – können als Zweckschöpfungen des Rechts nicht selbst »handeln«. Sie bedürfen der »Organe«, um in der sozialen Realität wirksam zu werden. Sprachlich ist dies umso leichter nachvollziehbar, als der Begriff »Organ« (οργανον) ursprünglich »Werkzeug« bedeutet. Organe sind also nichts anderes als die »Werkzeuge«, durch die juristische Personen handlungsfähig werden.[14]

15 »Organe« juristischer Personen des **öffentlichen Rechts** sind alle Stellen, Behörden und Institutionen, die für sie tätig werden.[15] Der Organbegriff ist also nicht auf die in der Verfassung genannten »obersten« Staatsorgane beschränkt. Er ist andererseits nicht gleichzusetzen mit dem einzelnen Menschen (»Akteur«), der die Aufgabe tatsächlich wahrnimmt. Die natürlichen Personen, die die Befugnisse eines Organs ausüben, nennen wir **»Organwalter«**.[16] Staatsrechtlich ist die Bundesrepublik Deutschland somit eine juristische Person des öffentlichen Rechts – eine Gebietskörperschaft –, die Träger von Rechten und Pflichten ist und durch ihre Organe handelt.

16 Das Dogma vom Staat als juristischer Person ist nicht unumstritten.[17] Einer Staatsrechtslehre, die in ihrer Geschichte nicht selten zur Überhöhung des Staates geneigt hat, mag es befremdlich erscheinen, den Staat auf eine gedankliche Ebene mit einer GmbH gestellt zu sehen.[18] Die Kategorie der juristischen Person des öffentlichen Rechts fügt indes den zahlreichen Staatstheorien keine weitere hinzu. Sie stellt uns lediglich ein Denkmodell für den Staat als Inhaber von Rechten und Pflichten, als handelnden »Hoheitsträger« zur Verfügung und erweist sich damit als Schlüsselbegriff des öffentlichen Rechts. Dass »der Staat« nur eine begriffliche Abbreviatur für eine äußerst **komplexe Organisation** darstellt, gehört zur täglichen Erfahrung eines jeden Bürgers, spricht indes nicht dagegen, den Staat – auch – als juristische *Person* zu begreifen.[19]

---

13 *W. E. Albrecht*, Rezension über Maurenbrechers Grundsätze des heutigen Staatsrechts, 1837, Neudr. 1962, S. 4.

14 Vgl. *K. Stern*, Staatsrecht II, S. 342.

15 Vgl. *J. Ipsen*, Allgemeines Verwaltungsrecht, 8. Aufl. 2012, Rn. 213 f.; *H. Maurer*, Allgemeines Verwaltungsrecht, 18. Aufl. 2011, § 21 Rn. 19 ff.; grundlegend *H. J. Wolff/O. Bachof*, Verwaltungsrecht II, 4. Aufl. 1976, § 74.

16 *H. J. Wolff/O. Bachof*, Verwaltungsrecht II, 4. Aufl. 1976, § 74 IV b) 1.

17 Nachw. bei *H. Uhlenbrock*, Der Staat als juristische Person – Dogmengeschichtliche Untersuchung zu einem Grundbegriff der deutschen Staatsrechtslehre, 2000, S. 145 ff.

18 Kennzeichnend für diese Position *H. Krüger*, Allgemeine Staatslehre, S. 785: »... dann verdorrt das staatsbürgerliche Verhältnis, ja es entartet geradezu zu einer bloßen Abwehr- und Forderungsstellung, die ein immerwährendes Streitverhältnis zwischen Bürger und Staat herbeizuführen droht, das jede Schnödigkeit des Bürgers gegen den Staat zu rechtfertigen scheint.«

19 Anders *E.-W. Böckenförde*, FS H. J. Wolff, S. 287 ff.

IV. Das Staatsorganisationsrecht in der Rechtsordnung

1. Staatsorganisationsrecht – Staatsrecht – Öffentliches Recht

Staatsorganisationsrecht – das lässt sich nunmehr unschwer erraten – ist das Recht der **staatlichen Organisation.** Zu kurz wäre es allerdings gegriffen, bei diesem Begriff nur den Aufbau von Behörden oder anderer Staatsorgane im Blick zu haben. Das Staatsorganisationsrecht umfasst nach herkömmlichem Verständnis das gesamte Staatsrecht mit Ausnahme des Grundrechtsteils. Es ist deshalb angezeigt, sich kurz auf den Begriff des »Staatsrechts« zu besinnen. Für einen solchen Definitionsversuch bietet sich die Methode *»per genus et differentiam«* an, was nichts anderes bedeutet, als dass man zunächst die nächsthöhere Gattung (*»genus«*) sucht, um dann die Besonderheit – die *»differentia«* – des zu definierenden Begriffs herauszufinden. 17

Das Staatsrecht ist ein Teilgebiet des öffentlichen Rechts und steht damit gemeinsam mit dem zweiten großen Teilgebiet des öffentlichen Rechts – dem **Verwaltungsrecht** – im Gegensatz zum **Privatrecht.** Während das Privatrecht die Rechtsbeziehungen der Bürger untereinander regelt – daher auch die Bezeichnung »bürgerliches Recht« –, ist das öffentliche Recht das spezifische Recht der Träger **öffentlicher Gewalt** (»Hoheitsträger«), gleichgültig, ob ihr Verhältnis zu anderen Hoheitsträgern oder ihre Befugnisse gegenüber dem Bürger in Rede stehen. Mit einem Wort ist das öffentliche Recht das **Sonderrecht** des Staates und anderer Hoheitsträger.[20] 18

Die Besonderheit des Staatsrechts im Gegensatz zu anderen Teilgebieten des öffentlichen Rechts besteht also nicht darin, dass überhaupt Staatsorgane handeln. Staatliche Organe – insbesondere Behörden – werden auch durch das Verwaltungsrecht berechtigt und verpflichtet. Die *»differentia specifica«* des Staatsrechts liegt vielmehr darin, dass es sich nur auf die **obersten Staatsorgane** bezieht. Man könnte deshalb sagen, Staatsrecht sei das Teilgebiet des öffentlichen Rechts, das die **Kreation, Organisation** und **Zuständigkeiten** der **obersten Staatsorgane** regelt.[21] 19

Bei dieser Definition wäre allerdings der wichtige Bereich der **Grundrechte** vernachlässigt, die ja keineswegs nur gegenüber den obersten Staatsorganen, sondern jedem Träger öffentlicher Gewalt gegenüber gelten (Art. 1 Abs. 3 GG). Unter Staatsrecht verstehen wir deshalb die Summe der Rechtssätze, die die Kreation, Organisation und Zuständigkeiten der obersten Staatsorgane sowie die grundlegenden Rechte und Pflichten der Staatsbürger bestimmen. Da die Grundrechte aber nicht zum Staatsorganisationsrecht zählen, ist das **Staatsorganisationsrecht der Inbegriff der Rechtssätze über die Kreation, Organisation und Zuständigkeit der obersten Staatsorgane.** 20

20 Vgl. *H.J. Wolff/O. Bachof/R. Stober/W. Kluth,* Verwaltungsrecht I, 12. Aufl. 2007, § 22 Rn. 28 ff. Die »Sonderrechtstheorie« darf heute bei der Abgrenzung von öffentlichem und privatem Recht, die namentlich für den (Zivil- oder Verwaltungs-)Rechtsweg bedeutsam ist, als herrschend gelten. Zur Problematik und den Meinungsstand zusammenfassend *O. Bachof,* Über öffentliches Recht, in: Festgabe BVerwG, 1978, S. 1; *H.-U. Erichsen,* Öffentliches und privates Recht, Jura 1982, S. 537; *J. Ipsen,* Allgemeines Verwaltungsrecht, Rn. 13 ff.; *J. Ipsen/T. Koch,* Öffentliches und privates Recht, JuS 1992, S. 809.

21 So *K. Stern,* Staatsrecht I, S. 8 f.

2. Staatsrecht – Verfassungsrecht

21 **Verfassungsrecht** ist der Teil des Staatsrechts, der in der Verfassung – dem Grundgesetz – niedergelegt ist. Verfassungsrecht und Staatsrecht verhalten sich wie zwei konzentrische Kreise; alles Verfassungsrecht ist Staatsrecht, aber nicht alles Staatsrecht ist Verfassungsrecht.[22] Letztere Feststellung ist nicht selbstverständlich, weil es sich wohl denken ließe, dass Kreation, Organisation und Kompetenzen der **obersten Staatsorgane** – bezeichnenderweise wird auch der (sachlich unzutreffende) Begriff der »obersten Verfassungsorgane« gebraucht – abschließend in der Verfassung geregelt sind. Schon ein Blick auf die Kreation des Bundestages – die Bundestagswahlen – belehrt uns eines besseren. Im Grundgesetz finden sich nur **Wahlrechtsgrundsätze** (Art. 38 Abs. 1 S. 1 GG). Nicht einmal das **Wahlsystem** – Verhältnis- oder Mehrheitswahl – wird durch die Verfassung festgelegt, sondern ist der Regelung durch einfaches Gesetz – das Bundeswahlgesetz – überlassen (Art. 38 Abs. 3 GG).

22 Dabei ist es keineswegs unwichtig, ob eine Materie durch das Grundgesetz oder durch einfaches Gesetz normiert wird. Die Verfassung kann nur mit einer **Mehrheit** von **zwei Dritteln** der Mitglieder des Bundestages (und zwei Dritteln der Stimmen des Bundesrates) geändert werden (Art. 79 Abs. 2 GG), während für ein (einfaches) Gesetz die **einfache Mehrheit** (d. h. die Mehrheit der im Bundestag anwesenden Abgeordneten) ausreicht. Außerhalb der Verfassung stehende Rechtssätze weisen deshalb nicht die Beständigkeit auf, die dem Grundgesetz aufgrund seiner erschwerten Abänderbarkeit eigen ist. Sofern sie sich auf die obersten Staatsorgane beziehen, gehören sie gleichwohl zum Staatsrecht.

23 Verfassungstheoretisch kann man darüber hinaus die Frage stellen, welche Sachbereiche eine Verfassung *denknotwendig* enthalten muss. *Hans Kelsen* (1881–1973) hat hierauf die Antwort gegeben, eine Verfassung brauche nur das **Gesetzgebungsverfahren** zu normieren,[23] alle anderen Gegenstände könnten durch einfaches Gesetz geordnet werden. Für den **Bundesstaat** bedarf diese zutreffende theoretische Einsicht der Ergänzung: Eine bundesstaatliche Verfassung muss auch die Verteilung der Zuständigkeiten zwischen beiden staatlichen Ebenen treffen, weil Zentralstaat und Gliedstaaten andernfalls die gleichen (Gesetzgebungs-)Kompetenzen beanspruchen würden. Ein Beispiel hierfür bilden die deutschen (Reichs-) Verfassungen der Vergangenheit, in denen die Gesetzgebungskompetenzen zwischen Reich und Ländern in Gestalt von »Gesetzgebungskatalogen« abgegrenzt worden sind.[24] Auch die Verfassungen anderer Bundesstaaten enthalten kompetenzabgrenzende Bestimmungen.[25]

24 Die verfassungstheoretische Einsicht *Kelsens* legt für das Grundgesetz den Schluss nahe, dass keineswegs alle darin enthaltenen Normen in die Verfassung hätten aufgenommen werden müssen. Manche Vorschriften beruhen eher auf verfassungsgeschichtlicher Tradition[26] oder Zweckmäßigkeitserwägungen[27] als auf rechtlicher

22 Vgl. *K. Stern,* Staatsrecht I, S. 10 f.

23 Vgl. *H. Kelsen,* Reine Rechtslehre, 2. Aufl. 1960, S. 228 ff.; ähnlich schon *A. Merkl,* Prolegomena einer Theorie des rechtlichen Stufenbaus, FS H. Kelsen, 1931, S. 273 f.

24 Art. 4 RV; Art. 6 ff. WRV.

25 Art. 10 BV-G (Österr.); Art. 3, 54 ff. Schweiz. BVerf; Art. 1 Sec. 8 U. S. Const.

26 Vgl. z. B. Art. 27 GG (»Alle deutschen Kauffahrteischiffe bilden eine einheitliche Handelsflotte.«), der im Wortlaut mit Art. 54 RV und Art. 81 WRV übereinstimmt.

27 Vgl. insbesondere die Übergangs- und Schlussbestimmungen des GG.

Notwendigkeit. Sämtliche Artikel des Grundgesetzes zählen aber zum Verfassungsrecht und binden aufgrund ihres Geltungsvorrangs den einfachen Gesetzgeber.

V. Literatur

H. H. v. Arnim, Staatslehre der Bundesrepublik Deutschland, 1984; *E.-W. Böckenförde,* Organ, Organisation, Juristische Person, FS H. J. Wolff, 1973, S. 269; *ders.*, Die verfassunggebende Gewalt des Volkes. Ein Grenzbegriff des Verfassungsrechts, 1986; *W. Brugger,* Georg Jellineks Statuslehre: national und international – Eine Würdigung und Aktualisierung anlässlich seines 100. Todestages im Jahr 2011, AöR 136 (2011), S. 1; *T. Fleiner/L. Basta Fleiner,* Allgemeine Staatslehre, 3. Aufl. 2004; *G. Haverkate,* Verfassungslehre, 1992; *R. Herzog,* Allgemeine Staatslehre, 1971; *J. Kokott,* Die Staatsrechtslehre und die Veränderung ihres Gegenstandes: Konsequenzen von Europäisierung und Internationalisierung, VVDStRL 63 (2004), S. 11; *M. Kriele,* Einführung in die Staatslehre, 6. Aufl. 2003; *H. Krüger,* Allgemeine Staatslehre, 2. Aufl. 1966; *G. F. Schuppert,* Staatswissenschaft, 2003; *H. Uhlenbrock,* Der Staat als juristische Person – Dogmengeschichtliche Untersuchung zu einem Grundbegriff der deutschen Staatsrechtslehre, 2000; *T. Vesting,* Die Staatsrechtslehre und die Veränderung ihres Gegenstandes: Konsequenzen von Europäisierung und Internationalisierung, VVDStRL 63 (2004), S. 41; *U. Volkmann,* Relativität des Staates – Staatsbegriff und Staatsverständnis im Spiegel der jüngeren Geschichte, JuS 1996, S. 1058; *A. Voßkuhle,* Die Renaissance der »Allgemeinen Staatslehre« im Zeitalter der Europäisierung und Internationalisierung, JuS 2004, S. 2; *H.-P. Waldrich,* Der Staat. Das deutsche Staatsdenken seit dem 18. Jahrhundert, 1973; *R. Zippelius,* Allgemeine Staatslehre, 16. Aufl. 2010; *ders.*, Geschichte der Staatsideen, 10. Aufl. 2003. 25

§ 2 Das Grundgesetz als Verfassung Deutschlands

26 Das Grundgesetz vom 23.5.1949[1] ist die **Verfassung Deutschlands** (geworden). Von seinem Inkrafttreten[2] bis zum 3.10.1990 galt das Grundgesetz nur in den (zehn) Bundesländern der »alten« Bundesrepublik. Aus dem beschränkten Geltungsbereich erklärt sich auch die vom Parlamentarischen Rat bewusst gewählte Bezeichnung »Grundgesetz«, die das **Provisorische** dieser rechtlichen Grundordnung widerspiegeln sollte.[3]

27 Nach der mehr als vier Jahrzehnte währenden deutschen Teilung ist das Grundgesetz am 3.10.1990 durch den Beitritt der Deutschen Demokratischen Republik zur Bundesrepublik Deutschland zur **Verfassung Deutschlands** geworden. Nach Art. 23 S. 2 GG a. F. war das Grundgesetz »in anderen Teilen Deutschlands ... nach deren Beitritt in Kraft zu setzen«. Der – durch den Einigungsvertrag aufgehobene – **»Beitrittsartikel«** wies einen rechtlich einfachen Weg zur deutschen Einheit, setzte aber einen entsprechenden **Beitrittsentschluss** der »anderen Teile Deutschlands« voraus. Der Weg des Beitritts war bereits im Jahr 1956 durch das Saarland beschritten worden,[4] erschöpfte Art. 23 S. 2 GG in seinem Anwendungsbereich jedoch nicht.

28 Die Rechtskonstruktion des Beitritts ist freilich nicht als einseitige Erklärung der DDR und umgekehrt als Erstreckung des Grundgesetzes durch den Bundesgesetzgeber auf das Gebiet der DDR misszuverstehen. Die deutsche Einheit ist vielmehr in einem **konsensualen Verfahren** hergestellt worden. Dies war dadurch gekennzeichnet, dass der Beitritt selbst, die durch den Beitritt bedingten **Grundgesetzänderungen** und die kaum übersehbare Fülle der **Überleitungs-** und **Änderungsbestimmungen** zu einfachem Gesetzesrecht Gegenstand eines einzigen Vertragswerks – des **Einigungsvertrags** – geworden sind. Das BVerfG hat die Einbeziehung der Grundgesetzänderungen in den Einigungsvertrag ausdrücklich gebilligt.[5]

I. Der Einigungsvertrag vom 31.8.1990

29 Mit dem Vertrag zwischen der Bundesrepublik Deutschland und der Deutschen Demokratischen Republik über die Herstellung der Einheit Deutschlands – Einigungsvertrag – vom 31.8.1990[6] wurde vereinbart, dass die zum gleichen Zeitpunkt entstandenen Länder Brandenburg, Mecklenburg-Vorpommern, Sachsen, Sachsen-Anhalt und Thüringen Länder der Bundesrepublik Deutschland würden (Art. 1

1 Das Grundgesetz ist am 23.5.1949 vom Parlamentarischen Rat ausgefertigt und im Bundesgesetzblatt (BGBl. S. 1) verkündet worden.

2 Nach Art. 145 Abs. 2 GG tritt das Grundgesetz mit Ablauf des Tages der Verkündung in Kraft. Strittig ist, ob damit der 23.5., 24.00 Uhr, oder der 24.5., 0.00 Uhr, gemeint ist. Das BVerfG ist in seiner Rechtsprechung (E 2, 237 [258]; 4, 331 [341]) vom Inkrafttreten (noch) am 23.5.1949 ausgegangen; so auch *H. Dreier,* in: Dreier (Hrsg.), GG, Bd. III, Art. 145 Rn. 10; *P. M. Huber,* in: Sachs (Hrsg.), GG, Art. 145 Rn. 5; a. M. *A. v. Campenhausen,* in: v. Mangoldt/Klein/Starck, GG, Bd. 3, Art. 145 Rn. 8; *P. Badura,* Staatsrecht, S. 33. Praktische Bedeutung kommt der Streitfrage nicht zu.

3 Zur Entstehungsgeschichte des Grundgesetzes vgl. *K. Stern,* Staatsrecht V, S. 1244 ff.

4 Vgl. dazu *W. Fiedler,* Die Rückgliederung des Saarlandes an Deutschland, JZ 1990, S. 668; *J. Ipsen,* Der Staat der Mitte, S. 117 ff.

5 Vgl. BVerfGE 82, 316 (321).

6 BGBl. II, S. 889 = *Nomos ÖffR* Nr. 2.

Abs. 1 EinigungsV). Die Grenzen der – nach dem Beitritt so genannten – »neuen Bundesländer« bestimmten sich nach dem Ländereinführungsgesetz der DDR,[7] das mit dem Wirksamwerden des Beitritts in Kraft trat. Das Grundgesetz selbst wurde durch Art. 3 EinigungsV mit dem Wirksamwerden des Beitritts in den Ländern »Brandenburg, Mecklenburg-Vorpommern, Sachsen, Sachsen-Anhalt und Thüringen sowie in dem Teil des Landes Berlin, in dem es bisher nicht galt«, in Kraft gesetzt. Das konsensuale Verfahren der Vereinigung hatte zur Folge, dass das in Art. 23 S. 2 GG a. F. vorgesehene »Gesetz« das **Vertragsgesetz** war, mit dem die gesetzgebenden Körperschaften dem Einigungsvertrag gem. Art. 59 Abs. 2 GG zustimmten, das aber als **verfassungsänderndes Gesetz** zugleich die beitrittsbedingten Änderungen des Grundgesetzes vornahm.[8] Die Präambel des Grundgesetzes ist umgestaltet worden und enthält seitdem die Aufzählung der 16 Bundesländer. Die in der früheren Fassung enthaltene Aufforderung an das »gesamte deutsche Volk ..., in freier Selbstbestimmung die Einheit und Freiheit Deutschlands zu vollenden«, ist ersetzt worden durch die Feststellung:

> »Die Deutschen in den Ländern ... haben in freier Selbstbestimmung die Einheit und Freiheit Deutschlands vollendet. Damit gilt dieses Grundgesetz für das gesamte Deutsche Volk.«

Die Präambel enthält die wichtige Aussage, dass sich Deutschland territorial in den 16 Bundesländern erschöpft und das Deutsche Volk die Summe der in diesen Grenzen lebenden Staatsangehörigen ist. Art. 23 GG – der »Beitrittsartikel« – ist aufgehoben worden, weil er seine historische und verfassungsrechtliche Funktion mit der Vollendung der Einheit erfüllt hatte.[9] Da sich Deutschland auf die 16 bestehenden Bundesländer beschränkt, gibt es von Verfassungs wegen nicht länger »andere Teile Deutschlands«. 30

Nach dem ebenfalls durch den Einigungsvertrag geänderten Art. 143 GG konnte Recht im sog. »**Beitrittsgebiet**« von den Vorschriften des Grundgesetzes für einen bestimmten Zeitraum abweichen. Die »**Abweichungsklausel**« erklärt sich aus dem Umstand, dass eine hochkomplexe Rechtsordnung wie die der Bundesrepublik nicht mit einem Federstrich auf ein Territorium übertragen werden konnte, in dem bis zu diesem Zeitpunkt völlig andere soziale und wirtschaftliche Bedingungen geherrscht hatten. Damit wurde die Möglichkeit einer prozesshaften Rechtsangleichung zwischen beiden Teilen Deutschlands eröffnet, die der einzigartigen historischen Situation Rechnung trug. In den neuen Bundesländern und dem ehemaligen Ostberlin herrschte deshalb zunächst ein – zeitlich befristeter – **rechtlicher Übergangszustand.** Der Ablauf der in Art. 143 Abs. 2 GG genannten Frist (31.12.1995) und das damit verbundene Auslaufen der »Abweichungsklausel« ändert freilich nichts daran, dass es weiterer rechtlicher Regelungen und politischer Anstrengungen bedarf, um die »**innere Einheit**« zu erreichen. 31

7 Ländereinführungsgesetz vom 22.7.1990 (GBl. I, Nr. 51, S. 955).

8 Vgl. *W. Heintschel v. Heinegg*, Die Mitwirkungsrechte der Abgeordneten des Deutschen Bundestages und das Zustimmungsgesetz zum Einigungsvertrag zwischen der Bundesrepublik Deutschland und der Deutschen Demokratischen Republik, DVBl. 1990, S. 1270.

9 Durch das 38. Änderungsgesetz zum Grundgesetz vom 21.12.1992 (BGBl. I, S. 2086) ist ein neuer Art. 23 in das GG eingefügt worden, der Bestimmungen über die Europäische Union enthält.

II. Der »Zwei-plus-Vier-Vertrag«

32 Zu dem zwischen der Bundesrepublik Deutschland und der Deutschen Demokratischen Republik geschlossenen »Einigungsvertrag« trat der von der Bundesrepublik Deutschland, der Deutschen Demokratischen Republik, Frankreich, der Sowjetunion, Großbritannien und den Vereinigten Staaten am 12.9.1990 abgeschlossene »Vertrag über die abschließende Regelung in Bezug auf Deutschland«,[10] der wegen der Beteiligung der beiden deutschen Staaten und der Vier Siegermächte als **»Zwei-plus-Vier-Vertrag«** bezeichnet wird.[11] In diesem Vertrag sind die **Grenzen Deutschlands** endgültig festgelegt und ist die Ablösung der **besatzungsrechtlichen Vorbehalte** vereinbart worden. Nach Art. 1 Abs. 1 des Vertrags umfasst das vereinte Deutschland die Gebiete der Bundesrepublik Deutschland, der Deutschen Demokratischen Republik und ganz Berlins; seine Außengrenzen sind mit denen der Bundesrepublik und der DDR identisch und »am Tage des Inkrafttretens des Vertrags endgültig«. Es wird betont, dass die Bestätigung des endgültigen Charakters der Grenzen des vereinten Deutschlands »ein wesentlicher Bestandteil der Friedensordnung in Europa« sei. Das vereinte Deutschland habe **keinerlei Gebietsansprüche** gegen andere Staaten und werde solche auch in Zukunft nicht erheben (Art. 1 Abs. 3). Die zwischen dem vereinten Deutschland und der **Republik Polen** bestehende Grenze werde in einem völkerrechtlich verbindlichen Vertrag bestätigt (Art. 1 Abs. 2). Dies ist durch den Vertrag zwischen der Bundesrepublik Deutschland und der Republik Polen über die Bestätigung der zwischen ihnen bestehenden Grenze vom 14.11.1990 geschehen.[12]

33 Die Bundesrepublik und die Deutsche Demokratische Republik haben sich verpflichtet sicherzustellen, dass die Verfassung des vereinten Deutschlands keinerlei Bestimmungen enthalten werde, die mit diesen Prinzipien unvereinbar sind (Art. 1 Abs. 4 S. 1 des Vertrags). Dies gelte »dementsprechend für die Bestimmungen, die in der Präambel und in den Art. 23 S. 2 und 146 des Grundgesetzes für die Bundesrepublik Deutschland niedergelegt sind« (Art. 1 Abs. 4 S. 2 des Vertrags). Die Regierungen Frankreichs, der Sowjetunion, Großbritanniens und der Vereinigten Staaten haben gem. Art. 1 Abs. 5 des Vertrags »die entsprechenden Verpflichtungen und Erklärungen der Regierungen der Bundesrepublik Deutschland und der Deutschen Demokratischen Republik« förmlich entgegengenommen und erklärt, dass »mit deren Verwirklichung der endgültige Charakter der Grenzen des vereinten Deutschlands bestätigt wird.« Neben der Erklärung, dass von deutschem Boden nur Frieden ausgehen werde und die Führung eines Angriffskrieges verfassungswidrig und strafbar sei (Art. 2), haben die beiden deutschen Staaten ihren Verzicht auf atomare, biologische und chemische Waffen bekräftigt (Art. 3 Abs. 1) und sich überdies verpflichtet, dass das vereinte Deutschland seine Streitkräfte auf eine Personalstärke von 370.000 Mann reduzieren werde (Art. 3 Abs. 2 des Vertrags). Die Sowjetunion hat entsprechend ihrer Verpflichtung aus Art. 4 Abs. 1 des Vertrags ihre in Deutschland stationierten Truppen abgezogen.

---

10 BGBl. II 1991, S. 1317.

11 Vgl. *K. Stern*, Staatsrecht V, S. 2041 ff.; *J. Ipsen*, Der Staat der Mitte, S. 73.

12 BGBl. II 1991, S. 1328; vgl. auch den Vertrag zwischen der Bundesrepublik Deutschland und der Republik Polen über gute Nachbarschaft und freundschaftliche Zusammenarbeit vom 17.6.1991, BGBl. II, S. 1314.

Gem. Art. 7 des Vertrags haben Frankreich, die Sowjetunion, Großbritannien und die Vereinigten Staaten ihre »Rechte und Verantwortlichkeiten in Bezug auf Berlin und Deutschland als Ganzes« beendet. Diese Bestimmung betrifft die sog. Alliierten Vorbehaltsrechte, die in Bezug auf »Deutschland als Ganzes« nach wie vor bestanden. Art. 7 Abs. 2 des Vertrags zieht hieraus die Konsequenz: 34

»Das vereinte Deutschland hat demgemäß volle Souveränität über seine inneren und äußeren Angelegenheiten.«

Der »Zwei-plus-Vier-Vertrag« enthält in mehrfacher Hinsicht eine **»abschließende Regelung«** für Deutschland. Die Grenzen werden unverrückbar im Sinne des Status quo festgelegt, so dass es zukünftig weder eine völkerrechtliche noch eine, nachdem das Grundgesetz geändert worden ist, staatsrechtliche Basis für mögliche Gebietsansprüche gegenüber anderen Staaten gibt. »Abschließend« wirkt der Vertrag aber auch insofern, als das Besatzungsregime, das sich in Bezug auf »Deutschland als Ganzes« und Berlin erhalten hatte, beendet worden ist und Deutschland damit seine volle Souveränität wiedererlangt hat. Die Vier Mächte hatten durch Erklärung vom 1.10.1990 ihre Rechte und Verantwortlichkeiten bereits zum 3.10.1990 suspendiert,[13] so dass am »Tag der Deutschen Einheit« (Art. 2 Abs. 2 EinigungsV) die Wiedergewinnung der **staatlichen Einheit** mit der Wiedererlangung der **staatlichen Souveränität** zusammenfiel. 35

III. Die zukünftige Verfassung Deutschlands

Art. 146 GG a. F. begrenzte die zeitliche Geltung des Grundgesetzes durch die Bestimmung, dass es 36

»seine Gültigkeit an dem Tage (verliere), an dem eine Verfassung in Kraft tritt, die von dem deutschen Volke in freier Entscheidung beschlossen worden ist.«

Durch diese – für eine Verfassung ungewöhnliche – Bestimmung wurde auf den besonderen Entstehungstatbestand des Grundgesetzes hingewiesen, das vom Parlamentarischen Rat erarbeitet worden war, aber der Einflussnahme und Genehmigung der Besatzungsmächte unterlag.[14] Die Diskussion, ob Art. 146 GG auch nach Vollendung der staatlichen Einheit den Weg zur Schaffung einer neuen Verfassung innerhalb eines Legalitätszusammenhangs offen halten würde, ist – nach kontroverser Diskussion im Schrifttum[15] – durch den verfassungsändernden Gesetzgeber selbst entschieden worden. Art. 146 GG wurde die Bestimmung hinzugefügt, dass das Grundgesetz »nach Vollendung der Einheit und Freiheit Deutschlands für das gesamte deutsche Volk« gelte, hat im Übrigen aber seine frühere Fassung behalten, so dass es seine **zeitliche Geltung** nach wie vor begrenzt und die Möglichkeit eröffnet, dass eine neue Verfassung »von dem deutschen Volke in freier Entscheidung beschlossen« wird. 37

13 Vgl. die Suspendierungserklärung der Vier Mächte vom 1.10.1990 (BGBl. II, S. 1331).

14 Vgl. *K. Stern*, Staatsrecht V, S. 1329.

15 Vgl. *J. A. Frowein*, VVDStRL 49 (1990), S. 15; *P. Häberle*, Verfassungspolitik für die Freiheit und Einheit Deutschlands, JZ 1990, S. 359 f.; *J. Isensee*, VVDStRL 49 (1990), S. 50; *D. Rauschning*, DVBl. 1990, S. 401; *C. Starck*, JZ 1990, S. 352; *C. Tomuschat*, VVDStRL 49 (1990), S. 88.

38 Eine solche Verfassungsneuschöpfung würde sich außerhalb des für Verfassungsänderungen gezogenen rechtlichen Rahmens vollziehen.[16] Allerdings wäre nur eine solche Verfassung geeignet, die Gültigkeit des Grundgesetzes zu beenden, die vom deutschen Volk in **freier Entscheidung** beschlossen würde. Die **verfassunggebende Gewalt** des Volkes wäre bei der Verfassungsneuschöpfung zwar nicht an das Grundgesetz, wohl aber an die zahlreichen **Verträge** gebunden, deren Vertragspartner die Bundesrepublik Deutschland ist und die Verpflichtungen auch für die Gestaltung des Verfassungsrechts enthalten.[17]

39 Nachdem der Prozess der deutschen Einigung im Wege der Verfassungsrevision abgeschlossen worden ist, könnte Art. 146 GG erneut Bedeutung gewinnen, wenn ein **europäischer Bundesstaat** geschaffen würde. Das BVerfG hat im Lissabon-Urteil ausgeführt, dass Art. 79 Abs. 3 GG dem Aufgehen der Bundesrepublik in einem europäischen Bundesstaat entgegensteht.[18] Da die sog. »Ewigkeitsklausel« (Art. 79 Abs. 3 GG) selbst zur Disposition des Verfassungsgebers stünde,[19] könnte durch Schaffung einer neuen Verfassung das – wirkliche oder vermeintliche – rechtliche Hindernis für das Aufgehen Deutschlands in einem europäischen Bundesstaat überwunden werden.

40 Eine Neuschöpfung der Verfassung würde überdies das Defizit ausgleichen, dass über das Grundgesetz niemals das deutsche Volk selbst – als Inhaber der verfassunggebenden Gewalt – entschieden hat. Waren es 1949 der Parlamentarische Rat und die Volksvertretungen der (damaligen) Bundesländer (Art. 144 Abs. 1 GG), so wurde auch die durch den Einigungsvertrag vorgesehene Verfassungsrevision[20] ohne Volksabstimmung durchgeführt.

IV. Rechtsprechung

41 **BVerfGE** 82, 316 (Grundgesetzänderung durch Einigungsvertrag); **E** 84, 90 (Bestandskraft von Enteignungen: Art. 143 Abs. 3 GG); **E** 84, 133 (Ruhen von Arbeitsverhältnissen im öffentlichen Dienst der früheren DDR); **E** 92, 277 (Strafverfolgung von Mitarbeitern des Ministeriums für Staatssicherheit); **E** 95, 96 (Strafbarkeit des Schusswaffengebrauchs an der Mauer).

---

16 So auch *H. Dreier,* in: Dreier (Hrsg.), GG, Bd. III, Art. 146 Rn. 28, 44 ff.; a. M. *P. M. Huber,* in: Sachs (Hrsg.), GG, Art. 146 Rn. 10; *A. v. Campenhausen,* in: v. Mangoldt/Klein/Starck, GG, Bd. 3, Art. 146 Rn. 9 f.

17 Vgl. nur Art. 6 Abs. 1 EUV, demzufolge die Europäische Union auf den Grundsätzen der Freiheit, der Demokratie, der Achtung der Menschenrechte und Grundfreiheiten sowie der Rechtsstaatlichkeit beruht. Die Union achtet überdies die Grundrechte, wie sie in der Europäischen Konvention zum Schutze der Menschenrechte und Grundfreiheiten gewährleistet sind und wie sie sich aus den gemeinsamen Verfassungsüberlieferungen der Mitgliedstaaten als allgemeine Grundsätze des Gemeinschaftsrechts ergeben (Art. 6 Abs. 2 EUV).

18 BVerfGE 123, 267 (331 f.).

19 Vgl. *H. Dreier,* in: Dreier (Hrsg.), GG, Bd. II, Art. 79 III Rn. 55 ff.

20 Die aufgrund des Art. 5 EinigungsV eingerichtete Gemeinsame Verfassungskommission legte am 28.10.1993 einen Bericht vor, in dem eine Reihe von Grundgesetzänderungen empfohlen wurden (BT-Drucks. 12/6000; BR-Drucks. 800/93). Die Änderungen bzw. Ergänzungen des GG sind im Verfahren nach Art. 79 Abs. 2 GG beschlossen worden.

V. Literatur

P. Badura, Macht und Ohnmacht des Grundgesetzes, AöR 135 (2010), S. 431; *ders.*, Deutschlands aktuelle Verfassungslage, AöR 115 (1990), S. 314; *R. Bartlsperger,* Verfassung und verfassunggebende Gewalt im vereinten Deutschland, DVBl. 1990, S. 1285; *D. Blumenwitz,* Der Vertrag vom 12.09.1990 über die abschließende Regelung in bezug auf Deutschland, NJW 1990, S. 3041; *J. A. Frowein,* Die Verfassungslage Deutschlands im Rahmen des Völkerrechts, VVDStRL 49 (1990), S. 7; *K. Hailbronner,* Völker- und europarechtliche Fragen der deutschen Wiedervereinigung, JZ 1990, S. 449; *J. Ipsen,* 60 Jahre Grundgesetz – 60 Jahre Bundesrepublik Deutschland, NdsVBl. 2009, S. 153; *ders.*, Die rechtliche Bewältigung von Unrechtsfolgen des DDR-Regimes, FS Carl Heymanns Verlag, 1995, S. 65; *J. Isensee,* Staatseinheit und Verfassungskontinuität, VVDStRL 49 (1990), S. 39; *T. Oppermann,* Deutschland in guter Verfassung? – 60 Jahre Grundgesetz, JZ 2009, S. 481; *A. Randelzhofer,* Deutsche Einheit und europäische Integration, VVDStRL 49 (1990), S. 101; *D. Rauschning,* Deutschlands aktuelle Verfassungslage, DVBl. 1990, S. 393; *H. Sodan,* Kontinuität und Wandel im Verfassungsrecht, NVwZ 2009, S. 545; *C. Starck,* Deutschland auf dem Wege zur staatlichen Einheit, JZ 1990, S. 349; *K. Stern,* Der verfassungsändernde Charakter des Einigungsvertrages, DtZ 1990, S. 289; *ders.*, Der Zwei-plus-Vier-Vertrag, BayVBl. 1991, S. 523; *K. Stern/E. Schmidt-Bleibtreu,* Verträge und Rechtsakte zur Deutschen Einheit, 2 Bände, 1990; *C. Tomuschat,* Wege zur Deutschen Einheit, VVDStRL 49 (1990), S. 70. 42

§ 3 Die Europäische Union

43 Die Ausübung staatlicher Befugnisse ist mit den Normen und Begriffskategorien des nationalen Verfassungsrechts nicht mehr vollständig zu erfassen, weil Deutschland **Mitglied** der **Europäischen Union** (EU) ist. Nach Art. 23 Abs. 1 S. 1 GG wirkt die Bundesrepublik Deutschland bei der Entwicklung der Europäischen Union »zur Verwirklichung eines vereinten Europas« mit. Diese **Staatszielbestimmung,** die schon in der Präambel niedergelegt ist (»gleichberechtigtes Glied in einem vereinten Europa«), richtet sich auf eine **fortschreitende Integration** der Staaten Europas, die ihren Gipfelpunkt in einem europäischen Bundesstaat finden kann, aber nicht muss. In jüngerer Zeit ist die Frage kontrovers diskutiert worden, ob dem Aufgehen der Bundesrepublik in einem europäischen Bundesstaat verfassungsrechtliche Hindernisse entgegenstehen.[1] Das BVerfG hat in seinem »Lissabon-Urteil« die Auffassung vertreten, dass das Grundgesetz einen (souveränen) Staat voraussetzt und unter seiner Geltung die Gründung eines europäischen Bundes*staates* ausgeschlossen sei.[2] Entstehungsgeschichtlich ist diese Auslegung des Grundgesetzes nicht belegbar, weil die Bundesrepublik seit ihrer Gründung eine Art »europäischer Identität« anstrebte.[3] Allerdings wird sich die Rechtsfrage in dieser Zuspitzung kaum stellen. Der Zusammenschluss von Staaten zu einem Bundesstaat bedarf eines Aktes der Verfassungsgebung und ist ohne hierüber abgehaltene Volksabstimmung auch auf nationaler Ebene kaum denkbar. Gegenwärtig – und auf absehbare Zeit – ist allerdings festzustellen, dass die Europäische Union *kein* Bundesstaat ist.[4] Ob man sie – mit dem BVerfG – als **»Staatenverbund«**[5] oder als **»Staatenverband«**[6] bezeichnet, ist angesichts der fehlenden **Staatsqualität** der Union von nachrangiger Bedeutung.

I. Von der Montanunion zur Europäischen Union

44 Einen ersten Schritt zur **Europäischen Union,** die schon in der Ursprungsfassung des Grundgesetzes als Staatsziel festgelegt war (Präambel), bildete die Gründung der Europäischen Gemeinschaft für Kohle und Stahl (EGKS oder **»Montanunion«**).[7] Die Mitgliedstaaten (Bundesrepublik Deutschland, Belgien, Frankreich, Italien, Luxemburg, Niederlande) vereinbarten in Gestalt der Gemeinschaft einen »gemeinsamen Markt«, der gemeinsame Ziele verfolgen und gemeinsame Organe haben sollte (Art. 1 EGKSV). An die Seite der Montanunion traten 1957 durch die »Römischen

---

1 So *R. Uerpmann-Wittzack,* in: v. Münch/Kunig (Hrsg.), GG, Bd. 1, Art. 23 Rn. 7 ff.; *J. Isensee,* Integrationsziel Europastaat?, FS U. Everling, Bd. I, 1995, S. 586 ff.; a. A. *I. Pernice,* in: Dreier (Hrsg.), GG, Bd. II, Art. 23 Rn. 36; *K. Stern,* Staatsrecht I, S. 521; *R. Scholz,* in: Maunz/Dürig, GG (Stand: bis Lfg. 55), Art. 23 Rn. 63.

2 So BVerfGE 123, 267 (331 f.).

3 Vgl. *J. Ipsen,* Der Staat der Mitte, S. 92 ff.

4 *T. Oppermann/C. D. Classen/M. Nettesheim,* Europarecht, § 4 Rn. 18.

5 BVerfGE 89, 155 (183); vgl. auch *M. Herdegen,* Europarecht, § 5 Rn. 15 ff.; *R. Streinz,* Europarecht, Rn. 137.

6 Vgl. etwa *B. Kahl,* Europäische Union: Bundesstaat – Staatenbund – Staatenverbund, Der Staat 33 (1994), S. 241 ff.

7 Vgl. *T. Oppermann/C. D. Classen/M. Nettesheim,* Europarecht, § 2 Rn. 9 f.; *R. Streinz,* Europarecht, Rn. 16 ff.; *M. Herdegen,* Europarecht, § 4 Rn. 1 ff.

Verträge« die **Europäische Wirtschaftsgemeinschaft** (EWG) und die **Europäische Atomgemeinschaft** (EAG). Aufgabe der EWG sollte es sein,

»durch die Errichtung eines Gemeinsamen Marktes und die schrittweise Annäherung der Wirtschaftspolitik der Mitgliedstaaten eine harmonische Entwicklung des Wirtschaftslebens innerhalb der Gemeinschaft, eine beständige und ausgewogene Wirtschaftsausweitung, eine größere Stabilität, eine beschleunigte Hebung der Lebenshaltung und engere Beziehungen zwischen den Staaten zu fördern, die in dieser Gemeinschaft zusammengeschlossen sind.«[8]

Aufgabe der EAG war demgegenüber die Entwicklung von Kernindustrien in den Mitgliedstaaten (Art. 1 Abs. 2 EAGV). Die drei Gemeinschaften hatten **gemeinsame Organe,** ohne dass ihre rechtliche Selbständigkeit hierdurch berührt gewesen wäre.[9] Insofern war (und ist) die Bezeichnung »Europäische Gemeinschaft**en**« zutreffend. **45**

Der Vertrag über die **Montanunion** endete am 23.7.2002 (Art. 97 EGKSV). Die Europäische Wirtschaftsgemeinschaft ist durch Änderung des Vertrags umbenannt worden und hieß seitdem **»Europäische Gemeinschaft«**.[10] Nachdem durch die **Einheitliche Europäische Akte** vom 28.2.1986[11] die Schaffung einer Europäischen Union »zum gemeinsamen Ziel der Mitgliedstaaten« erklärt worden war, wurde diese durch den **Vertrag über die Europäische Union** (EUV) vom 7.2.1992 (»Maastricht-Vertrag«)[12] gegründet. Mit dem **Amsterdamer Vertrag** vom 2.10.1997[13] wurden EUV und EGV wesentlich modifiziert, während der **Vertrag von Nizza,** der am 26.2.2001 unterzeichnet worden[14] und am 1.2.2003 in Kraft getreten ist, die Voraussetzungen für die Erweiterung der Europäischen Union geschaffen hat. **46**

Grundlage der **Europäischen Union** waren die **Europäischen Gemeinschaften,** ergänzt durch die mit dem Unionsvertrag eingeführten Politiken und Formen der Zusammenarbeit (Art. 1 EUV a.F.). Die Europäische Gemeinschaft und die EAG wurden durch den Unionsvertrag also nicht aufgelöst, noch gingen sie in der Europäischen Union auf. Sie bildeten vielmehr eine Säule der Union, zu der als weitere Säulen die Gemeinsame Außen- und Sicherheitspolitik – sog. »GASP« – (Art. 11 ff. EUV a. F.) und die Polizeiliche und Justizielle Zusammenarbeit in Strafsachen – PJZS – (Art. 29 ff. EUV a. F.) hinzutraten. Die Europäische Union war mit den Gemeinschaften durch die Gemeinschaftsorgane organisatorisch verklammert (Art. 3, 4, 5 EUV a. F.). Das anschauliche »Drei-Säulen-Modell«, nach dem die Art. 1–7 EUV a. F. das Dach der Union, die Art. 46–53 EUV a. F. den Sockel bildeten, die EG (EAG), GASP und PJZS dagegen die drei Säulen darstellten,[15] durfte nicht darüber hinwegtäuschen, dass sich die einzelnen Säulen in ihrer Rechtsqualität grundsätzlich unterschieden. **47**

Die Europäische Gemeinschaft besaß eigene Rechtspersönlichkeit (Art. 281 EGV) und war als supranationale Organisation zu qualifizieren, stand also über (*super* [lat.] = über) den in ihr zusammengeschlossenen Mitgliedstaaten. Die Europäische Union als solche wurde demgegenüber dem internationalen Recht (*inter* [lat.] = zwischen) zugeordnet, stellte mithin eine **zwischenstaatliche Organisation** dar. Überwiegend wurde angenommen, dass der Union als solcher keine Rechtssubjektivität zukam. **48**

8 Art. 2 EWGV.
9 Vgl. *R. Streinz,* Europarecht, 8. Aufl. 2008, Rn. 83.
10 Vgl. *M. Herdegen,* Europarecht, § 4 Rn. 5.
11 BGBl. II 1986, S. 1102; ABl. EG 1987 Nr. L 169/1.
12 BGBl. II 1992, S. 1251; ABl. EG Nr. C 191/1.
13 BGBl. II 1998, S. 386; ABl. EG Nr. C 340.
14 BGBl. II 2001, S. 1666; ABl. EG Nr. C 80/1.
15 Vgl. *M. Schweitzer,* Staatsrecht III, Rn. 16.

49 Nach dem Scheitern des Vertrags über eine Verfassung für Europa (EVV)[16] haben die Mitgliedstaaten der Europäischen Union am 13.12.2007 den »Vertrag von Lissabon zur Änderung des Vertrags über die Europäische Union und des Vertrags zur Gründung der Europäischen Gemeinschaft« (»**Reformvertrag**«) geschlossen, der ursprünglich am 1.1.2009 in Kraft treten sollte, nach Ratifizierung durch die Bundesrepublik als einem der letzten Unterzeichnerstaaten jedoch erst am 1.12.2009 in Kraft getreten ist.[17] Das Vertragswerk gliedert sich in den »Vertrag über die Europäische Union« **(EUV)** und den Vertrag über die Arbeitsweise der Europäischen Union **(AEUV).** Beide Verträge sind rechtlich gleichrangig (Art. 1 Abs. 3 S. 2 EUV). Gemäß Art. 1 Abs. 3 S. 3 EUV tritt die Union an die Stelle der Europäischen Gemeinschaft, deren Rechtsnachfolgerin sie ist. Die Europäische Gemeinschaft ist damit als Völkerrechtssubjekt untergegangen. An ihre Stelle ist die durch den Reformvertrag gegründete **Europäische Union** (EU) getreten, die deshalb mit der bisherigen Union, der nach überwiegender Meinung keine Rechtspersönlichkeit zukam,[18] nicht zu verwechseln ist.

II. Die Bundesrepublik als Mitglied der Europäischen Union

1. Das primäre Unionsrecht

50 Die Verträge zur Gründung der Europäischen Gemeinschaften und ihre zahlreichen Ergänzungen und Änderungen bildeten das **primäre Gemeinschaftsrecht.**[19] Ob sie darüber hinaus europäisches **Verfassungsrecht** enthielten, war umstritten,[20] letztlich für ihre Funktion als wichtigste Rechtsquelle des »primären« Gemeinschaftsrechts aber nicht entscheidend. Die Verträge erschöpften sich nicht im Gründungsakt der Europäischen Gemeinschaft(en), sondern enthielten das von den Gemeinschaftsorganen und den Mitgliedstaaten anzuwendende **»Gemeinschaftsrecht«**. Nachdem die Europäische Gemeinschaft aufgelöst und an ihre Stelle die Europäische Union getreten ist, müssen **EUV** und **AEUV** als »**primäres Unionsrecht**« bezeichnet werden. Da die Europäische Atomgemeinschaft durch den Reformvertrag unberührt geblieben ist, stellt der EAGV allerdings noch einen Rest an primärem *Gemeinschafts*recht dar.

2. Das »sekundäre« Unionsrecht

51 Als »sekundäres« Gemeinschaftsrecht wurde das von den **Gemeinschaftsorganen** (Rat, Kommission, Europäisches Parlament) geschaffene Recht bezeichnet. Folgerichtig muss zukünftig der Begriff »sekundäres Unionsrecht« lauten. Keinem Unions-

16 ABl. 2004 Nr C 310/1; vgl. dazu *R. Streinz/C. Ohler/C. Herrmann,* Die neue Verfassung für Europa, 2005.

17 ABl. 2007 Nr C 306/1; Zust. des Bundestags durch Beschl. v. 24.4.2008, PlenProt. 16/157, S. 16482 D, des Bundesrats durch Beschl. v. 23.5.2008, PlenProt. Nr. 844, S. 136; zur Entstehungsgeschichte des Vertrags vgl. *R. Streinz/C. Ohler/C. Herrmann,* Der Vertrag von Lissabon zur Reform der EU, S. 16 ff.; *T. Oppermann,* Die Europäische Union von Lissabon, DVBl. 2008, S. 473 ff.

18 Vgl. *S. Hobe,* Europarecht, § 6 Rn. 13 ff. m. w. N.

19 Vgl. *T. Oppermann/C. D. Classen/M. Nettesheim,* Europarecht, § 9 Rn. 19 ff.; *M. Schweitzer,* Staatsrecht III, Rn. 322 ff.

20 Vgl. *I. Pernice,* in: Dreier (Hrsg.), GG, Bd. II, Art. 23 Rn. 20 ff.; *M. Herdegen,* Europarecht, § 8 Rn. 5.

organ sind allgemeine Rechtsetzungskompetenzen zugewiesen;[21] es besteht das Prinzip der begrenzten **Einzelermächtigung** (Art. 4 Abs. 1, 5 Abs. 1 S. 1 EUV).[22]

Die Europäische Union als mit eigener Hoheitsgewalt ausgestattetes und von den Mitgliedstaaten zu unterscheidendes Rechtssubjekt erlässt die Rechtsakte des (sekundären) Unionsrechts aufgrund **eigener Zuständigkeiten.** Sie treten in diesem Kompetenzbereich neben die (mitglied-)staatliche Gewalt. Das sekundäre Unionsrecht ist deshalb kein Bestandteil der jeweiligen nationalen Rechtsordnung, gehört aber auch nicht zum Völkerrecht.[23] Es bildet (zusammen mit dem primären Unionsrecht) eine **eigenständige Rechtsordnung,** die aus einer autonomen Rechtsquelle fließt und durch ein besonderes Rechtsschutzsystem gesichert ist.[24] Das nach dem Inkrafttreten des Reformvertrags so zu bezeichnende Unionsrecht ist nicht zu verwechseln mit den Rahmenbeschlüssen der bisherigen Europäischen Union, die gerade nicht zum sekundären Gemeinschaftsrecht gehörten.[25] **52**

3. Das Verhältnis von nationalem und supranationalem Recht

Die durch Art. 23 Abs. 1 S. 2 GG vorgesehene **Übertragung** von **Hoheitsrechten** auf die Europäische Union lässt die Frage offen, wie bei einer Kollision zwischen nationalem und supranationalem Recht zu entscheiden ist. Der Frage kommt erhebliche praktische Relevanz zu, weil das Unionsrecht von den **Behörden** der **Mitgliedstaaten** angewendet wird, die auch an das **nationale Recht** gebunden sind. Obgleich die Begründungen hierfür variieren, besteht im Ergebnis Einigkeit über den **Vorrang** des **Unionsrechts.**[26] Dieser Vorrang erfasst nicht nur einfaches Gesetzes- (und Verordnungs-) Recht, sondern gilt auch gegenüber dem mitgliedstaatlichen Verfassungsrecht.[27] **53**

Die Besonderheit supranationaler Organisationen wie der Europäischen Union liegt darin, dass ihre Rechtsakte keiner Transformation in nationales Recht bedürfen, also auch nicht an den (nationalen) **Verfassungsnormen** zu messen sind. Fraglich kann allein sein, ob die Übertragung von Hoheitsrechten auf eine supranationale Organisation mit der Verfassung vereinbar ist, weil deren Bestimmungen auf diesem Umweg ausgeschaltet werden könnten.[28] Sofern sich aber die nationale Rechtsordnung dem supranationalen Recht – wie in Art. 23 Abs. 1 S. 2 GG geschehen – in verfassungsmäßiger Weise geöffnet hat, ist für eine Kontrolle der *Verfassungsmäßigkeit* des Unionsrechts kein Raum mehr.[29] Trotz dieser theoretisch klaren Abgrenzung von **54**

21 Vgl. Art. 288 AEUV, 249 Abs. 1 EGV; *R. Streinz,* Europarecht, Rn. 539 ff.

22 *T. Oppermann/C. D. Classen/M. Nettesheim,* Europarecht, § 11 Rn. 3 ff.; *R. Streinz,* Europarecht, Rn. 539; *M. Schweitzer,* Staatsrecht III, Rn. 335 f.

23 EuGH, Rs. 6/64, Costa/ENEL, Slg. 1964, 1251 (1270); BVerfGE 37, 271 (277 f.); *M. Schweitzer,* Staatsrecht III, Rn. 334.

24 Vgl. BVerfGE 37, 271 (277 f.).

25 Vgl. *R. Streinz,* Europarecht, 8. Aufl. 2008, Rn. 476.

26 Vgl. EuGH, Rs. 6/64, Costa/ENEL, Slg. 1964, 1251 (1269); *I. Pernice,* in: Dreier (Hrsg.), GG, Bd. II, Art. 23 Rn. 27 ff.; *T. Oppermann/C. D. Classen/M. Nettesheim,* Europarecht, § 10 Rn. 1 ff.; *M. Herdegen,* Europarecht, § 10 Rn. 1 ff.

27 EuGH, Rs. 106/77, Simmenthal II, Slg. 1978, 629 (643 ff.); vgl. zur Rspr. des EuGH *R. Streinz,* Europarecht, Rn. 198 ff.

28 Vgl. BVerfGE 37, 271 (280 f.); 73, 339 (375 f.); 102, 147 (161 ff.).

29 Vgl. BVerfGE 73, 339 (375 f.); 102, 147 (163 f.).

nationalem Recht und Unionsrecht und der aus ihr resultierenden Folgen für die richterliche Kontrollkompetenz ist die Abgrenzung der Zuständigkeiten des Europäischen Gerichtshofs und des Bundesverfassungsgerichts Gegenstand der aktuellen Diskussion.[30]

III. Grundlagen der Europäischen Union

1. Wirtschafts- und Währungsunion

55 Kernstück des Reformvertrags – wie schon des Vertrags von Maastricht – ist die **Vollendung der Wirtschafts- und Währungsunion** (Art. 3 Abs. 4 EUV). Diese ist stufenweise verwirklicht worden und findet ihren sichtbaren Ausdruck darin, dass mit dem **Euro** in (bislang) 17 von 27 Mitgliedstaaten (»Euro-Zone«) ein **gemeinsames Zahlungsmittel** gilt, nachdem bereits am 1.1.1999 eine **gemeinsame europäische Währung** eingeführt und eine **Europäische Zentralbank** (EZB) mit Sitz in Frankfurt errichtet worden war. Auf sämtliche Mitgliedstaaten erstreckt sich der **Binnenmarkt,** den die Union gemäß Art. 3 Abs. 3 EUV errichtet (hat) und der bereits Gegenstand der Römischen Verträge war (Art. 9 ff. EWGV bzw. Art. 14 EGV).

2. Gemeinsame Außen- und Sicherheitspolitik

56 Die Zuständigkeit der Union in der **Gemeinsamen Außen-** und **Sicherheitspolitik** erstreckt sich auf alle Bereiche der Außenpolitik sowie auf sämtliche Fragen im Zusammenhang mit der Sicherheit der Union, einschließlich der schrittweisen Festlegung einer gemeinsamen Verteidigungspolitik, die zu einer gemeinsamen Verteidigung führen kann (Art. 24 Abs. 1 EUV). Die Union verfolgt, bestimmt und verwirklicht im Rahmen der Grundsätze und Ziele ihres auswärtigen Handelns eine gemeinsame Außen- und Sicherheitspolitik, die auf einer Entwicklung der gegenseitigen politischen Solidarität der Mitgliedstaaten, der Ermittlung der Fragen von allgemeiner Bedeutung und der Erreichung einer immer stärkeren Konvergenz des Handelns der Mitgliedstaaten beruht (Art. 24 Abs. 2 EUV). Die Einzelheiten sind in den Art. 23–46 EUV festgelegt. Unter anderem ist bestimmt, dass ein »Hoher Vertreter der Union für Außen- und Sicherheitspolitik« zu bestellen ist, der in Zusammenarbeit mit den Mitgliedstaaten die Gemeinsame Außen- und Sicherheitspolitik durchführt (Art. 26 Abs. 3 EUV).

3. Justizielle und polizeiliche Zusammenarbeit in Strafsachen

57 Die Union bildet einen Raum der Freiheit, der Sicherheit und des Rechts, in dem die Grundrechte und die verschiedenen Rechtsordnungen und -traditionen der Mitgliedstaaten geachtet werden (Art. 67 Abs. 1 AEUV). Vor diesem Hintergrund enthält der Vertrag über die Arbeitsweise der Europäischen Union eine Vielzahl von Bestimmungen im Bereich Grenzkontrollen, Asyl und Einwanderung (Art. 77 ff. AEUV), über die justizielle Zusammenarbeit in Zivil- (Art. 81 ff. AEUV) und Strafsachen (Art. 82 ff. AEUV) sowie über die polizeiliche Zusammenarbeit (Art. 87 ff. AEUV). Die Union erhält damit Rechtsetzungskompetenzen in Politikbereichen, die bislang nicht »vergemeinschaftet« waren, sondern lediglich die »dritte Säule« mit intergouvernementaler Prägung bildeten. An die Stelle der bislang vorgesehenen Rahmen-

30 Vgl. *K. Schlaich/S. Korioth,* Das Bundesverfassungsgericht, Rn. 358 ff. m. w. N.

beschlüsse (Art. 34 EUV a. F.), die einstimmig gefasst werden mussten, sind nunmehr echte Rechtsetzungskompetenzen getreten, die auch einzelne Bereiche des Strafrechts (Art. 83 AEUV) erfassen. Damit ist die bisherige »Säulenstruktur« aufgelöst worden und der (neu errichteten) Europäischen Union ein Kompetenzzuwachs zuteil geworden, der sich gegenwärtig nicht vollständig absehen lässt.[31]

IV. Die europäische Grundrechtecharta

Die Union erkennt die Rechte, Freiheiten und Grundsätze an, die in der Charta der Grundrechte vom 7.12.2000, in der am 12.12.2007 in Straßburg angepassten Fassung niedergelegt sind; die Charta der Grundrechte und die Verträge sind rechtlich gleichrangig (Art. 6 Abs. 1 EUV). Die Grundrechtecharta ist durch einen Konvent unter Vorsitz des deutschen Staatsrechtslehrers (und früheren Bundespräsidenten) *Roman Herzog* ausgearbeitet und am 7.12.2000 in Nizza feierlich proklamiert worden. Sie erlangte allerdings erst mit dem Inkrafttreten des Reformvertrags Rechtsverbindlichkeit. Außer in Großbritannien und Polen, die insoweit einen Vorbehalt gemacht haben, besteht bei der Durchführung des Rechts der Union (Art. 51 Abs. 1 GRC) in allen Mitgliedstaaten der Union ein einheitlicher Grundrechtsschutz. Die Grundrechtecharta enthält neben den Freiheits- und Gleichheitsrechten auch soziale Grundrechte und geht damit teilweise über die Grundrechtskataloge der Mitgliedstaaten hinaus. 57a

V. Die Europäische Union als »Staatenverbund«

Die Gründung der Europäischen Union stellt auch nach dem Reformvertrag keine Gründung eines Bundesstaates dar, in dem die Bundesrepublik Deutschland als Mitgliedstaat aufgegangen wäre.[32] Durch den Reformvertrag wird – wie schon durch den Vertrag von Maastricht – die Union als »neue Stufe bei der Verwirklichung einer immer engeren Union der Völker Europas« bezeichnet, der die Mitgliedstaaten Zuständigkeiten zur Verwirklichung ihrer gemeinsamen Ziele übertragen (Art. 1 Abs. 1, 2 EUV). Das BVerfG hat für die Europäische Union nach dem »Maastricht-Vertrag« den Begriff des »Staatenverbundes« geprägt, der von den Mitgliedern getragen werde und deren nationale Identität achte.[33] An dieser nicht unumstrittenen – aber zutreffenden – Qualifikation hat sich auch nach Inkrafttreten des Reformvertrags nichts geändert, wie das Gericht im Urteil zum »Lissabon-Vertrag« ausgeführt hat.[34] Für die Abgrenzung der Zuständigkeiten der Union gilt nach wie vor das Prinzip der begrenzten Einzelermächtigung (Art. 5 EUV). Alle der Union nicht in den Verträgen übertragenen Zuständigkeiten verbleiben bei den Mitgliedstaaten (Art. 4 EUV). Der Union kommt also keine »Kompetenz-Kompetenz« zu, mit anderen Worten kann sie keine Aufgaben und Zuständigkeiten in Anspruch nehmen, die ihr nicht durch Vertragsergänzungen oder -änderungen eingeräumt worden sind.[35] Darüber hinaus hat 58

31 *R. Streinz/C. Ohler/C. Hermann,* Der Vertrag von Lissabon zur Reform der EU, S. 157 f.
32 Vgl. *R. Streinz,* Europarecht, Rn. 62.
33 BVerfGE 89, 155 (181).
34 BVerfGE 123, 267 (370 ff.).
35 BVerfGE 89, 155 (192 ff.).

das BVerfG im Lissabon-Urteil klargestellt, dass angesichts der Rechtsnatur der Union als Staatenverbund auch im Wege der Einzelermächtigung keine unbegrenzte Übertragung von Kompetenzen auf die Union erfolgen kann. Den Unionsmitgliedern als souveränen Staaten muss ausreichend Raum zur politischen Gestaltung der wirtschaftlichen, kulturellen und sozialen Lebensverhältnisse verbleiben. Insbesondere erlaubt das Grundgesetz den staatlichen Organen nicht, über die grundlegenden Bestandteile der Verfassung, also über die **Verfassungsidentität** zu verfügen (Art. 23 Abs. 1 S. 3, Art. 79 Abs. 3 GG).[36]

59 Eine eigene (Bundes-)Staatsqualität der Union ist auch deshalb zu verneinen, weil es an einem »Staatsvolk« fehlt. Zwar ist eine »Unionsbürgerschaft« für alle Staatsangehörigen der Mitgliedstaaten begründet worden (Art. 9 EUV), mit der einzelne Rechte, insbesondere das **Aufenthaltsrecht** (Art. 20 Abs. 2 lit. a] AEUV) und das **Kommunalwahlrecht** (Art. 20 Abs. 2 lit. b] AEUV) in allen Mitgliedstaaten verbunden sind. Dieses »rechtliche Band« besitzt aber nicht eine der gemeinsamen Staatsangehörigkeit vergleichbare Dichte, wenngleich es dem bestehenden Maß existenzieller Gemeinsamkeit besonderen Ausdruck verleiht.[37] Auch die durch den Reformvertrag neu errichtete Europäische Union ist folglich als supranationale **Organisation** – und damit als »Staatenverbund« – nicht aber als Bundesstaat zu qualifizieren.[38]

VI. Rechtsprechung

60 **BVerfGE** 22, 293 (Verfassungsbeschwerde gegen EWG-Verordnung); **E** 37, 271 (»Solange-Beschluß«); **E** 51, 222 (Europawahlgesetz); **E** 52, 187 (»Vielleicht-Beschluß«); **E** 58, 1 (»Eurocontrol I«); **E** 59, 63 (»Eurocontrol II«); **E** 73, 339 (»Solange II«); **E** 75, 223 (»Bindungswirkung von EuGH-Entscheidungen«); **E** 89, 155 (»Maastricht-Urteil«); **E** 102, 147 (Bananenmarktordnung); **E** 113, 273 (Europäischer Haftbefehl); **E** 123, 267 (Reformvertrag); **E** 126, 286 (Mangold-Urteil EuGH, Honeywell, Ultra-vires-Kontrolle).

VII. Literatur

61 **Zu. I.:** *B. Beutler/R. Bieber/J. Pipkorn/J. Streil,* Die Europäische Union – Rechtsordnung und Politik – 5. Aufl. 2001; *H. P. Ipsen,* Europäisches Gemeinschaftsrecht, 1972; *T. Oppermann/C. D. Classen,* Die EG vor der Europäischen Union, NJW 1993, S. 5; *I. Seidl-Hohenveldern/G. Loibl,* Das Recht der Internationalen Organisationen einschließlich der Supranationalen Gemeinschaften, 7. Aufl. 2000; *M. Stolleis,* Europa nach Nizza. Die historische Dimension, NJW 2002, S. 1022 ff.; *A. Weber,* Vom Verfassungsvertrag zum Vertrag von Lissabon, EuZW 2008, S. 7.

Zu II.: *T. v. Danwitz,* Wege zu besserer Gesetzgebung in Europa, JZ 2006, S. 1; *A. Engels,* Die Integrationsverantwortung des Deutschen Bundestags, JuS 2012, S. 210; *C. Herrmann/W. Michl,* Wirkungen von EU-Richtlinien, JuS 2009, S. 1065; *S. Hölscheidt,* Die Verantwortung des Bundestags für die europäische Integration, DÖV 2012, S. 105; *ders.*, Probleme bei der Durchsetzung des Unionsrechts in den Mitgliedstaaten, DÖV 2009, S. 341; *J. Masing,* Vorrang des Europarechts bei umsetzungsgebundenen Rechtsakten, NJW 2006, S. 264; *F. C. Mayer/M. Walter,* Die Europarechtsfreundlichkeit des BVerfG nach dem Honeywell-Beschluss, Jura 2011, S. 532; *A. Paulus,* Gesetzliche

36 BVerfGE 123, 267 (LS 2 a, 3 f.).
37 BVerfGE 89, 155 (184).
38 *R. Streinz/C. Ohler/C. Herrmann,* Der Vertrag von Lissabon zur Reform der EU, S. 40 f.; *T. Oppermann,* Die Europäische Union von Lissabon, DVBl. 2008, S. 473 (477).

Regelungslücken nach Entscheidungen von BVerfG und EuGH, NJW 2011, S. 3686; *M. Polzin,* Das Rangverhältnis von Verfassungs- und Unionsrecht nach der neuesten Rechtsprechung des BVerfG, JuS 2012, S. 1; *H.-W. Rengeling,* Rechtsgrundsätze beim Verwaltungsvollzug des Europäischen Gemeinschaftsrechts, 1977; *B. Schöbener,* Das Verhältnis des EU-Rechts zum nationalen Recht der Bundesrepublik Deutschland, JA 2011, S. 885; *R. Wahl,* Die Schwebelage im Verhältnis von Europäischer Union und Mitgliedstaaten, Der Staat 48 (2009), S. 587; *A. Weber,* Europäisches Parlament und nationale Parlamente im Europäischen Rechtsetzungsverbund, DÖV 2011, S. 497; *ders.*, Rechtsfragen der Durchführung des Gemeinschaftsrechts in der Bundesrepublik, 1988; *M. Zuleeg/H.-W. Rengeling,* Deutsches und Europäisches Verwaltungsrecht – Wechselseitige Einwirkungen, VVDStRL 53 (1994) S. 154 ff., 202 ff.

Zu III.: *C. Herrmann,* Der Vertrag von Lissabon – Ein Überblick, Jura 2010, S. 161; *U. Hufeld,* Der Europäische Haftbefehl vor dem BVerfG, JuS 2005, S. 865; *S. Magiera,* Die Grundgesetzänderung von 1992 und die Europäische Union, Jura 1994, S. 1; *T. Oppermann,* Die Europäische Union von Lissabon, DVBl. 2008, S. 473; *E. Pache/F. Rösch,* Der Vertrag von Lissabon, NVwZ 2008, S. 473; *R. Streinz/C. Ohler/C. Herrmann,* Der Vertrag von Lissabon zur Reform der EU, 3. Aufl. 2010; *C. Vedder/W. Heintschel v. Heinegg,* Europäisches Unionsrecht, 2012; *A. Weber,* Der Raum der Freiheit, der Sicherheit und des Rechts im Vertrag von Lissabon, BayVBl. 2008, S. 485; *ders.*, Die Wirtschafts- und Währungsunion nach dem Maastricht-Urteil des Bundesverfassungsgerichts, JZ 1994, S. 53.

Zu IV.: *J. Abr. Frowein,* Der europäische Grundrechtsschutz und die deutsche Rechtsordnung, NVwZ 2002, S. 29 ff.; *P. M. Huber,* Auslegung und Anwendung der Charta der Grundrechte, NJW 2011, S. 2385; *F. Kirchhof,* Grundrechtsschutz durch europäische und nationale Gerichte; *A. Weber* (Hrsg.), Charta der Grundrechte der Europäischen Union, 2002.

Zu V.: *A. v. Bogdandy,* Prinzipien der Rechtsfortbildung im europäischen Rechtsraum – Überlegungen zum Lissabon-Urteil des BVerfG, NJW 2010, S. 1; *B.-O. Bryde,* Das Maastricht-Urteil des Bundesverfassungsgerichts, 1993; *C. D. Classen,* Legitime Stärkung des Bundestages oder verfassungsrechtliches Prokrustesbett? – Zum Urteil des BVerfG zum Vertrag von Lissabon, JZ 2009, S. 881; *F. Gärditz/C. Hillgruber,* Volkssouveränität und Demokratie ernst genommen – Zum Lissabon-Urteil des BVerfG, JZ 2009, S. 872; *D. Grimm,* Das Grundgesetz als Riegel einer Verstaatlichung der Europäischen Union, Der Staat 48 (2009), S. 475; *A. Hatje/A. Kindt,* Der Vertrag von Lissabon – Europa endlich in guter Verfassung?, NJW 2008, S. 1761; *M. Hilf/T. Stein/M. Schweitzer/D. Schindler,* Europäische Union: Gefahr oder Chance für den Föderalismus in Deutschland, Österreich und der Schweiz?, VVDStRL 53 (1994), S. 1, 27, 48, 70; *P. M. Huber,* Maastricht – Ein Staatsstreich?, 1993; *J. Isensee,* Integrationswille und Integrationsresistenz des Grundgesetzes – Das Bundesverfassungsgericht zum Vertrag von Lissabon, ZRP 2010, S. 33; *F. Mayer,* Der Vertrag von Lissabon im Überblick, JuS 2010, S. 189; *M. Nettesheim,* Die Integrationsverantwortung – Vorgaben des BVerfG und gesetzgeberische Umsetzung, NJW 2010, S. 177; *C. Ohler,* Herrschaft, Legitimation und Recht in der Europäischen Union – Anmerkungen zum Lissabon-Urteil des BVerfG, AöR 135 (2010), S. 153; *I. Pernice/P. M. Huber/G. Lübbe-Wolff/C. Grabenwarter,* Europäisches und nationales Verfassungsrecht, VVDStRL 60 (2001), S. 148, 194, 246, 290; *M. Ruffert,* An den Grenzen des Integrationsverfassungsrechts: Das Urteil des Bundesverfassungsgerichts zum Vertrag von Lissabon, DVBl. 2009, S. 1197; *C. Schönberger,* Die Europäische Union zwischen »Demokratiedefizit« und Bundesstaatsverbot, Der Staat 48 (2009), S. 533; *R. Streinz,* Die Rolle des EuGH im Prozess der Europäischen Integration. Anmerkungen zu gegenläufigen Tendenzen in der neueren Rechtsprechung, AöR 135 (2010), S. 1; *ders.*, Der Vertrag von Amsterdam, Jura 1998, S. 57; *R. Wahl,* Erklären staatstheoretische Leitbegriffe die Europäische Union?, JZ 2005, S. 916; *A. Weber,* Die Europäische Union unter Richtervorbehalt? – Rechtsvergleichende Anmerkungen zum Urteil des BVerfG v. 30.06.2009 (»Vertrag von Lissabon«), JZ 2010, S. 157.

B. Die Parlamentarische Demokratie

62 Nach Art. 20 Abs. 1 GG ist die Bundesrepublik Deutschland ein demokratischer und sozialer Bundesstaat. Das in dieser Vorschrift niedergelegte und durch den Grundsatz der Volkssouveränität (Art. 20 Abs. 2 S. 1 GG) bekräftigte Demokratieprinzip bildet eine der fundamentalen Bestimmungen des Grundgesetzes. Dieses Strukturprinzip ist der Verfassungsänderung entzogen und gehört damit zum unantastbaren Bestand des Verfassungsrechts (Art. 79 Abs. 3 GG). Gleichwohl wäre es verfehlt, das Demokratieprinzip als eine Art Generalklausel zu verstehen und mit – möglicherweise einander widersprechenden – »Demokratietheorien« anzureichern. In Art. 20 Abs. 1 GG ist nicht irgendein Regierungssystem demokratischen Zuschnitts gemeint, sondern der demokratische Rechtsstaat »im Sinne dieses Grundgesetzes« (Art. 28 Abs. 1 S. 1 GG). Art. 20 Abs. 1 GG bringt insofern die im Grundgesetz verstreuten Bestimmungen über die Willensbildung des Volkes und das parlamentarische Regierungssystem auf eine Kurzformel, ohne selbst Detailregelungen zu enthalten. »Demokratie« im Sinne des Art. 20 Abs. 1 GG ist deshalb die durch das Grundgesetz in seinen einzelnen Vorschriften verfasste parlamentarische Demokratie.

§ 4 Wahlen und Abstimmungen

I. Die Wahlsysteme

63 Bei **Parlamentswahlen,** also der Wahl einer größeren Zahl von Abgeordneten, stehen als Wahlsysteme die Mehrheitswahl und die Verhältniswahl zur Verfügung. Das **Mehrheitswahlrecht** setzt die Einteilung des Wahlgebietes in Wahlkreise voraus und ist in den Spielarten der absoluten und der relativen Mehrheitswahl denkbar. Von **»absoluter« Mehrheitswahl** spricht man, wenn der Gewählte mehr als die Hälfte der abgegebenen gültigen Stimmen auf sich vereinigt haben muss. Als *relativ* wird ein Mehrheitswahlrecht bezeichnet, wenn der erfolgreiche Bewerber mehr Stimmen als jeder andere Bewerber – also die »meisten« Stimmen – erhalten muss.[1] Das **Verhältniswahlrecht** macht lediglich eine mathematische Operation notwendig, nämlich die im Wahlgebiet für die kandidierenden Parteien abgegebenen Stimmen auf irgendeine Weise in eine Anzahl von Mandaten umzurechnen.[2]

1. Das Mehrheitswahlrecht

64 Das Mehrheitswahlrecht ist das historisch ältere Wahlrecht. Es ist in seiner Anlage eindeutig, neigt aber zur Ungleichheit. Unzutreffend ist die Annahme, das Mehrheitswahlrecht garantiere eine stabile Regierung. Die Stabilität oder Labilität von Regierungen ist nicht allein durch das Wahlrecht, sondern vor allem durch das **Parteiensystem** bedingt. Historisch ist nicht belegbar, dass ein Mehrheitswahlrecht geradlinig zu einem Zweiparteiensystem führt.

65 Ein Beispiel dafür, dass das Mehrheitswahlrecht keineswegs zu regierungsfähigen Mehrheiten führen muss, liefert das Deutsche Reich zwischen 1871 und 1918. Trotz des (absoluten) Mehrheitswahlrechts gab es eine Vielzahl von Parteien, von denen selbst die stärkste weit von der Mehrheit der Mandate entfernt war.[3] Bemerkenswert ist, dass das Parteiensystem des Kaiserreichs in der Weimarer Republik im Wesentlichen erhalten blieb, obwohl mit der Weimarer Verfassung (Art. 22) das Verhältniswahlrecht eingeführt worden war.

66 Das Wahlrecht fördert oder hindert die Entstehung und Entwicklung von Parteien; kein Wahlsystem bedingt aber notwendig ein bestimmtes Parteiensystem. Das Parteiensystem ist von mehreren Faktoren, insbesondere der Bevölkerungsstruktur, abhängig. Eine bedeutsame Rolle spielt auch das **Regierungssystem,** bei dem es entscheidend darauf ankommt, ob der Regierungschef vom Parlament gewählt wird oder nicht.[4]

---

1 Unter den Mitgliedstaaten der Europäischen Union ist Großbritannien (House of Commons) ein Beispiel für ein *relatives* Mehrheitswahlrecht, Frankreich (Assemblée Nationale) ein solches für ein *absolutes* Mehrheitswahlrecht. Letzteres macht eine Stichwahl in den Fällen erforderlich, in denen im ersten Wahlgang ein Kandidat nicht die absolute Mehrheit erreicht (vgl. *W. Ismayr* [Hrsg.], Die politischen Systeme Westeuropas, 4. Aufl. 2009, S. 285 ff., 372 ff.).

2 Vgl. *P. Badura,* in: BK, GG, Anh. z. Art. 38 Rn. 46 ff.

3 Vgl. *E. R. Huber,* Deutsche Verfassungsgeschichte seit 1789, Bd. III, 3. Aufl. 1988, S. 876.

4 In Großbritannien wird der Parteivorsitzende der Mehrheitspartei von der Königin zum Premierminister ernannt. Auch der Premierminister Frankreichs wird vom Staatspräsidenten ernannt, ohne dass es eines Wahlakts der Nationalversammlung bedürfte (Art. 8 der Verfassung).

Dies war weder im »Bismarck-Reich« noch in der Weimarer Republik der Fall. Nach Art. 15 Abs. 1 RV war der Reichskanzler vom Kaiser zu ernennen, nach Art. 53 WRV wurde der Reichskanzler vom Reichspräsidenten ernannt und entlassen, ohne dass dem eine Wahl vorausgegangen wäre. Das Parlament war deshalb verfassungsrechtlich nicht gezwungen, aus sich heraus eine Regierung zu bilden. 67

Die Tendenz des Mehrheitswahlrechts zur Ungleichheit beruht zum einen auf der praktischen Unmöglichkeit, Wahlkreise mit exakt gleicher Zahl von Wahlberechtigten zu bilden. Die *relative* Mehrheitswahl birgt überdies die Gefahr, dass im gesamten Wahlgebiet die Mehrheit der Mandate nicht der Mehrheit der Stimmen entspricht. Eine solche Herrschaft der Minderheit über die Mehrheit ist nicht lediglich ein Zufall, sondern als Möglichkeit im Mehrheitswahlrecht angelegt.[5] 68

Für das Mehrheitswahlrecht ist kennzeichnend, dass schon geringe Schwankungen im Wählerverhalten die Mehrheitsverhältnisse nachhaltig verändern können. Der Zuwachs an Mandaten muss nicht notwendig einer allgemein zu beobachtenden Änderung des Wählerverhaltens – einem »Trend« – entsprechen; bei knappen Mehrheitsverhältnissen genügen schon wenige Stimmen für einen Umschwung. Das führt zu den bekannten »erdrutschartigen« Wahlsiegen in Ländern mit Mehrheitswahlrecht, die aus dem Wählerverhalten nicht vollständig erklärbar wären. Das Mehrheitswahlrecht zeitigt insofern überproportionale Gewinne und entsprechend überproportionale Verluste an Parlamentsmandaten.[6] 69

2. Das Verhältniswahlrecht

Dem Verhältniswahlrecht ist die Tendenz zur Zersplitterung eigen, denn die Gründung neuer und die Kandidatur kleiner Parteien wird durch die Aussicht begünstigt, bei Parlamentswahlen Mandate zu erringen. 70

Nimmt man als Beispiel das Ergebnis der Reichstagswahlen vom 20.5.1928, so zeigt sich eine für heutige Begriffe hohe Zahl von kandidierenden Parteien, die zum Teil lediglich partikuläre Anliegen verfolgten. Infolge des Verhältniswahlrechts errangen 13 Parteien Mandate, davon die Sozialdemokraten 153, die Deutschnationale Volkspartei 73, das Zentrum 62 und die Kommunistische Partei 54 Mandate. Die NSDAP war seinerzeit noch auf 12 Mandate beschränkt, hatte also eine ähnliche Größenordnung wie die Bayerische Volkspartei, das Deutsche Landvolk oder ähnliche Parteien. Von 71

5 Hierzu *E. R. Huber*, Deutsche Verfassungsgeschichte seit 1789, Bd. III, S. 877.

6 Ein Vergleich der Wahlergebnisse zum britischen Unterhaus von 2005 und 2010 zeigt die Disproportionalität von Stimmenzahlen und Mandatszahlen in exemplarischer Weise:

Parteien	2005 (645 Sitze)		2010 (650 Sitze)	
	%	Mandate	%	Mandate
Labour	35,2	355	29,0	258
Konservative	32,3	197	36,1	307
Liberal-Demokraten	22,1	62	23,0	57
Sonstige	10,4	31	11,9	28

(Quelle: http://news.bbc.co.uk/2/shared/election2010/results/[Stand: 15.6.2012])

Bei einem Verhältniswahlrecht hätten die Stimmenanteile 2010 etwa folgenden Mandatszahlen entsprochen: Labour 189, Konservative 235, Liberal-Demokraten 149, Sonstige 77 Mandate.

den insgesamt 491 Mandaten errang die stärkste Partei – die SPD – nicht einmal ein Drittel, so dass eine Regierungskoalition aus mehreren Parteien gebildet werden musste.[7]

72 Mit Hilfe von **Sperrklauseln** lässt sich bei einem Verhältniswahlrecht verhindern, dass Parlamentsmandate auf Splitterparteien entfallen. Dass eine Partei die absolute Mehrheit der Mandate erringt, ist nach den Erfahrungen der Bundesrepublik die Ausnahme.[8] Insofern bedeutet das Verhältniswahlrecht in der Staatspraxis einen Zwang zur Koalition. Koalitionen aber bringen mit sich, dass die politischen Zielsetzungen mehrerer Parteien ausgeglichen werden müssen. Legt man das politische Spektrum des gegenwärtigen Parteiensystems zugrunde, so zeigt sich, dass abrupte Veränderungen in der Politik zu den Ausnahmen gehören. Das Verhältniswahlrecht tendiert insofern zu Kontinuität auch über den Regierungswechsel hinaus.

II. Die Wahlrechtsgrundsätze des Art. 38 Abs. 1 GG

73 Das Grundgesetz enthält kein **Wahlsystem,** sondern legt in Art. 38 Abs. 1 lediglich fünf Grundsätze fest, denen ein Wahlsystem genügen muss: Die Wahlen zum Deutschen Bundestag müssen **allgemein, unmittelbar, frei, gleich** und **geheim** sein. Diese Wahlrechtsgrundsätze bilden den Rahmen des durch (einfaches) **Bundesgesetz** festzulegenden Wahlrechts (Art. 38 Abs. 3 GG), bedeuten aber auch ein Stück Auseinandersetzung mit der Verfassungsgeschichte.

1. Grundsatz 1: Die Allgemeinheit der Wahl

74 **Fall 1:** B ist wegen Wahlbetrugs auf dem Gebiet der ehemaligen DDR zu einer Freiheitsstrafe von einem Jahr verurteilt worden. Die Verurteilung wird auf § 107 a StGB als die »lex mitior« (§ 2 Abs. 3 StGB) gestützt. Das Gericht erkennt B gem. § 108 c StGB die Fähigkeit, Rechte aus öffentlichen Wahlen zu erlangen und das Recht, in öffentlichen Angelegenheiten zu wählen, für die Dauer von drei Jahren ab (§ 45 Abs. 2 und 5 StGB). B hält dies für unvereinbar mit dem Grundsatz der Allgemeinheit der Wahl.

75 **»Allgemein«** nennen wir Wahlen, an denen alle Staatsbürger ohne Unterschied ihrer Rasse, Religion, ihres Geschlechts oder ihrer politischen Anschauung teilnehmen dürfen.[9] Der erste Wahlrechtsgrundsatz ist in engem Zusammenhang mit Art. 3 Abs. 3 GG, den **»Diskriminierungsverboten«**, zu sehen. Niemand soll vom Wahlrecht ausgeschlossen sein, der gewisse Mindestbedingungen erfüllt, die Voraussetzung für die Ausübung des Wahlrechts sind. Das Alter für das (aktive) **Wahlrecht** wird durch die Verfassung selbst auf 18 Jahre festgelegt (Art. 38 Abs. 2 GG). Vom Wahlrecht ausgeschlossen ist »derjenige, für den zur Besorgung aller seiner Angelegenheiten« ein Betreuer bestellt ist (§ 13 Nr. 2 BWahlG),[10] weil hieraus auf eine weitgehende Handlungsunfähigkeit und damit Unfähigkeit zu einer bewussten Wahlentscheidung geschlossen wird. Der Ausschluss vom Wahlrecht wegen einer strafgerichtlichen Verurteilung – früher als »Entzug der bürgerlichen Ehrenrechte« bekannt[11] – ist engen

7 Übersicht bei *H. Kaack,* Geschichte und Struktur des deutschen Parteiensystems, 1971, S. 103.
8 Bei den Bundestagswahlen 1957 errang die CDU/CSU 50,2% der Stimmen (gegenüber SPD: 31,8%, FDP: 7,7%) und 270 (von 497) Mandate (SPD: 169, FDP: 41).
9 Vgl. BVerfGE 15, 165 (166 f.); 36, 139 (141); 58, 202 (205).
10 *Sartorius* I Nr. 30 = *Nomos ÖffR* Nr. 3.
11 Vgl. *J. Jekewitz,* GA 1977, S. 161 (165).

Grenzen unterworfen: Die Aberkennung muss gesetzlich besonders vorgesehen sein und beträgt im Höchstfall fünf Jahre (§ 45 Abs. 5 StGB). Die Einzelheiten sind in §§ 45 a, b StGB niedergelegt. Nach § 45 a Abs. 2 S. 1 wird die Dauer des Verlustes von dem Tag an gerechnet, an dem die Freiheitsstrafe verbüßt, verjährt oder erlassen ist. War die Vollstreckung der Strafe zur Bewährung ausgesetzt, so wird in die Frist die Bewährungszeit eingerechnet (§ 45 a Abs. 3 StGB).

B könnte sich auf eine Verletzung des Grundsatzes der Allgemeinheit der Wahl berufen, wenn für die Aberkennung des Wahlrechts bzw. seine Berechtigung keine hinreichenden Gründe vorlägen. Nach § 45 a Abs. 1 StGB wird der Verlust des Wahlrechts mit Rechtskraft des Urteils wirksam, wird aber erst von dem Tage an gerechnet, an dem die Freiheitsstrafe verbüßt ist (§ 45 a Abs. 2 S. 1 StGB). Zu der für die Aberkennung festgesetzten Frist tritt also die Dauer der Freiheitsstrafe hinzu, obwohl das Wahlrecht von Strafgefangenen im Übrigen erhalten bleibt. Wichtige Anzeichen sprechen dafür, dass es sich bei § 45 a StGB insofern um eine gesetzgeberische Fehlleistung handelt, als vorausgesetzt worden ist, dass das Wahlrecht von Strafgefangenen – allgemein – »ruht«, was bis 1956 der Fall war. Unter dieser Voraussetzung würde die Verlängerung der Dauer des Rechtsverlustes um die Dauer der Strafverbüßung einen Verstoß gegen den Grundsatz der Allgemeinheit der Wahl darstellen, weil *andere* Strafgefangene hiervon nicht betroffen sind.[12] 76

Das lange Zeit umstrittene Wahlrecht der sog. **»Auslandsdeutschen«** – also der deutschen Staatsangehörigen, die ständig im Ausland leben und in der Bundesrepublik keinen Wohnsitz haben – unterlag bereits seit 1985 nur noch geringen Einschränkungen,[13] die 2008 durch eine Änderung des Bundeswahlgesetzes weitgehend aufgehoben wurden. Nunmehr ist selbst die einzige zusätzliche Voraussetzung der Wahlberechtigung für alle im Ausland lebenden deutschen Staatsangehörigen, dass sie nach dem 23.5.1949 und vor ihrem Fortzug mindestens drei Monate ununterbrochen in der Bundesrepublik Deutschland eine Wohnung innegehabt oder sich sonst gewöhnlich aufgehalten haben mussten (§ 12 Abs. 2 S. 1 BWahlG),[14] vom BVerfG für mit Art. 38 Abs. 1 S. 1GG unvereinbar und nichtig erklärt worden.[15] 77

Verfassungsgeschichtlich hat sich der Grundsatz der Allgemeinheit der Wahl erst mit der Einführung des Frauenstimmrechts durchgesetzt. Nach Art. 70 Abs. 1 PrVerfUrk war »jeder Preuße«, der das 25. Lebensjahr vollendet hatte, stimmberechtigter Urwähler, Frauen damit vom Wahlrecht ausgeschlossen. In Deutschland ist das Frauenstimmrecht erst 1918 eingeführt und in Art. 22 WRV verfassungsrechtlich garantiert worden. 78

2. Grundsatz 2: Die Unmittelbarkeit der Wahl

Fall 2: D ist auf der Landesliste der ABC-Partei so günstig platziert, dass er als nächster Listenbewerber »nachrücken« würde. D liegt aber wegen verschiedener Äußerungen in der Öffentlichkeit mit seinem Parteivorstand über Kreuz, der ein Ausschlussverfahren gegen ihn einleitet, das mit seinem Ausschluss aus der Partei endet (§ 10 Abs. 4 PartG). Als ein Bundestagsmandat der ABC-Partei frei wird, fällt dieses nicht D, sondern dem auf der Liste hinter ihm stehenden G zu. D hält dies für einen Verstoß gegen den Grundsatz der Unmittelbarkeit der Wahl. 79

12 So *K.-H. Seifert*, Bundeswahlrecht, § 13 BWG Rn. 3; *W. Schreiber*, Kommentar zum Bundeswahlgesetz, § 13 Rn. 8; vgl. zum Ganzen *K. Stein*, GA 2004, S. 22.
13 Vgl. zur früheren Rechtslage *J. Ipsen*, Staatsrecht I, 20. Aufl. 2008, Rn. 77 m. w. N.
14 Vgl. Gesetz zur Änderung des Wahl- und Abgeordnetenrechts vom 17.3.2008 (BGBl. I, S. 394).
15 BVerfG, Beschl. v. 4.7.2012 – 2 BvC/11 –, LS 2 u. Rn. 28 ff

80 **Unmittelbar** sind Wahlen, wenn zwischen die Entscheidung des Wählers und die Wahl des Bewerbers kein weiterer Willensakt – etwa die Entscheidung eines »Wahlmännergremiums« – fällt.[16]

81 Nach Art. 71 Abs. 1 PrVerfUrk waren durch die »Urwähler« *Wahlmänner* zu wählen, die dann die Abgeordneten wählten (Art. 72 Abs. 1 PrVerfUrk). Die Wahlen zum preußischen Abgeordnetenhaus waren *mittelbar*, weil zwischen die Urwähler und die Abgeordneten die Willensentscheidung der *Wahlmänner* trat.[17]

82 Die nach § 6 BWahlG vorgesehene Listenwahl verstößt für sich genommen nicht gegen den Grundsatz der Unmittelbarkeit, weil die Entscheidung über die Liste der Wahl vorausgeht (§ 27 BWahlG) und die festgelegte Reihenfolge unabänderlich ist (§ 6 Abs. 4 S. 2 BWahlG). Verfassungsrechtliche Bedenken könnten sich hingegen aus dem Umstand ergeben, dass eine Listenanwartschaft durch einen Beschluss von Parteigremien vernichtet werden kann. Ein solcher Vorgang ist jedoch durch § 48 Abs. 1 S. 3 BWahlG gedeckt, denn diese Vorschrift knüpft die Listenanwartschaft an die Parteimitgliedschaft, gleichgültig, ob deren Verlust freiwillig oder zwangsweise eintritt.[18] Für den **Parteiaustritt** leuchtet diese Konsequenz ein: Listen können nur von Parteien aufgestellt werden, also können auch nur Parteien gewählt werden (sog. »Listenprivileg der Parteien«, § 27 Abs. 1 BWahlG). Wer seiner Partei den Rücken kehrt, soll nicht durch ihre Wählerstimmen in den Bundestag kommen.

83 Beim **Parteiausschluss** könnten die Dinge anders liegen, denn hier bestünde die Gefahr, dass missliebige Listenanwärter durch gezielten Parteiausschluss vom Parlament ferngehalten werden. Gleichwohl dürfte der Grundsatz der Unmittelbarkeit durch § 48 Abs. 1 S. 3 BWahlG nicht verletzt sein.[19] Das Ausschlussverfahren ist formalisiert (§ 10 Abs. 5 PartG); gegen den Parteiausschluss können die (Zivil-)Gerichte angerufen werden.[20] Es kann deshalb keine Rede davon sein, dass Listenanwärter nur deshalb ausgeschlossen werden können, um anderen Platz zu schaffen. Rechtsstaatliche Garantien verhindern vielmehr, dass das Institut des Parteiausschlusses missbraucht wird. Überdies wäre es widersinnig, wenn die Listenanwartschaft auch gegenüber parteischädigendem Verhalten (§ 10 Abs. 4 PartG) Bestand hätte und somit Abgeordnete in den Bundestag gelangten, die den Interessen ihrer Partei geschadet haben.

84 Im Ausgangsfall hat D aufgrund seines Parteiausschlusses die Listenanwartschaft gem. § 48 Abs. 1 S. 3 BWahlG verloren. Ein Verstoß gegen die Unmittelbarkeit der Wahl ist in diesem Verlustgrund nicht zu sehen.

3. Grundsatz 3: Die Geheimheit der Wahl

85 **Fall 3:** Parteien, die erstmalig für den Bundestag kandidieren, müssen, um mit ihrer Liste zugelassen zu werden, eine gewisse Anzahl von Unterschriften Wahlberechtigter beibringen, um nachzuweisen, dass jemand sie unterstützt (sog. »Quorum«, § 27 Abs. 1 BWahlG). Für kleine Parteien, nicht zuletzt

---

16 So BVerfGE 3, 45 (50); 47, 253 (279 f.).

17 Vgl. *E. R. Huber*, Deutsche Verfassungsgeschichte seit 1789, Bd. III, S. 86.

18 Vgl. *W. Schreiber*, Kommentar zum Bundeswahlgesetz, § 48 Rn. 12 f.

19 BVerfGE 7, 63 (71 f.); ebenso *W. Schreiber*, Kommentar zum Bundeswahlgesetz, § 48 Rn. 13; zweifelnd *H.-U. Erichsen*, Jura 1983, S. 640; kritisch ferner *H. Meyer*, in: Isensee/Kirchhof (Hrsg.), HdStR III, § 46 Rn. 17; *P. Kunig*, Politische Parteien im Grundgesetz, Jura 1991, S. 254 m. w. N.

20 Vgl. BGHZ 75, 158 (159); *J. Ipsen*, in: ders. (Hrsg.), PartG, § 10 Rn. 33 ff.

für Parteien mit extremer politischer Zielsetzung, stellt dieses Quorum (2000 Wahlberechtigte für eine Landesliste) eine Hürde dar, die nicht leicht zu nehmen ist. Die Zulässigkeit der entsprechenden Vorschrift ist mit dem Argument in Frage gestellt worden, das Quorum verstoße gegen den Grundsatz der Geheimheit der Wahl.

Die Wahlen in einem demokratischen Staat sollen Auskunft darüber geben, was der Bürger wirklich denkt; deshalb ist es unabdingbare Voraussetzung jeder Wahl, die Stimme **geheim** abzugeben. Überall dort, wo Wahlen nicht geheim sind, steht ihr Charakter als Instrument demokratischer Legitimation in Frage. **86**

Nach § 21 der Verordnung betreffend die Ausführung der Wahl der Abgeordneten zur Zweiten Kammer vom 30.5.1849 (PrGS S. 205) erfolgten die Wahlen zum Preußischen Abgeordnetenhaus »abtheilungsweise durch Stimmgebung zu Protokoll«. Die Öffentlichkeit der Wahl wurde zwar damit gerechtfertigt, der Wähler müsse den Mut haben, seine Meinung offen zu sagen,[21] führte in der Realität aber zu einer massiven Wahlbeeinflussung.[22] Die Wahlen zum *Reichstag* waren demgegenüber geheim.[23] **87**

Das **Bundeswahlgesetz** und die **Bundeswahlordnung** treffen eine Fülle von Bestimmungen dafür, dass der Wahlvorgang geheim bleibt. Auch ein freiwilliger Verzicht auf das Wahlgeheimnis ist nicht statthaft, weil derartige Vorbilder dazu führen könnten, andere Wähler zur offenen Stimmabgabe zu nötigen. Niemand ist zwar gehindert, die Partei seiner Wahl zu nennen;[24] der **Wahlvorgang** aber muss geheim bleiben. Der Grundsatz der Geheimheit der Wahl bezieht sich dagegen nicht auf **Wahlvorbereitungen**[25] und schon gar nicht auf das Parteiwesen schlechthin. **88**

Das vom BWahlG geforderte Quorum lässt also den Grundsatz der Geheimheit der Wahl unberührt,[26] weil Stimmabgabe und Unterstützung des Listenvorschlags zwei verschiedene Größen sind. Das Quorum rechtfertigt sich daraus, dass nur solche Listen zugelassen werden sollen, die mit einem Minimum an Stimmen rechnen können.[27] **89**

4. Grundsatz 4: Die Freiheit der Wahl

Fall 4: Vor Bundestagswahlen wurden in den katholischen Kirchen sog. »Hirtenworte«, also vom zuständigen Bischof verfasste Botschaften, verlesen. Obwohl in den Botschaften keine Partei direkt empfohlen wurde, war aus dem Zusammenhang ersichtlich, welche Stimmabgabe die Kirche empfahl. **90**

Die **Freiheit der Wahl** ist in demokratischen Staaten eine Selbstverständlichkeit und begrifflich nahezu eine Tautologie; eine Wahl, die nicht frei ist, ist nach demokratischem Verständnis keine echte »Wahl«. Freiheit der Wahl bedeutet auch Freiheit vor **91**

21 Vgl. *E. R. Huber*, Deutsche Verfassungsgeschichte seit 1789, Bd. III, S. 87 f.

22 Vgl. die Nachweise bei *E. R. Huber*, Deutsche Verfassungsgeschichte seit 1789, Bd. III, S. 88.

23 § 10 RWG: Die Stimmabgabe erfolgte durch verdeckte, in eine Wahlurne niederzulegende Stimmzettel.

24 Derartige Angaben sind für die Wahlforschung von hohem Interesse und ermöglichen die nach Schluss der Wahllokale üblicherweise bekannt gegebenen Prognosen. Die »Hochrechnungen« beruhen demgegenüber auf der Auszählung von Stimmbezirken. Vgl. dazu *C. H. Dumrath*, Rechtsprobleme von Wahlprognosen kurz vor der Wahl, 1986, S. 5 f.

25 Anders BVerfGE 4, 375 (386 f.); 12, 33 (35 f.), wonach der Grundsatz der Geheimheit der Wahl einem in Art. 38 Abs. 1 S. 1 GG nicht vorgesehenen Gesetzesvorbehalt untersteht.

26 BVerfGE 3, 383 (396); im Ergebnis ebenso BVerfGE 4, 375 (386 f.).

27 BVerfGE 24, 300 (341); 82, 353 (364 f.) m. w. N.

unzulässiger Einflussnahme auf den Wähler. Eine Reihe von Strafvorschriften soll verhindern, dass der Wähler genötigt, getäuscht oder bestochen wird (§§ 108–108 b StGB). Diese Straftatbestände beziehen sich auf die konkrete Stimmabgabe, so dass die im Wahlkampf üblichen Ankündigungen und Versprechungen, die sich an die Wähler schlechthin richten, nicht erfasst werden.[28] Die Freiheit der Wahl steht in engem Zusammenhang mit dem Grundsatz der Geheimheit der Wahl.

92 Aufgrund ihrer *Öffentlichkeit* waren die Wahlen zum Preußischen Abgeordnetenhaus nicht im eigentlichen Sinne »frei«. Die Regierung nahm unverhohlen Einfluss auf ihre Beamten, die Gutsherren auf ihre Gutsarbeiter und die Industrieunternehmen auf die bei ihnen beschäftigten Arbeiter. Die Wahlergebnisse wichen wegen der nicht gewährleisteten (Geheimheit und) Freiheit nicht selten im gleichen Bezirk von den Ergebnissen der (geheimen) Reichstagswahl ab.[29]

93 Der Wähler ist im Vorfeld der Wahlen vielfältigen Einflüssen ausgesetzt. Der Wahlkampf und die ihn bestimmende Wahlpropaganda sind in einem demokratischen Staat ebenso typisch wie legitim.[30] Wenn verschiedene politische Richtungen um die Stimme des Wählers werben, kann es auch gesellschaftlichen Gruppierungen, Verbänden und Religionsgemeinschaften nicht verwehrt sein, ihre Auffassung kundzutun und dem Wähler die Wahl einer bestimmten Partei zu empfehlen. Es ist eher eine Frage des Stils, ob Religionsgemeinschaften oder gesellschaftliche Organisationen sich offen zu einer politischen Partei bekennen, weil sie durch solche Parteinahme an Integrationsfähigkeit für ihre Mitglieder, die regelmäßig verschiedener politischer Couleur sind, verlieren. Auf der anderen Seite soll der Wähler nicht in einem von Einflüssen, Stellungnahmen und Interessen freien politischen Vakuum entscheiden, sondern sich beeinflusst von den verschiedenen Stellungnahmen zu seiner Stimmabgabe durchringen.

94 Wahlempfehlungen von Kirchen verstoßen deshalb ebenso wenig wie solche gesellschaftlicher Organisationen (Verbände, Gewerkschaften usw.) gegen den Grundsatz der Freiheit der Wahl. Sie müssen im Wahlkampf hingenommen werden.[31]

5. Grundsatz 5: Die Gleichheit der Wahl

95 **Fall 5:** Der Bundestag beschließt eine Änderung des Bundeswahlgesetzes, nach der politische Parteien, die in keinem Bundesland miteinander konkurrieren, »Listenverbindungen« i. S. v. § 7 Abs. 1 BWahlG eingehen können. Die »verbundenen« Listen gelten bei der Sitzverteilung im Verhältnis zu den übrigen Listen als *eine* Liste (§ 7 Abs. 2 BWahlG). Die »5%-Sperrklausel« des § 6 Abs. 6 BWahlG findet nach der Neuregelung auf die von der Listenverbindung erreichten gültigen Zweitstimmen Anwendung. Bei der folgenden Bundestagswahl scheitert die X-Partei mit 4,2% der Zweitstimmen an der »5%-Hürde«. Auf die Listenverbindung der Y-Partei und der Z-Partei fallen demgegenüber 5,5% der Zweitstimmen, wobei die Y-Partei ebenfalls 4,2% und die Z-Partei 1,3% der Stimmen erhielt. Beide Parteien ziehen mit mehreren Abgeordneten in den Bundestag ein.

96 Während die bislang behandelten Wahlrechtsgrundsätze unschwer zu erfassen sind, bereitet die **Wahlrechtsgleichheit** erhebliche dogmatische Schwierigkeiten. Es ist deshalb kein Zufall, dass die meisten zu Art. 38 GG ergangenen verfassungsgerichtlichen

28 Vgl. *A. Eser,* in: Schönke/Schröder, StGB, 28. Aufl. 2010, § 108 a Rn. 2; *H.-J. Rudolphi,* in: Systematischer Kommentar zum Strafgesetzbuch, Stand: Oktober 2011, § 108 a Rn. 2.
29 Vgl. *E. R. Huber,* Deutsche Verfassungsgeschichte seit 1789, Bd. III, S. 88.
30 Vgl. unten Rn. 175.
31 Vgl. dazu OVG Münster, JZ 1962, S. 767; BVerwGE 18, 14.

Entscheidungen sich mit dem Grundsatz der Gleichheit der Wahl beschäftigen. Das BVerfG prüft den Grundsatz der Gleichheit der Wahl anhand des Begriffspaars **»Zählwert«** und **»Erfolgswert«** der Stimmen.[32] Einen gleichen »Erfolgswert« vermag ein Wahlsystem aber nicht zu garantieren. Bei der Mehrheitswahl erlangen z. B. die für den unterlegenen Kandidaten abgegebenen Stimmen überhaupt keine Bedeutung, ihnen kommt deshalb kein »Erfolgswert« zu. Gleichwohl soll nach überwiegender Auffassung der Grundsatz der Wahlrechtsgleichheit kein Verhältniswahlrecht fordern.[33] Aber auch ein Verhältniswahlrecht gewährleistet nicht in jedem Fall einen gleichen »Erfolgswert«, sofern eine Sperrklausel vorgesehen ist. Die Stimmen, die für eine unter die Sperrklausel fallende Partei abgegeben werden, führen nicht zu einem Parlamentsmandat und haben im Ergebnis keinen »Erfolg«. Der Grundsatz der Gleichheit der Wahl gebietet deshalb neben dem gleichen »Zählwert« der Stimmen nur eine gleiche **Erfolgschance.**

Ein historisches Beispiel für ein *ungleiches* Wahlrecht ist das Drei-Klassen-Wahlrecht, das in Preußen von 1849–1918 galt (Art. 71 PrVerfUrk). Die »Urwähler« wurden in jedem »Urwahlbezirk« nach der Höhe der von ihnen entrichteten »direkten Staatssteuern« in drei Abteilungen eingeteilt, von denen jede ein Drittel der zu wählenden Wahlmänner wählten. Die unterschiedliche Zahl von Urwählern in den einzelnen Abteilungen führte in der Staatspraxis zu einer grotesken Ungleichheit im »Erfolgswert« der Wählerstimmen.[34] Das preußische Drei-Klassen-Wahlrecht ist schon zu Zeiten seines Bestehens nachhaltig kritisiert worden.[35] 97

Die Durchsetzung der Wahlrechtsgleichheit stößt sowohl bei einem Mehrheitswahlrecht wie bei einem Verhältniswahlrecht auf Schwierigkeiten. Das Mehrheitswahlrecht erweist sich als anfällig für Manipulationen der Wahlkreise. Allein durch einen bestimmten Zuschnitt der Wahlkreise (»Wahlkreisgeometrie«) können bei einem Mehrheitswahlrecht Wahlergebnisse beeinflusst werden. 98

In Preußen führte auch die Wahlkreiseinteilung zu einer Ungleichheit des Wahlsystems. 1910 schwankte die Bevölkerungsquote pro Mandat um bis zu 200%, so dass in den agrarischen Gebieten halb so viel Stimmen für ein Mandat erforderlich waren wie in den industrialisierten Gebieten des Westens oder in Berlin.[36] 99

Auch bei einem Verhältniswahlrecht wie dem der Bundesrepublik ist die Durchsetzung der Wahlrechtsgleichheit nicht unproblematisch. Dieser Grundsatz ist nach 100

32 Vgl. BVerfGE 51, 222 (236); 85, 148 (157 f.); 95, 408 (417).

33 Vgl. BVerfGE 6, 84 (90); *K. Hesse,* Grundzüge, Rn. 147; *H.-P. Schneider,* in: AK-GG, Art. 38 Rn. 55; *S. Magiera,* in: Sachs (Hrsg.), GG, Art. 38 Rn. 109; skeptisch *M. Morlok,* in: Dreier (Hrsg.), GG, Bd. II, Art. 38 Rn. 97.

34 1903 wählten in der Klasse I 3,36%, in der Klasse II 12,07% und in der Klasse III 84,57% der gesamten Wählerschaft. Aufgrund des Zuschnitts der Wahlbezirke konnte es geschehen, dass ein einzelner Wähler der Klasse I die Wahlmänner bestimmte und sein Stimmgewicht damit ein vielfaches der Wähler aus Klasse II und III betrug; vgl. *E. R. Huber,* Deutsche Verfassungsgeschichte seit 1789, Bd. III, S. 91 f.

35 Selbst Bismarck hat in einer Rede vor dem Reichstag festgestellt, ein »widersinnigeres, elenderes Wahlgesetz« als das preußische sei in keinem Staat ausgedacht worden; vgl. *E. R. Huber,* Deutsche Verfassungsgeschichte seit 1789, Bd. III, S. 94.

36 Vgl. die Übersicht bei *E. R. Huber,* Deutsche Verfassungsgeschichte seit 1789, Bd. III, S. 89. Die unterschiedliche Wahlkreisgröße hat auch beim (unmittelbaren, geheimen) Wahlrecht zum Deutschen Reichstag (1871–1918) zu erheblichen Verzerrungen geführt. Im kleinsten Wahlkreis (Schaumburg-Lippe) waren 1912 rund 12.000 Bürger wahlberechtigt, im größten (Teltow-Charlottenburg) rund 300.000. Für ein Mandat reichten im ersten Fall (je nach Wahlbeteiligung) rund 6.000 Stimmen, im zweiten aber erst das 25-fache dieser Stimmenzahl; Nachweise bei *E. R. Huber,* Deutsche Verfassungsgeschichte seit 1789, Bd. III, S. 873 ff.

ständiger Rechtsprechung des BVerfG im Sinne einer **strengen** und **formalen Gleichheit** zu verstehen.[37] Bei der Ordnung des Wahlrechts bleibt dem Gesetzgeber deshalb nur ein eng bemessener Spielraum für Differenzierungen, die stets eines zwingenden Grundes bedürfen.[38] Zwar haben nach dem im Bundeswahlgesetz geregelten Wahlsystem alle abgegebenen Stimmen den gleichen »Zählwert«. Den Stimmen, die für unter der 5%-Grenze bleibende Parteien abgegeben werden, fehlt jedoch der »Erfolgswert«. Das BVerfG hat diese Ausnahme damit gerechtfertigt, dass Parlamentswahlen auch die **Regierungsbildung** ermöglichen sollen und die Bekämpfung von Splitterparteien deshalb ein legitimes Ziel sei.[39] Soweit es zur Sicherung der Handlungs- und Entscheidungsfähigkeit des Parlaments geboten sei, dürfe der Gesetzgeber den »Erfolgswert« der Stimmen unterschiedlich gewichten.[40] In der Sache allerdings wird den Stimmen, die für eine unter die Sperrklausel fallende Partei abgegeben werden, der Erfolgswert versagt. Es bleibt deshalb dabei, dass der Grundsatz der Wahlrechtsgleichheit neben dem gleichen Zählwert nur gleiche **Erfolgschancen**[41] zu gewährleisten vermag, während ein gleicher Erfolgswert gerade nicht garantiert wird.

101 Gelegentlich ist gegen die Rechtsprechung des BVerfG eingewandt worden, sie orientiere sich an tatsächlichen Verhältnissen, die nicht mehr bestünden.[42] Die Gefahr einer Zersplitterung des Parteiensystems sei nicht mehr gegeben, so dass die relativ hoch angesetzte Sperrklausel ihre Berechtigung verloren habe. Diese Kritik muss sich entgegenhalten lassen, dass das gegenwärtige Parteiensystem nicht zuletzt ein Resultat der Sperrklausel darstellt. Insofern sind die Folgen nicht absehbar, wenn die Sperrklausel von 5% auf 3% gesenkt würde.[43] Allerdings lässt sich aus Art. 38 Abs. 1 GG die konkrete Höhe der Sperrklausel nicht deduzieren. Ob sie bei 5% (ca. 2,5 Millionen gültige Stimmen) oder 3% (1,5 Millionen Stimmen) anzusiedeln ist, ist durch den Gesetzgeber zu entscheiden. Zu erwägen wäre jedoch eine Ergänzung des Grundgesetzes, mit der das Verhältniswahlrecht und die 5%-Sperrklausel zum Bestandteil der Verfassung gemacht werden. Einzelne Bundesländer haben diesen Weg bereits beschritten.[44]

102 Unzulässig war es demgegenüber nach Ansicht des BVerfG, dass der Gesetzgeber durch das Zustimmungsgesetz vom 29.8.1990 zum Wahlrechtsvertrag zwischen der Bundesrepublik und der DDR[45] bereits für die erste gesamtdeutsche Wahl am 2.12.1990 die 5%-Grenze des § 6 Abs. 6 BWahlG auf das gesamte Wahlgebiet ausgedehnt hat. Die Regelung trug den besonderen »Startbedingungen«, mit denen sich insbesondere die vorwiegend auf dem Gebiet der früheren DDR tätigen und teilweise erst neu gegründeten Parteien konfrontiert sahen, nicht hinreichend Rechnung.[46] Hieran zeigt sich, dass die Zulässigkeit einer Differenzierung hinsichtlich der Erfolgschancen

37 So BVerfGE 51, 222 (234); 78, 350 (357 f.); 99, 69 (77 f.); 124, 1 (18).

38 Vgl. BVerfGE 82, 322 (338); 95, 408 (418); 120, 82 (107); 121, 266 (297); 124, 1 (19).

39 So BVerfGE 6, 84 (92 f.); 82, 322 (338); 95, 408 (419, 421 f.).

40 So BVerfGE 82, 322 (338); 95, 335 (366); 95, 408 (419, 421).

41 So auch BVerfGE 95, 335 (363): »Es wahrt gerade die Gleichheit der ***Erfolgschancen*** aller Stimmen.«

42 So insbes. *W. Frotscher*, DVBl. 1985, S. 926 f.

43 So der Vorschlag von *W. Frotscher*, DVBl. 1985, S. 927; vgl. auch *W. Schreiber*, Kommentar zum Bundeswahlgesetz, § 6 Rn. 37 m. w. N.

44 Art. 28 Bad.-Württ. Verf.; Art. 14 Bay. Verf.; Art. 39 Berl. Verf.; Art. 75 Brem. Verf.; Art. 75 Hess. Verf.; Art. 8 Nds. Verf.; Art. 80 Rh.-Pf. Verf.; Art. 49 Thür. Verf.

45 BGBl. I, S. 813.

46 So BVerfGE 82, 322 (340 f.).

der Stimmabgabe nicht generell beurteilt werden kann, sondern auch von der jeweils gegebenen politischen und historischen Situation abhängig ist.[47]

Parteien, die unter die Sperrklausel fallen, nehmen nach § 6 Abs. 6 S. 1 BWahlG an der Mandatsverteilung teil, wenn sie drei Direktmandate errungen haben (sog. »Grundmandate«). Das BVerfG hat die Vereinbarkeit der **»Grundmandats-Klausel«** mit Art. 38 Abs. 1 GG mit der Begründung bejaht, der Gesetzgeber sei nicht gehindert, »Grundmandatsparteien« als politisch bedeutsam anzusehen und sie an der Verteilung der Listenmandate teilnehmen zu lassen.[48] Die Gesichtspunkte der Funktionsfähigkeit des Parlaments und des Gebots der gleichen Chancen für Wähler und Parteien bei der Mandatsverteilung nach den Zweitstimmen hätten deshalb vernachlässigt werden dürfen. Die Klausel unterlaufe auch nicht die mit der Sperrklausel verfolgte Sicherung der Funktionsfähigkeit des Parlaments.[49] Im Schrifttum wird die Vereinbarkeit der Grundmandatsklausel mit Art. 38 Abs. 1 GG dagegen überwiegend verneint.[50] In der Geschichte der Bundesrepublik sind unterschiedliche Parteien durch die Grundmandatsklausel begünstigt worden, wobei teilweise Wahlabsprachen getroffen worden sind (»Huckepack-Verfahren«).[51] 103

Dem Bild des »Huckepacknehmens«[52] entspricht auch die im Ausgangsfall getroffene Regelung, die eine – zusätzliche – ungleiche Gewichtung des Erfolgswerts von Wählerstimmen mit sich bringen kann: Die 5%-Grenze des § 6 Abs. 6 S. 1 BWahlG trifft zunächst alle Parteien in potentiell gleichem Maße. Diese gleichmäßige Wirkung der »Sperrklausel« wird jedoch durch die hier getroffene Regelung für jene Parteien wieder durchbrochen, die eine Listenverbindung eingegangen sind. Erreichen die an der Listenverbindung beteiligten Parteien insgesamt zumindest 5% der Zweitstimmen, so werden sie bei der Sitzverteilung auch dann berücksichtigt, wenn die Parteien jede für sich an der 5%-Grenze gescheitert wären. Listenverbindungen haben deshalb nicht nur zur Folge, sondern auch zum *Ziel,* dass sie die Wirkung einer »Sperrklausel« und damit den »Erfolgswert« von Wählerstimmen in Abhängigkeit vom Vorhandensein einer Listenverbindung unterschiedlich gestalten. Dies widerspricht dem Grundsatz der Wahlgleichheit und ist deshalb unzulässig.[53] 104

47 So BVerfGE 82, 322 (338 f.).

48 So BVerfGE 95, 408 (422).

49 So BVerfGE 95, 408 (424).

50 Vgl. *H.-U. Erichsen,* Jura 1984, S. 32; *J. A. Frowein,* AöR 99 (1974), S. 93; *H. Meyer,* Das parlamentarische Regierungssystem des Grundgesetzes, VVDStRL 33 (1975), S. 116; *W. Hoppe,* DVBl. 1995, S. 265; *G. Roth,* NJW 1994, S. 3269; a. A. *W. Schreiber,* Kommentar zum Bundeswahlgesetz, § 6 Rn. 42 ff.; vgl. hierzu auch *W. Pauly,* AöR 123 (1998), S. 254 ff.

51 Die Deutsche Partei (DP) errang bei den Bundestagswahlen 1957 aufgrund einer Wahlabsprache mit der CDU 6 Direktmandate und war im Bundestag mit 17 Mandaten vertreten. Ihr Stimmenanteil betrug (mit 1.007.282 Zweitstimmen) 3,4%. Der Gesamtdeutsche Block – Bund der Heimatvertriebenen und Entrechteten – (GB-BHE) gewann demgegenüber 4,6% (1.374.066) der Zweitstimmen, aber kein Direktmandat und zog demgemäß nicht in den Bundestag ein. Vgl. *H. Kaack,* Geschichte und Struktur des deutschen Parteiensystems, 1971, S. 239; *W. Schreiber,* Kommentar zum Bundeswahlgesetz, § 6 Rn. 22 m. w. N. Zu Wahlkreisabsprachen insgesamt vgl. *P. Schindler,* Datenhandbuch zur Geschichte des Deutschen Bundestages 1949 bis 1999, Bd. I, 1999, S. 138 ff.

52 Vgl. BVerfGE 82, 322 (344).

53 Vgl. BVerfGE 82, 322 (345 f.).

III. Das Wahlsystem des Bundeswahlgesetzes

105 **Fall 6:** Bei den Wahlen zum 13. Deutschen Bundestag errangen die CDU/CSU 294 und die SPD 252 Mandate. Aufgrund ihres Anteils an den gültigen Zweitstimmen wären auf die CDU/CSU 282 und auf die SPD 248 Mandate entfallen. Die Differenz erklärte sich daraus, dass CDU/CSU und SPD in unterschiedlichen Bundesländern eine größere Zahl von Direktmandaten errangen als ihnen nach dem Stimmenproporz zugestanden hätten. Diese »Überhangmandate« (CDU: 12, SPD: 4) verblieben den Parteien, ohne dass eine erneute Berechnung stattfand (§ 6 Abs. 5 BWahlG). Nach Auffassung des Landes Niedersachsen verstieß § 6 Abs. 5 BWahlG gegen den Grundsatz der Wahlrechtsgleichheit.
(BVerfGE 95, 335)

106 Das im Bundeswahlgesetz geregelte Wahlsystem ist ein **Verhältniswahlrecht.** Um den schon erwähnten Nachteil – Splitterparteien im Parlament – zu vermeiden, ist es mit einer Sperrklausel versehen (§ 6 Abs. 6 S. 1 BWahlG). Überdies enthält es Elemente der **Personenwahl,** so dass man von einem **„personalisierten Verhältniswahlrecht"** sprechen kann.[54] Durch das Urteil des BVerfG vom 25.7.2012 sind wesentliche Bestimmungen des 19. Gesetzes zur Änderung des BWahlG vom 25.11.2011[55] für nichtig bzw. verfassungswidrig erklärt worden.[56] Die Bundesrepublik verfügt deshalb gegenwärtig über kein der Verfassung entsprechendes Wahlrecht, weil die durch die 19. Wahlgesetznovelle aufgehobenen Vorschriften ebenfalls nicht in vollem Umfang verfassungskonform waren.[57] Gleichwohl wird das Wahlsystem in seinen Grundzügen dargestellt und zugleich darauf hingewiesen, welche Bestimmungen vom BVerfG für verfassungswidrig erklärt worden sind und deshalb ersetzt werden müssen.

107 **1. Schritt:**
Zu vergeben sind 598 Bundestagsmandate – die „Gesamtzahl der Sitze" (§ 1 Abs. 1 BWahlG)[58] –, um die sich politische Parteien mit Landeslisten bewerben. Die Landeslisten können gem. § 27 Abs. 1 S. 1 BWahlG nur von politischen Parteien aufgestellt werden (sog. „Listenprivileg" der Parteien). Die Aufstellung folgt bestimmten, durch das Bundeswahlgesetz festgelegten Regeln, insbesondere müssen Delegiertenversammlungen über die Listen entscheiden (§ 27 Abs. 5 i. V. m. § 21 Abs. 1, 3, 5 und 6 BWahlG). Die Landeslisten sind starr, d. h. die Reihenfolge der Bewerber wird vor der Wahl unveränderbar festgelegt (§ 27 Abs. 3 BWahlG).

108 **2. Schritt:**
Die Wähler wählen die in ihrem Land aufgestellte Landesliste einer Partei mit ihrer **„Zweitstimme"** (§ 4 BWahlG). Nach der Wahl gibt es folglich von jeder Partei, die sich beteiligt hat, Landeslisten, auf die jeweils eine bestimmte Anzahl von (Zweit-)Stimmen entfallen sind.

109 **3. Schritt:**
Nach § 6 Abs. 1 S. 1 i. V. m. Abs. 2 bis 7 BWahlG sollte die Gesamtzahl der (598) Sitze nach dem Divisorverfahren *Sainte-Laguë/Schepers* auf die 16 Bundesländer verteilt werden. Maßstab hierfür sollte die **Zahl der Wähler** – nicht die der Wahlberechtigten oder der gültigen Stimmen – sein, die im Wahlgebiet ihre Stimme abgegeben haben. Sie sollte durch die Zahl der Wähler dividiert werden, die sich in dem betreffenden Land an der Wahl beteiligt hatten und das auf dieses Land entfallende

54 Vgl. BVerfGE 16, 130 (140).

55 BGBl. I, S. 2313.

56 BVerfG, Urt. v. 25.7.2012 – 2 BvF 3/11.

57 Vgl. dazu BVerfGE 121, 266.

58 Der Begriff „Gesamtzahl der Sitze" ist durch das 19. Gesetz zur Änderung des Bundeswahlgesetzes vom 25.11.2011 (BGBl. I, S. 2313) an die Stelle der „gesetzlichen Mitgliederzahl des Deutschen Bundestages" getreten. Sie betrug bis zur Vereinigung 496 Abgeordnete und wurde nach der Vereinigung auf 656 Abgeordnete erhöht. Für die Wahlen zum 15. Deutschen Bundestag ist die gesetzliche Mitgliederzahl auf 598 Abgeordnete verringert worden (Änderungsgesetz zum BWahlG vom 15.11.1996 [BGBl. I, S. 1712]). Diese Zahl ist auch nach der neuesten Novelle beibehalten worden.

Mandatskontingent ergeben, wobei Standardrundungen vorgesehen waren. Das BVerfG hat in seinem Urteil vom 25.7.2012 die Aufteilung der Mandate auf die Bundesländer (sog. „Listenwahlkreise") nach der Wählerzahl für verfassungswidrig erklärt, weil durch diese Bestimmung ein „negatives Stimmgewicht" nicht ausgeschlossen werden könne. Von einem „negativen Stimmgewicht" ist die Rede, wenn sich eine für eine Landesliste einer Partei abgegebene Stimme in der Weise auswirkt, dass dieselbe Partei in einem anderen Bundesland ein Mandat weniger erhält.[59] Der Entscheidung des BVerfG ist zu entnehmen, dass die Bemessung von Mandatskontingenten am Maßstab der Bevölkerungszahl oder der Wahlberechtigten der Bundesländer diesen Bedenken nicht begegnen würde. Sofern der Gesetzgeber an länderspezifischen Mandatskontingenten festhalten will, würde sich die Zahl der Mandate nach der *Wahlberechtigung*, nicht nach der *Wahlbeteiligung* richten müssen.

4. Schritt: 110
Diejenigen Parteien, die im Wahlgebiet nicht wenigstens **5%** der gültigen **Zweitstimmen** auf ihre Landeslisten haben vereinigen können, bleiben bei der folgenden Verteilung der Sitze **unberücksichtigt** (§ 6 Abs. 6 S. 1 BWahlG).[60] Sie nehmen gleichwohl an der Verteilung der Mandate teil, wenn sie drei **Direktmandate** („Grundmandate") errungen haben oder eine nationale Minderheit vertreten (§ 6 Abs. 6 S. 2 BWahlG). In der Regel bleiben für Verteilung der Bundestagsmandate nur die Parteien übrig, die die 5%-Hürde übersprungen haben. Unter der Voraussetzung, dass § 6 Abs. 1 S. 1 BWahlG geändert worden ist, wären nunmehr die Mandatskontingente der einzelnen Bundesländer zu verteilen.

5. Schritt: 111
Die Verteilung erfolgt nach dem **Divisorverfahren** *Sainte-Laguë/Schepers.* Dabei werden die Zweitstimmen der am Verteilungsverfahren teilnehmenden Landeslisten durch einen geeigneten Divisor (Zweitstimmen pro Bundestagsmandat) *dividiert.* Das Ergebnis bildet dann die Zahl der auf die jeweilige Landesliste entfallenden Bundestagsmandate. Da sich bei dem Divisorverfahren auch Bruchteile ergeben können, Mandate aber nicht teilbar sind, werden eventuell verbleibende Sitze nach dem Standardrundungsverfahren vergeben (§ 6 Abs. 2 S. 3 BWahlG). Zahlenbruchteile, die gleich 0,5 sind, werden so auf- und abgerundet, dass das im jeweiligen Land zu vergebende Sitzkontingent erschöpft wird; ergeben sich dabei mehrere mögliche Sitzzuteilungen, so entscheidet das vom Bundeswahlleiter zu ziehende Los (§ 6 Abs. 2 S. 4 BWahlG).

6. Schritt: 112
Nach § 6 Abs. 2 a S. 1 BWahlG sollten die sog. **„Reststimmen"** der Landeslisten addiert werden und u. U. zu „Reststimmenmandaten" führen. Unter „Reststimmen" waren solche Stimmenanteile der Landeslisten zu verstehen, auf die nach dem Divisorverfahren kein Mandat entfiel. Die addierten Reststimmen aller Landeslisten sollten zu einem weiteren Mandat führen, wenn sie die durchschnittlich für ein Listenmandat erforderliche Zweitstimmenzahl überstiegen. Durch die Reststimmenmandate hätte sich die Gesamtzahl der Sitze des Bundestags erhöht (§ 6 Abs. 2 a S. 3 BWahlG), wobei die Landeslisten solcher Parteien bevorzugt werden sollten, die „Überhangmandate" errungen hatten. Das BVerfG hat § 6 Abs. 2 a BWahlG für nichtig erklärt, so dass auch bei einer neuerlichen Reform des Wahlrechts die „Reststimmen" unberücksichtigt bleiben müssen.

7. Schritt: 113
Mit der sog. **Erststimme** (§ 4 BWahlG) werden in 299 Wahlkreisen Abgeordnete in **relativer Mehrheitswahl** gewählt, d. h. derjenige Bewerber ist erfolgreich, der die meisten Stimmen auf sich vereinigen kann (§ 1 Abs. 2 i. V. m. § 5 S. 2 BWahlG). Wählbar sind nicht nur Parteibewerber, sondern auch parteiunabhängige Kandidaten (§ 18 Abs. 1 i. V. m. § 20 Abs. 3 BWahlG).

8. Schritt: 114
Von der auf eine Landesliste entfallenden Mandatszahl werden die in einer direkten Wahl errungenen (Wahlkreis-)Mandate **abgezogen** (§ 6 Abs. 4 S. 1 BWahlG). Das Verfahren, die Verhältniswahl mit der

---

59 Vgl. BVerfGE 121, 266.

60 Für die Wahlen zum 12. Deutschen Bundestag (erste gesamtdeutsche Wahl) sah § 53 BWahlG a. F. aufgrund der Entscheidung des BVerfG vom 29.9.1990 (BVerfGE 82, 322) im Wahlrechtsvertragsgesetz eine Übergangsregelung vor, derzufolge zum Einzug in den Bundestag das Erreichen von 5% der Zweitstimmen *entweder* auf dem Gebiet der früheren Bundesrepublik *oder* auf dem Gebiet der früheren DDR ausreichend war (BGBl. I 1990, S. 2141). Diese Regelung hatte zur Folge, dass das Bündnis 90 mit 8 Mandaten im Bundestag vertreten war, während die Grünen, die auf dem Gebiet der »alten« Bundesrepublik nur 4,75% der Zweitstimmen erhalten hatten, im 12. Deutschen Bundestag nicht vertreten waren.

Personenwahl zu harmonisieren, besteht folglich in einer einfachen **Subtraktion.** „Über die Liste" sind deshalb nur die verbleibenden Mandate (in der dort festgelegten Reihenfolge zu besetzen), wobei die direkt gewählten Bewerber unberücksichtigt bleiben (§ 6 Abs. 4 S. 2 und 3 BWahlG). Das nach dem System *Sainte-Laguë/Schepers* bestimmte Stärkeverhältnis der Parteien untereinander bleibt aufgrund des § 6 Abs. 4 BWahlG von der Direktwahl unberührt; denn sofern eine Partei im Wahlkreis erfolgreich ist, wird ihr dieses Mandat von dem ihr nach der Listenwahl zustehenden Anteil am Mandatskontingent abgezogen. Durch die Erststimme hat der Wähler deshalb nur einen gewissen Einfluss auf die personelle Zusammensetzung des Bundestages, nicht jedoch auf die **Mandatszahl,** mit der eine Partei im Bundestag vertreten ist. Hieraus folgt, dass die **entscheidende Stimme** – diejenige nämlich, die über den „Wahlsieger" entscheidet – **die Zweitstimme** ist.

115 **9. Schritt:**
Aufgrund des Zwei-Stimmen-Systems und des hierdurch möglichen – und verbreiteten – **„Stimmensplittings"** tritt nicht selten der Fall ein, dass eine Partei in einem Bundesland *mehr* Direktmandate erringt als der Landesliste nach dem Verteilungsverfahren zustehen. Die **„Überhangmandate"** (nämlich diejenigen Mandate, die über den nach der Zweitstimmenzahl errechneten Mandatsanteil der Liste hinausgehen) verbleiben der jeweiligen Partei; entsprechend erhöht sich die gesetzliche Mitgliederzahl des Bundestages (§ 6 Abs. 5 BWahlG). Auch diese Bestimmung ist durch das Urteil des BVerfG vom 25.7.2012 für verfassungswidrig erklärt worden. Das BVerfG hält Überhangmandate nur in begrenztem Umfang für tolerabel und setzt deren zulässige Zahl bei der halben Fraktionsstärke im Deutschen Bundestag – nämlich bei 15 Mandaten – an.[61] Dem Gesetzgeber soll es überlassen sein, eine verfassungsmäßige Regelung zu schaffen.[62]

116 **10. Schritt:**
Sofern nach der Wahl ein Mandat frei wird, wird der Sitz aus der Landesliste besetzt, für die der ausgeschiedene Abgeordnete aufgetreten ist (§ 48 Abs. 1 S. 1 BWahlG). Eine Listennachfolge findet nicht statt, wenn auf die Partei in dem betreffenden Land Überhangmandate angefallen sind (§ 48 Abs. 1 S. 2 BWahlG).[63]

117 Die Verfassungsmäßigkeit von Überhangmandaten ist seit jeher umstritten gewesen. Das BVerfG hatte in einer früheren Entscheidung § 6 Abs. 5 BWahlG für verfassungsmäßig erklärt,[64] eine gleich große Zahl von Richtern hatte die Bedenken gegen die Verfassungsmäßigkeit jedoch in einem abweichenden Votum bekräftigt. Letztere haben ihre Auffassung damit begründet, dass Parteien, die Überhangmandate erringen, unter Umständen signifikant weniger Stimmen pro Mandat aufbringen müssen. Damit sei bereits eine Verletzung der Wahlrechtsgleichheit im Sinne des Art. 38 Abs. 1 GG dargetan, die auch nicht durch die Besonderheit des Wahlsystems gerechtfertigt werden könne.[65] Die grundsätzlichen Bedenken des abweichenden Votums aus dem Jahr 1996 sind durch das jüngste Urteil des BVerfG bestätigt worden. Der Senat bekräftigt die Eigenart des Wahlsystems als Verhältniswahlrecht. Dem Verhältniswahlrecht ist eigen, dass der Mehrheit der Stimmen – nämlich der *Zweit*stimmen – stets die Mehrheit der Parlamentsmandate entsprechen muss. Damit ist eine Herrschaft der (Stimmen-)Minderheit über die (Stimmen-)Mehrheit ausgeschlossen, wie sie im Mehrheitswahlrecht für Parlamente eintreten kann. Werden nämlich Abgeordnete in Wahlkreisen mit (insbes. einfacher) Mehrheit gewählt, so können Parteien die Mehrheit der Parlamentsmandate erringen, obwohl sie gemessen an der Stimmenzahl nicht über die Mehrheit verfügen. Das Verhältniswahlrecht kann deshalb dahin charakterisiert werden, dass es die Herrschaft der Minderheit über die Mehrheit ver-

61 Vgl. BVerfG, Urt. v. 25.7.2012 – 2 BvF 3/11 –, Rn. 143 ff.
62 Vgl. BVerfG, Urt. v. 25.7.2012 – 2 BvF 3/11 –, Rn. 151.
63 Das sog. „Abschmelzen" von Überhangmandaten geht auf eine Entscheidung des BVerfG zurück (BVerfGE 97, 317) und ist durch Änderungsgesetz zum BWahlG in § 48 Abs. 1 eingefügt worden.
64 So BVerfGE 95, 335.
65 Vgl. BVerfGE 95, 335 (367 ff.).

hindert. Entgegen der Auffassung des BVerfG kommt es deshalb nicht darauf an, in welchem Umfang Überhangmandate noch tolerabel sind; entscheidend ist vielmehr, ob das im Verhältniswahlrecht angelegte Prinzip der Herrschaft der Mehrheit über die Minderheit konterkariert werden kann. Dies ist nach den bisherigen Ergebnissen der Bundestagwahlen noch nicht der Fall gewesen, obwohl bei den Wahlen zum 13. Deutschen Bundestag zweifelhaft gewesen wäre, ob eine Koalition aus CDU/CSU und FDP *ohne* Überhangmandate hätte gebildet werden können.[66] Angesichts

66 Überzeugend deshalb das Votum der vier dissentierenden Richter (BVerfGE 95, 335 [367 ff.]). Die verfassungsrechtlichen Bedenken werden durch den Umstand verstärkt, dass bei den Bundestagswahlen 1994 die Überhangmandate eine entscheidende Voraussetzung für die Koalitionsbildung waren:

13. Wahlperiode (1994):

	Mandatszahl **ohne** Überhangmandate	Mandatszahl **mit** Überhangmandaten
CDU/CSU	282	294
SPD	248	252
B90/GR	49	49
FDP	47	47
PDS	30	30
Abgeordnete insgesamt	656	672
Koalition aus CDU/CSU und FDP	329	341
absolute Mehrheit	329	337

Auch bei den Bundestagswahlen 2009 hat sich eine erhebliche Zahl von Überhangmandaten (insgesamt 24) ergeben, die allerdings bei der Koalition aus CDU/CSU und FDP für die absolute Mehrheit nicht ins Gewicht gefallen ist:

17. Wahlperiode (2009):

	Mandatszahl **ohne** Überhangmandate	Mandatszahl **mit** Überhangmandaten
CDU/CSU	215	239
SPD	146	146
FDP	93	93
LINKE/PDS	76	76
B90/GR	68	68
Abgeordnete insgesamt	598	622
Koalition aus CDU/CSU und FDP	308	332
absolute Mehrheit	300	312

(Vgl. *P. Schindler*, Datenhandbuch zur Geschichte des Deutschen Bundestages 1949 bis 1999, Bd. I, S. 288 für die 13. WP; Bundeswahlleiter, Internetangebot: http://www.bundeswahlleiter.de/de/bundestagswahlen/BTW_BUND_09/veroeffentlichungen/engueltige/voetab3.pdf [Stand: 15.6.2012]).

der zu erwartenden – auch vom BVerfG prognostizierten – Zunahme von Überhangmandaten, kann es nicht ausreichen, deren Zahl zu begrenzen; verhindert werden muss vielmehr, dass Überhangmandate für die Regierungsbildung entscheidend sein können. Da eine Mehrheit von weniger als 15 Mandaten bereits eine Regierungsbildung ermöglicht, erweist sich allerdings die vom Senat statuierte Obergrenze für Überhangmandate als nicht zielführend. Auch das sog. „Abschmelzen" der Überhangmandate bei Freiwerden von Mandaten, wie es durch das BVerfG dekretiert worden ist und Eingang in das Bundeswahlgesetz gefunden hat (§ 48 Abs. 1 S. 2 BWahlG), ist wegen der Zufälligkeit des Freiwerdens von Mandaten nicht geeignet, die Zahl von Überhangmandaten zu begrenzen. Eine auf Landesebene bereits erprobte[67] Möglichkeit, den gleichheitswidrigen Effekt von Überhangmandaten zu vermeiden, liegt in der Einführung sog. **Ausgleichsmandate.** Hiernach verbleiben zwar die Überhangmandate den Parteien, die sie errungen haben, werden aber durch eine gleich hohe Zahl von Mandaten „ausgeglichen". Die Gesamtzahl der Abgeordnetensitze erhöht sich damit nochmals und wird gem. den gesetzlichen Bestimmungen verteilt. Dies hat zwar eine Vergrößerung des Bundestages zur Folge, die aber als Preis für die Wiedererlangung eines verfassungsmäßigen Wahlrechts hinzunehmen ist.

118 Im Ausgangsfall hätte § 6 Abs. 5 BWahlG für verfassungswidrig erklärt werden müssen, weil Überhangmandate eine Verletzung der Wahlrechtsgleichheit i. S. d. Art. 38 Abs. 1 S. 1 GG bedeuten, sofern sie nicht ausgeglichen werden. Der Verstoß gegen Art. 38 Abs. 1 S. 1 GG liegt nicht schon in dem Umstand, dass Überhangmandate der Partei, die sie errang, verblieben (§ 6 Abs. 5 S. 1 BWahlG); verfassungswidrig war vielmehr der Umstand, dass eine erneute Berechnung nicht stattfand (§ 6 Abs. 5 S. 2 BWahlG), mit anderen Worten: kein Ausgleich für die Überhangmandate geschaffen wurde.[68] Das im Ausgangsfall von dem Land Niedersachsen angestrengte Normenkontrollverfahren hätte deshalb erfolgreich sein müssen.[69]

119 § 6 Abs. 1 S. 2 BWahlG beschränkte sich in seiner Ursprungsfassung auf Einzelbewerber und solche Wahlkreiskandidaten, für deren Partei keine Landesliste zugelassen war. Nicht erfasst wurde damit die – bei den Wahlen zum 15. Bundestag eingetretene Konstellation – dass eine mit Landeslisten zugelassene Partei (PDS) zwei Direktmandate erlangte, jedoch an der Sperrklausel scheiterte. Deren Direktmandate konnten von keiner Liste abgezogen werden, weil Listenmandate nicht angefallen waren. Lag jedoch ein Stimmensplitting zugunsten anderer Landeslisten vor (sog. „Berliner Zweitstimmen"), hatten die Wähler ein gegen den Grundsatz der Wahlrechtsgleichheit verstoßendes doppeltes Stimmengewicht.[70] Dieser Verstoß gegen den Grundsatz der Wahlrechtsgleichheit ist durch das 19. Gesetz zur Änderung des BWahlG beseitigt worden. Nunmehr bleiben auch die Zweitstimmen derjenigen

67 Vgl. die einzelnen Bestimmungen in den Landeswahlgesetzen, z. B. §§ 2 Abs. 3 S. 1, 2 Abs. 4 S. 1 (Bad.-Württ.); Art. 44 Abs. 2 S. 2 (Bay.); § 5 Abs. 5 S. 1 (Hamb.); §§ 8, 10 Abs. 5 S. 2 (Hess.); § 58 Abs. 6 S. 2 (Meckl.-Vorp.); §§ 1 Abs. 3, 33 Abs. 7 S. 2 u. 3 (Nds.); §§ 26 Abs. 1 S. 1, 33 Abs. 5 (NRW); §§ 4, 6 Abs. 6 (Sachs.); § 35 Abs. 8 (Sachs.-Anh.).

68 Nach § 33 Abs. 7 des Niedersächsischen Landeswahlgesetzes (NLWG) erhöht sich die gesetzliche Mitgliederzahl des Landtags um die doppelte Zahl der Überhangmandate (Mehrsitze). Die erhöhte Zahl der Abgeordnetensitze wird erneut verteilt. Die Sitze verbleiben bei der Partei, auf die sie entfallen. Durch die Ausgleichsmandate wird vermieden, dass sich aufgrund der Überhangmandate das Kräfteverhältnis der Parteien innerhalb des Parlaments verschiebt.

69 Vgl. hierzu Fn. 66.

70 Vgl. *J. Ipsen*, DVBl. 2003, S. 1013 f.; *R. Scholz/H. Hofmann*, ZRP 2003, S. 39.

Wähler unberücksichtigt, die einen (erfolgreichen) Wahlkreisbewerber gewählt haben, der von einer Partei vorgeschlagen worden ist, die an der Sitzverteilung nach § 6 Abs. 6 BWahlG nicht teilnimmt (§ 6 Abs. 1 S. 2 BWahlG n. F.), und somit für eine andere Parteiliste abgegeben worden sind.

Das personalisierte Verhältniswahlrecht hat sich im Grundsatz bewährt. Es vermei- **120** det die dem Mehrheitswahlrecht eigene Ungleichheit, ohne eine Parteienzersplitterung zu begünstigen. Die mit dem Verhältniswahlrecht einhergehende Notwendigkeit, Regierungskoalitionen zu bilden, ist kein abstrakter »Nachteil«, sondern eine Konsequenz des Wählerverhaltens. Auch ein Verhältniswahlrecht ermöglicht – ein entsprechendes Parteiensystem vorausgesetzt – die absolute Mehrheit einer Partei. Im Gegensatz zum Mehrheitswahlrecht werden allerdings regierungsfähige Mehrheiten nicht durch planmäßige und gleichheitswidrige Ausschaltung von Minderheiten erreicht.[71]

Bedenken bestehen indes dagegen, dass der Wähler zwei Stimmen hat (§ 4 BWahlG) **121** und ihm damit die Möglichkeit des »Stimmensplittings« eröffnet ist. Der hiermit vermeintlich verbundene Einfluss auf die Personenauswahl geht an der Realität heutiger Parlamentswahlen vorbei. Bundestagswahlen sind vorwiegend Partei- und Kanzlerwahlen, nicht Wahlen bestimmter Abgeordneten-Persönlichkeiten.[72] Überdies verleitet die Möglichkeit des »Stimmensplittings« zu Missverständnissen und Missbräuchen. In Wahlkämpfen wird nicht selten von kleineren Parteien gezielt um die Zweitstimme geworben (sog. »Zweitstimmenkampagne«), wobei einkalkuliert wird, dass der Wähler ihre im Wahlsystem ausschlaggebende Bedeutung verkennt. Obwohl sich bislang in den Wahlkämpfen noch keine Strategien zum planmäßigen Gewinn von Überhangmandaten gezeigt haben, weist deren theoretische Möglichkeit auf eine Schwäche des Wahlsystems hin. Das bewährte Verhältniswahlrecht würde deshalb einerseits vervollkommnet und andererseits vereinfacht, wenn der Wähler nur eine Stimme hätte, die dem Wahlkreiskandidaten und zugleich der Landesliste seiner Partei zuzurechnen wäre.[73]

IV. Wahlprüfung

Das Grundgesetz beschränkt sich darauf, die **Wahlprüfung** zur Sache des **Bundes-** **122** **tages** zu erklären (Art. 41 Abs. 1 S. 1 GG), gegen die Entscheidung des Bundestages die **Beschwerde** zum **BVerfG** zuzulassen (Art. 41 Abs. 2 GG) und das Nähere bundesgesetzlicher Regelung vorzubehalten (Art. 41 Abs. 3 GG). Das Wahlprüfungsgesetz vom 12.3.1951[74] beschränkt sich im Wesentlichen auf prozedurale Vorschriften für die Wahlprüfung, so dass das materielle **Wahlprüfungsrecht** gesetzlich nicht geregelt ist. Insbesondere fehlt es an einer gesetzlichen Fixierung möglicher

71 Vgl. oben Rn. 96.
72 Vgl. zu der Frage der Persönlichkeitswahl und der Listenwahl *H. Maurer*, Staatsrecht, § 13 Rn. 20 ff.
73 Vgl. *J. Ipsen*, JA 1987, S. 236.
74 *Sartorius* I Nr. 32 = *Nomos ÖffR* Nr. 6.

»**Wahlfehler**«, die gegebenenfalls die Ungültigerklärung einer Wahl bzw. die Feststellung des Mandatsverlustes zur Folge haben können.[75]

123 Das BVerfG hat 1993 festgestellt, dass Wahlfehler nicht nur von amtlichen **Wahlorganen,** sondern auch von **Dritten** begangen werden können, soweit diese unter Bindung an wahlgesetzliche Anforderungen kraft Gesetzes Aufgaben bei der Organisation einer Wahl erfüllen.[76] Das bedeutet konkret, dass auch die innerparteilichen Wahlverfahren für die Vertreterversammlung bzw. die Kandidatenaufstellung nach §§ 21 und 27 BWahlG durch die Wahlorgane auf Gesetzesverstöße zu prüfen sind. Damit ist der gesamte innerparteiliche Willensbildungsprozess im Vorfeld der Bundestagswahlen der Nachprüfung durch die staatlichen Wahlorgane unterworfen. Ein in diesen Verfahren festgestellter Wahlfehler ist jedoch nur dann relevant, wenn er auf die Sitzverteilung von Einfluss ist oder sein könnte.[77] Im Gegensatz zu der vom Hamburger Verfassungsgericht vertretenen Auffassung[78] ist die Ungültigkeit der Wahl nicht als Sanktion für einen besonders schweren Wahlfehler misszuverstehen; sie ist – wie die Erklärung des Sitzverlustes – auf den Fall zu beschränken, in dem bei fehlerfreiem Wahlverlauf das Wahlergebnis anders ausgefallen wäre. Zweifelhaft ist überdies, ob Wahlfehler, die allein dem internen Willensbildungsverfahren einer kandidierenden Partei zuzurechnen sind, Einfluss auf die Gültigkeit der gesamten Wahlen haben können.[79] In diesem Fall nämlich hätte eine Partei es in der Hand, durch vorsätzliche Wahlfehler und deren Rüge eine Wahlwiederholung zu erreichen. In seiner neueren Rechtsprechung betont das BVerfG zudem, dass ein Wahlfehler umso schwerer wiegen muss, je weiter die Wirkungen einer wahlprüfungsrechtlichen Entscheidung reichen, die an den Wahlfehler geknüpft wird.[80] Dieses wahlprüfungsrechtliche **Proportionalitätsprinzip** führt zu einem weitgehenden Bestandsschutz von Wahlergebnissen.[81]

V. Abstimmungen

124 **Fall 7:** Die Bundesregierung hat im Bundestag erneut den Entwurf eines »Zuwanderungsgesetzes« eingebracht, in dem geregelt ist, unter welchen Voraussetzungen ausländische Staatsangehörige in die Bundesrepublik einwandern dürfen und wie das Verfahren auszugestalten ist. Einzelne Landesregierungen lehnen das Gesetz grundsätzlich ab und planen, in ihren Bundesländern eine Volksbefragung zu den Zielen des Gesetzes abzuhalten.

125 Nach Art. 20 Abs. 2 S. 2 GG hat das Volk unmittelbaren Anteil an der Staatsgewalt in Gestalt von »Wahlen und Abstimmungen«. Eine Beteiligung des Volkes an der staatlichen Willensbildung ist außerhalb von Wahlen in unterschiedlicher Form und mit unterschiedlicher Zielrichtung denkbar. Die **Volksbefragung** ist eine durch den

75 Vgl. aber Art. 78 Abs. 2 Hess. Verf., wonach »Unregelmäßigkeiten im Wahlverfahren und strafbare oder gegen die guten Sitten verstoßende Handlungen, die das Wahlergebnis beeinflussen«, eine Wahl ungültig machen. Vgl. dazu BVerfGE 103, 111 (125 ff.).

76 Vgl. BVerfGE 89, 243.

77 Vgl. BVerfGE 4, 370 (LS); 85, 148 (158 f.); 103, 111 (135).

78 HVerfG, DVBl. 1993, S. 1073 f.

79 Vgl. *J. Ipsen,* ZParl 1994, S. 239.

80 So BVerfGE 103, 111 (135).

81 Vgl. *T. Koch,* DVBl. 2000, S. 1093.

Staat vorgenommene Erhebung der Meinung des Volkes zu einer genau formulierten Frage, die in einem förmlichen Verfahren durchgeführt wird. Das Ergebnis der Volksbefragung ist für die Staatsorgane nicht bindend; sie hat konsultativen Charakter. **Volksbegehren** ist die vom Volk ausgehende Initiative zur Erreichung eines Volksentscheides, ggf. auch einer Parlamentsentscheidung. Mit dem Volksbegehren wird folglich ein plebiszitäres oder parlamentarisches Abstimmungsverfahren in Gang gesetzt. Es muss regelmäßig von einem bestimmten Prozentsatz der Wahlberechtigten unterstützt werden. **Volksentscheid** bedeutet demgegenüber die bindende Entscheidung des Volkes über eine ihm vorgelegte Frage oder einen Gesetzentwurf.[82]

Alle drei Abstimmungsformen finden sich in Art. 29 GG, der die Neugliederung des Bundesgebietes und die Gebietsänderungen zwischen den Ländern regelt. Ein Neugliederungsgesetz bedarf der Bestätigung durch Volksentscheid (Art. 29 Abs. 2 S. 1 GG). Durch **Volksbegehren** können unter bestimmten Voraussetzungen Neugliederungsmaßnahmen gefordert werden, die entweder zu einem Bundesgesetz, das wiederum der Bestätigung durch Volksentscheid bedarf, führen oder eine **Volksbefragung** zur Folge haben (Art. 29 Abs. 4 GG). 126

Art. 29 GG hat weder in seiner früheren Fassung, die eine Neugliederung des Bundesgebietes bindend vorschrieb, noch in seiner geltenden Formulierung praktische Bedeutung erlangt. Obwohl die Bundesländer sich nach »Größe und Leistungsfähigkeit« erheblich unterscheiden, haben die zahlreichen Neugliederungspläne keinerlei Aussicht auf Erfolg gehabt. Der Grund hierfür dürfte in erster Linie darin liegen, dass politische **Machtverhältnisse,** die sich regional etabliert haben, gegenüber Gebietsänderungen resistent sind. Hinzukommen dürfte ein in den vergangenen Jahrzehnten gewachsenes Bewusstsein der Landeszugehörigkeit, das die Schaffung größerer »Einheiten« – z. B. eines »Nordwest-Staates« – erschweren dürfte. 127

Die Bundesländer können eine Neugliederung für das jeweils von ihnen umfasste Gebiet oder für Teilgebiete abweichend von den Vorschriften des Art. 29 Abs. 2–7 GG durch **Staatsvertrag** regeln. Der Staatsvertrag bedarf der Bestätigung durch Volksentscheid in jedem beteiligten Land (Art. 29 Abs. 8 S. 3 GG). Damit ist die ursprünglich nur für den Raum Berlin/Brandenburg vorgesehene Sonderregelung (Art. 5 EinigungsV) auf alle Bundesländer erstreckt worden.[83] 128

Art. 20 Abs. 2 S. 2 GG wirft das Problem auf, ob die hier erwähnten **»Abstimmungen«** durch Art. 29 GG erschöpft oder ob daneben noch andere Formen des Plebiszits aufgrund einfachen Gesetzes zulässig sind. 129

Ein Blick auf die Weimarer Reichsverfassung zeigt ausgeprägte plebiszitäre Strukturen. Nach Art. 73 Abs. 1 WRV konnte der Reichspräsident jedes vom Reichstag beschlossene Gesetz »zum Volksentscheid bringen.« Eines Volksentscheides über ein Gesetz bedurfte es auch, wenn ein bestimmtes Quorum der Stimmberechtigten es beantragte (Art. 73 Abs. 2 WRV). Schließlich konnte durch Volksbegehren auch ein eigener Gesetzentwurf zum Volksentscheid gebracht werden (Art. 73 Abs. 3 WRV). 130

Das Beispiel des Art. 73 WRV deutet zunächst darauf hin, dass die für ein Regierungssystem zentrale Frage der Beteiligung des Volkes an der Gesetzgebung in der Verfassung geregelt sein muss. Da das Grundgesetz einerseits die Volksbeteiligung im Rahmen des Art. 29 detailliert regelt, aber keine Aussagen über weitere **»Abstim-** 131

82 Vgl. *I. Pernice*, in: Dreier (Hrsg.), GG, Bd. II, Art. 29 Rn. 18.
83 Vgl. *K.-G. Meyer-Teschendorf*, in: v. Mangoldt/Klein/Starck, GG, Bd. 2, Art. 29 Rn. 69.

mungen« enthält, liegt der Schluss nahe, dass sich Art. 20 Abs. 2 S. 2 GG in der Mitwirkung des Volkes bei Gebietsänderungen erschöpft. Dieser Befund wird dadurch erhärtet, dass die Problematik des Plebiszits bei der Verfassungsgebung keineswegs unbekannt war, weitere Bestimmungen aber nicht aufgenommen worden sind. Nach geltendem Verfassungsrecht sind Volksbegehren und Volksentscheid nur im Rahmen des Art. 29 GG zulässig. Zur Einführung weiterer Volksabstimmungen bedürfte es einer Verfassungsänderung.[84]

132 Die Bundesländer sind bei der Beteiligung des Volkes an der Ausübung der Staatsgewalt einen anderen Weg gegangen. Sämtliche Landesverfassungen sehen Volksentscheide vor, die zum Teil durch Volksbegehren, zum Teil durch die Regierung veranlasst werden können.[85]

133 Im Ausgangsfall ist eine Volksbefragung auf Landesebene geplant, die sich in ihrer Zulässigkeit nach der Verfassung des jeweiligen Landes richten würde. Allerdings müssen sich die Länder bei *ihren* Plebisziten im Rahmen der Gesetzgebungsbefugnisse halten, die durch das Grundgesetz den Bundesländern zugewiesen worden sind.[86] Für das Gebiet der »Ein- und Auswanderung« steht jedoch dem Bund die ausschließliche Gesetzgebungskompetenz zu (Art. 73 Abs. 1 Nr. 3 GG). Die Bundesländer wären deshalb gehindert, auf ihrem Gebiet Volksbefragungen über das geplante »Zuwanderungsgesetz« vorzusehen.

134 Aufgrund der Erfahrungen in den Bundesländern besteht kein Anlass, die Gefahr eines Missbrauchs von Plebisziten heraufzubeschwören. Zu Recht wird deshalb zunehmend die Aufnahme weiterer plebiszitärer Institute in das Grundgesetz gefordert.[87] Hierbei gilt es zu berücksichtigen, dass das Repräsentationsprinzip keinen absolut zu setzenden Wert darstellt, in der Spannung zu plebiszitären Elementen vielmehr beträchtliche Chancen für eine demokratische Willensbildung liegen. Grundfragen unserer Zivilisation und der zukünftigen Gestalt Europas könnten auf diese Weise einem Konsens zugeführt werden, der bei der Regierungs- oder Parlamentsentscheidung nicht erreichbar ist.

135 Zu berücksichtigen ist auch, dass Referenden in vielen Mitgliedstaaten der Europäischen Union selbstverständlicher Teil der jeweiligen Staatsverfassung sind und grundlegende politische Entscheidungen zur Volksabstimmung gestellt werden.[88] Der Vertrag von Lissabon etwa konnte erst in Kraft treten, nachdem er durch eine zweite Volksabstimmung in Irland bestätigt worden war.[89] Selbst im Vereinigten Königreich von Großbritannien, das als Ursprungsland der repräsentativen Demokratie gilt,

---

84 So h. M.: *K. Stern*, Staatsrecht I, S. 607; *B. Grzeszick*, in: Maunz/Dürig, GG, Art. 20 II Rn. 113; differenzierend *H. Dreier*, in: Dreier (Hrsg.), GG, Bd. II, Art. 20 (Demokratie), Rn. 106 ff.

85 Vgl. Art. 43 Abs. 2, 59 f., 64 Abs. 3 Bad.-Württ. Verf.; Art. 18, 71–74, 75 Abs. 2 Bay. Verf.; Art. 62 f. Berl. Verf.; Art. 76–79 Bbg. Verf.; Art. 69–72, 76 Abs. 1 b, 2 Brem. Verf.; Art. 48, 50 Hamb. Verf.; Art. 123 f. Hess. Verf.; Art. 59 f. Meckl.-Vorp. Verf.; Art. 47–49 Nds. Verf.; Art. 68 f. Nordrh.-Westf. Verf.; Art. 108 f., 114 f., 129 Rh.-Pf. Verf.; Art. 99 f. Saarl. Verf.; Art. 71 f. 74 Sächs. Verf.; Art. 80 f. Sachs.-Anh. Verf.; Art. 41 f. Schl.-Holst. Verf.; Art. 82, 83 Abs. 2 Thür. Verf.

86 Dazu BVerfGE 8, 104 (115 ff.).

87 *C. Degenhart*, Der Staat 31 (1992), S. 77 ff.; *H. Dreier*, Jura 1997, S. 249 ff.; *O. Jung*, ZRP 2000, S. 440 ff.

88 § 42 Abs. 2–8 Verf. Dänemark; § 53 GG Finnland; Art. 3, 89 Verf. Frankreich; Art. 27, 46 Abs. 2, 47 Verf. Irland; Art. 71, 75, 138 Verf. Italien; Art. 41 Abs. 2, 43 ff. BV-G Österreich; Art. 108 Verf. Portugal; §§ 4, 15 Kap. VIII Verf. Schweden.

89 Vertrag von Lissabon: Referendum vom 12.6.2008: Nein (53,4%); Referendum vom 2.10.2009: Ja (67,1 %).

würde ein Beitritt zur Währungsunion nur aufgrund einer Volksabstimmung denkbar sein. Die überzeugenderen Argumente sprechen deshalb dafür, durch Verfassungsänderung weitere Möglichkeiten der Beteiligung des Volks an der staatlichen Willensbildung zu schaffen.[90]

VI. Wahlen zum Europäischen Parlament

Auf Unionsebene wird das Europäische Parlament, das aus »Vertretern der Unionsbürgerinnen und Unionsbürger« (Art. 14 Abs. 2 EUV) besteht, in allgemeiner, unmittelbarer, freier und geheimer Wahl gewählt (Art. 14 Abs. 3 EUV). Während das gegenwärtige Parlament, das noch vor Inkrafttreten des Vertrags von Lissabon gewählt wurde, aus 736 Abgeordneten besteht, sieht der Reformvertrag eine Höchstzahl von 750 Abgeordneten zuzüglich des Parlamentspräsidenten vor; die Zahl der in jedem Mitgliedstaat gewählten Abgeordneten wird durch einen Beschluss des Europäischen Rates auf Initiative und mit Zustimmung des Europäischen Parlaments festgelegt (Art. 14 Abs. 2 EUV). Kein Mitgliedsland erhält dabei mehr als 96 und weniger als 6 Sitze (Art. 14 Abs. 2 UAbs. 1 EUV), wobei auf Deutschland 96 Sitze entfallen. Die Abgeordneten werden auf fünf Jahre gewählt (Art. 14 Abs. 3 EUV). **136**

Das Wahlverfahren wird durch die Wahlgesetze der Mitgliedstaaten der Union, in Deutschland durch das **Europawahlgesetz** vom 16.6.1978[91] geregelt. Die auf Deutschland entfallenden 99 (zukünftig 96) Abgeordneten des Europäischen Parlaments werden in allgemeiner, unmittelbarer, freier, gleicher und geheimer Wahl gewählt (§ 1 Abs. 1 EuWG). Die Wahl erfolgt nach den Grundsätzen der **Verhältniswahl** mit Listenwahlvorschlägen, die für ein Land oder als gemeinsame Liste für alle Bundesländer aufgestellt werden können. Jeder Wähler hat eine Stimme (§ 2 Abs. 1 EuWG). Die Sitzverteilung erfolgt nach den gleichen Grundsätzen wie die des Bundestages. Die für jeden Wahlvorschlag abgegebenen Stimmen werden zusammengezählt, wobei die Listen für einzelne Länder als verbunden und im Verhältnis zu den übrigen Wahlvorschlägen als ein Wahlvorschlag gelten (§ 2 Abs. 2 EuWG). Die zu besetzenden Sitze werden nach dem Verfahren *Sainte-Laguë/Schepers* auf die Wahlvorschläge verteilt, wobei zunächst ein »Bundesproporz« erstellt wird (§ 2 Abs. 3 EuWG) und die auf die Listenverbindung entfallenden Sitze in einem zweiten Schritt auf die beteiligten Listen für die einzelnen Bundesländer verteilt werden (§ 2 Abs. 6 EuWG). **137**

Das **aktive Wahlrecht** ist nach den gleichen Grundsätzen ausgestaltet wie das Wahlrecht zum Deutschen Bundestag (§ 6 Abs. 1 und 2 EuWG). Wahlberechtigt sind zusätzlich alle Staatsangehörigen der übrigen Mitgliedstaaten der Europäischen Gemeinschaft (»Unionsbürger«), die in der Bundesrepublik Deutschland eine Wohnung innehaben oder sich dort gewöhnlich aufhalten (§ 6 Abs. 3 EuWG). Das Wahlrecht darf allerdings nur einmal und nur persönlich ausgeübt werden (§ 6 Abs. 4 EuWG). Eine ähnliche Bestimmung ist hinsichtlich des **passiven Wahlrechts** getroffen wor- **138**

---

90 Vgl. *C. Degenhart*, Der Staat 31 (1992), S. 77.; *H. Dreier*, Jura 1997, S. 249 ff.; *O. Jung*, ZRP 2000, S. 440 ff.; *H. Maurer*, Staatsrecht, § 7 Rn. 54 ff. m. w. N.; kritisch *J. Isensee*, Am Ende der Demokratie – oder am Anfang, 1995, S. 31 ff.; *R. Scholz*, Grundgesetz zwischen Reform und Bewahrung, 1993, S. 29 ff.

91 BGBl. I, S. 709 = *Nomos ÖffR* Nr. 4.

den. Wählbar sind außer Deutschen auch Unionsbürger, die in der Bundesrepublik Deutschland eine Wohnung innehaben oder sich dort gewöhnlich aufhalten und die übrigen Voraussetzungen für die Wahl in das Europäische Parlament erfüllen (§ 6 b Abs. 2 EuWG). Allerdings kann sich niemand gleichzeitig in der Bundesrepublik Deutschland und in einem anderen Mitgliedstaat der Europäischen Gemeinschaft zur Wahl bewerben (§ 6 c EuWG).

139 Das Europawahlgesetz selbst entspricht den Wahlrechtsgrundsätzen, wie sie in Art. 38 Abs. 1 S. 1 GG für Bundestagswahlen vorgegeben sind. Das BVerfG hat unlängst aber die in § 2 Abs. 7 EuWG enthaltene 5%-Sperrklausel wegen Verstoßes gegen die Grundsätze der Wahlrechtsgleichheit und der Chancengleichheit der Parteien für nichtig, die 7. Wahl der Abgeordneten des Europäischen Parlaments aus der Bundesrepublik Deutschland im Jahr 2009 jedoch nicht für ungültig erklärt.[92]

Zwischen den Mitgliedstaaten genügen die Wahlen zum Europäischen Parlament dem Grundsatz der Wahlrechtsgleichheit schon deshalb nicht, weil sich die Zahl der Abgeordneten nicht nach der Bevölkerungszahl richtet.[93] Dadurch hat der Wähler in einem kleinen Mitgliedstaat (etwa Luxemburg: 6 Abgeordnete) ein im Vergleich zu den in großen Mitgliedstaaten (etwa Großbritannien: bisher 72 Abgeordnete; zukünftig 73 Abgeordnete) vielfaches Stimmgewicht.

VII. Rechtsprechung

140 **BVerfGE** 6, 84 (Sperrklausel); **E** 7, 63 (»Starre Liste«); **E** 16, 130 (Überhangmandate); **E** 21, 196 (»Wahlgeschenke«); **E** 36, 139 (Wahlrecht von Auslandsdeutschen); **E** 44, 125 (Öffentlichkeitsarbeit der Bundesregierung); **E** 51; 222 (Europawahl); **E** 58, 202 (Wahlrecht von Auslandsdeutschen); **E** 82, 322 (Wahlrechtsvertrag); **E** 82, 353 (Unterschriftenquorum); **E** 89, 243 (Wahlprüfung); **E** 92, 80 (Überhangmandate); **E** 95, 335 (Überhangmandate); **E** 95, 408 (Grundmandatsklausel); **E** 97, 317 (Nachfolge für ausgeschiedene Wahlkreisabgeordnete); **E** 103, 111 (Wahlprüfung in Hessen); **E** 111, 382 (»Drei-Länder-Quorum«); **E** 121, 266 (Negatives Stimmgewicht); **E** 123, 39 (Wahlcomputer); **E** 129, 300 (Fünf-Prozent-Sperrklausel Europawahlrecht); **BVerfG**, DVBl. 2012, S. 494 (Wahlkreiseinteilung); **BVerfG**, Beschl. v. 4.7.2012 – 2 BvC 1/11 –; **BVerfG**, Urt. v. 25.7.2012 – 2 BvF 3/11 – (Negatives Stimmgewicht/Überhangmandate); **BVerwGE** 18, 14 (»Hirtenwort«).

VIII. Literatur

141 *H. H. v. Arnim,* Was aus dem Urteil des Bundesverfassungsgerichts zur 5-Prozent-Klausel bei Europawahlen folgt, DÖV 2012, S. 224; *ders.*, Wählen wir unsere Abgeordneten unmittelbar?, JZ 2002, S. 578; *P. Badura,* Über Wahlen, AöR 97 (1972), S. 1; *C. Degenhart,* Direkte Demokratie in den Ländern – Impulse für das Grundgesetz?, Der Staat 31 (1992), S. 77; *M. Droege,* Herrschaft auf Zeit: Wahltage und Übergangszeiten in der repräsentativen Demokratie, DÖV 2009, S. 649; *B. J. Hartmann,* Volksgesetzgebung in Ländern und Kommunen, DVBl. 2001, S. 776; *C. Hillgruber,* Überhangmandate ohne vollständigen Verhältnisausgleich – die verfassungsrechtlichen Anforderungen der Wahlrechtsgleichheit im System der personalisierten Verhältniswahl, JA 2010, S. 911; *H. Holste,* Die Reform des Bundeswahlrechts: Wiedervorlage in Karlsruhe, NVwZ 2012, S. 8; *S. Hölscheidt/S. Menzenbach,* Referenden in Deutschland und Europa, DÖV 2009, S. 777; *J. Ipsen,* Das Zwei-

92 Vgl. BVerfGE 129, 300.

93 Vgl. *R. Streinz*, Europarecht, Rn. 303.

Stimmen-System des Bundeswahlgesetzes – Reformbedürftig?, JA 1987, S. 232; *ders.*, Kandidatenaufstellung, innerparteiliche Demokratie und Wahlprüfungsrecht, ZParl 1994, S. 235; *ders.*, Wahlrecht im Umbruch, JZ 2002, S. 469; *ders.*, Wahlrechtsgleichheit im Zeichen knapper Mehrheiten, DVBl. 2003, S. 1013; *ders.*, Nachwahl und Wahlrechtsgleichheit, DVBl. 2005, S. 1465; *J. Ipsen/T. Koch,* Wahlkreisgröße und Wahlrechtsgleichheit, NdsVBl. 1996, S. 269; *J. Isensee,* Funktionsstörung im Wahlsystem: das negative Stimmgewicht – Denkbare Lösungen eines Dilemmas, DVBl. 2010, S. 269; *ders.*, Volksgesetzgebung – Vitalisierung oder Störung der parlamentarischen Demokratie?, DVBl. 2001, S. 1161; *M. Kloepfer/F. Schärdel,* Die Perspektiven der Volksgesetzgebung, DVBl. 2008, S. 1333; *T. Koch,* »Bestandsschutz« für Parlamente? – Überlegungen zur Wahlfehlerfolgenlehre, DVBl. 2000, S. 1093; *J. Kühling,* Volksgesetzgebung und Grundgesetz – »Mehr Demokratie wagen«?, JuS 2009, S. 777; *S. Lampert,* Die wahlrechtlichen Gleichheitssätze, JuS 2011, S. 884; *O. W. Lembcke/E. Peuker/D. Seifarth,* Wandel der Wahlrechtsrealitäten – Zur Verfassungswidrigkeit des § 2 Abs. 7 EuWG, DVBl. 2012, S. 401; *S.-C. Lenski,* Paradoxien der personalisierten Verhältniswahl, AöR 134 (2009), S. 474; *H. Meyer,* Wahlsystem und Verfassungsordnung, 1973; *M. Morlok,* Chancengleichheit ernstgenommen – Die Entscheidung des Bundesverfassungsgerichts zur Fünf-Prozent-Klausel bei der Europawahl, JZ 2012, S. 76; *ders./H. Kühr,* Wahlrechtliche Sperrklauseln und die Aufgaben einer Volksvertretung, JuS 2012, S. 385; *B. Pieroth,* Das Demokratieprinzip des Grundgesetzes, JuS 2010, S. 473; *F. Pukelsheim,* Bundeswahlgesetz – Nächste Etappe, DVBl. 2008, S. 889; *ders./M. Rossi,* Wahlsystemnahe Optionen zur Vermeidung negativer Stimmgewichte, JZ 2010, S. 922; *W. Schreiber,* Das Neunzehnte Gesetz zur Änderung des Bundeswahlgesetzes vom 25. November 2011 – Ein Trauerspiel in vier Akten, DÖV 2012, S. 125; *ders.*, Das Bundesverfassungsgericht als Wahlprüfungsgericht, DVBl. 2010, S. 609; *ders.*, Kommentar zum Bundeswahlgesetz, 8. Aufl. 2009; *H. Sodan/S. Kluckert,* Rechtsprobleme durch die Nachwahl zum Deutschen Bundestag, NJW 2005, S. 3241; *C. Schöneberger,* Das Bundesverfassungsgericht und die Fünf-Prozent-Klausel bei der Wahl zum Europäischen Parlament, JZ 2012, S. 80; *K. Stein,* »Wer die Wahl hat ...« – Der Grundsatz der Allgemeinheit der Wahl und der Ausschluss vom Wahlrecht wegen strafgerichtlicher Verurteilung, GA 2004, S. 22.

§ 5 Die politischen Parteien

I. Die Funktion der politischen Parteien in der parlamentarischen Demokratie

142 **Fall 8:** Der Südschleswigsche Wählerverband (SSW), die politische Organisation der dänischen Minderheit in Schleswig-Holstein, hat sich an den Bundestagswahlen 2002 nicht beteiligt. Im schleswig-holsteinischen Landtag ist der SSW mit zwei Mandaten vertreten. In einzelnen kommunalen Vertretungskörperschaften Südschleswigs besetzt der SSW mehrere Sitze. Welche Folgen hätte es gehabt, wenn der SSW bei den Landtagswahlen 2005 erfolglos geblieben wäre und sich an den Bundestagswahlen weiterhin nicht beteiligte?

1. Begriff der »politischen Partei«

143 Art. 21 GG, der im Gegensatz zur insoweit unergiebigen Weimarer Reichsverfassung die politischen Parteien als für die Demokratie essentiell anerkennt und ihre Funktion bekräftigt,[1] enthält selbst keine Definition des Parteienbegriffs, sondern setzt sie voraus. § 2 Abs. 1 PartG[2] definiert die politischen Parteien als

»Vereinigungen von Bürgern, die dauernd oder für längere Zeit für den Bereich des Bundes oder eines Landes auf die politische Willensbildung Einfluss nehmen und an der Vertretung des Volkes im Deutschen Bundestag oder einem Landtag mitwirken wollen, wenn sie nach dem Gesamtbild der tatsächlichen Verhältnisse, insbesondere nach Umfang und Festigkeit ihrer Organisation, nach der Zahl ihrer Mitglieder und nach ihrem Hervortreten in der Öffentlichkeit eine ausreichende Gewähr für die Ernsthaftigkeit dieser Zielsetzung bieten.«

144 Die einfach-gesetzliche Definition des Parteibegriffs ist zwar nicht maßgeblich für den in der Verfassung gebrauchten; das BVerfG hat jedoch die Auffassung vertreten, dass in Art. 21 Abs. 1 GG der Begriff der »politischen Parteien« mit eben diesem Inhalt verwandt worden ist.[3] Entscheidend kommt es dabei auf die **Dauerhaftigkeit** und die **Zielsetzung** an, in einem **Parlament** vertreten zu sein. Die Dauerhaftigkeit unterscheidet die politischen Parteien von Bürgerinitiativen oder ähnlichen politischen Bewegungen, die einen partikulären Zweck verfolgen, sich hierin aber auch erschöpfen. Die Dauerhaftigkeit allein soll andererseits dem Parteienbegriff des Art. 21 Abs. 1 GG nicht genügen, sofern nicht Macht oder Machtanteile auf **Bundes- oder Landesebene** angestrebt werden.[4] Folgerichtig fallen **Wählervereinigungen** auf **kommunaler Ebene** (»Rathausparteien«), deren Engagement sich in der »örtlichen Gemeinschaft« (Art. 28 Abs. 2 S. 1 GG) erschöpft, *nicht* unter den Parteienbegriff. Diese – vom BVerfG gebilligte[5] – Verengung durch § 2 PartG bedarf erneuter Diskussion.[6] § 2 Abs. 1 PartG widerspricht überdies Art. 10 Abs. 4 EUV, der politische Parteien auf **europäischer Ebene** als wichtigen Integrationsfaktor in der Union

1 Vgl. hierzu *J. Ipsen,* in: Sachs (Hrsg.), GG, Art. 21 Rn. 1 ff.

2 *Sartorius* I Nr. 58 = *Nomos ÖffR* Nr. 9.

3 BVerfGE 24, 260 (263 f.); 24, 300 (361); 47, 198 (222); st. Rspr.

4 Krit. hierzu *J. Ipsen,* in: Sachs (Hrsg.), GG, Art. 21 Rn. 19 f.; *ders.*, in: ders. (Hrsg.), PartG, § 2 Rn. 10 f.

5 Vgl. BVerfGE 69, 92 (104); 78, 350 (357 ff.).

6 Vgl. *R. Streinz,* in: v. Mangoldt/Klein/Starck, GG, Bd. 2, Art. 21 Rn. 47; *M. Morlok,* in: Dreier (Hrsg.), GG, Bd. II, Art. 21 Rn. 36 (»verfassungswidrig«); krit. ebenfalls: *J. Ipsen,* in: ders. (Hrsg.), PartG, § 2 Rn. 7 f.

bezeichnet. Nach dem Wortlaut des § 2 Abs. 1 PartG würden politische Gruppierungen, die nur für das Europäische Parlament kandidieren – »Europaparteien« – aus dem Parteienbegriff herausfallen.[7]

Entscheidendes Begriffsmerkmal des **verfassungsrechtlichen** Parteibegriffs ist die **Ernsthaftigkeit.** Nicht jede Gruppierung, die vorgibt, auf die politische Willensbildung in Bund oder Land Einfluss nehmen zu wollen, kann schon um dessentwillen als »politische Partei« angesehen werden. Ob der Parteibegriff des Art. 21 GG im Einzelfall erfüllt ist, lässt sich nur anhand weiterer Tatsachen entscheiden, die in § 2 Abs. 1 PartG beispielhaft aufgezählt sind. Nicht erforderlich ist es, dass die Parteien sich mit Landeslisten an der Bundestagswahl beteiligen. Das BVerfG sieht es zwar als wesentlich an, dass Parteien an Bundes- *oder* Landtagswahlen teilnehmen; für Bundestagswahlen soll es jedoch ausreichen, wenn **Kreiswahlvorschläge** gemacht werden.[8] 145

In unserem Ausgangsbeispiel nimmt der SSW weiterhin (wenn auch erfolglos) an den schleswig-holsteinischen Landtagswahlen teil. Seine Zielsetzung ist es folglich, in einem **Parlament** (und nicht nur in einer Gemeindevertretung) vertreten zu sein. Diese Beteiligung reicht aus; eine Beteiligung an den Bundestagswahlen ist nicht begriffsnotwendig. Der SSW würde nicht schon dann seinen Parteienstatus verlieren, wenn er nur vorübergehend auf die Beteiligung an Landtagswahlen verzichtete. Der Verzicht, in einem Parlament vertreten zu sein, muss definitiv sein. Nach § 2 Abs. 2 PartG verliert eine Vereinigung ihre Rechtsstellung als Partei, wenn sie sich sechs Jahre lang weder an Bundestags- noch an Landtagswahlen beteiligt hat. 146

2. Gründungsfreiheit und innere Ordnung der Parteien

Im Gegensatz zur Beteiligung an Wahlen, bei der die Landeslisten durch den Landeswahlausschuss zugelassen werden müssen (§ 28 BWahlG), gibt es bei der **Gründung** von Parteien keinerlei staatliche Mitwirkungsakte. Ein irgendwie geartetes Zulassungs- oder Genehmigungsverfahren für politische Parteien wäre in einem demokratischen Staat ein schwer erträglicher Widerspruch. 147

Die Gründung einer Partei ist zunächst ein Rechtsgeschäft des **bürgerlichen Rechts.** Parteien werden traditionell als **nichtrechtsfähige Vereine** gegründet. Ohne Rücksicht darauf, ob eine Partei als juristische Person des Privatrechts (eingetragener Verein) gegründet worden ist, kann sie unter ihrem Namen klagen und verklagt werden (§ 3 PartG). 148

Die Parteien sind in ihrer inneren Ordnung auf die **demokratischen Grundsätze** verpflichtet (Art. 21 Abs. 1 S. 3 GG). Das Parteiengesetz enthält in den §§ 6 ff. eine Fülle von Vorschriften, die dieses Verfassungsgebot konkretisieren. Die Parteien sind in der Wahl ihrer Organisationsform insofern durch Verfassung und Gesetz eingeengt. Art. 21 Abs. 1 GG beugt dem Widerspruch vor, dass sich **undemokratisch** (etwa nach dem »Führerprinzip«) organisierte Parteien am Prozess **demokratischer Willensbildung** beteiligen.[9] 149

7 Vgl. *J. Ipsen,* in: Sachs (Hrsg.), GG, Art. 21 Rn. 20; *M. Morlok,* in: Dreier (Hrsg.), GG, Bd. II, Art. 21 Rn. 36; *R. Streinz,* in: v. Mangoldt/Klein/Starck, GG, Bd. 2, Art. 21 Rn. 47, 59, jew. m. w. N.
8 So BVerfGE 24, 260 (265).
9 Vgl. *J. Ipsen,* in: Sachs (Hrsg.), GG, Art. 21 Rn. 53.

150 Verfassung und Parteiengesetz können die »**innerparteiliche Demokratie**« nur in förmlicher Hinsicht gewährleisten. Wie sich die Willensbildung innerhalb von Parteien im Einzelnen vollzieht, ist rechtlich nur begrenzt regelbar. Als Grundsatz hat zu gelten, dass die Willensbildung »von unten nach oben« und nicht »von oben nach unten« erfolgen muss. Gelegentlich ist die Frage aufgeworfen worden, ob das Parteiengesetz in seinen Bestimmungen hinter dem Verfassungsgebot des Art. 21 Abs. 1 S. 3 GG zurückbleibt. Verstöße gegen das Verfassungsgebot demokratischer innerer Ordnung haben nicht zur Folge, dass eine politische Partei ihren Status verliert.[10] Die (tatsächlich praktizierte) innere Ordnung einer Partei ist aber wesentlich für die Frage, ob sie gegen die freiheitliche demokratische Grundordnung verstößt (Art. 21 Abs. 2 GG).

151 Detaillierterer Regelung und eingehenderer Überprüfung ist die parteiinterne Willensbildung im **Vorfeld** von **Wahlen** unterworfen. Das Aufstellungsverfahren für Vertreter und (Wahlkreis- und Listen-)Kandidaten ist in §§ 21 ff. BWahlG geregelt. Die Aufstellungsverfahren sind von den Wahlorganen bei der Zulassung von Wahlvorschlägen auf Mängel zu überprüfen und ggf. zurückzuweisen.[11] Gesetzes- (nicht aber Satzungs-)Verstöße sind grundsätzlich als »Wahlfehler« zu qualifizieren, die auch im **Wahlprüfungsverfahren** Bedeutung erlangen können. Das BVerfG hat in seiner Rechtsprechung die Voraussetzungen für einen wirksamen Minderheitenschutz bei der innerparteilichen Willensbildung geschaffen.[12]

3. Mitwirkung bei der »politischen Willensbildung des Volkes«

152 **Fall 9:** K hat an seinem Briefkasten einen Zettel angebracht, der den Text trägt »Einwurf kommerzieller und politischer Werbung untersagt«. Gleichwohl muss er feststellen, dass insbesondere anlässlich von Wahlkämpfen wiederholt Werbeschriften von Parteien in den Briefkasten eingeworfen werden.

153 Das Grundgesetz erkennt durch Art. 21 Abs. 1 an,

> »dass die Parteien an der politischen Willensbildung des Volkes mitwirken, und hebt sie damit aus dem Bereich des Politisch-Soziologischen in den Rang einer verfassungsrechtlichen Institution.«[13]

154 Das BVerfG hat mit dieser Feststellung das für die Weimarer Verfassung beklagte Defizit »ausgeglichen« und den Parteien einen festen Standort innerhalb des Verfassungsrechts gesichert. Angesichts des (unumstrittenen) verfassungsrechtlichen **Status** der politischen Parteien stellt sich gegenwärtig in erster Linie die Frage, wo die Grenzen parteipolitischen Einflusses auf die Willensbildung im Staat zu suchen sind. Trotz der Anerkennung durch Art. 21 GG bleiben die politischen Parteien »frei gebildete, im gesellschaftlich-politischen Bereich wurzelnde Gruppen« und haben nicht die Qualität oberster Staatsorgane.[14]

155 Die Mitwirkung der Parteien an der Willensbildung des Volkes vollzieht sich naturgemäß am intensivsten bei Wahlen. Bundes-, Landtags- und Europawahlen sind

10 Vgl. *R. Streinz*, in: v. Mangoldt/Klein/Starck, GG, Bd. 2, Art. 21 Rn. 170.
11 Vgl. BVerfGE 89, 243.
12 Vgl. *J. Ipsen*, ZParl 1994, S. 239 f.; vgl. ausführlich: *J. Ipsen*, in: ders. (Hrsg.), PartG, § 17 Rn. 8 ff.
13 So BVerfGE 2, 1 (73).
14 So BVerfGE 20, 56 (101 f.).

(unbeschadet der Kandidatur einzelner parteiloser Bewerber bei ersteren) **Parteiwahlen.** Das Listenprivileg (§ 27 Abs. 1 BWahlG) bekräftigt diese nahezu monopolartige Stellung der Parteien im Bereich der Bundestagswahlen.

Dem Versuch, dieses Monopol auf die Kommunalwahlen auszudehnen und auch hier ein Listenprivileg für politische Parteien einzuführen, ist das BVerfG frühzeitig entgegengetreten.[15] Die »Angelegenheiten der örtlichen Gemeinschaft« (Art. 28 Abs. 2 S. 1 GG) verlangen nach Organisationsformen und Möglichkeiten der Willensbildung auch außerhalb der politischen Parteien, weil das Eintreten für örtlich begrenzte Ziele nicht notwendig das Engagement für eine bestimmte politische Richtung bedeuten muss. **156**

Die Einwirkung der politischen Parteien auf den Staat erschöpft sich nicht in der Teilnahme an Wahlen, sondern erstreckt sich auf alle denkbaren Bereiche und wirkt sich insbesondere bei der Vergabe von Ämtern aus. Die von den Parteien betriebene »**Ämterpatronage**« ist für eine parteienstaatliche Demokratie ebenso typisch wie ärgerlich.[16] Sieht man von den politischen Führungsämtern ab,[17] so erweist sich der Parteieneinfluss bereits auf der darunter liegenden Ebene als problematisch. Aus der Sicht der in Bund oder Ländern jeweils regierenden Parteien mag es folgerichtig sein, möglichst viele Ämter mit Parteimitgliedern zu besetzen, weil dadurch die Durchsetzung politischer Programmatik erleichtert wird, andererseits die Partei für potentielles Führungspersonal an Attraktivität gewinnt. Gleichwohl ist die Praxis der Vergabe von Staatsämtern nach Parteigesichtspunkten unterhalb der politischen Führungsebene mit dem Grundgesetz nicht zu vereinbaren (Art. 33 Abs. 2 GG).[18] **157**

Die Allgegenwart und das Machtbewusstsein der Parteien werden im Begriff des »**Parteienstaates**« eingefangen.[19] Dieser Begriff trifft die verfassungsrechtliche Situation nur insoweit, als eine Willensbildung im demokratischen Staat ohne politische Parteien undenkbar ist.[20] Soweit mit diesem Begriff die Instrumentalisierung des Staates durch die Parteien angedeutet wird, handelt es sich um einen von Art. 21 GG **nicht gedeckten, verfassungswidrigen** Zustand.[21] Neben den Parteien gibt es eine Vielzahl gesellschaftlicher Gruppierungen, nicht zuletzt Presse und öffentliche Meinung, die ebenfalls an der politischen Willensbildung des Volkes **mitwirken.**[22] Es wäre an der Zeit, dass das BVerfG diese Grenzen bestimmt und in seiner Rechtsprechung verdeutlicht, dass Staat und Parteien zwei einander bedingenden und ineinander verwobenen, letztlich aber zu trennenden Sphären angehören. **158**

Die in Art. 21 Abs. 1 GG umschriebene Funktion der Parteien verpflichtet den Bürger nicht, Erklärungen der Parteien zur Kenntnis zu nehmen.[23] Werbesendungen **159**

15 Vgl. BVerfGE 11, 266; 11, 351.

16 Nachw. bei *M. Stolleis,* VVDStRL 44 (1986), S. 23; *R. Wassermann,* NJW 1999, S. 2330.

17 Vgl. § 54 Abs. 1 BBG mit der Aufzählung der sog. »politischen« Beamten (Staatssekretäre, Ministerialdirektoren, Beamte des höheren auswärtigen Dienstes usw.).

18 Vgl. *R. Streinz,* in: v. Mangoldt/Klein/Starck, GG, Bd. 2, Art. 21 Rn. 92 ff.

19 So bereits BVerfGE 1, 208 (225) (»der moderne demokratische Parteienstaat«).

20 Vgl. *R. Streinz,* in: v. Mangoldt/Klein/Starck, GG, Bd. 2, Art. 21 Rn. 5; *J. Ipsen,* in: Sachs (Hrsg.), GG, Art. 21 Rn. 7.

21 So *J. Ipsen,* in: Sachs (Hrsg.), GG, Art. 21 Rn. 14.

22 Vgl. *R. Streinz,* in: v. Mangoldt/Klein/Starck, GG, Bd. 2, Art. 21 Rn. 76 ff.

23 Vgl. OLG Bremen, NJW 1990, S. 2140; *W. Fuchs/C. Simanski,* NJW 1990, S. 2983 f.

sind keine »Lebensäußerungen« der Parteien, die wie »liturgisches Glockengeläute« der Kirchen geduldet werden müssten.[24] K kann deshalb das Einwerfen von Werbematerialien der Parteien in seinem Briefkasten untersagen[25] und dieses Recht notfalls im Klagewege durchsetzen, zumal hierdurch weder Parteienwerbung als solche noch die besondere Methode der Briefkastenwerbung in Frage gestellt wird.

II. Die Chancengleichheit der Parteien

160 **Fall 10:** Die Arbeitsgemeinschaft der Rundfunkanstalten Deutschlands (ARD) und das Zweite Deutsche Fernsehen (ZDF) beabsichtigten, am Abend des 8.9.2002 – zwei Wochen vor den Bundestagswahlen – eine Fernsehsendung »TV-Duell der Kanzlerkandidaten« auszustrahlen. In dieser Sendung sollten der Bundeskanzler und der Ministerpräsident des Freistaates Bayern als von ihren Parteien für das Amt des Bundeskanzlers nominierte Kandidaten von zwei Moderatorinnen für die Dauer von 75 Minuten zu Themen des Wahlkampfs befragt werden. Die FDP, die ihren Bundesvorsitzenden ebenfalls als »Kanzlerkandidaten« nominiert hatte, versuchte dessen Teilnahme durch eine einstweilige Anordnung zu erwirken. Nachdem entsprechende Anträge vor den Verwaltungsgerichten erfolglos blieben, erhob die FDP Verfassungsbeschwerde.

(BVerfG – 2. Kammer des Zweiten Senats –, NJW 2002, S. 2939)

1. Materialer und formaler Gleichheitssatz

161 Der **Grundsatz der Wahlrechtsgleichheit** (Art. 38 Abs. 1 GG) ist **»formal«** zu verstehen, lässt also prinzipiell keine Ausnahmen zu.[26] Er steht damit im Gegensatz zum **allgemeinen Gleichheitssatz** (Art. 3 Abs. 1 GG), der nach dem vorherrschenden »materialen« (inhaltlichen) Verständnis die Gleichbehandlung ungleicher Tatbestände und die Ungleichbehandlung gleicher Tatbestände nur dann verbietet, wenn hierfür kein sachgerechter Grund vorliegt, sie also willkürlich wäre.[27] Ein formales Verständnis des Gleichheitssatzes schneidet derartige Differenzierungen schlechthin ab: Eine Ungleichbehandlung ist hiernach schon dann verboten, wenn äußerlich (der Form nach) gleiche Tatbestände vorliegen. Die Suche nach inhaltlichen (materialen) Differenzierungskriterien ist unstatthaft. Für den **Wettbewerb** der Parteien untereinander, im Ergebnis aber auch für das **Parteiensystem** (die »Parteienlandschaft«) ist die Frage schlechthin entscheidend, ob staatliche Maßnahmen, die die Parteien betreffen, am formalen oder am materialen Gleichheitssatz zu messen sind.[28] Die Frage ist deshalb so prekär, weil die die Parlamentsmehrheit stellenden Parteien dazu tendieren, ihre Wettbewerbschancen durch gesetzliche Regelungen zu verbessern.[29] Ob solche »Prämien« auf den Besitz der Macht verfassungsrechtlich zulässig sind, ist ein Problem des – formalen oder materialen – Gleichheitsverständnisses.[30]

---

24 So aber *M. Löwisch,* NJW 1990, S. 438.
25 Str. ist, inwieweit dies auch für Postwurfsendungen gilt; vgl. BVerfG, NJW 1991, S. 910; OLG Bremen, NJW 1990, S. 2140; VGH Mannheim, NJW 1990, S. 2145; KG, NJW 1990, S. 2142.
26 Vgl. BVerfGE 11, 266 (272); 95, 408 (417); 99, 69 (77 f.); st. Rspr.
27 Vgl. BVerfGE 1, 14 (52); 83, 1 (23); 89, 132 (141); st. Rspr.
28 Vgl. *H. H. v. Arnim,* DÖV 1984, S. 85.
29 Dazu *M. Stolleis,* VVDStRL 44 (1986), S. 26 ff.
30 Vgl. *R. Streinz,* in: v. Mangoldt/Klein/Starck, GG, Bd. 2, Art. 21 Rn. 123 f.

Das BVerfG hat in seiner Rechtsprechung die Chancengleichheit der Parteien nicht in Art. 3 Abs. 1 GG,[31] auch nicht (außer bei Wahlen) in Art. 38 Abs. 1 GG, sondern in **Art. 21 Abs. 1 GG** angesiedelt.[32] Damit ist der Grundsatz der Chancengleichheit »zwischen« dem materialen Gleichheitssatz und der Wahlrechtsgleichheit zu verorten.[33] Art. 38 Abs. 1 GG wirkt sich insofern auf die Chancengleichheit der Parteien aus, als diese ebenfalls formal gleichbehandelt werden müssen, für eine Ungleichbehandlung also zwingende Gründe erforderlich sind.[34] Der Gesetzgeber ist jedoch nicht verpflichtet, vorgegebene und sich aus den tatsächlichen Verhältnissen ergebende Unterschiede in den Wettbewerbschancen der Parteien auszugleichen.[35] Eine Ausnahme besteht nur im Falle einer nachhaltigen **Veränderung** außerhalb der Einflussmöglichkeiten der Parteien liegender (insbesondere rechtlicher) Gegebenheiten, die den Gesetzgeber zum Gegensteuern zwingen können.[36] 162

Im Ausgangsfall kommt es zunächst darauf an, ob das »TV-Duell der Kanzlerkandidaten« überhaupt am Maßstab der »Chancengleichheit« zu prüfen ist. Sollte dies der Fall sein, wäre eine Verletzung dieses Grundsatzes jeweils dann ausgeschlossen, wenn »zwingende Gründe« für die Ungleichbehandlung der Parteien sprächen, die immerhin darin liegen könnten, dass es für einen »Kanzlerkandidaten« nicht auf die Nominierung durch die betreffende Partei, sondern auf die tatsächlichen Wahlchancen ankommt. 163

2. Ausformung der Chancengleichheit durch das Parteiengesetz

Der Staat oder andere Träger öffentlicher Gewalt sind von Verfassungs wegen nicht verpflichtet, den Parteien öffentliche Einrichtungen zur Verfügung zu stellen oder Leistungen zu gewähren. Ansprüche auf Teilhabe an öffentlichen Gewährungen entstehen erst, wenn überhaupt Leistungen erbracht werden. Dieser Grundsatz wird in § 5 Abs. 1 S. 1 PartG folgendermaßen umschrieben: 164

»Wenn ein Träger öffentlicher Gewalt den Parteien Einrichtungen zur Verfügung stellt oder andere öffentliche Leistungen gewährt, sollen alle Parteien gleichbehandelt werden.«

Bliebe es bei diesem Grundsatz, so wäre auch einem **formalen Verständnis** der Chancengleichheit Genüge getan. Nach § 5 Abs. 1 S. 2 PartG kann jedoch der Umfang der Gewährung »nach der Bedeutung der Parteien« bis zu dem für die Erreichung ihres Zweckes erforderlichen Mindestmaß »abgestuft werden«. Die Bedeutung der Parteien wird insbesondere auch nach den Ergebnissen vorangegangener Wahlen bemessen (§ 5 Abs. 1 S. 3 PartG). Sofern eine Partei im Bundestag in Fraktionsstärke vertreten ist, muss der »Umfang der Gewährung« mindestens halb so groß wie für jede andere Partei sein (§ 5 Abs. 1 S. 4 PartG). 165

§ 5 PartG findet vor allem Anwendung, wenn politischen Parteien **Sendezeiten** von **öffentlich-rechtlichen Rundfunkanstalten** gewährt werden. Nach den Bestimmungen der Landesrundfunkgesetze sind auch die **privaten Veranstalter** von Rundfunk- 166

31 Gelegentlich ist eine Verbindung zwischen Art. 3 I und Art. 21 I GG hergestellt worden: vgl. BVerfGE 7, 99 (107).
32 So BVerfGE 6, 273 (280); 73, 40 (65); 91, 262 (269); st. Rspr.
33 Vgl. *J. Ipsen*, JZ 1984, S. 1063; *ders.*, in: Sachs (Hrsg.), GG, Art. 21 Rn. 33.
34 Vgl. BVerfGE 8, 51 (64 f.); 82, 322 (337 f.); 85, 264 (297).
35 Vgl. BVerfGE 8, 51 (66 f.); 85, 264 (297).
36 So BVerfGE 82, 322 (341 f.).

sendungen verpflichtet, § 5 PartG entsprechend anzuwenden.[37] Auch soweit kommunale Einrichtungen zur Verfügung gestellt werden (Stadthallen, Marktplätze, Fußgängerzonen, Plakatwände), können sich die Parteien auf § 5 Abs. 1 PartG berufen.

167 Die in § 5 Abs. 1 S. 2 PartG vorgenommene Differenzierung ist mit dem Prinzip der Chancengleichheit **nicht** mehr **vereinbar.** Die vom BVerfG für die Ungleichbehandlung geforderten »zwingenden Gründe« könnten allenfalls darin liegen, dass Bundestagswahlen eine regierungsfähige Mehrheit erbringen sollen und die Bekämpfung von Splitterparteien deshalb ein legitimes Ziel ist. Dies bedeutet aber nur, dass Sperrklauseln in das Wahlrecht aufgenommen werden dürfen, nicht jedoch die Beeinflussung der Wähler durch die öffentlich-rechtlichen Medien.[38] Die unterschiedliche Bemessung von Sendezeiten zielt nämlich darauf ab, das **Wählerverhalten** zu beeinflussen, und ist deshalb mit einem formalen Verständnis der Chancengleichheit unvereinbar.[39] Auch die Privilegierung der im Bundestag vertretenen Parteien durch § 5 Abs. 1 S. 4 PartG stellt sich als verfassungsrechtlich unzulässige »Prämie« auf den Besitz der Macht dar.

168 Gegenüber der Veranstaltung von Fernsehsendungen nach einem bestimmten redaktionellen Konzept muss der Anspruch aus § 5 Abs. 1 PartG versagen, weil hier keine »Einrichtungen« zur Verfügung gestellt werden. Da § 5 Abs. 1 PartG aber nur eine spezialgesetzliche Ausformung des verfassungsrechtlichen Grundsatzes der Chancengleichheit darstellt, konnte sich die FDP grundsätzlich auf Art. 21 Abs. 1 GG berufen. Die Kammer hat eine Verletzung des Grundsatzes der Chancengleichheit jedoch zutreffend verneint, weil der Vorsitzende der FDP keine ernsthafte Chance gehabt habe, nach der Wahl am 22.9.2002 das Amt des Bundeskanzlers zu übernehmen. Diese Tatsache sei von der Partei als Folge der bestehenden politischen Kräfteverhältnisse hinzunehmen und verstoße als solche nicht gegen ihr Recht auf Wahrung der Chancengleichheit. Die Kammer verneinte überdies, dass die Rundfunkanstalten durch ihr redaktionelles Konzept die Erfolgsaussichten der Partei nachhaltig gemindert hätten.[40]

3. Gerichtliche Durchsetzung der Chancengleichheit

169 Sofern Verletzungen der Chancengleichheit seitens des **Gesetzgebers** oder der **Bundesregierung** durch eine Partei gerügt werden, ist nach Auffassung des BVerfG ein Antrag im **Organstreitverfahren** statthaft.[41] Gegenüber Beeinträchtigungen der Chancengleichheit durch Rundfunkanstalten, kommunale Gebietskörperschaften oder staatliche Behörden aber hilft die Organstreitigkeit nicht weiter, weil diese Stellen im Organstreitverfahren nicht parteifähig sind.[42] Gegen Beeinträchtigungen

---

37 Ausdrücklich auf das Parteiengesetz verweisen §§ 5 Abs. 3 LMedienG Bad.-Württ.; § 30 Abs. 2 Hess. PRG; § 22 Abs. 1 NMedienG; § 36 Abs. 2 LMG Nordrh.-Westf.; § 19 Abs. 2 LRG Rh.-Pf.; § 19 Abs. 2 Saarl. MedienG; § 22 Abs. 1 Sächs. PRG; § 29 Abs. 1 LMedienG Sachs.-Anh.; § 33 Abs. 1 LRG Schl.-Holst.; § 26 Abs. 2 Thür. LMedienG. Vgl. ferner Art. 4 Bay. MedienG; § 19 Abs. 1 MStV Berl.-Bbg.; § 22 LRG Meckl.-Vorp.

38 Vgl. *J. Ipsen*, in: Sachs (Hrsg.), GG, Art. 21 Rn. 41; *P. Kunig*, in: v. Münch/Kunig (Hrsg.), GG, Bd. 1, Art. 21 Rn. 35; *ders.*, in: Isensee/Kirchhof (Hrsg.), HdStR III, § 40 Rn. 99 m. w. N.

39 So *J. Ipsen*, in: Sachs (Hrsg.), GG, Art. 21 Rn. 42; *ders.*, in: ders. (Hrsg.), PartG, § 5 Rn. 13.

40 So BVerfG (2. Kammer des Zweiten Senats), NJW 2002, S. 2939 f.; vgl. auch *B. Hoefer*, NVwZ 2002, S. 695 f.

41 So BVerfGE 4, 27 (30 f.); 85, 264 (284); st. Rspr.

42 Vgl. unten Rn. 881 ff.

der Chancengleichheit durch andere als die in § 63 BVerfGG genannten Organe steht deshalb der **Verwaltungsrechtsweg** offen.[43]

Der gespaltene Rechtsschutz lässt sich nicht plausibel begründen.[44] Es ist keineswegs so, dass die politischen Parteien gegenüber dem Bundestag als gleichberechtigte »Verfassungsorgane«, gegenüber den Rundfunkanstalten hingegen als Verwaltungsunterworfene aufträten. In beiden Fällen handelt es sich um öffentlich-rechtliche Streitigkeiten nichtverfassungsrechtlicher Art (§ 40 Abs. 1 S. 1 VwGO),[45] weil den politischen Parteien **keine** organähnliche Stellung zukommt.[46] Der Weg zum BVerfG wäre gleichwohl nicht verschlossen, weil die politischen Parteien Verfassungsbeschwerde erheben[47] bzw. die Verwaltungsgerichte in einem anhängigen Rechtsstreit ein für verfassungswidrig gehaltenes Gesetz dem BVerfG zur Entscheidung vorlegen könnten (Art. 100 Abs. 1 GG).[48] 170

Im Ausgangsfall wäre ein Antrag der FDP im Organstreitverfahren schon deshalb unstatthaft gewesen, weil die Rundfunkanstalten in einem solchen Verfahren nicht parteifähig wären. Der FDP stand aber der Verwaltungsrechtsweg offen, um die Verletzung der Chancengleichheit zu rügen. Gegen die ablehnende Entscheidung des angerufenen Verwaltungsgerichts[49] hat die FDP Verfassungsbeschwerde zum BVerfG erhoben, die jedoch nicht zur Entscheidung angenommen worden ist.[50] 171

III. Die staatliche Parteienfinanzierung

Fall 11: Der Bundestagspräsident teilte am 15.2.2000 der Presse mit, die CDU habe für das Jahr 1998 keinen den Vorschriften des Parteiengesetzes entsprechenden Rechenschaftsbericht vorgelegt und verliere damit den Anspruch auf den Teil der staatlichen Finanzierung für 1999, der auf Spenden und Beiträge bezogen sei. Es handele sich hierbei um einen Betrag von 41.347.887,42 DM. Die am 15.2.2000 fällige Abschlagszahlung in Höhe von 5.499.850,53 DM werde hiervon abgezogen, so dass ein Restbetrag von 35.848.036,89 DM verbleibe, den die CDU bis zum 20.3.2000 zu erstatten habe. 172

(BVerfGE 111, 54)

Staatliche Parteienfinanzierung wird zum einen **unmittelbar** durch **Zuweisungen** aus dem Bundeshaushalt geleistet. Um **mittelbare** Parteienfinanzierung handelt es sich, wenn der Staat Beitragsleistungen oder Spenden Privater an politische Parteien steuerlich begünstigt und damit auf einen Teil seiner Steuereinnahmen verzichtet. Für beide Formen staatlicher Parteienfinanzierung hat das BVerfG in einer Reihe von 173

43 Vgl. BVerwGE 75, 67; 75, 79; 87, 270; OVG Bremen, DVBl. 1991, S. 1261; VGH München, NVwZ 1991, S. 581.

44 H. M., vgl. nur *W. Henke*, NVwZ 1985, S. 619; *P. Kunig*, in: Isensee/Kirchhof (Hrsg.), HdStR III, § 40 Rn. 127; *R. Streinz*, in: v. Mangoldt/Klein/Starck, GG, Bd. 2, Art. 21 Rn. 147 (»Die Kritik an der Rechtsprechung des BVerfG ist ebenso einhellig wie begründet wie – bislang – erfolglos«); *J. Ipsen*, in: Sachs (Hrsg.), GG, Art. 21 Rn. 50 ff.

45 *Sartorius* I Nr. 600 = *Nomos ÖffR* Nr. 24.

46 Nachw. bei *J. Ipsen*, in: Sachs (Hrsg.), GG, Art. 21 Rn. 51.

47 Beispiele in BVerfGE 7, 99 (103); 47, 198 (223); 82, 54 (57).

48 Vgl. unten Rn. 929 ff.

49 Vgl. OVG Münster, JZ 2003, S. 362.

50 Vgl. BVerfG (2. Kammer des Zweiten Senats), NJW 2002, S. 2939 = JZ 2003, S. 365 mit Anm. *U. Volkmann.*

Entscheidungen Grundsätze entwickelt, die die jeweilige gesetzliche Regelung entscheidend geprägt haben.[51] Insbesondere in diesem Bereich hat sich das Gericht als Gegengewicht zu den politischen Parteien im Verfassungssystem der Bundesrepublik erwiesen. Allerdings ist die Rechtsprechung des BVerfG erheblichen Schwankungen unterworfen gewesen, die sich jeweils in den gesetzlichen Regelungen wieder fanden.[52] In seiner (bisher) letzten Entscheidung zur Parteienfinanzierung hat das BVerfG die bis dahin vertretene Auffassung, nur eine staatliche Wahlkampfkostenerstattung sei zulässig,[53] aufgegeben und es für zulässig erachtet, dass den Parteien unmittelbar staatliche Zuwendungen für die Finanzierung der ihnen nach dem Grundgesetz obliegenden Aufgaben gewährt werden.[54]

1. Unmittelbare Parteienfinanzierung

174 Der Staat gewährt den Parteien »Mittel zur Teilfinanzierung der allgemein ihnen nach dem Grundgesetz obliegenden Tätigkeit«, für deren Verteilung der **Erfolg,** den eine Partei bei den Wählern bei Europa-, Bundestags- und Landtagswahlen erzielt, die Summe der **Mitgliedsbeiträge** sowie der Umfang der von ihr eingeworbenen **Spenden** den Maßstab bilden (§ 18 Abs. 1 PartG). Das jährliche Gesamtvolumen der staatlichen Mittel – die sog. **»absolute Obergrenze«** – beträgt gegenwärtig 150,8 Mio. € (§ 18 Abs. 2 PartG). Die Parteien erhalten jährlich im Rahmen der staatlichen Teilfinanzierung 0,70 € für jede für ihre jeweilige Liste abgegebene gültige Stimme oder 0,70 € für jede für sie in einem Wahl- oder Stimmkreis abgegebene gültige Stimme, wenn in einem Land eine Liste für diese Partei nicht zugelassen war (§ 18 Abs. 3 S. 1 Nr. 1 und 2 PartG). Abweichend hiervon erhalten die Parteien für die ersten von ihnen jeweils erzielten 4 Millionen gültigen Stimmen 0,85 € je Stimme (§ 18 Abs. 3 S. 2 PartG). Die Gewährung staatlicher Mittel für **Wählerstimmen** setzt voraus, dass die betreffende Partei nach dem endgültigen Wahlergebnis der jeweils letzten Europa- und Bundestagswahl mindestens 0,5% oder bei einer Landtagswahl 1,0% der für die Listen abgegebenen gültigen Stimmen erreicht hat (§ 18 Abs. 4 S. 1 PartG). Staatliche Mittel für die **Zuwendungen** (§ 18 Abs. 3 S. 1 Nr. 3 PartG) werden bereits gewährt, wenn diese Voraussetzungen hinsichtlich *einer* Wahl vorliegen.[55] Die am 1.1.2005 in Kraft getretene Fassung des § 18 Abs. 4 PartG, nach der der Anspruch davon abhängig war, dass die Partei bei den jeweils letzten Europa- oder Bundestagswahlen 0,5% oder bei mindestens *drei* der jeweils letzten Landtagswahlen 1,0% oder bei einer der jeweils letzten Landtagswahlen 5,0% der gültigen Listenstimmen erreicht hat, ist vom Bundesverfassungsgericht für nichtig erklärt worden.[56] Nach der Begründung des (interfraktionellen) Gesetzentwurfs sollte das »Drei-Länder-Quorum« sicherstellen, dass eine Partei, die an der vollen staatlichen Parteienfinanzierung unter Berücksichtigung ihrer bundesweit erlangten Zuwendungen teilnimmt, auch eine »wahrnehmbare bundespolitische

51 Vgl. BVerfGE 8, 51; 20, 56; 24, 300; 52, 63; 73, 40; 85, 264.

52 Vgl. hierzu *J. Ipsen,* JZ 1984, S. 1060; *ders.*, JZ 1992, S. 753; *ders.*, JZ 2000, S. 685; zusammenfassend *ders.*, in: Sachs (Hrsg.), GG, Art. 21 Rn. 115 ff.

53 Vgl. erstmals BVerfGE 20, 56 (113 ff.).

54 So BVerfGE 85, 264 (287).

55 Vgl. *J. Ipsen,* in: Sachs (Hrsg.), GG, Art. 21 Rn. 143 ff.; *T. Koch,* in: Ipsen (Hrsg.), PartG, § 18 Rn. 21.

56 BVerfGE 111, 382.

Bedeutung« hat.[57] Das BVerfG hat diese Begründung nicht für überzeugend gehalten, das »Drei-Länder-Quorum« für nichtig erklärt, so dass es bei der früheren Rechtslage geblieben ist.[58]

Der Gesetzgeber hat sich das Modell des **»Stimmenkontos«** zu Eigen gemacht, aufgrund dessen alle für eine Partei abgegebenen Stimmen der jeweils letzten Europa-, Bundestags- und sämtlicher Landtagswahlen addiert werden und die Grundlage für die jährliche Auszahlung der **Globalzuschüsse** bilden (§ 19 a Abs. 2 S. 2 PartG). Im Gegensatz zur früheren Regelung[59] ist die Höhe der Zuweisungen von der Wahlbeteiligung abhängig und spiegelt unmittelbar den **Wahlerfolg** der Parteien wider. Bedenken, dass der erhöhte Zuweisungsbetrag für die ersten 4 Mio. Stimmen einen verfassungswidrigen **»Sockelbetrag«**[60] darstellt, sind unbegründet. Auch hier handelt es sich um eine erfolgsabhängige Globalzuweisung, die lediglich dem Umstand Rechnung trägt, dass kleine Parteien ohne degressive Staffelung gegenüber großen Parteien wegen der alle Parteien betreffenden Grundkosten benachteiligt wären.[61] 175

Die vom BVerfG als *obiter dictum* vorgegebene Bezuschussung auch der **Beitrags- und Spendeneinnahmen** (Zuwendungen)[62] beträgt 0,38 € für jeden erhaltenen Euro wobei jedoch nur Zuwendungen bis zu 3.300 € je natürliche Person berücksichtigt werden (§ 18 Abs. 3 Nr. 3 PartG). Aufgrund dieser – ebenfalls vom BVerfG vorgegebenen[63] – Begrenzung entspricht die Bezuschussung nicht notwendig dem tatsächlichen (Spenden- und Beitrags-)Erfolg der Parteien und fordert zu Umgehungspraktiken heraus.[64] 176

Die Summe der staatlichen Zuweisungen darf bei einer Partei die Summe ihrer jährlichen selbst erwirtschafteten Einnahmen nicht übersteigen (§ 18 Abs. 5 S. 1 PartG). Diese **»relative Obergrenze«** sowie die Bestimmung, dass die Summe der Finanzierung aller Parteien die »absolute Obergrenze« nicht überschreiten darf (§ 18 Abs. 5 S. 2 PartG), sollen nach Vorstellung des BVerfG den Charakter der Parteien als »freigebildete, im gesellschaftlich-politischen Bereich wurzelnde Gruppen« bewahren.[65] Soweit die Summe der errechneten staatlichen Mittel die absolute Obergrenze (§ 18 Abs. 2 PartG) überschreitet, besteht der Anspruch der Parteien nur in der Höhe, der ihrem Anteil an dieser Summe entspricht (§ 19 a Abs. 5 S. 2 PartG). 177

57 BT-Drucks. 14/8778, S. 25.

58 Vgl. dazu im Einzelnen BVerfGE 111, 382.

59 § 18 PartG a. F. sah vor, dass jene Parteien, die mindestens 0,5% der im Wahlgebiet abgegebenen gültigen Zweitstimmen (bzw. sofern keine Landesliste aufgestellt worden war, 10% der in einem Wahlkreis abgegebenen Erststimmen) errungen hatten, einen Anspruch auf Erstattung der Wahlkampfkosten besaßen. Der Gesamtbetrag der Wahlkampfkosten wurde zuletzt mit 5,00 DM je Wahlberechtigtem (und nicht je abgegebener Stimme) pauschaliert und proportional dem Stimmenanteil auf die Parteien verteilt.

60 So *H. Sendler,* NJW 1994, S. 366; *T. Drysch,* NVwZ 1994, S. 221.

61 Vgl. *J. Ipsen,* ZParl 1994, S. 401 ff.

62 Vgl. BVerfGE 85, 264 (292).

63 Vgl. BVerfGE 85, 264 (293).

64 Vgl. *J. Ipsen,* JZ 1992, S. 760.

65 So BVerfGE 85, 264 (287).

178 Im Ausgangsfall hätte die CDU für das Jahr 1998 nach § 18 Abs. 3 Nr. 1 PartG a. F. einen Anspruch auf 1,00 DM für jede für ihre Liste abgegebene gültige Stimme bei den (jeweils letzten) Europa-, Bundestags- und Landtagswahlen (§ 18 Abs. 3 Nr. 1 PartG a. F.) gehabt, wobei sich die Zuschüsse für die ersten 5 Mio. gültigen Stimmen auf 1,30 DM je Stimme erhöht hätten (§ 18 Abs. 3 S. 2 PartG a. F.). Hinzu wäre ein Anspruch auf 50% des Spendenaufkommens natürlicher Personen bis zur Höchstgrenze von 6.000,00 DM pro Person (§ 18 Abs. 3 Nr. 3 PartG a. F.) gekommen. Da die Summe der Ansprüche aller Parteien im Jahr 1998 die seinerzeit geltende absolute Obergrenze von 230,00 Mio. DM überstieg, beschränkte sich der Anspruch der CDU gem. § 19 Abs. 6 S. 2 PartG a. F. auf einen proportionalen Anteil an dieser Summe.

2. Rechenschaftspflicht und Festsetzungsverfahren

179 Nach Art. 21 Abs. 1 S. 4 GG müssen die Parteien über die **Herkunft** und **Verwendung** ihrer **Mittel** sowie über ihr **Vermögen** öffentlich Rechenschaft geben. Das verfassungsrechtliche Transparenzgebot wird durch die §§ 23 ff. PartG konkretisiert. Der Vorstand der Partei hat über die Herkunft und die Verwendung der Mittel sowie über das Vermögen der Partei zum Ende des Kalenderjahres (Rechnungsjahr) in einem Rechenschaftsbericht öffentlich Rechenschaft zu geben (§ 23 Abs. 1 PartG). Der Rechenschaftsbericht muss von einem Wirtschaftsprüfer oder einer Wirtschaftsprüfungsgesellschaft geprüft werden (§ 23 Abs. 2 S. 1 PartG) und bis zum 30. September des dem Rechnungsjahr folgenden Jahres beim Präsidenten des Deutschen Bundestages eingereicht werden (§ 19 a Abs. 3 S. 1 PartG). Die Frist kann aus besonderen Gründen um bis zu 3 Monate verlängert werden (§ 19 a Abs. 3 S. 2 PartG). Reicht eine Partei ihren Rechenschaftsbericht nicht fristgerecht ein, verliert sie endgültig den auf Zuwendungen bezogenen Anspruch auf staatliche Mittel (Verfall des Zuwendungsanteils, § 19 a Abs. 3 S. 3 PartG). Hat eine Partei ihren Rechenschaftsbericht bis zum 31. Dezember des dem Anspruchsjahr folgenden Jahres nicht eingereicht, verliert sie endgültig den Anspruch auf staatliche Mittel für das Anspruchsjahr (Verfall des Wählerstimmenanteils, § 19 a Abs. 3 S. 4 PartG). Ausdrücklich klargestellt ist in der neuen Fassung des Parteiengesetzes, dass die Fristen unabhängig von der inhaltlichen Richtigkeit gewahrt werden, wenn der Rechenschaftsbericht der in § 24 PartG vorgegebenen Gliederung entspricht und den Prüfungsvermerk des Wirtschaftsprüfers trägt (§ 19 a Abs. 3 S. 5 PartG).

180 Am 1.1.2003 ist ein novellierter § 23 a PartG in Kraft getreten, der das Prüfungsverfahren der Rechenschaftsberichte durch den Präsidenten des Deutschen Bundestages detailliert regelt. Dieser darf staatliche Mittel für eine Partei nach §§ 18 und 19 a PartG nur auf Grund eines Rechenschaftsberichtes festsetzen und auszahlen, der den Vorschriften des Fünften Abschnittes entspricht (§ 19 a Abs. 1 S. 2 PartG).

181 Im Fall 11 hatte die CDU zwar vor dem 31.12.1999 einen Rechenschaftsbericht vorgelegt; dieser war vom Präsidenten des Deutschen Bundestages allerdings nicht als den »Vorschriften des 5. Abschnitts« entsprechend angesehen worden, weil Vermögensbestandteile eines Landesverbandes nicht aufgeführt waren. Nach der alten Gesetzeslage war umstritten, ob mit den §§ 19 Abs. 4, 23 Abs. 4 PartG a. F. die Abgabe von Rechenschaftsberichten bewirkt werden sollte oder ob es sich darüber hinaus um Sanktionen für fehlerhafte oder unvollständige Rechenschaftsberichte handelte. Für das Verschweigen bzw. die Annahme rechtswidriger *Spenden* war eine Sanktion in § 23 a PartG a. F. vorgesehen, die an die Höhe der verschwiegenen bzw. rechtswidrigen Spende anknüpft. Eine entsprechende Vorschrift für nicht angegebene Vermögensbestandteile fehlte. Überwiegend wurde es deshalb abgelehnt, diese Gesetzeslücke durch Anwendung der §§ 19 Abs. 4, 23 Abs. 4 PartG a. F. zu schließen, zumal eine solche »Sanktion« sich nicht proportional zu dem Verstoß gegen das

Transparenzgebot verhielte.[66] Das BVerfG hat demgegenüber die Rechtsauffassung des Bundestagspräsidenten bestätigt.[67]

3. Steuerliche Begünstigung von Mitgliedsbeiträgen und Parteispenden

Nach § 34 g EStG[68] mindern Zuwendungen an Parteien die Steuerschuld um 50% des Betrages bis zu einer Höhe von 825 € jährlich (bei Zusammenveranlagung von Ehegatten 1.650 €). Die steuerliche Berücksichtigung dieses Betrages ist unabhängig davon, wie viel der Steuerpflichtige verdient und mit welchem Steuersatz sein Einkommen versteuert wird. Diese Regelung entspricht idealtypisch dem formalen Gleichheitssatz und trägt überdies dem vom BVerfG aufgestellten Grundsatz Rechnung, dass steuerlich Spenden und Beiträge nur in der Höhe anerkannt werden können, die für den durchschnittlichen Einkommensempfänger erreichbar ist.[69] 182

Nach § 10 b Abs. 2 EStG sind Zuwendungen an politische Parteien bis zur Höhe von insgesamt 1.650 € und im Falle der Zusammenveranlagung von Ehegatten bis zur Höhe von insgesamt 3.300 € im Kalenderjahr abzugsfähig. Systematisch nicht einleuchtend ist die steuerliche Begünstigung durch zwei unterschiedliche Vorschriften. Überdies ist zweifelhaft, ob sich der steuerbegünstigte Betrag von 3.300 € (bei Zusammenveranlagung 6.600 €) noch in dem vom BVerfG gezogenen Rahmen hält. Weggefallen ist die steuerliche Begünstigung von Unternehmensspenden, die das BVerfG in Abänderung seiner früheren Rechtsprechung für verfassungswidrig erklärt hat.[70] 183

IV. Das Verbot verfassungswidriger Parteien (Art. 21 Abs. 2 GG)

Fall 12: Bundesregierung, Bundestag und Bundesrat hatten beim BVerfG den Antrag gestellt, die Nationaldemokratische Partei Deutschlands (NPD) für verfassungswidrig zu erklären. Am 1.10.2001 beschloss der Erste Senat, die Verhandlung über die Anträge durchzuführen. Die bereits anberaumten Termine zur mündlichen Verhandlung wurden mit Beschluss vom 22.1.2002 aufgehoben, nachdem bekannt geworden war, dass Funktionäre der NPD gleichzeitig als V-Leute für Verfassungsschutzbehörden arbeiteten. Am 18.3.2003 stellte das BVerfG das Verfahren ein. 184
(BVerfGE 104, 63, 370; 107, 339)

Nach Art. 21 Abs. 2 S. 1 GG sind 185

»Parteien, die nach ihren Zielen oder nach dem Verhalten ihrer Anhänger darauf ausgehen, die freiheitliche demokratische Grundordnung zu beeinträchtigen oder zu beseitigen oder den Bestand der Bundesrepublik Deutschland zu gefährden«,

verfassungswidrig. Über die Frage der Verfassungswidrigkeit entscheidet das BVerfG (Art. 21 Abs. 2 S. 2 GG). Das Parteiverbot nach Art. 21 Abs. 2 GG ist eine Ausprägung der »streitbaren Demokratie«, die den Gegnern des demokratischen Staates kämpferisch entgegentritt.[71]

66 Vgl. *O. Depenheuer/B. Grzeszick*, DVBl. 2000, S. 738; *J. Ipsen*, JZ 2000, S. 690; *T. Koch*, NJW 2000, S. 1005 f.; a. A. *M. Morlok*, NJW 2000, S. 766; vgl. auch *H. H. Klein*, NJW 2000, S. 1445 f.
67 Vgl. BVerfGE 111, 54 (m. abw. Votum der Richter *Di Fabio* u. *Mellinghoff*).
68 *Steuergesetze* I Nr. 1 = *Nomos SteuerR* Nr. 40.
69 Vgl. BVerfGE 85, 264 (316).
70 So BVerfGE 85, 264 (315).
71 So BVerfGE 5, 85 (139).

1. Die »freiheitliche demokratische Grundordnung« als Schutzgut

186 Die begriffliche Bestimmung des Schutzguts »freiheitliche demokratische Grundordnung« muss dem Umstand Rechnung tragen, dass nicht die Verfassungsordnung schlechthin gegen Änderung geschützt werden soll, der von den politischen Parteien zu fordernde **Grundkonsens** sich vielmehr auf die fundamentalen **Prinzipien** der Verfassung beschränkt. Das BVerfG hat die »freiheitliche demokratische Grundordnung« als Ordnung definiert,

> »die unter Ausschluß jeglicher Gewalt- und Willkürherrschaft eine rechtsstaatliche Herrschaftsordnung auf der Grundlage der Selbstbestimmung des Volkes nach dem Willen der jeweiligen Mehrheit und der Freiheit und Gleichheit darstellt. Zu den grundlegenden Prinzipien dieser Ordnung sind mindestens zu rechnen: die Achtung vor den im Grundgesetz konkretisierten Menschenrechten, vor allem vor dem Recht der Persönlichkeit auf Leben und freie Entfaltung, die Volkssouveränität, die Gewaltenteilung, die Verantwortlichkeit der Regierung, die Gesetzmäßigkeit der Verwaltung, die Unabhängigkeit der Gerichte, das Mehrparteienprinzip und die Chancengleichheit für alle politischen Parteien mit dem Recht auf verfassungsmäßige Bildung und Ausübung einer Opposition.«[72]

187 Die »freiheitliche demokratische Grundordnung« umfasst damit nur einen Teilbereich der »in den Artikeln 1 und 20 niedergelegten Grundsätze«, die durch Art. 79 Abs. 3 GG der Verfassungsänderung entzogen sind.[73] Die Bundesstaatlichkeit ist der freiheitlich-demokratischen Grundordnung nicht zuzurechnen, wird aber von der Tatbestandsalternative (»Bestand der *Bundes*republik Deutschland«) erfasst, so dass auch Parteien mit zentralstaatlicher Programmatik verfassungswidrig wären.

2. Das Verbotsverfahren (§§ 43 ff. BVerfGG)

188 Art. 21 Abs. 2 S. 2 GG legt fest, dass das BVerfG über die Frage der Verfassungswidrigkeit entscheidet. **Bundestag, Bundesrat** und **Bundesregierung** sind berechtigt, den **Verbotsantrag** zu stellen (§ 43 Abs. 1 BVerfGG). Sofern sich eine Partei auf ein Bundesland beschränkt, ist auch die jeweilige **Landesregierung** antragsberechtigt (§ 43 Abs. 2 BVerfGG).

189 Der Verbotsantrag steht nach h. M. im Ermessen der antragsberechtigten Organe (»kann gestellt werden«).[74] Die in § 43 BVerfGG genannten Organe sollen *berechtigt*, aber nicht *verpflichtet* sein, einen Verbotsantrag zu stellen, wenn sich hinreichende Anhaltspunkte für die Verfassungswidrigkeit einer Partei ergeben. Ein nicht auflösbarer Widerspruch entsteht, wenn die antragsberechtigten Organe eine Partei einerseits für »verfassungsfeindlich« erklären, andererseits aber von einem Vorgehen nach Art. 21 Abs. 2 GG absehen. Die Vorzüge einer »politischen Bekämpfung« des Radikalismus vermögen nur solange zu überzeugen, wie das Institut des Parteiverbots nicht umgangen wird. Der Schutzwirkung des Art. 21 Abs. 2 GG wird deshalb nur genügt, wenn eine Rechtspflicht zur Antragstellung angenommen wird.[75]

190 Nach Eingang der Anträge gibt das BVerfG den Vertretungsberechtigten Gelegenheit zur Äußerung binnen einer zu bestimmenden Frist und beschließt dann, ob der Antrag als unzulässig oder als nicht hinreichend begründet zurückzuweisen oder ob

---

72 So BVerfGE 2, 1 (12 f.).

73 Vgl. unten Rn. 1037 ff.

74 Vgl. BVerfGE 5, 85 (113); 39, 334 (360); *H. Maurer*, AöR 96 (1971), S. 225.

75 Vgl. *J. Ipsen*, in: Sachs (Hrsg.), GG, Art. 21 Rn. 178; *ders.*, FS H. Maurer, S. 169; ebenso *R. Streinz*, in: v. Mangoldt/Klein/Starck, GG, Bd. 2, Art. 21 Rn. 245.

die Verhandlung durchzuführen ist (§ 45 BVerfGG). Dieses **Vorverfahren** dient dem Schutz der inkriminierten Partei und soll verhindern, dass gegen eine Partei ohne hinreichende Gründe ein Verbotsverfahren eingeleitet wird. Die Entscheidung des Bundesverfassungsgerichts bedarf, weil sie für die Partei »nachteilig« ist, einer Mehrheit von zwei Dritteln der Mitglieder des Senats (§ 15 Abs. 4 S. 1 BVerfGG).

Mit dem Beschluss vom 1.10.2001 hatte das BVerfG das Vorverfahren abgeschlossen und entschieden, dass eine mündliche Verhandlung durchzuführen sei.[76] Die bereits zur mündlichen Verhandlung angesetzten Termine wurden durch Beschluss vom 22.1.2002 aufgehoben, nachdem bekannt geworden war, dass ein NPD-Mitglied, das zur mündlichen Verhandlung als Anhörungsperson geladen war, gleichzeitig als V-Mann für eine Verfassungsschutzbehörde arbeitete.[77] Die Einstellung des Verbotsverfahrens, die mit Beschluss vom 18.3.2003 erfolgte, wurde damit begründet, dass unmittelbar vor und während des Verbotsverfahrens die NPD hätte »staatsfrei« sein und die geheimdienstlichen Aktivitäten hätten eingestellt werden müssen.[78] Bemerkenswert ist, dass diese Auffassung nur von der Senats*minderheit* vertreten wurde, während die Senats*mehrheit* keine Hinderungsgründe für eine mündliche Verhandlung sah.[79] Das insoweit paradox erscheinende Ergebnis ist nur dadurch erklärbar, dass wegen der Position der Senats*minderheit* es letztlich nicht zu einer für die NPD nachteiligen Entscheidung, die nach § 15 Abs. 4 S. 1 BVerfGG eine 2/3-Mehrheit erfordert hätte, hätte kommen können. 191

Sofern der Antrag begründet ist, stellt das BVerfG fest, dass die Partei **verfassungswidrig** ist (§ 46 Abs. 1 BVerfGG). Die Entscheidung ist konstitutiv, so dass niemand die Verfassungswidrigkeit einer Partei rechtlich geltend machen kann, bevor das BVerfG entsprechend erkannt hat.[80] Das sog. »Parteienprivileg« ist ein missverständlicher Begriff, der ursprünglich nur auf den Unterschied zu den verfassungswidrigen **Vereinigungen** hinweisen sollte, die nach **Art. 9 Abs. 2 GG** verboten *sind* (und nicht erst verboten werden *können*). Die Zuständigkeit des BVerfG und die konstitutive Wirkung des Verbots rechtfertigen aber kaum den Begriff des »Privilegs«. Nach der Rechtsprechung des BVerfG ist es der Exekutive auch nicht schlechthin untersagt, Konsequenzen aus der vermeintlichen Verfassungsfeindlichkeit einer (nicht verbotenen) Partei zu ziehen. So soll das »Parteienprivileg« eine Einstellungsbehörde nicht daran hindern, die Parteimitgliedschaft eines Bewerbers für den öffentlichen Dienst zu berücksichtigen.[81] Auch ist eine Partei durch Art. 21 Abs. 2 GG nicht dagegen geschützt, in Publikationen der Regierung als »extremistisch« oder »radikal« bezeichnet zu werden.[82] 192

3. Rechtsfolgen des Parteiverbots

Sofern der Verbotsantrag begründet ist, stellt das BVerfG die **Verfassungswidrigkeit** der politischen Partei fest (§ 46 Abs. 1 BVerfGG). Mit dieser Feststellung muss die **Auflösung** der Partei und das Verbot, eine Ersatzorganisation zu gründen, verbunden werden (§ 46 Abs. 3 BVerfGG). Das BVerfG kann überdies die Einziehung des 193

76 Vgl. BVerfGE 104, 63 (65).
77 Vgl. BVerfGE 104, 370 (372).
78 Vgl. BVerfGE 107, 339.
79 Vgl. *J. Ipsen*, JZ 2003, S. 489 f.
80 So BVerfGE 12, 296 (304); 40, 287 (291); st. Rspr.
81 Vgl. BVerfGE 39, 334 (359 f.).
82 So BVerfGE 40, 287; vgl. auch BVerfGE 57, 1.

Parteivermögens zugunsten des Staates oder gemeinnütziger Zwecke anordnen (§ 46 Abs. 3 S. 2 BVerfGG).

194 Der Vollzug des Parteiverbots richtet sich nach §§ 32, 33 PartG. Der Bundesinnenminister bzw. die Landesregierungen sind ermächtigt, alle Maßnahmen zu treffen, die erforderlich sind, um das Urteil zu vollstrecken (§ 32 Abs. 1 und 2 PartG). Das BVerfG ist befugt, die Vollstreckung abweichend zu regeln (§ 32 Abs. 3 PartG). Mögliche Rechtsbehelfe gegen Vollstreckungsmaßnahmen haben keine aufschiebende Wirkung (§ 32 Abs. 4 PartG). Sofern die verbotene Partei im Deutschen Bundestag mit Abgeordneten vertreten war, verlieren diese mit dem Urteil ihre Mandate und die Listennachfolger ihre Anwartschaft (§ 46 Abs. 4 S. 1 BWahlG). Soweit es sich um Direktmandate handelte, findet in dem betreffenden Wahlkreis eine Wiederholungswahl statt (§ 46 Abs. 4 S. 2 i. V. m. § 44 Abs. 2–4 BWahlG). Soweit die Abgeordneten über eine Landesliste in den Bundestag gelangt sind, bleiben die Sitze unbesetzt (§ 46 Abs. 4 S. 3 BWahlG). Die gleiche Rechtsfolge tritt für Abgeordnete im Europäischen Parlament bzw. Listennachfolger ein (§ 22 Abs. 4 S. 1 EuWG). Die Sitze dieser Abgeordneten bleiben unbesetzt (§ 22 Abs. 4 S. 2 EuWG). Entsprechende Vorschriften für Landtagsmandate finden sich in den Landeswahlgesetzen der Bundesländer.[83] Die Kommunalwahlgesetze der Bundesländer sehen überdies einen Mandatsverlust auch in den kommunalen Vertretungskörperschaften (Gemeinderat, Kreistag) vor.[84]

195 Bedenken, die gegen diese Rechtsfolge des Parteiverbots aus dem Grundsatz des freien Mandats (Art. 38 Abs. 1 S. 2 GG) erhoben worden sind, ist das BVerfG mit der Begründung entgegengetreten, dass die Exponenten einer verbotenen Partei keinerlei Anteil mehr an der parlamentarischen Willensbildung haben dürften.[85] Der Mandatsverlust ergibt sich nach Auffassung des BVerfG zwingend aus dem Institut des Parteiverbots, so dass für den Gesetzgeber keinerlei Gestaltungsspielraum verbleibe.[86] Eine solche Rechtsfolge hätte indes durch Art. 21 Abs. 2 GG selbst festgelegt werden müssen, zumal das Problem der Parlamentsmandate bei Parteiverbot seit der Weimarer Zeit bekannt war.[87] Zutreffend dürfte deshalb sein, dass der Mandatsverlust als Rechtsfolge des Parteiverbots durch den Gesetzgeber angeordnet werden *kann.*[88]

83 Vgl. § 49 Bad.-Württ. LWahlG; § 45 Bbg. LWahlG; § 35 Brem. LWahlG; § 12 Bürg. WahlG (Hamburg); § 41 Hess. LWahlG; § 47 Meckl.-Vorp. LKWG; § 8 Nds. LWahlG; § 38 Nordrh.-Westf. LWahlG; § 60 Rh.-Pf. LWahlG; § 41 Saarl. LWahlG; § 45 Sächs. LWahlG; §§ 7, 44 Sachs.-Anh. LWahlG; § 52 Schl.-Holst. LWahlG; § 46 Abs. 4 Thür. LWahlG.

84 Vgl. Art. 49 Bay. GLKrWG; § 62 Bbg. KWG; § 35 Hess. KWG; § 47 Meckl.-Vorp. LKWG; § 50 Saarl. KWG; § 47 Abs. 2 Sachs.-Anh. KWG; § 45 Schl.-Holst. KWG; § 30 Thür. KWG.

85 So BVerfGE 2, 1 (72 f.).

86 Vgl. BVerfGE 2, 1 (74).

87 Vgl. *E. R. Huber,* Deutsche Verfassungsgeschichte seit 1789, Bd. VI, rev. Nachdruck der 1. Aufl., 1993, S. 155 f. Obwohl in der Weimarer Zeit mehrfach Parteiverbote ergingen (vgl. dazu *K. Stein,* Parteiverbote in der Weimarer Republik, 1999), behielten die Abgeordneten ihre Parlamentsmandate und konnten im Reichstag weiterhin agieren. Die den Abgeordneten zustehende »Freifahrkarte« für die Reichsbahn (Art. 40 WRV) wurde damit zum Symbol für die Hilflosigkeit der Republik gegenüber ihren Feinden.

88 Vgl. *J. Ipsen,* in: Sachs (Hrsg.), GG, Art. 21 Rn. 196 ff., insbes. 199.

V. Übersicht: Einnahmen der im Bundestag vertretenen Parteien in EUR (2010)

196

Partei	Mitgliedsbeiträge und andere regelmäßige Beiträge	Spenden von natürlichen Personen	Spenden von juristischen Personen	Einnahmen aus Vermögen	Einnahmen aus Parteitätigkeit (insbes. Veranstaltungen und Veröffentlichungen)	Staatliche Mittel	Sonstige Einnahmen	Gesamt
CDU	59.772.786 36,7%	26.170.350 16,1%	14.949.356 9,2%	4.043.773 2,5%	14.188.384 8,7%	41.905.937 25,8%	1.659.260 1%	162.689.882 100,0%
SPD	68.310.817 39,4%	14.545.070 8,4%	4.217.400 2,4%	21.058.366 12,1%	18.001.044 10,4%	39.637.451 22,9%	7.550.397 4,4%	173.320.545 100,0%
B90/GR	11.690.745 38,3%	4.525.980 14,8%	919.025 3,0%	260.215 1,0%	914.527 3,0%	11.095.447 36,3%	1.145.492 3,8%	30.551.431 100,0%
CSU	12.353.498 29,4%	4.956.805 11,8%	4.113.771 9,8%	518.510 1,2%	7.990.722 19,0%	11.708.611 27,9%	329.058 0,9%	51.970.975 100,0%
FDP	10.418.554 24,1%	10.388.101 24,0%	5.796.974 13,4%	817.137 1,9%	2.967.178 6,9%	12.644.177 29,2%	221.623 0,5%	43.253.744 100,0%
Die Linke	12.672.806 46,5%	2.700.234 9,9%	177.526 0,7%	312.794 1,1%	248.645 0,9%	10.705.922 39,3%	442.460 1,6%	27.260.387 100,0%

Quelle: BT-Drucks. 17/4800 vom 16.2.2011 (Ergebnisse z. T. gerundet).

VI. Politische Parteien in der Europäischen Union

197 Nach Art. 10 Abs. 4 EUV tragen politische Parteien auf **europäischer Ebene** zur Herausbildung eines europäischen politischen Bewusstseins und zum Ausdruck des Willens der Bürgerinnen und Bürger der Union bei. Diese Bestimmung enthält allerdings mehr eine Zukunftsvision als eine Beschreibung der Realität. Gegenwärtig gibt es (noch) keine Parteien auf europäischer Ebene, sondern nur **europäische Parteibünde,** in denen sich die Parteien der Mitgliedstaaten zusammengeschlossen haben und deren Abgeordnete im Europäischen Parlament Fraktionen bilden.[89] Es fehlt allerdings nicht an Versuchen, ein europäisches Parteiwesen durch Fördermaßnahmen zu initiieren.[90]

VII. Rechtsprechung

198 **BVerfGE** 2, 1 (SRP-Verbot); **E** 5, 85 (KPD-Verbot); **E** 8, 51 (Steuerliche Abzugsfähigkeit von Parteispenden); **E** 11, 266 (»Rathausparteien«); **E** 11, 351 (»Rathausparteien«); **E** 20, 56 (Staatliche Parteienfinanzierung); **E** 24, 300 (Parteiengesetz); **E** 34, 160 (Sendezeiten); **E** 40, 287 (Bezeichnung einer Partei als »verfassungsfeindlich«); **E** 41, 399 (Wahlkampfkostenerstattung für Einzelbewerber – Fall Daniels); **E** 47, 198 (Verfassungswidrige Wahlwerbung); **E** 52, 63 (Steuerliche Abzugsfähigkeit von Parteispenden – »Niedersachsen-Urteil«); **E** 69, 92 (Steuerliche Absetzbarkeit von Spenden an Wählervereinigungen); **E** 69, 257 (Zurückweisung von Wahlwerbespots); **E** 73, 1 (Globalzuschüsse an parteinahe Stiftungen); **E** 73, 40 (Steuerliche Abzugsfähigkeit von Parteispenden, Wahlkampfkostenerstattung); **E** 78, 350 (Ausschluss kommunaler Wählervereinigungen von steuerlichen Entlastungen); **E** 82, 54 (Teilnahme an Fernsehdiskussionen); **E** 85, 264 (Parteienfinanzierung); **E** 91, 262, **E** 91, 276 (Parteieigenschaft als Verbotsvoraussetzung); **E** 104, 63 (NPD-Verbot: Vorverfahren); **E** 104, 370 (NPD-Verbot: Terminsaufhebung); **E** 107, 339 (NPD-Verbot: Einstellung des Verfahrens); **E** 111, 54 (CDU-Rechenschaftsbericht 1998); **E** 111, 382 (»Drei-Länder-Quorum«); **E** 121, 30 (Beteiligung an privaten Rundfunkunternehmen); **BVerwGE** 31, 368 (Öffentliche Einrichtungen für Parteien – »Stadthalle«).

VIII. Literatur

199 *H. H. v. Arnim,* Staatliche Fraktionsfinanzierung ohne Kontrolle?, 1987; *ders.*, Die Partei, der Abgeordnete und das Geld, 1996; *ders.*, Die neue Parteienfinanzierung, DVBl. 2002, S. 1065; *ders.*, Die neue EU-Parteienfinanzierung, NJW 2005, S. 247; *ders.*, Parteien in der Kritik, DÖV 2007, S. 221; *U. Battis/J. Kersten,* Regelungsdefizite des neuen Parteispendenrechts, JZ 2003, S. 655; *M. Betzinger,* Parteiensponsoring, DVBl. 2010, S. 1204; *M. Cornils,* Das Sanktionensystem des Parteiengesetzes: verfassungsmäßige Grundlage einer Kürzung des Anspruchs auf staatliche Teilfinanzierung?, VerwArch 91 (2000), S. 327; *O. Depenheuer/B. Grzeszick,* Zwischen gesetzlicher Haftung und politischer Verantwortlichkeit, DVBl. 2000, S. 736; *A. Hatje,* Parteiverbote und Europarecht, DVBl. 2005, S. 261; *H. M. Heinig,* Sponsoring von Parteiveranstaltungen, JZ 2010, S. 485; *ders./T. Streit,* Die direkte staatliche Parteienfinanzierung: Verfassungsrechtliche Grundlagen und parteiengesetzliche Rechtsfragen, Jura 2000, S. 393; *W. Henke,* Die Parteien und der Ämterstaat, NVwZ 1985, S. 616; *K. Hesse,* Die verfassungsrechtliche Stellung der politischen Parteien im modernen Staat, VVDStRL 17 (1959), S. 11; *P. M. Huber,* Der Parteienstaat als Kern des politischen Systems – Wie tragfähig ist das

89 Vgl. *R. Streinz,* in: v. Mangoldt/Klein/Starck, GG, Bd. 2, Art. 21 Rn. 42 m. w. N.
90 Vgl. *J. Ipsen,* in: Sachs (Hrsg.), GG, Art. 21 Rn. 215 f.

Grundgesetz?, JZ 1994, S. 689; *ders.*, Das parteienrechtliche Transparenzgebot und seine Sanktionierung, DÖV 2000, S. 745; *J. Ipsen,* Steuerbegünstigung und Chancenausgleich – Verfassungsrechtliche Überlegungen zur Neuordnung der Parteienfinanzierung, JZ 1984, S. 1060; *ders.*, Globalzuschüsse statt Wahlkampfkostenerstattung, JZ 1992, S. 753; *ders.*, Kandidatenaufstellung, innerparteiliche Demokratie und Wahlprüfungsrecht, ZParl 1994, S. 235; *ders.*, Transparenzgebot und »Sanktionensystem« bei der staatlichen Parteienfinanzierung, JZ 2000, S. 685; *ders.*, Parteiverbot und »politisches« Ermessen, FS H. Maurer, 2001, S. 163; *ders.*, Rechtsfragen des NPD-Verbots, NJW 2002, S. 866; *ders.*, Das neue Parteienrecht, NJW 2002, S. 1909; *ders.*, Abgeordnetenspenden – eine Regelungslücke des Parteiengesetzes?, NVwZ 2003, S. 38; *ders.*, Das Ende des NPD-Verbotsverfahrens, JZ 2003, S. 485; *ders.*, Gesetzesrecht und Satzungsrecht bei der Kandidatenaufstellung politischer Parteien – Probleme des Vorschlagsrechts nach EuWG und BWahlG –, DVBl. 2004, S. 532; *ders.*, ParteienG, Kommentar, 2008; *ders.*, Grundgesetz und politische Parteien, DVBl. 2009, S. 552; *ders.* (Hrsg.), 40 Jahre Parteiengesetz. Symposium im Deutschen Bundestag, 2009; *J. Kersten/S. Rixen,* Parteiengesetz (PartG) und europäisches Parteienrecht: Kommentar, 2009; *H. H. Klein,* Die Rechenschaftspflicht der Parteien und ihre Kontrolle, NJW 2000, S. 1441; *T. Koch,* Verlust der Teilhabe an staatlicher Parteienfinanzierung bei fehlendem Rechenschaftsbericht?, NJW 2000, S. 761; *ders.*, Parteiverbote, Verhältnismäßigkeitsprinzip und EMRK, DVBl. 2002, S. 1388; *ders.*, Neutralitätspflicht und Chancengleichheit bei Leistungen an politische Parteien, ZParl 2002, S. 694; *ders.*, Parteispenden – Abgeordnetenspenden – Nicht weitergeleitete Spenden, DÖV 2003, S. 451; *ders.*, Fehlerhafte Rechenschaftslegung politischer Parteien und ihre Folgen, DVBl. 2008, S. 601; *C. Landfried,* Parteifinanzen und politische Macht, 2. Aufl. 1994; *W. Leisner,* »Dienstleistungen an Parteien«, NJW 2000, S. 1998; *S.-C. Lenski* (Hrsg.), Parteiengesetz und Recht der Kandidatenaufstellung, Handkommentar, 2011; *C. Lenz,* Staatliche Parteienfinanzierung und Bundesverfassungsgericht, NVwZ 2003, S. 49; *ders.*, Das neue Parteifinanzierungsrecht, NVwZ 2002, S. 769; *H.-R. Lipphardt,* Die Gleichheit der politischen Parteien vor der öffentlichen Gewalt, 1975; *H. Maurer,* Die Rechtsstellung der politischen Parteien, JuS 1991, S. 881; *M. Morlok,* Spenden – Rechenschaft – Sanktionen: Aktuelle Rechtsfragen der Parteienfinanzierung, NJW 2000, S. 761; *ders.*, Parteiverbot als Verfassungsschutz – Ein unauflösbarer Widerspruch?, NJW 2001, S. 2931; *H. Reffken,* Die Rechts-, Partei- und Grundbuchfähigkeit politischer Parteien, NVwZ 2009, S. 1131; *F. Saliger/S. Sinner,* Korruption und Betrug durch Parteispenden, NJW 2005, S. 1073; *K.-H. Seifert,* Die politischen Parteien im Recht der Bundesrepublik Deutschland, 1975; *N. Sonder,* Zu den Grenzen der Meinungsfreiheit innerhalb politischer Parteien, Jura 2011, S. 355; *M. Stolleis,* Parteienstaatlichkeit – Krisensymptome des demokratischen Verfassungsstaats, VVDStRL 44 (1986), S. 7; *U. Volkmann,* Parteispenden als Verfassungsproblem, JZ 2000, S. 539.

§ 6 Der Bundestag

I. Funktionen des Parlaments im parlamentarischen Regierungssystem

200 Im Mittelpunkt eines parlamentarischen Regierungssystems steht das volksgewählte Parlament. Seine Aufgaben stellen sich in der modernen Demokratie als so vielfältig dar, dass man sie in »**Funktionen**« – in Aufgabenbereiche – einteilt. Wichtigste Funktionen des Bundestages sind die **Wahl** anderer Staatsorgane, die **Kontrolle** der Exekutive, die **Gesetzgebung**, die **Mitwirkung** in Angelegenheiten der **Europäischen Union** und der **NATO** sowie die – nicht leicht zu bestimmende – **Repräsentativfunktion.**[1]

1. Wahlfunktion

201 Nur der Bundeskanzler (Art. 63 GG) und der Wehrbeauftragte des Bundestages (Art. 45 b GG) werden unmittelbar vom Bundestag gewählt. Die Mitglieder des Bundesverfassungsgerichts, deren Wahl zur Hälfte dem Bundestag obliegt (Art. 94 Abs. 1 GG), werden nicht direkt durch das Parlament, sondern durch einen »Wahlausschuss« gewählt, der sich aus Bundestagsabgeordneten aller Fraktionen im Verhältnis ihrer Stärke zusammensetzt (§ 6 BVerfGG).[2]

202 Der Wahlmodus der Bundesverfassungsrichter ist in seiner Verfassungsmäßigkeit nicht unumstritten, denn wenn Art. 94 Abs. 1 GG die Wahl durch den Bundestag vorschreibt, so mag man Zweifel daran haben, ob ein Wahlgremium diesem Erfordernis genügt.[3] Der Sache nach ist die Wahl der Mitglieder des BVerfG in der diskreten Atmosphäre des Beratungszimmers eine sinnvolle Regelung. Die – durch das Grundgesetz nicht vorgegebene – Zwei-Drittel-Mehrheit (§ 6 Abs. 5 BVerfGG) verhindert die Majorisierung von Minderheiten und wirkt dem Eindruck entgegen, dass die gewählten Bewerber nur Exponenten einer Partei sind. Auf der anderen Seite verzeichnet das BVerfG einen solchen Machtzuwachs, dass zunehmend eine öffentliche Diskussion über die Kandidaten und eine Wahl unmittelbar durch den Bundestag gefordert wird.[4]

203 Die Wahl des Bundestagspräsidenten, der Vizepräsidenten und der Schriftführer (Art. 40 Abs. 1 GG) fällt nicht unter die Wahlfunktion, sondern stellt sich als Teil des **parlamentarischen Selbstorganisationsrechts** dar.

---

1 Vgl. *K. Stern,* Staatsrecht II, S. 47; die Unterscheidung unterschiedlicher Parlamentsfunktionen geht auf *W. Bagehot,* The English Constitution, 1867, S. 165 ff. zurück, der die »elective«, »expressive«, »teaching«, »informing« und »function of legislation« des Parlaments unterscheidet.

2 *Sartorius* I Nr. 40 = *Nomos ÖffR* Nr. 8.

3 Vgl. *J. Wieland,* in: Dreier (Hrsg.), GG, Bd. III, Art. 94 Rn. 14 (»Praxis der indirekten Wahl verfassungswidrig«).

4 Nachw. bei *A. Voßkuhle,* in: v. Mangoldt/Klein/Starck, GG, Bd. 3, Art. 94 Rn. 15.

2. Kontrollfunktion

a) Zitier- und Interpellationsrecht (Art. 43 Abs. 1 GG)

Der Bundestag und seine Ausschüsse können jederzeit die Anwesenheit jedes Mitglieds der Bundesregierung verlangen (Art. 43 Abs. 1 GG); diese trifft eine verfassungsrechtliche Pflicht, der Aufforderung Folge zu leisten. Dem Zitierrecht entspricht nach allgemeiner Meinung nicht nur eine Anwesenheits-, sondern auch eine Antwortpflicht der Regierungsmitglieder. Auf Verlangen des Bundestages oder seiner Ausschüsse haben die herbeigerufenen Regierungsmitglieder deshalb »Rede und Antwort zu stehen«.[5] 204

Ob man die Beantwortungspflicht weitergehend als Pflicht zur vollständigen und wahrheitsgemäßen Beantwortung der Fragen verstehen kann, ist umstritten, aber eindeutig zu bejahen.[6] Keinem Staatsorgan darf es von Verfassungs wegen gestattet sein, das kontrollierende Organ zu täuschen. Die Frage hat jedoch nur geringe praktische Bedeutung, weil bei ausweichenden oder allgemein gehaltenen Antworten der Nachweis der Unwahrheit nur selten gelingt. Sofern ein Regierungsmitglied vor dem Bundestag allerdings nachweislich die Unwahrheit sagt, hat dies regelmäßig gravierende politische Konsequenzen.[7] 205

Eng verbunden mit dem Zitierrecht ist das »**Interpellationsrecht**«, also die Befugnis des Bundestages, **Anfragen** an die Regierung zu richten. Die Geschäftsordnung des Bundestages konkretisiert das Interpellationsrecht in Gestalt dreier Institute: 206

- Die sog. »**Große Anfrage**« (§§ 100 ff. GOBT)[8] betrifft wichtige Gegenstände der Politik und zieht eine Beratung, d. h. eine Debatte über die Antwort nach sich, von der regelmäßig eine gewisse Öffentlichkeitswirkung ausgeht. 207
- Die sog. »**Kleine Anfrage**« (§ 104 GOBT) unterscheidet sich von der Großen Anfrage dadurch, dass sie nicht als Verhandlungsgegenstand auf die Tagesordnung gesetzt werden kann, über die Antwort der Bundesregierung also keine Debatte stattfindet (§ 75 Abs. 3 GOBT). 208
- In der **Fragestunde** schließlich ist jeder Bundestagsabgeordnete berechtigt, kurze mündliche Anfragen an die Bundesregierung zu richten (§ 105 GOBT). Die Fragestunde ist durch besondere Richtlinien geregelt, um diese Einrichtung praktikabel zu machen. Die Fragestunde ist nicht zu verwechseln mit der »Aktuellen Stunde« (§ 106 GOBT), in der eine Debatte mit Kurzbeiträgen zu einem aktuellen Thema stattfindet. 209

Das Interpellationsrecht des Bundestages darf in seiner Wirksamkeit nicht unterschätzt werden. Abgesehen von der **Öffentlichkeitswirkung,** die namentlich Großen Anfragen zukommt, bewirken auch Kleine Anfragen und mündliche Fragen eine heilsame Unruhe, die der Kontrollfunktion des Bundestages dienlich ist. 210

---

5 So BVerfGE 67, 100 (129); *M. Morlok*, in: Dreier (Hrsg.), GG, Bd. II, Art. 43 Rn. 11; *H.-P. Schneider*, in: AK-GG, Art. 43 Rn. 3.

6 Wie hier: *H.-P. Schneider*, in: AK-GG, Art. 43 Rn. 3.

7 Das bekannteste Beispiel in der Geschichte der Bundesrepublik ist der Rücktritt des Bundesverteidigungsministers Franz Josef Strauß (1915–1988) in der sog. »Spiegel-Affäre«; vgl. dazu *H. A. Winkler*, Der lange Weg nach Westen, 2. Bd., 5. Aufl. 2002, S. 210 f.; *J. Ipsen*, Der Staat der Mitte, S. 272 ff.

8 *Sartorius* I Nr. 35 = *Nomos ÖffR* Nr. 13.

b) Einsetzung von Untersuchungsausschüssen (Art. 44 GG)

211 **Fall 13:** Der Bundestag hat einen Untersuchungsausschuss eingesetzt, der den möglichen Zusammenhang zwischen Parteispenden eines Unternehmens und einer ihm gewährten Steuerbefreiung klären soll. Das Bundesfinanzministerium weigert sich, dem Untersuchungsausschuss volle Akteneinsicht zu gewähren, und begründet dies mit dem Steuergeheimnis. Im Untersuchungsausschuss wiederum befürchtet man, sich ohne Akteneinsicht kein vollständiges Bild von der Sachlage machen zu können.

(nach BVerfGE 67, 100)

212 Die Einsetzung eines Untersuchungsausschusses ist ein traditionelles Mittel parlamentarischer Kontrolle, das zur Aufklärung ungeklärter Umstände eingesetzt wird. Auf Antrag eines Viertels der Mitglieder des Bundestages ist der Bundestag zur Einsetzung verpflichtet. Der Untersuchungsausschuss verfährt nach den Vorschriften der Strafprozeßordnung (Art. 44 Abs. 2 GG), d. h. er ermittelt von Amts wegen, vernimmt Zeugen und ist berechtigt, sie zu vereidigen.

213 Durch das Untersuchungsausschussgesetz (PUAG)[9] ist das Recht der Untersuchungsausschüsse und damit ihr Verfahren detailliert geregelt worden. Da die Frage der »sinngemäßen Anwendung« des Strafverfahrensrechts (Art. 44 Abs. 2 GG) in der Vergangenheit häufig umstritten war, enthält das Gesetz insoweit eine Klarstellung. Der Untersuchungsausschuss hat das Recht, einen Ermittlungsbeauftragten zu bestimmen (§ 10 Abs. 1 PUAG). Auf Antrag eines Viertels seiner Mitglieder ist er hierzu verpflichtet. Die Ermittlungsbeauftragten (»Sonderermittler«) sind im Rahmen ihres Auftrags unabhängig (§ 10 Abs. 4 S. 1 PUAG), können jedoch jederzeit mit einer Mehrheit von zwei Dritteln der anwesenden Mitglieder des Untersuchungsausschusses abberufen werden (§ 10 Abs. 4 S. 2 PUAG). Sie bereiten die Untersuchung durch den Untersuchungsausschuss vor, indem sie die erforderlichen Beweismittel beschaffen und sichten (§ 10 Abs. 3 PUAG).

214 Einer Klärung ist auch die umstrittene Frage des Rechtswegs zugeführt worden. Zuständiges Gericht für Streitigkeiten nach dem PUAG ist der Bundesgerichtshof, soweit nicht das Bundesverfassungsgericht zuständig ist (§ 36 Abs. 1 PUAG). Hält der Bundesgerichtshof den Einsetzungsbeschluss für verfassungswidrig und kommt es für die Entscheidung auf dessen Gültigkeit an, so ist das Verfahren auszusetzen und die Entscheidung des Bundesverfassungsgerichts einzuholen (§ 36 Abs. 2 S. 1 PUAG).

215 Untersuchungsausschüsse sind regelmäßig mit **»Affären«** verbunden, ihre Einsetzung wird zumeist von den Oppositionsfraktionen beantragt.[10]

---

9 Gesetz zur Regelung des Rechts der Untersuchungsausschüsse des Deutschen Bundestags (Untersuchungsausschussgesetz) vom 19.6.2001 (BGBl. I, S. 1142); *Sartorius* I Nr. 6.

10 Untersuchungsausschüsse 13.–17. Wahlperiode:

Wahlperiode	Gegenstand der Untersuchung	Antragsteller/in	Abschlussbericht (BT-Drucks.)
13. (1994–1998)	»Plutonium« Transport illegalen Nuklearmaterials	B90/GR, SPD, CDU/CSU sowie FDP	13/10800
	»Kommerzielle Koordinierung II«	SPD	13/10900

Gelegentlich schließen sich die Regierungsfraktionen dem Antrag an, um auf die Themenstellung des Untersuchungsausschusses Einfluss zu nehmen. Hiermit ist zugleich die spezifische Problematik der Untersuchungsausschüsse angedeutet: Die politische Rivalität von Regierungsmehrheit und Opposition führt nicht selten dazu, dass ein Untersuchungsausschuss paralysiert wird. Werden in derartigen Fällen parteipolitische Belange über eine wirksame Aufklärung des Untersuchungsgegenstandes gestellt, droht das Parlament an Kontrollfunktion zu verlieren.[11]

In unserem Beispielsfall setzt die Weigerung des Bundesfinanzministeriums voraus, dass die Aufklärung des Sachverhalts ein »Interesse« darstellt, gegen das die Exekutive die Wahrung des Steuergeheimnisses abzuwägen hätte (§ 30 Abs. 4 AO). Schon diese Prämisse bedeutet eine Fehleinschätzung des Verhältnisses von Parlament und Exekutive. Würde die Exekutive nicht zur Gewährung voller Akteneinsicht und zur Auskunftserteilung verpflichtet sein, könnte sie den Gegenstand parlamentarischer Kontrolle selbst bestimmen. Das BVerfG ist dieser Verkehrung der Rollen im parlamentarischen Regierungssystem zu Recht entgegengetreten.[12] Wäre im Ausgangsfall das PUAG anwendbar (gewesen), so würde die Verpflichtung des Finanzministeriums aus § 18 Abs. 1 folgen. Auf Antrag des Untersuchungsausschusses oder eines Viertels seiner Mitglieder würde das BVerfG über die Rechtmäßigkeit der Ablehnung des Ersuchens entscheiden (§ 18 Abs. 3 PUAG). 216

Wahlperiode	Gegenstand der Untersuchung	Antragsteller/in	Abschlussbericht (BT-Drucks.)
	»Rechtsextremistische Vorfälle in der Bundeswehr« (Verteidigungsausschuss als Untersuchungsausschuss)	SPD	13/11005
14. (1998–2002)	»Parteispenden«	SPD, B90/GR	14/9300
15. (2002–2005)	»Wahlbetrug«	CDU/CSU	15/2100
	»Sicherheitsrisiko Visapolitik«	CDU/CSU	15/5975
16. (2005–2009)	»BND-Untersuchungsausschuss«	FDP, LINKE/PDS, B90/GR	16/13400
	»Hypo Real Estate«	FDP, Die Linke, B90/GR	16/14000 (Sachstandsbericht)
17. (ab 2009)	»Luftangriff bei Kundus« (Verteidigungsausschuss als Untersuchungsausschuss)	CDU/CSU, SPD, FDP, Die Linke, B90/GR	17/7400
	»Gorleben«	SPD, Die Linke, B90/GR	–
	»Terrorgruppe Nationalsozialistischer Untergrund«	CDU/CSU, SPD, FDP, Die Linke, B90/GR	–

Zu den Untersuchungsausschüssen der vorangegangenen Wahlperioden vgl. *P. Schindler,* Datenhandbuch zur Geschichte des Deutschen Bundestages 1949 bis 1999, Bd. II, S. 2184.

11 Krit. auch *K. Stern,* Staatsrecht II, S. 107.
12 Vgl. BVerfGE 67, 100; siehe auch BVerfGE 77, 1 sowie BVerfGE 124, 78 (BND-Untersuchungsausschuss).

c) Schlichte Parlamentsbeschlüsse

217 **Fall 14:** Am 8.11.1966 beschloss der Deutsche Bundestag auf Antrag der Fraktion der SPD (BT-Drucks. V/1070), Bundeskanzler Erhard (CDU) aufzufordern, die Vertrauensfrage (Art. 68 GG) zu stellen. Bundeskanzler Erhard lehnte die Aufforderung ab.
War der Beschluss des Deutschen Bundestages verfassungsmäßig?

218 Parlamentarische Kontrolle ist nicht nur in Gestalt förmlicher Institute des Parlamentsrechts denkbar, sondern vollzieht sich auch durch »schlichte« Parlamentsbeschlüsse.[13] Das Parlament bekundet in derartigen Entschließungen seine politischen Absichten, ohne Staatsorgane oder Bürger binden zu können. Gleichwohl sind die schlichten Parlamentsbeschlüsse bedeutsam, weil in ihnen die Mehrheitsauffassung des Bundestages zutage tritt.

219 Die schlichten Parlamentsbeschlüsse sind thematisch nicht begrenzt. Sofern der Bundestag sich im Rahmen der Bundeskompetenzen hält, kann er zu jedem Gegenstand seine Auffassung bekunden.[14] Er ist nicht auf Gegenstände beschränkt, die Inhalt eines Gesetzes sein könnten; auch zu Regierungsakten und anderen exekutivischen Entscheidungen kann der Bundestag seine Meinung äußern.

220 Nach h. M.[15] werden »schlichte« Misstrauenskundgebungen gegenüber dem Bundeskanzler (oder einzelnen Bundesministern) durch Art. 67 GG nicht ausgeschlossen. Sie entfalten allerdings keine rechtliche Verbindlichkeit. Die entgegengesetzte Meinung[16] vermag nicht zu überzeugen, weil das Verfahren des konstruktiven Misstrauensvotums (Art. 67 GG) nicht ausschließt, dass das Parlament seine Mehrheitsmeinung auch auf andere (freilich nicht verbindliche) Weise äußert. Gleiches muss für die Aufforderung an den Bundeskanzler gelten, die Vertrauensfrage nach Art. 68 GG zu stellen. Allerdings löst auch ein solcher Parlamentsbeschluss keine Rechtspflicht des Bundeskanzlers aus.[17] Missbilligungsanträge gegen Regierungsmitglieder gehören seit jeher zum Repertoire parlamentarischer Opposition und entsprechen der ständigen Staatspraxis unter dem Grundgesetz.[18] Sie werden ebenso regelmäßig von der Parlamentsmehrheit abgelehnt. Der Beschluss des Bundestages vom 8.11.1966 war insofern ein Ausnahmefall, als Bundeskanzler Erhard die Parlamentsmehrheit bereits eingebüßt hatte. Er trat am 30.11.1966 zurück.

221 Die Mitwirkungsakte des Bundestages in Angelegenheiten der **Europäischen Union,** die nach Art. 23 Abs. 2 und 3 GG vorgesehen sind, sind *nicht* als »schlichte« Parlamentsbeschlüsse einzuordnen, sondern haben wegen der **Berücksichtigungspflicht** der Bundesregierung (Art. 23 Abs. 3 S. 2 GG) eine besondere rechtliche Qualität. Eine Gesetzen vergleichbare strikte Bindung der Bundesregierung ist gleichwohl zu verneinen, weil die Stellungnahmen des Bundestages bei den Verhandlungen nur zu »berücksichtigen« sind.[19]

---

13 Vgl. *K. Stern,* Staatsrecht II, S. 48 f. m. w. N.
14 Vgl. *H. H. Klein,* in: Isensee/Kirchhof (Hrsg.), HdStR III, § 50 Rn. 14.
15 Nachw. bei *V. Epping,* in: v. Mangoldt/Klein/Starck, GG, Bd. 2, Art. 67 Rn. 29.
16 So *R. Herzog,* in: Maunz/Dürig, GG, Art. 67 Rn. 43; *U. Mager,* in: v. Münch/Kunig (Hrsg.), GG, Bd. 1, Art. 67 Rn. 13; *M. Oldiges,* in: Sachs (Hrsg.), GG, Art. 67 Rn. 29.
17 Vgl. *G. Hermes,* in: Dreier (Hrsg.), GG, Bd. II, Art. 67 Rn. 20 m. w. N.
18 Nachw. bei *U. Mager,* in: v. Münch/Kunig (Hrsg.), GG, Bd. 1, Art. 67 Rn. 15.
19 Vgl. *R. Streinz,* in: Sachs (Hrsg.), GG, Art. 23 Rn. 114 m. w. N.

3. Gesetzgebungsfunktion (Gesetzgebungsverfahren I)

a) Gesetzesinitiative (Art. 76 GG)

Fall 15: Die Bundesregierung brachte im 8. Deutschen Bundestag einen Gesetzentwurf über das Staatshaftungsrecht ein,[20] der vom Bundestag mit Mehrheit angenommen wurde, dem aber der Bundesrat nach erfolgloser Anrufung des Vermittlungsausschusses die Zustimmung versagte und vorsorglich Einspruch einlegte. Über den Einspruch wurde vor dem Ende der Wahlperiode nicht mehr entschieden. Zu Beginn der 9. Wahlperiode wurde die Gesetzesvorlage erneut, jetzt aber »aus der Mitte des Bundestages« eingebracht.[21] 222

Gesetzentwürfe können nach Art. 76 Abs. 1 GG von der **Bundesregierung,** »aus der Mitte des **Bundestages**« oder vom **Bundesrat** eingebracht werden. Eine Übersicht über die in der 1. bis zur 17. Wahlperiode eingebrachten Gesetzentwürfe zeigt, dass die Gesetzesinitiative überwiegend von der Bundesregierung ausgeübt wird. Die Zahl der aus der Mitte des Bundestages stammenden Vorlagen ist deutlich geringer, während der Bundesrat als Initiativorgan kaum in Erscheinung tritt. Vergleicht man die Zahl der **Gesetzesbeschlüsse,** die auf die Initiativen folgen, so zeigt sich die dominierende Rolle der Bundesregierung bei Gesetzesinitiativen noch deutlicher. Von den 6.475 Regierungsvorlagen, die seit 1949 eingebracht worden sind, wurden 5.562 (= 85,9%) verabschiedet.[22] Die entsprechenden Zahlen für Initiativen aus der Mitte des Bundestages sind erheblich geringer; sie liegen knapp über einem Drittel der Vorlagen. Der Bundesrat schneidet in dieser Statistik noch schlechter ab.[23] 223

Die Bundesregierung ist aufgrund ihres Beamtenapparates und ihres Rückhalts im Parlament das **geborene Initiativorgan;** ihre Vorlagen haben deshalb eine beträchtliche Erfolgsaussicht. Die aus der Mitte des Bundestages eingebrachten Vorlagen stammen nicht selten von den **Oppositionsfraktionen,** die zu Regierungsvorlagen Alternativen vorlegen oder in bestimmten Sachbereichen selbst initiativ werden wollen. Diese – stärker der politischen Optik dienenden – Vorlagen haben zumeist keine 224

20 BT-Drucks. 8/2079.
21 BT-Drucks. 9/25.
22 Stand: 1.8.2012.
23

Initiativorgan (1.–17. WP)	Bundesregierung	Bundestag	Bundesrat	Vereinigung und Abspaltung von Initiativen
Zahl der Initiativen	6.475	3.895	1004	
Anteil an der Gesamtzahl der Initiativen	56,93%	34,24%	8,83%	
Zahl der Gesetzesbeschlüsse	5.562	1.330	261	204
Anteil an der Gesamtzahl der Gesetzesbeschlüsse	75,60%	18,08%	3,55%	2,77%

Quelle: *P. Schindler,* Datenhandbuch zur Geschichte des Deutschen Bundestages 1949 bis 1999, Bd. II, S. 2388; Nachtragsband 1994–2003, S. 572; Deutscher Bundestag, Internetangebot: http://www.bundestag.de/dokumente/parlamentsdokumentation/gesetzgebung_wp17.pdf (Stand: 21.8.2012).

Aussicht auf eine parlamentarische Mehrheit. Dies ist der wesentliche Grund, warum Bundestagsvorlagen der Statistik nach nur selten erfolgreich sind.[24]

225 Bei der Zahl der aus dem Bundestag stammenden Vorlagen ist überdies zu bedenken, dass ein gewisser Teil nicht wirklich auf die Initiative der (Regierungs-)Fraktionen zurückgeht, sondern von der Regierung übernommen wird. Nach Art. 76 Abs. 2 GG sind Regierungsvorlagen zunächst dem **Bundesrat** zur Stellungnahme zuzuleiten. Diese Stellungnahme und gegebenenfalls eine Gegenäußerung der Bundesregierung sind der an den Bundestag gerichteten Vorlage hinzuzufügen. Dieser sog. **»erste Durchgang«** im Bundesrat kostet Zeit, lässt unter Umständen auch eine frühzeitige Festlegung des Bundesrates befürchten. Insbesondere bei unterschiedlichen Mehrheitsverhältnissen in Bundestag und Bundesrat ist deshalb häufig der Weg beschritten worden, eine originäre Regierungsvorlage »aus der Mitte des Bundestages« einzubringen, um den »ersten Durchgang« zu umgehen.[25] Gesetzesvorlagen aus den eigenen Reihen behandelt das Parlament, ohne dass vorher andere Verfassungsorgane eingeschaltet worden sind.

226 Im Ausgangsfall würden deshalb streng genommen die verfassungsrechtlichen Kompetenzen des Bundesrates verkürzt, denn obwohl es sich um eine Regierungsvorlage handelt, wird sie wie eine Parlamentsvorlage behandelt. Gleichwohl liegt hierin kein Verfassungsverstoß, weil Art. 76 GG von einer formalen Sicht bestimmt wird. Wenn eine Vorlage von einer Fraktion oder der notwendigen Zahl von Bundestagsabgeordneten (§ 76 GOBT) eingebracht wird, so handelt es sich hierbei um eine Vorlage »aus der Mitte des Bundestages«, ohne dass nach dem wirklichen Urheber geforscht wird. Das Vorgehen in unserem Ausgangsfall war insofern verfassungsrechtlich unbedenklich.[26] Es entspricht gängiger Staatspraxis.

b) Gesetzesberatung

227 **Fall 16:** Für die interessierte Öffentlichkeit überraschend wurde am 17.4.2002 von den Bundestagsfraktionen der SPD, CDU/CSU, Bündnis 90/Die Grünen und FDP ein interfraktioneller »Entwurf eines Achten Gesetzes zur Änderung des Parteiengesetzes« im Bundestag eingebracht.[27] Nach Einbringung des Gesetzentwurfs und erster Lesung am 17.4.2002 fand die Beratung im Innenausschuss bereits am selben Tag statt und beanspruchte nur wenige Minuten. Bereits am 19.4.2002 wurde das Gesetz in zweiter und dritter Lesung beraten und beschlossen. Wäre es verfassungsrechtlich zulässig gewesen, wenn die Vorlage in nur einer Sitzung beraten und sogleich über sie abgestimmt worden wäre?

228 Gesetzentwürfe werden im Bundestag gewöhnlich in drei Beratungen (Lesungen) behandelt. In der ersten Beratung findet nur ausnahmsweise eine Aussprache statt; regelmäßig werden die Vorlagen durch Beschluss an die zuständigen Ausschüsse überwiesen (§ 80 GOBT). Die zweite Beratung findet nach Abschluss der Ausschussberatungen und aufgrund der Empfehlungen der beteiligten Ausschüsse statt. In ihr können Änderungsanträge gestellt werden, über die abzustimmen ist (§§ 81 ff. GOBT). Sofern keine Änderungen beschlossen worden sind, folgt die dritte Beratung im Anschluss an die zweite Beratung, im Übrigen nachdem die beschlossenen Ge-

24 Vgl. *H. Maurer*, Staatsrecht, § 17 Rn. 64.
25 Dazu *M. Schürmann*, AöR 115 (1990), S. 45 ff.
26 Str., vgl. *M. Schürmann*, AöR 115 (1990), S. 50 ff. m. w. N.
27 BT-Drucks. 14/8778.

setzesänderungen zusammengestellt worden sind (§ 84 GOBT). Nach Schluss der dritten Beratung wird über den Gesetzentwurf abgestimmt (§ 86 GOBT).

Die Geschäftsordnung des Bundestages sieht jeweils Ausnahmen vor, die mit einer Mehrheit von zwei Dritteln der anwesenden Bundestagsabgeordneten beschlossen werden können. Nach § 126 GOBT kann mit einer derartigen Mehrheit generell von den Vorschriften der Geschäftsordnung abgewichen werden, sofern Vorschriften des Grundgesetzes nicht entgegenstehen. Das Gesetzgebungsverfahren ist durch die Verfassung nur in einigen Punkten bestimmt, im Übrigen der Regelung durch die Geschäftsordnung des Bundestages überlassen. 229

Die Geschäftsordnung stellt ein aufgrund der Autonomie des Bundestages erlassenes Regelwerk des Innenrechts dar, das häufig als Satzung qualifiziert wird, in jedem Fall im Rang unterhalb des einfachen Gesetzes steht.[28] Das Verfahrensrecht der Geschäftsordnung ist also nur insoweit Verfassungsrecht, als es die Vorschriften des Grundgesetzes wiederholt. Daraus folgt, dass Beschlüsse, die verfahrenswidrig zustande kommen, nicht sogleich verfassungswidrig sind.[29] Selbstverständlich muss die Geschäftsordnung aber ihrerseits mit der Verfassung in Einklang stehen.[30] 230

Mit einer Mehrheit von **zwei Dritteln** der anwesenden Abgeordneten hat der Bundestag die Möglichkeit, von den Vorschriften der Geschäftsordnung abzuweichen. Im Einzelnen sehen die §§ 78 ff. GOBT vor, dass mit einer Zwei-Drittel-Mehrheit beschlossen werden kann, ohne **Ausschussüberweisung** in die zweite Beratung einzutreten (§ 80 Abs. 2 GOBT) bzw. Fristen abzukürzen (§ 81 Abs. 1 S. 2 GOBT). Sofern die notwendige Mehrheit erreicht wird, kann der Bundestag ein sog. **»Blitzgesetz«** erlassen, ohne dass überhaupt Vorschriften der Geschäftsordnung verletzt worden sind.[31] Es leuchtet ein, dass schnelles Handeln des Parlaments gelegentlich erforderlich ist. Ein Beispiel dafür ist die schwere Krise des Finanzmarkts im Herbst 2008, die ein unverzügliches gesetzgeberisches Eingreifen notwendig machte. Unter Abkürzung der Fristen wurde daraufhin binnen weniger Tage das Finanzmarktstabilisierungsgesetz verabschiedet.[32] Ein weiteres Beispiel für ein Blitzgesetz stellt das „Gesetz zur Übernahme von Gewährleistungen zum Erhalt der für die Finanzstabilität in der Währungsunion erforderlichen Zahlungsfähigkeit der Hellenischen Republik (Währungsunion-Finanzstabilitätsgesetz – WFStG)“ vom 7.5.2010 dar.[33] Die 1. Beratung hat am Mittwoch, dem 5.5.2010, stattgefunden, die 2. und 3. Lesung ist zwei Tage später, am Freitag, dem 7.5.2010, erfolgt. Ein Antrag auf Erlass einer einstweiligen Anordnung beim BVerfG, mit der die Ausfertigung des Gesetzes verhindert werden sollte, blieb ohne Erfolg.[34] Auf der anderen Seite ist gegenüber derartigen »Blitzgesetzen« grundsätzlich Skepsis geboten, weil die Gründe für ein überfallartiges parlamentarisches Vorgehen nicht unbedingt ehrenhaft sein müssen. 231

28 Vgl. BVerfGE 1, 144 (148).
29 So BVerfGE 1, 144 (151); 29, 221 (234); vgl. *H. Maurer*, Staatsrecht, § 17 Rn. 65.
30 Vgl. BVerfGE 44, 308 (315).
31 Vgl. BVerfGE 29, 221 (234).
32 Gesetz zur Umsetzung eines Maßnahmenpakets zur Stabilisierung des Finanzmarktes vom 17.10.2008 (BGBl. I, S. 1982); vgl. dazu *T. Brandner*, Parlamentarische Gesetzgebung in Krisenzeiten, NVwZ 2009, S. 211.
33 BGBl. I, S. 537.
34 Vgl. BVerfGE 125, 385.

232 Im Ausgangsfall wäre die Beratung ohne Überweisung an einen Ausschuss in *einer* Sitzung möglich gewesen, wenn jeweils eine Mehrheit von zwei Dritteln der Anwesenden einem entsprechenden Antrag zugestimmt hätte. Dass ein derartiges Vorgehen verfassungspolitisch unerfreulich ist, weil es die Öffentlichkeit um ihre Teilhabe am Willensbildungsprozess bringt, ist eine andere Frage. Die Verfassungswidrigkeit des Gesetzes kann allein aus diesem Umstand nicht hergeleitet werden.

c) Gesetzesbeschluss (Art. 77 Abs. 1 GG)

233 **Fall 17:** Der Bundestag berät in dritter Lesung den Entwurf eines Waffengesetzes. Die Schlussabstimmung findet bei Anwesenheit von knapp 50 Abgeordneten statt; das Gesetz wird mit Mehrheit beschlossen. A, der wegen Verstoßes gegen das Waffengesetz verurteilt wird, hält das Gesetz für nichtig, weil der Bundestag bei seinem Beschluss nicht beschlussfähig gewesen sei.
(nach BVerfGE 44, 308)

234 Nach Art. 77 Abs. 1 GG werden die Bundesgesetze vom Bundestag »beschlossen«. Zum Beschluss des Bundestages ist die **Mehrheit** der abgegebenen **Stimmen** erforderlich, soweit das Grundgesetz – wie im Fall der Verfassungsänderung – nichts anderes bestimmt (Art. 42 Abs. 2 GG).

235 Genau genommen wären diese Voraussetzungen in unserem Ausgangsfall erfüllt, denn das Waffengesetz wurde mit der Mehrheit der abgegebenen Stimmen beschlossen.

236 Ein Beschluss des Bundestages setzt allerdings voraus, dass der Bundestag auch **»beschlussfähig«** ist, wozu die Anwesenheit von mehr als der **Hälfte** seiner **Mitglieder** erforderlich ist (§ 45 Abs. 1 GOBT).

237 Da bei der Abstimmung über das Waffengesetz nur knapp 50 Abgeordnete im Plenarsaal anwesend waren, war der Bundestag offenkundig nicht beschlussfähig, so dass an sich ein wirksamer Beschluss nicht hätte zustande kommen können.

238 Die Beschlussunfähigkeit des Bundestages ergibt sich jedoch nicht von selbst, sondern muss in einem besonderen Verfahren festgestellt werden. Voraussetzung hierfür ist, dass eine Fraktion oder anwesende 5% der Mitglieder des Bundestages die Beschlussfähigkeit bezweifeln und der Sitzungsvorstand sie nicht einmütig bejaht (§ 45 Abs. 2 S. 1 GOBT). In diesem Fall muss festgestellt werden, wie viele Abgeordnete tatsächlich anwesend sind. Solange ein Antrag nach § 45 Abs. 2 GOBT nicht gestellt ist, **gilt** der Bundestag als **beschlussfähig;** sei es – etwa aufgrund von Fernsehaufnahmen – auch offenkundig, dass weniger als die Hälfte der Mitglieder anwesend war. Die Regelung der Geschäftsordnung läuft also darauf hinaus, die Beschlussfähigkeit zu fingieren, solange sie nicht bezweifelt wird. Das BVerfG hat diese Fiktion der Geschäftsordnungsautonomie des Bundestages zugerechnet und für verfassungsmäßig gehalten.[35]

239 Da im Ausgangsfall die Beschlussfähigkeit nicht angezweifelt worden ist, »galt« der Bundestag als beschlussfähig und konnte deshalb einen wirksamen Beschluss fassen.

240 Unabhängig von dem Verfahren nach § 45 Abs. 2 GOBT kann der **Sitzungsvorstand** von Amts wegen bezweifeln, dass 25% der Mitglieder des Bundestages anwesend sind (§ 45 Abs. 4 S. 1 GOBT). Im Einvernehmen mit den Fraktionen kann der Präsident die Sitzung unterbrechen und die Anwesenheit durch namentliche Abstim-

35 Vgl. BVerfGE 44, 308 (320).

mung (§ 45 Abs. 4 S. 2 i. V. m. § 52 GOBT) feststellen lassen. Das Fehlen bei der namentlichen Abstimmung hat eine Kürzung der Kostenpauschale zur Folge (§ 14 Abs. 2 S. 1 AbgG). Ob diese Ergänzung der Geschäftsordnung zu einer höheren Präsenz bei (namentlich vom Fernsehen übertragenen) Plenardebatten führt, bleibt abzuwarten. Nicht einzuleuchten vermag, warum die Unterbrechung der Sitzung vom Einvernehmen der Fraktionen abhängt. Dies gilt insbesondere für den Fall, dass die Anwesenheitsquote unter 5% der gesetzlichen Mitgliederzahl sinkt und deshalb ohnehin nur die Fraktionen (durch den Vorsitzenden) den Antrag nach § 45 Abs. 2 GOBT stellen könnten.

4. Mitwirkungsfunktion in Angelegenheiten der Europäischen Union und der NATO

Fall 18: Nach dem Anschlag auf das World Trade Center am 11.9.2001 beschloss der NATO-Rat, dass die Vereinigten Staaten von Amerika Ziel eines bewaffneten Angriffs geworden seien (Art. 5 NATO-Vertrag). Die Bundesregierung erwog daraufhin, Einheiten der Bundeswehr nach Afghanistan zu entsenden, um die amerikanischen und britischen Streitkräfte zu unterstützen. 241

Die Mitgliedschaft der Bundesrepublik Deutschland in der **Europäischen Union** hat umfangreiche Verlagerungen der Rechtsetzungsbefugnisse zur Folge. Da die Europäische Union noch immer gouvernemental strukturiert ist, würde mit dem fortschreitenden Integrationsprozess eine **Kompetenzeinbuße** der nationalen Parlamente einhergehen. Bislang besaß das (direkt gewählte) Europaparlament keine eigenen Gesetzgebungsbefugnisse, so dass der Kompetenzverlust der nationalen Parlamente nicht ausgeglichen worden ist. Auch die durch den Reformvertrag von Lissabon erfolgte Stärkung der rechtlichen und politischen Stellung des Europäischen Parlaments ändert an diesem Befund nur wenig. Durch Art. 23 Abs. 2 und 3 GG werden dem Bundestag Einwirkungsmöglichkeiten auf die Bundesregierung bei den Rechtsetzungsaktivitäten der Europäischen Union eingeräumt. Da die Berücksichtigungspflicht nach Art. 23 Abs. 3 S. 2 GG aber **keine Bindung** an die Stellungnahmen des Bundestages bedeutet, ist es zweifelhaft, ob der fortschreitende Kompetenzverlust des Parlaments kompensiert werden kann. Immerhin bewirkt Art. 23 Abs. 2 und 3 GG eine Einbindung des Parlaments in den nationalen Willensbildungsprozess. Entscheidende Bedeutung kommt dem nach Art. 23 Abs. 3 S. 3 GG erlassenen »Mitwirkungsgesetz« und dessen Handhabung in der Staatspraxis zu.[36] 242

Der Reformvertrag von Lissabon sieht im Gegensatz zur früheren Rechtslage in bestimmten Fällen »**Vereinfachte Änderungsverfahren**« (Art. 48 Abs. 6 und 7 EUV) vor, durch die – bei grundsätzlicher Fortgeltung des Prinzips der begrenzten Einzelermächtigung – eine **Veränderung des Vertragsrechts ohne Ratifikationsverfahren** durchgeführt werden kann. Die sogenannte »allgemeine Brückenklausel« (Art. 48 Abs. 7 EUV) normiert dabei statt eines parlamentarischen Zustimmungserfordernisses lediglich ein Ablehnungsrecht der nationalen Parlamente für den Fall, dass das für einen konkreten Fall oder einen ganzen Politikbereich geltende **Abstim-** 242a

36 Gesetz über die Zusammenarbeit von Bundesregierung und Deutschem Bundestag in Angelegenheiten der Europäischen Union vom 12.3.1993 (BGBl. I, S. 311) i. V. m. der Bekanntmachung über das Inkrafttreten des Gesetzes vom 25.10.1993 (BGBl. I, S. 1780); dazu *R. Lang*, Die Mitwirkungsrechte des Bundesrates und des Bundestages in Angelegenheiten der Europäischen Union gem. Art. 23 Abs. 2–7 GG, 1997, S. 272 ff.

mungsverfahren geändert werden soll. Das BVerfG hat dazu im »**Lissabon-Urteil**« festgestellt, dass die Europäische Union – auch nach dem Inkrafttreten des Reformvertrags – ein Staatenverbund ist, so dass »die Völker – das heißt die staatsangehörigen Bürger – der Mitgliedstaaten die Subjekte demokratischer Legitimation bleiben«. Daraus resultiert eine besondere Verantwortung der gesetzgebenden Körperschaften bei der Änderung des Unions-Vertragsrechts, die in Deutschland innerstaatlich den Anforderungen des Art. 23 Abs. 1 GG genügen muss (»**Integrationsverantwortung**«). Vor diesem Hintergrund ist das in Art. 48 Abs. 7 EUV vorgesehene Ablehnungsrecht »kein ausreichendes Äquivalent zum Ratifikationsvorbehalt«, weshalb innerstaatlich grundsätzlich auch für Änderungen im »Vereinfachten Verfahren« ein Gesetz im Sinne des Art. 23 Abs. 1 S. 2 GG erforderlich ist.[37] Bei Kompetenzerweiterungen aufgrund »spezieller Brückenklauseln« bedarf es keines förmlichen Gesetzes. Bundestag und Bundesrat haben jedoch ihre Integrationsverantwortung in anderer geeigneter Weise wahrzunehmen.[38]

243 Auch im Hinblick auf den Einsatz der Streitkräfte innerhalb der NATO kommen dem Bundestag **Beschlusskompetenzen** zu. Die Feststellung, dass das Bundesgebiet mit Waffengewalt angegriffen wird oder ein solcher Angriff unmittelbar droht (Verteidigungsfall), trifft der **Bundestag** mit Zustimmung des Bundesrates (Art. 115 a Abs. 1 S. 1 GG). Nicht geregelt sind hingegen die Kompetenzen des Bundestages bei dem Einsatz der Streitkräfte im Rahmen der NATO, insbesondere wenn der »**Bündnisfall**« (Art. 5 NATO-V) festgestellt worden ist. Das BVerfG hält die NATO für ein System gegenseitiger kollektiver Sicherheit im Sinne des Art. 24 Abs. 2 GG, so dass das Parlament bereits mit der Zustimmung zum NATO-Beitritt seine grundsätzliche Zustimmung auch zu einem entsprechenden Einsatz der Streitkräfte gegeben habe.[39] Diese Zustimmung umfasst allerdings nur solche Einsätze, die sich im Rahmen der wesentlichen Strukturentscheidungen des NATO-Vertrages halten. Wird demgegenüber durch einen Einsatz der durch das Zustimmungsgesetz[40] abgedeckte Integrationsrahmen überschritten, wird ein neuerliches Zustimmungsgesetz erforderlich (Art. 59 Abs. 2 GG). Ebenfalls nicht durch das Zustimmungsgesetz erfasst sind Vertragsfortentwicklungen, die sich jenseits der erteilten Ermächtigung bewegen, insbesondere dann, wenn hierdurch die Erfüllung der Voraussetzungen des Art. 24 Abs. 2 GG entfiele. Nach Ansicht des BVerfG bewegt sich der Einsatz deutscher Tornados im Rahmen der ISAF-Mission in Afghanistan innerhalb der bestehenden Strukturprinzipien des NATO-Vertrags.[41] Der Einsatz sei ersichtlich darauf gerichtet, der Sicherheit des nord-atlantischen Raumes vor künftigen Angriffen zu dienen und deute keineswegs darauf hin, dass die NATO ihre friedenswahrende Ausrichtung verändert oder aufgegeben habe. Daher sei der Einsatz durch das Zustimmungsgesetz zum NATO-Vertrag gedeckt.

244 Nach Auffassung des BVerfG steht aber auch jeder einzelne Truppeneinsatz unter **Parlamentsvorbehalt,** so dass der Bundestag ihm zustimmen muss.[42] Die Zustim-

37 BVerfGE 123, 267 (LS 2 a).
38 BVerfGE 123, 267 (LS 2 b).
39 Offen geblieben in BVerfGE 68, 1 (80 f., 93 ff.); bejahend BVerfGE 90, 286 (347 ff., 350 ff.).
40 Zustimmungsgesetz zum Nordatlantikvertrag vom 24.3.1955 (BGBl. II, S. 256).
41 BVerfGE 118, 244 (263).
42 So BVerfGE 90, 286 (LS 3 a).

mung muss grundsätzlich vor dem Einsatz erfolgen. Nur bei Gefahr im Verzuge kann die Bundesregierung vorläufig den Einsatz beschließen, muss dann aber umgehend das Parlament mit der Angelegenheit befassen. Die Streitkräfte sind zurückzurufen, wenn es der Bundestag verlangt.[43] Das Verfahren der Zustimmung ist durch das Gesetz über die parlamentarische Beteiligung bei der Entscheidung über den Einsatz bewaffneter Streitkräfte im Ausland (Parlamentsbeteiligungsgesetz) vom 18.3.2005[44] geregelt.

Der Anschlag auf das WTC vom 11.9.2001 bedeutete nicht den Verteidigungsfall, weil dieser voraussetzt, dass das *Bundesgebiet* mit Waffengewalt angegriffen wird (Art. 115 a Abs. 1 S. 1 GG). Allerdings sah der NATO-Rat den »Bündnisfall« als gegeben an, stellte also fest, dass ein bewaffneter Angriff auf die Vereinigten Staaten von Amerika erfolgt sei. Nach Art. 5 Abs. 1 NATO-V wird ein solcher Angriff als Angriff gegen alle Mitgliedstaaten der NATO angesehen, wobei es jedem Staat überlassen bleibt, in welcher Weise er Beistand leistet. Die von der Bundesregierung beschlossene Entsendung deutscher Streitkräfte nach Afghanistan bedurfte aufgrund des – ungeschriebenen – Parlamentsvorbehalts der Zustimmung des Deutschen Bundestags.[45] In seiner Entscheidung zu den AWACS-Einsätzen in der Türkei hat das BVerfG den Parlamentsvorbehalt konkretisiert. Danach kommt es für die Zustimmungsbedürftigkeit darauf an, ob nach dem jeweiligen Einsatzzusammenhang und den einzelnen rechtlichen und tatsächlichen Umständen die Einbeziehung deutscher Soldaten in bewaffnete Auseinandersetzungen konkret zu erwarten ist. Ein Anhaltspunkt hierfür besteht, wenn deutsche Soldaten im Ausland Waffen bei sich führen und ermächtigt sind, von ihnen Gebrauch zu machen.[46] **245**

5. Repräsentationsfunktion

»Repräsentation« ist zum einen ein Gegenbegriff zu »Identität«. Wenn wir von einer **246** »repräsentativen« Demokratie sprechen, bedeutet dies nicht die wirkliche Selbstherrschaft des Volkes – was »Demokratie« ja eigentlich heißen will –, sondern die Herrschaft über das Volk durch gewählte **Repräsentanten.** Die Identität von Herrschern und Beherrschten ist nur als Sozialutopie denkbar und hat mit der Realität des modernen Massenstaates nichts zu tun.

Repräsentation ist aber auch ein Gegenbegriff zu »Vertretung«, namentlich zu ständischer Vertretung. **247** Wenn es in Art. 38 Abs. 1 S. 2 GG heißt, die Abgeordneten seien »Vertreter des ganzen Volkes«, so ist hiermit keine Vertretung im Rechtssinne (Stellvertretung) gemeint, die für das ganze Volk denkunmöglich wäre. Art. 38 Abs. 1 S. 2 GG gibt vielmehr die Idee der **Repräsentation** des Volkes durch seine Abgeordneten wieder.

Repräsentation bedeutet Verkörperung des Ganzen, wobei dieses »Ganze« real nicht **248** existent zu sein braucht. Repräsentieren heißt,

»daß etwas nicht real Präsentes wieder präsent, das heißt existentiell wird, etwas, was nicht gegenwärtig ist, wieder anwesend gemacht wird. Durch die Repräsentation wird somit etwas als abwesend und

43 Vgl. BVerfGE 90, 286 (386 ff.).
44 BGBl. I, S. 775.
45 Die Bundesregierung hat einen entsprechenden Antrag am 7.11.2001 gestellt (BT-Drucks. 14/7296), der Bundeskanzler hat mit diesem Antrag am 13.11.2001 die Vertrauensfrage verbunden (BT-Drucks. 14/7440). Der Bundestag hat beide Anträge am 16.11.2001 mit 336 Ja-Stimmen zu 326 Nein-Stimmen beschlossen (Deutscher Bundestag, PlenProt. 14/202, S. 19893).
46 BVerfGE 121, 135.

zugleich doch gegenwärtig gedacht. In diesem Vorgang liegt die spezifische Dialektik, die dem Begriff der Repräsentation eigen ist.«[47]

249 Der Repräsentationsbegriff *Gerhard Leibholz'*, der auf *Carl Schmitt* zurückgeht,[48] trägt dem Umstand Rechnung, dass das **»Volk«** als solches nirgendwo anwesend und vor allem nicht handlungsfähig ist und dem Parlament deshalb die Funktion zukommt, das Volk zu verkörpern, es gleichsam anwesend werden zu lassen. Problematisch erscheint dieses Verständnis allerdings insoweit, als es sich zu einer Art »Repräsentations-Idealismus«[49] steigert, nach dem nur »Werte«, nicht aber »Interessen« der Repräsentation zugänglich sind. Wird zudem ein aristokratischer – geradezu mit einem »Heiligenschein« versehener[50] – Typ des Repräsentanten postuliert, so steht die Wirklichkeit des heutigen Parlamentarismus hierzu in sichtbarem Kontrast und erscheint fast notwendig als Niedergangsform der Repräsentation.[51]

250 Die Zweifel an der Repräsentationsfunktion des Parlaments verdichteten sich bei *Carl Schmitt* zu einer prinzipiellen **Kritik** am Parlamentarismus, dessen ideelle Voraussetzungen – Diskussion und Öffentlichkeit – er in der modernen Demokratie für entfallen hielt.[52] *Richard Thoma* hat demgegenüber darauf hingewiesen, dass man den Parlamentarismus nicht an idealisierenden Rechtfertigungen messen dürfe, die sich ggf. als trügerisch erwiesen hätten, sondern seine Strukturwandlungen in Rechnung ziehen müsste.[53] In diesem Sinne haben gerade Diskussion und Öffentlichkeit im Parlament angesichts der modernen Kommunikationstechnik besondere Chancen. Ob und welche Parlamente jemals Ort auch der materiellen politischen Entscheidungen waren, lässt sich nur aufgrund historischer Analyse feststellen. In dem hochkomplizierten System des modernen Staates ist es allerdings undenkbar, dass gesetzgeberische Entscheidungen allein aufgrund des Verlaufs der Parlamentsdebatte getroffen und nicht durch Partei- und Fraktionsbeschlüsse vorbereitet werden. Der formelle **Gesetzesbeschluss** ergeht demgegenüber stets in öffentlicher Parlamentssitzung. Die Debatte dient der **Begründung** und **Rechtfertigung** der von den politischen Parteien eingenommenen Positionen und bestimmt insofern ihren Standort im politischen Wettbewerb.

251 Damit sind kritische Einwände gegen die Entwicklung der parteienstaatlichen Demokratie und des gegenwärtigen Parlamentarismus nicht entkräftet. In der Tat mag der Abgeordnete heute eher als »Vertreter« einer Partei denn als Repräsentant des Volkes erscheinen. Aber auch das Volk ist nicht homogen, sondern besteht aus bestimmten Schichten und Interessengruppen, die von den politischen Parteien angesprochen und »repräsentiert« werden.

47 So *G. Leibholz,* Die Repräsentation in der Demokratie, 3. Aufl. 1966, Nachdr. 1973, S. 26.

48 Vgl. *C. Schmitt,* Verfassungslehre, 10. Aufl. 2010, S. 208 ff.

49 So *H. Hofmann/H. Dreier,* in: Schneider/Zeh (Hrsg.), Parlamentsrecht und Parlamentspraxis, § 5 Rn. 10.

50 Vgl. *G. Leibholz,* Die Repräsentation in der Demokratie, S. 175 f.

51 Vgl. dazu *H. Hofmann/H. Dreier,* in: Schneider/Zeh (Hrsg.), Parlamentsrecht und Parlamentspraxis, § 5 Rn. 10.

52 Vgl. *C. Schmitt,* Verfassungslehre, S. 319; grundlegend: *ders.,* Die geistesgeschichtliche Lage des heutigen Parlamentarismus, 2. Aufl. 1926, Nachdr. 1996, bes. S. 41 ff.

53 *R. Thoma,* in: Archiv für Sozialwissenschaft und Sozialpolitik 53 (1924/25), S. 214.

Die **Zusammensetzung** des **Bundestages** gibt allerdings zunehmend Anlass zu der Befürchtung, der Anspruch, das »Ganze« zu repräsentieren, könne nicht eingelöst werden. Mittlerweile stammt nahezu jeder zweite Abgeordnete aus dem öffentlichen Dienst bzw. ihm nahe stehenden Organisationen. Bestimmte Berufe oder Wirtschaftszweige sind eindeutig »unterrepräsentiert«.[54] Obwohl der Gedanke der Repräsentation nicht bedeutet, dass das Parlament ein Spiegelbild der Bevölkerung darstellen müsste, ist die »Verbeamtung« der Parlamente hiermit nur schwer vereinbar.[55] 252

II. Organisation und Arbeitsweise des Bundestages

1. Präsident, Präsidium, Ältestenrat

a) Bundestagspräsident (Art. 40 GG)

Der Präsident vertritt den Deutschen Bundestag, d. h. in allen **Rechtsangelegenheiten,** in denen der Bundestag (seiner Größe wegen) selbst nicht auftreten kann, fällt dem Präsidenten die Vertretung zu. Ein wichtiges Beispiel hierfür sind Streitigkeiten vor dem Bundesverfassungsgericht, in denen der Bundestag als Verfahrensbeteiligter auftritt. 253

54 Vgl. *P. Schindler*, Datenhandbuch zur Geschichte des Deutschen Bundestages, 1949 bis 1999, Bd. I, 1999, S. 678 ff.

55

	13. WP 1994–1998		14. WP 1998–2002		15. WP 2002–2005		16. WP 2005–2009	
Beamte	229	34,1%	246	36,8%	202	33,5%	194	31,6%
Angestellte des öffentlichen Dienstes	72	10,7%	56	8,4%	50	8,3%	53	8,6%
Angestellte von politischen und gesellschaftlichen Organisationen	89	13,2%	86	12,9%	72	11,9%	86	14,0%
Angestellte in der Wirtschaft	69	10,3%	92	13,8%	89	14,8%	80	13,0%
Selbständige	56	8,3%	46	6,9%	41	6,8%	47	7,7%
Angehörige freier Berufe	59	8,8%	71	10,6%	83	13,8%	91	14,8%
Hausfrauen	18	2,7%	7	1,0%	4	0,7%	3	0,5%
Arbeiter	10	1,5%	9	1,3%	3	0,5%	3	0,5%
Bedienstete der EG/EU	2	0,3%	2	0,3%	2	0,3%	1	0,2%
Pfarrer und Diakone	9	1,3%	7	1,0%	6	1,0%	6	1,0%
Sonstige (darunter Arbeitslose, in Ausbildung befindliche oder bisher ohne Berufsausbildung)	59	8,8%	47	7,0%	51	8,5%	50	8,1%

Quelle: *F. Deutsch/S. Schüttemeyer*, ZParl 34 (2003), S. 21 ff.; *M. Kintz*, ZParl 37 (2006), S. 461 ff.; für die 17. WP vgl. mit etwas anderer Aufschlüsselung: Deutscher Bundestag, Internetangebot: http://www.bundestag.de/bundestag/abgeordnete17/mdb_zahlen/Berufe.html (Stand: 18.6.2012).

254 Der Bundestagspräsident ist überdies **oberste Dienstbehörde** der Bundestagsbeamten. Hierbei ist zu bedenken, dass der Bundestag sich nicht im Plenum erschöpft, sondern zugleich eine große Behörde darstellt, die gegenwärtig rund 2.600 Mitarbeiter beschäftigt. Hierzu gehören die Wissenschaftlichen Dienste ebenso wie die Mitarbeiter von Ausschüssen und Abgeordneten, die Schreibkräfte ebenso wie die Parlamentsdiener und Fahrer. Leitender Beamter des Behördenapparats ist der »Direktor beim Deutschen Bundestag« im Rang eines Staatssekretärs.

255 Die in der Öffentlichkeit bekannteste Aufgabe des Bundestagspräsidenten ist die **Leitung der Verhandlungen,** die er im Wechsel mit den Vizepräsidenten wahrnimmt. In dieser Funktion kann er stilbildend wirken und für das Ansehen des Parlaments in der Öffentlichkeit entscheidend sein.

256 Nach Art. 40 Abs. 1 GG wählt der Bundestag seinen Präsidenten; eine Art. 67 GG vergleichbare Vorschrift fehlt. Auch die Geschäftsordnung sieht keine Abwahl des Präsidenten vor. Gleichwohl wird es für zulässig gehalten, einen amtierenden Bundestagspräsidenten durch die Wahl eines neuen Präsidenten abzuwählen.[56] Mit dem Grundgesetz wäre ein derartiges Verfahren vereinbar, weil auch die Neuwahl eine Wahl im Sinne des Art. 40 Abs. 1 GG wäre. Ohne Änderung der Geschäftsordnung allerdings dürfte ein solches Verfahren nicht zulässig sein, weil nach § 2 Abs. 1 GOBT der Bundestagspräsident »für die Dauer der Wahlperiode« gewählt wird. Ersichtlich geht die Geschäftsordnung davon aus, dass eine Abwahl nicht möglich ist.

b) Präsidium

257 Der Präsident des Deutschen Bundestages und seine Stellvertreter (Vizepräsidenten) bilden das **Präsidium.** Es darf nicht mit dem jeweiligen Sitzungsvorstand bei Plenarsitzungen verwechselt werden, der aus dem amtierenden Präsidenten und zwei Schriftführern besteht (§ 8 Abs. 1 GOBT). Dem Präsidium des Bundestages kommen nur eng begrenzte Befugnisse zu (§ 7 Abs. 4 S. 4 GOBT); sie sind im Vergleich zu den Kompetenzen des Bundestagspräsidenten unbedeutend.

c) Ältestenrat

258 Der Ältestenrat des Bundestages besteht aus dem Präsidenten, den Vizepräsidenten und weiteren Mitgliedern, die von den Fraktionen im Verhältnis ihrer Stärke benannt werden. Dem Ältestenrat fällt nach § 6 Abs. 3 GOBT eine **Auffangkompetenz** zu, d. h. er beschließt über alle Angelegenheiten, die weder dem Präsidenten noch dem Präsidium zugewiesen sind. Für die parlamentarische Arbeit ist der Ältestenrat von hoher Bedeutung, weil er das Forum interfraktioneller Einigung bildet. Sinnvolle Parlamentsarbeit kann nur geleistet werden, wenn sich die Fraktionen über den äußeren Verlauf der Sitzungen einig sind. Hierzu gehört auch die Verteilung der Redezeiten, bei der freilich auch nicht fraktionsgebundene Abgeordnete zu berücksichtigen sind.[57] In der Staatspraxis gehören dem Ältestenrat die Geschäftsführer der Bundestagsfraktionen an.

---

56 Str., vgl. *M. Morlok,* in: Dreier (Hrsg.), GG, Bd. II, Art. 40 Rn. 24; *L.-A. Versteyl,* in: v. Münch/Kunig (Hrsg.), GG, Bd. 1, Art. 40 Rn. 4.

57 So BVerfGE 84, 304 (323).

2. Bundestagsausschüsse

Fall 19: Im Haushaltsplan sind 5,1 Mrd. € für die Beschaffung des Großraumtransportflugzeuges FTA (Future Transport Aircraft) ausgewiesen. Da der Bund durch die Anschaffung des Transportflugzeuges zur Leistung von Ausgaben in künftigen Haushaltsjahren verpflichtet wird, ist der entsprechende Posten mit einer Verpflichtungsermächtigung versehen (§ 38 BHO), die »gesperrt« ist. Die Aufhebung der Sperre bedarf der Einwilligung des Haushaltsausschusses des Deutschen Bundestages. Ist ein derartiger Sperrvermerk zulässig? 259

Ein Parlament von 598 Abgeordneten kann nicht alle Gegenstände im Plenum behandeln, insbesondere müssen seine Entscheidungen im parlamentarischen Raum vorbereitet werden, will es sich nicht in eine Abhängigkeit von der Regierung begeben. Bundestagsausschüsse sind deshalb für jeden wichtigen Geschäftsbereich vorgesehen, zum Teil kommt ihnen Verfassungsrang zu (Art. 45 a und c GG). Als **»vorbereitende Beschlussorgane«** des Bundestages ist es ihre Aufgabe, Beschlussempfehlungen für den Bundestag zu erarbeiten (§ 62 Abs. 1 S. 2 GOBT). Neben den ihnen durch den Bundestag überwiesenen Vorlagen können sich die Ausschüsse auch mit anderen Fragen aus dem Geschäftsbereich befassen (§ 62 Abs. 1 S. 3 GOBT). 260

Aufgrund ihrer Bedeutung müssen die Ausschüsse ein »verkleinertes Abbild des Plenums« sein.[58] Demgemäß bestimmt § 12 GOBT, dass die Fraktionen die Ausschüsse im Verhältnis zu ihrer Stärke besetzen. Der »Grundsatz der Spiegelbildlichkeit« bei der Verteilung der Ausschusssitze erfordert auch eine Berücksichtigung jener Abgeordneten, die keiner Fraktion angehören, sich aber zu einer Gruppe (§ 10 Abs. 4 GOBT) zusammengeschlossen haben. Sofern die nach Maßgabe des Stärkeverhältnisses der Fraktionen und Gruppen erfolgende Sitzverteilung zur Folge hat, dass auf eine Gruppe ein oder mehrere Ausschusssitze entfallen, haben deren Vertreter in den Ausschüssen keinen Status minderen Rechts, sondern Sitz und Stimme.[59] Anderes gilt für Abgeordnete, die weder einer Fraktion noch einer Gruppe angehören. Sie sind zwar Mitglieder in einem Ausschuss, haben aber kein Stimmrecht.[60] Ausschussvorsitze werden nach dem Verhältnis ihrer Stärke ausschließlich auf die Fraktionen verteilt. 261

Die Arbeitsweise der Ausschüsse ist nur teilweise in der Geschäftsordnung des Bundestages geregelt. Die Beratungen sind regelmäßig nicht öffentlich (§ 69 Abs. 1 GOBT). Ausnahmen bilden die Anhörungen (»Hearings«), in denen der Ausschuss Sachverständige und Interessenvertreter über Verhandlungsgegenstände anhört (§ 70 GOBT). Die Anhörungen erfreuen sich einer gewissen Beliebtheit, dürfen aber nicht darüber hinwegtäuschen, dass die politischen Entscheidungen zumeist gefallen sind und die jeweiligen politischen Richtungen ihre Positionen vor der Öffentlichkeit zu stärken versuchen. 262

Der Ausschuss bestellt für seine Verhandlungsgegenstände Berichterstatter, die dem Bundestag einen schriftlichen Bericht erstatten, der die Beschlussempfehlung enthalten muss (§ 66 GOBT). Sofern im Ausschuss unterschiedliche Auffassungen vertreten 263

58 Vgl. BVerfGE 84, 304 (323 f.).
59 Vgl. BVerfGE 84, 304 (323 f.).
60 § 57 Abs. 2 S. 2 GOBT; vgl. dazu BVerfGE 80, 188 (224) und unten Rn. 313 f.

wurden, kann der Ausschussbericht einen Minderheitsbericht enthalten. Soweit der Ausschuss von der Vorlage abweicht, werden im Ausschussbericht zumeist Vorlagen und Beschlussempfehlungen einander gegenübergestellt. Die entsprechenden Bundestagsdrucksachen bilden eine wesentliche Quelle für die Entstehungsgeschichte von Gesetzen.

264 Als »vorbereitende Beschlussorgane« ist die Funktion der Ausschüsse noch nicht hinreichend beschrieben. In der Staatspraxis übernehmen sie zunehmend weitere Aufgaben, um einen drohenden Funktionsverlust des Parlaments auszugleichen. Es leuchtet ein, dass es erheblich einfacher ist, den Beschluss eines Ausschusses mit rund zwei Dutzend Mitgliedern herbeizuführen als den des gesamten Bundestages. Hieran knüpft sich die verfassungsrechtliche Frage, wie weit der Bundestag in der Lage ist, eigene Entscheidungskompetenzen an einen Ausschuss zu delegieren.

265 Die sog. **»horizontale« Delegation** von Befugnissen zwischen Verfassungsorganen ist unzulässig.[61] Ihr steht das Prinzip der Funktionstrennung (»Gewaltenteilung«) entgegen, das nur in der Verfassung bestimmte Ausnahmen zulässt. Der Bundestag könnte deshalb Gesetzgebungsbefugnisse nicht auf die Bundesregierung übertragen, die Regierung exekutivische Befugnisse nicht auf den Bundestag.[62] Fraglich ist dagegen, ob die **»vertikale« Delegation** auf ähnliche Bedenken stößt. Da die Kompetenzen hier prinzipiell dem zuständigen Organ verbleiben, lassen sich aus dem Gesichtspunkt der Gewaltenteilung keine Einwände herleiten.[63] Da die Sperrvermerke überdies voraussetzen, dass der Bundestag seine Billigung grundsätzlich ausgesprochen und nur an eine Bedingung geknüpft hat, erscheint die gegenwärtige Praxis der Zustimmungserfordernisse unbedenklich. Sie ist geeignet, dem viel beklagten Funktionsverlust des Parlaments entgegenzuwirken.[64]

266 In unserem Ausgangsfall bestehen keine verfassungsrechtlichen Bedenken dagegen, dass der Haushaltsausschuss seine Zustimmung erteilen muss, bevor der Sperrvermerk aufgehoben wird. Der Sperrvermerk bedeutet auch keine unzulässige Teilhabe des Parlaments am Haushaltsvollzug, denn soweit der Bundestag die Freigabe von Mitteln von derartigen Bedingungen abhängig macht, kann der Haushalt nicht vollzogen werden.

267 Eine ausdrückliche Ermächtigung, »Rechte des Bundestages« wahrzunehmen, enthält Art. 45 S. 2 GG für den **»Ausschuss für die Angelegenheiten der Europäischen Union«**. Ebenso wie der Ausschuss für auswärtige Angelegenheiten und der Verteidigungsausschuss (Art. 45 a Abs. 1 GG) hat der Ausschuss für die Angelegenheiten der Europäischen Union Verfassungsrang, muss also bestellt werden. Die dem Bundestag eingeräumte Befugnis, den Ausschuss zur Wahrung der Rechte gem. Art. 23 GG gegenüber der Bundesregierung zu ermächtigen, stellt sich als verfassungsrechtlich zulässige vertikale Delegation dar. Die von dem Ausschuss im Rahmen der Delegation abgegebenen Stellungnahmen haben die gleiche rechtliche Qualität wie

61 Vgl. *W. Kewenig,* Staatsrechtliche Probleme parlamentarischer Mitregierung am Beispiel der Bundestagsausschüsse, S. 33 ff.
62 Vgl. *H. Schulze-Fielitz,* in: Dreier (Hrsg.), GG, Bd. II, Art. 20 (Rechtsstaat) Rn. 70 ff.
63 Vgl. *W. Kewenig,* Staatsrechtliche Probleme parlamentarischer Mitregierung am Beispiel der Bundestagsausschüsse, S. 33 ff.
64 Vgl. *H. Siekmann,* in: Sachs (Hrsg.), GG, Art. 110 Rn. 91.

die des Bundestagsplenums.[65] Der Bundestag bleibt allerdings Herr des Verfahrens und kann die Ermächtigung jederzeit widerrufen.[66]

3. Fraktionen

Fall 20: Der Bundestag beschließt eine Änderung des § 10 seiner Geschäftsordnung, nach der Fraktionen nur von 6% der Mitglieder des Deutschen Bundestags gebildet werden können. Die Fraktion der G-Partei, die bisher mit 35 Abgeordneten im Bundestag vertreten war, würde aufgrund dieser Änderung ihren Fraktionsstatus verlieren. 268

Nach § 45 Abs. 1 AbgG können sich Mitglieder des Bundestages zu Fraktionen zusammenschließen. Das Nähere regelt die Geschäftsordnung des Deutschen Bundestages (§ 45 Abs. 2 AbgG). Nach der Legaldefinition des § 10 Abs. 1 S. 1 GOBT sind Fraktionen 269

»Vereinigungen von mindestens fünf vom Hundert der Mitglieder des Bundestages, die derselben Partei oder solchen Parteien angehören, die aufgrund gleichgerichteter politischer Ziele in keinem Land miteinander im Wettbewerb stehen.«

Die Fraktionen sind nach § 46 Abs. 1 AbgG rechtsfähige Vereinigungen von Abgeordneten im Deutschen Bundestag und können klagen und verklagt werden (Abs. 2). Da sie gem. § 46 Abs. 3 AbgG nicht Teil der öffentlichen Verwaltung sind und keine öffentliche Gewalt ausüben, sind sie kraft Gesetzes **juristische Personen *sui generis*.** Dies kann freilich nur im Hinblick auf die von den Fraktionen zu tätigenden Rechtsgeschäfte gelten, etwa den Abschluss von Arbeitsverträgen mit Fraktionsangestellten (vgl. etwa § 49 AbgG). Im Übrigen bleibt die Funktion der Fraktionen als politische Untergliederungen und damit Organteile, die ihnen von Verfassungs wegen eingeräumt ist, unberührt.[67] Aufgrund des § 46 AbgG haben die Fraktionen folglich eine **rechtliche Doppelnatur.** Sie sind einerseits Teile des Organs Bundestag und andererseits rechtlich verselbständigte Vereinigungen,[68] was einschließt, dass Mitglieder unter besonderen Umständen ausgeschlossen werden können.[69] 270

Das parlamentarische Leben ist vollständig auf die Fraktionen abgestellt. Deren Schlüsselstellung im Bundestag bedeutet gleichzeitig, dass Abgeordnete ohne Fraktionszugehörigkeit im Parlament Randfiguren bleiben müssen. Die Wahl der Präsidenten und der Stellvertreter vollzieht sich nach einem Proporz unter den Fraktionen. Der Ältestenrat wird von den Fraktionen beschickt (§ 6 Abs. 1 GOBT). Auch die Wahrnehmung zahlreicher parlamentarischer Befugnisse setzt nach der Geschäftsordnung des Bundestages die **Fraktionsmindeststärke** voraus. Hierzu zählen u. a. das Recht, Gesetzentwürfe einzubringen (§ 76 Abs. 1 i. V. m. § 75 Abs. 1 a GOBT), die Anrufung des Vermittlungsausschusses zu beantragen (§ 89 GOBT), in dritter Lesung Änderungsanträge zu Gesetzentwürfen zu stellen (§ 85 Abs. 1 GOBT) sowie 271

65 Vgl. *N. Achterberg/M. Schulte,* in: v. Mangoldt/Klein/Starck, GG, Bd. 2, Art. 45 Rn. 17 f.; *S. Magiera,* in: Sachs (Hrsg.), GG, Art. 45 Rn. 4 f.

66 Vgl. *N. Achterberg/M. Schulte,* in: v. Mangoldt/Klein/Starck, GG, Bd. 2, Art. 45 Rn. 18; *S. Magiera,* in: Sachs (Hrsg.), GG, Art. 45 Rn. 5.

67 Vgl. *H. Maurer,* Staatsrecht, § 13 Rn. 105; *W. Henke,* Das Recht der politischen Parteien, 2. Aufl. 1972, S. 146.

68 Vgl. *E. Schmidt-Jortzig/F. Hansen,* NVwZ 1994, S. 1147; vgl. *B. Stevens,* Die Rechtsstellung der Bundestagsfraktionen, 2000, S. 78.

69 Vgl. zum Fraktionsausschluss *T. I. Schmidt,* DÖV 2003, S. 846; *J. Ipsen,* NVwZ 2005, S. 361.

Kleine und Große Anfragen an die Bundesregierung zu richten (§ 76 Abs. 1 i. V. m. § 75 Abs. 1 f, § 75 Abs. 3 GOBT). Man hat diese Erscheinungen als »Proportionalisierung des parlamentarischen Lebens« *(Smend)* kritisiert, sie sind gleichwohl in einem modernen Parlament unvermeidlich.

272 Für die G-Fraktion hatte die Änderung der Geschäftsordnung die Einbuße des Fraktionsstatus und damit den Verlust zahlreicher parlamentarischer Mitwirkungsbefugnisse zur Folge. Ihr bliebe nur die Anerkennung als »Gruppe« (§ 10 Abs. 4 GOBT).

273 Dem Bundestag steht es aufgrund seiner Geschäftsordnungsautonomie grundsätzlich frei, die Mindeststärke der Fraktionen festzulegen. Allerdings müssen derartige Regelungen sachgerecht sein. Die in § 10 Abs. 1 GOBT festgesetzte Mindeststärke spiegelt – wenngleich mit einer gewissen Unschärfe – die 5%-Klausel des § 6 Abs. 6 BWahlG wider. Eine Partei, die bei Bundestagswahlen mehr als 5% der gültigen Zweitstimmen errungen hat, besitzt im Bundestag regelmäßig auch Fraktionsstärke. Da § 10 Abs. 1 GOBT an die Zahl der Mitglieder des Bundestages, nicht aber an die Zahl der gem. § 1 Abs. 1 BWahlG zu wählenden Abgeordneten anknüpft, bleibt einer Partei nach Erreichen von 5% Zweitstimmen der Fraktionsstatus unter Umständen vorenthalten, wenn die Zahl der Mitglieder des Bundestages durch Überhangmandate steigt.

274 Parteien nehmen allerdings auch dann an der Verteilung der Sitze auf die Landeslisten teil, wenn sie in mindestens drei Wahlkreisen ein Direktmandat (»Grundmandate«) errungen haben (§ 6 Abs. 6 S. 1 BWahlG). Insofern kann es vorkommen, dass eine Partei, die erheblich unter der 5%-Klausel bleibt, gleichwohl im Bundestag vertreten ist. Eine solche Partei erreicht nicht die Mindeststärke für Fraktionen; ihre Abgeordneten können im Bundestag deshalb nur als »Gruppe« auftreten. Das BVerfG hat einen weitergehenden Anspruch auf Einräumung des Fraktionsstatus verneint, zugleich aber ausgesprochen, dass auch »Gruppen« i. S. v. § 10 Abs. 4 GOBT Sitz und Stimme in den Bundestagsausschüssen nicht von vornherein vorenthalten werden kann.[70]

275 In unserem Ausgangsfall vermag sich die Änderung des § 10 GOBT nicht auf sachgerechte Erwägungen zu stützen. Wenn nach dem (ranghöheren) Bundeswahlgesetz eine Partei mit 5% der gültigen Zweitstimmen im Bundestag vertreten sein soll, ist es willkürlich, wenn ihren Abgeordneten nicht gleichzeitig der Fraktionsstatus im Bundestag zugebilligt wird. Die Sperrklausel bildet deshalb gleichzeitig die obere Grenze für die in der Geschäftsordnung zu regelnde Mindeststärke von Fraktionen.[71]

276 Besondere Bedeutung kommt im Bundestag den Oppositionsfraktionen zu, die sich als eigentliche Träger der parlamentarischen Kontrollfunktion verstehen. Die Regierung und die sie stellenden Fraktionen sind im parlamentarischen Regierungssystem personell und sachlich so eng miteinander verwoben, dass man sie als »**Staatsleitung**« bezeichnet und ihnen die Opposition gegenüberstellt.[72]

277 Bestimmte Befugnisse, die das Grundgesetz vorsieht, sind geradezu auf die Oppositionsfraktionen zugeschnitten. So kann ein Drittel der Mitglieder des Bundestages eine **Sondersitzung** erzwingen (Art. 39 Abs. 3 S. 3 GG). Ein Viertel der Mitglieder des

70 Vgl. BVerfGE 84, 304 (323 ff.).
71 Offen gelassen von BVerfGE 84, 304 (325).
72 Vgl. BVerfGE 102, 224 (236); *K. Stern*, Staatsrecht I, S. 956, 1023 ff. (»Neue Frontstellung«).

Bundestages ist überdies in der Lage, ein Normenkontrollverfahren vor dem BVerfG in Gang zu setzen (Art. 93 Abs. 1 Nr. 2 GG).

4. Wahlperiode des Bundestages (Art. 39 Abs. 1 GG)

Fall 21: Im 9. Deutschen Bundestag ist der »Entwurf einer Verwaltungsprozeßordnung (VwPO)« (BT-Drucks. 9/1851) eingebracht, durch das vorzeitige Ende der Legislaturperiode aber nicht mehr verabschiedet worden. 278
Hätte der Rechtsausschuss des 10. Deutschen Bundestages sich des Entwurfs wieder annehmen können, um die Beratungen fortzusetzen?

Der »Deutsche Bundestag« als im Grundgesetz vorgesehenes Organ ist vom jeweiligen Bundestag gedanklich zu trennen. Während der Bundesrat trotz des Personenwechsels ein kontinuierlich vorhandenes Bundesorgan darstellt, endet mit jeder Wahlperiode auch ein »Bundestag« in einer bestimmten Zusammensetzung, wenngleich natürlich nicht der »Deutsche Bundestag«. 279

Am leichtesten verstehbar wird diese Besonderheit des Parlaments durch einen Blick in die Verfassungsgeschichte, in der uns »Reichstage« als an einem bestimmten Ort zusammengerufene Gesandtenkongresse gegenübertraten, die sich danach wieder auflösten. Durch die Änderung der Bestimmung über die Legislaturperiode (Art. 39 Abs. 1 GG) im Jahre 1976[73] ist das Parlament jedoch den anderen, permanent vorhandenen Verfassungsorganen insoweit angenähert worden, als es keine »parlamentslose« Zeit mehr gibt.[74] 280

Mit Ablauf einer Legislaturperiode, d. h. eines bestimmten – und in der Parlamentspraxis bezifferten – (z. B. 16.) Bundestages gelten die Vorlagen »als erledigt« (§ 125 GOBT). Die Vorlagen sind nicht wirklich erledigt, insbesondere bei einem vorzeitigen Ende der Legislaturperiode bleibt eine Fülle unerledigter Vorlagen zurück. Ihre Erledigung wird aber fingiert, so dass der »neue«, d. h. aufgrund des Wahlergebnisses verändert zusammengesetzte Bundestag nur Vorlagen behandelt, die erneut eingebracht werden. 281

In unserem Ausgangsfall könnte die Bundesregierung eine Behandlung des Gesetzentwurfs also nur dadurch erreichen, dass er zunächst dem Bundesrat zugeleitet wird (was im konkreten Fall geschehen ist – vgl. BR-Drucks. 148/83), um ihn dann erneut im Bundestag einzubringen. 282

Da der Bundesrat im Gegensatz zum Bundestag den **Grundsatz der sachlichen Diskontinuität** nicht kennt, kommt es gelegentlich zu überraschenden Konstellationen. Hat der Bundestag das Gesetzgebungsverfahren mit dem Beschluss eines Gesetzes abgeschlossen, so unterfällt der Gesetzesbeschluss nicht dem Grundsatz der Diskontinuität, wenn der Bundesrat ihm zustimmt bzw. keinen Einspruch einlegt; denn in diesem Fall ist keine weitere Behandlung durch den Bundestag notwendig. Die Vorlage ist tatsächlich »erledigt«. Sofern der Bundesrat nach vorangegangenem 283

73 BGBl. I, S. 2381.

74 Bis zur Änderung des Art. 39 GG bestellte der Bundestag einen »ständigen Ausschuss«, der die Rechte des Bundestages gegenüber der Bundesregierung zwischen zwei Wahlperioden zu wahren hatte (Art. 45 Abs. 1 S. 1 GG a. F.). Der Ständige Ausschuss hatte allerdings nicht das Recht der Gesetzgebung oder der Wahl des Bundeskanzlers (Art. 45 Abs. 2 GG a. F.).

Vermittlungsverfahren Einspruch erhebt, muss der Bundestag hierüber nochmals entscheiden (Art. 77 Abs. 4 GG). Endet die Wahlperiode vor dieser Entscheidung, muss das gesamte Verfahren im Bundestag wiederholt werden.[75]

284 Die Permanenz des Parlaments – der »nahtlose« Übergang von einer Wahlperiode in die andere – ist eine sinnvolle, dem parlamentarischen Regierungssystem adäquate Neuerung. In unsere Zeit passt nicht mehr die Vorstellung, dass Parlamente »auseinandergejagt« werden, eine parlamentslose Zeit eintreten kann, um der Regierung endlich sinnvolle Arbeit zu ermöglichen. Gleichwohl ist fraglich, ob die Novellierung des Art. 39 GG in allen Konsequenzen bedacht worden ist, wie folgendes Beispiel zeigt:

285 **Fall 22:** Der Bundeskanzler hat die Vertrauensfrage gestellt und nach erlittener Niederlage dem Bundespräsidenten gem. Art. 68 Abs. 1 GG vorgeschlagen, den Bundestag aufzulösen. Der Bundespräsident nimmt die Auflösung vor und ordnet Neuwahlen innerhalb von 60 Tagen an. Die Bundestagsmehrheit möchte dem Bundeskanzler die Möglichkeiten nehmen, den Wahlkampf als Amtsinhaber zu führen und stellt deshalb den Antrag nach Art. 67 GG.
Darf der Bundestagspräsident über diesen Antrag abstimmen lassen?

286 Da die Wahlperiode – und damit die Amtszeit des Bundestages – gem. Art. 39 Abs. 1 S. 2 GG nicht mit der Auflösungsanordnung, sondern erst mit dem Zusammentritt des neuen Bundestages endet, bleibt der aufgelöste Bundestag im Besitz aller Kompetenzen. Er kann während der verbleibenden Amtszeit Gesetze beschließen, schlichte Parlamentbeschlüsse erlassen und Tadelsanträge behandeln. Im Gegensatz zu einer im Schrifttum vertretenen Meinung[76] gibt es keinen Grund, nach der Auflösung des Bundestages durch den Bundespräsidenten den Sturz des Kanzlers nach Art. 67 GG für unzulässig zu halten. Die vom Bundespräsidenten angeordnete Auflösung des Bundestages ist zwar irreversibel; indes spricht nichts dafür, dem Parlament in dem verbleibenden Vierteljahr seiner Wahlperiode (Art. 39 Abs. 1 S. 4 = 60 Tage + Art. 39 Abs. 2 = 30 Tage) die Kompetenz zu entziehen, den Bundeskanzler durch einen anderen zu ersetzen. Sowohl die Zuweisung als auch der Entzug von Kompetenzen müssen ausdrücklich in der Verfassung erfolgen. Der Bundeskanzler hat folglich keine Garantie, im Falle der Auflösung bis zum Zusammentritt des neuen Bundestages Kanzler zu bleiben.

287 Sofern sich im Bundestag eine Mehrheit für einen neuen Kanzlerkandidaten abzeichnet, kann ein Misstrauensvotum kurz vor Ablauf der Legislaturperiode politisch durchaus folgerichtig sein. Zum einen ist es nicht unwichtig, wer über einen Zeitraum von drei Monaten die Richtlinien der Politik bestimmt. Zum anderen bietet das Amt des Bundeskanzlers im Wahlkampf so ausgeprägte Darstellungschancen, dass auch aus diesem Grund ein Wechsel angestrebt werden könnte. Sofern das Grundgesetz ein Misstrauensvotum nach Auflösung des Bundestages hätte ausschließen wollen, hätte dies im Wortlaut zum Ausdruck gebracht werden müssen. Die Unzulässigkeit eines Misstrauensantrags lediglich im Wege der Interpretation zu erreichen, ist mit dem parlamentarischen Regierungssystem unvereinbar.

288 Im Fall 22 wäre der Bundestag also nicht gehindert, den Bundeskanzler durch Wahl eines neuen Bundeskanzlers zu stürzen. Das (konstruktive) Misstrauensvotum würde aber nichts an der Auf-

75 Vgl. *J. Masing*, in: v. Mangoldt/Klein/Starck, GG, Bd. 2, Art. 77 Rn. 102.
76 Vgl. *H.-P. Schneider*, in: AK-GG, Art. 39 Rn. 15.

lösung des Bundestages, d. h. den vom Bundespräsidenten gem. Art. 68 Abs. 1 GG angeordneten Neuwahlen ändern.

III. Die Rechtsstellung des Abgeordneten

1. Das parlamentarische Mandat (Art. 38 Abs. 1 GG)

Fall 23: Im Bundestag wird ein Gesetzentwurf eingebracht, nach dem in § 46 Abs. 1 BWahlG eine neue Ziffer 4 a mit folgendem Wortlaut eingefügt werden soll: »Ausscheiden aus der Partei, für die er bei der Wahl aufgetreten ist«. 289
Wäre eine derartige Änderung mit dem Grundgesetz zu vereinbaren?

Nach Art. 38 Abs. 1 S. 2 GG sind die Abgeordneten 290

»Vertreter des ganzen Volkes, an Aufträge und Weisungen nicht gebunden und nur ihrem Gewissen unterworfen.«

Das sog. »**freie Mandat**« ist ein Stück Überlieferung der Verfassungsgeschichte und 291 hat sich mit gleichem oder ähnlichem Wortlaut in allen deutschen Verfassungen gefunden.[77] Eben diese Tradition hat Anlass dazu gegeben, das freie Mandat prinzipiell in Frage zu stellen, weil seine historischen Bedingungen – »das Honoratiorenparlament« – im modernen Parteienstaat entfallen sind.[78] In der Tat erwerben Abgeordnete ihre Mandate ausnahmslos über die politischen Parteien; seit 1949 ist kein Einzelbewerber mehr in den Bundestag gelangt. Insofern ist es zutreffend, von einem »parteigebundenen Mandat« zu sprechen. Gleichwohl wäre es vorschnell, freies Mandat und Parteienstaat in einen prinzipiellen Gegensatz zueinander zu setzen, der nur auf Kosten des einen oder des anderen Prinzips lösbar sei.[79] Erst recht wäre es verfehlt, in Art. 38 und 21 GG den häufig beschworenen Gegensatz von »Verfassung« und »Verfassungswirklichkeit« zu erblicken. Nüchterne Analyse zeigt vielmehr, dass der Grundsatz des freien Mandats auch in der parteienstaatlichen Demokratie unentbehrlich ist.

Zunächst wird der **tatsächliche Willensbildungsprozess** in den politischen Parteien 292 durch Art. 38 Abs. 1 S. 2 GG überhaupt nicht berührt. Es ist selbstverständlich, dass der einzelne Abgeordnete angesichts der Komplexität der dem Parlament gestellten Entscheidungsaufgaben nicht in jedem Fall eine eigene, »freie« Entscheidung trifft, sondern den in Partei und Fraktionen vorgeformten Willen »mitträgt«. Art. 38 Abs. 1 S. 2 GG nötigt keineswegs dazu, diesen realen Befund zu leugnen und sich die Parlamentsentscheidung als von einer bestimmten Zahl »frei« abstimmender Abgeordneter getroffen vorzustellen. Der Grundsatz des freien Mandats tritt insofern in keine Konkurrenz zur Praxis der parlamentarischen Willensbildung, enthält auch keinerlei Fiktion über das Zustandekommen von Parlamentsentscheidungen, sondern umreißt allein eine **Rechtsstellung.**

77 § 96 PaulskirchenV; Art. 29 RV; Art. 21 WRV.

78 Vgl. dazu *P. Badura,* in: Schneider/Zeh (Hrsg.), Parlamentsrecht und Parlamentspraxis, § 15 Rn. 9 ff. (17 ff.); *N. Achterberg,* Das rahmengebundene Mandat, 1975, S. 16 ff.; *H.-P. Schneider,* Das parlamentarische System, in: Benda/Maihofer/Vogel (Hrsg.), Handbuch des Verfassungsrechts, S. 553 f.

79 Vgl. *G. Leibholz,* Strukturprobleme der modernen Demokratie, 3. Aufl. 1967, S. 217 f.

293 Die tatsächliche Abhängigkeit der Mandatsträger von den Parteien ist – insbesondere, wenn man sich die Realität politischer Karrieren, von »Politik als Beruf« *(M. Weber)* vor Augen führt – so intensiv, dass es widersinnig wäre, ihr eine rechtliche Bindung an die Seite zu stellen. Parteioligarchien würden noch durchsetzungsfähiger als sie es ohnehin sind, wenn der einzelne Abgeordnete über keinen gesicherten rechtlichen Status verfügte.

294 Das freie Mandat ist im modernen Parteienstaat als Rechtsstellung des Abgeordneten zu begreifen, die er in die innerparteiliche Diskussion einbringen kann und die ihn davor schützt, wegen abweichenden Stimmverhaltens seiner politischen Existenz beraubt zu werden. Ein »**Spannungsverhältnis**«, wie es das BVerfG zwischen Art. 21 Abs. 1 und Art. 38 Abs. 1 S. 1 GG entdeckt hat,[80] dürfte nur insoweit bestehen, als die politischen Parteien zur **Instrumentalisierung** ihrer Abgeordneten neigen, in Art. 38 Abs. 1 GG aber auf eine äußerste rechtliche Grenze stoßen.[81]

295 Der Gesetzentwurf in unserem Ausgangsfall wäre offensichtlich verfassungswidrig, wenn auch ein Parteiausschluss zum Verlust des Mandats führen würde. In diesem Fall nämlich könnte die Partei selbst den Mandatsverlust herbeiführen; der Abgeordnete wäre vollkommen instrumentalisiert. Auch der Mandatsverlust bei Parteiaustritten wäre jedoch mit Art. 38 Abs. 1 GG unvereinbar, weil der Abgeordnete hier seiner Rechtsposition beraubt würde, die er gerade in Grenzfällen seiner Partei sollte entgegenhalten können. Im Übrigen wäre auch eine Differenzierung zwischen Direktmandaten und über die Liste erworbenen Mandaten unzulässig; Art. 38 Abs. 1 S. 2 GG kennt nur das einheitliche Abgeordnetenmandat.

2. Indemnität und Immunität (Art. 46 GG)

a) Indemnität (Art. 46 Abs. 1 GG)

296 **Fall 24:** Bundestagsabgeordneter A richtet eine Anfrage an die Bundesregierung, in der es um die Beteiligung eines Bundesministers an einer Steuerhinterziehungsaffäre geht. Der Tenor der Frage läuft darauf hinaus, eine solche Entwicklung zu unterstellen, obwohl ein staatsanwaltschaftliches Ermittlungsverfahren noch nicht eingeleitet worden ist. Zugleich übergibt der Abgeordnete A seine Anfrage der Presse, die tags darauf darüber berichtet. Minister B beantragt gegen A eine einstweilige Verfügung, mit der A verboten werden soll, eine derartige Unterstellung zu wiederholen.

(nach BGHZ 75, 384)

297 »Indemnität« bedeutet nicht nur **Straffreiheit** für Äußerungen, die im Bundestagsplenum, in den Ausschüssen oder der Fraktion getan werden, sondern **Freistellung** von jeder gerichtlichen oder disziplinarrechtlichen **Verantwortung.** Der Grund für diese Privilegierung der im Parlament vertretenen Meinung leuchtet ein: Die freimütige Kritik soll nicht durch Drohung mit straf- oder zivilrechtlichen Konsequenzen behindert oder unterbunden werden. Eine Grenze ist bei der **Verleumdung** erreicht, die ausdrücklich von der Privilegierung ausgenommen ist (Art. 46 Abs. 1 S. 2 GG).

298 Für Äußerungen außerhalb des Bundestages (Reden, Interviews oder Pressemitteilungen) bleibt die Verantwortlichkeit bestehen; hiergegen sind alle rechtlichen Schritte zulässig, soweit nicht die **Immunität** ein Verfolgungshindernis darstellt. Gelegentlich

80 Vgl. BVerfGE 2, 1 (72 f.).
81 Vgl. *P. Badura*, in: Schneider/Zeh (Hrsg.), Parlamentsrecht und Parlamentspraxis, § 15 Rn. 19; *ders.*, in: BK, GG, Art. 38 Rn. 87; *H. Hofmann/H. Dreier*, in: Schneider/Zeh (Hrsg.), Parlamentsrecht und Parlamentspraxis, § 5 Rn. 42 ff.

kann die Abgrenzung zwischen Äußerungen, die in der **Öffentlichkeit** und solchen, die im **Parlament** getan wurden, Schwierigkeiten bereiten. Die Rechtsprechung wertet eine Äußerung nicht schon dann als öffentlich, wenn der Presse lediglich Mitteilung von einer im Parlament getanen Äußerung gemacht wird.[82]

In unserem Beispielsfall geht es um die zivilrechtliche Verantwortlichkeit des A, die grundsätzlich von Art. 46 Abs. 1 GG erfasst wird. Indemnität für seine Mitteilung gegenüber der Presse ist nicht von vornherein ausgeschlossen, auch wenn sie den gleichen Gegenstand berührt wie die Anfrage. Die Rechtsprechung fordert zusätzlich, dass der parlamentarische Raum vor Veröffentlichung der Pressemitteilung erreicht worden sein muss, mit anderen Worten, die Anfrage als Drucksache vorliegen muss. Dieser Schluss liegt in der Konsequenz des dem Abgeordneten durch Art. 46 Abs. 1 GG gewährten Privilegs: Die im Parlament getane Äußerung und der wahrheitsgemäße Bericht hierüber sollen von Verantwortung freigestellt werden, nicht aber eine in der Öffentlichkeit getane Äußerung, die im Parlament nur wiederholt wird. 299

b) Immunität (Art. 46 Abs. 2 GG)

Fall 25: Die Staatsanwaltschaft in K teilte dem Bundestagspräsidenten am 17.4.2000 mit, es sei beabsichtigt, gegen den Bundestagsabgeordneten P ein Ermittlungsverfahren wegen Verdachts der Steuerhinterziehung einzuleiten. Auf Antrag der Staatsanwaltschaft ordnete das Amtsgericht K am 4.5.2000 die Durchsuchung der Wohn- und Büroräume des P an. Auf Antrag der Staatsanwaltschaft beschloss der Bundestag am 11.5.2000, die Durchsuchungen zu genehmigen, die noch am selben Tag stattfanden. Das Landgericht K stellte durch Beschluss vom 11.8.2000 rechtskräftig fest, dass die Durchsuchungs- und Beschlagnahmebeschlüsse des Amtsgerichts K rechtswidrig gewesen seien, weil das Gericht den Verdacht einer Steuerhinterziehung zu Unrecht angenommen habe. 300
(BVerfGE 104, 310)

Die Immunität unterscheidet sich von der Indemnität in dreifacher Hinsicht: 301

- Sie schützt den Abgeordneten **schlechthin,** d. h. in seinem gesamten Lebensbereich, nicht nur hinsichtlich seiner Tätigkeit im Bundestag.
- Sie schützt nur vor **Strafverfolgung,** umfasst – anders als die Indemnität – also nicht zivilrechtliche Ansprüche.
- Sie stellt ein reines **Strafverfolgungshindernis** dar, gewährt also – auch dies im Gegensatz zur Indemnität – keine Straffreiheit.

Immunität ist in der Ära des Konstitutionalismus eine notwendige Voraussetzung parlamentarischer Arbeit gewesen. Beispiele aus jener Zeit zeigen, dass missliebige Abgeordnete dadurch aus dem Parlament eliminiert wurden, dass man sie mit Gerichtsverfahren überzog. 302

Der Nationalökonom *Friedrich List* gehörte ab 1820 der württembergischen Kammer an, sah sich aber alsbald einem Verfahren wegen Beleidigung des Beamtenstandes ausgesetzt, weil er in einem Wahlaufruf von einer »Schreiberkaste« gesprochen hatte. Nach der Verfassung verlor ein Abgeordneter sein Mandat, wenn gegen ihn eine »Kriminaluntersuchung« eingeleitet wurde. Auf diese Weise gelang es der württembergischen Regierung, den ihr unbequemen Abgeordneten aus dem politischen Leben zu entfernen.[83] 303

---

82 BGHZ 75, 384 (387); dazu *H.-A. Roll,* Indemnität gegenüber zivilrechtlichen Ansprüchen, NJW 1980, S. 1439.

83 Vgl. *E. R. Huber,* Deutsche Verfassungsgeschichte seit 1789, Bd. I, Nachdr. der 2. verb. Aufl., 1990, S. 384 f.

304 In der parlamentarischen Demokratie kann die Immunität für den Abgeordneten auch **Nachteile** haben, denn mit der Genehmigung der Strafverfolgung (Art. 46 Abs. 2 GG) ist unter Umständen unerwünschte Publizität verbunden. Nicht leicht zu beantworten ist überdies die Frage, wie eine Genehmigung zu erteilen ist, ohne dass der Abgeordnete hiervon – den Ermittlungserfolg möglicherweise gefährdende – Kenntnis erhält.

305 Die **Staatspraxis** hat sich weit von dem Immunitätsbild entfernt, das Art. 46 Abs. 2 GG vermittelt. Der Bundestag erteilt zu Beginn jeder Legislaturperiode generelle Genehmigungen bzw. delegiert diese an den Ausschuss für Immunität, so dass für **Plenarentscheidungen** nur geringer Raum bleibt.[84]

306 • Genehmigt sind im vorhinein **Ermittlungsverfahren** gegen Bundestagsabgeordnete. Der Präsident des Deutschen Bundestages ist hiervon in jedem Fall zu unterrichten, der betroffene Abgeordnete nur, sofern hierdurch das Ermittlungsverfahren nicht gefährdet ist.

307 • Die **Erhebung der öffentlichen Klage** bedarf der ausdrücklichen Genehmigung des Bundestages, wobei diese Entscheidung bei Verkehrsdelikten und Bagatellstrafsachen an den Immunitätsausschuss delegiert worden ist. Seine »Vorentscheidung« gilt als Entscheidung des Bundestages, sofern kein Widerspruch erhoben wird. Eine ähnliche Regelung ist für die Vollstreckung einer kurzzeitigen Freiheitsstrafe getroffen.

308 • Der Bundestag selbst – also das Plenum – entscheidet in Immunitätsangelegenheiten, wenn es um die **Anklage** wegen **schwerer Delikte** oder die **Vollstreckung** von **Freiheitsstrafen** von mehr als **drei Monaten** geht.

309 Im Ausgangsfall konnte die Staatsanwaltschaft gegen P ein Ermittlungsverfahren einleiten, ohne dass es der Genehmigung des Bundestages bedurfte, weil die Durchführung von Ermittlungsverfahren gegen Bundestagsabgeordnete – wie in den vorausgegangenen Legislaturperioden – vom 14. Deutschen Bundestag ausdrücklich genehmigt worden war.[85] Der Wortlaut des Beschlusses würde nahe legen, dass hiermit auch Durchsuchungsmaßnahmen genehmigt worden sind, weil diese nicht in den Ausnahmetatbeständen auftauchen.[86] In der Staatspraxis wird die Genehmigung einer (gerichtlich) angeordneten Durchsuchung beim Bundestag ausdrücklich beantragt und erteilt,[87] was insofern folgerichtig ist, als auch *Büroräume* der Abgeordneten Gegenstand der Durchsuchung sein können. Der Bundestag hat die Durchsuchung jedoch genehmigt, so dass insoweit die Immunität des P aufgehoben war.

310 Die Immunität darf nicht als »Eigenschaft« des Abgeordneten missverstanden werden, die mit dem Beschluss des Immunitätsausschusses oder Plenums verloren geht.

84 Vgl. insbes. § 107 Abs. 2 GOBT i.V.m. Anlage 6 (*Sartorius* I Nr. 35 = *Nomos ÖffR* Nr. 13): Grundsätze in Immunitätsangelegenheiten und in Fällen der Genehmigung gemäß § 50 Abs. 3 StPO und § 382 Abs. 3 ZPO sowie bei Ermächtigungen gem. § 90b Abs. 2, § 194 Abs. 4 StGB.

85 Der Beschluss ist seit dem 5. Deutschen Bundestag (1965-69) mit folgendem Wortlaut gefasst worden:
»1. Der Deutsche Bundestag genehmigt bis zum Ablauf dieser Wahlperiode die Durchführung von Ermittlungsverfahren gegen Mitglieder des Bundestages wegen Straftaten, es sei denn, daß es sich um Beleidigungen (§§ 185, 186, 187a Abs. 1 StGB) politischen Charakters handelt. Das Ermittlungsverfahren darf im Einzelfall frühestens 48 Stunden nach Zugang der Mitteilung beim Präsidenten des Deutschen Bundestages eingeleitet werden.«

86 Vgl. Abs. 2 des Beschlusses.

87 Vgl. umfassend zu Problemen der Immunität in der parlamentarischen Praxis *R. Wurbs*, Regelungsprobleme der Immunität und der Indemnität in der parlamentarischen Praxis, 1988, S. 29ff.

Der Bundestag genehmigt die Strafverfolgung bzw. Bestrafung nur **einzelner Taten,** während im Übrigen der Abgeordnete weiterhin Immunität genießt.[88] Durch die Immunität soll der einzelne Abgeordnete allerdings nicht privilegiert, sondern die Funktionsfähigkeit des Parlaments gesichert werden, die in Frage gestellt wäre, wenn Abgeordnete ohne Mitwirkung des Parlaments der Strafverfolgung ausgesetzt wären.[89]

Im Ausgangsfall war zweifelhaft, ob der Bundestag die tatsächlichen Voraussetzungen der Durchsuchung der Wohn- und Büroräume des P, die letztlich nicht vorlagen, hätte prüfen müssen. Das BVerfG hat diese Frage verneint und den Bundestag lediglich als verpflichtet angesehen, die Maßnahmen auf sachfremde Erwägungen hin zu überprüfen.[90] Auch dem einzelnen Abgeordneten soll hiernach gegenüber Immunitätsbeschlüssen des Deutschen Bundestages nur ein Willkürschutz zukommen.[91] Der Antrag des P wurde im Ausgangsfall deshalb als unbegründet zurückgewiesen.[92] 311

3. Parlamentarische Rechte des Abgeordneten

Fall 26: Abgeordneter B ist wegen politischer Meinungsverschiedenheiten aus seiner Partei ausgetreten und gehört dem Bundestag als fraktionsloser Abgeordneter an. Bei Debatten meldet er sich regelmäßig zu Wort, doch wird ihm vom Präsidenten das Wort nicht erteilt. Zur Begründung wird ihm jeweils mitgeteilt, es seien interfraktionelle Vereinbarungen über die Redezeitbegrenzung getroffen worden, und keine Fraktion sei bereit gewesen, sich seine Redezeit anrechnen zu lassen. 312
(nach BVerfGE 10, 4)

Jeder einzelne Abgeordnete verfügt über einen **verfassungsrechtlichen Status,** den 313 er im Wege der Organstreitigkeit vor dem BVerfG verteidigen kann.[93] Zu diesem Status gehört das **Rederecht** und das **Fragerecht.** Die parlamentarische Arbeit ist allerdings in erster Linie auf die **Fraktionen** zugeschnitten. Redezeitbegrenzungen, die die Fraktionen untereinander vereinbaren, sind zulässig. Derartige Vereinbarungen dürfen aber nicht zu dem Ergebnis führen, dass fraktionslose Abgeordnete überhaupt nicht zu Wort kommen, denn die Rede im Plenum ist für sie eine der wenigen Möglichkeiten, ihrer Auffassung Gehör zu verschaffen. Da Art. 38 Abs. 1 S. 2 GG überdies nicht nach fraktionsgebundenen und fraktionslosen Mandaten unterscheidet, ist es mit dem verfassungsrechtlichen Status des Abgeordneten unvereinbar, wenn ihm die parlamentarische Rede vorenthalten wird.[94] Daneben haben fraktionslose Abgeordnete Anspruch auf einen Ausschusssitz.[95] Stimmrecht kommt ihnen jedoch nicht zu, weil die Ausschüsse andernfalls die Mehrheiten im Bundestagsplenum nicht mehr widerspiegeln würden.[96]

In unserem Beispielsfall hätte der Abgeordnete einen vor dem BVerfG durchsetzbaren Anspruch, 314 eine angemessene Redezeit eingeräumt zu bekommen.[97]

---

88 Vgl. *H. Schulze-Fielitz,* in: Dreier (Hrsg.), GG, Bd. II, Art. 46 Rn. 36.
89 Vgl. *N. Achterberg/M. Schulte,* in: v. Mangoldt/Klein/Starck, GG, Bd. 2, Art. 46 Rn. 32; *S. Magiera,* in: Sachs (Hrsg.), GG, Art. 46 Rn. 11.
90 BVerfGE 104, 310 (332 f.).
91 BVerfGE 104, 310 (332).
92 BVerfGE 104, 310 (331 ff.).
93 Vgl. BVerfGE 2, 143 (166); 10, 4 (12); 62, 1 (32); 90, 286 (343); 94, 351 (365); 97, 407 (414); st. Rspr.
94 Vgl. BVerfGE 10, 4 (12 f.).
95 § 57 Abs. 2 S. 2 GOBT.
96 Vgl. BVerfGE 80, 188 (224 f.).
97 Vgl. BVerfGE 80, 188.

4. Anspruch auf angemessene Entschädigung (Art. 48 Abs. 3 GG)

315 **Fall 27:** Der Bundestag fügt § 11 AbgG[98] einen vierten Absatz zu, nach dem die Fraktionsvorsitzenden und Ausschussvorsitzenden ebenfalls eine Amtszulage in Höhe der der Bundestagsvizepräsidenten erhalten.

(nach BVerfGE 40, 296; 102, 224)

316 Nach Art. 48 Abs. 3 S. 1 GG haben die Abgeordneten »Anspruch auf eine angemessene, ihre Unabhängigkeit sichernde Entschädigung«. Dieser im Grundsatz unstreitige, weil für das Funktionieren des Parlamentarismus unentbehrliche Anspruch wird problematisch erst mit seiner konkreten Umsetzung in Beträge. Ein immer wieder die Kritik herausfordernder Umstand ist die Entscheidung in eigener Sache;[99] kraft seiner Gesetzgebungskompetenz bestimmt der Bundestag selbst, welche Entschädigung »angemessen« ist. Das BVerfG hat im **»Diätenurteil«**[100] versucht, hierfür Leitlinien zu entwickeln:

317 • Die nach früherem Recht bestehende **Steuerfreiheit** ist für verfassungswidrig erklärt worden, weil nach Auffassung des Gerichts die Diäten ihren Charakter als »Aufwandsentschädigungen« verloren haben.[101]

318 • Eine **»Diätenstaffelung«**, nämlich unterschiedliche Bezüge für Funktionsträger im Parlament, hält das BVerfG ebenfalls mit dem (formalen) Gleichheitssatz für nicht vereinbar; Ausnahmen sollte es nur für den Präsidenten und die Vizepräsidenten geben.[102]

319 • Ein Ende fand durch die Rechtsprechung des BVerfG auch das **»Beamtenprivileg«**, wonach Beamte, die ein Mandat übernahmen, neben den Abgeordnetendiäten ein Ruhegehalt bezogen.[103]

320 Ob die in §§ 11 ff. AbgG den im Diätenurteil aufgestellten Grundsätzen entsprechen, ist zweifelhaft.[104] Neben die (steuerpflichtige) Entschädigung in Höhe von derzeit 7.960 €, die 2013 auf 8.252 € ansteigen soll (§ 11 Abs. 1 S. 2 AbgG), tritt eine (nicht steuerpflichtige) **Aufwandsentschädigung** in Form einer »Kostenpauschale« von derzeit 4.029 €, ohne dass der Aufwand nachgewiesen werden muss. Der Präsident des Deutschen Bundestages und seine Stellvertreter erhalten eine Amtszulage (§ 11 Abs. 2 AbgG).

321 Im Ausgangsfall sind Zulagen auch für die Fraktions- und Ausschussvorsitzenden beabsichtigt, die nach der ursprünglich vom BVerfG vertretenen Auffassung gegen den formalen Gleichheitssatz verstoßen. In seiner neueren Rechtsprechung hat das BVerfG die Fraktionsvorsitzenden von diesem Verbot ausgenommen, es demgegenüber für Ausschussvorsitzende bekräftigt.[105] Nach der Recht-

98 *Sartorius* I Nr. 48 = *Nomos ÖffR* Nr. 9 a.
99 BVerfGE 40, 296 (327); vgl. auch BVerfGE 102, 224.
100 So BVerfGE 40, 296 (315).
101 Vgl. BVerfGE 40, 296 (327).
102 Vgl. BVerfGE 40, 296 (318); vgl. *C. C. Müller-York/C. Irrgang,* Zur Verfassungsmäßigkeit von gestaffelten Diäten und Funktionszulagen für Funktionsträger der Fraktionen, ZParl 29 (1998), S. 303 ff.; *V. Bahnsen,* Entschädigungszulagen für parlamentarische Funktionsträger, NJW 1998, S. 1041 ff.
103 Vgl. BVerfGE 40, 296 (321 ff.).
104 Vgl. *H. H. Trute,* in: v. Münch/Kunig (Hrsg.), GG, Bd. 1, Art. 48 Rn. 33 f.; *H. H. Klein,* in: Maunz/Dürig, GG, Art. 48 Rn. 191.
105 Vgl. BVerfGE 102, 224 (242 ff.).

sprechung des BVerfG wäre § 11 Abs. 4 AbgG deshalb nur im Hinblick auf die Fraktionsvorsitzenden verfassungsmäßig.

5. Pflichten der Abgeordneten

Fall 28: Der Abgeordnete C tritt ohne eine entsprechende Anzeige an den Bundestagspräsidenten als freier Mitarbeiter in eine Rechtsanwaltskanzlei ein, die wiederum einen Beratervertrag mit einem Industrieunternehmen hat. C erstellt Berichte über die Entwicklung von Gesetzesvorhaben, die als »Entscheidungshilfen« an das Unternehmen weitergegeben werden. 322

Das Problem des **»Lobbyismus«** (von »lobby« [*engl.*] = Vorhalle, insbes. des britischen Unterhauses) entzieht sich einer glatten Lösung. In einem Parlament parteienstaatlicher Prägung ist es selbstverständlich, dass Abgeordnete (auch) soziale Gruppen, Verbände oder Berufe vertreten, die die jeweilige Partei ansprechen will. Problematisch erscheint es, wenn jenseits der sozialen oder beruflichen Zugehörigkeit Abgeordnete weitere Abhängigkeiten eingehen und dafür honoriert werden. Abgeordnete sind keine **Amtsträger** im Sinne der §§ 331 ff. i. V. m. § 11 Abs. 1 Nr. 2 StGB, so dass – anders als bei Ministern – strafrechtliche Sanktionen für die Annahme von Vorteilen nicht vorgesehen sind. Gleichwohl besteht ein verbreitetes Unbehagen daran, dass Abgeordnete in ihrer Position partikulare Interessen vertreten.[106] 323

Bundestagsabgeordnete dürfen für die Ausübung des Mandats keine anderen als die gesetzlich vorgesehenen Zuwendungen annehmen (§ 44 a Abs. 2 S. 1 AbgG). Sofern ein Bundestagsabgeordneter unzulässige Zuwendungen in Empfang genommen hat, sind diese dem Bundeshaushalt zuzuführen (§ 44 a Abs. 2 S. 4 AbgG). Nach den Verhaltensregeln, zu deren Aufstellung der Bundestag verpflichtet ist (§ 44 b AbgG), sind Mitglieder des Bundestages verpflichtet, ihre Tätigkeiten neben dem Mandat sowie die Art und Höhe der Einkünfte anzugeben, sofern Mindestbeträge überstiegen werden. Der Zweite Senat des BVerfG hält diese Regelung für verfassungsmäßig.[107] Zur Begründung wurde ausgeführt, mit dem freien Mandat seien nicht nur Rechte, sondern auch Pflichten verbunden. Das Volk habe einen Anspruch darauf, zu erfahren, von wem und in welcher Höhe seine Abgeordneten Geld und geldwerte Leistungen entgegennähmen, um sich einen Eindruck von der Mandatswahrnehmung einzelner Abgeordneter zu verschaffen. Weiterhin diene eine solche Regelung der Sicherung der Unabhängigkeit des Parlaments vor verdeckter Beeinflussung. Das Interesse der Abgeordneten daran, Informationen aus ihrer beruflichen Sphäre vertraulich zu behandeln, habe hinter dem öffentlichen Interesse zurückzutreten.[108] 324

Jeder Abgeordnete hat über alle **Spenden** und andere unentgeltliche Zuwendungen, die ihm für seine politische Tätigkeit zur Verfügung gestellt werden, gesondert Rechnung zu führen. Eine Spende, deren Wert in einem Kalenderjahr 5.000 € übersteigt, ist unter Angabe des Namens und der Anschrift des Spenders sowie der Gesamthöhe der Spende dem Bundestagspräsidenten anzuzeigen. Außerdem muss ein Abgeordneter eine Interessenverknüpfung offen legen, wenn er beruflich oder auf Honorarba- 325

106 Vgl. *K. Stern*, Staatsrecht I, S. 1071 ff.; *M. Morlok*, in: Dreier (Hrsg.), GG, Bd. II, Art. 38 Rn. 129; *H. H. Trute*, in: v. Münch/Kunig (Hrsg.), GG, Bd. 1, Art. 38 Rn. 77.
107 BVerfGE 118, 277.
108 BVerfGE 118, 277 (333); vgl. demgegenüber das Sondervotum der Richter *Hassemer, Di Fabio, Mellinghoff* u. *Landau*, S. 338 ff.

sis mit einem Gegenstand beschäftigt ist, der in einem Ausschuss des Bundestages zur Beratung ansteht.

326 Die Verletzung der Verhaltensregeln zieht keinerlei **rechtliche Konsequenzen** nach sich; äußerstenfalls kann das Präsidium eine entsprechende Feststellung veröffentlichen. Ob rechtliche Regelungen, die wiederum zur Umgehung herausfordern, überhaupt sinnvoll sind, mag dahingestellt sein. Im Grunde ist es eine Frage der **politischen** – hier parlamentarischen – **Kultur,** wieweit Abgeordnete ihr Mandat für eine weitere Erwerbstätigkeit ausnutzen. Ein gewisser Widerspruch ist freilich darin zu sehen, dass die Unabhängigkeit der Abgeordneten durch entsprechend hohe Diäten gewährleistet werden soll, andererseits der Lobbyismus im Bundestag ein Dauerproblem darstellt.[109]

327 In unserem Ausgangsbeispiel liegen Verstöße gegen §§ 1, 2 und 6 der Verhaltensregeln des Deutschen Bundestages nahe. Freilich würde auch bei nachgewiesenem Verstoß nur eine Veröffentlichung des Präsidiums in Betracht kommen, die keine unmittelbaren rechtlichen Konsequenzen hat. Zu prüfen wäre allerdings, ob ein entgegen den Verhaltensregeln abgeschlossener Vertrag »sittenwidrig« im Sinne des § 138 BGB ist. Ein Verstoß gegen ein gesetzliches Verbot (§ 134 BGB) liegt mangels Rechtsqualität der Verhaltensregeln nicht vor.

IV. Übersicht: Verfahren der Bundesgesetzgebung I (Initiative, Beratung, Gesetzesbeschluss)

328

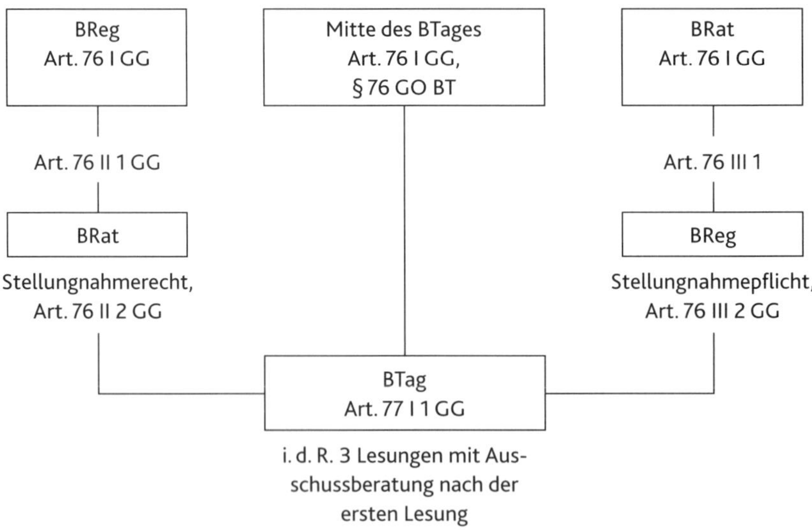

V. Das Europäische Parlament

329 Das Europäische Parlament setzt sich aus **Vertretern der Unionsbürgerinnen und Unionsbürger** zusammen. Es wird gemeinsam mit dem Rat als Gesetzgeber tätig und

109 Vgl. oben Rn. 315 ff.

übt gemeinsam mit ihm die Haushaltsbefugnisse aus. Es erfüllt Aufgaben der politischen Kontrolle und Beratungsfunktionen nach Maßgabe der Verträge (Art. 14 Abs. 1 EUV). Die Abgeordneten der Mitgliedstaaten werden in **allgemeiner, unmittelbarer, freier und geheimer Wahl** gewählt (Art. 14 Abs. 3 EUV), wobei auf die einzelnen Mitgliedstaaten eine feste Anzahl von Abgeordneten entfällt (Deutschland: 96).[110]

Auch nach dem Inkrafttreten des Vertrags von Lissabon verfügt das Europäische Parlament nur über begrenzte Kompetenzen. Von den herkömmlichen, Parlamenten eigenen »Funktionen«[111] kommt ihm vor allem die **Kontroll- und Repräsentationsfunktion** zu. Zwar wurden durch den Reformvertrag die Zuständigkeiten des EP im Bereich der Wahlfunktion und der Gesetzgebungsfunktion verstärkt; sie entsprechen jedoch nach wie vor nur zum Teil echten parlamentarischen Befugnissen. Im Bereich der herkömmlich Parlamenten zustehenden **Wahlfunktion** ist das EP insoweit gestärkt worden, als es im Unterschied zur früheren Rechtslage den Präsidenten der Kommission wählt (Art. 14 Abs. 1 EUV). Zuvor war das EP darauf beschränkt gewesen, der Benennung des Präsidenten und der übrigen Mitglieder der Kommission, die bei den Regierungen der Mitgliedstaaten liegt, **zuzustimmen** (Art. 214 Abs. 2 EGV). Eine Wahl durch das Europäische Parlament fand nicht statt. 330

Ausgeprägt sind die **Kontrollbefugnisse** des Europäischen Parlaments, die die Einsetzung eines Untersuchungsausschusses (Art. 226 AEUV), die Entgegennahme von Petitionen (Art. 227 AEUV), die Entgegennahme des jährlichen Gesamtberichts (Art. 233 AEUV) sowie den Misstrauensantrag gegen die Kommission (Art. 17 Abs. 8 EUV) einschließen.[112] 331

Eine dem Bundestag vergleichbare **Gesetzgebungskompetenz** hat das Europäische Parlament nicht, insbesondere fehlt ihm die Befugnis der **Gesetzesinitiative.**[113] Jedoch wurden die Entscheidungsbefugnisse des Europäischen Parlaments durch den Reformvertrag erweitert, indem das bisherige Mitentscheidungsverfahren als Regelverfahren (»ordentliches Gesetzgebungsverfahren«) bei der Normsetzung festgelegt wurde (Art. 189 Abs. 1, Art. 194 AEUV). Im Haushaltsbereich wurden die schon zuvor weitgehenden Befugnisse des EP (Art. 272 Abs. 3–9 EGV) noch weiter gestärkt (Art. 314 AEUV). Das EP fungiert hier als Mitgesetzgeber, dem in beschränktem Umfang sogar eine haushaltsrechtliche Prärogative zukommt (Art. 314 Abs. 7 lit. d] AEUV).[114] 332

Die **Repräsentationsfunktion** des Europäischen Parlaments ist von hoher Bedeutung, weil die Abgeordneten die **»Unionsbürgerinnen und Unionsbürger«** – also nicht allein die **Mitgliedstaaten** – repräsentieren.[115] Allerdings entsprechen dieser parlamentarischen Grundfunktion (noch) keine vollständigen parlamentarischen Kompetenzen, insbesondere bestehen Einschränkungen hinsichtlich des Gesetz- 333

110 Vgl. oben Rn. 136 ff.

111 Vgl. oben Rn. 200 ff.

112 Vgl. *R. Streinz,* Europarecht, Rn. 316 ff.

113 Vgl. zur Rechtssetzung in der Europäischen Union: *R. Streinz,* Europarecht, Rn. 539 ff.; *T. Oppermann/C. D. Classen/M. Nettesheim,* Europarecht, § 11 Rn. 52; § 5 Rn. 44 f.

114 *R. Streinz/C. Ohler/C. Herrmann,* Der Vertrag von Lissabon zur Reform der EU, S. 65.

115 Vgl. *M. Herdegen,* Europarecht, § 7 Rn. 68.

gebungsrechts. Die Struktur der Europäischen Union ist deshalb nach wie vor als **gouvernemental** und **nicht** als **parlamentarisch** zu bezeichnen.

334 Das parlamentarische Regierungssystem hat sich allerdings auch in den Mitgliedstaaten erst in Gestalt eines längeren historischen Prozesses durchgesetzt. In Deutschland ist der Gedanke der Volkssouveränität erst mit der Weimarer Reichsverfassung (1919) zum Durchbruch gelangt, während der Konstitutionalismus des 19. Jahrhundert dadurch gekennzeichnet war, dass das Bürgertum den Monarchen Mitbestimmungsrechte zugunsten der Parlamente abrang.[116] Insofern befindet sich die Europäische Union gegenwärtig noch in einer Art »konstitutioneller« Phase, in der die Regierungen der Mitgliedstaaten (im Rat) und die von ihnen benannte Kommission (noch) dominieren, während das Europäische Parlament – wie es auch durch den Reformvertrag geschehen ist – stetig an Kompetenzen zunimmt.[117] Am Ende dieser Entwicklung könnte ein »echtes« Parlament mit den herkömmlichen Parlamentsfunktionen stehen.

VI. Rechtsprechung

335 **BVerfGE** 1, 144 (Geschäftsordnungsautonomie des Deutschen Bundestages); **E** 10, 4 (Rechtsstellung des Abgeordneten); **E** 40, 296 (Diätenurteil); **E** 44, 308 (Beschlussfähigkeit des Bundestages); **E** 60, 374 (Rechtsnatur parlamentarischer Rügen); **E** 62, 1 (Auflösung des 9. Deutschen Bundestages); **E** 67, 100 (Untersuchungsausschuss; Aktenherausgabe); **E** 70, 324 (Besetzung von Ausschüssen durch Fraktionen); **E** 77, 1 (»Neue Heimat«, Beschlagnahme von Unterlagen privater Unternehmen); **E** 80, 188 (Fraktionslose Abgeordnete im Bundestag: »Wüppesahl«); **E** 84, 304 (Ausschussmitgliedschaft von »Gruppen-Abgeordneten«); **E** 90, 286 (»AWACS«; »UNO SOM II«); **E** 94, 351 (Gysi I); **E** 96, 264 (Abgeordnete einer »Grundmandatsklausel-Partei«); **E** 97, 408 (Gysi II); **E** 102, 224 (Zulagen für parlamentarische Funktionsträger); **E** 103, 81 (Bund-Länder-Streitigkeit; »Pofalla I«); **E** 104, 151 (Zustimmung der Bundesregierung zum neuen strategischen Konzept der NATO); **E** 104, 310 (Aufhebung der Immunität: »Pofalla II«); **E** 105, 197 (Rechte der Minderheit in Untersuchungsausschüssen des Bundestages); **E** 108, 34 (Beteiligungsrecht des Bundestages an der auswärtigen Gewalt); **E** 108, 251 (Durchsuchung und Beschlagnahme im Büro eines Bundestags-Mitarbeiters); **E** 112, 118 (Sitzverteilung im Vermittlungsausschuss); **E** 113, 113 (»Visa-Untersuchungsausschuss«); **E** 118, 277 (Nebeneinkünfte); **E** 118, 244 (ISAF); **E** 121, 135 (AWACS-Einsatz Türkei); **E** 124, 78 (BND-Untersuchungsausschuss); **E** 124, 161 (Fragerecht der Abgeordneten); **E** 126, 158 (Euro-Rettungsschirm, Griechenland-Finanzhilfe); **BVerwGE** 135, 77 (Nebentätigkeitsanzeige der Abgeordneten).

VII. Literatur

336 *N. Achterberg,* Parlamentsrecht, 1984; *H. H. v. Arnim,* Das neue Abgeordnetengesetz, NJW 1996, S. 1233; *U. Battis,* Outsorcing von Gesetzesentwürfen?, ZRP 2009, S. 201; *D. Birk,* Gleichheit im Parlament, NJW 1988, S. 2521; *H. Borgs-Maciejewski/A. Drescher,* Parlamentsorganisation. Institutionen des Bundestages und ihre Aufgaben, 4. Aufl. 1993; *T. Brandner,* Parlamentarische Gesetzgebung in Krisensituationen, NVwZ 2009, S. 211; *M. Brenner,* Parlamentarismus und Parlaments-

116 Vgl. *J.-D. Kühne,* in: Schneider/Zeh (Hrsg.), Parlamentsrecht und Parlamentspraxis, § 2; *K. Kluxen,* Geschichte und Problematik des Parlamentarismus, 1983, S. 197 ff.

117 Vgl. *T. Oppermann/C. D. Classen/M. Nettesheim,* Europarecht, § 5 Rn. 42 f.; vgl. auch *A. Bleckmann,* Europarecht, 6. Aufl. 1997, Rn. 332 ff.; *M. Herdegen,* Europarecht, § 7 Rn. 68 ff.

recht in den neuen Ländern seit der Wiedervereinigung Deutschlands, DVBl. 2009, S. 1129; *E. Brissa,* Berlin, Bundeswehr und Bundestag – Zur Bündniskonformität des wehrverfassungsrechtlichen Parlamentsvorbehalts, DÖV 2012, S. 137; *H. Butzer,* Immunität im demokratischen Rechtsstaat, 1991; *M. Cornils,* Rationalitätsanforderungen an die parlamentarische Rechtsetzung im demokratischen Rechtsstaat, DVBl. 2011, S. 1053; *U. Di Fabio,* Parlament und Parlamentsrecht, Der Staat 29 (1990), S. 599; *H. Dreier,* Regelungsform und Regelungsinhalt des autonomen Parlamentsrechts, JZ 1990, S. 310; *A. Engels,* Die Integrationsverantwortung des Deutschen Bundestags, JuS 2012, S. 210; *C. Gusy,* Parlamentarische Kontrolle der Nachrichtendienste im demokratischen Rechtsstaat, ZRP 2008, S. 36; *M. Hahn,* Zur verfassungssystematischen Konsistenz eines Selbstauflösungsrechts des Bundestages, DVBl. 2008, S. 151; *W. Heun,* Der Staat und die Finanzkrise, JZ 2010, S. 53; *S. Hölscheidt,* Die Verantwortung des Bundestags für die europäische Integration, DÖV 2012, S. 105; *ders.*, Das Recht der Parlamentsfraktionen, 2001; *A. Ingold/S.-C. Lenski,* Ordnungsgeld und Sitzungsausschluss als Ordnungsmaßnahmen gegen Bundestagsabgeordnete, JZ 2012, S. 120; *J. Ipsen,* Rechtsschutz gegen Fraktionsausschluss, NVwZ 2005, S. 361; *ders.*, Erwerb und Verlust des Fraktionsstatus im Deutschen Bundestag, NVwZ 2006, S. 176; *J. Jekewitz,* Parlamentsausschüsse und Ausschussberichterstattung, Der Staat 25 (1986), S. 399; *W. Kewenig,* Staatsrechtliche Probleme parlamentarischer Mitregierung am Beispiel der Arbeit der Bundestagsausschüsse, 1970; *M. Kotzur,* Informationsansprüche des Parlaments im demokratischen Verfassungsstaat, Jura 2007, S. 52; *J. Kürschner,* Die Statusrechte des fraktionslosen Abgeordneten, 1984; *R. Lang,* Die Mitwirkungsrechte des Bundesrates und des Bundestages in Angelegenheiten der Europäischen Union gemäß Art. 23 Abs. 2 bis 7 GG, 1997; *C. Lenz,* Der Fraktionsausschluss – Zwischenbilanz nach den Fällen Möllemann und Hohmann, NVwZ 2005, S. 364; *W. Mößle,* Regierungsfunktionen des Parlaments, 1986; *M. Morlok,* Parlamentarisches Geschäftsordnungsrecht zwischen Abgeordnetenrechten und politischer Praxis, JZ 1989, S. 1035; *ders.*, Gesetzliche Regelung des Rechtsstatus und der Finanzierung der Bundestagsfraktionen, NJW 1995, S. 29; *ders./C. Hientzsch,* Das Parlament als Zentralorgan der Demokratie – Eine Zusammenschau der einschlägigen parlamentsschützenden Normen, JuS 2011, S. 1; *C. Ohler,* Verfassungsrechtliche Grenzen staatsanwaltlicher Durchsuchungen im Bundestag, NVwZ 2004, S. 696; *M. Rau,* Parlamentarische Funktionszulagen und der verfassungsrechtliche Status der Abgeordneten – BVerfGE 102, 224, JuS 2001, S. 755; *E. C. Rautenberg,* Immune Abgeordnete, NJW 2002, S. 1090; *H. G. Ritzel/J. Bücker/H.-J. Schreiner,* Handbuch für die Parlamentarische Praxis mit Kommentar zur Geschäftsordnung des Deutschen Bundestages, 2 Bde. (Loseblatt, Stand: Dezember 2011); *T. I. Schmidt,* Der Fraktionsausschluß als Eingriff in das freie Mandat des Abgeordneten, DÖV 2003, S. 846; *M. Schulte,* Das Recht der Untersuchungsausschüsse, Jura 2003, S. 505; *H. Schulze-Fielitz,* Der Fraktionslose im Bundestag: Einer gegen alle?, DÖV 1989, S. 829; *M. Schürmann,* Die Umgehung des Bundesrates im sog. »Ersten Durchgang« einer Gesetzesvorlage, AöR 115 (1990), S. 45; *K. A. Sellmann,* Der schlichte Parlamentsbeschluß; 1966; *K. Stein,* Die Besetzung der Sitze des Bundestages im Vermittlungsausschuss, NVwZ 2003, S. 557; *J. Vetter,* Die Parlamentsausschüsse im Verfassungssystem der Bundesrepublik Deutschland, 1986; *T. Walter,* Indemnität und Immunität (Art. 46 GG) im Überblick, Jura 2000, S. 496; *A. Weber,* Europäisches Parlament und nationale Parlamente im Europäischen Rechtsetzungsverbund, DÖV 2011, S. 497; *H. Weiß,* Parlamentarisches Fragerecht und Antwortpflicht der Regierung, DVBl. 1988, S. 268; *D. Wiefelspütz,* Die Immunität und Zwangsmaßnahmen gegen Abgeordnete, NVwZ 2003, S. 38; *ders.*, Das Untersuchungsausschussgesetz, 2003; *ders.*, Parlamentsvorbehalt und Parlamentsbeteiligungsgesetz. Die Beteiligung des Bundestages bei Auslandseinsätzen der Bundeswehr, AöR 135 (2010), S. 616.

§ 7 Der Bundesrat

337 Der **Bundesrat,** durch den die Länder an der **Gesetzgebung** und **Verwaltung** des Bundes mitwirken (Art. 50 GG), stellt ein Stück verfassungsgeschichtlicher Kontinuität dar. Die Paulskirchenverfassung (1849) hatte als Föderativorgan eine zweite Kammer – das »**Staatenhaus**« – vorgesehen, das zusammen mit dem »Volkshaus« den Reichstag bilden und diesem gleichberechtigt sein sollte. Der »**Bundesrat**« der Reichsverfassung von 1871 war ein aus ernannten Vertretern der einzelnen Bundesstaaten bestehender Gesandtenkongress, der an Regierung und Verwaltung teilhatte (nicht jedoch als »zweite Kammer« neben dem Reichstag angesprochen werden konnte). Der »**Reichsrat**« der Weimarer Verfassung bestand notwendig aus Mitgliedern der Landesregierungen und wies insofern schon in die Richtung der vom Grundgesetz gewählten »Bundesratslösung«.[1]

I. Zusammensetzung und Arbeitsweise des Bundesrates

338 **Fall 29:** Der Bundesrat beriet in seiner Sitzung vom 22.3.2002 über das vom Bundestag verabschiedete Zuwanderungsgesetz (BR-Drucks. 157/02). Für das Land Brandenburg stimmte der Arbeitsminister mit »Ja«, während der Innenminister mit »Nein« stimmte. Auf Nachfrage des Bundesratspräsidenten stimmte der Ministerpräsident mit »Ja«, während der Innenminister auf sein vorher abgegebenes Votum verwies. Auf die nochmalige Nachfrage des Bundesratspräsidenten erklärte der Ministerpräsident: »Als Ministerpräsident des Landes Brandenburg erkläre ich hiermit Ja.« Ist das Zuwanderungsgesetz verfassungsmäßig zustande gekommen?

(BVerfGE 106, 310)

339 Der Bundesrat ist keine gemeinsame Einrichtung der Länder, keine »Länderkammer«, sondern ein **oberstes Staatsorgan** des Bundes. Er wird aus dem Bundeshaushalt finanziert, die bei ihm tätigen Beamten sind Bundesbeamte. Der Bundesrat setzt sich in Abhängigkeit von der Einwohnerzahl der Bundesländer aus zwischen drei und sechs **Mitgliedern** der **Landesregierungen** zusammen und hat auf diese Weise **69** stimmberechtigte **Mitglieder** (Art. 51 Abs. 2 GG).[2]

340 Der Bundesrat kennt keine Mitgliedschaft von Ländern, sondern nur die einzelner Regierungsmitglieder (Art. 51 Abs. 1 S. 1 GG). Eine Stellvertretung ist im Grundgesetz ausdrücklich vorgesehen (Art. 51 Abs. 1 S. 2 GG). Trotz der persönlichen Mitgliedschaft im Bundesrat steht der Einfluss der Bundesländer als solcher im Vordergrund. Das Grundgesetz unterscheidet sprachlich zwischen »**Mitgliedern**« – das

1 Zu der ebenfalls diskutierten »Senatslösung« (Wahl von Senatoren durch die Landtage entsprechend dem Stärkeverhältnis der Fraktionen) *K. Stern,* Staatsrecht II, S. 116 f.

2 Stimmen der Länder im Bundesrat:

6 Stimmen	Nordrhein-Westfalen, Bayern, Baden-Württemberg, Niedersachsen
5 Stimmen	Hessen
4 Stimmen	Sachsen, Rheinland-Pfalz, Berlin, Sachsen-Anhalt, Thüringen, Brandenburg, Schleswig-Holstein
3 Stimmen	Mecklenburg-Vorpommern, Hamburg, Saarland, Bremen

sind die einzelnen Landesminister – und »**Stimmen**« der Länder (Art. 51 Abs. 3 S. 1 GG). Aus dieser Unterscheidung ergeben sich für die Verfahrenspraxis zwei wichtige Konsequenzen:

- Die **Beschlussfähigkeit** des Bundesrates richtet sich – anders als im Bundestag – nicht danach, wie viele Mitglieder *anwesend*, sondern wie viele Stimmen *vertreten* sind. Ist von jedem stimmberechtigten Bundesland *ein* Mitglied anwesend, insgesamt also 16, so sind 69 Stimmen des Bundesrates »vertreten«. Beschlussfähig ist der Bundesrat also schon dann, wenn die Stimmenzahl der »vertretenen« Bundesländer die Mehrheit – nämlich 35 Stimmen – ausmacht (§ 28 Abs. 1 GOBR[3]). 341
- Was für die Feststellung der Beschlussfähigkeit zutrifft, gilt für jede **Abstimmung.** Sofern nur *ein* Mitglied eines Landes anwesend ist, kann es sämtliche Stimmen des Landes abgeben. Die Anwesenheit von 16 Bundesratsmitgliedern könnte deshalb unter Umständen dafür ausreichen, dass alle Stimmen vertreten sind. Die Anwesenheit zumindest eines Mitgliedes (eines jeden Bundeslandes) ist freilich auch erforderlich, weil die Vertretung eines Bundesratsmitgliedes durch Mitglieder *anderer* Landesregierungen nicht in Betracht kommt (Art. 51 Abs. 3 S. 2 GG). 342

Die Stimmen eines Landes können nur **einheitlich** abgegeben werden (Art. 51 Abs. 3 S. 2 GG), was zwanglos aus dem Grundsatz folgt, dass die persönliche Mitgliedschaft im Bundesrat die Repräsentation des jeweiligen Landes nicht überdecken soll. Gewöhnlich wird durch Beschluss der Landesregierung das Stimmverhalten im Bundesrat festgelegt. Derartige Weisungen binden die jeweiligen Mitglieder des Bundesrates jedoch nur im »Innenverhältnis«, also der Landesregierung gegenüber.[4] Im »Außenverhältnis« – gegenüber dem Bundesrat – sind sie unbeachtlich. Mitglieder des Bundesrates sind insofern nicht gehindert, entgegen getroffenen Weisungen abzustimmen, wobei sie allerdings riskieren, aus dem Bundesrat abberufen zu werden (Art. 51 Abs. 1 S. 1 GG). Unzulässig ist dagegen eine **unterschiedliche Stimmabgabe** der Vertreter des gleichen Landes (Art. 51 Abs. 3 S. 2 GG). Dieser Umstand macht deutlich, dass es sich bei der Abstimmung im Bundesrat nicht um die Wahrnehmung eines **freien Mandats** handelt, sondern die **Vertretung** der **Landesinteressen** im Vordergrund steht.[5] 343

> Im Ausgangsfall lag wegen des unterschiedlichen Stimmverhaltens des Arbeits- und Innenministers ein gespaltenes Votum des Landes Brandenburg vor, das gegen Art. 51 Abs. 3 S. 2 GG verstieß und die Ungültigkeit aller Stimmen des Landes zur Folge hatte. Die vereinzelt vertretene Auffassung, in diesem Fall müsse die Stimme des »Kabinettsvorsitzenden« ausschlaggebend sein,[6] vermag schon deshalb nicht zu überzeugen, weil der Regierungschef nicht notwendig bei Bundesratssitzungen anwesend ist. Überdies würde mit einer derartigen Konstruktion ein Teil des *Landes*verfassungsrechts in das *Bundes*verfassungsrecht übertragen.[7] 344

Die – freilich in keiner Vorschrift niedergelegte – Verfahrenspraxis des Bundesrates trägt dem Erfordernis eines einheitlichen Stimmverhaltens der Länder dadurch Rech- 345

3 *Sartorius* I Nr. 37 = *Nomos ÖffR* Nr. 14.
4 *K. Stern,* Staatsrecht II, S. 138 f.
5 Die auf *P. Laband* zurückgehende Begründung, ein Land könne keine einander widersprechende »Willen« bilden, ist dagegen in ihrer positivistischen Konstruktion nicht überzeugend.
6 So *K. Stern,* Staatsrecht II, S. 137.
7 Vgl. *J. Ipsen,* DVBl. 2002, S. 656; *W. Krebs,* in: v. Münch/Kunig (Hrsg.), GG, Bd. 1, Art. 51 Rn. 13.

nung, dass für jedes Bundesland nur jeweils ein Mitglied – der sog. »Stimmführer« – abstimmt und auf diese Weise ein uneinheitliches Stimmverhalten vermieden wird.[8]

346 Offenbar hat der Ministerpräsident des Landes Brandenburg im Ausgangsfall die Funktion des »Stimmführers« für sich reklamiert und alle Stimmen des Landes Brandenburg abgeben wollen. Eine hervorgehobene Rechtsstellung der Regierungschefs der Länder kennt das Grundgesetz jedoch nicht; vielmehr haben alle Mitglieder des Bundesrats die gleichen Rechte. Die Rolle des »Stimmführers« ist informell und beruht auf einem Einvernehmen unter den Bundesratsmitgliedern des jeweiligen Landes. Das BVerfG hat zu Recht entschieden, dass wegen der gespaltenen Stimmabgabe alle Stimmen des Landes Brandenburg ungültig waren und es deshalb an der erforderlichen Zustimmung des Bundesrates fehlte.[9]

347 Der Bundesrat ist ermächtigt, eine **Europakammer** zu bilden, deren Beschlüsse als Beschlüsse des Bundesrates gelten (Art. 52 Abs. 3 a GG), und hat hiervon inzwischen Gebrauch gemacht (§§ 45 b ff. GOBR). Mitglieder der Kammer können nur Bundesratsmitglieder sein. Jedes Land entsendet ein Mitglied oder ein stellvertretendes Mitglied des Bundesrates als Mitglied in die Europakammer (§ 45 b Abs. 2 S. 1 GOBR). Seine weiteren Mitglieder und stellvertretenden Mitglieder des Bundesrates sind stellvertretende Mitglieder auch der Europakammer (§ 45 b Abs. 2 S. 2 GOBR). Die Anzahl der »Stimmen« der Bundesländer in der Europakammer richtet sich nach der Stimmenzahl im Bundesrat (Art. 52 Abs. 3 a i. V. m. Art. 51 Abs. 2 GG). Auf diese Weise hat der Bundesrat ein (Sub-)Organ gebildet, das wegen seiner geringeren Mitgliederzahl (16!) rascher zusammentreten kann als das Bundesratsplenum, das Stärkeverhältnis der Länder untereinander aber unberührt lässt.[10] Die Beschlüsse der Europakammer »gelten« als Beschlüsse des Bundesrates (Art. 52 Abs. 3 a GG). Durch diese (verfassungsrechtliche) Fiktion unterscheidet sich die Europakammer von Ausschüssen, die lediglich vorbereitende Beschlüsse fassen, die Beschlussfassung des Bundesrates aber nicht ersetzen.[11]

348 Der Bundesrat wählt jährlich einen neuen Präsidenten (Art. 52 Abs. 1 GG). Nach dem **»Königsteiner Abkommen«** vom 30.8.1950[12] fällt die Wahl turnusmäßig auf die Ministerpräsidenten der Bundesländer in der Reihenfolge ihrer Größe (Bevölkerungszahl). Das Königsteiner Abkommen gilt mittlerweile als **Verfassungsgewohnheitsrecht,** so dass nicht nur die Amtsperiode des Bundesratspräsidenten, sondern auch die Reihenfolge der Länder als durch die Verfassung festgelegt anzusehen ist.[13]

8 Vgl. *K. Reuter*, Praxishandbuch Bundesrat, S. 236.

9 Vgl. BVerfGE 106, 310 (330 ff.).

10 Vgl. *G. Robbers*, in: Sachs (Hrsg.), GG, Art. 52 Rn. 16 f.; *H. Bauer*, in: Dreier (Hrsg.), GG, Bd. II, Art. 52 Rn. 22.

11 Vgl. *S. Korioth*, in: v. Mangoldt/Klein/Starck, GG, Bd. 2, Art. 52 Rn. 20.

12 Eine schriftliche Fassung des Abkommens gibt es nicht. Sein Inhalt ergibt sich aus dem Stenographischen Bericht über die Ministerpräsidentenkonferenz.

13 A. A. *S. Korioth*, in: v. Mangoldt/Klein/Starck, GG, Bd. 2, Art. 52 Rn. 4.

II. Die Mitwirkung des Bundesrates an der Gesetzgebung des Bundes (Gesetzgebungsverfahren II)

1. Einspruchs- und Zustimmungsgesetze

Fall 30: Das vom Bundestag beschlossene Ausbildungsplatzförderungsgesetz (APlFG) vom 7.9.1976 (BGBl. I, S. 2658) stieß seinerzeit auf den Widerstand des Bundesrates, der es für zustimmungsbedürftig hielt. Nach erfolglosem Vermittlungsverfahren fertigte der Bundespräsident das Gesetz aus. Das Gesetz sah vor, dass bestimmte Betriebe eine Sonderabgabe zur Schaffung von Ausbildungsplätzen zu entrichten hätten. Die – nach Landesrecht zu bestimmenden – »Einzugsstellen« waren befugt, Geschäftsbücher und sonstige Unterlagen der Betriebe einzusehen. Der zuständige Bundesminister wurde zum Erlass einer Rechtsverordnung ermächtigt, die Form und Inhalt des Lohnnachweises regeln sollte. 349

(nach BVerfGE 55, 274)

Die wichtigste Kompetenz des Bundesrates ist die Mitwirkung an der Gesetzgebung des Bundes. Die Art der Beteiligung richtet sich danach, ob es sich um ein **Einspruchs-** oder **Zustimmungsgesetz** handelt.[14] Während ein Einspruch des Bundesrates gegen ein Gesetz durch eine qualifizierte Mehrheit des Bundestages überstimmt werden kann, ist ein Zustimmungsgesetz gescheitert, sofern es der Bundesrat nicht ausdrücklich billigt. Da in einer parlamentarisch-rechtsstaatlichen Demokratie die wesentlichen, den Bürger betreffenden Entscheidungen eines förmlichen Gesetzes bedürfen,[15] ist für die Stellung des Bundesrates im Regierungssystem schlechthin ausschlaggebend, gegen welche Gesetze lediglich ein Einspruch möglich ist und welche Gesetze zustimmungsbedürftig sind. Erstere kann der Bundesrat nur **verzögern,** letztere aber **verhindern.** Sieht man dies unter dem Aspekt, welcher Anteil an der **politischen Macht** dem Bundesrat zukommt, so ist dieser umso größer, je mehr Gesetze zustimmungsbedürftig sind. Es ist deshalb nicht verwunderlich, dass die Zustimmungsbedürftigkeit zwischen Bundestag und Bundesrat nicht selten kontrovers ist und sich zu einer hochpolitischen Streitfrage entwickeln kann, wenn die Mehrheiten im Bundestag und Bundesrat auseinander fallen.[16] 350

Damit der Bundestag überhaupt gesetzgeberisch tätig werden kann, muss dem Bund für die betreffende Materie ein **Kompetenztitel** zustehen. Dieser Titel mag sich im Abschnitt über die ausschließliche (Art. 73 GG) oder die konkurrierende (Art. 74 GG) Gesetzgebungszuständigkeit des Bundes finden. Von der Art der Bundeszuständigkeit unabhängig ist die Frage, welche Form der Mitwirkung dem Bundesrat zukommt. **Bundeszuständigkeit** und **Bundesratszuständigkeit** sind also deutlich zu unterscheiden.[17] Nur in Einzelfällen werden beide Zuständigkeiten miteinander verknüpft (Art. 73 Abs. 2 GG). 351

---

14 Mit der Differenzierung von Einspruchs- und Zustimmungsgesetzen werden die Mitwirkungsbefugnisse der Föderativorgane in der Deutschen Verfassungsgeschichte kombiniert. Während die Reichsgesetze nach der Bismarck-Verfassung sämtlich der Zustimmung des Bundesrates bedurften (Art. 5, 7 I Nr. 1 RV), gab es nach der Weimarer Reichsverfassung nur *Einspruchsgesetze,* so dass der Reichsrat auf den Einspruch beschränkt war (Art. 74 WRV). Vgl. *K. Stern,* Staatsrecht II, S. 115; *U. Scholl,* Der Bundesrat in der deutschen Verfassungsentwicklung, 1982, S. 104 ff.

15 Vgl. unten Rn. 798 ff.

16 Vgl. *K. Stern,* Staatsrecht II, S. 630.

17 »Verbands-« und »Organzuständigkeit« sind prinzipiell zu trennen. Die Zuständigkeit eines Bundesorgans (z. B. des Bundesrates) setzt aber voraus, dass der Bund (als »Verband«) für die jeweilige

352 Generalklauselartig ließe sich die Abgrenzung zwischen Einspruchs- und Zustimmungsgesetzen in der Weise vornehmen, dass ein Gesetz immer dann zustimmungsbedürftig ist, wenn es die **Länderinteressen** nachhaltig berührt. In der Sache wäre eine solche Bestimmung nicht falsch, für die Staatspraxis aber untauglich, weil bei jedem einzelnen Gesetz die Frage auftauchen und zur Entscheidung anstehen würde, ob die Länderinteressen »nachhaltig« berührt wären. Da eine höhere Zahl von Zustimmungsgesetzen gleichzeitig einen Zugewinn an politischer Macht für den Bundesrat – und damit für die Länder – bedeutet, wären ständige Kompetenzstreitigkeiten vor dem BVerfG die Folge einer solchen Generalklausel.[18]

353 Im Grundgesetz sucht man deshalb vergeblich nach einer allgemeinen Bestimmung über die Abgrenzung von Zustimmungs- und Einspruchsgesetzen; nur die **Zustimmungsgesetze** sind **im Einzelnen** aufgeführt. Die gewählte Regelungstechnik bedeutet, dass ein Bundesgesetz ein Einspruchsgesetz ist, sofern es im Grundgesetz nicht ausdrücklich für zustimmungsbedürftig erklärt wird. Dieses Regel-Ausnahme-Verhältnis zwischen Einspruchs- und Zustimmungsgesetzen (die **»Enumeration«** der Zustimmungsgesetze) ist regelungstechnischer, nicht statistischer Natur. In der **Staatspraxis** ist die Zahl der Zustimmungsgesetze bislang deutlich höher als die der Einspruchsgesetze gewesen. Durch die Föderalismusnovelle sank der Anteil der Zustimmungsgesetze jedoch beträchtlich.[19] Zur Prüfung der Zustimmungsbedürftigkeit bedarf es der genauen Lektüre des Grundgesetzes, wobei die folgenden Fallgruppen hilfreich sind:

354 • Zustimmungsbedürftig sind zunächst **Verfassungsänderungen** (Art. 79 Abs. 2 GG). Diese Bestimmung erweist sich fast als Selbstverständlichkeit, denn anderenfalls ließen sich die Kompetenzen der Länder beschneiden, ohne dass diese hiergegen etwas unternehmen könnten.

355 • Bei der Ausführung der Bundesgesetze durch die Länder im Auftrag des Bundes nimmt der Bund nicht selten Einfluss auf das **Verwaltungsverfahren** und die

---

Aufgabe (Gesetzgebung, Verwaltung) zuständig ist. Die »Verbandszuständigkeit« ist deshalb regelmäßig vor der »Organzuständigkeit« zu prüfen.

18 Vgl. *K. Stern*, Staatsrecht II, S. 144; *H. Maurer*, Staatsrecht, § 17 Rn. 70.

19 Anteil der Zustimmungs- und Einspruchsgesetze:

	11. WP (1987–1990)	12. WP (1990–1994)	13. WP (1994–1998)	14. WP (1998–2002)	15. WP (2002–2005)	16. WP (2005–2009)	17. WP (ab 2009)
Anteil der – Zustimmungsgesetze (in %)	55,2	56,6	59,2	54,8	50,6	41,8	42,3
– Einspruchsgesetze (in%)	44,8	43,4	40,8	45,2	49,4	58,2	57,7

Vgl. dazu *P. Schindler*, Datenhandbuch zur Geschichte des Deutschen Bundestages 1949 bis 1999, Bd. II, S. 2430 f. (insbesondere zur 1.–10. WP); Nachtragsband 1994–2003, S. 578; Deutscher Bundestag, Internetangebot: http://www.bundestag.de/dokumente/parlamentsdokumentation/gesetzgebung_wp17.pdf (Stand: 21.8.2012).

Einrichtung der **Landesbehörden.** Derartige Gesetze bedürfen der Zustimmung des Bundesrates (Art. 85 Abs. 1 GG), weil Verfahren und Organisation der (Landes-) Behörden selbstverständlich Sache der Länder sind. Immer wenn ein von den Ländern auszuführendes Bundesgesetz Verfahrensvorschriften oder Regelungen über die zuständigen Behörden enthält, besteht insofern Anlass zu einer genauen Prüfung der Zustimmungsbedürftigkeit. Will der Bund hierauf Einfluss nehmen, soll dies grundsätzlich nur mit Zustimmung des Bundesrates geschehen. Nicht zustimmungsbedürftig sind dagegen Bundesgesetze über Verwaltungsverfahren und Behördeneinrichtung (der Länder), von denen die Länder abweichen können (Art. 84 Abs. 1 S. 2 GG). Wird die Abweichungsmöglichkeit ausgeschlossen, bedarf das Gesetz wiederum der Zustimmung des Bundesrates.

Die *bundesgesetzliche* Regelung von Verfahren und Behördeneinrichtung wurde 356 jedoch stets als so dringlich empfunden, dass der Bund die Zustimmungsbedürftigkeit der Gesetze in Kauf genommen hat. Art. 84 Abs. 1 und 85 Abs. 1 GG sind damit die großen Einfallstore für die Zustimmungsbedürftigkeit von Bundesgesetzen gewesen.[20] Durch die **Föderalismusnovelle** ist die ausnahmslose Zustimmungsbedürftigkeit von Bestimmungen über das Verwaltungsverfahren und die Behördenzuständigkeit (Art. 84 Abs. 1 GG a. F.) durch eine **differenzierte Regelung** ersetzt worden. Zustimmungsbedürftig sind nach neuer Rechtslage nur bundesgesetzliche Bestimmungen über das Verwaltungsverfahren ohne Einhaltung der Karenzfrist bzw. ohne Abweichungsmöglichkeit für die Bundesländer (Art. 84 Abs. 1 S. 5, 6 GG).

- Ein dritter Bereich zustimmungsbedürftiger Gesetze findet sich in der **Finanzverfassung** (vgl. nur Art. 104 a Abs. 3–5, 106 Abs. 3–6, 107 Abs. 1 GG). Auch hier leuchtet die Zustimmungsbedürftigkeit unmittelbar ein: neben den wechselseitigen Kompetenzen ist die finanzielle Ausstattung für das Verhältnis von Bund und Ländern von ausschlaggebender Bedeutung. Soweit sie nicht durch das Grundgesetz festgelegt ist, sondern eines Gesetzes bedarf, erfordert dieses die Zustimmung des Bundesrates, weil andernfalls für die Länder nachteilige Regelungen durchgesetzt werden könnten. 357

Die Faustregel, nach der **Verfassungsänderungen, Verwaltungs- und Finanzgesetze** 358 regelmäßig der Zustimmung des Bundesrates bedürfen, bietet nur eine grobe Orientierung. In jedem Fall muss die die **Zustimmungsbedürftigkeit begründende Vorschrift** herausgefunden und benannt werden; eine Zustimmungsbedürftigkeit »aus der Natur der Sache« gibt es nicht.[21]

In unserem Ausgangsfall handelte es sich um ein Bundesgesetz, das – wie regelmäßig – durch die 359 Länder ausgeführt werden sollte (Art. 83 GG). Die Behördenzuständigkeit wird nicht bestimmt; im Gesetz ist jeweils nur von »Einzugsstellen« die Rede. Allerdings wird das **Verwaltungsverfahren** geregelt, also das »Wie« des Verwaltungshandelns. Sind nämlich die Abgabepflichtigen verpflichtet, Geschäftsbücher und Unterlagen vorzulegen, die Einzugsstellen berechtigt, diese einzusehen, so ergibt sich daraus, in welchem Verfahren die Abgabe erhoben wird. Das Gesetz war deshalb nach Art. 84 Abs. 1 GG zustimmungsbedürftig und, da der Bundesrat die Zustimmung versagt hatte, nicht verfassungsmäßig zustande gekommen.[22] Nach Art. 84 Abs. 1 GG in der Fassung der Födera-

20 Art. 84 und 85 GG führten dazu, dass die als Ausnahme konzipierte Zustimmungsbedürftigkeit von Gesetzen lange Zeit überwog; vgl. Fn. 19.

21 Vgl. *H. Maurer*, Staatsrecht, § 17 Rn. 70; *R. Stettner*, in: Dreier (Hrsg.), GG, Bd. II, Art. 77 Rn. 11.

22 So BVerfGE 55, 274 (318 ff.).

lismusnovelle wäre ein solches Gesetz dagegen nur zustimmungsbedürftig gewesen, wenn die Abweichungsmöglichkeit der Bundesländer ausgeschlossen worden wäre.

360 Umstritten ist nach wie vor die Auslegung des Begriffs **»Einrichtung der Behörden«** in Art. 84 Abs. 1 GG. Bei restriktiver Interpretation würden nur die Neuschaffung (»Errichtung«) von Behörden und ähnliche in die Behördenorganisation der Länder eingreifende Akte hierunter fallen. Legt man den Begriff der »Einrichtung« dagegen weit aus, so umfasst er auch die Zuweisung von Aufgaben an eine (schon bestehende) Landesbehörde, weil auch eine reine Zuständigkeitsregelung organisatorische Konsequenzen hat,[23] wie der folgende Fall belegt:

361 **Fall 31:** Dem Bundestag lag der Entwurf eines Änderungsgesetzes zum Bundesimmissionsschutzgesetz vor, nach dem in § 10 Abs. 10 BImSchG[24] die Bestimmung eingefügt werden sollte: »Genehmigungsbehörde ist die durch Landesrecht zu bestimmende höhere Verwaltungsbehörde des Landes«. Die für den Entwurf verantwortliche Bundesregierung hielt das Gesetz für nicht zustimmungsbedürftig, weil alle Bundesländer über »höhere Verwaltungsbehörden« verfügten, das Gesetz deshalb nicht zur »Einrichtung« von Behörden verpflichte. Der Bundesrat vertrat die gegenteilige Auffassung.

362 Das Beispiel zeigt, dass man bei der Auslegung des Begriffs »Einrichtung der Behörden« nicht darauf abstellen kann, ob eine Behörde nominell bereits besteht oder erst errichtet werden muss. Jede Behörde nämlich ist im Hinblick auf ihre Zuständigkeiten mit Personal- und Sachmitteln ausgestattet, auf ihre Kompetenzen also »eingerichtet«. Werden Änderungen in der Zuständigkeit vorgenommen, so bedarf es einer neuen »Einrichtung« der – bestehenden – Behörden, also einer Fülle von organisatorischen Maßnahmen, die ohne Änderung der Gesetzeslage nicht erforderlich gewesen wären.[25]

363 Sinn der Zustimmungserfordernisse in Art. 84 Abs. 1 und 85 Abs. 1 GG ist es, den in der bundesgesetzlichen Regelung liegenden **Eingriff** in die **Verwaltungszuständigkeit** und **Organisationshoheit** der Länder (Art. 30, 83 GG) zu kompensieren. Entgegen der Auffassung der Bundesregierung[26] wird deshalb auch durch Zuständigkeitsregelungen die Zustimmungsbedürftigkeit eines Gesetzes ausgelöst.[27]

364 In unserem Beispielsfall müssten die »höheren Verwaltungsbehörden« der Länder mehr Personal erhalten, während die bisher zuständigen infolge ihrer Einbuße an Zuständigkeiten Personal abgeben könnten. Hieran zeigt sich, dass jede Zuständigkeitsregelung in Bundesgesetzen einen Eingriff in das Organisationsrecht der Länder beinhaltet. Nach Änderung des Art. 84 Abs. 1 GG durch die Föderalismusnovelle würden Bestimmungen über die Behördenzuständigkeit nicht länger die Zustimmungsbedürftigkeit des betreffenden Bundesgesetzes begründen. Die Länder wären vielmehr befugt, von der bundesgesetzlichen Regelung abzuweichen und eine andere Behördenzuständigkeit festzulegen (Art. 84 Abs. 1 S. 2 GG). Der Eingriff in die Organisationshoheit der Länder würde auf diese Weise rückgängig gemacht.

---

23 Dazu *H. P. Bull,* in: AK-GG, Art. 84 Rn. 7; *A. Dittmann,* in: Sachs (Hrsg.), GG, Art. 84 Rn. 7 m. w. N.

24 *Sartorius* I Nr. 296 = *Nomos ÖffR* Nr. 40.

25 Vgl. *G. Hermes,* in: Dreier (Hrsg.), GG, Bd. III, Art. 84 Rn. 35; *S. Broß/K.-G. Mayer,* in: v. Münch/Kunig, GG, Bd. 2, Art. 84 Rn. 9.

26 Vgl. BT-Drucks. V/352 S. 39 zu Nr. 1; demgegenüber hält der Bundesrat Zuständigkeitsregelungen ebenfalls für zustimmungsbedürftig, vgl. BT-Drucks. V/532, S. 31, I 1.

27 So *A. Dittmann,* in: Sachs (Hrsg.), GG, Art. 84 Rn. 7; *S. Broß/K.-G. Mayer,* in: v. Münch/Kunig (Hrsg.), GG, Bd. 2, Art. 84 Rn. 9.

Das BVerfG hat im Grundsatz die Ansicht vertreten, dass ein Gesetz nicht nur dann die Einrichtung von Behörden im Sinne des Art. 84 Abs. 1 GG regele, wenn es neue Länderbehörden schaffe, sondern auch, wenn es den **näheren Aufgabenkreis** einer Behörde festlege.[28] Allerdings nimmt das Gericht insofern eine Einschränkung vor, als es die Festlegung des Aufgabenkreises einer Behörde **qualitativ** versteht. Rein **quantitative** Vermehrungen bereits bestehender Aufgaben seien dagegen kein Eingriff in den den Ländern vorbehaltenen Bereich, sondern dadurch bedingt, dass den Ländern die Ausführung der Bundesgesetze gem. Art. 83 GG obliege.[29] 365

Diese Einschränkung ist **abzulehnen.** Sie erscheint schon mit der vom BVerfG vertretenen Auffassung unvereinbar, dass Art. 84 Abs. 1 und Art. 85 Abs. 1 GG die Verwaltungszuständigkeit der Länder absichern und verhindern sollten, dass Verschiebungen im bundesstaatlichen Gefüge trotz Bedenken des Bundesrates herbeigeführt werden.[30] »Quantitative« und »qualitative« Aufgabenvermehrungen berühren die Verwaltungskompetenz der Bundesländer gleichermaßen, abgesehen davon, dass sie sich in der Staatspraxis kaum sachgerecht abgrenzen lassen. Nach der Rechtsprechung des BVerfG beinhalten zudem schon marginale Bestimmungen über das »Wie« des Verwaltungshandelns eine Regelung des Verwaltungsverfahrens im Sinne des Art. 84 Abs. 1 GG.[31] Der Begriff des »Verwaltungsverfahrens« wird also extensiv ausgelegt. Eine solche, lediglich das Verwaltungshandeln leitende Regelung greift aber sehr viel weniger in den Hoheitsbereich der Länder ein als eine **Zuständigkeitszuweisung,** die organisatorische Konsequenzen hat. Vor diesem Hintergrund erweist sich die Rechtsprechung des BVerfG als widersprüchlich. Aus der weiten Auslegung des Begriffs »Verwaltungsverfahren« folgt notwendig eine extensive Interpretation auch der »Einrichtung der Behörden«.[32] 366

2. Zustimmungsbedürftigkeit von Änderungsgesetzen

Fall 32: Mit Gesetz vom 13.7.1977 (BGBl. I, S. 1229) wurde das Verfahren zur Anerkennung von Wehrdienstverweigerern geändert. Das bis dahin erforderliche Anerkennungsverfahren wurde im Wesentlichen durch eine Mitteilung des Wehrpflichtigen an die zuständige Behörde ersetzt. Der Bundesrat verweigerte der Änderung des Wehrpflichtgesetzes, das seinerzeit mit Zustimmung des Bundesrats ergangen war, die Zustimmung. 367

(nach BVerfGE 48, 127)

Die eben behandelte Frage der Zustimmungsbedürftigkeit von Bundesgesetzen gestaltet sich noch schwieriger, wenn ursprünglich zustimmungsbedürftige Gesetze **geändert** werden. Die Änderungen sind ihrerseits **Gesetze** (»Gesetz zur Änderung des Gesetzes«) und werfen nicht selten das Problem auf, ob sie ebenfalls **zustimmungsbedürftig** sind. Vorweg ist zu bedenken, dass die Zustimmung des Bundesrates dem **ganzen Gesetz** gilt, nicht nur den einzelnen Vorschriften, die die Zustim- 368

28 So BVerfGE 75, 108 (150).
29 So BVerfGE 75, 108 (150 f.).
30 Vgl. BVerfGE 75, 108 (150).
31 Vgl. BVerfGE 37, 363 (390 f.); 55, 274 (321 f.).
32 Vgl. *F. Kirchhof*, in: Maunz/Dürig, GG, Art. 84 Rn. 52; *G. Hermes*, in: Dreier (Hrsg.), GG, Bd. III, Art. 84 Rn. 34; für eine enge Auslegung des Begriffs »Einrichtung der Behörden« *S. Broß/K.-G. Mayer*, in: v. Münch/Kunig (Hrsg.), GG, Bd. 2, Art. 84 Rn. 9.

mungsbedürftigkeit begründet haben.[33] Dieser Grundsatz leuchtet ein, weil ein Gesetz nicht in einzelne Teile zerlegt werden kann, sondern eine **gesetzgebungstechnische Einheit** bildet. Der Bundesrat übernimmt mit der Zustimmung ein Stück Verantwortung für das gesamte Gesetz und kann die Zustimmung deshalb auch aus Gründen versagen, die nicht das Verhältnis von Bund und Ländern betreffen.[34]

369 Es läge nahe, aus dem Gesichtspunkt der **»Gesamtverantwortung«** auch jedes **Änderungsgesetz** zu einem zustimmungsbedürftigen Bundesgesetz seinerseits für zustimmungsbedürftig zu halten. Ein solcher Grundsatz hätte den Vorzug großer Klarheit. Er würde zu keiner unangemessenen Ausweitung der Bundesratskompetenzen führen, denn im Bereich der »Verwaltungsgesetze« ist es eine freie Entscheidung des Parlaments, ob Behördenorganisation und Verwaltungsverfahren geregelt werden oder eine solche Regelung den Ländern überlassen bleibt. Das BVerfG hat sich dem Grundsatz, dass jedes Änderungsgesetz zu Zustimmungsgesetzen *ipso iure* zustimmungsbedürftig sei, allerdings nicht angeschlossen und dies im wesentlichen mit der Erwägung begründet, der Bundesrat sei keine **»zweite Kammer«**, sondern solle nur die Länderinteressen vertreten, wo diese berührt seien.[35] Hierdurch ist eine Unsicherheit in der Abgrenzung von Einspruchs- und Zustimmungsgesetzen entstanden, die auch gegenwärtig noch anhält.

370 Einigkeit besteht darüber, dass ein Änderungsgesetz dann zustimmungsbedürftig ist, wenn es Vorschriften ändert, die die **Zustimmungsbedürftigkeit** ursprünglich **begründet** haben. Werden in einem Änderungsgesetz Vorschriften über das Verwaltungsverfahren oder die Behördeneinrichtung geändert, die nach Art. 84 Abs. 1 oder Art. 85 Abs. 1 GG das Gesetz ursprünglich zustimmungsbedürftig gemacht haben, so ist auch das Änderungsgesetz zustimmungsbedürftig.[36] Ebenso einleuchtend ist es, dass Änderungsgesetze zustimmungsbedürftig sind, wenn sie neue Vorschriften enthalten, die schon für sich die **Zustimmungsbedürftigkeit** auslösen.[37] Werden einem Gesetz z. B. Vorschriften über das Verwaltungsverfahren oder die Behördeneinrichtung hinzugefügt, so bedarf das Änderungsgesetz der Zustimmung des Bundesrates, ohne dass es darauf ankäme, ob das (geänderte) Gesetz ursprünglich ein Zustimmungs- oder ein Einspruchsgesetz gewesen ist.

371 Das BVerfG hat es jedoch nicht genügen lassen, jedes Änderungsgesetz – gewissermaßen isoliert – anhand der Vorschriften des Grundgesetzes auf seine Zustimmungsbedürftigkeit zu überprüfen. Es hält ein Änderungsgesetz auch dann für zustimmungsbedürftig, wenn es – ohne selbst zustimmungsbedürftige Vorschriften zu ändern oder zu enthalten – eine **»Systemverschiebung«** eines ursprünglich zustimmungsbedürftigen Gesetzes bewirke.[38] Diese Formel klingt zunächst schwieriger als sie ist. Das BVerfG will damit ausschließen, dass der Gesetzgeber einem ursprünglich zustimmungsbedürftigen Gesetz einen im Vergleich zu seiner Entstehung **entgegengesetzten Sinn** gibt, ohne dass der Bundesrat dem zustimmen müsste. Die Rechtsprechung nähert sich hier wieder dem Gedanken der gesetzgeberischen Mitverant-

33 Vgl. BVerfGE 8, 274 (294 f.).
34 Vgl. *J. Masing*, in: v. Mangoldt/Klein/Starck, GG, Bd. 2, Art. 77 Rn. 51.
35 Vgl. BVerfGE 37, 363 (380 f.).
36 Vgl. BVerfGE 37, 363 (382).
37 So BVerfGE 37, 363 (382).
38 Vgl. BVerfGE 48, 127 (180 f.).

wortung des Bundesrates, den das Gericht in früheren Entscheidungen von sich gewiesen hatte.[39] Der Gesichtspunkt der »Systemverschiebung« will überdies in die Systematik des Grundgesetzes nicht passen. Da die zustimmungsbedürftigen Gesetze im Grundgesetz erschöpfend aufgeführt sind, ist für die Kategorie der »Systemverschiebung« von vornherein kein Raum. Es wäre der Überlegung wert, ob man dem Gedanken der legislatorischen **Mitverantwortung** des Bundesrates nicht breiteren Raum geben und jedes Änderungsgesetz zu einem zustimmungsbedürftigen Gesetz *per se* für zustimmungsbedürftig halten sollte. Indes dürfte die Problematik nach der Novellierung des Art. 84 Abs. 1 GG und der hiermit verbundenen Reduzierung zustimmungsbedürftiger Gesetze an praktischer Relevanz verloren haben.

Die Wehrpflichtnovelle wurde im Ausgangsfall vom BVerfG für zustimmungsbedürftig gehalten, 372
weil sie dem Recht der Kriegsdienstverweigerung eine vollkommen neue Richtung gab (»Wehrdienstverweigerung per Postkarte«). In der Sache war diese Feststellung zutreffend, doch ist zu fragen, warum erst eine derartige »Systemverschiebung« die dem Bundesrat zugemessene Mitverantwortung für das Gesetz begründen soll.

Die vom BVerfG zur Zustimmungsbedürftigkeit von Änderungsgesetzen entwickel- 373
ten Grundsätze verlangen in der Praxis der Fallbearbeitung eine Prüfung auf **drei** verschiedenen **Stufen:**

- Zunächst ist zu fragen, ob das Änderungsgesetz selbst zustimmungsbedürftige 374
Vorschriften enthält – etwa solche über Verwaltungsverfahren oder Behördeneinrichtung. Ist dies der Fall, so ergibt sich schon aus diesem Gesichtspunkt die Zustimmungsbedürftigkeit; eine weitere Prüfung ist entbehrlich.
- Auf einer zweiten Stufe ist zu fragen, ob das Änderungsgesetz, ohne selbst die 375
Zustimmungsbedürftigkeit auszulösen, Vorschriften – etwa das Verwaltungsverfahren – betrifft, die die Zustimmungsbedürftigkeit des Gesetzes bei seinem Erlass begründet haben. Auch ein derartiges Änderungsgesetz ist nach der Rechtsprechung des BVerfG zustimmungsbedürftig.
- Auf einer dritten Stufe ist zu fragen, ob das Änderungsgesetz dem geänderten 376
Gesetz materiell eine andere Bedeutung gibt, also eine »Systemverschiebung« bewirkt, die von der ursprünglichen Bestimmung des Bundesrates als nicht gedeckt angesehen werden kann.

3. Aufspaltung von Gesetzen

Fall 33: Mit dem »Gesetz zur Beendigung der Diskriminierung gleichgeschlechtlicher Gemeinschaf- 377
ten: Lebenspartnerschaften« vom 16.2.2001 (BGBl. I, S. 266) sind die rechtlichen Voraussetzungen dafür geschaffen worden, dass Personen gleichen Geschlechts eine Lebenspartnerschaft eingehen können. Das Artikelgesetz bestimmt eine Vielzahl von Rechtsfolgen, die durch die Schließung einer Lebenspartnerschaft auf unterschiedlichen Gebieten eintreten sollen. Mit dem »Entwurf eines Gesetzes zur Ergänzung des Lebenspartnerschaftsgesetzes und anderer Gesetze« (Lebenspartnerschaftsgesetz-Ergänzungsgesetz – LPartGErgG), den die Bundesregierung beim Bundestag eingebracht hatte (BT-Drucks. 14/4545, S. 69 ff.), waren weitere Rechtsfolgen der Lebenspartnerschaft – insbesondere eine Ehegatten entsprechende steuerliche Begünstigung – vorgesehen, die zustimmungsbedürftig waren, vom Bundestag ebenfalls beschlossen wurden, mangels Zustimmung des Bundesrates aber nicht in Kraft getreten sind.

(BVerfGE 105, 313)

39 Vgl. BVerfGE 37, 363 (380).

378 Eine in der Staatspraxis vielfach angewandte Methode, den Einfluss des Bundesrates – und damit der Länder – auf das materielle Bundesrecht zu begrenzen, besteht darin, ein **Gesetz** in einen materiell-rechtlichen und einen verfahrensrechtlichen Teil **aufzuspalten.**[40] Da sich die Zustimmungsbedürftigkeit eines Gesetzes nicht aus seiner inhaltlichen Bedeutung oder politischen Relevanz, sondern aus dem Eingriff in die Organisationshoheit der Länder ergibt, wird in derartigen Fällen die politisch kontroverse Materie als Einspruchsgesetz, das Verfahrensgesetz als Zustimmungsgesetz ausgestaltet.

379 Im Beispielsfall ist in § 1 Abs. 1 S. 3 LPartG von »der zuständigen Behörde« die Rede. Da das Gesetz von den Landesbehörden ausgeführt wird (Art. 84 Abs. 1 GG), bleibt es den Bundesländern überlassen, die »zuständige Behörde« zu bestimmen, so dass das Gesetz aus diesem Grunde nicht zustimmungsbedürftig war. Nach dem Entwurf des »Lebenspartnerschaftsgesetz-Ergänzungsgesetzes« (Art. 1 Nr. 1 LPartGErgG) wurde demgegenüber der *Standesbeamte* für zuständig erklärt und dessen Verfahren geregelt, was die Zustimmungsbedürftigkeit nach Art. 84 Abs. 1 GG a. F. auslöste.

380 **Verfassungsrechtlich** bestehen gegen ein derartiges Vorgehen grundsätzlich keine Bedenken, weil es Sache des Gesetzgebers ist, welche Regelungstechnik er wählt. **Verfassungspolitisch** mag es bedenklich sein, durch derartige Kunstgriffe die Kompetenzen des Bundesrates zu umgehen. In der politischen Praxis wird der Bundesrat zu bedenken haben, ob er dem verfahrensrechtlichen Torso eines Gesetzes seine Zustimmung zu geben bereit ist.

381 Der Ausgangsfall unterscheidet sich von der in der Staatspraxis üblichen Trennung von materiellen und Verfahrensvorschriften jedoch darin, dass die (nicht erlassenen) zustimmungsbedürftigen Vorschriften erst die vollständige Gleichstellung der Lebenspartnerschaft mit der Ehe – insbesondere in steuerrechtlicher Hinsicht – vornahmen und die Regelung durch das LPartG deshalb auch *materiell* torsohaft blieb. Das BVerfG hat demgegenüber betont, dass die Aufteilung einer Gesetzesmaterie aus dem Recht des Bundestages zur Gesetzgebung folge und hierdurch die Mitwirkung der Länder an der Gesetzgebung des Bundes nicht in unzulässiger Weise eingeschränkt sei.[41] Nach der Novellierung des Art. 84 Abs. 1 GG wäre der Bundesgesetzgeber in der Lage, für die Schließung einer Lebenspartnerschaft die Zuständigkeit des *Standesbeamten* zu begründen, ohne dass das Gesetz hierdurch zustimmungsbedürftig geworden wäre. Allerdings könnten die Bundesländer von einer solchen Bestimmung *abweichen* und eine andere Behördenzuständigkeit vorsehen (Art. 84 Abs. 1 S. 2 GG). Würde die Abweichungsmöglichkeit ausgeschlossen, wäre das Gesetz wiederum zustimmungspflichtig (Art. 84 Abs. 1 S. 6 GG). Voraussetzung hierfür wäre jedoch ein »besonderes Bedürfnis nach bundeseinheitlicher Regelung« (Art. 84 Abs. 1 S. 5 GG).

4. Vermittlungsverfahren (Art. 77 Abs. 2 GG)

a) Vermittlungsverfahren bei Einspruchsgesetzen

382 Einspruchsgesetze unterscheiden sich von Zustimmungsgesetzen dadurch, dass zu ihrem Zustandekommen die ausdrückliche Zustimmung des Bundesrates **nicht erforderlich** ist (Art. 78 GG). Der **Einspruch** setzt voraus, dass das **Vermittlungsverfahren** nach Art. 77 Abs. 2 GG abgeschlossen worden ist (Art. 77 Abs. 3 S. 1 GG: »Wenn das Verfahren nach Absatz 2 beendigt ist«). Der Bundesrat steht deshalb

40 Vgl. BVerfGE 37, 363 (382 f.); *C. Pestalozza*, ZRP 1976, S. 153.
41 So BVerfGE 105, 313 (338).

bei einem Einspruchsgesetz zunächst vor der Alternative, das Gesetz entweder passieren zu lassen oder den Vermittlungsausschuss anzurufen.

Der Vermittlungsausschuss setzt sich aus je 16 Mitgliedern des Bundestages und des Bundesrates zusammen, die allesamt nicht weisungsgebunden sind. Seine Arbeit vollzieht sich nach der »Gemeinsamen Geschäftsordnung des Bundestages und des Bundesrates für den Ausschuß nach Art. 77 des Grundgesetzes (Vermittlungsausschuß)« vom 19.4.1951.[42] 383

Ziel des Vermittlungsverfahrens ist es, einen für Bundestag und Bundesrat gleichermaßen tragbaren Vorschlag zu erarbeiten. Der durch Art. 77 Abs. 2 GG institutionalisierte **Zwang** zum **Kompromiss** hat sich in der Staatspraxis als äußerst hilfreich erwiesen. In der Abgeschiedenheit des Konferenzzimmers können Einigungen zustande kommen, die im Plenum der gesetzgebenden Körperschaften undenkbar wären. Dem Vermittlungsausschuss wird deshalb allenthalben bescheinigt, eine erfolgreiche Einrichtung zu sein.[43] 384

Im Ausgangsfall haben Anträge auf Anrufung des Vermittlungsausschusses im Bundesrat nicht die erforderliche Mehrheit von 35 Stimmen gefunden. Wären die entsprechenden Anträge erfolgreich gewesen, hätte vor Inkrafttreten des Gesetzes das Vermittlungsverfahren nach Art. 77 Abs. 2 GG stattfinden müssen. 385

Naturgemäß lässt sich eine Einigung auch im Vermittlungsausschuss nicht erzwingen, so dass das Verfahren nach Art. 77 Abs. 2 GG ohne Beschluss, dem ja Mitglieder beider Organe zustimmen müssten, zu Ende gehen kann. In diesem Fall ist die Beratungsgrundlage für den Bundesrat **unverändert,** und er kann, da ja »das Verfahren nach Absatz 2« beendigt ist, innerhalb von **zwei Wochen** Einspruch einlegen. Sofern der Vermittlungsausschuss dagegen einen **Einigungsvorschlag** beschließt, bedarf es einer erneuten Beschlussfassung des Bundestages nur, wenn er auf **Änderung** oder **Aufhebung** des Gesetzesbeschlusses lautet (Art. 77 Abs. 2 S. 5 GG, § 10 Abs. 1 GO-VermA). Wird dagegen der Gesetzesbeschluss durch den Vermittlungsausschuss ohne Änderung bestätigt, braucht der Bundestag nicht erneut zu beschließen (§ 11 GO-VermA). Regelmäßig wird allerdings der Einigungsvorschlag des Vermittlungsausschusses auch **Änderungen** des Gesetzesbeschlusses enthalten und **eine neue Beschlussfassung** des Bundestages notwendig machen (§ 10 Abs. 2 und 3 GO-VermA). 386

Nach Abschluss des Vermittlungsverfahrens beschließt der Bundesrat, ob er gegen den Beschluss des Bundestages Einspruch einlegt (Art. 77 Abs. 3 S. 1 GG). Die Einspruchsfrist beginnt entweder mit dem erneuten Beschluss des Bundestages oder mit der Mitteilung, dass das Vermittlungsverfahren abgeschlossen ist (Art. 77 Abs. 3 S. 2 GG). Weder der Bundestag noch der Bundesrat werden also durch das Vermittlungsverfahren zu abweichender Beschlussfassung verpflichtet; das Vermittlungsverfahren bietet nur den institutionellen Rahmen für die Suche nach einem Kompromiss. 387

42 *Sartorius* I Nr. 36.
43 Vgl. *R. Stettner,* in: Dreier (Hrsg.), GG, Bd. II, Art. 77 Rn. 15 m. w. N.

b) Vermittlungsverfahren bei Zustimmungsgesetzen

388 **Zustimmungsgesetze** unterscheiden sich von Einspruchsgesetzen dadurch, dass die **Mitwirkung** des **Bundesrates** der des Bundestages **gleichgeordnet** ist. Der Gleichordnung von Bundestag und Bundesrat entspricht es, dass das Vermittlungsverfahren bei Zustimmungsgesetzen nicht obligatorisch, sondern **fakultativ** ist (Rückschluss aus Art. 77 Abs. 3 S. 1 GG). Der Bundesrat kann deshalb, wenn er Einwände gegen den Gesetzesbeschluss hat, wahlweise den Vermittlungsausschuss **anrufen** oder dem Gesetz die Zustimmung **versagen.** Verweigert der Bundesrat die Zustimmung, so ist das Gesetz nicht schon gescheitert; vielmehr haben der **Bundestag** und die **Bundesregierung** die Möglichkeit, ihrerseits den Vermittlungsausschuss anzurufen und das Vermittlungsverfahren in Gang zu setzen (Art. 77 Abs. 2 S. 4 GG). Der Verlauf ist der gleiche wie bei Einspruchsgesetzen, d. h. ein Änderungsvorschlag muss auch vom **Bundestag** erneut beraten und beschlossen werden, während der Bundesrat auch über die unveränderte Vorlage Beschluss fassen muss.

389 Der Deutsche Bundestag hat in seiner 141. Sitzung am 8.12.2000 den Antrag der Fraktionen SPD und Bündnis 90/Die Grünen (BT-Drucks. 14/4878) angenommen und den Vermittlungsausschuss zum Lebenspartnerschaftsergänzungsgesetz angerufen (BR-Drucks. 838/00).

5. Zustandekommen von Bundesgesetzen (Art. 78 GG)

390 Das Zustandekommen von Einspruchsgesetzen wird in Art. 78 GG vorwiegend negativ bestimmt, was wegen der besonderen Beteiligungsform des Bundesrates folgerichtig ist. Ein **Einspruchsgesetz** kommt zustande, wenn der Bundesrat innerhalb der Drei-Wochen-Frist des Art. 77 Abs. 2 S. 1 GG **keinen Antrag** auf »Einberufung« des Vermittlungsausschusses stellt. Nach Ablauf des Vermittlungsverfahrens kommt ein Einspruchsgesetz zustande, wenn der Bundesrat darauf **verzichtet,** gem. Art. 77 Abs. 3 GG Einspruch einzulegen. Legt der Bundesrat dagegen fristgerecht Einspruch ein, so ist das Gesetz gleichwohl noch nicht endgültig gescheitert, weil der Bundestag in der Lage ist, den **Einspruch zurückzuweisen** (Art. 77 Abs. 4 GG).

391 Die Zurückweisung des Einspruchs bedarf einer **qualifizierten Mehrheit.** In jedem Fall ist die Mehrheit der Mitglieder des Bundestages (Art. 121 GG) – die absolute Mehrheit – erforderlich, um einen vom Bundesrat eingelegten Einspruch zurückzuweisen. Die Formulierung des Art. 77 Abs. 4 S. 1 GG könnte darauf hindeuten, dass eine Beschlussfassung des Bundestages auch mit einfacher Mehrheit in Betracht kommt. Da nach Art. 52 Abs. 3 S. 1 GG der Bundesrat seine Beschlüsse jedoch stets »mit mindestens der Mehrheit seiner Stimmen«, d. h. seiner (gesetzlichen) Mitgliederzahl fasst, ist dieser Fall ausgeschlossen. Der Bundestag muss also in jedem Fall die **Mehrheit** seiner **gesetzlichen Mitgliederzahl** aufbieten, um einen Einspruch des Bundesrates zurückzuweisen.[44]

392 Beschließt der Bundesrat den Einspruch mit einer Mehrheit von zwei Dritteln seiner Stimmen (Mitgliederzahl), so muss der Bundestag eine noch größere Zahl von Mitgliedern aufbieten, um den Einspruch zurückzuweisen. Art. 77 Abs. 4 S. 2 GG

44 Vgl. *J. Masing,* in: v. Mangoldt/Klein/Starck, GG, Bd. 2, Art. 77, Rn. 103; *T. Mann,* in: Sachs (Hrsg.), GG, Art. 77 Rn. 39.

schreibt hierfür eine »Mehrheit von zwei Dritteln« vor, die sich freilich auf die anwesenden Abgeordneten bezieht, die absolute Mehrheit aber nicht unterschreiten darf.[45]

Hätte der Bundesrat im Ausgangsfall zunächst den Vermittlungsausschuss angerufen, so hätte er nach ergebnislosem Vermittlungsverfahren gegen das LPartG Einspruch einlegen können. Dieser Einspruch hätte von der Mehrheit der Mitglieder des Bundestages (Art. 121 GG) zurückgewiesen werden können. 393

Zustimmungsgesetze kommen dagegen zustande, wenn der **Bundesrat** ihnen (ausdrücklich) **zustimmt.** Da die Beteiligung der gesetzgebenden Körperschaften bei diesem Gesetzestypus gleichgeordnet ist, reicht ein konkludentes Verhalten nicht aus. Der Bundesrat muss vielmehr den ihm vorgelegten Gesetzesbeschluss des Bundestages ausdrücklich **billigen.** Umdeutungen eines unterlassenen Einspruchs in eine Zustimmung, wie sie das BVerfG gelegentlich vorgenommen hat,[46] sind unzulässig.[47] 394

In der Staatspraxis kommt es vor, dass die Rechtsauffassungen über den Gesetzestypus zwischen Bundestag und Bundesrat kontrovers sind. Regelmäßig wird der Bundestag dazu neigen, ein Gesetz als **Einspruchsgesetz** zu qualifizieren, während der Bundesrat ein Gesetz eher für zustimmungsbedürftig halten wird. Verweigert der Bundesrat in derartigen Fällen dem Gesetz die Zustimmung, läuft er Gefahr, dass der Bundespräsident das Gesetz gleichwohl ausfertigt, wenn dieser sich der Rechtsauffassung des Bundestages anschließt. Der ablehnende Beschluss nämlich kann nicht in einen **Einspruch** umgedeutet werden, weil diesem das Vermittlungsverfahren vorausgehen muss.[48] Für die Anrufung des Vermittlungsausschusses wiederum dürfte regelmäßig die Frist nach Art. 77 Abs. 2 GG verstrichen sein. In derart kontroversen Fällen kann es auch für den Bundesrat ratsam sein, den Vermittlungsausschuss anzurufen, wenn er ein Gesetz für zustimmungsbedürftig hält. Dem Bundesrat als solchem sowie den einzelnen Bundesländern verbleibt in jedem Fall die Möglichkeit, eine Klärung der Streitfrage vor dem BVerfG herbeizuführen.[49] 395

III. Beteiligung des Bundesrates an Regierung und Verwaltung des Bundes

1. Zustimmungsbedürftigkeit von Rechtsverordnungen (Art. 80 Abs. 2 GG)

Fall 34: § 54 Abs. 1 AtomG[50] regelt die Zuständigkeit für den Erlass von Rechtsverordnungen aufgrund der Ermächtigungen des Atomgesetzes. Die Rechtsverordnungen bedürfen der Zustimmung des Bundesrates (§ 54 Abs. 2 S. 1 AtomG). Ausgenommen hiervon sind Rechtsverordnungen, durch die die physikalischen, technischen und strahlenbiologischen Werte durch andere Werte ersetzt werden (§ 54 Abs. 2 S. 2 AtomG). Könnte der Bundesgesetzgeber weitere Rechtsverordnungen von der Zustimmungsbedürftigkeit ausnehmen? 396

45 Vgl. *R. Stettner*, in: Dreier (Hrsg.), GG, Bd. II, Art. 77 Rn. 31; *J. Masing*, in: v. Mangoldt/Klein/Starck, GG, Bd. 2, Art. 77 Rn. 103.
46 Vgl. BVerfGE 28, 66 (80 ff.).
47 *K. Stern*, Staatsrecht II, S. 629; *Jarass/Pieroth*, GG, Art. 78 Rn. 1.
48 Vgl. *J. Masing*, in: v. Mangoldt/Klein/Starck, GG, Bd. 2, Art. 77 Rn. 105.
49 Vgl. *K. Stern*, Staatsrecht II, S. 630.
50 Gesetz über die friedliche Verwendung der Kernenergie und den Schutz gegen ihre Gefahren (AtomG) i. d. F. v. 15.7.1985 (BGBl. I, S. 1565) = *Sartorius* I Nr. 835 = *Nomos ÖffR* Nr. 51.

397 Die Kompetenzen des Bundesrates sind stets aus einer latenten bundesstaatlichen Spannung heraus zu erklären. Da die beiden staatlichen Ebenen – Bund und Länder – nicht unverbunden nebeneinander stehen, sondern vielfach miteinander verwoben sind, bedarf es verfahrensmäßiger Vorkehrungen, um die Dominanz einer Seite zu verhindern.[51] Die Zustimmungsbedürftigkeit von Bundesgesetzen stellt eine solche Vorkehrung dar, wäre aber wirkungslos, hätte der Bundesrat nicht auch Einfluss auf die **untergesetzliche Rechtsetzung.** Verordnungen determinieren das praktische Verwaltungshandeln in noch höherem Maße als förmliche Gesetze, so dass es widersinnig wäre, wenn diese der Zustimmung des Bundesrates bedürften, jene aber nicht.

398 Die »**Zustimmungsverordnungen**« sind in drei Gruppen zu gliedern:

- Der Zustimmung des Bundesrates bedürfen die Rechtsverordnungen, die aufgrund eines **zustimmungsbedürftigen Gesetzes** erlassen werden (Art. 80 Abs. 2, 2. Alt. GG). Das Zustimmungserfordernis rechtfertigt sich bei diesen Verordnungen aus dem Umstand, dass andernfalls den Ländern der Einfluss dort versagt wäre, wo sie nach der grundgesetzlichen Systematik (zustimmungsbedürftiges Gesetz!) in besonderer Weise betroffen sind. Rechtsverordnungen aufgrund eines solchen Gesetzes bedürfen der Zustimmung auch dann, wenn die Verordnungsermächtigung isoliert betrachtet **nicht** zustimmungsbedürftig gewesen wäre.[52]
- Zustimmungsbedürftig sind weiterhin Verordnungen aufgrund von Gesetzen, die von den Ländern als **eigene Angelegenheit** oder im **Auftrag des Bundes** ausgeführt werden (Art. 80 Abs. 2, 3. Alt. GG). Auch hier ist die *ratio* leicht zu begreifen: Wenn die Länder ihren Verwaltungsapparat für die Ausführung von Bundesrecht zur Verfügung stellen, so soll der Bund das Verwaltungshandeln nur mit Zustimmung der Länder (über den Bundesrat) reglementieren dürfen.

399 Die Zustimmungsbedürftigkeit beider Gruppen von Verordnungen findet ihren Grund im föderativen Aufbau der Bundesrepublik; sie werden deshalb auch »**Föderativverordnungen**« genannt. Weniger leicht ist die Zustimmungsbedürftigkeit der sog. »**Verkehrsverordnungen**« zu begründen:

- Rechtsverordnungen über die Eisenbahnen des Bundes und das Postwesen und die Telekommunikation bedürfen ebenfalls der Zustimmung des Bundesrates (Art. 80 Abs. 2 1. Alt. GG). Die Zustimmungsbedürftigkeit dieser Rechtsverordnungen lässt sich nur historisch erklären, denn bei Post und Bahn handelte es sich vor ihrer Privatisierung (Art. 143 a, b GG) um bundeseigene Verwaltung.[53]

400 Die Zustimmungsverordnungen stehen unter dem Vorbehalt des Gesetzes, die Zustimmungsbedürftigkeit kann also durch Bundesgesetz **ausgeschlossen** werden (»... vorbehaltlich anderweitiger bundesgesetzlicher Regelung ...«). Der Wortlaut des Art. 80 Abs. 2 S. 1 GG erweckt freilich den Eindruck, als sei ein Ausschluss der Zustimmungsbedürftigkeit durch Einspruchsgesetz möglich; denn die Zustimmungsbedürftigkeit von Gesetzen muss im Grundgesetz ausdrücklich bestimmt sein.[54] Das BVerfG hat in der auf ein Einspruchsgesetz hindeutenden Formulierung des Art. 80

51 Vgl. *H. Maurer,* Staatsrecht, § 16 Rn. 3; *H. Bauer,* in: Dreier (Hrsg.), GG, Bd. II, Art. 50 Rn. 15 f.
52 Vgl. BVerfGE 24, 184 (194 f.).
53 Vgl. *M. Brenner,* in: v. Mangoldt/Klein/Starck, GG, Bd. 2, Art. 80 Rn. 83 m. w. N.
54 Vgl. oben Rn. 353.

Abs. 2 S. 1 GG ein **Redaktionsversehen** zu entdecken geglaubt und entschieden, dass die Zustimmungsbedürftigkeit von Verkehrsverordnungen nur durch Zustimmungsgesetz ausgeschlossen werden könne.[55]

Im Ausgangsfall liegt eine anderweitige bundesgesetzliche Regelung i. S. v. Art. 80 Abs. 1 GG vor, da das Zustimmungserfordernis für weitere Rechtsverordnungen ausgeschlossen würde. Der Bundesrat müsste dem Gesetz deshalb zustimmen, obwohl nicht jede Änderung des (ursprünglich zustimmungsbedürftigen) Atomgesetzes zustimmungsbedürftig ist. 401

2. Zustimmungsbedürftigkeit von Verwaltungsvorschriften (Art. 84 Abs. 2, 85 Abs. 2 S. 1 GG)

Fall 35: Um die Ahndung kleinerer Verkehrsordnungswidrigkeiten zu vereinfachen und zu vereinheitlichen, erließ der Bundesminister für Verkehr im Jahre 1975 einen »Verwarnungsgeld-Katalog«, der als »allgemeine Verwaltungsvorschrift« erging und im Bundesanzeiger[56] bekannt gemacht wurde. 402

Wenn die Länder Bundesrecht ausführen, besteht ein hohes Interesse des Bundes daran, die Gleichmäßigkeit der Rechtsanwendung zu garantieren. Das rechtstechnische Mittel hierzu sind die **»allgemeinen Verwaltungsvorschriften«**, die sich an die gesetzesanwendenden Behörden wenden und den von Gesetz oder Verordnung belassenen Interpretationsspielraum ausfüllen. Das Grundgesetz ermächtigt deshalb in Art. 84 Abs. 2 und Art. 85 Abs. 2 S. 1 GG die **Bundesregierung,** allgemeine Verwaltungsvorschriften zu erlassen. 403

Mit derartigen Verwaltungsvorschriften greift der Bund notwendig in die Hoheitsgewalt der Länder ein. Ein solcher Eingriff verlangt – wie bei Gesetz und Rechtsverordnung – nach Kompensation. Art. 84 Abs. 2, 85 Abs. 2 S. 1 GG treffen deshalb in zweifacher Weise Vorkehrungen zum Schutz der Eigenständigkeit der Landesverwaltungen: Die allgemeinen Verwaltungsvorschriften des Bundes bedürfen der **Zustimmung** des **Bundesrates,** und ihr Erlass ist ihrer Bedeutung wegen der **Bundesregierung** vorbehalten. Entsprechend der Legaldefinition in Art. 62 GG ist »Bundesregierung« i. S. v. Art. 84 Abs. 2, 85 Abs. 2 S. 1 GG das aus dem Bundeskanzler und den Bundesministern bestehende Kollegialorgan, nicht jedoch ein einzelner Minister.[57] Eine Befugnis zum Erlass von Verwaltungsvorschriften haben die Bundesminister deshalb nur für ihren eigenen Geschäftsbereich, nämlich für die ihnen nachgeordneten (Bundes-)Behörden. Die Minister sind demgegenüber nicht befugt, allgemeine Verwaltungsvorschriften für die Landesbehörden zu erlassen.[58] 404

Unter Aufgabe seiner früheren Rechtsprechung[59] vertritt das BVerfG nunmehr die Ansicht, dass ein Bundesminister auch **nicht** durch Bundesgesetz zum Erlass allgemeiner Verwaltungsvorschriften für Landesbehörden **ermächtigt** werden kann.[60] 405

55 So BVerfGE 28, 66 (77 f.).
56 BAnz 1975, Nr. 109 = VkBl. 1975, S. 342.
57 Vgl. BVerfGE 26, 338 (395); 100, 249 (259).
58 Vgl. *G. Hermes*, in: Dreier (Hrsg.), GG, Bd. III, Art. 84 Rn. 82.
59 So BVerfGE 26, 338 (399).
60 Vgl. BVerfGE 100, 249 (261 f.).

Der (Bundes-)Gesetzgeber sei nicht frei, abweichend von der grundgesetzlichen Ausgestaltung des föderativen Prinzips einen anderen (als den vorgesehenen) Ermächtigungsadressaten auszuwählen und dafür die Zustimmung des Bundesrates einzuholen.[61] Verwaltungsvorschriften für den Vollzug der Bundesgesetze durch die Länder als eigene **Angelegenheit** (Art. 84 Abs. 2 GG) oder im **Auftrag des Bundes** (Art. 85 Abs. 2 S. 1 GG) können deshalb ausschließlich von der Bundesregierung als **Kollegium** mit Zustimmung des Bundesrates erlassen werden.

406 Der Erlass des »Verwarnungsgeldkatalogs« wäre dem Bundesminister für Verkehr nach der neueren Rechtsprechung des BVerfG nicht mehr möglich. Der (Bundes-)Gesetzgeber hat der Auffassung des BVerfG dadurch Rechnung getragen, dass die Ermächtigung des Bundesministers für Verkehr, mit Zustimmung des Bundesrates einen »Verwarnungsgeld-Katalog« als allgemeine Verwaltungsvorschrift zu erlassen (§ 27 StVG a. F.), gestrichen worden ist.[62] § 26 a Abs. 1 StVG enthält nunmehr eine Ermächtigung des Bundesministers für Verkehr, Bau- und Wohnungswesen, Vorschriften über die Erteilung einer **Verwarnung** wegen einer Ordnungswidrigkeit nach § 24 StVG durch **Rechtsverordnung** (mit Zustimmung des Bundesrates) zu erlassen. Mit der Verordnung, die am 1.1.2002 in Kraft getreten ist, sind der Verwarnungsgeldkatalog und der Bußgeldkatalog, der schon bislang als Verordnung ergangen war,[63] zusammengefasst worden.

IV. Mitwirkung des Bundesrates in Angelegenheiten der Europäischen Union

407 Die zunehmenden Rechtsetzungskompetenzen der Europäischen Union und die Zuständigkeit des Rates für Rechtsetzungsakte hätten innerstaatlich eine **Kompetenzeinbuße** des Bundestages und – über den Bundesrat – der Bundesländer zur Folge. Durch Art. 23 Abs. 4–6 GG soll einer integrationsbedingten Aushöhlung des Föderalismus vorgebeugt werden.[64]

408 Grundsätzlich ist der Bundesrat an der **Willensbildung** des **Bundes** zu beteiligen, soweit er an einer entsprechenden innerstaatlichen Maßnahme mitzuwirken hätte oder soweit die Länder innerstaatlich zuständig wären (Art. 23 Abs. 4 GG). Die Art der Mitwirkung richtet sich danach, in welchem Umfang die Interessen der Länder berührt bzw. ihre Gesetzgebungsbefugnisse betroffen sind. Soweit der **Bund** die Gesetzgebungszuständigkeit besitzt, wird die **Stellungnahme** des Bundesrates **berücksichtigt** (Art. 23 Abs. 5 S. 1 GG). Wenn im Schwerpunkt Gesetzgebungsbefugnisse der **Länder**, die Einrichtung ihrer Behörden oder ihre Verwaltungsverfahren betroffen sind, ist die Auffassung des Bundesrates maßgeblich zu berücksichtigen (Art. 23 Abs. 5 S. 2 GG). Sind im Schwerpunkt ausschließliche Gesetzgebungsbefugnisse der Länder auf den Gebieten der schulischen Bildung, der Kultur oder des Rundfunks betroffen, wird die Wahrnehmung der Rechte der Bundesrepublik Deutschland als Mitgliedstaat der Europäischen Union auf einen vom Bundesrat benannten **Vertreter** der **Länder** übertragen (Art. 23 Abs. 6 S. 1 GG). Das Nähere zu den in Art. 23 Abs. 4–6 GG genannten Mitwirkungsakten regelt ein Gesetz, das der Zustimmung des Bundesrates bedarf (Art. 23 Abs. 7 GG).

61 So BVerfGE 100, 249 (261).

62 Gesetz zur Änderung des Straßenverkehrsgesetzes und anderer straßenverkehrsrechtlicher Vorschriften (StVRÄndG) v. 19.3.2001 (BGBl. I, S. 386).

63 Vgl. BGBl. I 1989, S. 1305.

64 Vgl. *H. Maurer*, Staatsrecht, § 16 Rn. 28, § 4 Rn. 33.

Mit Art. 23 Abs. 4–6 GG ist der Versuch unternommen worden, die innerstaatliche Kompetenzordnung auf die Rechtsetzungsakte der **Europäischen Union** zu projizieren und hieraus unterschiedliche Mitwirkungsformen des Bundesrates abzuleiten. Es bleibt abzuwarten, ob die für den Föderalismus abträglichen Folgen der zunehmenden europäischen Integration durch die Mitwirkungsbefugnisse nach Art. 23 GG aufgefangen werden können und sich das in Ausführung des Art. 23 Abs. 7 GG ergangene Gesetz bewährt.[65] **409**

65 Vgl. Gesetz über die Zusammenarbeit von Bund und Länder in Angelegenheiten der »Europäischen Union« vom 12.3.1993 (BGBl. I, S. 313) und die Bekanntmachung über das Inkrafttreten des Gesetzes vom 25.10.1993 (BGBl. I, S. 1780).

V. Übersichten: Verfahren der Bundesgesetzgebung II (Beteiligung des Bundesrates)

1. Einspruchsgesetz

410

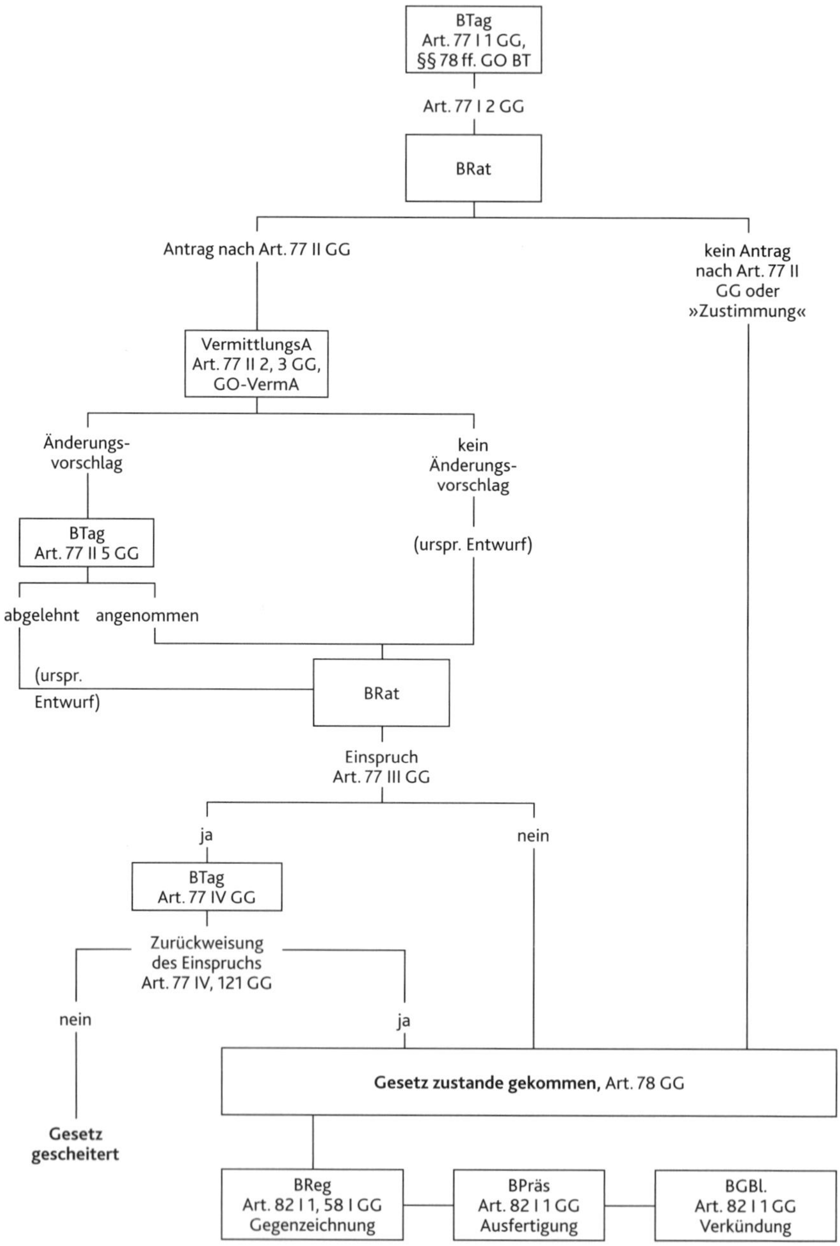

2. Zustimmungsgesetz

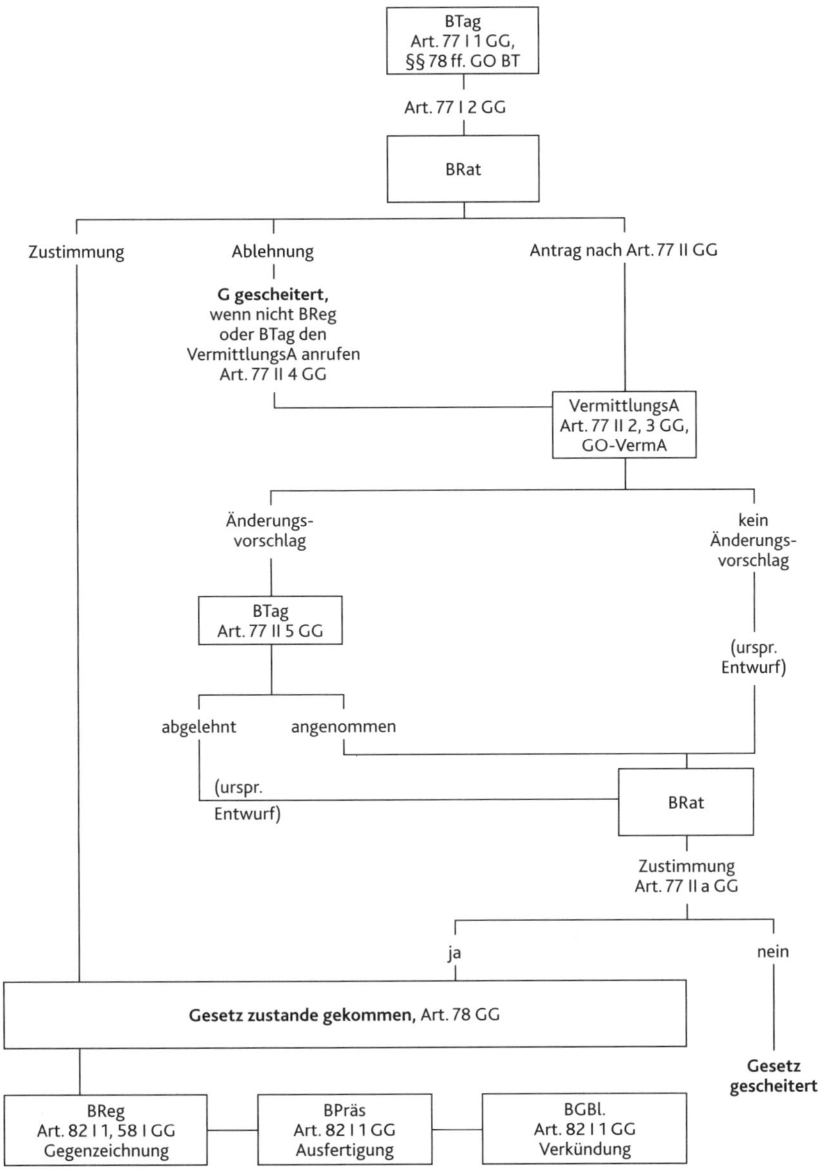 411

VI. Zum Vergleich: Die Europäische Union

Da die Europäische Union kein Bundesstaat, sondern ein **Staatenverbund** ist, fehlt 412 ihr das Föderativorgan. Der Zusammensetzung nach ist mit einem solchen am ehesten der **Rat** vergleichbar, der aus je einem Vertreter jedes Mitgliedstaates im Ministerrang besteht (Art. 16 Abs. 2 EUV). Der Rat hat umfangreiche Kompetenzen, ist insbesondere (gemeinsam mit dem Europäischen Parlament) Rechtsetzungsorgan für das sekundäre Unionsrecht (Art. 16 Abs. 1 EUV) und stellt (zusammen mit dem Europäischen Parlament) den Haushalt auf (Art. 314 AEUV). Gegenüber der Kommission und dem Europäischen Parlament kommen ihm Kontrollbefugnisse zu.[66]

413 Denkbar ist, dass sich der Rat im Zuge der Verwirklichung eines vereinten Europas, wie sie durch Art. 23 Abs. 1 S. 1 GG als Staatsziel vorgegeben ist, von einem politischen **Führungsorgan** zu einem **Föderativorgan** entwickelt. Voraussetzung hierfür wäre eine weitere Kompetenzverlagerung auf das Europäische Parlament und die Kommission.

414 Nicht mit dem **Rat** zu verwechseln ist der **Europäische Rat,** der aus den Staats- und Regierungschefs der Mitgliedstaaten und den Präsidenten von Kommission und Europäischem Rat besteht (Art. 15 Abs. 2 S. 1 EUV). Der Europäische Rat gibt der Union die für ihre Entwicklung erforderlichen Impulse und legt die allgemeinen politischen Zielvorstellungen und Prioritäten hierfür fest (Art. 15 Abs. 1 S. 1 EUV). Während früher umstritten war, ob dem Europäischen Rat überhaupt Organqualität – für die Europäische Union – zukam,[67] ist er durch den Vertrag von Lissabon explizit den Organen der Union zugeordnet worden (Art. 13 Abs. 1 EUV).

VII. Rechtsprechung

415 **BVerfGE** 8, 274 (Zustimmungsgesetz: Preisgesetz); **E** 26, 338 (Zustimmung zu Verwaltungsvorschriften); **E** 28, 66 (Zustimmungsgesetz: Postverwaltungsgesetz); **E** 37, 363 (Änderungsgesetz zu Zustimmungsgesetzen: Rentenversicherungs-Änderungsgesetz); **E** 48, 127 (Änderungsgesetz zu Zustimmungsgesetzen: Wehrpflichtgesetz); **E** 55, 274 (Zustimmungsgesetz: Ausbildungsplatzförderungsgesetz); **E** 75, 108 (Künstlersozialversicherungsgesetz); **E** 105, 313 (Lebenspartnerschaftsgesetz); **E** 106, 310 (Gespaltenes Votum im Bundesrat – Zuwanderungsgesetz); **E** 112, 118 (Sitzverteilung im Vermittlungsausschuss); **E** 120, 56 (Grenzen der Kompetenz des Vermittlungsausschusses); **E** 126, 77 (Luftsicherheitsgesetz).

VIII. Literatur

416 *M. Antoni,* Zustimmungsvorbehalte des Bundesrates zu Rechtsetzungsakten des Bundes – Die Zustimmungsbedürftigkeit von Bundesgesetzen, AöR 113 (1988), S. 329; *F. Becker,* Die uneinheitliche Stimmabgabe im Bundesrat. Zur Auslegung von Art. 51 III 2 GG, NVwZ 2002, S. 569; *W. Erbguth,* Bundesstaatliche Kompetenzverteilung im Bereich der Gesetzgebung, DVBl. 1988, S. 317; *R. Gröschner,* Das Zuwanderungsgesetz im Bundesrat, JZ 2002, S. 621; *T. Hebeler,* Verfassungsrechtliche Stellung und Funktion des Bundesrates, JA 2003, S. 522; *P. M. Huber/D. Fröhlich,* Die Kompetenz des Vermittlungsausschusses und ihre Grenzen, DÖV 2005, S. 322; *J. Ipsen,* Gespaltenes Votum bei Abstimmungen im Bundesrat (Art. 51 Abs. 3 S. 2 GG), DVBl. 2002, S. 653; *H. H. Klein,* Der Bundesrat der Bundesrepublik Deutschland – Die »Zweite Kammer«, AöR 108 (1983), S. 329; *T. Koch,* Der Erlaß von Verwaltungsvorschriften nach Art. 84 Abs. 2, 85 Abs. 2 S. 1 GG, Jura 2000, S. 179; *H. Laufer/U. Muench,* Das föderative System der Bundesrepublik Deutschland, 1998; *C. Moench/M. Ruttloff,* Zur Zustimmungspflicht des Bundesrates bei materiell-rechtlichen Änderungsgesetzen, DVBl. 2010, S. 865; *M. Nolte/C. Tams,* Das Gesetzgebungsverfahren nach dem Grund-

66 Vgl. *S. Hobe,* Europarecht, § 8 Rn. 148.
67 Vgl. *R. Streinz,* Europarecht, Rn. 284 ff.

gesetz, Jura 2000, S. 158; *G.-B. Oschatz/H. Risse,* Bemerkungen zum Gesetzesinitiativrecht des Bundesrates, ZG 1989, S. 316; *F. Ossenbühl,* Die Zustimmung des Bundesrates beim Erlaß von Bundesrecht, AöR 99 (1974), S. 369; *C. Pestalozza,* Das Vetorecht des Bundesrates – BVerfGE 37, 363, JuS 1975, S. 366; *K. Reuter,* Praxishandbuch Bundesrat, 2. Aufl. 2007; *W.-R. Schenke,* Die verfassungswidrige Bundesratsabstimmung, NJW 2002, S. 1318; *R. Schmidt,* Die Zustimmungsbedürftigkeit von Bundesgesetzen, JuS 1999, S. 861; *S. Stüber,* Einflussnahme der Länder auf die Bundesgesetzgebung, Jura 2002, S. 749; *T. Tetzlaff,* Die Bedeutung des Landesverfassungsrechts bei der Beurteilung der Abstimmung über das Zuwanderungsgesetz im Bundesrat, DÖV 2003, S. 693; *R. Wernsmann,* Reichweite und Zustimmungsbedürftigkeit von Gesetzen im Bundesrat, NVwZ 2005, S. 1352; *G. Ziller/G.-B. Oschatz,* Der Bundesrat, 10. Aufl. 1998.

§ 8 Die Bundesregierung

417 Die aus dem **Bundeskanzler** und den **Bundesministern** bestehende Bundesregierung (Art. 62 GG) ist das Organ der **politischen Führung.** Die Bundesregierung stellt keinen Ausschuss des Parlaments dar, der dessen Weisungen zu befolgen hätte; sie ist ein eigenständiges, oberstes Staatsorgan mit sehr ausgeprägten Kompetenzen.[1] Die Art. 62–69 GG spiegeln die tatsächliche Bedeutung der Bundesregierung im parlamentarischen Regierungssystem des Grundgesetzes nur unzureichend wider. Auch der in Art. 20 Abs. 2 S. 2 GG als Oberbegriff für Regierung und Verwaltung verwandte Terminus **»vollziehende Gewalt«** verdunkelt eher den Tatbestand, den es festzuhalten gilt: In der parlamentarischen Demokratie verbleibt der Regierung ein weiter Bereich politischer Führung und eigenständiger Gestaltung, der den anderer Staatsorgane an Bedeutung regelmäßig übertrifft.[2]

418 Das Zentrum der Politik bildend und im Zentrum des politischen Interesses stehend, ist die Bundesregierung mit Rechtsbegriffen nicht vollständig beschreibbar und in rechtlichen Kategorien nicht hinreichend begreifbar. Zusammensetzung, Zuständigkeiten und Arbeitsweise der Regierung erschließen sich dem Betrachter nur, wenn er sie als Teil des politischen Kräftefeldes ansieht.[3]

I. Der Bundeskanzler (»Kanzlerprinzip«)

1. Wahl des Bundeskanzlers (Art. 63 GG)

419 Der Bundeskanzler wird vom Bundestag auf **Vorschlag des Bundespräsidenten** gewählt (Art. 63 Abs. 1 GG). Zu seiner Wahl bedarf er der **absoluten Mehrheit** (Art. 63 Abs. 2 S. 1 GG), also der Mehrheit der **gesetzlichen Mitgliederzahl** des Bundestages (Art. 121 GG).

420 Die Parlamentswahl des Regierungschefs ist zwar der Normalfall, aber kein Wesensmerkmal des demokratischen Regierungssystems. Nach Art. 53 der Weimarer Reichsverfassung wurde der Reichskanzler »vom Reichspräsidenten ernannt und entlassen«. Zwar bedurfte er des Vertrauens des Reichstages (Art. 54 WRV); die Staatspraxis kannte jedoch weder eine Wahl noch eine Bestätigung durch die Parlamentsmehrheit.[4] Der Reichskanzler war deshalb vom Reichspräsidenten stärker abhängig als vom Parlament.[5]

421 Der Bundespräsident hat trotz seines Vorschlagsrechts nicht die Möglichkeit, dem Bundestag einen Kandidaten aufzuzwingen, den dieser nicht will. Wird der vom Bundespräsidenten Vorgeschlagene nicht gewählt, so kann der Bundestag innerhalb von **zwei Wochen** mit absoluter Mehrheit einen Kandidaten wählen, ohne an den

1 Vgl. *G. Hermes,* in: Dreier (Hrsg.), GG, Bd. II, Art. 62 Rn. 7; *M. Oldiges,* in: Sachs (Hrsg.), GG, Art. 62 Rn. 41; *K. Stern,* Staatsrecht II, S. 274.

2 Vgl. hierzu *M. Schröder,* in: v. Mangoldt/Klein/Starck, GG, Bd. 2, Art. 62 Rn. 27 f.

3 Vgl. hierzu die politikwissenschaftlichen Darstellungen, insbes. *T. Stammen* (Hrsg.), Strukturwandel der modernen Regierung, 1967; *P. M. Stadler,* Die parlamentarische Kontrolle der Bundesregierung, 1984.

4 Nur in der Anfangszeit der Weimarer Republik haben die Kabinette ausdrücklich die »Vertrauensfrage« gestellt; vgl. *E. R. Huber,* Deutsche Verfassungsgeschichte seit 1789, Bd. VI, rev. Nachdr. der 1. Aufl., 1993, S. 330.

5 Von 1919 bis 1933 gab es 20 verschiedene Kabinette, die zum Teil nur wenige Monate amtierten. Vgl. die Übersicht bei *E. R. Huber,* Deutsche Verfassungsgeschichte seit 1789, Bd. VI, S. 328 f.

Vorschlag des Bundespräsidenten gebunden zu sein (Art. 63 Abs. 3 GG). Auch für diesen Fall gilt Art. 63 Abs. 2 GG, so dass der Gewählte vom Bundespräsidenten ernannt werden muss. Art. 63 Abs. 3 GG bestimmt zwar eine Frist, schreibt jedoch keinen »zweiten Wahlgang« vor. Innerhalb von zwei Wochen können deshalb mehrere Wahlgänge stattfinden; ebenso ist vorstellbar, dass die Frist verstreicht, ohne dass überhaupt ein Wahlgang stattgefunden hat.[6]

Wenn weder auf der **ersten** (Präsidentenvorschlag) noch auf der **zweiten** (Zwei- 422 Wochen-Frist) **Stufe** des Verfahrens eine Kanzlerwahl erfolgt ist, kann die **dritte Stufe** betreten werden (Art. 63 Abs. 4 GG). Während es innerhalb der Zwei-Wochen-Frist des Art. 63 Abs. 3 GG dem Bundestag freisteht, ob er überhaupt weitere Wahlgänge durchführt, ist ein solcher nach Ablauf der Frist zwingend vorgeschrieben. Gewählt ist, »wer die meisten Stimmen erhält«; auf der dritten Stufe genügt folglich zur Wahl die **relative Mehrheit.** Dennoch ist nicht bedeutungslos, ob der Kandidat zugleich die absolute Mehrheit der Stimmen errungen hat. In diesem Fall nämlich ist der Bundespräsident **verpflichtet,** den Gewählten zu ernennen, während ihm bei einem nur mit relativer Mehrheit gewählten Kandidaten – der nur eine Minderheitsregierung bilden könnte – der Ausweg verbleibt, den Bundestag **aufzulösen** (Art. 63 Abs. 4 S. 3 GG).

In der Staatspraxis ist der Bundeskanzler bislang jeweils im ersten Wahlgang – wenn- 423 gleich gelegentlich mit knapper Mehrheit – gewählt worden. Das Vorschlagsrecht des Bundespräsidenten hat bei keiner Wahl eine eigenständige Rolle gespielt. Die Bundestagswahlen setzen als »Kanzlerwahlen« – als (tatsächliches) »Plebiszit« über die von den beiden großen Parteien präsentierten Kanzlerkandidaten – voraus, dass der jeweilige Kanzlerkandidat frühzeitig nominiert und in der Öffentlichkeit »aufgebaut« wird. Es wäre undenkbar, dass ein Kanzlerkandidat nach gewonnener Wahl auf die Unterstützung seiner eigenen Partei verzichten muss. Ebenso wenig ist es vorstellbar, dass der Bundespräsident über Art. 63 Abs. 1 GG die im Vorfeld der Wahlen getroffenen Personalentscheidungen der Parteien zu korrigieren versucht. In der Staatspraxis treten die Vorsitzenden der Koalitionsfraktionen an den Bundespräsidenten heran und empfehlen ihm, ihren Kandidaten für die Wahl zum Bundeskanzler vorzuschlagen.[7]

2. Die persönliche Rechtsstellung des Bundeskanzlers

Die persönliche Rechtsstellung des Bundeskanzlers ist gemeinsam mit der der Bun- 424 desminister im **Bundesministergesetz**[8] geregelt. Der Bundeskanzler ist kein Beamter, aber **Träger eines öffentlichen Amtes,** so dass die strafgesetzlichen Vorschriften über Amtsdelikte[9] auf ihn anwendbar sind. Der Bundeskanzler darf nicht zugleich Mitglied einer Landesregierung sein (§ 4 BMinG); einer Mitgliedschaft im Bundestag oder in einem Landesparlament steht demgegenüber nichts im Wege. In seinem Amt als Bundeskanzler genießt er weder **Immunität** noch **Indemnität.** Diese Privilegien kommen ihm nur zu, wenn er zugleich (Landtags- oder) Bundestagsabgeordneter

6 So auch *G. Hermes,* in: Dreier (Hrsg.), GG, Bd. II, Art. 63 Rn. 29.
7 Vgl. dazu *M. Oldiges,* in: Sachs (Hrsg.), GG, Art. 63 Rn. 13 f.
8 *Sartorius* I Nr. 45.
9 §§ 331 ff. StGB; die Amtsträgereigenschaft ergibt sich aus § 11 Abs. 1 Nr. 2 b) StGB.

ist.[10] Der Bundeskanzler bezieht ein Amtsgehalt, das zwei Drittel mehr beträgt als das eines Staatssekretärs.[11]

3. Kompetenzen

425 Die **politische Machtstellung** des Bundeskanzlers ist mit Rechtsbegriffen nicht hinreichend beschreibbar, weil sie nicht zuletzt darauf beruht, *wie* er seine Kompetenzen ausübt. Die Verfassung bietet insoweit nur einen rechtlichen Rahmen. Die wichtigsten dem Bundeskanzler zugewiesenen Kompetenzen sind die **Richtlinienkompetenz,** die **Organisationsgewalt** und die **Geschäftsleitungsbefugnis.**

a) Richtlinienkompetenz (Art. 65 S. 1 GG)

426 **Fall 36:** Im Rahmen der Haushaltsdebatte am 28.11.1989 trug Bundeskanzler Helmut Kohl dem Bundestag ein »Zehn-Punkte-Programm zur Deutschen Einheit« vor. In Punkt 10 hieß es: »Die Wiedervereinigung, d. h. die Wiedergewinnung der staatlichen Einheit Deutschlands, bleibt das politische Ziel der Bundesregierung.« Der Redetext war weder mit den Koalitionsfraktionen noch im Kabinett beraten worden.

427 Die Formulierung des Art. 65 S. 1 GG stimmt nahezu wörtlich mit Art. 56 S. 1 WRV überein, obwohl sich die Stellung des Bundeskanzlers von der des Reichskanzlers erheblich unterscheidet. Die starke Stellung des Bundeskanzlers kann deshalb nicht allein auf die **Richtlinienkompetenz** zurückgeführt werden, sondern ist gleichermaßen in seiner Wahl durch den **Bundestag** und der tatsächlichen **Legitimation** durch das **Volk** begründet. Versuche, die »Richtlinien der Politik« begrifflich zu bestimmen, haben bislang zu wenig konkreten Ergebnissen geführt. Gelegentlich ist von »Grundlinien«, »Leitlinien« oder »allgemeinen Zielen« der Politik die Rede. Hierbei handelt es sich jedoch nicht eigentlich um Definitionen, sondern um Paraphrasen, die einen unbestimmten Begriff durch den anderen ersetzen, ohne dass dadurch etwas gewonnen wäre.[12]

428 Dass die **grundlegenden politischen Entscheidungen** (formell) in die Kompetenz des Bundeskanzlers fallen, ist unstreitig. Insofern konnten die Westintegration, die Ostpolitik, die deutsche Vereinigung und der Ausbau der Europäischen Union zum Gegenstand von »Richtlinien« gemacht werden. Diese erschöpfen sich nicht im Bereich der Außenpolitik, sondern beziehen sich in gleicher Weise auf jedes andere Ressort. Diskutiert wird hingegen, ob die »Richtlinien der Politik« notwendig allgemeinen Inhalt haben müssen oder ob der Bundeskanzler auch zu **konkreten Weisungen** befugt ist.

429 Angesichts der politischen Konsequenzen, die einzelne »Affären« nach sich ziehen können, wäre es widersinnig, den Bundeskanzler in Krisensituationen auf das »Allgemeine« beschränken zu wollen. Heute ist deshalb anerkannt, dass »Richtlinien der Politik« auch Entscheidungen in **hochpolitischen Einzelfällen** sein können, die für

10 Zur fehlenden Inkompatibilität zwischen Regierungsamt und Parlamentsmandat vgl. unten Rn. 761.

11 § 11 Abs. 1 S. 1 Buchst. a) BMinG; das Grundgehalt eines Staatssekretärs (BesGr B 11) beträgt gegenwärtig 11.303 € im Monat.

12 Nachweise bei *H.-P. Schneider,* in: AK-GG, Art. 65 Rn. 3; *G. Hermes,* in: Dreier (Hrsg.), GG, Bd. II, Art. 65 Rn. 17 ff.; *K. Stern,* Staatsrecht II, S. 303.

den Bestand der Regierung von Bedeutung sind. Dem Bundeskanzler muss in derartigen Fällen die Möglichkeit gegeben sein, die Verantwortung an sich zu ziehen.[13]

Es würde an der Realität vorbeigehen, betrachtete man den Bundeskanzler als alleinigen Urheber der politischen Richtlinien. Die Politik wird zunächst von den Parteien vorgeformt, ist Gegenstand von Programmen, Deklarationen und Wahlkampfversprechungen. Parteiprogramme sind freilich keine Regierungsprogramme; letztere müssen häufig erst in langwierigen Koalitionsverhandlungen vereinbart werden. Trotz seiner Parteibindung kann es deshalb vorkommen, dass der Bundeskanzler eine von der Linie seiner Partei abweichende Richtlinie ausgibt. 430

Die Richtlinien der Politik haben gegenüber den Bundesministerien bindende Wirkung. Der Bundeskanzler hat das Recht und die Pflicht, auf die Durchführung der Richtlinien zu achten (§ 1 Abs. 2 GOBReg[14]). Da die Richtlinien nicht in Gestalt eines Katalogs verfügbar sind, sind die Bundesminister bei Zweifeln über ihren Inhalt verpflichtet, eine Entscheidung des Bundeskanzlers einzuholen (§ 1 Abs. 1 S. 3 GOBReg). 431

Die **Durchsetzung** der Richtlinienkompetenz ist weniger eine rechtliche als eine **Machtfrage.** Der Erfolg eines Bundeskanzlers wird weithin davon abhängen, ob er sich gegenüber den zentrifugalen Bestrebungen der einzelnen Ressorts durchsetzen kann. Die verfassungsrechtliche Verpflichtung der Bundesminister auf die Richtlinien (Art. 65 S. 2 GG) garantiert noch nicht ihre Umsetzung in praktische Politik. 432

Im Ausgangsbeispiel hat sich der Bundeskanzler im Rahmen seiner Richtlinienkompetenz gehalten. Eine Beteiligung des Kabinetts oder der Fraktionen ist verfassungsrechtlich nicht geboten gewesen. Das Zustandekommen des »Zehn-Punkte-Programms« mag ungewöhnlich sein, stößt aber auf keine verfassungsrechtlichen Bedenken. 433

b) Personalentscheidungen und Organisationsgewalt

Fall 37: Der Bundeskanzler teilt nach seiner Wahl durch den Bundestag der Presse mit, es sei ein »Europaministerium« eingerichtet und die Bundestagsabgeordnete E zur »Bundesministerin für Europafragen« ernannt worden. Die entsprechenden Zuständigkeiten würden von den anderen Ministerien auf das »Europaministerium« verlagert und sollten dort »gebündelt« werden. 434

Nach Art. 64 GG werden die Bundesminister auf Vorschlag des Bundeskanzlers vom Bundespräsidenten ernannt und entlassen. Dem Bundeskanzler fällt damit die Kompetenz zu, über die Besetzung der Ministerämter zu entscheiden. In Koalitionsregierungen hat es sich eingebürgert, dass die kleineren Koalitionsparteien ihre Minister selbst nominieren und der Bundeskanzler diese Vorschläge übernimmt. Das Vorschlagsrecht des Bundeskanzlers wird durch diese Übung nicht beeinträchtigt. 435

In der Staatspraxis ist der Bundeskanzler auch gegenüber der eigenen Fraktion und Partei nicht vollkommen frei, wenn er Personalentscheidungen trifft. »Flügel« von Partei und Fraktion wollen ebenso berücksichtigt sein wie Regionen oder gar Konfessionen. Der Bundeskanzler ist insofern ständiger Adressat personeller Wünsche und muss widerstreitende Interessen ausgleichen. Gerade hierin aber liegt ein Stück 436

13 Vgl. *R. Herzog,* in: Maunz/Dürig, GG, Art. 65 Rn. 7 f.; *M. Oldiges,* in: Sachs (Hrsg.), GG, Art. 65 Rn. 14 f.; *G. Hermes,* in: Dreier (Hrsg.), GG, Bd. II, Art. 65 Rn. 20.

14 *Sartorius* I Nr. 38 = *Nomos ÖffR* Nr. 15.

Macht: die Richtlinienkompetenz wäre eine Scheinbefugnis, hätte der Bundeskanzler nicht auch die Möglichkeit, sie durch **Personalentscheidungen** durchzusetzen. Nicht zuletzt an dieser Stelle offenbart sich ein Wechselspiel von rechtlicher Befugnis und politischer Macht.[15]

437 Neben die Personalentscheidungen im Zuge der Kabinettsbildung und den durch §§ 18 f. GOBReg gesicherten Einfluss auf die Ernennung und Entlassung von Spitzenbeamten tritt die sog. **»Organisationsgewalt«** des Bundeskanzlers.[16] Die Organisationsgewalt wird definiert als

»Kompetenz zur Bildung, Errichtung, Einrichtung, Änderung oder Aufhebung von Gliedern und Organen durch die Bestimmung ihrer Zuständigkeiten, ihrer Zusammenhänge und ihrer inneren Ordnung sowie durch ihre persönliche und sachliche Ausstattung.«[17]

438 Auf den Bundeskanzler bezogen bedeutet dies, dass er nicht auf **Personalentscheidungen** beschränkt ist, sondern weitgehende **organisatorische Maßnahmen** treffen kann, um eine erfolgreiche Regierungsarbeit zu gewährleisten. Dem Beobachter von Regierungsbildungen bleibt nicht verborgen, aus welchen Gründen neue Ministerien geschaffen, alte abgeschafft oder Abteilungen aus einem Ministerium in ein anderes verlagert werden. Diese nicht selten als »Straffung der Regierungsarbeit« gekennzeichneten Maßnahmen werden häufig *ad personam* bestimmter Politiker getroffen. Die Organisationskompetenz des Bundeskanzlers ist insofern nach geltendem Recht umfassend.[18] Sie wird nur durch die verfassungsrechtliche Garantie einzelner Ministerien begrenzt, ohne dass deren Zuständigkeiten allerdings unverändert bleiben müssten.[19]

439 Umstritten ist indes, inwieweit die Regierungsorganisation gesetzlich geregelt werden kann.[20] Eine verbreitete Auffassung gesteht dem Parlament einen »Zugriff« auf die Regierungsorganisation nur in engen Grenzen zu.[21] Diese Auffassung ist abzulehnen, weil sie zugleich eine Einschränkung des parlamentarischen Budgetrechts zur Folge hätte. Jedes Ressort bedarf der Zuweisung von Haushaltsmitteln, die in den »Einzelplänen« des Bundeshaushaltsplans enthalten sind.[22] Über den Haushaltsplan jedoch entscheidet der **Bundestag,** der deshalb befugt wäre, vorgesehene Mittel zu streichen, sofern diese nicht aus verfassungsrechtlichen Gründen notwendig sind.[23] Der Bundestag wäre deshalb auch in der Lage, durch Gesetz die Zahl und Zuständigkeiten der Ministerien festzulegen, ohne in den »Kernbereich« der Organisationsgewalt des

15 Vgl. *M. Schröder,* in: v. Mangoldt/Klein/Starck, GG, Bd. 2, Art. 64 Rn. 24; *U. Mager,* in: v. Münch/Kunig (Hrsg.), GG, Bd. 1, Art. 64 Rn. 1.

16 Grundlegend *E.-W. Böckenförde,* Die Organisationsgewalt im Bereich der Regierung, 2. Aufl. 1998; vgl. auch *M. Schröder,* in: v. Mangoldt/Klein/Starck, GG, Bd. 2, Art. 64 Rn. 9 ff.; *G. Hermes,* in: Dreier (Hrsg.), GG, Bd. II, Art. 64 Rn. 8 ff.

17 So *H. J. Wolff/O. Bachof,* Verwaltungsrecht II, 4. Aufl. 1976, § 78 I a.

18 Vgl. *G. Hermes,* in: Dreier (Hrsg.), GG, Bd. II, Art. 64 Rn. 7 ff.

19 Vgl. unten Rn. 461.

20 Vgl. *M. Schröder,* in: v. Mangoldt/Klein/Starck, GG, Bd. 2, Art. 64 Rn. 20 ff.; *M. Oldiges,* in: Sachs (Hrsg.), GG, Art. 64 Rn. 29.; *E.-W. Böckenförde,* Die Organisationsgewalt im Bereich der Regierung, S. 292; *H. Meyer,* in: Schneider/Zeh (Hrsg.), Parlamentsrecht und Parlamentspraxis, § 4 Rn. 57; *G. Hermes,* in: Dreier (Hrsg.), GG, Bd. II, Art. 64 Rn. 23.

21 Vgl. *H. Schröder,* in: v. Mangoldt/Klein/Starck, GG, Bd. 2, Art. 64 Rn. 22 f.; *M. Oldiges,* in: Sachs (Hrsg.), GG, Art. 64 Rn. 29.

22 Vgl. § 13 BHO.

23 So auch *G. Hermes,* in: Dreier (Hrsg.), GG, Bd. II, Art. 64 Rn. 23.

Bundeskanzlers einzugreifen.[24] Eine gesetzliche Festlegung der Zahl und Zuständigkeitsbereiche der Ressorts wäre überdies verfassungspolitisch wünschenswert, um zu verhindern, dass die Bundesministerien zur Verteilungsmasse bei der Regierungsbildung denaturieren. Die notwendige »Flexibilität« der Regierungsbildung fällt demgegenüber weniger stark ins Gewicht.

Im Ausgangsfall wäre der Bundeskanzler nicht gehindert gewesen, durch Organisationsakt ein »Europaministerium« zu schaffen und ihm die bisher von anderen Ressorts wahrgenommenen Kompetenzen zu übertragen. Allerdings müsste der (folgende) Haushaltsplan einen entsprechenden Einzelplan aufweisen. An dieser Stelle zeigt sich wiederum die Abhängigkeit des Regierungschefs vom Parlament. 440

c) Geschäftsleitungsbefugnis

Die Bundesregierung ist ein Kollegialorgan, dem eine Fülle von Kompetenzen zufällt.[25] Die Geschäftsleitung dieses Kollegialorgans – des **Bundeskabinetts** – obliegt dem Bundeskanzler. Er beruft die Sitzungen ein, stellt die Tagesordnung auf und leitet die Sitzungen. Im Rahmen der Geschäftsleitung fällt dem Staatssekretär (oder Minister) im Bundeskanzleramt eine entscheidende Rolle zu. Er ist zugleich Staatssekretär der Bundesregierung und erfüllt wichtige Koordinationsaufgaben im Vorfeld der Kabinettssitzungen.[26] Der Staatssekretär (oder Minister) im Bundeskanzleramt hat damit eine der Schlüsselpositionen der deutschen Politik inne.[27] 441

4. Vertrauensfrage (Art. 68 GG)

Fall 38: Am 13.11.2001 stellte Bundeskanzler Gerhard Schröder beim Bundestag den Antrag, er möge ihm das Vertrauen aussprechen. Er verband die Vertrauensfrage mit der Zustimmung des Bundestages zu einem Einsatz deutscher Streitkräfte in Afghanistan. Der Bundestag, dem zu diesem Zeitpunkt 669 Mitglieder angehörten, hat in namentlicher Abstimmung den Antrag mit 336 Ja-Stimmen gegen 326 Nein-Stimmen angenommen. Welches wären die Konsequenzen gewesen, wenn bei gleichbleibender Nein-Stimmenzahl nur 333 Abgeordnete mit »Ja« gestimmt hätten? 442

Nach Art. 68 Abs. 1 S. 1 GG kann der Bundeskanzler den Antrag stellen, der Bundestag möge ihm das Vertrauen aussprechen. Die sog. **»Vertrauensfrage«**, die genau genommen ein »Vertrauensantrag« ist, stellt ein traditionelles Mittel des Regierungschefs in parlamentarischen Demokratien dar, sich der Mehrheit des Parlaments zu versichern. Die Vertrauensfrage kann mit einem anderen Antrag – etwa einer Gesetzesvorlage – verbunden werden. Aus Art. 81 Abs. 1 S. 2 GG lässt sich nicht im Rückschluss folgern, dass die Vertrauensfrage nur mit einer Gesetzesvorlage verbunden werden kann.[28] Über die Vertrauensfrage wird offen abgestimmt (§ 98 Abs. 2 GOBT). In der Staatspraxis ist die namentliche Abstimmung, die von einer Fraktion oder anwesenden 5 v. H. der Mitglieder des Bundestages verlangt werden kann (§ 52 GOBT), üblich. 443

24 So auch *G. Hermes,* in: Dreier (Hrsg.), GG, Bd. II, Art. 64 Rn. 23.
25 Vgl. unten Rn. 468 ff.
26 Vgl. nur §§ 7, 21 Abs. 1 GOBReg.
27 Vgl. hierzu *G. Hermes,* in: Dreier (Hrsg.), GG, Bd. II, Art. 62 Rn. 18 m. w. N.
28 So aber *V. Epping,* in: v. Mangoldt/Klein/Starck, GG, Bd. 2, Art. 68 Rn. 11; wie hier *G. Hermes,* in: Dreier (Hrsg.), GG, Bd. II, Art. 68 Rn. 19.

444 Da in Art. 68 Abs. 1 S. 1 GG lediglich von einem »Antrag« die Rede ist, kann dieser grundsätzlich mit jedem Gegenstand verbunden werden, für den ein Parlamentsbeschluss erforderlich ist.

445 Im Ausgangsfall war die Verbindung der Vertrauensfrage mit dem Antrag auf Zustimmung zum Einsatz der Streitkräfte in Afghanistan deshalb statthaft. Der Parlamentsvorbehalt für den Einsatz von Streitkräften innerhalb der NATO im sog. »Bündnis-Fall« ist ungeschriebenes Verfassungsrecht.[29] Zur Durchsetzung einer entsprechenden Politik ist der Bundeskanzler auf einen Parlamentsbeschluss angewiesen und kann deshalb einen entsprechenden Antrag mit der Vertrauensfrage verbinden.

446 Ein Antrag nach Art. 68 Abs. 1 S. 1 GG kann nur mit der Mehrheit der Mitglieder des Bundestages – also der absoluten Mehrheit (Art. 121 GG) – angenommen werden (Art. 68 Abs. 1 S. 1 GG). Da (einfache) Gesetze und sonstige Beschlüsse des Bundestages nur der Mehrheit der **abgegebenen Stimmen** (einfache Mehrheit) bedürfen (Art. 42 Abs. 2 S. 1 GG), stellt sich bei der Verbindung der Vertrauensfrage mit einer anderen Vorlage die Frage, welches Quorum für letztere entscheidend ist.[30]

447 Im Ausgangsfall hätte der Bundeskanzler zwar die absolute Mehrheit für die Vertrauensfrage verfehlt. Da aber die einfache Mehrheit der Abgeordneten für die Vorlage gestimmt hat, fragt es sich, ob ein dem Parlamentsvorbehalt entsprechender Beschluss des Bundestages zustande gekommen ist.

448 Die Verbindung der Vertrauensfrage mit einem anderen Antrag bewirkt eine **Antragseinheit,** mit der der Bundeskanzler bewusst sein politisches Schicksal verbindet. Es wäre deshalb widersinnig, die verbundenen Teile dieser Einheit je nach Ausgang der Abstimmung zu trennen und ihnen im Nachhinein eine rechtliche Selbständigkeit zu verleihen, die sie nach dem Willen des Antragsstellers gerade nicht haben sollten. Daraus folgt, dass das höhere Quorum auch dann maßgebend sein muss, wenn die **Teilvorlage** an sich mit einer geringeren Mehrheit hätte beschlossen werden können.[31]

449 Im Ausgangsfall wäre nicht nur die Vertrauensfrage, sondern auch der mit ihr verbundene Antrag auf Zustimmung zum Streitkräfteeinsatz abgelehnt worden. Dieses Ergebnis ist sachgerecht, weil es Ziel des Bundeskanzlers gewesen ist, für den Streitkräfteeinsatz die **absolute Mehrheit** zu erzwingen. Gleiches gilt für Gesetzesvorlagen, die – ebenso wie der Zustimmungsantrag – erneut im Bundestag eingebracht werden könnten und dann nur der einfachen Mehrheit bedürften.

450 Die Vertrauensfrage ist ein politisch wie verfassungsrechtlich heikles Instrument, weil im Hintergrund stets die **Auflösung** des **Bundestages** droht. Ein Bundestag, der einen Antrag nach Art. 68 GG ablehnt, muss sich bewusst sein, dass am Ende der politischen Entwicklung **Neuwahlen** stehen können. Nach der Konzeption des Grundgesetzes ist es zunächst Aufgabe des Parlaments, eine Regierungskrise zu lösen (vgl. Art. 63, 67 Abs. 1, 68 Abs. 1 GG). In der Staatspraxis hat die Vertrauensfrage

29 So BVerfGE 90, 286 (LS 3); vgl. auch oben Rn. 242 ff.

30 Vgl. hierzu *V. Epping*, in: v. Mangoldt/Klein/Starck, GG, Bd. 2, Art. 68 Rn. 10 m. w. N.

31 So auch *G. Hermes*, in: Dreier (Hrsg.), GG, Bd. II, Art. 68 Rn. 19; a. A. *V. Epping*, in: v. Mangoldt/Klein/Starck, GG, Bd. 2, Art. 68 Rn. 10. Das Argument, bei einheitlicher Abstimmung würde bei der Verbindung zwischen Vertrauensfrage und Verfassungsänderung für Art. 68 GG das Quorum des Art. 79 Abs. 2 GG maßgeblich sein, spricht nicht dagegen. Dem Bundeskanzler wäre in einem solchen Fall allerdings abzuraten, die Vertrauensfrage mit einem verfassungsändernden Gesetz zu verbinden.

gleichwohl dazu herhalten müssen, Neuwahlen herbeizuführen, die zwar allgemein als erwünscht angesehen wurden, verfassungsrechtlich jedoch nicht vorgesehen waren. Der Bundeskanzler ist zwar befugt, zu jeder Zeit die Vertrauensfrage zu stellen. Fraglich ist jedoch, ob der Bundespräsident einem Auflösungsvorschlag nach Art. 68 Abs. 1 S. 2 GG auch dann folgen darf, wenn allein die **formellen Voraussetzungen** für die Auflösung des Bundestages geschaffen werden sollen.[32]

5. Konstruktives Misstrauensvotum (Art. 67 GG)

Das Parlament kann umgekehrt (aus eigener Initiative) dem Bundeskanzler das Ver- **451**
trauen nur dadurch entziehen, dass es einen **neuen Bundeskanzler** wählt (Art. 67 Abs. 1 GG). Auf diese Weise wird verhindert, dass sich die Parlamentsmehrheit auf den kleinsten Nenner des Regierungssturzes einigt, ohne die Bereitschaft zu zeigen, eine neue Regierung zu tragen. Die Weimarer Republik hat für derartige Konstellationen soviel Anschauung geliefert, dass schon zu jener Zeit eine Art »konstruktives« Misstrauensvotum diskutiert wurde.[33]

Misstrauensbekundung und Wahl des neuen Bundeskanzlers finden *uno actu* statt; **452**
die Neuwahl ist zugleich **Kundgebung des Misstrauens.** Der Antrag lautet demgemäß, der Bundestag möge dem bisherigen Bundeskanzler das Misstrauen aussprechen und einen (namentlich benannten) Kandidaten zum Bundeskanzler wählen. Erreichen die »Ja-Stimmen« die absolute Mehrheit, so ist der alte Bundeskanzler gestürzt und ein neuer gewählt. Abgestimmt wird in einem Wahlgang mit verdeckten Stimmzetteln (§ 97 Abs. 2 S. 1 GOBT), was heißen will, dass die Abstimmung geheim stattfindet (§ 49 Abs. 1 S. 1 GOBT).

In der Geschichte der Bundesrepublik hat es bislang zwei Misstrauensanträge gegeben. Am 25.4.1972 **453**
stellte die Fraktion der CDU/CSU den Antrag, der Bundestag wolle beschließen, Bundeskanzler Willy Brandt das Misstrauen auszusprechen und als seinen Nachfolger den Abgeordneten Dr. Rainer Barzel zum Bundeskanzler zu wählen. Die Abstimmung am 27.4.1972 ergab 247 Ja-Stimmen. Das Misstrauensvotum war damit gescheitert. Das anschließende »Patt« im Bundestag (248 zu 248 Stimmen) führte dazu, dass Bundeskanzler Brandt am 20.9.1972 die Vertrauensfrage stellte und bei der Abstimmung 233 Ja-Stimmen erhielt. Der Bundespräsident löste daraufhin den Bundestag auf und setzte für den 19.11.1972 Neuwahlen an. – Am 28.9.1982 stellten die Bundestagsfraktionen der CDU/CSU und FDP folgenden Antrag: »Der Bundestag wolle beschließen: Der Deutsche Bundestag spricht Bundeskanzler Helmut Schmidt das Misstrauen aus und wählt als seinen Nachfolger den Abgeordneten Dr. Helmut Kohl zum Bundeskanzler der Bundesrepublik Deutschland. Der Bundespräsident wird ersucht, Bundeskanzler Helmut Schmidt zu entlassen.«[34] Die Abstimmung am 1.10.1982 ergab 256 Ja-Stimmen, so dass Dr. Helmut Kohl zum Bundeskanzler gewählt worden war.

6. Rücktritt

Der Bundeskanzler kann zu jeder Zeit von seinem Amt zurücktreten, indem er den **454**
Bundespräsidenten bittet, ihn zu entlassen. Der Bundespräsident ist verpflichtet, dieser Bitte zu entsprechen.[35] Mit Wirksamwerden des Rücktritts des Bundeskanzlers endigen auch die Ämter der Bundesminister (Art. 69 Abs. 2 GG). Auf Ersuchen des

32 Vgl. hierzu *G. Hermes,* in: Dreier (Hrsg.), GG, Bd. II, Art. 68 Rn. 10 ff. m. w. N.; nunmehr auch BVerfGE 114, 121 (mit abw. Voten der Richter *Jentsch,* BVerfGE 114, 170, u. *Lübbe-Wolff,* 182).

33 Vgl. *E. R. Huber,* Deutsche Verfassungsgeschichte seit 1789, Bd. VI, S. 335 f.

34 BT-Drucks. 9/2004.

35 So zutr. *R. Herzog,* in: Maunz/Dürig, GG, Art. 67 Rn. 5; *M. Oldiges,* in: Sachs (Hrsg.), GG, Art. 69 Rn. 21.

Bundespräsidenten ist der Bundeskanzler, auf Ersuchen des Bundeskanzlers oder des Bundespräsidenten ein Bundesminister verpflichtet, die Geschäfte bis zur Ernennung eines Nachfolgers weiterzuführen (Art. 69 Abs. 3 GG). Die Wahl des Nachfolgers erfolgt nach Art. 63 GG und setzt im ersten Wahlgang einen Vorschlag des Bundespräsidenten voraus. Eine Auflösung des Bundestages ist nur statthaft, wenn in der dritten Phase des Wahlverfahrens kein Kandidat die absolute Mehrheit auf sich vereinigen kann. Ein Bundeskanzler ist deshalb nicht in der Lage, durch seinen Rücktritt Neuwahlen herbeizuführen.[36]

455 In der Geschichte der Bundesrepublik hat es drei Fälle eines Kanzlerrücktritts gegeben. Am 15.10.1963 trat der erste Bundeskanzler Konrad Adenauer zurück. Tags darauf wurde Ludwig Erhard mit 279 gegen 180 Stimmen bei 24 Enthaltungen zum Bundeskanzler gewählt. Erhard reichte seinen Rücktritt am 30.11.1966 ein. Der Bundestag wählte am 1. Dezember den baden-württembergischen Ministerpräsidenten Kurt Georg Kiesinger mit 340 gegen 109 Stimmen bei 23 Enthaltungen zum Bundeskanzler. Bundeskanzler Willy Brandt trat am 6.5.1974 im Zusammenhang mit der Guillaume-Affäre zurück. Der Bundespräsident händigte den Kabinettsmitgliedern am 7.5.1974 die Entlassungsurkunden aus, ersuchte aber den Vizekanzler Walter Scheel, die Geschäfte des Bundeskanzlers weiterzuführen. Am 16.5.1974 wählte der Bundestag Helmut Schmidt mit 267 von 492 abgegebenen Stimmen zum neuen Bundeskanzler.

II. Die Bundesminister (»Ressortprinzip«)

1. Selbständige Leitung des Geschäftsbereichs (Art. 65 S. 2 GG)

456 **Fall 39:** Der Bundesminister für Umwelt, Naturschutz und Reaktorsicherheit löst die »Reaktorsicherheitskommission« in ihrer bisherigen personellen Zusammensetzung auf und beruft neue Mitglieder in dieses Gremium. In öffentlichen Stellungnahmen wird kritisiert, dass die Neubesetzung der Kommission ohne Abstimmung mit dem Bundeskanzleramt geschehen sei.

457 Innerhalb der vom Bundeskanzler gegebenen Richtlinien »leitet jeder Bundesminister seinen Geschäftsbereich selbständig und unter eigener Verantwortung« (Art. 65 S. 2 GG). Die Bundesminister sind keineswegs nur Gehilfen des Bundeskanzlers – den Staatssekretären des Bismarck-Reiches oder den »secretaries« des amerikanischen Präsidialsystems vergleichbar –, sondern selbst **Staatsorgane** mit weitreichenden Befugnissen. Nicht selten sind sie Parteivorsitzende oder Exponenten bestimmter Parteiflügel und verfügen auf diese Weise über eine eigene politische »Hausmacht«.

458 »Geschäftsbereich« oder »Ressort« des einzelnen Ministers ist das **Bundesministerium,** dessen Zuständigkeiten durch Organisationserlass des Bundeskanzlers festgelegt werden. Der Minister ist also regelmäßig auch Chef eines großen Verwaltungsapparates, einer **»obersten« Bundesbehörde,** der häufig – man denke nur an die »klassischen« Ministerien (siehe Rn. 461) – eine Vielzahl von Behörden nachgeordnet ist.

459 Der Geschäftsbereich wird »selbständig« geleitet; der Minister gibt **eigene Weisungen** für die zu verfolgende Politik aus.[37] Er darf sich dabei nicht in Gegensatz zu den **Richtlinien des Bundeskanzlers** setzen und muss ggf. hierüber eine Entscheidung einholen (§ 1 Abs. 1 S. 3 GOBReg). Im Übrigen ist er bei der Formulierung der Politik seines Ressorts frei, wobei zu bedenken bleibt, dass auch der einzelne Minister

36 Vgl. *J. Ipsen,* NJW 2005, S. 2201.

37 Vgl. hierzu *G. Hermes,* in: Dreier (Hrsg.), GG, Bd. II, Art. 65 Rn. 28 ff.

Rückhalt in Fraktion und Partei braucht. Die Minister sind ebenso wie der Bundeskanzler in ein politisches Kräftefeld eingebunden, und jeder Versuch, sich hieraus zu lösen, wird auf die Dauer erfolglos sein. Das ändert jedoch nichts an seiner verfassungsrechtlichen Kompetenz, die Politik seines Geschäftsbereichs im Rahmen der Richtlinien des Bundeskanzlers zu bestimmen.

Aufgabe der Reaktorsicherheitskommission (RSK) ist es, das Bundesministerium für Umwelt, Natur- 460
schutz und Reaktorsicherheit in Angelegenheiten der Sicherheit kerntechnischer Anlagen zu beraten. Die Mitglieder der Kommission bekleiden ein persönliches Ehrenamt und sind an Weisungen nicht gebunden. Sie werden auf die Dauer von drei Jahren durch das Bundesministerium berufen. Der Bundesminister konnte deshalb in eigener Zuständigkeit über die Auflösung und neue personelle Zusammensetzung der RSK entscheiden, ohne vorher eine Entscheidung des Bundeskanzleramts einholen zu müssen. Die mögliche Publizität einer solchen Maßnahme rechtfertigt es nicht, sie als Gegenstand der Richtlinienkompetenz einzuordnen.

2. Die einzelnen Ressorts

Die Zahl der Ressorts schwankt von Kabinett zu Kabinett,[38] was gelegentlich den 461
Eindruck aufkommen lässt, das eine oder andere Ressort sei entbehrlich. Es gibt allerdings einen **Kernbestand** von Bundesministerien, die – zum Teil mit einer Verfassungsgarantie versehen[39] – nicht zur Disposition stehen und deren Geschäftsbereich im Allgemeinen unangetastet bleibt. Hierzu zählen die sog. »klassischen« Ministerien, nämlich das **Auswärtige Amt** und die **Bundesministerien** der **Finanzen,** der **Justiz,** des **Inneren** und der **Verteidigung.** Neben diesen (durch den Artikel »der« gekennzeichneten) Ministerien erweisen sich das Bundesministerium für Wirtschaft und Technologie und das Bundesministerium für Verkehr-, Bau und Stadtentwicklung als ähnlich bedeutsam.

Dem **Bundesverteidigungsminister** ist durch Art. 65 a GG eine verfassungsrecht- 462
liche Stellung besonderer Art zugewiesen. Er ist Inhaber der **Befehls- und Kommandogewalt** über die Streitkräfte, die im Verteidigungsfall auf den **Bundeskanzler** übergeht (Art. 115 b GG). In vergleichbarer Weise wird nur der **Bundesfinanzminister** hervorgehoben, dem nach Art. 112 GG ein Zustimmungsrecht bei überplanmäßigen und außerplanmäßigen Ausgaben zukommt. Auch andere Ressorts – etwa das **Justizministerium** (Art. 96 Abs. 2 S. 4 GG) – werden im Grundgesetz ausdrücklich erwähnt und stehen deshalb nicht zur Disposition des Bundeskanzlers. Verfassungspolitisch wäre es angezeigt, sämtliche Ressorts im Grundgesetz aufzuführen, um Neubildungen und Auflösungen aus Gründen parteipolitischer Opportunität auszuschließen. Auch der (einfache) Gesetzgeber wäre nicht gehindert, Zahl und Geschäftsbereiche der Bundesministerien festzulegen.[40]

3. Verantwortlichkeit der Bundesminister

Die Leitung der Ressorts ist den Bundesministern »selbständig und unter eigener 463
Verantwortung« übertragen (Art. 65 S. 2 GG). Diese Bestimmung steht in engem Zusammenhang mit Art. 65 S. 1 GG und der hier konstatierten **Verantwortlichkeit**

38 Vgl. *P. Schindler,* Datenhandbuch zur Geschichte des Deutschen Bundestages 1949 bis 1999, Bd. I, 1999, S. 1030 ff.; Deutscher Bundestag, Internetangebot: http://www.bundestag.de/dokumente/datenhandbuch/06/06_02/index.html (Stand: 20.6.2012).

39 Vgl. Art. 65 a, 96 Abs. 2 S. 4, 114 Abs. 1 GG.

40 Vgl. oben Rn. 439.

des **Bundeskanzlers** für die **Richtlinien** der **Politik.** Liest man den Satz aufmerksam, so kann kaum ein Zweifel daran entstehen, dass die Selbständigkeit gegenüber dem Bundeskanzler und die Verantwortung gegenüber dem Parlament gemeint sind. Jede andere Interpretation würde die Geschichte der Ministerverantwortlichkeit[41] verleugnen; denn dass ein auf Vorschlag des Bundeskanzlers ernannter und jederzeit absetzbarer Minister gegenüber dem Bundeskanzler für die Führung seines Ressorts verantwortlich ist, bedarf keiner Festlegung in der Verfassung.[42]

464 »Verantwortlich« sein bedeutet, zur Rechenschaft gezogen werden zu können.[43] Die Bundesminister müssen – jeweils für ihren Geschäftsbereich – auf mündliche Fragen, Kleine und Große Anfragen antworten und auf Beschluss des Parlaments im Bundestag bzw. seinen Ausschüssen erscheinen (Art. 43 Abs. 1 GG). Werden sie herbeigerufen, so müssen sie Rede und Antwort stehen und sich für die von ihnen ergriffenen Maßnahmen rechtfertigen.[44] Diese besondere, neben der generellen Verantwortung des Bundeskanzlers bestehende Ministerverantwortlichkeit trägt dem Umstand Rechnung, dass der Bundeskanzler nur für diejenigen Fehler verantwortlich gemacht werden kann, die in **seiner** Kompetenz liegen, also im Bereich der Richtlinien. Sofern unterhalb dieser Ebene Fehlentscheidungen getroffen werden, ist der zuständige **Minister** verantwortlich.

465 »Verantwortlichkeit« hat nichts mit persönlicher Schuld i. S. v. Vorsatz und Fahrlässigkeit zu tun. Es ist selbstverständlich, dass ein Minister, dem Tausende oder gar Hunderttausende von Bediensteten nachgeordnet sind, sich nicht um alles kümmern kann und ihm nicht alle Fehlentscheidungen als persönliches Versagen anzulasten sind. Gleichwohl trägt er für alle Vorgänge seines Geschäftsbereichs die **Verantwortung** nach Art. 65 S. 2 GG. Er muss sich Fehlleistungen innerhalb seines Ressorts auch dann zurechnen lassen, wenn er persönlich an dem Vorgang nicht beteiligt war. Man mag in derartigen Fällen zu der Konstruktion mangelnder Dienstaufsicht oder mangelnder Vorkehrungen gegen Fehlverhalten der dem Minister unterstellten Beamten greifen;[45] der Kern der Ministerverantwortlichkeit wäre hiermit nicht getroffen. Bei den Ministerien heutiger Größenordnung ist der Weg einzelner Entscheidungen und die Genese von Fehlschlägen häufig nicht im Einzelnen zu verfolgen. Derartige Bürokratien sind parlamentarischer Kontrolle nur zugänglich, wenn einem Amtsträger die gesamte Verantwortung zugewiesen wird. Die hiermit angesprochene **»politische« Verantwortung** ist nicht gleichbedeutend mit einer persönlichen (finanziellen) Haftung. Diese greift nur, wenn ein schuldhaftes Verhalten vorliegt. Politisch verantwortlich ist der Minister indessen auch für Vorgänge, von denen er nicht einmal Kenntnis zu haben braucht.

466 Rechtliche **Sanktionen** stehen dem Parlament gegenüber einem Minister nicht zu Gebote. Anders als der Reichstag der Weimarer Republik (Art. 54 S. 2 WRV) kann der Bundestag einem Minister das Vertrauen nicht entziehen. Denkbar hingegen ist

41 Vgl. hierzu *E. R. Huber,* Deutsche Verfassungsgeschichte seit 1789, Bd. III, 3. Aufl. 1988, S. 65 f.

42 Ebenso *M. Oldiges,* in: Sachs (Hrsg.), GG, Art. 65 Rn. 23.; *G. Hermes,* in: Dreier (Hrsg.), GG, Bd. II, Art. 65 Rn. 40.

43 Vgl. *M. Oldiges,* in: Sachs (Hrsg.), GG, Art. 65 Rn. 23; *M. Schröder,* in: v. Mangoldt/Klein/Starck, GG, Bd. 2, Art. 65 Rn. 45.

44 Vgl. oben Rn. 204 f.

45 Vgl. *K. Stern,* Staatsrecht II, S. 319 f.

ein **Missbilligungsbeschluss,** der als schlichter Parlamentsbeschluss jedoch keine Bindungswirkung entfaltet.[46] Gleichwohl wäre es vorschnell zu meinen, das Grundgesetz weise hier eine Lücke auf. Da das Amt des Bundesministers nach Art. 69 Abs. 2 GG mit »jeder Erledigung« des Amtes des Bundeskanzlers endet, hat das Parlament mit dem konstruktiven Misstrauensvotum auch eine Möglichkeit, Minister aus dem Amt zu entfernen. Aus wohlverstandenem Eigeninteresse wird der Bundeskanzler einem solchen Schritt des Parlaments zuvorkommen und dem Bundespräsidenten die Entlassung des betreffenden Ministers vorschlagen (Art. 64 Abs. 1 GG).

Die Entlassung eines Ministers (ohne Rücktrittsangebot) oder der Sturz der Regie- **467**
rung sind freilich grobe Geschütze. Unterhalb dieser Ebene bietet sich vor allem der freiwillige Rücktritt an, der eine Art komplementäre Funktion zur Ministerverantwortlichkeit erfüllt. Die Neigung zum Rücktritt ist bei Mitgliedern der Bundesregierung allerdings nie sehr ausgeprägt gewesen. Ein Zwang zum Rücktritt ist aus dem Grundgesetz nicht abzuleiten. Letztlich ist es eine Frage der politischen Kultur, unter welchen Voraussetzungen und zu welchem Zeitpunkt ein Bundesminister sein Amt freiwillig aufgibt.

III. Die Bundesregierung als Kollegialorgan (»Kabinettsprinzip«)

Fall 40: Das Außenwirtschaftsgesetz (AWG) ermächtigt dazu, den Wirtschaftsverkehr mit fremden **468**
Wirtschaftsgebieten Einschränkungen zu unterwerfen. Diese können durch Rechtsverordnung vorgesehen werden, die die Bundesregierung erlässt (§ 27 Abs. 1 S. 1 AWG). Nachdem bekannt wird, dass deutsche Unternehmen Chemikalien, die zur Herstellung chemischer Waffen geeignet sind, ins Ausland geliefert haben, bereitet das Bundesministerium für Wirtschaft eine Rechtsverordnung vor, die Ausführungsbeschränkungen für derartige Stoffe vorsieht. Der Text der Verordnung wurde an einem Freitag den Ministerien per Fax zugesandt und die Umlauffrist bis zum darauf folgenden Montag, 17.00 Uhr, festgesetzt. Während dieser Zeit waren von den 17 Mitgliedern der Bundesregierung 6 am Dienstsitz anwesend. Die Verordnung wurde noch am gleichen Tag vom Bundeskanzler und vom Bundeswirtschaftsminister unterzeichnet und zwei Tage später im Bundesgesetzblatt veröffentlicht.

(BVerfGE 91, 148)

Dem in Art. 65 S. 1 GG zum Ausdruck kommenden »Kanzlerprinzip« und dem in **469**
Art. 65 S. 2 GG niedergelegten »Ressortprinzip« wird das sog. »Kabinettsprinzip« des Art. 65 S. 3 GG gegenübergestellt. Die Bundesregierung als Kollegialorgan – das Bundeskabinett – ist allerdings weit davon entfernt, auf die Schlichtung von Streitigkeiten zwischen einzelnen Bundesministern beschränkt zu sein. Dem Kollegialorgan Bundesregierung ist vielmehr eine Fülle verfassungsrechtlicher Kompetenzen übertragen:

- Einbringung von **Gesetzentwürfen** beim Bundestag (Art. 76 Abs. 1 GG),
- Anrufung des **Vermittlungsausschusses** (Art. 77 Abs. 2 S. 4 GG),
- Erlass von **Verwaltungsvorschriften** und Wahrnehmung von Aufsichtsbefugnissen (Art. 84, 85 GG),
- Erlass von **Rechtsverordnungen** (Art. 80 Abs. 1 S. 1 GG),
- **Haushaltsrechtliche Beschlüsse** (Art. 110, 113, 114 GG),

46 Derartige Missbilligungsanträge entsprechen der Staatspraxis; vgl. die Aufzählung bei *U. Mager,* in: v. Münch/Kunig (Hrsg.), GG, Bd. 1, Art. 67 Rn. 1 ff.; siehe auch oben Rn. 218.

- Entscheidung über den **Bundeszwang** (Art. 37 GG),
- Anrufung des **BVerfG** (Art. 93 Abs. 1 Nr. 2–4 GG).

470 Die hier vorgesehenen **Beschlüsse** der Bundesregierung werden mit Mehrheit gefasst, bei Stimmengleichheit gibt die Stimme des Vorsitzenden den Ausschlag (§ 24 Abs. 2 GOBReg). Der Bundeskanzler kann einen Kabinettsbeschluss nicht unter Hinweis auf seine Richtlinienkompetenz ersetzen oder verändern, denn soweit der »**Bundesregierung**« Kompetenzen zugeordnet sind, tritt sie als Kollegialorgan in Erscheinung. Vorrang hat die Richtlinienkompetenz des Bundeskanzlers nur vor der in Art. 65 S. 3 GG geregelten Zuständigkeit zur **Streitentscheidung,** weil diese gerade Meinungsverschiedenheiten auf der Ressortebene betrifft, Minister aber bei Leitung ihres Ressorts die Richtlinien beachten müssen. Ebenso wenig kann der Bundeskanzler seine Minister (verfassungsrechtlich) zu einem bestimmten Stimmverhalten im Kabinett verpflichten, weil die im Grundgesetz vorgesehenen Kabinettsbeschlüsse in diesem Fall zur Farce gerieten. Allerdings hat der Bundeskanzler jederzeit die Möglichkeit, dissentierende Minister auszuwechseln und auf diese Weise dafür zu sorgen, dass das Kabinett in seinem Sinne abstimmt. Der Bundeskanzler ist insofern bei einem Widerstreit zwischen Kabinetts- und Kanzlerprinzip in der Lage, letzteres durchzusetzen.

471 Das BVerfG hat betont, dass Normsetzungsakte nur dann der Bundesregierung als Kollegium zugerechnet werden könnten, wenn alle Mitglieder Gelegenheit gehabt hätten, an der Entscheidung mitzuwirken, und die Mehrheit der Vorlage zugestimmt habe.[47] Hierdurch soll ein Umlaufverfahren nicht grundsätzlich ausgeschlossen sein; die Fristen allerdings müssten eine Beteiligung der einzelnen Ressorts ermöglichen.[48]

472 Im Ausgangsfall hat das BVerfG die Verordnung zwar als wirksam angesehen, für die Zukunft jedoch ein Verfahren angemahnt, das dem Kollegialprinzip zu größerer Wirkung verhilft. Genau genommen nämlich konnte von einer Verordnung der »Bundesregierung« nicht die Rede sein, wenn die – überwiegend ortsabwesenden – Minister lediglich an einem Arbeitstag Kenntnis von der Vorlage der Verordnung nehmen konnten.[49]

IV. Zum Vergleich: Die Europäische Union

473 Auf der Ebene der Europäischen Union ist mit einer (nationalen) Regierung am ehesten die **Kommission** vergleichbar. Sie besteht aus 27 Mitgliedern, die aufgrund ihrer allgemeinen Befähigung und ihres Einsatzes für Europa unter Persönlichkeiten ausgewählt werden, die volle Gewähr für ihre Unabhängigkeit bieten (Art. 17 Abs. 3 S. 2 EUV). Ab dem 1.11.2014 wird die Zahl der Kommissionsmitglieder verringert; sie beträgt dann nur noch zwei Drittel der Zahl der Mitgliedstaaten, sofern der Europäische Rat nicht einstimmig eine Änderung dieser Anzahl beschließt (Art. 17 Abs. 5 EUV). Die Kommission hat weitgespannte Kompetenzen und wird als »Motor der Integration« angesehen.[50] Für Rechtsetzungsakte der EU kommt ihr ein

47 Vgl. BVerfGE 91, 148 (171 ff.).
48 Vgl. BVerfGE 91, 148 (172 f.).
49 So BVerfGE 91, 148 (172 ff.).
50 Vgl. *R. Streinz*, Europarecht, Rn. 391.

Initiativrecht zu (Art. 17 Abs. 2 EUV),[51] das mit dem der Bundesregierung nach Art. 76 Abs. 1 GG vergleichbar ist. Die Kommission kontrolliert die Einhaltung des (primären und sekundären) Unionsrechts und fungiert insofern als »Hüterin des Unionsrechts« (Art. 17 Abs. 1 EUV).[52] Die Kommission ist – auch hierin der Bundesregierung vergleichbar – **kollegial organisiert.** Die Kommissionsmitglieder sind zuständig für bestimmte Ressorts, die in Generaldirektionen, Direktionen und Referaten organisiert sind.[53] Auch in dieser Gliederung finden sich Anklänge an die Organisation einer nationalen Regierung.[54] Der Präsident der Kommission hat zwar keine dem Bundeskanzler vergleichbaren Kompetenzen, gem. Art. 248 AEUV und Art. 17 Abs. 6 EUV werden ihm allerdings eine Reihe von Koordinationszuständigkeiten zugewiesen.[55]

Die Kommissionsmitglieder wurden bisher im gegenseitigen Einvernehmen der Mit- 474
gliedstaaten benannt; die Benennung des Präsidenten der Kommission bedurfte der Zustimmung des Europäischen Parlaments (Art. 214 Abs. 2 UAbs. 1 EGV a.F.). Nach Inkrafttreten des Vertrags von Lissabon wird der Präsident der Kommission auf Vorschlag des Europäischen Rates unmittelbar durch das Europäische Parlament gewählt. Der Vorschlag erfolgt nach Konsultationen mit dem EP und unter Berücksichtigung des Ergebnisses der Wahlen zum EP (Art. 17 Abs. 7 UAbs. 1 EUV). Die übrigen Kommissionsmitglieder werden vom Rat im Einvernehmen mit dem gewählten Präsidenten vorgeschlagen und auf der Grundlage der Vorschläge der Mitgliedstaaten ausgewählt. Sie müssen sich anschließend gemeinsam mit dem Präsidenten und dem Hohen Vertreter der Union für Außen- und Sicherheitspolitik »als Kollegium« einem Zustimmungsvotum des Europäischen Parlaments stellen. Erst danach wird die Kommission vom Europäischen Rat mit qualifizierter Mehrheit ernannt (Art. 17 Abs. 1 UAbs. 3 EUV).

V. Rechtsprechung

BVerfGE 27, 44 (Parlamentarisches Regierungssystem); **E** 44, 125 (Öffentlichkeitsarbeit der Bundes- 475
regierung); **E** 62, 1 (Auflösung des 9. Deutschen Bundestages); **E** 91, 148 (Bundesregierung als Kollegialorgan); **E** 100, 249 (Verwaltungsvorschriften für den Vollzug von Bundesgesetzen); **E** 105, 252 (Warnung vor diethylenglykolhaltigen Weinen); **E** 105, 279 (Grundrecht der Religions- und Weltanschauungsfreiheit als Schranke der Informationstätigkeit der Bundesregierung – Osho); **E** 114, 121 (Auflösung des 15. Deutschen Bundestages).

VI. Literatur

E.-W. Böckenförde, Die Organisationsgewalt im Bereich der Regierung, 1964; *V. Busse,* Änderungen 476
der Organisation der Bundesregierung und Zuständigkeitsanpassungs-Gesetz 2002 – Erläuterungen

51 Vgl. *T. Oppermann/C. D. Classen/M. Nettesheim,* Europarecht, § 5 Rn. 121 f.; *R. Streinz,* Europarecht, Rn. 391.
52 Vgl. *T. Oppermann/C. D. Classen/M. Nettesheim,* Europarecht, § 5 Rn. 130 f.; *R. Streinz,* Europarecht, Rn. 396.
53 Vgl. *T. Oppermann/C. D. Classen/M. Nettesheim,* Europarecht, § 5 Rn. 104 ff.
54 Vgl. zur internen Organisation der Kommission *R. Streinz,* Europarecht, Rn. 403 f.
55 Zur Stellung des Kommissionspräsidenten vgl. *R. Streinz,* Europarecht, Rn. 388.

am Beispiel der Regierungsbildung 2002, DÖV 2003, S. 407; *M. Elicker,* Examensrelevante Probleme aus dem Bereich der Gesetzesinitiative und des Vorverfahrens (Art. 76 GG), JA 2005, S. 513; *H.-J. Friehe,* Die Organisationsgewalt des Bundeskanzlers, JuS 1983, S. 208; *W. Hennis,* Richtlinienkompetenz und Regierungstechnik, 1964; *T. Hebeler,* Der Rücktritt von öffentlichen Ämtern, DVBl. 2011, S. 317; *J. Ipsen,* Zur Regierung verurteilt? – Verfassungsrechtliche Probleme der Vertrauensfrage nach Art. 68 GG, NJW 2005, S. 2201; *ders.*, Regierungsbildung im Mehrparteiensystem, JZ 2006, S. 217; *E. U. Junker,* Die Richtlinienkompetenz des Bundeskanzlers, 1965; *V. Klüppel,* Informales Handeln des Bundes als Kompetenzproblem, Jura 2003, S. 262; *K. Kröger,* Die Ministerverantwortlichkeit in der Verfassungsordnung der Bundesrepublik Deutschland, 1972; *G. Lehnguth,* Die Organisationsgewalt des Bundeskanzlers und das parlamentarische Budgetrecht, DVBl. 1985, S. 1359; *J. Lorse,* Die Befehls- und Kommandogewalt des Art. 65 a GG im Lichte terroristischer Herausforderungen, DÖV 2004, S. 329; *H. Maurer,* Vorzeitige Auflösung des Bundestages, DÖV 1982, S. 1001; *ders.*, Die Richtlinienkompetenz des Bundeskanzlers, FS W. Thieme, 1993, S. 123; *V. Mehde,* Die Ministerverantwortlichkeit nach dem Grundgesetz, DVBl. 2001, S. 13; *M. Oldiges,* Die Bundesregierung als Kollegium, 1983; *ders.*, Die interimistische Weiterführung der Amtsgeschäfte des Bundeskanzlers durch den Vizekanzler, DVBl. 1975, S. 79; *H.-E. Röttger,* Konstruktives Mißtrauensvotum gegen den geschäftsführenden Bundeskanzler?, JuS 1975, S. 358; *W.-R. Schenke,* Die Bildung der Bundesregierung, Jura 1982, S. 57; *ders.*, Die Aufgabenverteilung innerhalb der Bundesregierung, Jura 1982, S. 337; *E. Schmidt-Jortzig,* Die Pflicht zur Geschlossenheit der kollegialen Regierung (Regierungszwang), 1973; *C. Schönberger,* Parlamentarische Autonomie unter Kanzlervorbehalt, JZ 2002, S. 211; *K. Stein,* Die Verantwortlichkeit politischer Akteure, 2009.

§ 9 Der Bundespräsident

I. Die Stellung des Staatsoberhauptes im Regierungssystem

477 Als »parlamentarisch« wird ein Regierungssystem bezeichnet, in dem die Regierung (allein) vom **Parlament** abhängig ist. Wenn eine solche Abhängigkeit (auch) gegenüber dem **Staatsoberhaupt** besteht, handelt es sich um ein »präsidentielles« Regierungssystem. Sofern die Regierung von einem monarchischen Staatsoberhaupt – also einem König oder Kaiser – abhängig ist, lässt sich das Regierungssystem als »konstitutionell« bezeichnen.[1] Das »präsidentielle« Regierungssystem ist ohne weiteres mit dem **Demokratieprinzip** vereinbar; der Präsident – etwa der französischen Republik[2] – wird vom Volk gewählt. Das konstitutionelle Regierungssystem kann sich hingegen in einer Demokratie nicht finden, weil hier Staatsgewalt auf dynastischer Grundlage ausgeübt wird. Der Konstitutionalismus wird deshalb zutreffend als Kompromiss zwischen monarchischem Prinzip und Volksrepräsentation angesehen.[3] In jedem Regierungssystem erweist sich das Verhältnis von Regierung zu Parlament und Staatsoberhaupt, verkürzt gesagt: die Stellung des Staatsoberhaupts, als kennzeichnend. Die verbreitete Auffassung, das Grundgesetz habe keine eigene Konzeption eines **»Staatsoberhaupts«** entwickelt,[4] ist in ihrer Berechtigung zweifelhaft. Legt man einmal die Strukturen des Regierungssystems frei, so stellt sich – insbesondere im Vergleich zum Regierungssystem der Weimarer Verfassung – die Stellung des Bundespräsidenten als durchaus systemgerecht dar.

1. Die Stellung des Reichspräsidenten nach der Weimarer Reichsverfassung

478 Der Weimarer Verfassungsgeber war von tiefem Misstrauen gegenüber Parteien und Parlament – dem »pluralistischen Klüngel« *(Max Weber)* – beseelt, der nur partikulare Interessen vertrete, nicht aber das »Gemeinwohl« verfolge. Den zentrifugalen Kräften des Parlaments wurde deshalb die zentrierende Gewalt des Reichspräsidenten gegenübergestellt, der nach der verfassungsrechtlichen Konzeption ein Gegengewicht zum Parlament bilden sollte. Diese Stellung wurde vielfach als »pouvoir neutre«[5] bezeichnet oder mit der Lehre vom »Hüter der Verfassung«[6] *(Carl Schmitt)* begründet.

479 Der volksgewählte (Art. 41 WRV) Reichspräsident ernannte und entließ den Reichskanzler (Art. 53 WRV), ohne dass es einer Wahl oder Bestätigung durch den Reichstag bedurfte. Er führte den Oberbefehl über die Wehrmacht (Art. 47 WRV), konnte vom Reichstag beschlossene Gesetze zur Volksabstimmung bringen (Art. 73 Abs. 1 WRV), also das Volk gegen das Parlament anrufen. Er besaß das Recht, den Reichstag aufzulösen (Art. 25 WRV), und hatte ausgedehnte Notstandsbefugnisse (Art. 48 WRV).

---

1 Vgl. *E. R. Huber,* Deutsche Verfassungsgeschichte seit 1789, Bd. III, 3. Aufl. 1988, S. 5.

2 Art. 6 Verfassung der Republik Frankreich: »Der Präsident der Republik wird in allgemeiner und unmittelbarer Wahl für die Dauer von sieben Jahren gewählt.« Die Wahlperiode ist durch Verfassungsänderung vom 2.10.2000, Loi constitutionelle No 2000-964, auf fünf Jahre verringert worden.

3 So *E. R. Huber,* Deutsche Verfassungsgeschichte seit 1789, Bd. III, S. 9 f.

4 Vgl. *O. Kimminich,* VVDStRL 25 (1967), S. 80 ff. m. w. N.

5 Vgl. *E. R. Huber,* Deutsche Verfassungsgeschichte seit 1789, Bd. VI, rev. Nachdr. der 1. Aufl., 1993, S. 310; *O. Kiminich,* VVDStRL 25 (1967), S. 13 ff. m. w. N.

6 Vgl. *C. Schmitt,* Das Reichsgericht als Hüter der Verfassung, in: Verfassungsrechtliche Aufsätze, 3. Aufl. 1985, S. 63.

480 Das Regierungssystem der Weimarer Republik hatte auf diese Weise wesentliche Elemente des konstitutionellen Regierungssystems übernommen, wies andererseits aber eine folgenschwere Strukturschwäche auf. Reichspräsident und Parlament wurden gleichermaßen vom Volk gewählt, das Regierungssystem war also durch eine »doppelte Volkssouveränität« gekennzeichnet.[7] In den letzten Jahren der Weimarer Republik hat sich das Regierungssystem zu einer Präsidialdiktatur entwickelt, in der das Parlament nur noch eine Nebenrolle spielte.[8] Das folgende Beispiel illustriert diese Entwicklung:

481 Reichskanzler Brüning hatte am 16.7.1930 vergeblich versucht, vom Parlament die Zustimmung für einen Zuschlag zur Einkommensteuer zu erhalten. Am gleichen Tag wurde der Entwurf im Verordnungswege durchgesetzt (RGBl. I, S. 207). Als der Reichstag zwei Tage später die Aufhebung der Notverordnung verlangte, wurde er durch den Reichspräsidenten aufgelöst (RGBl. I, S. 299), und zwar mit der Begründung, er habe sein Recht aus Art. 48 WRV geltend gemacht. Die Notverordnung wurde erneut erlassen (RGBl. I, S. 311).

2. Die Parlamentarisierung des Regierungssystems durch das Grundgesetz

482 Während das Amt des Reichspräsidenten unverkennbare Züge des (monarchischen) Konstitutionalismus zeigte, hat das Grundgesetz dem parlamentarischen System zum Durchbruch verholfen. Die »Entmachtung« des Staatsoberhaupts ist keine isoliert zu sehende Maßnahme des Verfassungsgebers, sondern eine notwendige Konsequenz der Entscheidung für den Parlamentarismus. Dies ist auch der Grund, warum Vorschläge, das Amt des Bundespräsidenten durch Zuweisung weiterer Kompetenzen »aufzuwerten«,[9] sorgfältiger Diskussion bedürfen. Der Oberbefehl über die Streitkräfte, deren parlamentarische Kontrolle im Grundgesetz besonders ausgeprägt ist (Art. 45 a Abs. 2, 45 b GG), ließe sich z. B. nicht ohne weitreichende Folgewirkungen aus dem parlamentarischen Regierungssystem herauslösen. Demgegenüber wäre das parlamentarische Regierungssystem durch eine Volkswahl des Bundespräsidenten nicht in Frage gestellt. Die von der Enquête-Kommission »Verfassungsreform« seinerzeit vertretene Auffassung, die einem Bundespräsidenten durch die Volkswahl zuteil gewordene »überschießende Legitimation«[10] würde ihn geradezu zu weiterer politischer Aktivität herausfordern und somit einen latenten Gegensatz zu Parlament und Partei bedeuten, ist als Prognose für zukünftiges Verhalten eines Amtsträgers nicht zwingend, weil auch ein vom Volk gewählter Bundespräsident in erster Linie auf die Repräsentation und Integration beschränkt wäre. Schon gegenwärtig sind mit dem Amt beträchtliche Darstellungschancen in der Öffentlichkeit verbunden. Da Regierung und politische Parteien ebenfalls ständig in den Medien präsent sind und politische Aktivitäten des Staatsoberhauptes kritisieren könnten, spricht wenig dafür, dass eine Volkswahl zu einem Ungleichgewicht in der Verfassungsordnung führen würde.[11]

7 Vgl. *K. Stern,* Staatsrecht V, S. 746 f. m. w. N.
8 Vgl. *E. R. Huber,* Deutsche Verfassungsgeschichte seit 1789, Bd. VII, 1984, S. 731 ff.
9 So etwa *C. Pestalozza,* Der Popularvorbehalt – Direkte Demokratie in Deutschland, 1981, S. 30 f.
10 Vgl. Schlussbericht der Enquête-Kommission »Verfassungsreform«, BT-Drucks. 7/5924, S. 20 f.
11 Vgl. *J. Ipsen,* FS H.-P. Schneider, S. 203 f.

II. Staatsrechtliche Kompetenzen des Bundespräsidenten

1. Die völkerrechtliche Vertretung des Bundes (Art. 59 Abs. 1 GG)

Fall 41: Die Bundesregierung befindet sich in schwierigen Verhandlungen mit dem auswärtigen Staat X über die Rückführung von Asylanten. Könnte der Bundespräsident, der öffentlich mehrmals für die Integration von Ausländern eingetreten ist, von der Bundesregierung unter Hinweis auf Art. 59 Abs. 1 GG verlangen, dass das Bundespräsidialamt an den Verhandlungen beteiligt wird? 483

Die dem Bundespräsidenten in Art. 59 Abs. 1 GG zugewiesene **völkerrechtliche Vertretungsbefugnis** entspricht sowohl der Tradition des deutschen Staatsrechts (Art. 11 RV, 45 WRV) als auch der **völkerrechtlichen Praxis.** Staaten sind Völkerrechtssubjekte. Im völkerrechtlichen Verkehr muss gesichert sein, dass die für einen Staat auftretenden Unterhändler hierzu befugt sind und ihre Erklärungen den Staat binden. Da dem Staat nicht zuzumuten ist, sich über die innerstaatliche Kompetenzverteilung des jeweiligen Verhandlungspartners zu unterrichten, geht der Völkerrechtsverkehr seit jeher davon aus, dass das Staatsoberhaupt eine **allgemeine Vertretungsbefugnis** hat. Nach neueren Vereinbarungen gelten neben ihm der Regierungschef, der Außenminister und der Leiter der jeweiligen diplomatischen Mission als vertretungsbefugt.[12] 484

Die vom Völkerrecht vermutete Vertretungsbefugnis des Staatsoberhaupts wird durch Art. 59 Abs. 1 GG zu einer staatsrechtlichen Kompetenz umgeformt. Im **»Außenverhältnis«**, d. h. im Verkehr mit auswärtigen Staaten, kommt dem Bundespräsidenten eine umfassende Vertretungsbefugnis zu. Die gegenteilige Auffassung, die den Bundespräsidenten im Bereich der auswärtigen Beziehungen auf die **Ratifikation** völkerrechtlicher Verträge beschränken will,[13] vermag nicht zu überzeugen. Die Ratifikation ist Voraussetzung für das Inkrafttreten eines Vertrages, der Verhandlungen und Unterzeichnung vorausgehen müssen.[14] Wenn es in Art. 59 Abs. 1 S. 2 GG heißt, der Bundespräsident schließe »im Namen des Bundes die Verträge mit auswärtigen Staaten«, so ist hiermit ersichtlich mehr gemeint als die Ratifikation. Zutreffend werden die Rechtshandlungen in Art. 59 Abs. 1 S. 2 und 3 GG deshalb als Beispiele einer umfassenden Vertretungsbefugnis angesehen.[15] 485

Art. 59 Abs. 1 GG ist dagegen nicht zu entnehmen, wie sich die **innerstaatliche Willensbildung** im Bereich der auswärtigen Beziehungen vollzieht. Die völkerrechtliche Vertretungsbefugnis bedeutet nicht, dass der Bundespräsident völkerrechtlich bedeutsame Entscheidungen selbst zu treffen hätte oder an ihrem Zustandekommen auch nur zu beteiligen wäre. Das rechtliche **»Können«** im Außenverhältnis unterscheidet sich insofern vom rechtlichen **»Dürfen«** im Verhältnis zu den anderen Staatsorganen. 486

Die Richtlinien der Politik werden nach Art. 65 S. 1 GG durch den **Bundeskanzler** bestimmt. Es würde einen schwer begreiflichen Widerspruch innerhalb des Grund- 487

12 Art. 7 Abs. 2 der Wiener Vertragsrechtskonvention v. 23.5.1969 (= *Sartorius* II Nr. 320).

13 So *K. Stern*, Staatsrecht II, S. 227.

14 Vgl. unten Rn. 1116.

15 Vgl. *B. Kempen*, in: v. Mangoldt/Klein/Starck, GG, Bd. 2, Art. 59 Rn. 15; *M. Nettesheim*, in: Maunz/Dürig, GG, Art. 59 Rn. 3.

gesetzes bedeuten, wenn hiervon wichtige Aspekte der Außenpolitik ausgenommen und dem Bundespräsidenten zugewiesen wären. Zutreffend verneint die herrschende Meinung deshalb die Kompetenz des Bundespräsidenten zu eigener Außenpolitik.[16] Art. 59 Abs. 1 GG erweist sich somit als Ausprägung der dem Staatsoberhaupt eigenen »**Repräsentationsfunktion**«, die mit Befugnissen zu eigener Entscheidung oder gar tatsächlichen Machtverhältnissen nichts zu tun hat.

488 Im Ausgangsfall kann der Bundespräsident eine Beteiligung des Bundespräsidialamtes ebenso wenig verlangen wie er überhaupt auf die Verhandlungen Einfluss nehmen kann. Art. 59 Abs. 1 GG besagt insoweit lediglich, dass die Vollmacht der Verhandlungsführer auf den Bundespräsidenten rückführbar sein muss, sofern nicht eine vom Völkerrecht vermutete Vertretungsbefugnis (z. B. des Bundeskanzlers) vorliegt.

489 Gerade wegen der das Völkerrecht kennzeichnenden Vermutung zugunsten einer Vertretungsbefugnis des Staatsoberhaupts hat sich der Bundespräsident im Bereich der auswärtigen Beziehungen besonderer Zurückhaltung zu befleißigen und Erklärungen nur im Benehmen mit dem Bundeskanzler bzw. dem Auswärtigen Amt abzugeben. Er artikuliert politischen Willen, bildet ihn aber nicht selbst. Der Bundespräsident rückt damit in die Nähe der Staatsoberhäupter in parlamentarischen Monarchien, die ebenfalls auf derartige repräsentative Aufgaben beschränkt sind.

2. Ernennung und Entlassung von Amtsträgern des Bundes (Art. 60 Abs. 1, 64 Abs. 1 GG)

490 **Fall 42:** Nach Gegenzeichnung durch den Bundeskanzler und den Justizminister wird dem Bundespräsidenten die Ernennungsurkunde des C vorgelegt, der vom Richterwahlausschuss zum Richter am Bundesgerichtshof gewählt worden ist. Der Bundespräsident hat Vorbehalte gegenüber der Person des C, die auf dessen frühere Mitgliedschaft in einer als »extremistisch« angesehenen Partei zurückzuführen sind.
Könnte der Bundespräsident die Ernennung des C verweigern?

491 Auch mit Art. 60 Abs. 1, 64 Abs. 1 GG bewegt sich das Grundgesetz in der Tradition deutscher Verfassungen (Art. 18 RV, Art. 46 WRV). Das **Ernennungs- und Entlassungsrecht** ist traditionelles Hausgut des Staatsoberhauptes, besagt aber ebenso wenig wie die völkerrechtliche Vertretungsbefugnis etwas darüber, wie der hier artikulierte Wille gebildet wird. Einigkeit besteht darin, dass der Bundespräsident durch Art. 60 Abs. 1, 64 Abs. 1 GG zu keiner eigenen Personalpolitik ermächtigt wird.[17] Mit den Bundesministern soll der Bundeskanzler regieren, die Bundesbeamten und Soldaten sind den einzelnen Ressorts unterstellt. Die Bundesrichter sind unabhängig, ihre Wahl fällt zum Teil besonderen Organen zu. In der Staatspraxis werden dem Bundespräsidenten die Ernennungsurkunden ohne Personalakten zur Unterschrift vorgelegt.[18] Es ist nicht leicht einzusehen, worin angesichts dieser Prä-

16 Vgl. *I. Pernice*, in: Dreier (Hrsg.), GG, Bd. II, Art. 59 Rn. 22; *B. Kempen*, in: v. Mangoldt/Klein/Starck, GG, Bd. 2, Art. 59 Rn. 11; *O. Rojahn*, in: v. Münch/Kunig (Hrsg.), GG, Bd. 1, Art. 59 Rn. 11; *D. Seidel*, Der Bundespräsident als Träger der auswärtigen Gewalt, 1972, S. 222.

17 Vgl. *H. Maurer*, Staatsrecht, § 15 Rn. 12; vgl. *K. Stern*, Staatsrecht II, S. 245 f.; *M. Oldiges*, in: Sachs (Hrsg.), GG, Art. 64 Rn. 15.

18 Vgl. § 4 Abs. 1 der »Durchführungsbestimmungen zur Anordnung des Bundespräsidenten über die Ernennung und Entlassung der Bundesbeamten und Richter im Bundesdienst« des Bundesinnenministers v. 25.9.1969 (GMBl. S. 434), Bek. v. 5.11.1969 (BGBl. I, S. 2099).

missen noch ein Entscheidungsspielraum für den Bundespräsidenten bestehen soll. Wenn gleichwohl die Frage einer »**Prüfungskompetenz**« auch bei der Ernennung von Amtsträgern diskutiert wird,[19] so könnte es sich hier allenfalls um eine Prüfung der **Ernennungsvoraussetzungen** handeln.

Skepsis ist angebracht, wo jenseits einer – von den Personalreferaten ja ohnehin vorzunehmenden – **rechtlichen Prüfung** dem Bundespräsidenten eine Art **Notkompetenz** zur Verhinderung staatspolitisch unerwünschter Ernennungen eingeräumt wird.[20] In einem parlamentarischen Regierungssystem ist es Aufgabe des Parlaments, den Regierungschef bzw. den zuständigen Minister für unzuträgliche Ernennungsakte zur Verantwortung zu ziehen. Amtsinhaber mögen sich gelegentlich auf informellem Wege gegen Ernennungen gesperrt haben; im Konfliktsfall müsste der Bundespräsident aber unterliegen, denn wenn die Ernennungsvoraussetzungen des Beamten- oder Richterdienstrechts erfüllt sind, lässt sich kein staatspolitischer Vorbehalt »denken«, der ihn zur Verweigerung seiner Unterschrift berechtigte.[21] 492

Im Ausgangsfall wäre der Bundespräsident deshalb verpflichtet, die Ernennung vorzunehmen, sofern Bundeskanzler und Justizminister auf ihr bestehen. 493

3. Ausfertigung und Verkündung von Bundesgesetzen (Gesetzgebungsverfahren III)

Fall 43: Der Bundestag verabschiedete am 6.11.1960 das »Gesetz gegen den Betriebs- und Belegschaftshandel«. Das Gesetz schrieb ein weitgehendes Verbot für den Handel innerhalb von Betrieben und Belegschaften vor, der wegen günstigerer Preise dem Einzelhandel erhebliche Konkurrenz machte. Nachdem der Entwurf von Bundestag und Bundesrat angenommen worden war, wurde er nach Gegenzeichnung durch den Bundeskanzler und die zuständigen Minister dem Bundespräsidenten zur Ausfertigung und Verkündung vorgelegt. Der Bundespräsident hatte Bedenken gegen die Verfassungsmäßigkeit des Gesetzentwurfs. Nachdem er ein Gutachten eingeholt hatte, das die Verfassungsmäßigkeit verneinte, weigerte er sich in einem Brief an Regierung und Parlament, das Gesetz auszufertigen und zu verkünden. 494

Nach Art. 82 Abs. 1 GG werden die nach den Vorschriften des Grundgesetzes zustande gekommenen Gesetze durch den Bundespräsidenten »ausgefertigt« und im Bundesgesetzblatt verkündet. Die **Ausfertigung,** die nichts anderes bedeutet als die Herstellung einer Urschrift des Gesetzes, umfasst die Erklärung der »**Authentizität**« – Gesetzesbeschluss und Urkunde stimmen im Wortlaut überein – und der »**Legalität**« – die Vorschriften des Grundgesetzes sind eingehalten worden.[22] Unstreitig ist die Befugnis des Bundespräsidenten, Gesetze auf ihr **verfassungsmäßiges Zustandekommen** zu überprüfen. Die sog. »**formelle Prüfungskompetenz**« muss sich nicht auf die Nachzeichnung des parlamentarischen Gesetzgebungsverfahrens beschränken; auch die Gesetzgebungskompetenz des Bundes und die Mitwirkung des Bundesrates gehören zum verfassungsmäßigen »Zustandekommen« eines Gesetzes.[23] Es ist 495

19 Vgl. nur *K. Stern,* Staatsrecht II, S. 261; *U. Mager,* in: v. Münch/Kunig (Hrsg.), GG, Bd. 1, Art. 64 Rn. 3 ff.

20 Dagegen auch *R. Herzog,* in: Maunz/Dürig, GG, Art. 54 Rn. 87; *I. Pernice,* in: Dreier (Hrsg.), GG, Bd. II, Art. 60 Rn. 20 m. w. N.

21 Anders *K. Stern,* Staatsrecht II, S. 262.

22 Vgl. nur *B.-O. Bryde,* in: v. Münch/Kunig (Hrsg.), GG, Bd. 2, Art. 82 Rn. 9.

23 Vgl. *K. Stern,* Staatsrecht II, S. 233.

deshalb ganz unzutreffend, wenn gelegentlich der Eindruck erweckt wird, Verstöße gegen Zuständigkeitsvorschriften seien leichter feststellbar als Verletzungen des materiellen Rechts.[24] Gleichwohl besteht Einigkeit darüber, dass der Bundespräsident die formelle Seite eines Gesetzes in vollem Umfang zu prüfen befugt ist und die Ausfertigung verweigern kann, wenn er einen Verstoß gegen die Verfassung feststellt.[25]

496 Umstritten ist hingegen die Frage der **»materiellen« Prüfungskompetenz,** also die Befugnis des Bundespräsidenten, ihm zur Ausfertigung vorgelegte Gesetze auch auf ihre inhaltliche Übereinstimmung mit dem Grundgesetz zu kontrollieren. Die geringe Zahl von Gesetzen, in denen die Prüfungskompetenz praktische Bedeutung gewonnen hat, würde für sich die breite Resonanz in der Literatur nicht rechtfertigen.[26] Im Kern geht es – wie nicht selten beim Amt des Bundespräsidenten – um **Kontinuität** oder **Diskontinuität** in der deutschen **Verfassungsgeschichte,** also um die Frage, ob das parlamentarische Regierungssystem eine neue Interpretation der Kompetenzen des Staatsoberhaupts erfordert.

497 Da das Problem der Prüfungskompetenz mittlerweile zum staatsrechtlichen »Schulfall« geworden ist, sind nahezu alle Gesichtspunkte vorgetragen und endlos wiederholt worden. Der Wortlaut des Art. 82 Abs. 1 GG gibt keinen sicheren Aufschluss über die strittige Kompetenz; so erscheint es vertretbar, materiell verfassungswidrige Gesetze als *nicht* nach den Vorschriften des Grundgesetzes »zustande gekommen« zu betrachten.[27] Auch die »repräsentative Funktion« des Bundespräsidenten weist noch nicht den richtigen Weg, weil sie zum einen nur als zusammenfassende Kennzeichnung der Kompetenzen des Bundespräsidenten angesehen werden kann und Ausnahmen zulässt, zum anderen aber offenbar mit einer eingehenden verfassungsrechtlichen Prüfung von Zuständigkeitsvorschriften vereinbar ist. Selbst das »Wesen« der Ausfertigung erweist sich als zu unbestimmt, als dass man hierauf rekurrieren könnte.[28]

498 Bemerkenswert, letztlich aber nicht überzeugend ist die Erwägung, formelle und materielle Prüfung eines Gesetzes ließen sich nicht voneinander trennen, weil ein materiell verfassungswidriges Gesetz zugleich einen förmlichen Mangel aufweise, nämlich nicht als verfassungsänderndes Gesetz eingebracht worden zu sein.[29] Diese Position wirkt etwas konstruiert, vor allem aber geht sie an der Realität verfassungswidriger Gesetze vorbei. Die gesetzgebenden Organe »wollen« ja gerade nicht die Verfassungsänderung, sondern halten ihre Gesetzesbeschlüsse für verfassungsmäßig. Aus dem strikten Verbot der sog. »Verfassungsdurchbrechung« (Art. 79 Abs. 1 S. 1 GG) folgt im Übrigen, dass die Verfassungsänderung dem einfachen Gesetz vorausgehen müsste. Das materiell verfassungswidrige – einfache – Gesetz kann also unter

24 So auch *K. Stern,* Staatsrecht II, S. 232.

25 Vgl. *T. Maunz,* in: Maunz/Dürig, GG, Art. 82 Rn. 2; *B.-O. Bryde,* in: v. Münch/Kunig (Hrsg.), GG, Bd. 2, Art. 82 Rn. 3; *K. H. Friauf,* FS K. Carstens, S. 547.

26 Vgl. die Angaben zur Staatspraxis bei *B.-O. Bryde,* in: v. Münch/Kunig (Hrsg.), GG, Bd. 2, Art. 82 (Anh.); *K. Stern,* Staatsrecht II, S. 232; Deutscher Bundestag, Internetangebot: http://www.bundestag.de/dokumente/datenhandbuch/10/10_07/index.html (Stand: 20.6.2012).

27 Vgl. *T. Maunz,* in: Maunz/Dürig, GG, Art. 82 Rn. 2.

28 Vgl. *K. Stern,* Staatsrecht II, S. 233.

29 Nachweise bei *B.-O. Bryde,* in: v. Münch/Kunig (Hrsg.), GG, Bd. 2, Art. 82 Rn. 6.

keinen Umständen in ein formell grundgesetzwidriges – gewissermaßen verhindertes – verfassungsänderndes Gesetz umgedeutet werden.[30]

Das Problem der materiellen Prüfungskompetenz spitzt sich deshalb zur Frage zu, ob ein Amtsträger verpflichtet sein kann, Handlungen vorzunehmen, die seiner Auffassung nach gegen das Grundgesetz verstoßen. Diese Frage ist für den Bundespräsidenten ebenso wie für jeden anderen Amtsträger im Hinblick auf Art. 20 Abs. 3 GG zu **verneinen.** Es handelt sich hier nicht um eine Kompetenz, die im Widerspruch zum parlamentarischen Regierungssystem steht, sondern um eine zusätzliche »Sicherung der Beachtung von Verfassungsrecht«.[31] Der Bundespräsident nimmt im Rahmen dieser Kompetenz auch keine dem BVerfG vergleichbare »Normenkontrolle« vor, sondern überprüft das Gesetz auf mehr oder minder **offenkundige Verstöße** gegen die Verfassung.[32] Die Staatspraxis hat gezeigt, dass für eine derartige Prüfung Bedarf besteht und das Amt des Bundespräsidenten hierfür hinreichend ausgestattet ist. Die vielfach gezogene Parallele zum Amt des Notars[33] spricht im Übrigen mehr für als gegen die materielle Prüfungskompetenz. Nach § 14 Abs. 2 BNotO[34] hat der Notar 499

»seine Amtstätigkeit zu versagen, wenn sie mit seinen Amtspflichten nicht vereinbar wäre, insbesondere wenn seine Mitwirkung bei Handlungen verlangt wird, mit denen erkennbar unerlaubte oder unredliche Zwecke verfolgt werden.«

Man würde an der Wirklichkeit vorbeigehen, hielte man derartige Konstellationen im parlamentarischen Regierungssystem für ausgeschlossen.

Durch die materielle Prüfungskompetenz bildet der Bundespräsident kein »Gegengewicht« zum Parlament, denn der Bundestag kann die Sache jederzeit vor das BVerfG bringen und dort (im Wege der Organstreitigkeit) eine bindende Entscheidung erwirken. Interessanterweise hat der Bundestag – oder auch der Bundesrat – diesen Weg in der **Staatspraxis** nicht beschritten. Es liegt deshalb nahe, die materielle Prüfungskompetenz des Bundespräsidenten nicht mehr als umstritten, sondern als **verfassungsgewohnheitsrechtlich** verfestigt anzusehen.[35] 500

Im Ausgangsfall war der Bundespräsident folglich befugt, das Gesetz auch auf seine Übereinstimmung mit Art. 12 GG zu überprüfen. Da der Verstoß gegen Art. 12 GG eindeutig ist, durfte der Bundespräsident die Ausfertigung des Gesetzes verweigern. Der Ausgangsfall zeigt überdies die sachliche Berechtigung einer präsidentiellen Prüfungskompetenz am Ende des Gesetzgebungsverfahrens: Bei dem Gesetz handelte es sich um ein »Wahlgeschenk«, gegen das keine Bundestags- 501

30 So zutr. *E. Friesenhahn*, FS G. Leibholz, Bd. II, S. 684; *K. H. Friauf*, FS K. Carstens, S. 556; *B.-O. Bryde*, in: v. Münch/Kunig (Hrsg.), GG, Bd. 2, Art. 82 Rn. 6.

31 Vgl. *D. Rauschning*, Die Sicherung der Beachtung von Verfassungsrecht, 1969, S. 151 f.

32 Vgl. hierzu das Schreiben vom 22.1.1991, mit dem der damalige Bundespräsident Richard v. Weizsäcker die Ausfertigung des »10. Gesetzes zur Änderung des Luftverkehrsgesetzes« (BR-Drucks. 391/90) ablehnte:
»Wie meine Vorgänger prüfe ich ein Gesetz mit der Maßgabe, daß über Zweifel an seiner Verfassungsmäßigkeit mit verbindlicher Wirkung für alle nur das Bundesverfassungsgericht befinden kann. Muß aber der Bundespräsident nach eingehender Beratung und eigener Prüfung die Unvereinbarkeit eines Gesetzes mit dem Grundgesetz zweifelsfrei bejahen, kann er – der Verfassung verpflichtet – das Gesetz nicht ausfertigen.« (Bulletin der Bundesregierung v. 26.1.1991, S. 46); vgl. hierzu *V. Epping*, JZ 1991, S. 1107 ff.

33 Vgl. *R. Herzog*, Allgemeine Staatslehre, 1971, S. 287.

34 *Schönfelder* (Ergänzungsband) Nr. 98 a.

35 Str., vgl. *H. Biehl*, Die Gegenzeichnung im parlamentarischen Regierungssystem der Bundesrepublik Deutschland, 1971, S. 116; a. A. *M. Nierhaus*, in: Sachs (Hrsg.), GG, Art. 82 Rn. 16.

fraktion zu stimmen wagte. Eine auf offenkundige Verstöße beschränkte Prüfungskompetenz des Bundespräsidenten ist geeignet, derartige Fehlentscheidungen zu korrigieren, auf der anderen Seite aber mit dem parlamentarischen Regierungssystem durchaus vereinbar.

4. Auflösung des Bundestages (Art. 63 Abs. 4, 68 Abs. 1 GG)

502 Während sich die völkerrechtliche Vertretung des Bundes und die Ernennung von Amtsträgern als repräsentative Aufgaben des Bundespräsidenten herausgestellt haben, also nur fremder »Wille« artikuliert wird, fällt dem Bundespräsidenten bei der Ausfertigung von Gesetzen eine – wenn auch enge – Entscheidungsbefugnis zu, die eine Teilhabe am Gesetzgebungsverfahren bedeutet. Das Grundgesetz weist dem Bundespräsidenten weitere politische Entscheidungskompetenzen zu, aufgrund derer er an der **Staatsleitung** mitwirkt. Hierzu sind die beiden Fälle der **Auflösung des Bundestages** (Art. 63 Abs. 4 und 68 Abs. 1 GG) ebenso zu rechnen, wie die **Verkündung des Gesetzgebungsnotstandes** (Art. 81 GG).

503 **Fall 44:** Auf Vorschlag des Bundeskanzlers löste der Bundespräsident am 21.7.2005 den 15. Deutschen Bundestag auf und setzte für den 18. 9. Neuwahlen an. Der Bundeskanzler hatte zuvor die Vertrauensfrage gestellt. Bei der (namentlichen) Abstimmung votierten 151 Abgeordnete mit »ja«, 296 Abgeordnete mit »nein«, während sich 148 Abgeordnete der Stimme enthielten. Die Absicht des Bundeskanzlers, die Vertrauensfrage zu stellen und auf diesem Wege Neuwahlen herbeizuführen, war der Öffentlichkeit bereits am 22.5.2005 – dem Tag der Wahlniederlage der SPD in Nordrhein-Westfalen – bekannt geworden.

(BVerfGE 114, 121)

504 Die Entscheidung des Bundespräsidenten, den Bundestag aufzulösen, hat nach Art. 68 Abs. 1 GG drei Voraussetzungen:

- die Vertrauensfrage des Bundeskanzlers hat nicht die Mehrheit gefunden;
- der Bundeskanzler schlägt die Auflösung vor;
- die Frist von 21 Tagen ist noch nicht abgelaufen.

505 Während Vorschlag des Bundeskanzlers und Fristwahrung rechtlich unproblematisch sind, stellt sich bei der Abstimmung über den Vertrauensantrag ein fundamentales verfassungsrechtliches Problem: Die Frage ist nämlich, ob die Abgeordneten des Bundestages dem Bundeskanzler »wirklich« das Vertrauen versagt haben müssen oder ob es ausreicht, dass die Abstimmung äußerlich einen negativen Ausgang aufweist. Mit anderen Worten fragt es sich, ob rechtliche Voraussetzung für die politische Ermessensentscheidung des Bundespräsidenten eine **»materielle«** oder **»formelle« Auflösungslage** ist.[36] Lässt man eine »formelle« Auflösungslage genügen, so könnte der Bundeskanzler zu jedem Zeitpunkt die Voraussetzungen für Neuwahlen schaffen. Eine »materielle« Auflösungslage würde hingegen eine tatsächliche Instabilität der Regierungsverhältnisse voraussetzen und Neuwahlen nur als »ultima ratio« zulassen.[37]

506 Die Entscheidung für eine »formelle« oder »materielle« Auflösungslage ist nicht leicht zu treffen. Die Verfassung als Regelwerk des politischen Prozesses lässt in

36 Vgl. BVerfGE 114, 121; *H. Maurer*, Staatsrecht, § 13 Rn. 58; *V. Epping*, in: v. Mangoldt/Klein/Starck, GG, Bd. 2, Art. 68 Rn. 40 ff.

37 Vgl. *M. Oldiges*, in: Sachs (Hrsg.), GG, Art. 68 Rn. 9; *V. Epping*, in: v. Mangoldt/Klein/Starck, GG, Bd. 2, Art. 68 Rn. 15.

vielen Fällen ein **formales Verständnis** zu. Insofern könnte man vertreten, dass es rechtlich unerheblich ist, warum eine Vertrauensfrage scheitert, wenn nur die Ja-Stimmen hinter der absoluten Mehrheit zurückbleiben. Gegen ein solch formales Verständnis der Verfassung ließe sich freilich einwenden, dass im Grundgesetz Vorkehrungen für ein **Höchstmaß** an **Stabilität** getroffen worden sind. Es gibt überhaupt nur zwei Konstellationen, unter denen der Bundestag aufgelöst werden kann, wobei Art. 63 Abs. 4 GG – keine absolute Mehrheit eines Kandidaten auf der 3. Stufe der Kanzlerwahl[38] – in die Richtung einer engen – materiell verstandenen – Auslegung des Art. 68 Abs. 1 GG weist.

Das BVerfG hat sich in seinem **ersten Auflösungsurteil** für eine materielle Auflösungslage als Voraussetzung einer Bundestagsauflösung nach Art. 68 Abs. 1 GG ausgesprochen.[39] Es hat sogar eine Befugnis des Bundeskanzlers, das Verfahren nach Art. 68 GG anzustreben, nur für den Fall für berechtigt gehalten, dass die »politischen Kräfteverhältnisse im Bundestag (...) seine Handlungsfähigkeit so beeinträchtigen oder lähmen, dass er eine vom stetigen Vertrauen der Mehrheit getragene Politik nicht sinnvoll zu verfolgen vermag«.[40] Allerdings kam es der Quadratur des Kreises gleich, diese Voraussetzungen auch zur Jahreswende 1982/83 als gegeben anzusehen. Nach dem erfolgreichen Misstrauensvotum vom 1.10.1982 nämlich verfügte die Regierungskoalition aus CDU/CSU und FDP über eine deutliche Mehrheit im Deutschen Bundestag, mit der fast zeitgleich mit der Abstimmung über die Vertrauensfrage das Haushaltsgesetz 1983 beschlossen wurde.[41] Auf den Vertrauensantrag des Bundeskanzlers (Helmut Kohl) entfielen hingegen nur 8 Ja-Stimmen. Wie aus den abweichenden Voten zum Urteil hervorgeht, war der gesamte Verfahrensablauf von den Beteiligten bis in alle Einzelheiten festgelegt worden, bevor überhaupt die Vertrauensfrage gestellt wurde.[42] Nach den vom BVerfG aufgestellten Maßstäben hätte folglich ein **verfassungswidriges Verhalten** der beteiligten Organe vorgelegen. 507

Im **zweiten Auflösungsurteil** des BVerfG wird das Erfordernis einer materiellen Auflösungslage bekräftigt, gleichzeitig aber betont, der Bundeskanzler könne den Antrag nach Art. 68 GG auch mit dem Ziel stellen, eine Auflösung des Bundestages herbeizuführen.[43] Mit der Bestätigung, dass eine »auflösungsgerichtete« Vertrauensfrage verfassungsrechtlich zulässig ist, wird die in der Literatur vertretene Differenzierung zwischen »echter« und »unechter« – nämlich auflösungsgerichteter – Vertrauensfrage hinfällig.[44] Der Antrag nach Art. 68 GG dient also nicht lediglich der Erkundung des Vertrauens, sondern kann auch als Instrument genutzt werden, um Neuwahlen herbeizuführen.[45] Einen neuen Akzent setzt das BVerfG in seinem zweiten Auflösungsurteil im Hinblick auf Eigenart und Umfang der verfassungsgerichtlichen Kontrolle. Es räumt ein, dass die materiellen Voraussetzungen der Bundestagsauflösung im verfassungsgerichtlichen Verfahren nur begrenzt überprüft werden 508

38 Vgl. oben Rn. 422.
39 So BVerfGE 62, 1 (42 f.).
40 So BVerfGE 62, 1 (44).
41 Vgl. BVerfGE 62, 1 (11).
42 Vgl. das Sondervotum des Richters *Rottmann,* BVerfGE 62, 108 (113 ff.).
43 So BVerfGE 114, 121 (152 ff.).
44 Vgl. dazu *W. Löwer,* DVBl. 2005, S. 1102 (1106 ff.); *J. Ipsen,* NJW 2005, S. 2201 (2203).
45 Vgl. *J. Ipsen,* NVwZ 2005, S. 1147 (1148).

könnten.[46] Im Ergebnis zieht sich das BVerfG auf eine Missbrauchskontrolle zurück, die es allerdings für ausreichend hält, weil die Bundestagsauflösung die Mitwirkung dreier Staatsorgane – nämlich des Bundeskanzlers, des Bundestages und des Bundespräsidenten – in einer »Verantwortungskette« erfordere.[47] Ausdrücklich wird dem Bundespräsidenten ein »politisches Ermessen« bei seiner Entscheidung eingeräumt.

509 Im Ausgangsfall hat der Bundeskanzler die Vertrauensfrage damit begründet, dass die politischen Kräfteverhältnisse im Bundestag seine Handlungsfähigkeit so beeinträchtigten, dass er eine vom stetigen Vertrauen der Mehrheit getragene Politik nicht sinnvoll zu verfolgen vermöge, und damit die vom BVerfG im ersten Auflösungsurteil entwickelte Formel verwandt. Da die Vertrauensabstimmung die erforderliche Mehrheit nicht erbrachte, oblag dem Bundespräsidenten eine politische Ermessensentscheidung über die Auflösung des Bundestages. Das BVerfG hat bei der von ihm vorgenommenen Prüfung keine Gründe für einen Verstoß gegen Art. 68 GG erkennen können.[48] Allerdings wäre der Bundespräsident zur Auflösung des Bundestages nicht *verpflichtet* gewesen, wenn er zur Überzeugung gelangt wäre, dass Neuwahlen nicht zu einer Stabilisierung der politischen Kräfteverhältnisse führen würden.

5. Begnadigungsrecht (Art. 60 Abs. 2 GG)

510 **Fall 45:** B ist wegen Mitgliedschaft in einer terroristischen Vereinigung (§ 129 a StGB) vom OLG in D zu einer Freiheitsstrafe verurteilt worden, die er gegenwärtig verbüßt. Von B ist bekannt geworden, dass er sich vom Terrorismus distanziert hat.

511 Der Bundespräsident übt für den Bund im Einzelfalle das Begnadigungsrecht aus (Art. 60 Abs. 2 GG). Diese traditionell Staatsoberhäuptern zufallende Befugnis (Art. 49 WRV) betrifft nicht nur strafgerichtlich Verurteilte, sondern umfasst auch Disziplinarsachen und Bußgeldbescheide. Die Beschränkung auf den Bund bedeutet, dass die Gnadenakte des Bundespräsidenten nur gegenüber Verurteilungen durch Bundesgerichte gewährt werden dürfen. Nicht ausreichend ist es, wenn das Urteil eines Landesgerichts durch den Bundesgerichtshof (als Revisionsinstanz) bestätigt worden ist.[49]

512 Im Ausgangsfall ist B von einem **Oberlandesgericht**, also einem Gericht eines Bundeslandes, verurteilt worden. In »Staatsschutzsachen« üben die Länder jedoch Gerichtsbarkeit des Bundes aus (Art. 96 Abs. 5 GG).[50] Das Begnadigungsrecht verbleibt deshalb beim Bundespräsidenten, der B folglich begnadigen kann.

513 Der Bundespräsident ist auf den Gnadenerweis »im Einzelfall« beschränkt, kann also keine Strafbefreiung für Gruppen von Straftaten oder Straftätern aussprechen. Eine Amnestie (oder Abolition) bedarf eines Parlamentsgesetzes.[51]

514 Nach Art. 60 Abs. 3 GG kann der Bundespräsident das Begnadigungsrecht auf andere Behörden übertragen, was durch »**Anordnungen**« geschehen ist.[52] Für minder wichtige Fallgruppen steht das Begnadigungsrecht den Ressortministern zu.

46 Vgl. BVerfGE 114, 121 (155).
47 So BVerfGE 114, 121 (158).
48 Vgl. BVerfGE 114, 121 (169 f.).
49 Vgl. *R. Herzog*, in: Maunz/Dürig, GG, Art. 60 Rn. 33; *I. Pernice*, in: Dreier (Hrsg.), GG, Bd. II, Art. 60 Rn. 26.
50 Vgl. unten Rn. 701 f.
51 Vgl. BVerfGE 2, 213 (222); 10, 234 (239).
52 Anordnung des Bundespräsidenten über die Ausübung des Begnadigungsrechts des Bundes v. 5.10.1965 (BGBl. I, S. 1573) und v. 3.11.1970 (BGBl. I, S. 1513).

Das Begnadigungsrecht für die Bundesländer steht nach Maßgabe der einzelnen Landesverfassungen den **Ministerpräsidenten** zu. Entscheidend für die Abgrenzung ist, ob in erster Instanz Landes- oder Bundesgerichtsbarkeit ausgeübt worden ist.[53] Die unterschiedliche Begnadigungspraxis ist eine Folge des föderativen Aufbaus der Bundesrepublik und lässt sich nicht dadurch verhindern, dass das Gnadenrecht des Bundespräsidenten ausgeweitet wird.[54] 515

III. Rechtsstellung des Bundespräsidenten

1. Wahl des Bundespräsidenten (Art. 54 GG)

Für die Wahl des Bundespräsidenten sieht das Grundgesetz ein eigenes oberstes Staatsorgan, die **Bundesversammlung,** vor, deren Kompetenzen sich im **Wahlakt** erschöpfen (Art. 54 Abs. 1 S. 1 GG) und die deshalb nur alle **fünf Jahre** (Art. 54 Abs. 2 S. 1 GG) zusammentritt. Die Bundesversammlung besteht aus den Mitgliedern des Bundestages und einer gleichen Anzahl von Mitgliedern, die von den Volksvertretungen der Länder **gewählt** werden (Art. 54 Abs. 3 GG). Zur Bundesversammlung wählbar ist, wer das passive Wahlrecht zum Bundestag besitzt (§ 3 BPWahlG[55]). In der Staatspraxis wählen die Landesparlamente auch solche – zumeist »prominente« – Mitglieder in die Bundesversammlung, die kein **parlamentarisches Mandat** innehaben. 516

Für die Wahl in den ersten beiden Wahlgängen ist die absolute Mehrheit notwendig. Sofern keine Überhangmandate angefallen sind, sind dies 599 Stimmen (Art. 54 Abs. 6 S. 1 GG).[56] Erst im dritten Wahlgang reicht die **einfache Mehrheit** aus (Art. 54 Abs. 6 S. 2 GG).[57] Trotz der Wahl durch ein eigenes, den parlamentarischen 517

53 § 452 StPO: In Sachen, in denen im ersten Rechtszug in Ausübung von Gerichtsbarkeit des Bundes entschieden worden ist, steht das Begnadigungsrecht dem Bund zu. In allen anderen Sachen steht es den Ländern zu.

54 Vgl. den Vorschlag *O. Bachofs,* JZ 1983, S. 475, das Begnadigungsrecht des Bundespräsidenten durch Änderung des § 452 StPO zu erweitern.

55 Gesetz über die Wahl des Bundespräsidenten durch die Bundesversammlung vom 25.4.1959 (BGBl. I, S. 230) = *Sartorius* I Nr. 33.

56 Die am 18.3.2012 zusammengetretene Bundesversammlung setzte sich aus 1240 Mitgliedern zusammen. Die Wahl führte im ersten Wahlgang zu folgendem Ergebnis:

	1. Wahlgang
Abgegebene Stimmen Gültige Stimmen Ungültige Stimmen Stimmenthaltungen	1232 1228 4 108
Joachim Gauck (CDU/CSU/SPD/GRÜNE/FDP/ Freie Wähler/SSW)	991
Beate Klarsfeld (Die Linke)	126
Olaf Rose (NPD)	3

57 Mehrfach waren in der Geschichte der Bundesrepublik bei der Wahl des Bundespräsidenten bis zu drei Wahlgänge erforderlich, vgl. *J. Ipsen,* Der Staat der Mitte, S. 43.

Raum überschreitendes Wahlorgan kann sich der Bundespräsident nicht auf eine unmittelbare demokratische Legitimation durch das Volk berufen. Die Wahl nach Art. 54 GG bedeutet insofern keine Durchbrechung des parlamentarischen Regierungssystems.

2. Inkompatibilität und Immunität (Art. 55, 60 GG)

518 Das Grundgesetz sieht für den Bundespräsidenten eine Reihe von Unvereinbarkeiten im öffentlichen wie im privaten Bereich vor. Der Bundespräsident darf weder der **Regierung** noch einer gesetzgebenden **Körperschaft** des Bundes oder eines Landes angehören (Art. 55 Abs. 1 GG).[58] Eine Personalunion zwischen Bundeskanzler und Bundespräsident ist unzulässig. Auch ein Abgeordnetenmandat darf der Bundespräsident nicht ausüben. Die Unvereinbarkeit wird durch Art. 55 Abs. 2 GG auf den privaten Bereich ausgedehnt. Dem Bundespräsidenten ist schlechthin jede Förderung erwerbswirtschaftlicher Zwecke untersagt.[59] Das schließt nicht aus, dass er »Schirmherrschaften« übernimmt oder nichtkommerziellen Vereinigungen angehört.

519 Durch die etwas versteckte Verweisung in **Art. 60 Abs. 4 GG** wird der Bundespräsident hinsichtlich der **Immunität** den Bundestagsabgeordneten gleichgestellt. Die von vornherein auf den Bereich des Parlamentsrechts begrenzte **Indemnität** fehlt folgerichtig, denn der Bundespräsident tritt im Parlament und seinen Ausschüssen nicht auf. Die vom Bundestag gefassten Beschlüsse, die die Immunität heute weitgehend gegenstandslos werden lassen,[60] sind auf den Bundespräsidenten nicht anzuwenden. Ermittlungsverfahren gegen den Bundespräsidenten bedürften deshalb der Genehmigung des Bundestages.

3. Gegenzeichnung (Art. 58 GG)

520 **Fall 46:** Der Bundespräsident beabsichtigt, in seiner Rede anlässlich des 100-jährigen Bestehens einer Industrie- und Handelskammer kritische Anmerkungen zur Reform des Sozialstaates zu machen. Seine Rede enthält unter anderem die Sätze: »Man sollte sich aber keinen Illusionen hingeben: Der Umbau der Sozialsysteme ist dringend notwendig, er wird aber die Massenarbeitslosigkeit nicht entscheidend senken. Wer das behauptet, der führt die Öffentlichkeit wider besseres Wissen in die Irre.« Im Bundeskanzleramt wird die Passage als Kritik an der sog. »Agenda 2010« bewertet und die Auffassung vertreten, derartige Äußerungen des Bundespräsidenten bedürften im Hinblick auf Art. 58 GG der vorherigen Abstimmung mit dem Bundeskanzler.

521 Die **Gegenzeichnung** ist ein Relikt aus dem Konstitutionalismus und diente in dieser Verfassungsepoche dazu, den machtpolitischen Kompromiss zwischen monarchischem Prinzip und Volksrepräsentation konstruktiv zu verwirklichen. Der Monarch war parlamentarisch nicht verantwortlich, seine Person unverletzlich. Seine Regierungshandlungen wurden jedoch – bestimmte Vorbehaltsbereiche ausgenommen – nur gültig, wenn sie durch den zuständigen Minister gegengezeichnet wurden, der mit diesem Akt (sog. »Contrasignatur«) die parlamentarische Verantwortung übernahm.[61] Das Institut der Gegenzeichnung diente dazu, monarchische Rechtsakte

58 Vgl. dazu *J. Ipsen*, NdsVBl. 2010, S. 289.
59 Vgl. *A. v. Arnauld*, in: v. Münch/Kunig (Hrsg.), GG, Bd. 1, Art. 55 Rn. 12 ff.
60 Vgl. oben Rn. 305.
61 Vgl. *E. R. Huber*, Deutsche Verfassungsgeschichte seit 1789, Bd. III, S. 55 f.

parlamentarischer Kontrolle zu unterwerfen, ohne den Monarchen selbst zur Verantwortung zu ziehen. Dem Minister wiederum stand mit der Befugnis zur Gegenzeichnung ein Instrument eigenständigen politischen Handelns zur Verfügung.[62]

Es liegt in der Logik des parlamentarischen Regierungssystems, alle exekutivischen Handlungen **parlamentarischer Kontrolle** zugänglich zu machen. Da der Bundespräsident vom Bundestag nicht zur Rechenschaft gezogen werden kann, behält der Grundgedanke der Gegenzeichnung auch im demokratischen Verfassungsstaat des 21. Jahrhunderts seine Berechtigung. Fraglich erscheint aber, ob auch alle **informellen Akte** der Gegenzeichnung unterliegen.[63] **522**

Die Kompetenzen des Bundespräsidenten deuten in die Richtung verschiedener **»Funktionen«**. Ein gewichtiger Teil des Amtes ist der **Repräsentation** gewidmet, wozu insbesondere die völkerrechtliche Vertretung und die Ernennung von Amtsträgern gehört. Der Bundespräsident bildet hier nicht eigenen, sondern artikuliert fremden Willen.[64] Die **»Reservefunktion«**, zu der man die Kompetenzen aus Art. 63 Abs. 4, 68 Abs. 1, 69 Abs. 3 und 81 GG zusammenfassen könnte, lässt dem Bundespräsidenten Raum für eigene politische Entscheidungen; im Regelfall freilich nur im Einvernehmen mit dem **Bundeskanzler.** Die dritte Schicht des Amtes – die **»Integrationsfunktion«** – ist rechtlich nicht normiert und nicht normierbar.[65] Der Bundespräsident tritt hier – anders als im völkerrechtlichen Verkehr – nicht als Sprachrohr der Regierung, sondern als **eigenständiges Staatsorgan** auf. Er kann eigene Akzente setzen, Anstöße zu bestimmter Politik geben, ist also nicht darauf beschränkt, eine schon formulierte Politik der Bundesregierung lediglich zu wiederholen. **523**

Es geht deshalb zu weit und ist ersichtlich am Bild des konstitutionellen Monarchen orientiert, wenn die im Schrifttum überwiegende Meinung sämtliche Handlungen des Bundespräsidenten der Gegenzeichnungspflicht unterwerfen und nur den privaten Bereich von der Regierungsverantwortlichkeit ausnehmen will.[66] Unberücksichtigt bleibt zudem, dass eine »Gegenzeichnung« informeller Akte (Reden, Interviews, öffentliche Auftritte) nicht der **Staatspraxis** entspricht. Im Ergebnis muss es darauf ankommen, ob der Bundespräsident lediglich den Willen anderer Staatsorgane artikuliert oder in dem ihm verbleibenden – bescheidenen – Bereich Anstöße zu **politischem Handeln** gibt.[67] **524**

Da im Beispielsfall der Bereich der völkerrechtlichen Vertretung unberührt bleibt, überdies keine förmlichen Rechtsakte in Rede stehen, ist dem Bundespräsidenten einzuräumen, sozialpolitische Wertungen auch ohne Billigung der Regierung abzugeben. Der Bundesregierung bleibt unbenommen, sich im parlamentarischen Raum von einer derartigen Kritik zu distanzieren. **525**

---

62 Vgl. dazu *E. R. Huber*, Deutsche Verfassungsgeschichte seit 1789, Bd. III, S. 814 ff.

63 Vgl. unten Rn. 524 f.

64 Vgl. *B. Kempen*, in: v. Mangoldt/Klein/Starck, GG, Bd. 2, Art. 59 Rn. 9.

65 Vgl. zur Integrationsfunktion *U. Fink*, in: v. Mangoldt/Klein/Starck, GG, Bd. 2, Art. 54 Rn. 14; *I. Pernice*, in: Dreier (Hrsg.), GG, Bd. II, Art. 54 Rn. 28.

66 Vgl. *K. Stern*, Staatsrecht II, S. 213 f.; *A. v. Arnauld*, in: v. Münch/Kunig (Hrsg.), GG, Bd. 1, Art. 58 Rn. 6 ff.; krit. hierzu *M. Nierhaus*, in: Sachs (Hrsg.), GG, Art. 58 Rn. 18 f.

67 Ähnlich *I. Pernice*, in: Dreier (Hrsg.), GG, Bd. II, Art. 58 Rn. 10.

4. Präsidentenanklage (Art. 61 GG)

526 Anders als der Bundeskanzler kann der Bundespräsident durch das Parlament oder auch die Bundesversammlung **nicht abgewählt** werden. Um zu verhindern, dass ein Bundespräsident trotz schwerster Verfehlungen im Amt bleiben kann, sieht das Grundgesetz in Art. 61 GG vor, dass der Bundespräsident wegen vorsätzlicher **Verletzung** des **Grundgesetzes** oder eines anderen Bundesgesetzes vor dem BVerfG **angeklagt** werden kann. Die Anklage kann vom Bundestag oder vom Bundesrat erhoben werden, bedarf aber einer Mehrheit von **zwei Dritteln** der gesetzlichen Mitgliederzahl.

527 Die Anklage eines Amtsträgers durch das Parlament wegen Verfassungsverletzung (»Ministeranklage«) entstammt dem Konstitutionalismus und stellt den Ausgleich dafür dar, dass die Minister nicht vom Parlament abhängig waren.[68] Die Weimarer Reichsverfassung übernahm dieses Institut und dehnte es auf den Reichspräsidenten aus (Art. 59 WRV). Wegen seiner besonderen Modalitäten hat das Institut der Ministeranklage verfassungsgeschichtlich keine Bedeutung gewonnen. Auch unter dem Grundgesetz ist eine Anklage nach Art. 61 GG nicht erhoben worden.

IV. Zum Vergleich: Die Europäische Union

528 Da die Europäische Union ein **Staatenverbund** und **kein Staat** ist, fehlt ihr folgerichtig ein »Staatsoberhaupt«. Funktionale Anklänge an das Staatsoberhaupt finden sich allenfalls beim Präsidenten des Europäischen Rates. Nach dem Reformvertrag kommt dem Europäischen Rat die Stellung eines Unionsorgans zu (Art. 13 Abs. 1 EUV), dessen Präsident mit qualifizierter Mehrheit für eine Amtszeit von zweieinhalb Jahren gewählt wird und einmal wiedergewählt werden kann (Art. 15 Abs. 5 EUV). Der Präsident des Europäischen Rates darf kein einzelstaatliches Amt ausüben (Art. 15 Abs. 6 S. 3 EUV). Obwohl dem Präsidenten die Außenvertretung der Union in Angelegenheiten der Gemeinsamen Außen- und Sicherheitspolitik zukommt (Art. 15 Abs. 6 S. 2 EUV), die Anklänge an die völkerrechtliche Vertretung durch den Bundespräsidenten (Art. 59 Abs. 1 S. 1 GG) aufweist, ist er nach wie vor nicht als »Staatsoberhaupt« der Union anzusprechen.

V. Rechtsprechung

529 **BVerfGE** 62, 1 (Auflösung des 9. Deutschen Bundestages); **E** 114, 121 (Auflösung des 15. Deutschen Bundestages).

68 Vgl. z. B. Art. 61 PrVerfUrk: »Die Minister können durch Beschluß einer Kammer wegen des Verbrechens der Verfassungsverletzung, der Bestechung und des Verrates angeklagt werden.« Das nach Art. 61 Abs. 2 PrVerfUrk erforderliche Gesetz ist jedoch nie erlassen und eine Anklage deshalb nie erhoben worden; vgl. hierzu *E. R. Huber,* Deutsche Verfassungsgeschichte seit 1789, Bd. III, S. 66.

VI. Literatur

O. Bachof, Über Fragwürdigkeiten der Gnadenpraxis und der Gnadenkompetenz, JZ 1983, S. 469; *C. Burkiczak,* Die Bundesversammlung und die Wahl des Bundespräsidenten – Rechtliche Grundlagen und Staatspraxis, JuS 2004, S. 278; *V. Busse,* Auflösung des Bundestages als Reformproblem, ZRP 2005, S. 257; *K. Carstens,* Die Auflösung des Deutschen Bundestages im Januar 1983, FS Universität Köln, 1988, S. 661; *V. Epping,* Das Ausfertigungsverweigerungsrecht im Selbstverständnis der Bundespräsidenten, JZ 1991, S. 1102; *H.-U. Erichsen,* Der Bundespräsident, Jura 1985, S. 373, 424; *K. H. Friauf,* Zur Prüfungszuständigkeit des Bundespräsidenten bei der Ausfertigung der Bundesgesetze, FS K. Carstens, Bd. 2, 1984, S. 545; *E. Friesenhahn,* Zum Prüfungsrecht des Bundespräsidenten, FS G. Leibholz, Bd. 2, 1966, S. 679; *A. Guckelberger,* Das Prüfungsrecht des Bundespräsidenten – alles ausdiskutiert?, NVwZ 2007, S. 406; *T. Hebeler,* Der Rücktritt von öffentlichen Ämtern, DVBl. 2011, S. 317; *R. Herzog,* Entscheidung und Gegenzeichnung, FS G. Müller, 1970, S. 117; *D. Hömig,* Gnade und Verfassung, DVBl. 2007, S. 1328; *J. Ipsen,* Zur Regierung verurteilt? Verfassungsrechtliche Probleme der Vertrauensfrage nach Art. 68 GG, NJW 2005, S. 2201; *ders.*, Die Auflösung des 15. Deutschen Bundestages – Eine Nachlese, NVwZ 2005, S. 1147; *ders.*, Verfassungsgerichtsbarkeit und politischer Prozess, FS C. Starck, 2007, S. 263; *ders.*, Volkswahl des Bundespräsidenten?, FS H.-P. Schneider, 2008, S. 197; *ders.*, Die Bundespräsidentenwahl 2010 – eine Nachlese, NdsVBl. 2010, S. 289; *ders./U. Battis,* Volkswahl des Bundepräsidenten? ZRP 2012, S. 63; *O. Kimminich,* Das Staatsoberhaupt in der parlamentarischen Demokratie, VVDStRL 25 (1967), S. 2; *T. Linke,* Der Bundespräsident als Staatsnotar oder das vermeintliche »formelle« und »materielle« Prüfungsrecht, DÖV 2009, S. 434; *W. Löwer,* Inszeniertes Misstrauen, DVBl. 2005, S. 1102; *H. Maurer,* Hat der Bundespräsident ein politisches Mitspracherecht?, DÖV 1966, S. 665; *H. Meyer,* Das Prüfungsrecht des Bundespräsidenten. Staatsrechtliche Argumentation auf dem Prüfstand, JZ 2011, S. 602; *A. Neumann,* Die gemeinschaftsrechtliche Prüfungskompetenz des Bundespräsidenten, DVBl. 2007, S. 1335; *C. Pestalozza,* Art. 68 light oder die Wildhüter der Verfassung, NJW 2005, S. 2817; *W. Potthast,* Die Auflösung des Bundestages nach Artikel 68 des Grundgesetzes, 1986; *W.-R. Schenke,* Rechtsschutz gegen Gnadenakte, JA 1981, S. 588; *U. Scheuner,* Das Amt des Bundespräsidenten als Aufgabe verfassungsrechtlicher Gestaltung, 1966; *S. Schiedermair,* Bundespräsident verhindert Verbraucherinformationsgesetz, DÖV 2007, S. 726; *F. E. Schnapp,* Ist der Bundespräsident verpflichtet, verfassungsmäßige Gesetze auszufertigen?, JuS 1995, S. 286; *F. Schoch,* Vertrauensfrage und Parlamentsauflösung, ZSE 2006, S. 88; *D. Schroeder,* Der Genehmigungsvorbehalt des Bundespräsidenten nach Art. 40 II 2 GG, Jura 2008, S. 95; *J. P. Terhechte,* Die vorzeitige Bundestagsauflösung als verfassungsrechtliches Problem, Jura 2005, S. 512. 530

C. Der Bundesstaat

Während die Grundentscheidung für die **Republik** die **Staatsform** festlegt, das **Regierungssystem** der Bundesrepublik auf die **parlamentarische Demokratie** verpflichtet wird, betrifft das ebenfalls in Art. 20 Abs. 1 GG niedergelegte und der Verfassungsänderung entzogene (Art. 79 Abs. 3 GG) **Bundesstaatsprinzip** den **Staatsaufbau.** Das Grundgesetz folgt damit der Überlieferung deutscher Verfassungsgeschichte. Abgesehen von der Zeit zwischen 1933 und 1945 ist Deutschland – wenngleich in wechselnder Ausdehnung – immer Staatenbund oder Bundesstaat gewesen und weist eine historisch gewachsene **föderative Struktur** auf. Der 1815 gegründete **Deutsche Bund** war ein **Staatenbund,** ein Zusammenschluss mehrerer souveräner Staaten auf völkerrechtlicher Ebene. Die gescheiterte **Paulskirchenverfassung** von 1849 konzipierte einen **Bundesstaat,** also einen Zusammenschluss von Staaten zu einem souveränen Staat auf der Ebene des Staatsrechts. Der unter Führung Preußens 1867 gegründete **Norddeutsche Bund** und das **Deutsche Reich** von 1871[1] waren ebenso Bundesstaaten wie die **Weimarer Republik.**[2] 531

Es ist deshalb unzutreffend, wenn das bundesstaatliche Prinzip gelegentlich als besatzungsrechtliches Oktroi angesehen worden ist. Die Bundesstaatlichkeit ist in der deutschen Verfassungsgeschichte viel tiefer verankert als das republikanische oder demokratische Prinzip, die erst mit der Weimarer Verfassung zum Durchbruch gelangten.[3] 532

Die Bundesstaatlichkeit ist Gegenstand nicht nur staatsrechtlicher, sondern auch staats**theoretischer** Bemühungen. Beide Disziplinen lassen sich nicht immer leicht auseinander halten. Aufgrund vergleichender Untersuchung existierender Bundesstaaten können gemeinsame Merkmale festgestellt werden, die möglicherweise auf einen **Begriff** des **Bundesstaates** hindeuten.[4] Solche Definitionsversuche sind von hohem Erkenntniswert für eine Theorie des Föderalismus. Sie enthalten freilich mehr deskriptive als normative Elemente, so dass sie für die bundesstaatliche Ordnung eines einzelnen Staates nur begrenzt verwendbar sind. 533

Das Grundgesetz selber enthält im zweiten Abschnitt eine Fülle von Vorschriften über das Verhältnis von **Bund** und **Ländern.** Sie werden ergänzt durch Vorschriften im Abschnitt über die **Gesetzgebung** des **Bundes** (Art. 70 ff. GG), die **Ausführung** der **Bundesgesetze** und die **Bundesverwaltung** (Art. 83 ff. GG) und die **Rechtsprechung** des **Bundes** (Art. 92 ff. GG). Wichtige Regelungen des bundesstaatlichen Verhältnisses finden sich überdies in der Finanzverfassung (Art. 104 a ff. GG). Ange- 534

---

1 Art. 1 RV: »Das Bundesgebiet besteht aus den Staaten Preußen mit Lauenburg, Bayern, Sachsen, Württemberg, Baden, Hessen, Mecklenburg-Schwerin, Sachsen-Weimar, Mecklenburg-Strelitz, Oldenburg, Braunschweig, Sachsen-Meiningen, Sachsen-Altenburg, Sachsen-Koburg-Gotha, Anhalt, Schwarzburg-Rudolfstadt, Schwarzburg-Sondershausen, Waldeck, Reuß ältere Linie, Reuß jüngere Linie, Schaumburg-Lippe, Lippe, Lübeck, Bremen und Hamburg.«

2 Art. 2 S. 1 WRV: »Das Reichsgebiet besteht aus den Gebieten der deutschen Länder.«

3 Art. 1 WRV: »Das Deutsche Reich ist eine Republik. Die Staatsgewalt geht vom Volke aus.«

4 Vgl. etwa *C. Starck* (Hrsg.), Zusammenarbeit der Gliedstaaten im Bundesstaat, 1988; *R. Zippelius*, Allgemeine Staatslehre, 16. Aufl. 2010, S. 311 ff.

sichts dieser Fülle detaillierter Vorschriften lässt sich das in Art. 20 Abs. 1 GG niedergelegte **Bundesstaatsprinzip** als Zusammenfassung eines äußerst differenzierten Regelungssystems begreifen. Methodologisch bedeutet dies, dass die Lösung föderativer Konflikte zunächst in den speziellen Vorschriften des Grundgesetzes gesucht werden muss und nicht vorschnell auf das »Prinzip«, das ohnehin näherer Konkretisierung bedürfte, zurückgegriffen werden darf. Der in Art. 20 Abs. 1 GG genannte Bundesstaat ist der durch die Fülle der föderativen Vorschriften des **Grundgesetzes** verfasste Bundesstaat.

535 Die Besonderheit des Bundesstaates besteht darin, dass (Glied-)Staaten sich zu einem (Zentral-)Staat verbinden, ohne ihre Staatsqualität einzubüßen. Dem **Zentralstaat** wächst hierbei eine eigentümliche **Doppelfunktion** zu: Zum einen ist er den Gliedstaaten gegenübergestellt (»Der Bund und die Länder«), zum anderen umschließt er sie (»Die Bundesrepublik Deutschland«). Man hat versucht, hieraus eine Theorie des dreigliedrigen Bundesstaates zu entwickeln, nach der die Gliedstaaten (Länder) und der Zentralstaat (Bund) von einem Gesamtstaat (Bundesrepublik Deutschland) umschlossen werden.[5] Das BVerfG hat sich freilich zu Recht der Theorie des zweigliedrigen Bundesstaates angeschlossen, nach der der Zentralstaat zugleich den Gesamtstaat bildet.[6] Bei näherem Hinsehen stellt sich das Problem, ob der Zentralstaat den Ländern gegenübertritt oder die Länder umfasst, lediglich als Frage der jeweils wahrgenommenen Kompetenzen heraus.

536 Die dem Bundesstaat eigene Teilung der Staatsgewalt zwischen zwei verschiedenen staatlichen Ebenen – eine Art **vertikaler Gewaltenteilung** – fordert eine genaue Bestimmung der jeweiligen Zuständigkeiten. Eine Vielzahl von Vorschriften des Grundgesetzes dient deshalb allein dem Ziel, Bundes- und Landeskompetenzen voneinander abzugrenzen. Welche Bedeutung das Bundesstaatsprinzip im Grundgesetz hat, lässt sich leicht an der hypothetischen Erwägung ermessen, wie viele Artikel des Grundgesetzes übrig blieben, wenn der Staat eine unitarische Struktur hätte.

537 Die Fülle der **Staatsgewalt** ist zwischen Bund und Ländern aufgeteilt. Herkömmlichen Gewaltenteilungsschemata folgend kennzeichnet das Grundgesetz sie als **Gesetzgebung, vollziehende Gewalt** und **Rechtsprechung** (Art. 20 Abs. 2 S. 2 GG). Jede dieser »Gewalten« ist in sich also wiederum geteilt und dem Bund **oder** den Ländern zugewiesen. Die folgenden Abschnitte werden deutlich machen, um welche Gegenstände es sich im Einzelnen handelt und welche Regelungstechnik im Grundgesetz gewählt worden ist.

538 Hierbei ist jedoch zu berücksichtigen, dass Bund und Länder nur die (verbliebenen) **staatlichen Befugnisse** ausüben, die Bundesrepublik Deutschland aber eine Vielzahl von Hoheitsrechten der **Europäischen Union** übertragen hat (Art. 23 Abs. 1 GG). **Öffentliche Gewalt** wird also keineswegs nur durch staatliche Organe, sondern auch durch **Unionsorgane** ausgeübt. Zu den »Ebenen« von Bund und Ländern ist damit unwiderruflich die Ebene der Europäischen Union hinzugetreten, so dass von einem **Mehrebenensystem** gesprochen werden kann.[7] Die stetig wachsenden Unionszuständigkeiten lassen deshalb ein Denken in ausschließlich staatlichen Kategorien als Ana-

5 Nachw. bei *K. Stern,* Staatsrecht I, S. 650.
6 Vgl. BVerfGE 13, 54 (57 f.).
7 Vgl. *K.-P. Sommermann,* in: v. Mangoldt/Klein/Starck, GG, Bd. 2, Art. 20 Rn. 58 ff. m. w. N.

chronismus erscheinen. Allerdings enthält Art. 23 Abs. 2–7 GG Vorkehrungen dafür, den Einfluss der Bundesorgane und der Bundesländer im Vorfeld von Rechtsakten der Union zu sichern.[8]

Der föderale Staatsaufbau der Bundesrepublik hat sich nach allgemeiner Ansicht 539
bewährt, auf einzelnen Gebieten jedoch Begleiterscheinungen gezeitigt, die zur Forderung nach einer **»Föderalismusreform«** geführt haben.[9] Die ersten Jahrzehnte nach Inkrafttreten des Grundgesetzes waren unverkennbar von einer Tendenz zum **Unitarismus** gekennzeichnet. Sie zeigte sich darin, dass der Bund die ihm zugewiesenen Kompetenzen auf dem Gebiet der konkurrierenden Gesetzgebung und der Rahmengesetzgebung nahezu vollständig ausnutzte und die in Art. 72 Abs. 2 GG vorgesehenen einschränkenden Voraussetzungen für die Bundesgesetzgebung aufgrund der Rechtsprechung des BVerfG faktisch gegenstandslos wurden.[10] Hinzu kamen mehrere Novellen zum Grundgesetz, die die Gesetzgebungskompetenzen des Bundes erweiterten. Im Ergebnis verblieben den Bundesländern Gesetzgebungszuständigkeiten nur auf den Kerngebieten des Kultus, des allgemeinen Gefahrenabwehrrechts und des Kommunalrechts. Die Neufassung des Art. 72 GG durch die **Verfassungsrevision** von 1994[11] hat der beschriebenen Entwicklung Einhalt geboten und die Judikatur des BVerfG in eine andere Richtung gelenkt.[12] Zu der vorgesehenen Rückverlagerung von Gesetzgebungskompetenzen auf die Bundesländer (Art. 125 a Abs. 2 S. 2 GG) ist es jedoch nicht gekommen. Insgesamt zeigte die Bundesrepublik während der vergangenen 60 Jahre ihres Bestehens die auch für andere Bundesstaaten kennzeichnende Tendenz zur Stärkung des Zentralstaats zu Lasten der Gliedstaaten.[13]

Mit der Unitarisierung der Gesetzgebung ging die Neigung des Bundes einher, 540
Behördeneinrichtung und Verwaltungsverfahren auch bei Gesetzen zu regeln, die durch **Landesbehörden** auszuführen waren. Das Grundgesetz sieht diese Möglichkeit sowohl für Bundesgesetze vor, die unter Aufsicht des Bundes (Art. 84 Abs. 1 S. 1 GG), als auch für solche, die im Auftrage des Bundes (Art. 85 Abs. 1 GG) ausgeführt werden, knüpfte hieran jedoch die Zustimmungsbedürftigkeit durch den Bundesrat (Art. 84 Abs. 1 a. F., 85 Abs. 1 GG). In der Staatspraxis hatte dies zur Folge, dass die zustimmungsbedürftigen Gesetze an Zahl ständig zunahmen und schließlich einen Anteil von rund 60% der Bundesgesetze erreichten.[14] Da die Mehrheitsverhältnisse in Bundestag und Bundesrat in mehreren Wahlperioden divergierten, waren Vermittlungsverfahren die Folge, die nicht selten als unbefriedigend empfundene Kompromisse hervorbrachten. Der Bund nutzte seine Kompetenz nach Art. 84 Abs. 1 GG a. F. überdies dazu aus, für Verwaltungsaufgaben die Zuständigkeit von Gemeinden und Kreisen vorzuschreiben, die somit auch die Kosten der Gesetzesausführung zu tragen hatten.[15] Als problematisch erwiesen sich zudem die **»Gemeinschaftsauf-**

8 Vgl. oben Rn. 242.
9 Vgl. die umfassende Dokumentation der Kommission von Bundestag und Bundesrat zur Modernisierung der bundesstaatlichen Ordnung, 2005 (Zur Sache 1/2005).
10 Vgl. unten Rn. 570 ff.
11 42. Gesetz zur Änderung des Grundgesetzes vom 27.10.1994 (BGBl. I, S. 3146).
12 Vgl. BVerfGE 106, 62 (136 ff.); 111, 10 (28 f.); 111, 226 (253 ff.); 112, 226 (243 ff.).
13 Zur Entwicklung in den USA vgl. *W. Brugger,* Einführung in das öffentliche Recht der USA, 2. Aufl. 2001, S. 62 ff.
14 Vgl. oben Rn. 353.
15 Vgl. *H.-G. Henneke,* NdsVBl. 2006, S. 158 (160 ff.); *I. Kesper,* NdsVBl. 2006, S. 145 (153 f.).

gaben«, die durch das Finanzreformgesetz vom 12.5.1969 eingeführt worden sind und zu einer schwierig zu bewältigenden **Mischfinanzierung** geführt haben.[16]

541 Die in der sog. »**Föderalismuskommission**« intensiv geführte Diskussion über Änderungen der Kompetenzaufteilung zwischen Bund und Ländern bzw. der Zustimmungsbedürftigkeit von Bundesgesetzen hat zu einer Verfassungsänderung geführt, die die Ergebnisse der Verfassungsrevision von 1994 auf diesem Gebiet übertrifft. Die Aufteilung der Gesetzgebungskompetenzen zwischen Bund und Ländern ist neu geordnet worden, die **konkurrierende Bundeszuständigkeit** für bestimmte Bereiche (z. B. Art. 74 a GG a. F.) und die **Rahmengesetzgebungskompetenz** insgesamt (Art. 75 GG a. F.) sind **entfallen.** Die Zustimmungsbedürftigkeit von Gesetzen ist drastisch reduziert worden, wobei den Ländern umgekehrt die Befugnis eingeräumt worden ist, von bundesrechtlichen Regelungen **abzuweichen.**

542 Die mit dem Gesetz zur Änderung des Grundgesetzes vom 28.8.2006 verwirklichte **Föderalismusreform** hat nicht allein eine Neuordnung der Bundes- und Landeskompetenzen bewirkt, sondern mit dem **Anwendungsvorrang** des späteren Gesetzes (Art. 72 Abs. 3 S. 3, 84 Abs. 1 S. 2 GG) einen neuen Weg der Zuordnung von Bundes- und Landesgesetzgebung beschritten. Während nach der bisherigen Regelung *entweder* der Bund *oder* die Länder zuständig waren, ergibt sich nach der Föderalismusnovelle in einzelnen Bereichen eine **Doppelzuständigkeit** von Bund und Ländern, die nach dem Prinzip des Vorrangs der *lex posterior* gelöst wird. Damit hat das bislang nur im Verhältnis von Europäischer Union und Gliedstaaten herrschende Prinzip des **Anwendungsvorrangs** (hier freilich: des Unionrechts[17]) Eingang in das deutsche Staatsrecht gefunden.

16 S. dazu BT-Drucks. 16/813, S. 7; vgl. ferner *W. Heun,* in: Dreier (Hrsg.), GG, Bd. III, Art. 91 a Rn. 8 f.; *H. Siekmann,* in: Sachs (Hrsg.), GG, Art. 91 a Rn. 6 ff.; jeweils m. w. N.

17 Vgl. *R. Streinz,* Europarecht, Rn. 220 f.

§ 10 Die Verteilung der Gesetzgebungskompetenzen

I. Die Zuständigkeitsvermutung zugunsten der Länder (Art. 70 GG)

Fall 47: Der Bundestag verabschiedete im Jahr 1981 ein »Staatshaftungsgesetz«, in dem die Haftung für Schäden aus hoheitlichem Handeln von Bund, Ländern und Gemeinden geregelt wurde. Mehrere Bundesländer bezweifelten, dass es eine Bundeskompetenz für eine derart umfassende Regelung gab. 543

(nach BVerfGE 61, 149)

Die Verteilung von Kompetenzen zwischen verschiedenen Organen oder – wie im Folgenden – zwischen Bund und Ländern stellt für den Verfassungsgeber zunächst ein **Regelungsproblem** dar. Da Staaten wie Staatsorgane danach trachten, ihre Kompetenzen auszudehnen, weil sie ein Stück politischer Macht bedeuten, sind Generalklauseln zur Abgrenzung ungeeignet. Sie lassen einen gewissen Deutungsspielraum offen und würden vermutlich in jedem Einzelfall zur Anrufung des BVerfG führen. Sinnvoll erscheint deshalb eine möglichst genaue Regelung, die zugleich umfassend sein muss. Sie findet sich in der **Enumeration der Bundeszuständigkeiten** (Art. 73, 74 GG), der eine Zuständigkeitsvermutung zugunsten der Länder an die Seite gestellt ist (Art. 70 Abs. 1 GG). 544

Die **Zuständigkeitsvermutung zugunsten der Länder** darf nicht als Hinweis auf einen bestimmten Kompetenzumfang missverstanden werden; tatsächlich überwiegen auch nach der Föderalismusreform die Gesetzgebungskompetenzen des Bundes die der Länder bei weitem. Die Kompetenzvermutung zugunsten der Länder bedeutet vielmehr, dass der Bund einen im Grundgesetz niedergelegten **Kompetenztitel** vorweisen muss, um ein Gesetz erlassen zu können. Ist dies nicht möglich, so kommt dem Bund keine Gesetzgebungszuständigkeit zu. Es bedarf dann nicht mehr des Nachweises, dass die Länder zuständig sind; denn die Landeskompetenzen sind nirgendwo niedergelegt, sondern folgen aus der **Zuständigkeitsvermutung** des Art. 70 Abs. 1 GG. Wenn beispielsweise von der »Kulturhoheit« der Länder die Rede ist, so bedeutet dies nicht, dass der Bereich des Kultus irgendwo als Kompetenz der Länder festgelegt wäre; sie ergibt sich zwanglos aus dem Umstand, dass der Bund im Kultusbereich nur geringe Gesetzgebungskompetenzen besitzt.[1] 545

Der Tradition deutscher Bundesverfassungen folgend,[2] werden die dem Bund zugewiesenen Gesetzgebungskompetenzen in »**Katalogen**« aufgeführt, wobei zwischen Gegenständen der »**ausschließlichen**« und der »**konkurrierenden**« **Gesetzgebung** des **Bundes** zu unterscheiden ist. Die zur früheren »**Rahmengesetzgebung**« (Art. 75 GG a.F.) gehörenden Kompetenztitel sind in die konkurrierende Gesetzgebungszuständigkeit eingefügt worden (Art. 74 Abs. 1 Nr. 27–33 GG).[3] Sofern sich in einem der Kataloge (Art. 73, 74 GG) oder einer anderen Grundgesetzbestimmung ein Kompetenztitel findet, hat der Bund prinzipiell die Gesetzgebungsbefugnis. Kann demgegenüber ein vom Bund geregelter Gegenstand keinem Kompetenztitel zugeordnet werden, so ist das Gesetz wegen Verstoßes gegen Art. 70 GG nichtig. 546

---

1 Vgl. *I. Pernice*, in: Dreier (Hrsg.), GG, Bd. II, Art. 30 Rn. 18.
2 Art. 4 RV, Art. 6 ff. WRV.
3 S. dazu BT-Drucks. 16/813, S. 8 f.; vgl. ferner unten Rn. 579 ff.

547 Im Ausgangsfall berief sich die Bundesregierung auf Art. 74 Nr. 1 GG a. F. und erklärte die Staatshaftung zur »traditionellen Materie« des Bürgerlichen Rechts.[4] Das BVerfG hat sich dieser Auffassung nicht anschließen können, weil es beim Staatshaftungsgesetz gerade darum ging, eine von ihrem zivilrechtlichen Ursprung (§ 839 BGB) losgelöste Haftung für hoheitliches Handeln zu entwickeln. Da auch andere Kompetenztitel das Staatshaftungsgesetz nicht trugen, wurde es wegen Verstoßes gegen Art. 70 GG für nichtig erklärt.[5] Seit Inkrafttreten des 42. ÄndG zum Grundgesetz kommt dem Bund eine (konkurrierende) Zuständigkeit auch für das **Staatshaftungsrecht** zu (Art. 74 Abs. 1 Nr. 25 GG).

548 Mit der **Föderalismusreform** hat sich der verfassungsändernde Gesetzgeber die in Art. 70 Abs. 1 GG niedergelegte Zuständigkeitsvermutung zugunsten der Länder zunutze gemacht. Aus dem Katalog der Gegenstände konkurrierender Gesetzgebung (Art. 74 GG) sind zum Beispiel der »Strafvollzug« (Art. 74 Abs. 1 Nr. 1 GG a. F.) und das »Versammlungsrecht« (Art. 74 Abs. 1 Nr. 3 GG a. F.) gestrichen worden. Aufgrund der Kompetenzvermutung zugunsten der Bundesländer sind die genannten Materien in die (ausschließliche) Gesetzgebungszuständigkeit der Länder übergegangen, ohne dass dies ausdrücklich hätte bestimmt werden müssen.

II. Ausschließliche Gesetzgebungskompetenz des Bundes

1. Bundeskompetenzen nach Art. 71, 73 GG

549 **Fall 48:** Am 9.5.1958 erließ die Freie und Hansestadt Hamburg ein »Gesetz betreffend die Volksbefragung über Atomwaffen«. Danach sollten die Wahlberechtigten die Fragen beantworten, ob sie für eine Ausrüstung der Bundeswehr mit atomaren Waffen, für eine Lagerung von Atomwaffen und für die Errichtung von Abschussbasen für Atomraketen auf dem Gebiet der Bundesrepublik seien. Das BVerfG hat dieses Gesetz in seiner Entscheidung vom 30.7.1958 für nichtig erklärt, ohne überhaupt zu erörtern, ob derartige Volksbefragungen nach dem Grundgesetz zulässig sind.

(nach BVerfGE 8, 104)

550 Bestimmte Materien bedürfen im Bundesstaat zwingend **bundesrechtlicher Regelung,** weil sie entweder nur den Zentralstaat betreffen oder eine einheitliche Regelung im gesamten Bundesstaat unverzichtbar ist. Zur ersten Gruppe gehören etwa die Rechtsverhältnisse der Bundesbediensteten (Art. 73 Abs. 1 Nr. 8 GG), die die Bundesländer überhaupt nicht berühren. Zur zweiten Gruppe ist das Währungs-, Geld- und Münzwesen zu zählen (Art. 73 Abs. 1 Nr. 4 GG), das auch in einem Bundesstaat einheitlicher Regelung bedarf.

551 Im Bereich der ausschließlichen Gesetzgebungskompetenz des Bundes ist **Landesgesetzgebung** grundsätzlich **unzulässig,** es sei denn, die Länder würden hierzu durch Bundesgesetze ausdrücklich ermächtigt (Art. 71 GG). In der Staatspraxis kommen derartige Ermächtigungen nur selten vor.[6] Von atypischen Ausnahmen abgesehen,[7] wird im Bereich der ausschließlichen Gesetzgebungskompetenz allein der **Bund** tätig.

4 Vgl. BVerfGE 61, 149 (167 ff.).
5 Vgl. BVerfGE 61, 149.
6 Vgl. die Nachweise bei *M. Heintzen*, in: v. Mangoldt/Klein/Starck, GG, Bd. 2, Art. 71 Rn. 48.
7 § 22 PartG a. F. (Wahlkampfkostenerstattung bei Landtagswahlen).

Im Ausgangsfall wäre das Gesetz wegen Verstoßes gegen Art. 70 ff. GG jedenfalls dann nichtig, wenn dem Bund eine ausschließliche Gesetzgebungszuständigkeit zukäme und keine Ermächtigung nach Art. 71 GG vorläge. Nach Art. 73 (Abs. 1) Nr. 1 GG hat der Bund die ausschließliche Gesetzgebungszuständigkeit für die »auswärtigen Angelegenheiten sowie die Verteidigung einschließlich des Schutzes der Zivilbevölkerung«, die durch derartige Umfragen berührt sind und beeinflusst werden sollen. Die seinerzeit vertretene Auffassung, es gehe nur um statistische Erhebungen[8] (für Landeszwecke, denn die »Statistik für Bundeszwecke« fällt ebenfalls in die ausschließliche Bundeskompetenz, Art. 73 [Abs. 1] Nr. 11 GG), lässt sich nicht halten: Ziel der Umfrage war es, die öffentliche Meinung gegen die Stationierung von Atomwaffen zu mobilisieren und nicht allein, statistische Erhebungen zu veranlassen.[9] 552

2. Kompetenzzuweisungen durch den Begriff »Bundesgesetz«

Kompetenztitel für die ausschließliche Gesetzgebungskompetenz des Bundes finden sich nicht nur in Art. 73 GG, sondern sind über das ganze Grundgesetz verstreut. Überall dort, wo von einem »**Bundesgesetz**« die Rede ist, wird dem Bund eine ausschließliche Gesetzgebungskompetenz zugewiesen;[10] ein *Bundesgesetz* kann eben nicht durch ein *Landesgesetz* ersetzt werden. Es reicht folglich nicht aus, bei der Suche nach einer ausschließlichen Bundeskompetenz allein den Art. 73 GG zu durchforsten; der Blick muss auch auf jene Einzelvorschriften gerichtet werden, die den Begriff »Bundesgesetz« aufweisen oder mit ähnlicher Formulierung eine Bundeskompetenz begründen.[11] Eine genaue Prüfung zeigt, dass die Regelung des Grundgesetzes kaum Lücken aufweist. Eine (ungeschriebene) Gesetzgebungszuständigkeit des Bundes »aus der Natur der Sache« anzunehmen, ist nicht nur im Hinblick auf die Regelungstechnik der Art. 70 ff. GG bedenklich, sondern meist überflüssig. 553

Einen Kompetenztitel für die (bundes-)staatsrechtlichen Materien des Parteien- und Wahlrechts sucht man beispielsweise in Art. 73 GG vergeblich. Nach Art. 21 Abs. 3 bzw. Art. 38 Abs. 3 GG wird das »Nähere« durch »Bundesgesetz« bestimmt; in beiden Fällen ist dem Bund also eine ausschließliche Gesetzgebungskompetenz eingeräumt. Der Rückgriff auf die »Natur der Sache« ist überflüssig.[12] Das BVerfG hat überdies unmittelbar aus Art. 35 Abs. 2 S. 2 und Abs. 3 S. 1 GG eine Gesetzgebungszuständigkeit hergeleitet, das Nähere über den Einsatz der Streitkräfte bei der Bekämpfung von Naturkatastrophen und besonders schweren Unglücksfällen zu bestimmen,[13] obwohl der Begriff »Bundesgesetz« in diesen Vorschriften nicht auftaucht. Allerdings sind die Voraussetzungen des Einsatzes der Streitkräfte bereits durch die Verfassung so präzisiert worden, dass es auch hier eines Rückgriffs auf die »Natur der Sache« nicht bedarf. Vereinzelt finden sich im Grundgesetz Bundeskompetenzen zu **faktischem Handeln,** ohne dass dem Bund eine ausdrückliche **Gesetzgebungskompetenz** eingeräumt wäre (vgl. etwa Art. 35 Abs. 3 S. 1 GG). Während 554

8 Vgl. BVerfGE 8, 104 (109).
9 So BVerfGE 8, 104 (119 f.).
10 Art. 4 III; 21 III; 22 I; 23 I, III, VII; 24 I; 26 II; 29 II, VI, VII; 38 III; 41 III; 45 b; 45 c II; 48 III; 54 VII; 84 I, V; 85 I; 87 I, III; 87 b I, 87 d II; 87 e I, II, III, IV; 87 f I, III; 91 a II; 93 II; 94 II; 95 III; 96 II, V; 98 I; 104 a III, IV, V; 106 III, IV, V, VI; 107 I; 108 I, II, IV, V, VI; 109 IV, 112; 114 II; 115 I, II GG (Notstands- sowie Übergangs- und Schlussbestimmungen bleiben unberücksichtigt).
11 Vgl. Art. 16 a II, III; 17 a; 79 I, II; 110 II GG.
12 Vgl. zur Bundeskompetenz kraft Natur der Sache *R. Stettner,* in: Dreier (Hrsg.), GG, Bd. II, Art. 70 Rn. 57 ff.; *J. Rozek,* in: v. Mangoldt/Klein/Starck, GG, Bd. 2, Art. 70 Rn. 40 ff.
13 BVerfGE 115, 118 (LS 1).

das BVerfG offenbar eine geschriebene Bundeskompetenz annimmt,[14] dürfte in derartigen Fällen eine *ungeschriebene* Gesetzgebungskompetenz des Bundes vorliegen.

III. Konkurrierende Gesetzgebungszuständigkeit des Bundes (Art. 72, 74 GG)

555 Durch die Föderalismusnovelle sind die – ursprünglich einheitlichen – Bestimmungen über die konkurrierende Gesetzgebungszuständigkeit des Bundes grundlegend geändert worden. Unverändert geblieben ist die Eigenart der konkurrierenden Gesetzgebung als »**Vollkompetenz**« – im Gegensatz zur früheren »Rahmengesetzgebung«, die dem Bund nur in Ausnahmefällen in Einzelheiten gehende oder unmittelbar geltende Regelungen gestattete (Art. 75 Abs. 2 GG a. F.). Steht dem Bund nach den Vorschriften des Grundgesetzes für eine bestimmte Materie die konkurrierende Gesetzgebungszuständigkeit zu, können durch Bundesgesetz sämtliche zu dieser Materie gehörenden Fragen geregelt werden.

556 Die Charakterisierung der **konkurrierenden Bundes**zuständigkeit als einer (lediglich) **subsidiären Länder**zuständigkeit[15] trifft nach dem Inkrafttreten der Föderalismusnovelle dagegen nicht mehr vollständig zu. Die konkurrierende Gesetzgebungszuständigkeit des Bundes gliedert sich vielmehr nach neuem Recht in **Kernkompetenzen, Bedarfskompetenzen** und **Abweichungskompetenzen,** bei denen das Verhältnis von Bundes- und Landesgesetzgebung jeweils unterschiedlich geregelt ist.

1. Kernkompetenzen

557 **Fall 49:** Nach § 16 des Hamburger Wegegesetzes gehörte es nicht zum Gemeingebrauch einer Straße, wenn sie regelmäßig als Einstellplatz für ein Kraftfahrzeug in der Nähe der Wohnung des Halters benutzt wurde. Dies sollte vielmehr eine erlaubnispflichtige Sondernutzung sein, für die Gebühren erhoben werden konnten.

(nach BVerfGE 67, 299)

558 **Kernkompetenzen** sind als Unterfall der konkurrierenden Gesetzgebungszuständigkeit des Bundes dadurch gekennzeichnet, dass von Bundesgesetzen eine **zeitliche** und **sachliche Sperrwirkung** ausgeht (Art. 72 Abs. 1 GG) und es einer besonderen Prüfung, ob eine bundesgesetzliche Regelung erforderlich ist (Art. 72 Abs. 2 GG), nicht bedarf.

559 Die »**zeitliche Sperrwirkung**« bedeutet nichts anderes, als dass bundesrechtliche Regelungen im Bereich der konkurrierenden Gesetzgebung für die Zukunft Landesgesetze auf dem gleichen Gebiet ausschließen.[16] Umgekehrt steht ein Gegenstand landesrechtlicher Regelung wieder offen, wenn das entsprechende Bundesgesetz aufgehoben worden ist. Aufgrund des eindeutigen Wortlauts des Art. 72 Abs. 1 GG ist die **Verkündung** des betreffenden Bundesgesetzes maßgebend, um die zeitliche Sperrwirkung auszulösen. Eine Vorverlegung der Sperrwirkung – etwa auf den

14 So BVerfGE 115, 118 (LS 1).
15 Vgl. *J. Ipsen*, Staatsrecht I (17. Aufl. 2005), Rn. 544.
16 Vgl. *Jarass/Pieroth*, GG, Art. 72 Rn. 5; *R. Stettner*, in: Dreier (Hrsg.), GG, Bd. II, Art. 72 Rn. 24 ff.

Beginn der parlamentarischen Beratungen[17] – ist nach dem geänderten Wortlaut des Art. 72 Abs. 1 GG nicht mehr begründbar.[18]

Im Ausgangsfall besteht eine konkurrierende Gesetzgebungszuständigkeit des Bundes nach Art. 74 Abs. 1 Nr. 22 GG für den »Straßenverkehr«. Aufgrund dieses Kompetenztitels ist das Straßenverkehrsgesetz (StVG) erlassen worden, das wiederum zum Erlass der Straßenverkehrsordnung (StVO) ermächtigt. Seit 1961 regelt die Straßenverkehrsordnung auch das *Parken* von Kraftfahrzeugen (§ 16, jetzt § 12 StVO), das nach der Regelungstechnik auf Straßen erlaubt ist, soweit nicht die Straßenverkehrsordnung Verbote vorsieht. Jedenfalls seit 1961 entfalteten die bundesrechtlichen Regelungen also eine zeitliche Sperrwirkung, so dass für landesrechtliche Regelungen kein Raum mehr bestand.[19] 560

Neben die zeitliche tritt die **»sachliche« Sperrwirkung,** d. h. landesrechtliche Regelungen sind nur noch **»soweit«** zulässig, als der Bund ihnen sachlich Raum gelassen hat. Diese Frage ist häufig nicht einfach zu beantworten, weil Bundes- und Länderkompetenzen einerseits ineinander greifen, andererseits aber scharf voneinander unterschieden werden müssen. 561

In unserem Beispielsfall hat das BVerfG Parkregelungen dem **Straßenverkehrs**recht zugeordnet (»ruhender Verkehr«), nicht dem **Straßenrecht,** das, soweit es sich um Landesstraßen handelt, in die Gesetzgebungskompetenz der Länder fällt.[20] Darüber kann man durchaus geteilter Meinung sein, weil das regelmäßige nächtliche Parken die Garage ersetzt und deshalb über die übliche Teilnahme am Verkehr hinausgeht. 562

Die sachliche Sperrwirkung wird auch dann zum Problem, wenn der abschließende Charakter einer bundesrechtlichen Regelung in Frage steht: 563

Fall 50: Das Hamburgische Enteignungsgesetz vom 14.6.1963 (GVBl. I, S. 77) sah vor, dass auf den von U-Bahn-Bauten betroffenen Grundstücken eine »öffentliche Last« entstand, aufgrund derer die Freie und Hansestadt Hamburg berechtigt sein sollte, »eine unterirdische Verkehrsanlage zu bauen, dauernd innezuhaben und zu nutzen sowie die zur Unterhaltung erforderlichen Arbeiten auszuführen«. 564

(nach BVerfGE 45, 297)

Die großen Gesetzgebungswerke des Zivil- und Strafrechts treffen für ihr Sachgebiet eine **abschließende Regelung,** sofern die Einführungsgesetze keine Vorbehalte zugunsten des Landesrechts enthalten.[21] Sie sind **»kodifikatorisch«**, nämlich für ihren Sachbereich erschöpfend. Der Landesgesetzgeber könnte deshalb neben den im Strafgesetzbuch aufgeführten Straftatbeständen keine weiteren ersinnen, auch wenn Verhaltensweisen, die nicht im StGB aufgeführt sind, regional als strafwürdig erachtet würden. Ebenso wenig sind die Länder befugt, abweichend von der Strafprozeßordnung strafprozessuale Rechtsbehelfe vorzusehen.[22] Ähnlich verhält es sich mit dem Bürgerlichen Gesetzbuch. Abgesehen von dem kodifikatorischen Charakter des 565

17 Vgl. zur Vorverlagerung der Sperrwirkung unter der Geltung von Art. 72 I a. F. GG BVerfGE 34, 9 (29); 36, 342 (365); *K. Stern,* Staatsrecht II, S. 595 f.

18 *R. Stettner,* in: Dreier (Hrsg.), GG, Bd. II, Art. 72 Rn. 30; *C. Degenhart,* in: Sachs (Hrsg.), GG, Art. 72 Rn. 25.

19 Vgl. BVerfGE 67, 299 (325 f.).

20 So BVerfGE 67, 299 (314 ff.).

21 Dazu BVerfGE 45, 297 (340 ff.).

22 Vgl. BVerfGE 48, 367 (zur StPO).

gesamten Regelwerks gibt es einen *numerus clausus* der Sachenrechte, so dass auch aus diesem Grund für landesrechtliche Ergänzungen kein Raum bleibt.

566 Die »öffentliche Last« des Hamburgischen Enteignungsgesetzes fügte den bestehenden Sachenrechten (Eigentum, Grunddienstbarkeit, usw.) ein weiteres hinzu, das ersichtlich den Bau von U-Bahnen erleichtern sollte. Das BVerfG hat diese Vorschrift für nichtig erklärt, weil das BGB insoweit eine abschließende Regelung treffe, die auch nicht auf dem Umweg über das öffentliche Recht landesrechtlich ergänzt werden könne.[23]

567 Die zweite Besonderheit der Kernkompetenzen liegt darin, dass eine **Erforderlichkeitsprüfung** für bundesrechtliche Regelungen nach Art. 72 Abs. 2 GG **nicht** (mehr) **statthaft** ist. Nach der bisherigen Fassung dieser Vorschrift unterlagen sämtliche Bundesgesetze auf dem Gebiet der konkurrierenden Gesetzgebungskompetenz der Prüfung, ob die Herstellung gleichwertiger Lebensverhältnisse im Bundesgebiet oder die Wahrung der Rechts- oder Wirtschaftseinheit im gesamtstaatlichen Interesse eine bundesgesetzliche Regelung erforderlich machte. Für die Kernkompetenzen ist eine solche Prüfung nicht länger vorgesehen, da der verfassungsändernde Gesetzgeber davon ausgegangen ist, dass bei ihnen die Erforderlichkeit einer bundesgesetzlichen Regelung stets zu bejahen ist.[24]

568 Der Unterschied zwischen den Kernkompetenzen der konkurrierenden Gesetzgebungszuständigkeit und der ausschließlichen Bundeszuständigkeit besteht darin, dass letztere den Ländern prinzipiell verschlossen ist, während die Bundesländer auch in den Materien der Kernkompetenzen gesetzgeberisch tätig werden können, wenn und soweit der Bund von seinem Gesetzgebungsrecht keinen Gebrauch gemacht hat (Art. 72 Abs. 1 GG).

2. Bedarfskompetenzen (Art. 72 Abs. 2 GG)

569 Bei den in Art. 72 Abs. 2 GG genannten Kompetenztiteln findet zusätzlich eine Prüfung statt, ob »die Herstellung gleichwertiger Lebensverhältnisse im Bundesgebiet oder die Wahrung der Rechts- oder Wirtschaftseinheit im gesamtstaatlichen Interesse eine bundesgesetzliche Regelung erforderlich macht.«

570 Mit der – in ihrer früheren Fassung auf eine Empfehlung der Verfassungskommission zurückgehenden – **»Erforderlichkeitsklausel«** sollte einer weiteren Verlagerung der Gesetzgebungskompetenzen auf den Bund entgegengewirkt werden, die nicht zuletzt auf eine bemerkenswerte Zurückhaltung des BVerfG bei der Prüfung des »Bedürfnisses nach bundesgesetzlicher Regelung« (Art. 72 Abs. 2 GG a. F.) zurückzuführen war.[25]

571 Das BVerfG hatte frühzeitig die Auffassung vertreten, ob die »Wahrung der Einheitlichkeit der Lebensverhältnisse über das Gebiet eines Landes hinaus« – so die Formulierung in Art. 72 Abs. 2 Nr. 3 GG a. F. – eine bundesgesetzliche Regelung »erfordere«, setze eine politische Bewertung voraus, die das Gericht zu respektieren habe.[26] Der Bundesgesetzgeber sei nicht darauf beschränkt, einer schon bestehenden Einheit-

23 So BVerfGE 45, 297; anders BVerfGE 24, 367 und 42, 20 (»öffentliches Eigentum«).
24 Vgl. Begründung, BT-Drucks. 16/813, S. 26.
25 Vgl. *J. Ipsen*, Staatsrecht I (17. Aufl. 2005), Rn. 561 f.
26 So BVerfGE 2, 213 (224 f.); 13, 230 (233); 26, 338 (382 f.); 78, 249 (270).

lichkeit der Lebensverhältnisse zu folgen, sondern befugt, auf das ihm erwünscht erscheinende Maß an Einheitlichkeit im Sozialleben hinzustreben.[27] In der Staatspraxis spielte Art. 72 Abs. 2 GG a. F. als zusätzliche Voraussetzung der Inanspruchnahme konkurrierender Gesetzgebungszuständigkeit durch den Bund deshalb keine Rolle mehr.[28]

Die Rechtsprechung des BVerfG zu Art. 72 Abs. 2 GG a. F. wirkte sich auf das Bund-Länder-Verhältnis folgenschwer aus.[29] Der Bund hat die verfassungsgerichtliche Judikatur geradezu als Aufforderung empfunden, möglichst lückenlos bundesgesetzliche Regelungen zu erlassen. Die Länder sind hierdurch auf dem Gebiet der Gesetzgebung in den Hintergrund getreten.[30] 572

Die die frühere Rechtsprechung des BVerfG kennzeichnende Tendenz zum **Unitarismus** vermochte sich weder am Grundgesetz noch an der vorgeblich politischen Natur derartiger Entscheidungen zu legitimieren. Die Wahrnehmung der konkurrierenden Gesetzgebungszuständigkeit setzte auch nach früherer Rechtslage neben dem Kompetenztitel die **Erforderlichkeit** einer bundesgesetzlichen Regelung voraus. Nicht jede denkbare bundesgesetzliche Regelung ist jedoch erforderlich. Da über diese Frage unterschiedliche Auffassungen zwischen Bund und Ländern geradezu programmiert waren, wäre es Aufgabe des BVerfG gewesen, Grundsätze zur Erforderlichkeit bundesgesetzlicher Regelungen zu entwickeln. Auch dogmatisch ist die Begründung alles andere als überzeugend gewesen, denn die Erforderlichkeit bundesgesetzlicher Regelungen ist eine **verfassungsrechtliche,** keine (ausschließlich) politische **Frage.** Das BVerfG hat sich auch in hochpolitischen Materien nie gescheut, Prüfungen vorzunehmen und Entscheidungen zu fällen.[31] Es muss als Versagen der Verfassungsgerichtsbarkeit angesehen werden, in dieser für den Bundesstaat existenziellen Frage dem Bund »plein pouvoir« für die Gesetzgebung gegeben zu haben.[32] 573

Die auf die Verfassungsrevision von 1994 zurückgehende Neufassung des Art. 72 Abs. 2 GG beruhte im Wesentlichen auf Art. 72 Abs. 2 Nr. 3 GG a. F., ließ aber nicht länger zu, dass das BVerfG der Prüfung der Erforderlichkeit unter Berufung auf die vorgelagerte politische Entscheidung des Gesetzgebers auswich. Das BVerfG hat seine **Rechtsprechung** dementsprechend **revidiert** und die Voraussetzungen für eine Bundeskompetenz nach Art. 72 Abs. 2 GG neu gefasst. Das Erfordernis der »Herstellung gleichwertiger Lebensverhältnisse« soll nicht schon dann erfüllt sein, wenn es nur um das In-Kraft-Setzen bundeseinheitlicher Regelungen geht. Das bundesstaatliche Rechtsgut »gleichwertiger Lebensverhältnisse« sei vielmehr erst dann bedroht und der Bund erst dann zum Eingreifen ermächtigt, wenn sich die Lebensverhältnisse in den Ländern der Bundesrepublik in erheblicher, das bundesstaatliche Sozialgefüge beeinträchtigender Weise auseinander entwickelt hätten oder eine derartige Entwick- 574

27 So BVerfGE 13, 230 (233); ähnlich BVerfGE 26, 338 (382 f.).

28 Vgl. *N. Achterberg,* Die Entscheidung über das Bedürfnis für die Bundesgesetzgebung (Art. 72 Abs. 2 GG), DVBl. 1967, S. 213; *R. Scholz,* in: Festgabe BVerfG II, S. 252.

29 Ähnlich *R. Scholz,* in: Festgabe BVerfG II, S. 259: »Kompetenzielle Schaltstelle sozialer Bundesstaatlichkeit«.

30 Vgl. *Jarass/Pieroth,* GG, Art. 72 Rn. 1; *C. Degenhart,* in: Sachs (Hrsg.), GG, Art. 72 Rn. 2.

31 Vgl. unten Rn. 860 ff.

32 Krit. auch *R. Stettner,* in: Dreier (Hrsg.), GG, Bd. II, Art. 72 Rn. 15 ff.; *M. Bothe,* in: AK-GG, Art. 72 Rn. 12.

lung sich konkret abzeichne. Die »Wahrung der Rechts- und Wirtschaftseinheit« betreffe unmittelbar institutionelle Voraussetzungen des Bundesstaates und erst mittelbar die Lebensverhältnisse der Bürger. Die Gesetzesvielfalt auf Länderebene erfülle die Voraussetzungen des Art. 72 Abs. 2 GG erst dann, wenn sie eine **Rechtszersplitterung** mit problematischen Folgen darstelle, die im Interesse sowohl des Bundes als auch der Länder nicht hingenommen werden könne. Die »Wahrung der Wirtschaftseinheit« liege im gesamtstaatlichen Interesse, wenn es um die Erhaltung der **Funktionsfähigkeit** des **Wirtschaftsraums** der Bundesrepublik durch bundeseinheitliche Rechtsetzung gehe. Der Erlass von Bundesgesetzen zur Wahrung der Wirtschaftseinheit stehe dann im gesamtstaatlichen, also im gemeinsamen Interesse von Bund und Ländern, wenn Landesregelungen oder das Untätigbleiben der Länder erhebliche Nachteile für die Gesamtwirtschaft mit sich brächten.[33]

575 Soweit die Erforderlichkeit für eine bundesgesetzliche Regelung nicht mehr besteht, kann durch Bundesgesetz bestimmt werden, dass diese durch **Landesrecht ersetzt** werden kann (Art. 72 Abs. 4 GG). Die Rückübertragungsbefugnis trägt dem Umstand Rechnung, dass aufgrund gewandelter Verhältnisse die Voraussetzungen des Art. 72 Abs. 2 GG entfallen können und verhindert werden soll, dass eine einmal gegebene Bundeskompetenz auf Dauer erhalten bleibt.[34] Sofern es sich um ein Bundesgesetz handelt, das aufgrund des Art. 72 Abs. 2 GG in der bis zum 15.11.1994 geltenden Fassung erlassen worden ist, aber wegen Änderung des Art. 72 Abs. 2 nicht mehr als Bundesgesetz erlassen werden könnte, gilt es als Bundesrecht fort (Art. 125 a Abs. 2 S. 1 GG). Durch Bundesgesetz kann bestimmt werden, dass es durch Landesrecht ersetzt werden kann (Art. 125 a Abs. 2 S. 2 GG).

576 Durch die **Föderalismusnovelle** ist Art. 72 Abs. 2 GG in der Weise geändert worden, dass die Erforderlichkeitsprüfung sich zukünftig auf die in dieser Vorschrift genannten Kompetenztitel (Art. 74 Abs. 1 Nr. 4, 7, 11, 13, 15, 19 a, 20, 22, 25 und 26 GG) beschränkt. Für die in Art. 72 Abs. 2 GG nicht aufgeführten Kompetenztitel des Art. 74 GG gilt eine unwiderlegliche **Erforderlichkeitsvermutung** zugunsten des Bundes.[35]

577 Für die Prüfung, ob ein Gesetz den Voraussetzungen des Art. 72 Abs. 2 GG entspricht, ist durch eine Ergänzung des Grundgesetzes eine besondere Form der **abstrakten Normenkontrolle** geschaffen worden, bei der der **Bundesrat,** eine **Landesregierung** oder die **Volksvertretung** eines Landes antragsberechtigt sind (Art. 93 Abs. 1 Nr. 2 a GG). Der Antragsberechtigung der Landesregierungen hätte es nicht bedurft, weil diese im Verfahren der abstrakten Normenkontrolle ohnehin antragsberechtigt sind (Art. 93 Abs. 1 Nr. 2 GG). Neuartig ist dagegen die Antragsberechtigung der **Volksvertretung** eines Bundeslandes. Da sich dieses Verfahren auf die Prüfung beschränkt, ob ein Gesetz den Voraussetzungen des Art. 72 Abs. 2 GG entspricht, ist es als **Kompetenzkontrollverfahren** zu bezeichnen.[36]

---

33 So BVerfGE 106, 62 (147).
34 Vgl. *S. Oeter,* in: v. Mangoldt/Klein/Starck, GG, Bd. 2, Art. 72 Rn. 133 f.
35 Vgl. Begründung, BT-Drucks. 16/813, S. 9.
36 Vgl. zum Verfahren *J. Wieland,* in: Dreier (Hrsg.), GG, Bd. III, Art. 93 Rn. 61 f.; *A. Rinken,* in: AK-GG, Art. 93 Rn. 32 b.

Durch die Föderalismusnovelle ist ein weiteres **Kompetenzkontrollverfahren** eingeführt worden, das auf die Feststellung abzielt, dass die Erforderlichkeit für eine bundesgesetzliche Regelung nicht *mehr* besteht. Gem. Art. 72 Abs. 4 GG kann durch Bundesgesetz zwar bestimmt werden, dass eine bundesgesetzliche Regelung, für die eine Erforderlichkeit im Sinne des Abs. 2 nicht mehr besteht, durch Landesrecht ersetzt werden kann; solange eine derartige Regelung nicht ergangen ist, gilt die kompetenzwidrige Regelung jedoch fort. Nach Art. 93 Abs. 2 S. 2 GG ersetzt die Feststellung des BVerfG, dass die Erforderlichkeit entfallen ist, ein Bundesgesetz nach Art. 72 Abs. 4 GG. Der Antrag ist allerdings erst zulässig, wenn eine Gesetzesvorlage nach Art. 72 Abs. 4 im Bundestag abgelehnt oder nicht beraten bzw. eine entsprechende Gesetzesvorlage im Bundesrat abgelehnt worden ist (Art. 93 Abs. 2 S. 3 GG). 578

3. Abweichungskompetenzen (Art. 72 Abs. 3 GG)

Hat der Bund von seiner Gesetzgebungszuständigkeit Gebrauch gemacht, können die Länder gemäß Art. 72 Abs. 3 S. 1 GG durch Gesetz hiervon **abweichende Regelungen** treffen über: 579

1. das Jagdwesen (ohne das Recht der Jagdscheine);
2. den Naturschutz und die Landschaftspflege (ohne die allgemeinen Grundsätze des Naturschutzes, das Recht des Artenschutzes oder des Meeresnaturschutzes);
3. die Bodenverteilung;
4. die Raumordnung;
5. den Wasserhaushalt (ohne stoff- oder anlagenbezogene Regelungen);
6. die Hochschulzulassung und die Hochschulabschlüsse.

Die Kompetenztitel des Art. 72 Abs. 3 S. 1 GG sind überwiegend identisch mit jenen der früheren **Rahmengesetzgebung** des Bundes (Art. 75 GG a. F.). Die Rahmengesetze des Bundes mussten nach der Rechtsprechung des BVerfG zwar »ausfüllungsfähig und ausfüllungsbedürftig« sein[37] und durften nach der ausdrücklichen Bestimmung des Art. 75 Abs. 2 GG a. F. nur in Ausnahmefällen in Einzelheiten gehende oder unmittelbar geltende Regelungen enthalten. Der Bund hat sich durch diese Bestimmung allerdings nicht gehindert gesehen, in Einzelfällen den Ländern detaillierte gesetzliche Vorgaben zu machen.[38] 580

Die Gegenstände der Rahmengesetzgebung sind nunmehr – zum Teil in modifizierter Form – in den Kompetenzkatalog der konkurrierenden Gesetzgebung eingefügt worden (Art. 74 Abs. 1 Nr. 27–33 GG). Sämtliche Kompetenztitel sind damit zu **Vollkompetenzen** erstarkt, so dass die früher streitige Frage, wie detailliert rahmenrechtliche Vorschriften des Bundes sein dürfen, obsolet ist.

Die Besonderheit des Art. 72 Abs. 3 GG besteht darin, dass die die konkurrierende Gesetzgebungszuständigkeit bislang beherrschende **Alternativität** der Kompetenz beseitigt worden ist und die Bundesländer ermächtigt sind, durch **eigene Gesetze** auf den in S. 1 bezeichneten Gebieten von den bundesrechtlichen Regelungen **abzuweichen.** Soweit die Kompetenztitel des Art. 72 Abs. 3 S. 1 Nr. 1–6 GG reichen, gibt es folglich eine **doppelte Vollkompetenz** von Bund und Ländern. Der hierdurch eröffneten Möglichkeit einer Kollision von Bundes- und Landesrecht trägt Art. 72 Abs. 3 581

37 So BVerfGE 4, 115 (129); 36, 193 (202); 38, 1 (10); 51, 43 (54); 80, 137 (157); st. Rspr.
38 Vgl. BVerfGE 111, 226; 112, 226.

S. 3 GG in der Weise Rechnung, dass auf den Gebieten des Satzes 1 im Verhältnis von Bundes- und Landesrecht das jeweils **spätere Gesetz** vorgeht. Die Kollisionsregel der *lex posterior*, die damit positives Verfassungsrecht geworden ist, bedeutet keinen **Geltungs-**, sondern einen **Anwendungsvorrang.** Macht nämlich ein Bundesland von seiner Abweichungskompetenz auf den Gebieten des Art. 72 Abs. 3 S. 1 Nr. 1–6 GG Gebrauch, so werden die entsprechenden bundesgesetzlichen Regelungen in ihrer *Geltung* nicht beeinträchtigt; sie finden allerdings keine Anwendung auf dem Gebiet des insoweit abweichenden Bundeslandes. Umgekehrt ist der Bund, da ihm weiterhin eine Vollkompetenz auf den betreffenden Gebieten zukommt, seinerseits nicht an der Gesetzgebung gehindert, so dass die Posterioritätsregel folgerichtig zu *seinen* Gunsten ausschlagen kann. Allerdings treten Bundesgesetze auf diesen Gebieten frühestens sechs Monate nach ihrer Verkündung in Kraft, soweit nicht mit Zustimmung des Bundesrates anderes bestimmt ist (Art. 72 Abs. 3 S. 2 GG). Die in das Grundgesetz eingefügte **Karenzzeit** für das **Inkrafttreten** von Bundesgesetzen, die verfassungsgeschichtlich ohne Beispiel ist, soll den Bundesländern ermöglichen, auf die Bundesgesetzgebung zu reagieren und zu prüfen, ob sie erneut von der Abweichungsmöglichkeit Gebrauch machen wollen, was wiederum die Anwendung der Posterioritätsregel zu ihren Gunsten bedeuten würde.[39]

582 Die den Ländern durch Art. 72 Abs. 3 S. 1 GG eingeräumte Abweichungsmöglichkeit setzt nicht notwendig voraus, dass die landesrechtlichen Regelungen sich inhaltlich von denen des Bundes unterscheiden müssen. Um »abweichende Regelungen« handelt es sich auch dann, wenn überhaupt ein Landesgesetz auf dem betreffenden Rechtsgebiet erlassen wird. Der Bundesgesetzgebung dürfte deshalb *auch* die Funktion der **»Modellgesetzgebung«** zukommen, die bereits auf anderen Gebieten zu beobachten ist.[40] Die Länder sind demgegenüber in der Lage, eigene legislatorische Vorstellungen durchzusetzen, ohne an einen – engen bundesgesetzlichen – Rahmen gebunden zu sein. Die in Art. 72 Abs. 3 S. 1 GG aufgeführten Kompetenztitel stellen deshalb echte **konkurrierende Gesetzgebungszuständigkeiten** dar, weil Bund und Länder auf diesen Gebieten im Wortsinne miteinander im Wettbewerb stehen, während es sich bei den übrigen Kompetenztiteln des Art. 74 GG lediglich um **subsidiäre Länderzuständigkeiten** handelt.

IV. Neue Zuständigkeitsverteilung zwischen Bund und Ländern

1. Neue Länderzuständigkeiten

583 Die **Zuständigkeitsvermutung** zugunsten der Länder (Art. 70 Abs. 1 GG) bewirkt, dass alle Gegenstände der Gesetzgebung, die nicht ausdrücklich in Art. 73 oder 74 GG benannt sind oder für die an anderer Stelle eine Bundeszuständigkeit begründet worden ist, in die ausschließliche Gesetzgebungskompetenz der Länder fallen. Die Föderalismusnovelle hat sich dieser Regelungstechnik insofern bedient, als einzelne Regelungsgegenstände in den Kompetenztiteln gestrichen worden sind. Art. 74 Abs. 1 Nr. 1 GG umfasste in seiner bisherigen Fassung »das Bürgerliche Recht, das

39 Vgl. Begründung, BT-Drucks. 16/813, S. 28.

40 Vgl. das Verwaltungsverfahrensgesetz i. d. F. vom 23.1.2003 (BGBl. I, S. 102), das entweder für die Ausführung von Landesrecht durch die Landesbehörden für anwendbar erklärt (so z. B. § 1 Nds. VwVfG) oder im Wortlaut als Landesgesetz übernommen worden ist (so BayVwVfG).

Strafrecht und den Strafvollzug«. Die Worte »und den Strafvollzug« sind durch die Föderalismusnovelle gestrichen worden, so dass der **Strafvollzug** nunmehr in die Gesetzgebungszuständigkeit der Bundesländer fällt. Das Gleiche gilt für das **Versammlungsrecht,** das bislang Teil des Kompetenztitels nach Art. 74 Abs. 1 Nr. 3 GG war, nunmehr als Gegenstand der Bundesgesetzgebung weggefallen ist.

Mit gleicher Zielrichtung sind Gegenstände der Bundesgesetzgebung, die bislang einem Kompetenztitel unterfielen, diesem ausdrücklich entzogen worden, so dass auch hier die Zuständigkeitsvermutung zugunsten der Länder eingreift.[41] **584**

Das **Recht der Wirtschaft** (Art. 74 Abs. 1 Nr. 11 GG) umfasste nach bisheriger Rechtslage auch das Recht des Ladenschlusses, der Gaststätten, der Spielhallen, der Schaustellung von Personen, der Messen, der Ausstellungen und Märkte, ohne dass diese Materien ausdrücklich im Grundgesetz erwähnt worden wären. Diese Gegenstände werden nunmehr vom »Recht der Wirtschaft« ausgenommen (»ohne das Recht des Ladenschlusses ...«), so dass für diese zweifelsfrei **wirtschaftsrechtlichen Materien** aufgrund des Art. 70 Abs. 1 GG Zuständigkeiten der Bundesländer begründet worden sind. Die gleiche Regelungstechnik findet sich in Art. 74 Abs. 1 Nr. 27 GG, der Regelungen über Laufbahnen, Besoldung und Versorgung der Beamten der Länder, Gemeinden und anderen Körperschaften von dem Kompetenztitel ausnimmt. Die bislang zum Teil als konkurrierende (Art. 74 a GG a. F.), zum Teil als Rahmengesetzgebung (Art. 75 Abs. 1 S. 1 Nr. 1 GG a. F.) ausgestaltete Bundeskompetenz für **Laufbahnen, Besoldung** und **Versorgung** der **Beamten der Länder, Gemeinden** und **anderen Körperschaften des öffentlichen Rechts** ist damit in die ausschließliche Gesetzgebungskompetenz der Länder übergegangen. **585**

2. Neue Bundeszuständigkeiten

Im Gegenzuge sind die ausschließlichen Bundeszuständigkeiten erweitert worden. So ist der Bund nunmehr ausschließlich für das **Melde- und Ausweiswesen** zuständig (Art. 73 Abs. 1 Nr. 3 GG), für das ihm nach bisherigem Recht nur eine Rahmenkompetenz zukam (Art. 75 Abs. 1 S. 1 Nr. 5 GG a. F.). Auch für den **Schutz deutschen Kulturgutes gegen Abwanderung ins Ausland,** für den bislang ebenfalls eine Rahmenkompetenz bestand (Art. 75 Abs. 1 S. 1 Nr. 6 GG a. F.), besteht nunmehr eine ausschließliche Bundeszuständigkeit (Art. 73 Abs. 1 Nr. 5 a GG). Neu eingefügt worden ist die ausschließliche Bundeszuständigkeit für die **Abwehr von Gefahren des internationalen Terrorismus** (Art. 73 Abs. 1 Nr. 9 a GG). Überdies sind bisher zur konkurrierenden Gesetzgebung gehörende Kompetenztitel (Art. 74 Abs. 1 Nr. 4 a, 10 und 11 a GG a. F.) der ausschließlichen Gesetzgebungszuständigkeit des Bundes zugeordnet worden (Art. 73 Abs. 1 Nr. 12–14 GG). **586**

3. Wiedergewinnung des föderalen Gleichgewichts?

Die Frage, ob durch die Neuverteilung der Gesetzgebungskompetenzen das von der Föderalismusreform angestrebte Ziel – die Herstellung eines Gleichgewichts zwischen Bund und Ländern – erreicht worden ist, lässt sich gegenwärtig noch nicht beantworten. Allerdings kann festgestellt werden, dass eine Mehrzahl von Verfassungsstreitigkeiten zwischen Bund und Ländern, die zugleich Symptome eines aus **587**

41 Vgl. Art. 74 Abs. 1 Nr. 1, 7, 11, 18, 24, 27 GG.

dem Gleichgewicht geratenen föderalen Verhältnisses waren, nicht mehr denkbar wären. So ist die Diskussion um die bundesgesetzliche Erforderlichkeit von Ladenschlusszeiten, die geradezu ein Paradigma der Föderalismusdiskussion bildete, nunmehr obsolet geworden, weil der Bund für die Festsetzung von Ladenschlusszeiten nicht mehr zuständig ist (Art. 74 Abs. 1 Nr. 11 GG). Auch die Frage, wie detailliert rahmenrechtliche Vorschriften ausfallen dürfen, die in jüngerer Zeit das BVerfG mehrfach beschäftigt hat,[42] kann sich nach Wegfall der Rahmenkompetenz zukünftig nicht mehr stellen. Da die Länder von Bundesgesetzen, die nach altem Recht aufgrund der Rahmenkompetenz ergingen und die nunmehr zur konkurrierenden Gesetzgebungszuständigkeit gehören, abweichen dürfen (Art. 72 Abs. 3 S. 1 GG), ist die Position der Bundesländer gegenüber dem Bund fraglos gestärkt worden. Offen bleibt allerdings die Frage, ob der Bund bereit ist, Bundeskompetenzen, deren Inanspruchnahme nicht mehr erforderlich ist, auf die Länder zurück zu übertragen (Art. 72 Abs. 4, 125 a Abs. 2 S. 2 GG). Nach den bisherigen Erfahrungen besteht diese Bereitschaft nicht.[43] Ohnehin neigen Körperschaften dazu, ihre Kompetenzen auszudehnen, nicht sie aufgrund eigener Willensbildung einzuschränken. Das Kompetenzkontrollverfahren nach Art. 93 Abs. 2 GG könnte wegen seiner besonderen Feststellungswirkung die bislang bestehende Lücke schließen, ist allerdings von einem zuvor gescheiterten Gesetzgebungsverfahren abhängig (Art. 93 Abs. 2 S. 3 GG).

V. Grundsatzgesetzgebung des Bundes (Art. 109 Abs. 4 GG)

588 Die dem Bund nach Art. 109 Abs. 4 GG eingeräumte »**Grundsatzgesetzgebung**« lässt sich in die Kompetenzformen von ausschließlicher und konkurrierender Bundesgesetzgebung nicht einordnen. Es handelt sich hierbei nicht um eine ausschließliche Bundeszuständigkeit im Sinne des Art. 71 GG, weil den Ländern das »Recht der Gesetzgebung« verbleibt, ohne hierzu ermächtigt werden zu müssen. Augenfällig ist dies bei den Landeshaushaltsordnungen, die zum Verfassungsrecht der Länder gehören. Auch als »konkurrierende« Gesetzgebung lässt sich die Kompetenz aus Art. 109 Abs. 4 GG nicht qualifizieren, weil der Bund auf die Aufstellung von »Grundsätzen« beschränkt ist, während Bundesgesetze, die in Ausübung einer Vollkompetenz ergehen, eine höhere Regelungsdichte aufweisen. Atypischerweise gilt die Grundsatzgesetzgebung zudem für Bund und Länder gemeinsam.

589 Der Bund hat von der Ermächtigung in Art. 109 Abs. 4 GG durch das Haushaltsgrundsätzegesetz (HGrG) und das Stabilitäts- und Wachstumsgesetz (StWG) Gebrauch gemacht. Die ebenfalls der Grundsatzgesetzgebung zugeordnete Bundeskompetenz nach Art. 91 a Abs. 2 S. 2 GG a. F. (allgemeine Grundsätze für die Erfüllung der Gemeinschaftsaufgaben) ist als solche weggefallen. Die Bundeskompetenz nach Art. 91 a Abs. 2 GG in der Fassung der Föderalismusnovelle ist der ausschließlichen Bundesgesetzgebung zuzurechnen.

---

42 Vgl. BVerfGE 111, 226; 112, 226.
43 Vgl. BVerfGE 111, 10.

VI. Ungeschriebene Gesetzgebungskompetenzen des Bundes?

Fall 51: Im Bundestag wird ein »Gesetzentwurf betreffend die Organisation der Bundesregierung (Regierungsorganisationsgesetz)« eingebracht. In dem Gesetz sind 15 Bundesministerien aufgeführt und in ihren Zuständigkeiten abgegrenzt. Ziel der Entwurfsverfasser ist es, die Errichtung weiterer Bundesministerien bzw. ihre Umgliederung im Rahmen der anstehenden Regierungsbildung zu verhindern. Die Bundesregierung bezweifelt, dass ein solches Gesetz verfassungsmäßig wäre. 590

Trotz der eindeutigen Regelungstechnik in Art. 70 ff. GG ist die Frage lebhaft diskutiert worden, ob dem Bund über die im Grundgesetz niedergelegten Gesetzgebungszuständigkeiten hinaus auch **»ungeschriebene«** (oder auch: mitgeschriebene) **Zuständigkeiten** zukommen. Das BVerfG hat derartige Bundeskompetenzen in mehreren Fällen zugelassen.[44] In der Literatur sind drei Gruppen ungeschriebener Bundeskompetenzen ausgemacht worden, deren Abgrenzung voneinander allerdings nicht immer leicht fällt: 591

1. Bundeskompetenzen kraft Sachzusammenhangs

Nach einer frühen Formulierung des BVerfG lässt sich eine Kompetenz kraft **Sachzusammenhangs** bejahen, 592

»wenn eine dem Bund ausdrücklich zugewiesene Materie verständigerweise nicht geregelt werden kann, ohne dass zugleich eine nicht ausdrücklich zugewiesene andere Materie mitgeregelt wird, wenn also ein Übergreifen in nicht ausdrücklich zugewiesene Materien unerläßliche Voraussetzung ist für die Regelung einer der Bundesgesetzgebung zugewiesenen Materie.«[45]

In der Judikatur des BVerfG finden sich mehrere Beispiele einer Zuständigkeit kraft Sachzusammenhangs. Es handelt sich vorwiegend um Gebühren-[46] oder Versorgungsregelungen[47] auf Gebieten, für die dem Bund die Gesetzgebungszuständigkeit zusteht. In dem praktisch überaus bedeutsamen Bereich des **öffentlichen Baurechts** hat das BVerfG eine Bundeskompetenz kraft Sachzusammenhangs (für das Bauordnungsrecht) verneint: Die »bloße Erwägung, es sei zweckmäßig, mit einer dem Bund ausdrücklich zugewiesenen Materie gleichzeitig auch eine verwandte Materie zu regeln«, reiche zur Begründung einer Gesetzgebungszuständigkeit nicht aus.[48] 593

2. »Annex-Kompetenz«

Ein der Kompetenz kraft Sachzusammenhangs verwandter Fall ist die sog. **»Annex-Kompetenz«**. Hier greift der Bund nicht in eine ihm nicht zugewiesene Materie über – so jedenfalls eine in der Literatur vertretene Definition;[49] die (ungeschriebene) Bundeskompetenz soll sich vielmehr daraus ergeben, dass der Bund eine (geschriebene) Gesetzgebungskompetenz wahrnimmt. 594

---

44 Vgl. BVerfGE 1, 264 (272); 3, 407 (433); 8, 143 (149); 11, 192 (199); 22, 180 (213); 84, 133 (148); 98, 265 (302 ff.).
45 So BVerfGE 3, 407 (421).
46 Vgl. BVerfGE 11, 192 (199).
47 Vgl. BVerfGE 1, 264 (272).
48 So BVerfGE 3, 407 (421); weiterhin verneint in BVerfGE 12, 205 (237); 15, 1 (20); 26, 246 (256); 26, 281 (300).
49 Vgl. *I. v. Münch*, Staatsrecht I, 6. Aufl. 2000, Rn. 541.

595 In diesem Fall wird dem Bund die Befugnis eingeräumt, notwendige **ergänzende Vorschriften** (Annex-Regelungen) auch außerhalb des ihm (ausdrücklich) zugewiesenen Bereichs zu erlassen. Als Musterbeispiel werden gefahrenabwehrende Regelungen auf Gebieten genannt, die zur Gesetzgebungszuständigkeit des Bundes gehören.[50] Ferner hat das BVerfG dem Bund eine Kompetenz für »punktuelle« Annex-Regelungen zugebilligt, die es gestatten soll, mit dem Erlass von Vollzugsvorschriften in die Landeszuständigkeit für das Kommunalrecht einzugreifen.[51] Die Grenzen zu der »Zuständigkeit kraft Sachzusammenhangs« sind dabei fließend. Auch die anderen für die Annex-Kompetenz genannten Beispiele[52] vermögen nicht recht zu überzeugen. Wenn die Vorbereitung oder Durchführung eines Gesetzgebungsvorhabens des Bundes den Übergriff in Landeskompetenzen fordert, so müssen die Länder die entsprechenden Regelungen erlassen. Soweit eine Rechtszersplitterung zu besorgen ist, muss die Verfassung geändert werden. Hierin liegt nämlich ein schwer zu begreifender innerer Widerspruch der Diskussion über die ungeschriebenen Bundeskompetenzen: sind sie tatsächlich unabdingbar, so wäre auch eine hinreichende Begründung für eine Verfassungsänderung gegeben.

3. Kompetenzen »aus der Natur der Sache«

596 Anders als die Kompetenz kraft Sachzusammenhangs oder die Annex-Kompetenz steht die Bundeskompetenz »aus der **Natur der Sache**« in keinem notwendigen Zusammenhang mit einer geschriebenen Bundeskompetenz. Nach einer Formulierung des BVerfG handelt es sich um Sachgebiete, die

> »ihrer Natur nach eine eigenste, der partikularen Gesetzgebungszuständigkeit a priori entrückte Angelegenheit des Bundes darstellen, vom Bund und nur von ihm geregelt werden können.«[53]

597 Man kann die Kompetenz derartiger Gesetzgebungsgegenstände nicht von vornherein leugnen, obwohl sie in gewisser Hinsicht der Systematik der Art. 70 ff. GG widersprechen. Die Zuständigkeitsvermutung zugunsten der Länder soll ja gerade ausschließen, dass Gegenstände der Gesetzgebung aus der Kompetenzzuordnung herausfallen.

598 In der Literatur finden sich als Beispiele Gesetze über die Bundeshauptstadt, Selbstdarstellung des Staates oder Verleihung von Orden.[54] Es handelt sich hierbei fraglos um Bundeszuständigkeiten »aus der Natur der Sache«, die allerdings nicht notwendig in Gesetzesform ausgeübt werden müssten. Denkbar wären in diesen Bereichen auch schlichte Parlamentsbeschlüsse oder Exekutivakte, die nach der – im Wortlaut ja nicht zufällig anders als Art. 70 Abs. 1 GG gefassten – Zuständigkeitsvermutung des Art. 30 GG als Handeln des Bundes »zugelassen« wären. Auf der anderen Seite kann das Parlament grundsätzlich jeden Sachbereich, der gesetzlicher Regelung zugänglich ist, zum Gegenstand eines Gesetzes machen. Soweit also die **Bundeszuständigkeiten** reichen, müssen ihnen folgerichtig auch **Gesetzgebungszuständigkeiten des Bundes**

50 Vgl. BVerfGE 3, 407 (433); 8, 143 (150); 78, 374 (386 f.); 109, 190 (215); BVerfG, Beschl. v. 3.7.2012 – 2 PBvU 1/11 –, Rn. 17.
51 Vgl. BVerfGE 22, 180 (210); 77, 288 (299).
52 Z. B. *I. v. Münch/U. Mager*, Staatsrecht I, Rn. 395.
53 So BVerfGE 26, 246 (257).
54 Vgl. *I. v. Münch/U. Mager*, Staatsrecht I, Rn. 398.

entsprechen. Ein Beispiel hierfür bildet die Bestimmung **Berlins** als **Bundeshauptstadt,** die bislang nur durch einfaches Gesetz erfolgt ist,[55] durch die Föderalismusnovelle aber verfassungskräftig festgelegt worden ist (Art. 22 Abs. 1 S. 1 GG). Ausdrücklich wird die **Repräsentation** des Gesamtstaates als **Aufgabe** des **Bundes** festgelegt (Art. 22 Abs. 1 S. 2 GG) und das Nähere der Regelung durch **Bundesgesetz** zugewiesen (Art. 22 Abs. 1 S. 3 GG). Damit ist dem Bund eine ausschließliche Gesetzgebungskompetenz für die Repräsentation des Gesamtstaates zugewiesen worden, so dass es insoweit keines Rückgriffs auf die »Natur der Sache« bedarf.

Im Ausgangsfall kann kein Zweifel daran bestehen, dass die Einrichtung der Bundesministerien und die Festlegung ihrer Zuständigkeiten eine Bundesangelegenheit ist. Beides ist gesetzlicher Regelung zugänglich, so dass insoweit eine Gesetzgebungszuständigkeit »aus der Natur der Sache« gegeben ist. Der Bundestag ist deshalb grundsätzlich nicht gehindert, ein »Regierungsorganisationsgesetz« zu erlassen. Ob das Parlament bei der Ausgestaltung der Regierungsorganisation Beschränkungen unterliegt, die aus der »Organisationsgewalt« des Bundeskanzlers folgen könnten,[56] ist eine Frage des *Gesetzesinhalts.* Sie dürfte im Regelfall zu verneinen sein. Wenn schon für jede behördliche Zuständigkeit eine gesetzliche Regelung zu fordern ist,[57] so wird man kaum annehmen können, dass die Zahl der Bundesministerien und die Festlegung ihrer Geschäftsbereiche sich dem gesetzgeberischen Zugriff entzieht. 599

Die Gesetzgebungskompetenzen des Bundes erweisen sich in der Gesamtschau als so umfassend, dass – entgegen dem durch Art. 70 GG vermittelten Eindruck – das **Schwergewicht** gesetzgeberischer Tätigkeit eindeutig beim **Bund** liegt.[58] Die Länder sind von der Gesetzgebung weithin ausgeschlossen. Dieses Übergewicht des Bundes ist im Grundgesetz angelegt, durch Verfassungsänderungen und – nicht zuletzt – die unitarisierende Rechtsprechung des BVerfG verstärkt worden.[59] Den Ländern verbleiben die Kernmaterien des **Kommunalrechts,** des **allgemeinen Gefahrenabwehrrechts** und des **Kultusbereichs.** Begreift man das Verhältnis von Bund und Ländern im Sinne einer vertikalen Gewaltenteilung als Machtbalance, so kann im Bereich der Gesetzgebung von einer »Balance« schwerlich die Rede sein.[60] 600

Offen ist gegenwärtig noch, inwieweit die Föderalismusnovelle der unitarischen Entwicklung auf dem Gebiet der Gesetzgebung entgegenzuwirken vermag. Zwar deutet sich in der neueren Rechtsprechung des BVerfG eine Änderung der insgesamt unitarischen Orientierung an;[61] ob das Gericht die in der Föderalismusnovelle enthaltenen Ansätze im Sinne einer größeren Machtbalance zwischen Bund und Ländern fortbildet, bleibt jedoch abzuwarten. 601

55 Gesetz zur Umsetzung des Beschlusses des Deutschen Bundestages vom 20.6.1991 zur Vollendung der Einheit Deutschlands (Berlin/Bonn-Gesetz) vom 26.4.1994 (BGBl. I, S. 918).
56 Vgl. oben Rn. 439.
57 Vgl. unten Rn. 616.
58 Vgl. *K. Stern,* Staatsrecht I, S. 677.
59 Vgl. *P. Kunig,* in: v. Münch/Kunig (Hrsg.), GG, Bd. 2, Art. 70 Rn. 2; *K. Stern,* Staatsrecht I, S. 674.
60 Vgl. *Jarass/Pieroth,* GG, Art. 70 Rn. 1.
61 Vgl. BVerfGE 106, 62 (136 ff.); 111, 10 (28 f.); 111, 226 (253 ff.); 112, 226 (243 ff.).

VII. Übersicht: Gesetzgebungskompetenzen des Bundes

602

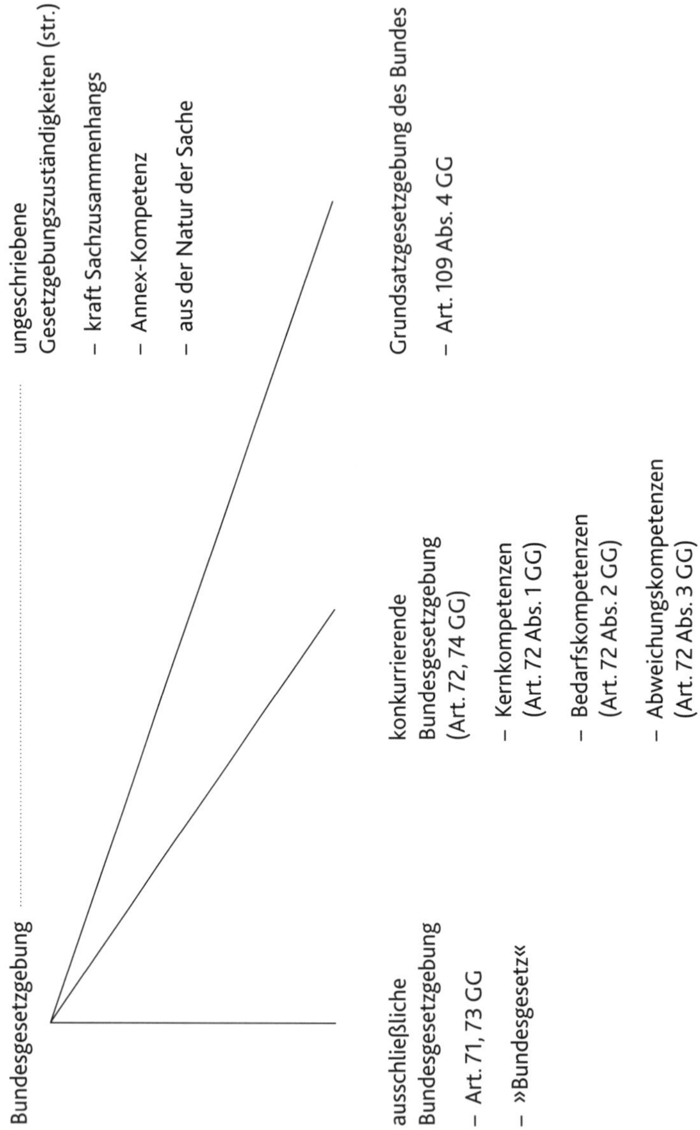

VIII. Zum Vergleich: Die Europäische Union

Fall 52: Mit der Richtlinie 98/43/EG, die das Europäische Parlament und der Rat am 6.7.1998 erlassen hatten, wurde in der Gemeinschaft jede Form der Werbung und des Sponsoring für Tabakerzeugnisse verboten. Die Bundesrepublik erhob vor dem Europäischen Gerichtshof Klage auf Nichtigerklärung der Richtlinie, weil die Gemeinschaft für den Erlass der Richtlinie keine Rechtsgrundlage gehabt habe. 603

(EuGH, Slg. 2000, I-8419)

Die Aufteilung der Gesetzgebungskompetenzen zwischen Bund und Ländern darf nicht den Blick dafür verstellen, dass der Staat – als Abbreviatur für Bund und Länder zusammen – grundsätzlich jeden Gegenstand gesetzlicher Regelung zuführen kann, solange hierdurch keine Grundrechte oder Grundprinzipien der Verfassung verletzt werden. Man hat dieses Zugriffsrecht als »Kompetenz-Kompetenz« bezeichnet, nämlich als Kompetenz, eine Kompetenz an sich zu ziehen und damit zu begründen. Ob dieser Begriff in einem »Mehrebenensystem«, wie es ein in die Europäische Union eingebetteter Bundesstaat darstellt, überhaupt noch aussagekräftig ist, mag dahinstehen. Zutreffend ist in jedem Falle, dass der Europäischen Union eine Kompetenz-Kompetenz nicht zukommt, sie also keine Zuständigkeiten an sich ziehen kann, die ihr nicht ausdrücklich durch die Verträge zugewiesen worden wären.[62] Das »Prinzip der begrenzten Einzelermächtigung«, das die Gründungsverträge beherrscht[63] und im Grundsatz der Subsidiarität (Art. 23 Abs. 1 S. 1 GG) verfassungsrechtlich widergespiegelt wird, macht nach Auffassung des BVerfG den entscheidenden Unterschied zwischen einem Staat (wie der Bundesrepublik) und einem Staatenverbund (wie der Europäischen Union) aus.[64] 604

Allerdings sind die Rechtsetzungsbefugnisse der Union ausgeprägt, und es fehlt nicht an Versuchen, sie weiter auszudehnen.[65] Insofern ist eine Entwicklung zu beobachten, die der Lehre von den »implied powers« im amerikanischen Verfassungsrecht und der Annahme ungeschriebener Bundeskompetenzen im deutschen Staatsrecht[66] entspricht. 605

Im Ausgangsfall bedurfte es zum Erlass der Richtlinie einer ausdrücklichen Ermächtigung im Vertrag über die Europäische Gemeinschaft. Die EG (jetzt: EU) ist zwar zuständig für die Beseitigung von Hemmnissen des freien Warenverkehrs und von Wettbewerbsverzerrungen. Das totale Werbeverbot in Art. 3 I der Tabakwerberichtlinie diente jedoch nicht der Beseitigung von Wettbewerbsverzerrungen, sondern gründete sich auf den Schutz der Gesundheit. Auf diesem Gebiet besaß die Gemeinschaft jedoch keine Zuständigkeit. Der EuGH hat die Tabakwerberichtlinie deshalb mit der Begründung für nichtig erklärt, dass der EGV keine geeignete Rechtsgrundlage für sie enthalte.[67] Mit Inkrafttreten des Reformvertrags kommen der EU nun begrenzte Kompetenzen auf dem Gebiet des Gesundheitsschutzes zu.[68] 606

62 So BVerfGE 89, 155 (181 ff.).
63 Vgl. *R. Streinz*, Europarecht, Rn. 539 f. m. w. N.
64 So BVerfGE 89, 155 (209 f.) und passim; 123, 267 (381 ff.).
65 Vgl. *T. Oppermann/C. D. Classen/M. Nettesheim*, Europarecht, § 11 Rn. 6 ff.
66 Vgl. *S. Hobe*, Europarecht, § 7 Rn. 82, 103 ff.
67 So EuGH, Slg. 2000, I-8419.
68 Vgl. Art. 4 Abs. 2 lit. k), Art. 6 a AEUV.

IX. Rechtsprechung

607 **BVerfGE** 2, 213 (Straffreiheitsgesetz); **E** 3, 407 (Bundesbaugesetz); **E** 4, 115 (Beamtenbesoldung); **E** 8, 104 (Volksbefragung über Atomwaffen); **E** 13, 230 (Ladenschlussgesetz); **E** 18, 305 (Nds. LJagdG: wildernde Tiere); **E** 24, 367 (Hamb. Deichordnungsgesetz: öffentliches Eigentum); **E** 26, 246 (Ingenieurgesetz); **E** 26, 338 (Eisenbahnkreuzungsgesetz); **E** 28, 119 (Spielbankengesetz); **E** 34, 9 (Hess. Besoldungsgesetz); **E** 42, 20 (Hamb. Wegegesetz: öffentliches Eigentum); **E** 45, 297 (Hamb. Enteignungsgesetz: öffentliche Last); **E** 48, 367 (Hess. Pressegesetz: Rechtsbehelf gegen Beschlagnahme); **E** 61, 149 (Staatshaftungsgesetz); **E** 75, 108 (Künstlersozialversicherung); **E** 77, 288 (Annexregelung zur Bauleitplanung); **E** 78, 249 (Konkurrierende Gesetzgebung, Fehlbelegungsabgabe); **E** 102, 26 (Frischzellenherstellung); **E** 102, 99 (Abfallbeseitigung); **E** 106, 62 (Neuregelung der Altenpflege; »Erforderlichkeit« i. S. v. Art. 72 II GG); **E** 110, 141 (Einfuhr- und Verbringungsverbot für gefährliche Hunde); **E** 111, 10 (Ladenschluss); **E** 111, 226 (Juniorprofessur); **E** 112, 226 (Studiengebühren); **BVerfG,** Beschl. v. 3.7.2012 – 2 PBvU 1/11 –; **VerfGH NW,** NWVBl. 1987, S. 13 (Volksbegehren zur Stilllegung von Kernkraftwerken und Atomgesetz).

X. Literatur

608 *B. Becker,* Das Recht der Länder zur Abweichungsgesetzgebung (Art. 72 Abs. 3 GG) und das neue WHG und BnatSchG, DVBl. 2010, S. 754; *M. Bullinger,* Ungeschriebene Kompetenzen im Bundesstaat, AöR 96 (1971), S. 237; *C. Degenhart,* Die Neuordnung der Gesetzgebungskompetenzen durch die Föderalismusreform, NVwZ 2006, S. 1209; *ders.*, Verfassungsrechtliche Rahmenbedingungen der Abweichungsgesetzgebung, DÖV 2010, S. 422; *H.-U. Erichsen,* Bund und Länder im Bundesstaat des Grundgesetzes, Jura 1986, S. 337; *K. Faßbender,* Eine Absichtserklärung aus Karlsruhe zur legislativen Kompetenzverteilung im Bundesstaat, JZ 2002, S. 332; *W. Frenz,* Gesetzgebungskompetenzen nach der Föderalismusreform, Jura 2007, S. 165; *U. Häde,* Zur Föderalismusreform in Deutschland, JZ 2006, S. 930; *V. Haug,* Die Abweichungsgesetzgebung – ein Kuckucksei der Föderalismusreform?, DÖV 2008, S. 851; *T. Hebeler,* Die Gesetzgebungskompetenzen des Bundes und der Länder, JA 2011, S. 688; *H. Hofmann,* Föderalismusreform im Verfassungsstaat, DÖV 2008, S. 833; *J. Ipsen,* Die Kompetenzverteilung zwischen Bund und Ländern nach der Föderalismusnovelle, NJW 2006, S. 2801; *H. D. Jarass,* Allgemeine Probleme der Gesetzgebungskompetenz des Bundes, NVwZ 2000, S. 1089; *M. Kaltenborn,* Rahmengesetzgebung im Bundesstaat und im Staatenverbund, AöR 128 (2003), S. 412; *I. Kesper,* Reform des Föderalismus in der Bundesrepublik Deutschland, NdsVBl. 2006, S. 145; *O. Klein/K. Schneider,* Art. 72 GG n. F. im Kompetenzgefüge der Föderalismusreform, DVBl. 2006, S. 1549; *J. F. Lindner,* Zur Änderungs- und Freigabekompetenz des Bundesgesetzgebers nach Art. 125 a II GG, NJW 2005, S. 399; *M. Pechstein/A. Weber,* Die Gesetzgebungskompetenzen nach dem Grundgesetz, Jura 2003, S. 82; *H.-W. Rengeling,* Föderalismusreform und Gesetzgebungskompetenzen, DVBl. 2006, S. 1537; *P. Selmer,* Die Föderalismusreform – Eine Modernisierung der bundesstaatlichen Ordnung?, JuS 2006, S. 1052; *ders.*, Die Föderalismusreform II – Ein verfassungsrechtliches monstrum simile, NVwZ 2009, S. 1255; *C. Starck* (Hrsg.), Zusammenarbeit der Gliedstaaten im Bundesstaat, 1988; *R. Streinz,* Die Abgrenzung der Kompetenzen zwischen der Europäischen Union und den Mitgliedstaaten unter besonderer Berücksichtigung der Regionen, BayVBl. 2001, S. 481; *A. Thiele,* Die Neuregelung der Gesetzgebungskompetenzen durch die Föderalismusreform, JA 2006, S. 714; *A. Voßkuhle/A.-K. Kaufhold,* Grundwissen – Öffentliches Recht: Das Bundesstaatsprinzip, JuS 2010, S. 873; *C. Waldhoff,* Studiengebühren im Bundesstaat, JuS 2005, S. 391; *M. Winkler,* »Erforderlichkeit« i. S. v. Art. 72 II GG n. F., JA 2003, S. 284.

§ 11 Die Ausführung der Bundesgesetze durch Landes- und Bundesverwaltung

Das Kennzeichen des Bundesstaates – das Nebeneinander zweier staatlicher Ebenen – erfordert eine Verteilung nicht nur der Gesetzgebungskompetenzen, sondern auch der anderen Staatsfunktionen. Die Zuständigkeit für die **Ausführung der Gesetze** ist nicht weniger wichtig als die zu ihrem Erlass. Der Vollzug eines Gesetzes eröffnet regelmäßig so viel Interpretations- und Handlungsspielraum, dass die **Verwaltungskompetenzen** für die Machtbalance zwischen den staatlichen Ebenen eine ähnliche Bedeutung besitzen wie die Gesetzgebungskompetenzen. Würden die Bundesgesetze allein durch den Bund ausgeführt, hätte dies eine weitere Unitarisierung des Bundesstaates zur Folge. Das bei der Rechtsetzung festgestellte Übergewicht des Bundes würde sich im Bereich der Verwaltung fortsetzen. Wäre die Ausführung der Bundesgesetze allein den Ländern zugewiesen, so könnten sie umgekehrt den Bund (trotz seiner umfangreichen Gesetzgebungskompetenzen) dominieren; denn der Bund hätte keinen Einfluss auf die **Auslegung** der **Gesetze.** 609

Das Grundgesetz hat zwischen den beiden Denkmodellen der Ausführung von Bundesgesetzen allein durch den Bund oder allein durch die Länder ein überaus kunstvolles System verschiedener Verwaltungstypen geschaffen, das dem Bund ausreichenden Einfluss auf den Normvollzug sichert, andererseits aber die Ausführung der Bundesgesetze im Regelfall den Ländern überlässt. 610

I. Ausführung der Bundesgesetze durch die Länder

Die Betrauung der Bundesländer mit der **Ausführung** der **Bundesgesetze** darf – abgesehen von dem Gesichtspunkt der bundesstaatlichen Machtbalance – zunächst als Akt der Ökonomie angesehen werden. Die Länder verfügen, da sie ja ohnehin das **Landes**recht ausführen müssen, über entsprechend gegliederte Verwaltungsbehörden. Diese kann der Bund sich zunutze machen, ohne auf allen Ebenen selbst Behörden schaffen zu müssen. Das ganze System des bundesstaatlichen Verwaltungsaufbaus bleibt unverständlich, wenn man diesen – freilich vielfach durchbrochenen – Grundsatz **ökonomischer Verwaltung** unberücksichtigt lässt.[1] 611

Auf der anderen Seite bedarf der Normgeber auch der **Ingerenzmöglichkeiten** auf den Normvollzug. Die Grundfrage des Landesvollzugs von Bundesgesetzen ist deshalb die nach der Intensität des Bundeseinflusses. Die beiden Erscheinungsformen der Ausführung von Bundesgesetzen durch Landesverwaltung – als **landeseigene Angelegenheit** (Art. 84 GG) und im **Auftrage des Bundes** (Art. 85 GG) – unterscheiden sich deshalb in erster Linie darin, dass der Bund unterschiedlich starken Einfluss auf die Landesverwaltung nehmen kann. 612

1 Vgl. *G. Hermes,* in: Dreier (Hrsg.), GG, Bd. III, Art. 83 Rn. 19.

1. Ausführung der Bundesgesetze als landeseigene Angelegenheit (Art. 83, 84 GG)

613 **Fall 53:** Der Bundesregierung wird bekannt, dass die Bauaufsichtsbehörden des Landes L § 35 BauGB[2] entgegen der Rechtsprechung des BVerwG großzügig auslegen und Baugenehmigungen nicht selten auch im sog. Außenbereich erteilen. Da durch diese Baugenehmigungen niemand beschwert ist, kommt es zu keinen verwaltungsgerichtlichen Verfahren. Im zuständigen Bundesministerium herrscht die Auffassung vor, man könne einer derartigen Genehmigungspraxis nicht tatenlos zusehen.

614 Ähnlich wie Art. 30 und Art. 70 GG enthält Art. 83 GG eine **Zuständigkeitsvermutung** zugunsten der Länder. Bundesgesetze werden von den Ländern als »eigene Angelegenheit« ausgeführt, soweit das Grundgesetz nichts anderes bestimmt oder zulässt. Findet sich für eine Verwaltungsmaterie in den Art. 87 ff. GG keine besondere Regelung, so folgt daraus, dass die Verwaltungskompetenz den Ländern zufällt und diese das Bundesgesetz als eigene Angelegenheit ausführen. Der Begriff »eigene Angelegenheit« ist – richtig verstanden – von erheblicher Tragweite. Er bedeutet, dass die Länder das Bundesrecht so ausführen, als sei es Landesrecht. Von den Ländern als eigene Angelegenheit auszuführendes Bundesrecht unterscheidet sich vom Landesrecht also nur hinsichtlich des Normgebers; im Übrigen folgt das Bundesrecht den für das Landesrecht geltenden Grundsätzen, sofern nicht besondere bundesrechtliche Regelungen getroffen sind.

615 Das BauGB wird – mangels Erwähnung der Bauverwaltung in den Art. 87 ff. GG – gem. Art. 83 GG von den Ländern als landeseigene Angelegenheit ausgeführt. Auch die Auslegung der einzelnen Vorschrift obliegt deshalb den Landesbehörden. Unser Ausgangsfall zeigt, wie gering der Unterschied zwischen Bundes- und Landesrecht in der Verwaltungspraxis ist: Die Bauaufsichtsbehörden wenden Bundesrecht (BauGB, BauNVO) in gleicher Weise an wie Landesrecht (Landesbauordnungen).

a) Behördenorganisation und Verwaltungsverfahren (Art. 84 Abs. 1 GG)

616 Wenn die Länder Bundesgesetze ausführen, so bedeutet dies schon für sich eine Verschränkung der beiden staatlichen Ebenen, weil das Handeln für Landesbehörden inhaltlich durch den Bund vorgegeben wird. Führen die Länder Bundesgesetze »als eigene Angelegenheit« aus, so soll es nach der Systematik des Art. 84 GG mit dieser Verschränkung sein Bewenden haben. Die Rechtssätze, die zum Normvollzug im Übrigen erforderlich sind – das **Organisationsrecht** und das **Verwaltungsverfahrensrecht** –, bleiben Sache der Länder. Verkürzt lässt sich dieser von Art. 84 GG vorausgesetzte Regeltatbestand dahin ausdrücken, dass der Bund das **»Was«** – also das materielle Recht – bestimmt, während die Länder das **»Wer«** – die Behördenorganisation – und das **»Wie«** – das Verwaltungsverfahren – regeln.

617 Sowohl das Organisations-[3] als auch das Verfahrensrecht[4] sind in einem umfassenden Sinne zu verstehen. Nicht nur die »Errichtung« neuer Behörden zählt zum Organisationsrecht, sondern alle organisatorischen Vorkehrungen zur Durchführung eines Bundesgesetzes.[5] Auch das »Verwaltungsverfahren« ist in einem umfassenden Sinne

2 *Sartorius* I Nr. 300 = *Nomos ÖffR* Nr. 60.
3 Vgl. hierzu BVerfGE 75, 108 (150 f.).
4 Vgl. dazu BVerfGE 37, 363 (390 f.); 55, 274 (322 f.).
5 Siehe oben Rn. 359 ff.

zu verstehen, wobei die Abgrenzung zwischen materiellem Recht und Verfahrensrecht sich gelegentlich als problematisch erweist. Das BVerfG hat bereits die Verpflichtung des Normadressaten, Geschäftsbücher vorzulegen, als verfahrensrechtliche Regelung angesehen, weil dieser Verpflichtung eine Prüfungspflicht der zuständigen Behörde entspreche.[6]

Sinnvoller als die geläufige Differenzierung zwischen »materiellem« und »formellem« Recht ist die Unterscheidung zwischen (materiellem) **»Recht«** und **»Rechtsanwendungsrecht«**. Rechtssätze, die einen Normadressaten berechtigen, ermächtigen oder verpflichten, sind (materielles) »Recht«, während diejenigen Rechtssätze, die zur Durchführung dieser Rechtssätze erlassen werden – also insbesondere organisations- und verfahrensrechtliche Regelungen – sich als »Rechtsanwendungsrecht« bezeichnen lassen.[7] Auf eine Kurzformel gebracht, bleiben die Länder, wenn sie Bundesgesetze als eigene Angelegenheit ausführen, grundsätzlich für das **Rechtsanwendungsrecht** zuständig. **618**

Art. 84 Abs. 1 GG enthielt in seiner bisherigen Fassung einen **Vorbehalt** zugunsten von **Bundesgesetzen,** die jedoch der **Zustimmung** des **Bundesrates** bedurften. In der Staatspraxis nahm der Bund regelmäßig die Zustimmungsbedürftigkeit eines Bundesgesetzes in Kauf, um auch das Rechtsanwendungsrecht regeln zu können. Diese Praxis war unbedenklich, weil der Bundesrat zu einer derartigen Zustimmung nicht verpflichtet war, führte jedoch vielfach zu Vermittlungsverfahren, deren (Kompromiss-) Lösungen als unbefriedigend angesehen wurden bzw. das Verfahren der Gesetzgebung in die Länge zogen. Die Änderung des Art. 84 Abs. 1 GG ist deshalb ein zentrales Anliegen der **Föderalismusreform** gewesen. Gemäß Art. 84 Abs. 1 S. 1 GG in der Fassung der Föderalismusnovelle bleibt es dabei, dass die Länder die Einrichtung der Behörden und das Verwaltungsverfahren regeln, wenn sie Bundesgesetze als eigene Angelegenheit ausführen. Nach wie vor gibt es einen Vorbehalt zugunsten von Bundesgesetzen, die »etwas anderes bestimmen« können (Art. 84 Abs. 1 S. 2 GG). Logische – wenngleich im Text nur unvollkommen zum Ausdruck gelangte – Voraussetzung hierfür ist eine **Gesetzgebungskompetenz** des **Bundes** zur Regelung des **Verwaltungsverfahrens** und der **Behördenzuständigkeit** (der Länder). Im Gegensatz zur bisherigen Rechtslage macht eine derartige bundesgesetzliche Regelung das Gesetz **nicht** zustimmungsbedürftig. Die Länder sind jedoch befugt, von der bundesgesetzlichen Regelung **abzuweichen** (Art. 84 Abs. 1 S. 2 GG), wofür dann die für die Abweichungsgesetzgebung bestimmte **Posterioritätsregel** (Art. 72 Abs. 3 S. 3 GG) entsprechend gilt (Art. 84 Abs. 1 S. 4 GG). Der Bund ist seinerseits aber nicht gehindert, von seiner Kompetenz nach Art. 84 Abs. 1 S. 1 GG erneut Gebrauch zu machen, was zur Folge hat, dass die Posterioritätsregel zu seinen Gunsten eingreift. Derartige Gesetze treten in dem betreffenden Bundesland aber frühestens sechs Monate nach ihrer Verkündung in Kraft, so dass den Ländern die Möglichkeit verbleibt, von der bundesgesetzlichen Regelung erneut abzuweichen (Art. 84 Abs. 1 S. 3 GG). Allerdings kann die **Karenzzeit** für das Inkrafttreten mit Zustimmung des Bundesrates **ausgeschlossen** werden (Art. 84 Abs. 1 S. 3, 2. Halbs. GG). Nicht ausgeschlossen wird damit freilich die Abweichungskompetenz als sol- **619**

6 So BVerfGE 55, 274 (322 f.).
7 Rechtstheoretisch lässt sich die Parallele zu den »primary« und »secondary rules« ziehen: vgl. *H. L. A. Hart,* The Concept of Law, 1961, S. 77 ff.

che, so dass die Bundesländer auch nach Inkrafttreten bundesgesetzlicher Regelungen ohne Karenzfrist befugt sind, erneut abweichende Bestimmungen über Verwaltungsverfahren und Behördenzuständigkeit zu erlassen. Ob das in der Regelungstechnik des Art. 84 Abs. 1 GG in seiner neuen Fassung angelegte **»Ping-Pong-Spiel«** in der Staatspraxis jemals stattfinden wird, ist jedoch unwahrscheinlich. In **Ausnahmefällen** nämlich kann der Bund wegen eines besonderen Bedürfnisses nach bundeseinheitlicher Regelung die **Abweichungsmöglichkeit** der Bundesländer für das Verwaltungsverfahren – nicht aber für die Behördeneinrichtung – **ausschließen** (Art. 84 Abs. 1 S. 5 GG). Diese Gesetze bedürfen der **Zustimmung des Bundesrates** (Art. 84 Abs. 1 S. 6 GG), so dass es insoweit bei der bisherigen Verfassungslage geblieben ist.

620 Von beträchtlicher Relevanz für den föderalen Aufbau und die kommunale Selbstverwaltung ist die Bestimmung, dass durch Bundesgesetz **Gemeinden** und **Gemeindeverbänden** Aufgaben nicht übertragen werden dürfen (Art. 84 Abs. 1 S. 7 GG). Die bisherige – gegenteilige – Staatspraxis war von einem »Durchgriff« des Bundes auf die Ebene der kommunalen Gebietskörperschaften mit beträchtlichen Kostenfolgen für diese gekennzeichnet. Bundesgesetze, durch die Aufgaben auf Gemeinden und Gemeindeverbände übertragen worden sind, gelten jedoch nach Inkrafttreten der Föderalismusnovelle als Bundesrecht fort (Art. 125 a Abs. 1 S. 1 GG). Sie können durch Landesrecht ersetzt werden (Art. 125 a Abs. 1 S. 2 GG).

621 Die Neufassung des Art. 84 Abs. 1 GG hat voraussichtlich zur Folge, dass die Zahl zustimmungsbedürftiger Gesetze deutlich abnehmen wird, weil Regelungen über das Verwaltungsverfahren und die Behördeneinrichtung eines der großen Einfallstore für die Zustimmungsbedürftigkeit von Gesetzen waren. Entsprechend dürfte sich auch die Zahl der Vermittlungsverfahren verringern.[8]

622 Umstritten ist, ob aus der im Abschnitt über die »Ausführung der Bundesgesetze« angesiedelten Vorschrift des Art. 84 Abs. 1 GG eine **originäre Gesetzgebungskompetenz** des Bundes resultiert, die diesen zu einer umfassenden Kodifikation des Verwaltungsverfahrensrechts ermächtigt.[9] Art. 73 ff. GG enthalten **keinen Kompetenztitel** für das Verwaltungsverfahrensrecht (im Gegensatz dazu Art. 74 Abs. 1 Nr. 1 GG: »das gerichtliche Verfahren«). Es wurde deshalb vertreten, dass der Bund verfahrensrechtliche Regelungen nur als **Annex** zu materiell-rechtlichen Regelungen erlassen könne, für die ihm ein Kompetenztitel zugewiesen sei.[10] Art. 84 Abs. 1 GG hätte danach nur insoweit konstitutive (zuständigkeitsbegründende) Bedeutung, als verfahrensrechtliche Regelungen des Bundes bisher die Zustimmung des Bundesrates erforderten. Der Bund wäre zum Erlass verfahrensrechtlicher Bestimmungen nur punktuell und insoweit ermächtigt, als dies zur sachgemäßen Durchführung eines materiellen Gesetzes notwendig ist.[11] Demgegenüber entnimmt das BVerfG Art. 84 Abs. 1 GG unmittelbar eine Befugnis des Bundes zur Regelung des Verwaltungsverfahrens in Bezug auf jene Materien, die in die Gesetzgebungskompetenz des

8 Vgl. dazu die Übersicht des Deutschen Bundestages zur „Statistik der Tätigkeit des Vermittlungsausschusses", im Internet abrufbar unter http://www.bundestag.de/dokumente/datenhandbuch/10/10_04/10_04_02.html (Stand: 20.6.2012).

9 Vgl. *G. Hermes*, in: Dreier (Hrsg.), GG, Bd. III, Art. 83 Rn. 20 ff.; *H.-H. Trute*, in: v. Mangoldt/Klein/Starck, GG, Bd. 3, Art. 83 Rn. 13 ff.

10 Vgl. die Nachweise bei *G. Hermes*, in: Dreier (Hrsg.), GG, Bd. III, Art. 83 Rn. 21.

11 Vgl. *K. A. Bettermann*, Das Verwaltungsverfahren, VVDStRL 17 (1959), S. 163.

Bundes fallen.[12] Dem ist aus der Erwägung heraus zuzustimmen, dass der Bund nicht gehindert wäre, in die in seine Zuständigkeit fallenden Gesetze (nach Art. 84 Abs. 1 GG a. F. mit Zustimmung des Bundesrates) gleichlautende Verfahrensvorschriften aufzunehmen.[13] Das **Verwaltungsverfahrensgesetz** vom 25.5.1976[14] ist deshalb als zusammenfassende Regelung zu begreifen und musste dementsprechend (mit Zustimmung des Bundesrates) jeweils für anwendbar erklärt werden (§ 1 Abs. 2 S. 2 VwVfG).[15] Der Zustimmungsvorbehalt ist nach Art. 84 Abs. 1 S. 2 GG entfallen. Die Länder sind zukünftig jedoch zu abweichenden Regelungen ermächtigt.

b) Erlass von Verwaltungsvorschriften (Art. 84 Abs. 2 GG)

Gesetze vollziehen sich nicht von selbst. Eine Norm muss, um in einen Einzelakt umgesetzt werden zu können, konkretisiert werden. Da Gesetze gewöhnlich einen gewissen Konkretisierungsspielraum enthalten, wäre eine einheitliche Rechtsanwendung durch Behörden nahezu ausgeschlossen. Gesetze werden deshalb häufig von **»Auslegungsrichtlinien«** oder **»Ermessensrichtlinien«** begleitet, die selbst **keine Rechtsnormqualität** haben, von der Regierung oder einem Ministerium aber kraft ihrer Direktionsgewalt über die nachgeordneten Verwaltungsbehörden erlassen werden. Diese **»Verwaltungsvorschriften«**, die man im Unterschied zum »Rechtsanwendungsrecht« als »Rechtsanwendungsrichtlinien«[16] bezeichnen könnte, sind in der Machtbalance von Bund und Ländern durchaus von Bedeutung; wer sie erlässt, bestimmt den Gesetzesvollzug im Einzelfall. 623

Die Bundesregierung ist nach Art. 84 Abs. 2 GG befugt, für die Ausführung der Bundesgesetze durch die Bundesländer mit **Zustimmung des Bundesrates** allgemeine Verwaltungsvorschriften zu erlassen. Der damit verbundene Übergriff des Bundes in den Gesetzesvollzug durch die Länder wird durch das Zustimmungserfordernis kompensiert. Art. 84 Abs. 2 GG schafft damit eine Verwaltung »zur gesamten Hand« von Bund und Ländern. 624

> In unserem Ausgangsbeispiel wäre es denkbar, dass die Bundesregierung mit Zustimmung des Bundesrates Richtlinien zur Auslegung des § 35 BauGB erlässt. Ob derartige Verwaltungsvorschriften ergehen oder man die Rechtsvereinheitlichung den Gerichten überlässt, ist eine Frage der Praktikabilität. Soweit die Bundesregierung darauf verzichtet, von Art. 84 Abs. 2 GG Gebrauch zu machen, bleibt Raum für entsprechende »Erlasse« des zuständigen Landesministeriums. 625

c) Rechtsaufsicht des Bundes (Art. 84 Abs. 3 GG)

Nach Art. 84 Abs. 3 GG übt die Bundesregierung »die Aufsicht darüber aus, dass die Länder die Bundesgesetze dem geltenden Rechte gemäß ausführen«. Die **»Rechtsaufsicht«** des Bundes oder – wie verkürzt gesagt wird – die **»Bundesaufsicht«** beschränkt sich auf den Vollzug von Bundesgesetzen, ist also »gesetzesakzessorisch«. 626

---

12 Vgl. BVerfGE 77, 288 (298 f.); vgl. auch *F. Kirchhof,* in: Maunz/Dürig, GG, Art. 84 Rn. 13.

13 So *P. Lerche,* in: Maunz/Dürig, GG (Stand: bis Lfg. 60), Art. 84 Rn. 20.

14 BGBl. I, S. 1253, i. d. F. v. 23.1.2003 (BGBl. I, S. 102) = *Sartorius* I Nr. 100 = *Nomos ÖffR* Nr. 20.

15 Vgl. *P. Lerche,* in: Maunz/Dürig, GG (Stand: bis Lfg. 60), Art. 84 Rn. 20; vgl. *H.-H. Trute,* in: v. Mangoldt/Klein/Starck, GG, Bd. 3, Art. 83 Rn. 13.

16 Die als »Richtlinien« (z. B. »Steuerrichtlinien«) bezeichneten Verwaltungsvorschriften haben mit den Rechtsetzungsakten der Europäischen Union (Art. 288 AEUV) nur die Bezeichnung gemeinsam; vgl. unten Rn. 804.

Eine »selbständige« Bundesaufsicht über die Länder gibt es nicht; sie wäre mit dem Bundesstaatsprinzip und der aus ihm folgenden Staatsqualität der Bundesländer nicht vereinbar.

627 Die Rechtsaufsicht des Bundes nach Art. 84 Abs. 3 GG, die im Gegensatz zur **Fachaufsicht** nach Art. 85 Abs. 4 GG steht, ist nicht leicht zu bestimmen, weil auch der Rechtsbegriff unbestimmt ist. Je enger man den Begriff des Rechts fasst, desto enger sind auch die Grenzen der Rechtsaufsicht. Eine **weite Auslegung** des Rechtsbegriffs hat demgegenüber eine Ausdehnung der Rechtsaufsicht zur Folge. Verfehlt wäre es allerdings, den Rechtsbegriff in Art. 84 Abs. 3 GG an der herkömmlichen Rechtsquellenlehre zu orientieren, für die sogar die Rechtsprechung als Rechtsquelle in Frage steht.[17] Ein Gesetz steht nicht als nackter Text da, der nach Belieben interpretierbar ist, sondern wird in ständiger Rechtsanwendung durch Behörden und Gerichte zu »Recht«. Für die Rechtsaufsicht ist deshalb die **höchstrichterliche Rechtsprechung** von entscheidender Bedeutung. Auch die ständige Behördenpraxis – ggf. angeleitet durch Auslegungsrichtlinien – bildet einen Anhaltspunkt für die Rechtsaufsicht. Die Grenze ist allerdings dort erreicht, wo reine Zweckmäßigkeitserwägungen eine Rolle spielen, namentlich im Bereich der Ermessensverwaltung.

628 In unserem Ausgangsbeispiel besteht eine gefestigte Rechtsprechung des BVerwG, nach der im Außenbereich die sog. »nicht privilegierten« Vorhaben nur in Ausnahmefällen zugelassen werden können.[18] Regelmäßig beeinträchtigen sie mehrere der in § 35 Abs. 3 BauGB genannten »öffentlichen Belange«. Eine deutlich großzügigere behördliche Genehmigungspraxis verstößt gegen »Recht«, nämlich gegen die durch die Rechtsprechung gefestigte Auslegung des § 35 BauGB. Ein solcher Vorgang unterläge grundsätzlich der Rechtsaufsicht des Bundes nach Art. 84 Abs. 3 GG.

d) Aufsichtsmaßnahmen (Art. 84 Abs. 3 und 4 GG)

629 Als vorbereitende Maßnahmen der Rechtsaufsicht stehen der Bundesregierung die **Bitte** um **Bericht** und die **Entsendung** von **Beauftragten** zur Verfügung. Das Informationsrecht ist in Art. 84 Abs. 3 GG nicht ausdrücklich erwähnt, dürfte aber als Minus gegenüber der Entsendung von Beauftragten eine Selbstverständlichkeit sein.[19] Der Information dient auch die Entsendung von Beauftragten, die regelmäßig zu den obersten Landesbehörden (den Landesministerien) und mit deren Zustimmung (ersatzweise des Bundesrates) auch zu den nachgeordneten Behörden statthaft ist (Art. 84 Abs. 3 S. 2 GG).

630 Als repressive Aufsichtsmaßnahme steht der Bundesregierung zunächst die **»Mängelrüge«** zu Gebote, d. h. die Mitteilung an die betroffene Landesregierung, dass sie oder nachgeordnete Behörden bei der Ausführung von Bundesgesetzen das Recht verletzt hätten (Art. 84 Abs. 4 S. 1 GG). In aller Regel dürfte auf eine derartige Mängelrüge, die in der Staatspraxis nur selten vorkommt, der Mangel abgestellt und das Bundesgesetz entsprechend den Vorstellungen der Bundesregierung vollzogen werden.

---

17 Vgl. *B. Rüthers/C. Fischer/A. Birk,* Rechtstheorie, 6. Aufl. 2011, Rn. 236 ff.
18 Vgl. BVerwGE 28, 148; st. Rspr.
19 Vgl. *A. Dittmann,* in: Sachs (Hrsg.), GG, Art. 84 Rn. 38; *Jarass/Pieroth,* GG, Art. 84 Rn. 19.

Im Beispielsfall hätte die Mitteilung der Bundesregierung an die betroffene Landesregierung, die Bauaufsichtsbehörden verletzten bei ihrer Genehmigungspraxis § 35 BauGB, mit großer Wahrscheinlichkeit zur Folge, dass die Behörden zu einer Änderung ihrer Praxis angewiesen würden. 631

Sofern die Mängelrüge ohne Erfolg bleibt, kann die Bundesregierung – oder die beschwerte Landesregierung – beantragen, dass der Bundesrat förmlich feststelle, ob das Land das Recht verletzt hat (Art. 84 Abs. 4 S. 1 GG). Der Bundesrat wird gewissermaßen als Schiedsrichter zwischen der Bundesregierung und einer Landesregierung tätig. Gegen den Beschluss des Bundesrates kann das BVerfG angerufen werden (Art. 84 Abs. 4 S. 2 GG). Die quasi-richterliche Funktion – Feststellung einer Rechtsverletzung – ist dem Bundesrat als exekutivisch geprägtem Organ an sich fremd.[20] Gleichwohl setzt die Anrufung des BVerfG die Feststellung des Bundesrates voraus. 632

Sofern das Verfahren bis zu diesem Punkt gediehen und die Rechtsverletzung manifest ist, kann das Land im Wege des **Bundeszwanges** (Art. 37 GG) zur Erfüllung seiner Pflichten angehalten werden.[21] In der Staatspraxis der Bundesrepublik hat es derartige Maßnahmen bislang nicht gegeben. 633

Aus dem Rahmen der Aufsichtsmaßnahmen fallen die in Art. 84 Abs. 5 GG vorgesehenen **Einzelweisungen** für besondere Fälle heraus. Der Gesetzgeber hat von der Möglichkeit, der Bundesregierung die Befugnis zu Einzelweisungen einzuräumen, nur vereinzelt Gebrauch gemacht.[22] In ihrer Konzeption aber bedeutet diese Bestimmung, dass mit Zustimmung des Bundesrates Materien der Aufsichtsverwaltung zu solchen der Auftragsverwaltung gemacht werden können, denn inhaltlich nicht beschränkte »Einzelweisungen« sind als Mittel der Rechtsaufsicht nicht denkbar. Diese Durchbrechung der Systematik wird in der Literatur zu Recht für bedenklich gehalten.[23] Die Länder wären gut beraten, derartigen Ermächtigungsgesetzen im Bundesrat die Zustimmung zu verweigern. 634

2. Ausführung der Bundesgesetze im Auftrag des Bundes (Art. 85 GG)

Fall 54: Zwischen der Bundesregierung und der Regierung des Bundeslandes H bestehen Differenzen in der Energiepolitik. Die Bundesregierung verhandelt mit den Energieversorgungsunternehmen über einen sog. »Atomkonsens«, der den langfristigen »Ausstieg« aus der Kernenergienutzung zum Gegenstand hat. Das Bundesministerium für Umwelt, Naturschutz und Reaktorsicherheit erteilt dem zuständigen Landesministerium überdies die Weisung, Genehmigungen nach § 7 Abs. 1 des Atomgesetzes erst nach bundesaufsichtlicher Zustimmung zu erteilen. Die Landesregierung hält beide Maßnahmen für verfassungswidrig. 635

(vgl. BVerfGE 104, 249)

Die Ausführung der Bundesgesetze durch die Länder im Auftrag des Bundes – sprachlich ungenau »**Bundesauftragsverwaltung**« genannt, denn es handelt sich ja gerade nicht um »Bundesverwaltung« – ist in ihren Gegenständen im Grundgesetz erschöpfend aufgezählt. Die Enumeration ist folgerichtig, weil Art. 83 GG bereits 636

20 Vgl. *A. Dittmann*, in: Sachs (Hrsg.), GG, Art. 84 Rn. 39 ff.; *F. Kirchhof*, in: Maunz/Dürig, GG, Art. 84 Rn. 219 ff.
21 Vgl. unten Rn. 728.
22 Vgl. z. B. § 74 Abs. 2 AufenthG = *Sartorius* I Nr. 565 = *Nomos ÖffR* Nr. 76.
23 Vgl. *P. Lerche*, in: Maunz/Dürig, GG (Stand: bis Lfg. 60), Art. 84 Rn. 89.

eine Generalklausel für die landeseigene Verwaltung unter Bundesaufsicht enthält. Versucht man, die heterogenen Gegenstände der Auftragsverwaltung auf eine Gemeinsamkeit zurückzuführen, so liegt diese in der besonderen **Sach-** und **Ortsnähe** der Bundesländer. Das gilt für den Schutz der Zivilbevölkerung (Art. 87 b Abs. 2 S. 2 GG), der »vor Ort« zu sichern ist, für Aufgaben der Luftverkehrsverwaltung (Art. 87 d Abs. 2 GG) sowie für die Verwaltung der Bundeswasser- (Art. 89 Abs. 2 GG) und Bundesfernstraßen (Art. 90 Abs. 2 GG). Auch die (fakultative) Ausführung des Atomgesetzes in Auftragsverwaltung (Art. 87 c GG) ist durch den Grundsatz der Ortsnähe erklärbar.

637 Trotz der erschöpfenden Aufzählung im Grundgesetz findet sich in **Art. 104 a Abs. 3 S. 2 GG** eine Möglichkeit, die Gegenstände der Auftragsverwaltung zu erweitern: Soweit der Bund bei Leistungsgesetzen mehr als die Hälfte der Ausgaben trägt, wird das entsprechende Gesetz im Auftrag des Bundes durchgeführt. Ein typisches Beispiel hierfür bildet die Ausführung des Bundesausbildungsförderungsgesetzes (BAföG),[24] dessen Mittel zu 65% aus dem Bundeshaushalt stammen (§ 56 Abs. 1 BAföG) und das deshalb nach Art. 104 a Abs. 3 S. 2 GG im Auftrag des Bundes von den Ländern ausgeführt wird.

638 Auch der wichtige Bereich der **Landesfinanzverwaltung** wird, soweit die Steuern ganz oder teilweise dem Bund zufließen, im Auftrag des Bundes ausgeführt (Art. 108 Abs. 3 S. 1 GG). Da dies bei allen Bundes- und Gemeinschaftssteuern (Einkommensteuer, Körperschaftsteuer und Umsatzsteuer) der Fall ist (Art. 106 Abs. 1 und 3 GG), stellt der größere Teil der (Landes-)Finanzverwaltung Auftragsverwaltung des Bundes dar. Dem Bundesfinanzminister ist hierbei durch Art. 108 Abs. 3 S. 2 GG eine besondere Stellung eingeräumt worden.

639 Für unser Ausgangsbeispiel lässt sich feststellen, dass die Länder das hier anzuwendende Atomgesetz[25] im Auftrag des Bundes ausführen (Art. 87 c GG). Die Einflussmöglichkeiten des Bundes im konkreten Fall hängen deshalb von der Ausgestaltung der Auftragsverwaltung nach Art. 85 GG ab.

a) Behördenorganisation und Verwaltungsverfahren; Verwaltungsvorschriften (Art. 85 Abs. 1 und 2 GG)

640 Das Organisations- und Verfahrensrecht bleibt bei der Auftragsverwaltung Sache der Länder; insoweit besteht kein Unterschied zur Ausführung der Bundesgesetze als landeseigener Angelegenheit. Über den Wortlaut von Art. 85 Abs. 1 GG hinaus ist der Bund auch bei der Auftragsverwaltung berechtigt, nicht nur die Einrichtung der Behörden, sondern auch das Verwaltungsverfahren zu regeln.[26] Es gibt keinen Grund, weshalb die Kompetenz des Bundes »bei der ihm näherstehenden Auftragsverwaltung weniger weit gehen sollte als bei der Ausführung von Bundesgesetzen in landeseigener Verwaltung«.[27] Erlässt der Bund Organisations- oder Verfahrensregelungen, wird der hiermit verbundene Eingriff in die Organisationshoheit der Länder dadurch kompensiert, dass sie der **Zustimmung** des **Bundesrates** bedürfen. Gemeinden und Gemeindeverbänden dürfen durch Bundesgesetz jedoch keine Aufgaben übertragen

24 *Sartorius* I Nr. 420.
25 *Sartorius* I Nr. 835 = *Nomos ÖffR* Nr. 51.
26 Vgl. *A. Dittmann*, in: Sachs (Hrsg.), GG, Art. 85 Rn. 10.
27 So BVerfGE 26, 338 (385).

werden (Art. 85 Abs. 1 S. 2 GG). Die allgemeinen Verwaltungsvorschriften der Bundesregierung sind ebenfalls zustimmungsbedürftig. Darüber hinaus hat der Bund einen – der Aufsichtsverwaltung unbekannten – Einfluss auf die Personalauswahl: die Leiter der Mittelbehörden sind im Einvernehmen mit der Bundesregierung zu bestellen (Art. 85 Abs. 2 S. 3 GG).

b) Bund-Länder-Verhältnis bei der Auftragsverwaltung

Die Bundesaufsicht erstreckt sich nach Art. 85 Abs. 4 S. 1 GG auf »Gesetzmäßigkeit 641
und Zweckmäßigkeit der Ausführung«. Der Bund ist nicht darauf beschränkt, Rechtsverstöße festzustellen, sondern beaufsichtigt in vollem Umfang die **Zweckmäßigkeit** des **Gesetzesvollzugs.** Dem muss folgerichtig im Vergleich zur Aufsichtsverwaltung ein anderes Instrumentarium der Einflussnahme entsprechen. Während ein **Rechtsverstoß** – so schwierig die Abgrenzung im Einzelnen sein mag – **objektivierbar** ist, entzieht sich die Zweckmäßigkeit objektiver Feststellung. Ein Verfahren wie das in Art. 84 Abs. 4 GG vorgesehene wäre deshalb unzweckmäßig: über Zweckmäßigkeitsfragen lässt sich keine Rechtsentscheidung herbeiführen; sie bedürfen allein der Entscheidung. Art. 85 Abs. 3 GG unterstellt die Landesbehörden im Bereich der Auftragsverwaltung aus diesem Grund den zuständigen **»obersten Bundesbehörden«** (Bundesministerien). Weisungen dürfen – außer im Dringlichkeitsfall – nur an die obersten Landesbehörden (Landesministerien) gerichtet werden, die den Vollzug sicherzustellen haben (Art. 85 Abs. 3 S. 2, 3 GG).

Zu beachten ist, dass das Verhältnis zwischen Bund und Ländern von dem un- 642
geschriebenen Verfassungsgrundsatz der wechselseitigen Pflicht zu **bundes-** bzw. **länderfreundlichem Verhalten** beherrscht wird.[28] Der Bund muss demgemäß bei der Wahrnehmung seiner Kompetenzen Rücksicht auf die Belange der Länder nehmen und darf von seiner Weisungsbefugnis erst Gebrauch machen, wenn er – außer bei Eilbedürftigkeit – dem Land zuvor Gelegenheit zur Stellungnahme gegeben und dessen Standpunkt in seine Erwägungen einbezogen hat.[29]

Die Eigenart der Auftragsverwaltung besteht darin, dass **Wahrnehmungs-** und **Sach-** 643
kompetenz auseinander fallen können.[30] Die Länder sind für die Wahrnehmung der Aufgaben zuständig, die zur Auftragsverwaltung gehören, d. h. sie (allein) handeln gegenüber Dritten. Auch die Sachbeurteilung und Sachentscheidung – die »Sachkompetenz« – liegt zunächst bei ihnen. Der Bund kann sie jedoch, ohne besonderer Rechtfertigung zu bedürfen, an sich ziehen und damit seine Gemeinwohlvorstellungen durchsetzen. Die Sachkompetenz der Länder steht bei der Auftragsverwaltung damit grundsätzlich unter dem Vorbehalt der Inanspruchnahme durch den Bund.[31]

Auch hinsichtlich des **Informationsrechts** ist die Auftragsverwaltung im Vergleich 644
zur Aufsichtsverwaltung durch intensivere Bundesingerenzen gekennzeichnet. Der Bund kann Berichte und Aktenvorlagen verlangen und Beauftragte zu allen Landesbehörden entsenden, ohne dass es irgendwelcher Zustimmungsakte des Bundesrates

28 Vgl. BVerfGE 104, 249 (269).
29 Vgl. BVerfGE 81, 310 (337); 104, 249 (270).
30 Vgl. BVerfGE 81, 310 (332); 104, 249 (269 f.).
31 So BVerfGE 81, 310 (333); dazu *K. Lange,* NVwZ 1990, S. 928 ff.

bedarf (Art. 85 Abs. 4 S. 2 GG). Bundes- und Landesbehörden sind im Bereich der Auftragsverwaltung insgesamt durch einen Weisungsstrang verbunden, wie er im Übrigen nur innerhalb der jeweiligen staatlichen Ebene vorkommt. Allerdings ist es dem Bund versagt, die Wahrnehmungszuständigkeit selbst auszuüben und im Wege des Selbsteintrittsrechts nach außen wirkende Maßnahmen zu treffen.

645 Da es sich im Ausgangsfall um einen Gegenstand der Auftragsverwaltung handelt, unterstehen die Landesbehörden den Weisungen der (jeweils zuständigen) obersten Bundesbehörde, hier dem Bundesministerium für Umwelt, Naturschutz und Reaktorsicherheit. Der Bundesumweltminister ist daher nach Art. 85 Abs. 3 GG befugt, dem zuständigen Landesministerium nach vorheriger Anhörung Weisungen im Genehmigungsverfahren zu erteilen. Auch die an das Landesministerium gerichtete Weisung, atomrechtliche Genehmigungen nur nach vorheriger Zustimmung des BMU zu erteilen, sieht das BVerfG als von Art. 85 Abs. 3 GG gedeckt an.[32] Weitergehend hält das BVerfG den Bund im Bereich der Auftragsverwaltung auch zu »informalem Handeln« für befugt, das – wie im Ausgangsfall die »Konsensgespräche« – Kontakte zu Dritten einschließen soll.[33] Die Grenze zum nach Art. 85 Abs. 3 GG dem Bund *nicht* zustehenden Selbsteintrittsrecht ist bei »informalem Handeln« allerdings nicht leicht zu ziehen.[34]

II. Die Ausführung der Bundesgesetze durch bundeseigene Verwaltung

646 Nach der Regelungstechnik der Art. 83 ff. GG gilt für die Ausführung der Bundesgesetze durch bundeseigene Verwaltung – ebenso wie für die Landesverwaltung im Bundesauftrag – das **Enumerationsprinzip;** bundeseigene Verwaltung ist nur insoweit zulässig, als das Grundgesetz sie ausdrücklich vorsieht oder zulässt. Bei der Verteilung der Verwaltungskompetenzen zwischen Bund und Ländern wird nicht nur die Machtbalance zwischen beiden staatlichen Ebenen berührt; zugleich stellt sich die Frage, ob sich der Bundesstaat auf beiden Ebenen durchgebildete Bürokratien leisten kann.[35]

647 Die Landesverwaltung ist überwiegend **dreistufig** organisiert, besteht also aus obersten Landesbehörden, Mittelbehörden und unteren Verwaltungsbehörden. Soweit die untere Verwaltungsstufe »kommunalisiert« ist, treten die kommunalen Gebietskörperschaften (Gemeinden und Landkreise) an die Stelle der Landesbehörden. Für die Ausführung der Bundesgesetze steht also – wie die Art. 84 und 85 GG gezeigt haben – eine leistungsfähige Verwaltung zur Verfügung. Die Zurückhaltung des Verfassungsgebers gegenüber bundeseigener Verwaltung erklärt sich nicht zuletzt aus dem Bestreben, parallele Verwaltungen in Bund und Ländern nur begrenzt zuzulassen.

648 Nach der Regelungstechnik des Grundgesetzes spricht die Vermutung für die Ausführung der Bundesgesetze durch die Länder (unter der Aufsicht des Bundes); jeder andere Verwaltungstyp muss durch das Grundgesetz bestimmt oder zugelassen sein (Art. 83 GG). Art. 86 GG, der für den Bereich der Bundesverwaltung der Bundesregierung die Kompetenz zum Erlass der allgemeinen Verwaltungsvorschriften und der Behördeneinrichtung zuweist, trifft hierüber keine Bestimmung, sondern setzt

32 So BVerfGE 104, 249 (269).
33 Vgl. BVerfGE 104, 249 (271).
34 Vgl. hierzu das abw. Votum der Richter *Di Fabio* u. *Mellinghoff*, BVerfGE 104, 273 (274 ff.).
35 Vgl. *G. Hermes*, in: Dreier (Hrsg.), GG, Bd. III, Art. 83 Rn. 17.

die Verwaltungskompetenzen des Bundes voraus. Die Gegenstände der Bundesverwaltung finden sich – wenn auch wegen der späteren Novellierungen nicht abschließend – in **Art. 87 GG.**

Art. 87 GG regelt drei organisationsrechtliche Fragenkreise, die voneinander zu trennen sind, nämlich: 649

- welche Gegenstände zur **bundeseigenen Verwaltung** gehören, also durch die Behörden des Bundes verwaltet werden (Art. 87 Abs. 1 GG);
- welche Gegenstände durch **mittelbare Bundesverwaltung** ausgeführt werden (Art. 87 Abs. 2 GG);
- unter welchen Voraussetzungen und auf welche Weise die unmittelbare und mittelbare Bundesverwaltung **erweitert** werden kann (Art. 87 Abs. 3 GG).

Art. 87 Abs. 3 GG hat Gegenstände der »fakultativen« Bundesverwaltung zum Inhalt, denn die hier genannten Behörden *können* (müssen aber nicht) errichtet werden. Das Gleiche gilt für die in Art. 87 Abs. 1 S. 2 GG genannten Polizei- und Verfassungsschutzbehörden. Die in Art. 87 Abs. 1 S. 1 und Abs. 2 GG genannten Behörden der unmittelbaren und mittelbaren Bundesverwaltung sind hingegen **obligatorisch** (»werden geführt«). 650

Das Grundgesetz unterscheidet überdies zwischen bundeseigener Verwaltung mit **eigenem Verwaltungsunterbau** (Art. 86 S. 1, 1. Alt., 87 Abs. 1 S. 1, Abs. 3 S. 2 GG), bundeseigener Verwaltung durch **selbständige Bundesoberbehörden** (Art. 86 S. 1, 1. Alt., 87 Abs. 3 S. 1, 1. Alt. GG) und mittelbarer Bundesverwaltung durch **bundesunmittelbare Körperschaften und Anstalten des öffentlichen Rechts** (Art. 86 S. 1, 2. Alt., 87 Abs. 2, Abs. 3 S. 1, 2. Alt. GG). Da diese verschiedenen Typen der Bundesverwaltung auch hinsichtlich ihrer (erstmaligen) Errichtung von unterschiedlichen Voraussetzungen abhängig sind, sollen sie der folgenden Übersicht zugrunde gelegt werden. 651

1. Die Ausführung der Bundesgesetze durch bundeseigene Verwaltung mit eigenem Verwaltungsunterbau (Typ 1)

Fall 55: Durch das Gesetz zur Ergänzung des Benzinbleigesetzes vom 25.11.1975 (BGBl. I, S. 2919) wurde eine Abgabe zum Ausgleich von Wettbewerbsvorteilen eingeführt, die diejenigen Hersteller von Otto-Kraftstoffen zu entrichten hatten, denen eine Ausnahmebewilligung nach dem Gesetz erteilt wurde. Die Abgabe betrug einen bzw. zwei Pfennige je Liter und war nach § 3 a Abs. 2 BBleiG an das zuständige Hauptzollamt zu entrichten. Handelte es sich um ein Zustimmungs- oder Einspruchsgesetz? 652
Welcher Mehrheit bedurfte das Gesetz im Bundestag?

Der **dreistufige Behördenaufbau** – Ministerialinstanz, Mittelbehörden und Unterbehörden – ist nur für wenige Sachgebiete der Bundesverwaltung vorgesehen. Geläufig ist dieser Aufbau bei der **Bundesfinanzverwaltung,** deren Unterbehörden die Hauptzollämter sind.[36] Der in Art. 87 Abs. 1 GG an erster Stelle genannte **Auswärtige Dienst** verfügt mit den Botschaften und Konsulaten über einen eigenen Verwaltungsunterbau. Gleiches gilt für den Bundesgrenzschutz (Bundespolizei) und die Verwaltung der Bundeswasserstraßen, soweit sie nicht im Auftrag des Bundes von 653

36 § 1 des Gesetzes über die Finanzverwaltung (FVG = *Steuergesetze* I Nr. 803).

den Ländern verwaltet werden (Art. 89 Abs. 2 GG). Die **Bundeswehrverwaltung** wird ebenfalls mit einem eigenen Verwaltungsunterbau geführt (Art. 87b Abs. 1 GG).

654 Eine Verwaltungskompetenz nach Art. 87 Abs. 1 GG bestand für den Bund in unserem Ausgangsfall nicht. Zwar sind die Hauptzollämter untere Verwaltungsbehörden der Bundesfinanzverwaltung; von den Bundesfinanzbehörden werden jedoch nur Zölle, Finanzmonopole, bundesrechtliche Verbrauchsteuern und die Abgaben im Rahmen der Europäischen Gemeinschaften verwaltet (Art. 108 Abs. 1 S. 1 GG). Da es sich bei der Abgabe nach § 3a BBleiG um eine Sonderabgabe handelte, ließ sich die Verwaltungskompetenz aus Art. 87 Abs. 1 i. V. m. Art. 108 Abs. 1 S. 1 GG nicht ableiten.

655 Mit den in Art. 87 Abs. 1–89 Abs. 2 GG genannten Materien sind die in bundeseigener Verwaltung mit **eigenem Verwaltungsunterbau** auszuführenden Gegenstände grundsätzlich erschöpft. Art. 87 Abs. 3 S. 2 GG sieht unter besonderen Umständen vor, dass mit Zustimmung des Bundesrates und der Mehrheit der Mitglieder des Bundestages neue bundeseigene Mittel- und Unterbehörden geschaffen werden können. Es bedarf hierzu keines Gesetzes, sondern eines **Organisationsaktes,** der der Zustimmung beider gesetzgebender Körperschaften bedarf.[37] Materiell setzt die Neuschaffung von Mittel- und Unterbehörden voraus, dass dem Bund neue Aufgaben auf einem Gebiet erwachsen, für das ihm die Gesetzgebungskompetenz zusteht, und dass für den Verwaltungsunterbau ein **dringender Bedarf** besteht.

656 In der Staatspraxis ist die **Errichtung** von **Behörden** bislang nicht auf Art. 87 Abs. 3 S. 2 GG gestützt worden. Der Bund hat stattdessen in reichem Maße von Art. 87 Abs. 3 S. 1 GG Gebrauch gemacht.[38] Dieser Befund ist nicht ohne Folgerichtigkeit. Zum einen zeigt er, dass für einen zusätzlichen Verwaltungszweig des Bundes praktisch kein Bedarf besteht, zum anderen weist er auf einen schon beschrittenen Ausweg: Wenn der Bund Verwaltungsaufgaben auch auf der mittleren und unteren Verwaltungsstufe wahrnehmen will, so liegt es viel näher, diese schon bestehenden Bundesbehörden zuzuweisen. Fraglich ist deshalb, ob eine derartige (gesetzliche) Übertragung von Verwaltungsaufgaben auf (vorhandene) Bundesbehörden der mittleren und unteren Verwaltungsstufe die gleichen Zustimmungsakte voraussetzt wie deren Errichtung.[39] In der Staatspraxis nimmt der Bund durch **zustimmungsbedürftiges** und mit **qualifizierter Mehrheit** beschlossenes **Gesetz** neue Verwaltungskompetenzen für sich in Anspruch und weist sie bundeseigenen Mittel- und Unterbehörden zu.[40]

657 Folgt man im Ausgangsfall der Staatspraxis und der im Schrifttum überwiegenden Meinung, so bedurfte es zur Übertragung der Befugnis an die Hauptzollämter, die Abgaben nach § 3a BBleiG einzuziehen, eines Gesetzes, das von der absoluten Mehrheit des Bundestages beschlossen sein musste und die Zustimmung des Bundesrates benötigte.

37 Anders *M. Ibler,* in: Maunz/Dürig, GG, Art. 87 Rn. 269, der für die Fassung des Art. 87 Abs. 3 S. 2 GG ein Redaktionsversehen verantwortlich macht und ein förmliches Gesetz fordert.

38 Vgl. zur Staatspraxis *G. Hermes,* in: Dreier (Hrsg.), GG, Bd. III, Art. 87 Rn. 90f.

39 Vgl. dazu *M. Ibler,* in: Maunz/Dürig, GG, Art. 87 Rn. 274.

40 Vgl. das Benzinbleigesetz (BBleiG) v. 5.8.1971 (BGBl. I, S. 1234); Bundeskindergeldgesetz (BKGG) i. d. F. der Bekanntmachung v. 28.1.2009 (BGBl. I, S. 142).

2. Die Ausführung der Bundesgesetze durch Bundesoberbehörden (Typ 2)

Fall 56: In der Bundesregierung gibt es Pläne, ein »Bundeskulturamt« zu errichten. Zu dessen Aufgaben sollen die Aufnahme national wertvoller Kulturschätze in eine Liste, die Erteilung von Ausnahmegenehmigungen für die Ausfuhr sowie Nachforschungen über den Verbleib verschollenen Kulturguts gehören. Aus den Bundesländern ist Widerstand gegen die Errichtung einer derartigen Behörde zu erwarten. 658

Die Parallelität des Behördenaufbaus zwischen Bund und Ländern bei der bundeseigenen Verwaltung mit eigenem Verwaltungsunterbau ist verwaltungsökonomisch bedenklich und aus bundesstaatlicher Sicht – der Zentralstaat greift aus in den Raum der Länder – unerwünscht. Die verfassungsrechtliche Beurteilung ändert sich, wenn sich die Bundesverwaltung auf eine Instanz – genauer gesagt: auf eine Behörde – beschränkt. Soweit Behörden unterhalb der Ministerialinstanz für die gesamte Bundesrepublik zuständig sind, aber keine eigene Rechtsfähigkeit besitzen, sprechen wir von **»Bundesoberbehörden«**.[41] Bundesoberbehörden vermeiden die unerwünschte und unökonomische Parallelität der Verwaltungsbehörden von Bund und Ländern und sind unter erleichterten Voraussetzungen zulässig. Sofern dem Bund für das entsprechende Sachgebiet die **Gesetzgebungskompetenz** zusteht, kann er durch (nicht zustimmungsbedürftiges) Gesetz eine Bundesoberbehörde errichten (Art. 87 Abs. 3 S. 1 GG). Es handelt sich hierbei um **bundeseigene,** also dem Verwaltungsträger »Bund« zuzuordnende **Verwaltung** (Art. 86 GG). 659

Der Bund hat von der Kompetenz aus Art. 87 Abs. 3 S. 1 GG ausgiebig Gebrauch gemacht und eine Vielzahl von Oberbehörden geschaffen, die nicht selten die Verwaltungskompetenzen der Länder empfindlich geschmälert haben. Auf der Grundlage des Art. 87 Abs. 3 S. 1 GG sind z. B. die **Bundesprüfstelle für jugendgefährdende Medien,**[42] das **Statistische Bundesamt,**[43] das **Bundeskartellamt,**[44] das **Bundesamt für Strahlenschutz**[45] und andere obere Bundesbehörden[46] errichtet worden. 660

Neben der Gesetzgebungskompetenz ist Voraussetzung für die Errichtung einer Oberbehörde, dass die Ausführung des Gesetzes für das ganze Bundesgebiet ohne Mittel- und Unterbehörden wahrgenommen werden kann. Das BVerfG verneint demgegenüber, dass darüber hinausgehend für die Errichtung einer Bundesoberbehörde ein **besonderes Bedürfnis** vorliegen müsse,[47] etwa weil die Länder – entsprechend dem Grundgedanken des Art. 72 Abs. 2 GG – die Angelegenheit nicht wirksam »verwalten« könnten. Art. 72 Abs. 2 GG ist nicht anwendbar, weil aus Art. 70 ff. GG allein die Gesetzgebungskompetenzen des Bundes folgen, die Verwaltungskom- 661

41 Vgl. *M. Burgi,* in: v. Mangoldt/Klein/Starck, GG, Bd. 3, Art. 86 Rn. 47; *G. Hermes,* in: Dreier (Hrsg.), GG, Bd. III, Art. 87 Rn. 79.

42 § 17 des Jugendschutzgesetzes (JuSchG) v. 23.7.2002 (BGBl. I, S. 2730) = *Sartorius* I Nr. 400.

43 § 2 Abs. 1 des Gesetzes über die Statistik für Bundeszwecke (BStatG) v. 22.1.1987 (BGBl. I, S. 462, 565).

44 § 51 des Gesetzes gegen Wettbewerbsbeschränkungen (GWB) i. d. F. der Bekanntmachung v. 15.7.2005 (BGBl. I, S. 2114) = *Schönfelder* Nr. 74 = *Nomos ZivilR* Nr. 25.

45 Art. 1 des Gesetzes über die Errichtung eines Bundesamtes für Strahlenschutz v. 9.10.1989 (BGBl. I, S. 1830).

46 Vgl. die Übersichten bei *A. Dittmann,* Die Bundesverwaltung, 1983, S. 255 ff.; *K. Stern,* Staatsrecht II, S. 825 f.

47 So BVerfGE 14, 197 (213); vgl. dazu ferner *J. Ipsen,* DVBl. 2006, S. 585 (587 f.).

petenzen hingegen aus Art. 83 ff. GG. Sofern die Inanspruchnahme einer Verwaltungskompetenz durch den Bund ein **Gesetz** voraussetzt, handelt es sich hierbei um eine **ausschließliche Bundeskompetenz** auf dem Gebiet des **Organisationsrechts,** die von der Sachkompetenz zu trennen ist. Wird ein Sachgebiet gesetzlich geregelt und *uno actu* eine neue Bundesoberbehörde errichtet, so nimmt der Bund genau genommen zwei verschiedene Gesetzgebungskompetenzen wahr. Für die (aus Art. 87 Abs. 3 GG folgende) ausschließliche Bundeskompetenz aber ist Art. 72 Abs. 2 GG nicht bestimmt.[48]

662 In unserem Ausgangsbeispiel steht dem Bund eine ausschließliche Gesetzgebungskompetenz für den »Schutz deutschen Kulturgutes gegen Abwanderung ins Ausland« nach Art. 73 Abs. 1 Nr. 5 a GG zu. Auch vor der Föderalismusnovelle besaß der Bund eine Zuständigkeit auf diesem Gebiet, von der er durch Gesetz vom 6.8.1955 zum Schutz deutschen Kulturgutes gegen Abwanderung[49] Gebrauch gemacht hat. Dieses Gesetz gilt seither unverändert als Bundesrecht fort. Die Voraussetzungen für die Errichtung einer selbständigen Bundesoberbehörde nach Art. 87 Abs. 3 S. 1 GG liegen deshalb grundsätzlich vor, da die Verwaltungsaufgaben von einer zentralen Behörde für das gesamte Bundesgebiet erfüllt werden können und gegenwärtig auch – nämlich von dem Beauftragten der Bundesregierung für Kultur und Medien – erfüllt werden. Die Einwände der Bundesländer gegen die Errichtung eines »Bundeskulturamtes« mit den bezeichneten Zuständigen wären deshalb unbegründet.

3. Die Ausführung der Bundesgesetze durch bundesunmittelbare Körperschaften und Anstalten des öffentlichen Rechts (Typ 3)

663 **Fall 57:** Durch Bundesgesetz werden die Angehörigen der freien Berufe bis zu einem Jahreseinkommen von 36.000 € in die gesetzliche Rentenversicherung einbezogen. In demselben Gesetz wird eine »Bundesversicherungsanstalt für freie Berufe« gegründet.
Besitzt der Bund die Kompetenz zur Einrichtung dieser Bundesanstalt?

664 In Art. 86 S. 1 GG findet sich bereits die Differenzierung zwischen »bundeseigener Verwaltung« und »bundesunmittelbaren Körperschaften oder Anstalten des öffentlichen Rechts«. Nach Art. 87 Abs. 2 S. 1 GG werden die Sozialversicherungsträger, deren Zuständigkeit sich über das Gebiet eines Landes hinaus erstreckt, als »bundesunmittelbare Körperschaften des öffentlichen Rechts« geführt. Die in Art. 86, 87 GG geregelten **»verselbständigten Verwaltungseinheiten«** stellen einen besonderen Typ der Bundesverwaltung dar.[50]

665 Mit der rechtlichen Verselbständigung von Verwaltungseinheiten entstehen neue **juristische Personen** des **öffentlichen Rechts,** die keine »unmittelbare«, sondern nur noch »mittelbare« Bundesverwaltung darstellen, die Bundesverwaltung also gewissermaßen »vermitteln«.[51] Das nicht leicht verständliche Sprachungetüm der »mittelbaren Bundesverwaltung durch bundesunmittelbare Körperschaften und Anstalten des öffentlichen Rechts« bedeutet nichts anderes, als dass es sich hier um verselbständigte juristische Personen handelt, die unter der Rechtsaufsicht des Bundes stehen, also »bundesunmittelbar« sind.[52] Der Unterschied zu den bereits behandelten »Bundes-

48 Vgl. BVerfGE 14, 197 (213); 104, 238 (247).
49 BGBl. I, S. 501, zuletzt geändert am 18.5.2007 (BGBl. I, S. 757) = *Sartorius* I Nr. 510.
50 Vgl. *H. Maurer*, Staatsrecht, § 18 Rn. 19 ff.; *Jarass/Pieroth*, GG, Art. 86 Rn. 1 ff.
51 Vgl. *M. Sachs*, in: ders. (Hrsg.), GG, Art. 86 Rn. 14.
52 Vgl. *M. Burgi*, in: v. Mangoldt/Klein/Starck, GG, Bd. 3, Art. 86 Rn. 50.

oberbehörden« besteht darin, dass letztere **keine** eigene **Rechtspersönlichkeit** haben, also dem zuständigen Bundesministerium im Instanzenzug nachgeordnet sind.

Die rechtliche Verselbständigung von Verwaltungseinheiten findet sich auf Bundes- **666** ebene vor allem im Bereich des **Sozialversicherungsrechts** (Art. 87 Abs. 2 GG). Die konkreten Bezeichnungen – etwa »Bundesversicherungs**anstalt** für Angestellte« – dürfen dabei nicht verwirren; es handelt sich in der Sache um **Körperschaften des öffentlichen Rechts,** weil die Mitgliedschaft von Personen im Vordergrund steht und die Versicherungsträger eine körperschaftliche Struktur aufweisen.[53] Überhaupt dürfen im Bereich des Organisationsrechts die Bezeichnungen von Behörden, Verwaltungsstellen oder verselbständigten Verwaltungseinheiten nicht überbewertet werden; sie folgen meist einer Tradition oder eingeschliffenem Sprachgebrauch und stimmen nicht immer mit der rechtlichen Qualifikation überein. Die (bundesunmittelbaren) Körperschaften und Anstalten des öffentlichen Rechts stehen unter der **Rechtsaufsicht** des **Bundes.** Die für sie tätigen Beamten sind mittelbare **Bundesbeamte,** weil diesen juristischen Personen die Dienstherrnfähigkeit (§ 121 BRRG, § 2 BBG, § 2 BeamtStG) fehlt. Die Verwaltungsvorschriften werden von der Bundesregierung erlassen, soweit gesetzlich nichts anderes bestimmt ist (Art. 86 S. 1 GG).

Neue Körperschaften und Anstalten des öffentlichen Rechts können unter den glei- **667** chen Voraussetzungen errichtet werden wie selbständige Bundesoberbehörden (Art. 87 Abs. 3 S. 1 GG). Voraussetzung ist eine Gesetzgebungskompetenz des Bundes für den betreffenden Sachbereich. Ein weitergehendes Bedürfnis nach einer Bundesverwaltung ist nicht zu verlangen.

In unserem Beispielsfall würde die Sachkompetenz des Bundes aus Art. 74 Abs. 1 Nr. 12 GG, die **668** Verwaltungskompetenz aus Art. 87 Abs. 3 S. 1 GG folgen. Der Bund wäre deshalb verfassungsrechtlich nicht gehindert, für die Rentenversicherung der Freiberufler eine eigene Körperschaft des öffentlichen Rechts zu errichten.[54]

III. Verfassungsgrundsätze der Verwaltungsorganisation

1. Verbot der Mischverwaltung

Die Verteilung der Verwaltungskompetenzen zwischen Bund und Ländern folgt dem **669** Grundsatz, dass Bundesrecht entweder von Landesbehörden oder von Bundesbehörden ausgeführt wird. Aus der Systematik des VIII. Abschnitts des Grundgesetzes hat man ein generelles Verbot der sog. »Mischverwaltung« gefolgert, d. h. die Unzulässigkeit einer Verwaltungsform, bei der Bundes- und Landesbehörden nebeneinander oder nacheinander tätig werden.[55] Ausnahmen vom Verbot der **Mischverwaltung** sollen nur insoweit zulässig sein, als das Grundgesetz sie selbst vorsieht.[56]

Es ist indes zweifelhaft, ob der Begriff der »Mischverwaltung« rechtlich ergiebig ist, **670** denn das Grundgesetz selbst sieht Mischformen bei der Ausführung der Bundes-

53 Vgl. *M. Burgi,* in: v. Mangoldt/Klein/Starck, GG, Bd. 3, Art. 86 Rn. 51.
54 Vgl. dazu *G. Hermes,* in: Dreier (Hrsg.), GG, Bd. III, Art. 87 Rn. 57 f.
55 Vgl. zum Meinungsstand *H.-H. Trute,* in: v. Mangoldt/Klein/Starck, GG, Bd. 3, Art. 83 Rn. 28 ff.
56 Vgl. *S. Broß/K.-G. Mayer,* in: v. Münch/Kunig (Hrsg.), GG, Bd. 2, Art. 83 Rn. 14 ff.

gesetze vor.[57] Die Auftragsverwaltung zum Beispiel schafft eine so starke Abhängigkeit der Länder vom Bund, dass sie als Form der Mischverwaltung angesprochen werden könnte. Im Bereich der Gemeinschaftsaufgaben finden sich weitere, vom Grundgesetz vorgesehene Formen der Mischverwaltung.[58] Der frühere, verfassungsrechtlich zulässige Behördenaufbau in der Finanzverwaltung mit der Oberfinanzdirektion als Mittelbehörde (Art. 108 Abs. 2 GG) stellte lange Zeit eine klassische Erscheinungsform der Mischverwaltung dar, indem die Oberfinanzdirektionen gleichzeitig Bundes- und Landesbehörden waren. Durch Änderung des Finanzverwaltungsgesetzes wird die Finanzverwaltung des Bundes nunmehr von den neu geschaffenen Bundesfinanzdirektionen geleitet, die Zuständigkeit der Oberfinanzdirektionen beschränkt sich also auf die Finanzverwaltung des jeweiligen Landes.[59]

671 Darüber hinaus hat das BVerfG ausgeführt, es gebe keinen allgemeinen verfassungsrechtlichen Grundsatz, wonach Verwaltungsaufgaben ausschließlich vom Bund oder von den Ländern wahrzunehmen sind, sofern nicht ausdrückliche verfassungsrechtliche Regelungen etwas anderes zulassen.[60] Zugleich wurde jedoch betont, dass die Verwaltungszuständigkeiten von Bund und Ländern in den Art. 83 ff. GG erschöpfend geregelt und grundsätzlich nicht abdingbar seien.[61] Da weder Bund noch Länder über ihre in der Verfassung festgelegten Kompetenzen verfügen können, Kompetenzverschiebungen zwischen Bund und Ländern deshalb auch mit Zustimmung der Beteiligten nicht zulässig sind, können Bund und Länder von der **»Verwaltungsordnung«** des Grundgesetzes nicht abweichen; sie müssen vielmehr die ihnen zugewiesenen Aufgaben durch eigene Verwaltungseinrichtungen wahrnehmen (»Grundsatz eigenverantwortlicher Aufgabenwahrnehmung«).[62] So hat das BVerfG die sog. Hartz IV-Arbeitsgemeinschaften (»ARGE«), die als gemeinschaftliche Verwaltungseinrichtungen von Bundesagentur für Arbeit und Kommunen nach § 44 b SGB II gebildet wurden, als verfassungswidrig angesehen. Derartige Gemeinschaftseinrichtungen seien im GG weder vorgesehen, noch liege eine derart umgrenzte Verwaltungsmaterie vor, für die bei Vorliegen eines sachlichen Grundes eine Abweichung von dem grundgesetzlich vorgesehenen Zuständigkeitsgefüge in Frage komme.[63] Allerdings sind die bestehenden Arbeitsgemeinschaften durch Änderung des Grundgesetzes (Art. 91 e[64]) als neue Form der Mischverwaltung legalisiert worden; sie können auch in Zukunft eingerichtet werden.

672 Die Rechtsprechung des BVerfG wirft insgesamt mehr Fragen auf als sie beantwortet. Über ihre Konsequenzen besteht demgemäß keine Einigkeit.[65] Dabei ist die Tendenz unverkennbar, über die (vorausgesetzte) Zulässigkeit einer Mischverwaltung die

57 Vgl. *W. Blümel,* in: Isensee/Kirchhof (Hrsg.), HdStR IV, 2. Aufl. 1999, § 101 Rn. 121; vgl. *H. Maurer,* Staatsrecht, § 18 Rn. 27.

58 Dazu *K. Stern,* Staatsrecht II, S. 832 f.

59 Vgl. §§ 8, 8 a FVG, geändert bzw. eingefügt durch Gesetz vom 13.12.2007 (BGBl. I, S. 2897); vgl. dazu *H. Siekmann,* in: Sachs (Hrsg.), GG, Art. 108 Rn. 28 ff.

60 So BVerfGE 63, 1 (39).

61 So BVerfGE 63, 1 (39).

62 Vgl. BVerfGE 63, 1 (38 ff.); strenger die ältere Rspr.: vgl. BVerfGE 32, 145 (156); 39, 96 (120); 41, 291 (311).

63 BVerfGE 119, 331 (367).

64 Vgl. BGBl. I 2010, S. 944; siehe dazu unten Rn. 740 c.

65 Vgl. hierzu *J. Isensee,* in: ders./Kirchhof (Hrsg.), HdStR VI, § 126 Rn. 188 ff.; *A. Dittmann,* in: Sachs (Hrsg.), GG, Art. 83 Rn. 4 f.

Kompetenzverteilung des Grundgesetzes im Bereich der Verwaltung zu Lasten der Länder zu verschieben,[66] denn das BVerfG hat einen »föderativen Damm« niedergelegt, ohne einen neuen aufzubauen.[67] Aus Gründen der Verwaltungsökonomie wäre es verlockend, zur Ausführung von Bundesgesetzen auf der unteren und mittleren Ebene Landesbehörden einzusetzen, diese aber einer obersten Bundesbehörde zu unterstellen. Der gleiche Effekt würde eintreten, wenn die (ausschließlich zuständigen) Landesbehörden bei ihrem Verwaltungshandeln bundesbehördlicher Zustimmung bedürften. Die Mischverwaltung – sei es in Gestalt eines Instanzenzuges zwischen Bund und Ländern, sei es in Form von Zustimmungserfordernissen – birgt jedoch die Gefahr, dass die Bundesländer zu Verwaltungseinheiten absinken.[68]

2. Typenzwang für bundeseigene Verwaltung?

Die Bestimmungen über die Bundesverwaltung, insbesondere die abgestuften Voraussetzungen des Art. 87 Abs. 3 GG für die Schaffung neuer Bundesbehörden und bundesunmittelbarer juristischer Personen legen die Frage nahe, ob durch Art. 86 und 87 GG ein **Typenzwang** begründet wird. Die Folgen einer solchen Annahme wären weitreichend: die Bundesverwaltung könnte nur in Gestalt von Bundesoberbehörden oder juristischen Personen des öffentlichen Rechts – und das heißt: durch Bundesgesetz – erweitert werden. 673

In der Staatspraxis ist man nicht von einem Typenzwang ausgegangen. Eine Bestandsaufnahme der Bundesverwaltung zeigt eine Typenvielfalt, die die verfassungsrechtlichen Regelungen als nur rudimentär erscheinen läßt. Es finden sich neben den in Art. 87 Abs. 3 GG aufgeführten Organisationsformen sog. **Zentralstellen, nichtrechtsfähige Anstalten, »schlichte Bundesstellen«** sowie **dislozierte Außenstellen.**[69] Auch die Aufgaben dieser ganz unterschiedlichen Einrichtungen sind vielfältig. Die Beschaffung von Material, Dienstleistungen oder Informationen fällt ebenso darunter wie die Ausbildung des Nachwuchses in der Bundesverwaltung. Das zeitweise wahrhaft Parkinson'sche Wachstum in der Bundesverwaltung, dessen Vereinbarkeit mit Art. 87 GG zumindest fraglich erscheinen musste, ist mittlerweile jedoch dem Leitbild einer »lean administration« gewichen.[70] 674

Soweit im Schrifttum die »zentrale nichtministerielle« Bundesverwaltung überhaupt diskutiert wird, herrscht eine apologetische Tendenz vor.[71] So findet sich der Vorschlag, den »Typenzwang« auf den Bereich der sog. »gesetzesakzessorischen Verwaltung« zu beschränken.[72] Auch wird aus Art. 87 Abs. 3 GG der Schluss gezogen, juristisch »schwächere« Organisationsformen als Bundesoberbehörden oder rechtsfähige Körperschaften (Anstalten) seien ebenfalls zugelassen.[73] 675

66 Vgl. *W. Blümel,* in: Isensee/Kirchhof (Hrsg.), HdStR IV, 2. Aufl. 1999, § 101 Rn. 122 f.
67 Vgl. *J. Isensee,* in: ders./Kirchhof (Hrsg.), HdStR IV, 2. Aufl. 1999, § 98 Rn. 183.
68 Vgl. *G. Hermes,* in: Dreier (Hrsg.), GG, Bd. III, Art. 83 Rn. 50.
69 Vgl. die Zusammenstellung schon bei *B. Becker,* VerwArch 69 (1978), S. 180 ff.
70 Vgl. *W. Kluth,* in: H.J. Wolff/O. Bachof/R. Stober/W. Kluth, Verwaltungsrecht II, 7. Aufl. 2010, § 79 Rn. 97 ff. m. w. N.
71 Vgl. *K. Stern,* Staatsrecht II, S. 830 f.
72 So *P. Lerche,* in: Maunz/Dürig, GG (Stand: bis Lfg. 53), Art. 83 Rn. 28 f., 84.
73 So *K. Stern,* Staatsrecht II, S. 831.

676 Diese Auffassungen vermögen nicht zu überzeugen. Verwaltung ist nicht durch den Erlass von Verwaltungsakten (gegenüber dem Bürger), sondern durch die Erfüllung öffentlicher Aufgaben gekennzeichnet.[74] Art. 87 Abs. 3 GG bestimmt nicht die Form für die Verleihung eigener Rechtsfähigkeit, sondern legt die Voraussetzungen für die Inanspruchnahme weiterer Verwaltungskompetenzen durch den Bund fest. Von dem organisationsrechtlichen Gesetzesvorbehalt in Art. 87 Abs. 3 GG auf die Zulässigkeit schlichter Organisationsakte zu schließen, erscheint deshalb als problematisch.

3. Gesetzgebungskompetenzen als Grenze der Verwaltungskompetenzen

677 Die Gesetzgebungskompetenzen des Bundes bilden die **äußerste Grenze** seiner Verwaltungskompetenzen; Verwaltungskompetenzen des Bundes können also niemals dort bestehen, wo dem Bund keine Gesetzgebungskompetenz eingeräumt ist.[75] Diese Verknüpfung zeigt sich durchgehend in den Art. 86 ff. GG, insbesondere aber in Art. 87 Abs. 3 GG. An dieser Vorschrift sind deshalb alle zentralen Einrichtungen des Bundes zu messen, gleichgültig, ob ihnen eigene Rechtsfähigkeit zukommt oder nicht. Kritischer Aufmerksamkeit bedürfen insbesondere die Einrichtungen des Bundes, die »dislozierte Außenstellen« umfassen. Es mag zweckmäßig sein, den zentralen Einrichtungen Außenstellen mit unterschiedlicher örtlicher Zuständigkeit zuzuordnen. Eine solche Organisationsform lässt allerdings den Unterschied zur bundeseigenen Verwaltung mit eigenem Verwaltungsunterbau verschwimmen. Die erleichterten Voraussetzungen, unter denen eine Bundesoberbehörde errichtet werden kann (Art. 87 Abs. 3 S. 1 GG), erklären sich gerade daraus, dass deren Aufgaben **zentraler Verwaltung** zugänglich sind und dieser Behördentypus dadurch eine **immanente Begrenzung** findet. Würden den Bundesoberbehörden jeweils unselbständige Außenstellen unterstellt, käme dies einer nach Art. 87 Abs. 3 GG unzulässigen Bundesverwaltung mit **eigenem Verwaltungsunterbau** gleich.

678 Die praeterkonstitutionellen Einrichtungen, unselbständigen Anstalten, Zentren und »Stellen« des Bundes verlangen nach rechtlicher Überprüfung.[76] Indes scheinen die Länder ihren Widerstand gegen diese Wucherungen der Bundesverwaltung angesichts mehrerer Niederlagen vor dem BVerfG[77] aufgegeben zu haben. Dies wiegt umso schwerer, als bis heute ungeklärt ist, inwieweit die nichtministerielle Zentralverwaltung außerhalb der in Art. 87 Abs. 3 GG genannten Formen überhaupt zulässig ist. Zwar sind nach Ansicht des BVerfG organisatorische Regelungen nicht abdingbar, so dass der Spielraum bei der organisatorischen Ausgestaltung der Verwaltung in den Kompetenz- und Organisationsnormen der Art. 83 ff. GG seine Grenze findet.[78] Andererseits soll von einer »starren Festlegung« durch das Grundgesetz nicht auszugehen sein, so dass den zuständigen Organen »allgemein und im Einzelfall« ein weiter Spielraum verbleibe.[79] Gleichwohl ist die Zulässigkeit dislozierter Außenstellen fraglich, namentlich wenn diese eine regional begrenzte Zuständigkeit haben.[80]

74 Vgl. *J. Ipsen*, Allgemeines Verwaltungsrecht, 8. Aufl. 2012, Rn. 46 ff.
75 Vgl. BVerfGE 12, 205 (229).
76 Vgl. BVerfGE 14, 197; 31, 113.
77 Vgl. BVerfGE 14, 197 (Bundesaufsichtsamt für das Kreditwesen); BVerfGE 31, 113 (Bundesprüfstelle für jugendgefährdende Schriften).
78 So BVerfGE 63, 1 (38 ff.).
79 Vgl. BVerfGE 63, 1 (38 ff.).
80 Vgl. *G. Hermes*, in: Dreier (Hrsg.), GG, Bd. III, Art. 87 Rn. 87.

4. Flucht ins Privatrecht

Fall 58: Am 25.7.1960 wurde von der Bundesrepublik Deutschland, vertreten durch den Bundeskanzler, und anderen Gesellschaftern die »Deutschland-Fernsehen-GmbH« mit Sitz in Köln gegründet. Aufgabe der Gesellschaft war nach der Satzung die Veranstaltung von Fernsehsendungen, die den »Rundfunkteilnehmern in ganz Deutschland und im Ausland ein umfassendes Bild Deutschlands vermitteln« sollten. Mehrere Bundesländer waren der Auffassung, die Bundesregierung habe durch die Gründung der »Deutschland-Fernsehen-GmbH« das Grundgesetz verletzt. Die Bundesregierung verwies demgegenüber auf den privatrechtlichen Charakter dieser Einrichtung. 679

(nach BVerfGE 12, 205)

Verwaltung vollzieht sich regelmäßig in den Formen des **öffentlichen Rechts.** Mit zunehmender Tendenz allerdings werden Organisationsformen des privaten Rechts (Gesellschaft mit beschränkter Haftung, Aktiengesellschaft, eingetragener Verein) gewählt, die vermeintlich flexibler sind als staatliche Behörden. Die »Flucht« des Staates in das Privatrecht erweist sich im Hinblick auf die Verteilung der Verwaltungskompetenzen zwischen Bund und Ländern als problematisch, weil Art. 83 ff. GG ausschließlich von öffentlich-rechtlichen Organisationsformen, insbesondere von Behörden, handeln. Es leuchtet ein, dass der Bund nicht durch Wahl einer privatrechtlichen Rechtsform von der Beachtung der Kompetenznormen dispensiert werden kann. **Verwaltung in privatrechtlicher Form** setzt deshalb im Bund voraus, dass ihm überhaupt eine Verwaltungskompetenz zusteht.[81] 680

Das BVerfG hat offen gelassen, ob jede privatrechtliche Tätigkeit des Staates an Art. 30 GG zu messen sei. Für die Teilnahme am wirtschaftlichen Wettbewerb (die freilich aus anderen Gründen nicht unproblematisch ist[82]) wird dies zu verneinen sein.[83] Soweit aber öffentliche Aufgaben vom Staat aufgegriffen und dadurch zu »staatlichen« Aufgaben werden,[84] ist die **Zuständigkeitsvermutung** zugunsten der Länder nach Art. 30 GG einschlägig, unabhängig von der Rechtsform, in der die staatlichen Aufgaben erfüllt werden. Dieser Schluss ist zwingend: Bevor sich überhaupt die Frage nach der Rechtsform stellt, muss die Bundeskompetenz bejaht worden sein. Unerheblich ist hierbei, ob es sich um staatliche Aufgaben handelt, deren Erfüllung gesetzlich normiert ist (»gesetzesakzessorische Verwaltung«) oder mehr Handlungsspielraum lässt (»gesetzesfreie Verwaltung«). Zum einen ist jede staatliche Tätigkeit an die Grundrechte (Art. 1 Abs. 3 GG), Verfassungsgrundsätze und staatliches Haushaltsrecht gebunden, so dass es »gesetzesfreie« Verwaltung genau genommen gar nicht gibt. Zum anderen trägt der **VIII. Abschnitt** des Grundgesetzes die Überschrift »Die Ausführung der Bundesgesetze **und** die Bundesverwaltung«, setzt also nicht voraus, dass der Schwerpunkt der Verwaltung in der Ausführung von Gesetzen liegt.[85] 681

Im Ausgangsfall war deshalb unabhängig von der privaten Rechtsform zu prüfen, ob dem Bund eine Verwaltungskompetenz zustand. Da die frühere (Verwaltungs-)Kompetenz für die »Bundespost« 682

81 Vgl. *H. Maurer*, Allgemeines Verwaltungsrecht, 18. Aufl. 2011, § 3 Rn. 25 f.

82 Sie kann sich als faktische Einwirkung auf die Berufsfreiheit (Art. 12 GG) darstellen; vgl. *J. Ipsen*, Staatsrecht II, 15. Aufl. 2012, Rn. 168 ff.

83 Vgl. *K. Stern*, Staatsrecht II, S. 831; *M. Gubelt*, in: v. Münch/Kunig (Hrsg.), GG, Bd. 1, Art. 30 Rn. 8.

84 Vgl. BVerfGE 12, 205 (246).

85 So BVerfGE 12, 205 (247).

(Art. 87 Abs. 1 S. 1 GG a. F.) nur den fernmeldetechnischen Bereich umfasste (Art. 73 Nr. 7 GG a. F.), war die Frage zu verneinen. Die Veranstaltung von Fernsehsendungen fällt folgerichtig, soweit sie vom Staat betrieben wird, in die Kompetenz der Länder[86] (Art. 30 GG). Art. 83 GG war in diesem Zusammenhang nicht einschlägig, weil er voraussetzt, dass ein »Bundesgesetz« ausgeführt wird, was bei der Gründung des »Adenauer-Fernsehens« gerade nicht der Fall war.

683 Nicht um eine »Flucht ins Privatrecht« handelt es sich dagegen bei der Privatisierung von **Bundesbahn** und **Bundespost.** Diese setzte Verfassungsänderungen voraus und entsprach der Einsicht, dass für die Erbringung von Dienstleistungen die überkommene Behördenstruktur unangemessen ist und in einem europäischen Binnenmarkt keine Zukunft haben würde.[87] Verfassungsrechtliche Bedenken können hiergegen nicht erhoben werden, weil das Grundgesetz selbst die Umwandlung von Bundesbahn und Bundespost in Wirtschaftsunternehmen vorsieht (Art. 143 a und b GG). Die Stellung des Bundes als Dienstherr der (Bundespost- und Bundesbahn-)Beamten ist unverändert geblieben. Die Beamten sind jedoch den neu gegründeten Unternehmen (Deutsche Bahn AG, Deutsche Post AG, Deutsche Telekom AG) zur Dienstleistung zugewiesen worden (Art. 143 a Abs. 1 S. 3, 143 b Abs. 3 S. 1 GG).

IV. Übersicht: Ausführung der Bundesgesetze durch Bundes- und Landesverwaltung

1. Ausführung der Bundesgesetze durch Landesverwaltung

684

	als landeseigene Angelegenheit (»Bundesaufsichtsverwaltung«)	im Auftrage des Bundes (»Bundesauftragsverwaltung«)
Sachgebiete	Art. 83 (Generalklausel)	Art. 87 b II, 87 c, 87 d II, 87 e I 2, 89 II, 90 II, 104 a III 2, 108 III, 120 a (erschöpfende Aufzählung, aber über Art. 104 a III 2, 108 III 1 offen)
Behördenorganisation, Verwaltungsverfahren	Art. 84 I (durch Bundesgesetz mit Abweichungsmöglichkeit der Länder zulässig; sonst zustimmungsbedürftig)	Art. 85 I (durch zustimmungsbedürftiges Bundesgesetz möglich)
Verwaltungsvorschriften	Art. 84 II (BReg mit Zustimmung des Bundesrates)	Art. 85 II (BReg mit Zustimmung des Bundesrates)
Einfluss des Bundes	Art. 84 III 1 (Rechtsaufsicht)	Art. 85 IV 1 (Rechts- und Fachaufsicht)
Aufsichtsmaßnahmen des Bundes	Art. 84 III 2 (Entsendung von Beauftragten) Art. 84 IV 1 (Mängelrüge)	Art. 85 IV 2 (Bericht, Aktenvorlage, Entsendung von Beauftragten zu allen Behörden) Art. 85 III (Weisungsrecht gegenüber obersten

86 Vgl. BVerfGE 12, 205 (247).
87 Vgl. für die Bundespost *H. H. Gersdorf*, in: v. Mangoldt/Klein/Starck, GG, Bd. 3, Art. 87 f Rn. 1 ff.

	Art. 84 IV 1 (Beschluss des Bundesrates auf Antrag der BReg) Art. 84 V (Einzelweisungen für bes. Fälle, sofern gesetzlich vorgesehen)	Landesbehörden: im Dringlichkeitsfall gegenüber jeder mit der Sache befassten Behörde)

2. Ausführung der Bundesgesetze durch bundeseigene Verwaltung

	Typ 1: mit eigenem Verwaltungsunterbau (Art. 86 S. 1 1. Alt.)	**Typ 2: durch Bundesoberbehörden (Art. 86 S. 1 1. Alt.)**	**Typ 3: durch bundesunmittelbare Körperschaften und Anstalten des öffentlichen Rechts (Art. 86 S. 1 2. Alt.)**	**Typ 4: in privatrechtlicher Organisationsform (Art. 87 d I 2)**	685
Sachgebiete	Art. 87 I 1, 87 b I, 87 b II 1, 87 e I 1, 87 f II 2, 89 II	Art. 87 III 1, 87 e I 1, 87 f II 2	Art. 87 II, III 1, 87 f III	Art. 87 d 1	
Neuschaffung	Art. 87 III 2 (erschwerte Bedingungen) – Bundestagsbeschluss mit absoluter Mehrheit – Zustimmung des Bundesrates	Art. 87 III 1 (Bundesgesetz)	Art. 87 III 1 (Bundesgesetz)	nicht vorgesehen	

V. Vollzug des Unionsrechts

Die Organe der Europäischen Union sind zur Rechtsetzung zwar nur aufgrund einer ausdrücklichen Ermächtigung in den Verträgen befugt (Prinzip der begrenzten Einzelermächtigung[88]); diese Ermächtigungen sind jedoch mittlerweile so weiträumig, dass das Unionsrecht in der praktischen Rechtsanwendung eine erhebliche Bedeutung hat, die stetig zunimmt. Das Unionsrecht wird zum einen durch die Unionsorgane selbst ausgeführt (»**unionsunmittelbarer Vollzug**«).[89] Er betrifft die Bereiche des **Wettbewerbsrechts** (Art. 105, 106 Abs. 3 AEUV), des **Beihilfenrechts** (Art. 108 AEUV), der **Handelspolitik** und der **Sozialpolitik** (Art. 163 AEUV). Zuständig für den Vollzug des Unionsrechts ist die Kommission, die unmittelbar gegenüber den Bürgern der Mitgliedstaaten handeln kann. Beispiele hierfür sind die spektakulären Entscheidungen der Kommission, aufgrund derer Beihilfen zurückgezahlt werden müssen oder Bußgelder wegen Verstoßes gegen das (unionsrechtliche) Wettbewerbs- 686

88 Vgl. *T. Oppermann/C. D. Classen/M. Nettesheim,* Europarecht, § 11 Rn. 3 ff.
89 Vgl. *R. Streinz,* Europarecht, Rn. 576 ff.

recht verhängt werden.[90] Organisation und Verfahren des unionsunmittelbaren Vollzugs sind durch Unionsrecht geregelt.[91]

687 Überwiegend wird das Unionsrecht von den **Mitgliedstaaten** vollzogen.[92] Hierbei wiederum ist zu unterscheiden, ob die Mitgliedstaaten das (primäre oder sekundäre) **Unionsrecht** ausführen oder das in Umsetzung des Unionsrechts ergangene **nationale Recht** vollziehen.[93]

688 Die Ausführung von nationalem Recht, mit dem unionsrechtliche Rechtsakte (Richtlinien) umgesetzt worden sind, unterscheidet sich von der Ausführung anderen nationalen Rechts zunächst nicht. Für die Ausführung des **Bundesrechts** gelten folglich die Art. 83 ff. GG.[94] In Betracht kommt aber auch der Vollzug von Unionsrecht durch Bund und Länder. Dies ist der Fall bei **Verordnungen** und **Richtlinien,** die unmittelbare Geltung entfalten.[95]

689 Für den mitgliedstaatlichen Vollzug des Unionsrechts ergeben sich vergleichbare Probleme wie für die Ausführung des Bundesrechts durch die Länder. Wenn der Rechtsvollzug nicht nur – wie stets im gewaltenteilenden Staat – anderen **Organen,** sondern einem anderen **Verband** zugeordnet ist, bedarf es der **Ingerenzen,** um den Normvollzug sicherzustellen.[96] Soweit Bundesrecht ausgeführt wird, das unionsrechtlichen Ursprungs ist, gelten die Art. 83 ff. GG mit ihren unterschiedlichen Ingerenzmöglichkeiten. Aber auch sofern Unionsrecht ausgeführt wird, sind die Länder aufgrund des Grundsatzes der Bundestreue i. V. m. Art. 23 Abs. 1 GG verpflichtet, dieses ordnungsgemäß durchzuführen.[97]

VI. Rechtsprechung

690 **BVerfGE** 12, 205 (Deutschland-Fernsehen); **E** 14, 197 (Bundesaufsichtsamt für das Kreditwesen); **E** 21, 312 (Anwendung von Landesrecht durch Bundesbehörden); **E** 31, 113 (Bundesprüfstelle für jugendgefährdende Schriften); **E** 63, 1 (Versorgungsanstalt der deutschen Bezirksschornsteinfeger); **E** 75, 108 (Einrichtung der Behörden nach Art. 84 Abs. 1 GG); **E** 81, 310 (Weisungsrecht bei Bundesauftragsverwaltung – »Schneller Brüter«); **E** 84, 25 (Weisungsrecht bei Bundesauftragsverwaltung – »Schacht Konrad«); **E** 102, 167 (Weisungsbefugnis bei Bundesauftragsverwaltung – Abstufung einer Bundesstraße); **E** 104, 249 (Kompetenz des Bundes zu »informalem« Handeln im Rahmen der Auftragsverwaltung); **E** 119, 331 (Hartz IV-Arbeitsgemeinschaften).

90 Vgl. etwa EuGH, Rs. 310/85, Deufil/Kommission, Slg. 1987, 901; EuGH, Rs. C-24/95, Alcan/Rheinland-Pfalz, Slg. 1997, I-1591.

91 Vgl. *R. Streinz,* Europarecht, Rn. 587 f.

92 Vgl. *R. Streinz,* Europarecht, Rn. 575; *H.-H. Trute,* in: v. Mangoldt/Klein/Starck, GG, Bd. 3, Art. 83 Rn. 57 ff.

93 Vgl. *R. Streinz,* Europarecht, Rn. 575.

94 Vgl. *R. Streinz,* Europarecht, Rn. 581.

95 Vgl. *R. Streinz,* Europarecht, Rn. 582.

96 Vgl. *R. Streinz,* Europarecht, Rn. 580 ff.

97 Vgl. *R. Streinz,* Europarecht, Rn. 582.

VII. Literatur

B. Becker, Zentrale nichtministerielle Organisationseinheiten der unmittelbaren Bundesverwaltung, VerwArch 69 (1978), S. 149; *ders.*, Typische Eigenschaften der privatrechtlich organisierten Bundesverwaltung, Verw 1979, S. 161; *A. Benz,* Postreform II und Bahnreform – Ein Elastizitätstest für die Verfassung, DÖV 1995, S. 679; *P. Dieners,* Länderrechte in der Bundesauftragsverwaltung, DÖV 1991, S. 923; *A. Dittmann,* Die Bundesverwaltung, 1983; *M. Droege,* Bundeseigenverwaltung durch Private? – Die Reform der Flugsicherung und die Verfassungsgrenzen der Privatisierung, DÖV 2006, S. 861; *W. Frenz,* Atomkonsens und Landesvollzugskompetenz, NVwZ 2002, S. 561; *T. Hebeler,* Die Ausführungen der Bundesgesetze (Art. 83 ff. GG), Jura 2002, S. 164; *H.-G. Henneke,* Föderalismusreform II – »Rolle rückwärts!« beim Verbot des bundesunmittelbaren Aufgabendurchgriffs auf die Kommunen?, Nds.VBl. 2008, S. 1; *J. Ipsen,* Die Ausführung des Atomgesetzes als föderalistisches Paradigma, DVBl. 2006, S. 585; *N. Janz,* Art. 85 GG: Die Länder als ohnmächtige Werkzeuge des Bundeswillens?, JuS 2003, S. 126; *ders.*, Inhalt, Grenzen und haftungsrechtliche Dimensionen des Weisungsrechts nach Art. 85 III GG, Jura 2004, S. 227; *H. Jochum,* Die Bundesauftragsverwaltung im Umbruch, DÖV 2003, S. 16; *H. H. Klein,* Verwaltungskompetenz von Bund und Ländern in der Rechtsprechung des Bundesverfassungsgerichts, in: Festgabe BVerfG II, 1976, S. 277; *K. Lange,* Probleme des Bund-Länder-Verhältnisses im Atomrecht, NVwZ 1990, S. 928; *C. Lenz,* Die Umgehung des Bundesrats bei der Verordnungsänderung durch Parlamentsgesetz, NVwZ 2006, S. 296; *P. Lerche,* Zur Angreifbarkeit von Weisungen des Bundes im Rahmen der Bundesauftragsverwaltung, BayVBl. 1987, S. 321; *H. Maurer,* Die Ausführung der Bundesgesetze durch die Länder, JuS 2010, S. 945; *F. Ossenbühl,* Weisungen des Bundes in Bundesauftragsverwaltung, Der Staat 28 (1989), S. 31; *M. Reicherzer,* Bundesoberbehörden: Trojanische Pferde für den Föderalismus?, NVwZ 2005, S. 875; *E. Schmidt-Aßmann/H. C. Röhl,* Grundpositionen des neuen Eisenbahnverfassungsrechts (Art. 87 e GG), DÖV 1994, S. 577; *F. E. Schnapp,* Grundbegriffe des öffentlichen Organisationsrechts, Jura 1980, S. 68; *F. Schoch,* Verfassungswidrigkeit des bundesgesetzlichen Durchgriffs auf Kommunen, DVBl. 2007, S. 261; *M. Schulte,* Zur Rechtsnatur der Bundesauftragsverwaltung, VerwArch 81 (1990), S. 415; *K.-P. Sommermann,* Grundfragen der Bundesauftragsverwaltung, DVBl. 2001, S. 1549; *K. Waechter,* Verfassungsrechtlicher Schutz der gemeindlichen Selbstverwaltung gegen Eingriffe durch Gesetz, AöR 135 (2010), S. 327; *M. Winkler,* Bundesauftragsverwaltung im Kernenergierecht und »Atomkonsens«, JA 2002, S. 643; *B. Zimmermann,* Die Kontrolldichte gerichtlichen Rechtsschutzes gegen Weisungen in der Bundesauftragsverwaltung – Ein Problem der Zuständigkeitsverwaltung zwischen BVerfG und BVerwG?, DVBl. 1992, S. 93. 691

§ 12 Gerichtsorganisation und Rechtsprechung des Bundes

692 Gem. Art. 92 GG wird die **rechtsprechende Gewalt** durch das **Bundesverfassungsgericht,** die im Grundgesetz vorgesehenen **Bundesgerichte** und die **Gerichte** der **Länder** ausgeübt. Dem Bund fallen Rechtsprechungskompetenzen nur insoweit zu, als das Grundgesetz ausdrücklich Bundesgerichte vorsieht. Art. 92 GG enthält damit einen *numerus clausus* der Bundesgerichte und erweist sich als weitere Konkretisierung der in Art. 30 GG für sämtliche Staatsaufgaben enthaltenen Zuständigkeitsvermutung zugunsten der Länder.[1]

I. Gerichtsaufbau in der Bundesrepublik

693 Die Gerichtszweige, d. h. die für die einzelnen Sachgebiete zuständigen »Gerichtsbarkeiten«, sind in der Bundesrepublik regelmäßig **dreistufig** aufgebaut. In der allgemeinen **Verwaltungsgerichtsbarkeit** bilden die Verwaltungsgerichte die erste Instanz.[2] Berufungsinstanz sind die Oberverwaltungsgerichte (oder »Verwaltungsgerichtshöfe«),[3] Revisionsinstanz ist das Bundesverwaltungsgericht.[4] Ein vergleichbarer Aufbau findet sich in der **Sozialgerichtsbarkeit** (Sozialgerichte, Landessozialgerichte, Bundessozialgericht)[5] und der **Arbeitsgerichtsbarkeit** (Arbeitsgerichte, Landesarbeitsgerichte, Bundesarbeitsgericht).[6] Die **»ordentliche Gerichtsbarkeit«**, die begrifflich die Zivil- und Strafjustiz umschließt,[7] verfügt über einen differenzierten Aufbau, nach dem neben den Amtsgerichten[8] in erster Instanz auch die Landgerichte[9] zuständig sein können. Die Abgrenzung folgt im Einzelnen aus den Bestimmungen des Gerichtsverfassungsgesetzes.[10] Der Instanzenzug ist nicht ausnahmslos dreistufig, sondern gelegentlich – etwa bei der Rechtsprechung der Amtsgerichte in Zivilsachen – nur zwei- oder einstufig.[11] Soweit die Revision statthaft ist, ist in der Regel der Bundesgerichtshof zuständig.[12] Die Finanzgerichtsbarkeit ist demgegenüber durchgehend **zweistufig** aufgebaut. In erster Instanz entscheiden die Finanzgerichte;[13] Revisionsinstanz ist der Bundesfinanzhof.[14]

694 Die Errichtung von **Bundesgerichten** – von »obersten Gerichtshöfen« des Bundes (Art. 95 Abs. 1 GG) – als **Revisionsgerichte** ist eine wesentliche Voraussetzung dafür, dass das Bundesrecht einheitlich angewandt wird.[15] Der Schwerpunkt der

---

1 Vgl. *S. Detterbeck,* in: Sachs (Hrsg.), GG, Art. 92 Rn. 1; *H. Schulze-Fielitz,* in: Dreier (Hrsg.), GG, Bd. III, Art. 92 Rn. 19.
2 § 45 VwGO = *Sartorius* I Nr. 600 = *Nomos ÖffR* Nr. 24.
3 § 46 Nr. 1 VwGO.
4 § 49 Nr. 1 und 2 VwGO.
5 §§ 8, 29, 39 SGG = *Aichberger* Nr. 850.
6 §§ 14, 64, 72 ArbGG = *Schönfelder* Nr. 83.
7 § 13 GVG = *Schönfelder* Nr. 95 = *Nomos ZivilR* Nr. 30.
8 §§ 23 ff. GVG.
9 §§ 71 ff. GVG.
10 Vgl. §§ 23, 23 a, 23 b, 71 GVG.
11 Vgl. §§ 511, 542 Abs. 1 ZPO = *Schönfelder* Nr. 100 = *Nomos ZivilR* Nr. 33.
12 § 133 Nr. 1 GVG.
13 § 35 FGO = *Steuergesetze* I Nr. 802.
14 § 36 FGO.
15 Vgl. *H. Schulze-Fielitz,* in: Dreier (Hrsg.), GG, Bd. III, Art. 95 Rn. 18.

Gesetzgebung liegt beim Bund.[16] Nur ein Teil des Bundesrechts – die »Verwaltungsgesetze« – wird von Behörden ausgeführt, auf deren Handeln der Bund (die Bundesregierung) nach Art. 83 ff. GG Einfluss nehmen kann.[17] Der große Bereich des Bürgerlichen Rechts, des Arbeitsrechts und des (privaten) Wirtschaftsrechts ist dagegen nicht durch behördliches Handeln gekennzeichnet; dieses Recht findet vielmehr unter gleichgeordneten Rechtssubjekten Anwendung, die im Streitfall die **Gerichte** anrufen. Auf diesen Rechtsgebieten könnte es deshalb zu einer unerträglichen Rechtszersplitterung kommen, wenn das (Bundes-) Recht von verschiedenen Gerichten der Länder unterschiedlich ausgelegt würde. Ein den Ingerenzen der Art. 84 und 85 GG vergleichbarer Weg wäre nicht gangbar: die Unabhängigkeit der Richter (Art. 97 Abs. 1 GG) schützt vor jeder Einflussnahme. Die **Wahrung** der **Rechtseinheit** fällt deshalb den Revisionsgerichten zu.[18]

Die Bedeutung der **obersten Gerichtshöfe** des Bundes liegt folglich darin, dass sie 695
das in ihre Zuständigkeit fallende Bundesrecht **letztinstanzlich** auslegen. Verbindlich ist eine solche Auslegung nur in dem jeweils anhängigen Fall; sie erlangt jedoch eine tatsächlich präjudizielle Wirkung und bestimmt damit die »Rechtslage« über den konkreten Fall hinaus. Die – im Vergleich zu den Gerichten der Länder – begrenzte Zahl von Streitfällen, die die obersten Gerichtshöfe entscheiden, besagt deshalb nichts über die Wirksamkeit der Rechtsprechung des Bundes. Als jeweils letzte Instanz sind sie praktisch in der Lage, die Rechtsanwendung aller anderen Gerichte zu steuern.

Treten innerhalb eines obersten Gerichtshofes des Bundes Differenzen zwischen 696
verschiedenen Senaten auf, so entscheidet der jeweilige **»Große Senat«**, an dessen Entscheidung die anderen Senate gebunden sind.[19] Differieren zwei oberste Gerichtshöfe des Bundes in der Auslegung von Bundesrecht, so entscheidet der **»Gemeinsame Senat«**, der zur Wahrung der Einheitlichkeit der Rechtsprechung gebildet worden ist (Art. 95 Abs. 3 GG).[20] Ein ursprünglich hierfür vorgesehenes, über den Revisionsgerichten stehendes oberstes Bundesgericht hat sich wegen der geringen Zahl der Rechtsprechungsdivergenzen als überflüssig erwiesen.

II. Bundesgerichte als Instanzgerichte

Art. 96 GG erlaubt dem Bund zusätzlich, für bestimmte Rechtsgebiete eine **eigene** 697
Gerichtsbarkeit zu errichten. Während die obersten Gerichtshöfe des Bundes nach Art. 95 Abs. 1 GG am Ende eines Instanzenzuges stehen, der mit Gerichten der Länder beginnt, ermöglicht Art. 96 GG dem Bund, auf allen Stufen Bundesgerichte zu bilden.

16 Vgl. oben Rn. 539.

17 Vgl. oben Rn. 609 ff.

18 Vgl. *H. Schulze-Fielitz,* in: Dreier (Hrsg.), GG, Bd. III, Art. 95 Rn. 19.

19 §§ 132 GVG; 11 VwGO; 41 SGG; 45 ArbGG; 11 FGO.

20 Gesetz zur Wahrung der Einheitlichkeit der Rechtsprechung der obersten Gerichtshöfe des Bundes vom 19.6.1968 (BGBl. I, S. 661) = *Schönfelder* (Ergänzungsband) Nr. 95 b.

1. Bundespatentgericht

698 Nach Art. 96 Abs. 1 GG kann der Bund für Angelegenheiten des **gewerblichen Rechtsschutzes** ein Bundesgericht errichten. Es handelt sich um das **Bundespatentgericht** in München, das seiner Rechtsnatur nach ein besonderes Verwaltungsgericht ist.[21] Marken nämlich werden beim Deutschen Patentamt, einer Bundesoberbehörde (Art. 87 Abs. 3 S. 1 GG), angemeldet (§§ 32 ff. MarkenG).[22] Für Rechtsbehelfe ist das Bundespatentgericht zuständig (§§ 66 ff. MarkenG). Gegen die Entscheidung des Bundespatentgerichts können Rechtsmittel beim **Patentsenat** des **Bundesgerichtshofs** eingelegt werden, der gem. Art. 96 Abs. 3 GG »oberster Gerichtshof« für den Bereich des gewerblichen Rechtsschutzes ist.

2. Truppendienstgerichte (Art. 96 Abs. 4 GG)

699 Gerichte erster Instanz kann der Bund nach Art. 96 Abs. 4 GG auch für Disziplinar- und Beschwerdeverfahren über Bundesbeamte und Soldaten bilden. Das Bundesdisziplinargericht (für Bundesbeamte)[23] ist inzwischen aufgelöst und die Rechtsprechung den Verwaltungsgerichten der Länder übertragen worden (§ 45 BDG).[24] Nach wie vor bestehen die **Truppendienstgerichte** für Disziplinarangelegenheiten der Soldaten.[25] Berufungs- bzw. Revisionsinstanz ist das **Bundesverwaltungsgericht** mit seinen Disziplinar-[26] bzw. Wehrdisziplinarsenaten.[27]

700 Die in Art. 96 Abs. 2 GG enthaltene Ermächtigung zur Bildung von »**Wehrstrafgerichten**« aktualisiert sich im Wesentlichen im Verteidigungsfall, wenn man von den Ausnahmen für Marineangehörige und im Ausland stationierte Soldaten absieht. Von dieser Ermächtigung hat der Bund bislang keinen Gebrauch gemacht, so dass gegenwärtig alle Soldaten der Bundeswehr – auch in Bezug auf die besonderen Wehrstraftaten[28] – der Strafgerichtsbarkeit der Länder unterliegen. Art. 96 Abs. 2 GG enthält insofern eine Anerkennung des **Bürgerstatus** des Soldaten, der in strafrechtlicher Hinsicht nicht anders behandelt werden soll als andere Bürger.

3. Staatsschutzsachen (Art. 96 Abs. 5 GG)

701 Nach Art. 96 Abs. 5 GG können im **Bereich des Staatsschutzes** »Gerichte der Länder« Gerichtsbarkeit des Bundes ausüben.[29] Dieser S. wird erst verständlich, wenn man ihn umkehrt: Staatsschutzsachen unterliegen der Gerichtsbarkeit des Bundes. Bis 1969 war für Strafverfahren, in denen die Bundesanwaltschaft ermittelte, der Bundesgerichtshof in erster und einziger Instanz zuständig. Seither liegt die Zuständigkeit beim Strafsenat eines **Oberlandesgerichts,**[30] ohne dass sich verfassungsrechtlich etwas an der Bundeskompetenz geändert hätte. Art. 96 Abs. 5 GG ermächtigt

21 Vgl. *S. Detterbeck*, in: Sachs (Hrsg.), GG, Art. 96 Rn. 7.
22 Markengesetz v. 25.10.1994 (BGBl. I, S. 3082) = *Schönfelder* Nr. 72.
23 § 42 BDO a. F.
24 BDG v. 9.7.2001 (BGBl. I, S. 1510) = *Sartorius* I Nr. 220.
25 § 69 WDO v. 16.8.2001 (BGBl. I, S. 2093).
26 §§ 64 ff. BDG.
27 §§ 109 f. WDO.
28 Vgl. *H. Schulze-Fielitz*, in: Dreier (Hrsg.), GG, Bd. III, Art. 96 Rn. 19 ff.
29 Vgl. oben Rn. 512.
30 § 120 GVG.

insofern dazu, Rechtsprechungsaufgaben des Bundes an die Länder zu **delegieren.**[31] Die (durch Gesetz vorzunehmende) Delegation könnte jederzeit durch Gesetzesänderung zurückgenommen werden.[32]

Für das Verständnis der Rechtsprechung durch den Bund ist von entscheidender 702
Bedeutung, dass »Bundesgerichte« nicht mit den »obersten Gerichtshöfen des Bundes« gleichgesetzt werden. »Bundesgerichte« sind alle Gerichte, durch die der Bund Rechtsprechung ausübt. Dies können Gerichte erster Instanz (Bundespatentgericht, Truppendienstgericht) sein, aber auch die Revisionsgerichte nach Art. 95 Abs. 1 GG. Während beim **Bundesgerichtshof** und **Bundesfinanzhof** der Name einen Hinweis auf den Rang des Gerichts gibt, sind andere in ihrer Bezeichnung von Bundesgerichten erster Instanz nicht zu unterscheiden (Bundesarbeits-, Bundesverwaltungs- und Bundessozialgericht). Eine klare Trennung liefert nur die Systematik des Grundgesetzes: Art. 95 GG führt die »obersten Gerichtshöfe«, Art. 96 GG die übrigen Bundesgerichte auf.

III. Übersichten

1. Instanzenzug zwischen Länder- und Bundesgerichten

703

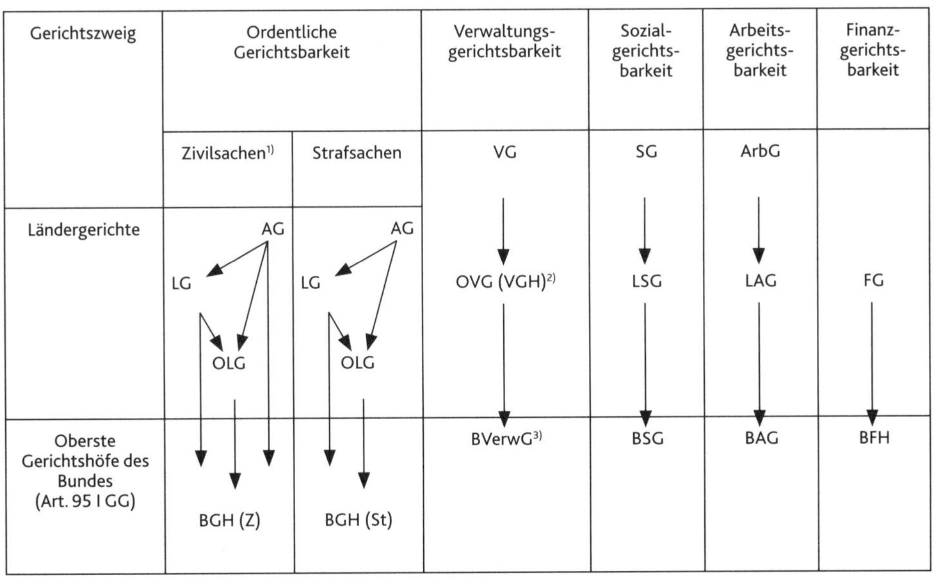

1) Ein amtsgerichtliches Urteil, gegen das die Berufung statthaft wäre, kann unmittelbar beim BGH mit der Sprungrevision (vgl. § 566 ZPO) angefochten werden. Gegen landgerichtliche Berufungsurteile kann Revision zum BGH (vgl. § 133 GVG, §§ 542 I, 543, 544 ZPO, § 26 Nr. 8 EGZPO) eingelegt werden.
2) Erstinstanzliche Zuständigkeit nach §§ 47, 48 VwGO.
3) Erstinstanzliche Zuständigkeit nach § 50 VwGO.

---

31 Vgl. *S. Detterbeck*, in: Sachs (Hrsg.), GG, Art. 96 Rn. 18.

32 Allerdings bestehen zumindest rechtspolitische Bedenken dagegen, für besonders schwere (Staatsschutz-)Delikte nur eine gerichtliche Instanz (ohne Rechtsmittelinstanz) vorzusehen.

2. Ausschließliche Gerichtsbarkeit des Bundes (Art. 96 GG)

704

Gewerblicher Rechtsschutz (Art. 96 I, III GG)	Disziplinarsachen (Art. 96 IV GG)	Staatsschutz (Art. 96 V GG)
BPatG	TrpDienstGer	OLG
↓	↓	↓
BGH (PatSen)	BVerwG (WehrDiszSen)	BGH (StrafSen)

IV. Gerichte der Europäischen Union

705 Die Europäische Union verfügt über eine eigene Gerichtsbarkeit in Gestalt des **Europäischen Gerichtshofs,** des **Europäischen Gerichts erster Instanz** und der zuvor als »Kammern« firmierenden **Fachgerichte** (Art. 19 Abs. 1 EUV). Der EuGH sichert die Wahrung des Rechts bei Auslegung und Anwendung der Verträge (Art. 19 Abs. 1 EUV). Er hat sich durch seine Rechtsprechung und Rechtsfortbildung als »Motor der Integration« erwiesen.[33]

706 Der EuGH setzt sich aus **27 Richtern,** nämlich einem Richter je Mitgliedstaat (Art. 19 Abs. 2 EUV) zusammen, die von den Regierungen der Mitgliedstaaten im gegenseitigen Einvernehmen für eine Amtszeit von sechs Jahren ernannt werden (Art. 19 Abs. 2 EUV). Unterstützt wird der Gerichtshof von **acht Generalanwälten,** die in »völliger Unparteilichkeit und Unabhängigkeit« Schlussanträge zu den dem Gerichtshof unterbreiteten Rechtssachen stellen (Art. 19 Abs. 2 UAbs. 1 EUV, Art. 252 Abs. 2 AEUV). Die Zuständigkeitsabgrenzung zwischen dem EuGH und dem Gericht erster Instanz (EuG) ist Gegenstand unterschiedlicher vertraglicher Regelungen.[34]

V. Rechtsprechung

707 **BVerfGE** 8, 174 (Erstinstanzliche Zuständigkeit des BVerwG); **E** 26, 186 (Senat für Anwaltssachen beim BGH).

VI. Literatur

708 *P. Kirchhof,* Der Auftrag des Grundgesetzes an die rechtsprechende Gewalt, FS Universität Heidelberg, 1986, S. 11; *O. R. Kissel/H. Mayer,* Gerichtsverfassungsgesetz, Kommentar, 6. Aufl. 2010; *E. Schilken,* Gerichtsverfassungsrecht, 4. Aufl. 2007; *M. Wolf,* Gerichtsverfassungsrecht aller Verfahrenszweige, 6. Aufl. 1987; *W. Zeidler,* Gedanken zur Rolle der dritten Gewalt im Verfassungssystem, FS Universität Heidelberg, 1986, S. 645.

33 Vgl. *R. Streinz,* Europarecht, Rn. 610.

34 Vgl. *R. Streinz,* Europarecht, Rn. 406 m. w. N.

§ 13 Das bundesstaatliche Rechtsverhältnis

Einer bundesstaatlichen Ordnung obliegt nicht nur die Verteilung der Kompetenzen zwischen Zentralstaat und Gliedstaaten, sie muss auch beide staatlichen Ebenen aufeinander beziehen. Die Abschichtung der Kompetenzen durch die Verfassung macht es nicht überflüssig, dass Bund und Länder kooperieren und ihre Aufgabenerfüllung miteinander abstimmen. Nicht zuletzt muss eine bundesstaatliche Verfassung Vorkehrungen gegen die Verletzung von Bundespflichten treffen. Der Grundgesetzgeber konnte hierbei auf Institute früherer Verfassungen zurückgreifen. 709

I. Homogenitätsprinzip (Art. 28 Abs. 1 S. 1 GG)

Fall 59: Im Freistaat B wird erwogen, durch Verfassungsänderung das Amt eines »Staatspräsidenten« einzuführen. Der Staatspräsident soll auf Repräsentationsaufgaben beschränkt sein. Man verspricht sich von der Verfassungsänderung eine Entlastung des Ministerpräsidenten. 710

Der Föderalismus ist die Idee der **Vielfalt** in der **Einheit,** die regionalen und landsmannschaftlichen Besonderheiten Rechnung trägt. Von solchen Besonderheiten können zentrifugale Tendenzen ausgehen, die den Bestand des Gesamtstaates in Frage stellen. Voraussetzung dafür, dass die bundesstaatliche Ordnung Bestand hat, ist ein Mindestmaß an Übereinstimmung der politischen Systeme von Zentralstaat und Gliedstaaten. Um dies zu erreichen, stellt die bundesstaatliche Verfassung Schranken auch für die Verfassungen der Gliedstaaten auf. 711

Nach Art. 28 Abs. 1 S. 1 GG muss die verfassungsmäßige Ordnung in den Bundesländern den Grundsätzen des republikanischen, demokratischen und sozialen Rechtsstaates im Sinne des Grundgesetzes entsprechen. Das **»Homogenitätsprinzip«** fordert keine Identität der Verfassungen, sondern eine Übereinstimmung in den Grundsätzen. Art. 28 Abs. 1 S. 1 GG wiederholt die zentralen Verfassungsprinzipien des Art. 20 Abs. 1 GG, die nach Art. 79 Abs. 3 GG der Verfassungsänderung entzogen sind. Gegenstand der Homogenität sind also jene **grundlegenden Strukturmerkmale** des Staates, die auch im Bund in verfassungsmäßiger Weise nicht verändert werden könnten.[1] 712

Die nach Art. 28 Abs. 1 GG gewährleistete strukturelle Gemeinsamkeit der verfassungsmäßigen Ordnung in Bund und Ländern schließt nicht aus, dass sich die Länderverfassungen gegenüber dem gegenwärtigen Rechtszustand wandeln, wenn in den Grundsätzen die Gemeinsamkeit bestehen bleibt. 713

Die Verfassungen der Bundesländer verzichten ausnahmslos auf ein besonderes Amt des »Staatsoberhaupts«. Würde ein Bundesland durch Verfassungsänderung neben den Ministerpräsidenten einen »Staatspräsidenten« stellen, so könnte hiergegen aus Art. 28 Abs. 1 S. 1 GG kein Einwand erhoben werden, weil keiner der hier genannten Grundsätze berührt würde. Anders verhielte es sich, wenn Bestrebungen verfolgt würden, ein Staatsoberhaupt auf Lebenszeit einzusetzen oder die Erblichkeit des Amtes festzulegen. In diesem Fall nämlich wäre das Bundesland nicht länger eine Republik und würde das von Art. 28 Abs. 1 S. 1 GG geforderte Mindestmaß an Homogenität nicht mehr aufweisen. 714

---

1 Vgl. unten Rn. 1037 ff.

715 Ein Bundesstaat gäbe sich auf, wenn seine Verfassung höchste Grundsätze postulierte, die Gliedstaaten sich an diese Prinzipien aber nicht zu halten brauchten. Nach Art. 28 Abs. 3 GG gewährleistet deshalb der Bund, dass die verfassungsmäßige Ordnung der Länder den Grundsätzen des Art. 28 Abs. 1 GG entspricht. Die **Gewährleistungspflicht** räumt dem Bund keine besonderen Befugnisse ein, sondern verweist ihn auf die allgemeinen Bestimmungen, mit denen die Länder zur Einhaltung der Bundespflichten angehalten werden können.

II. Pflicht zum bundesfreundlichen Verhalten (Bundestreue)

716 **Fall 60:** Das Bundesland N gehört beim horizontalen Finanzausgleich (Art. 107 Abs. 2 GG) seit jeher zu den ausgleichsberechtigten Ländern, während das Bundesland B ausgleichspflichtig ist. Das Land B bemängelt, dass bestimmte Einnahmen des Landes N beim Finanzausgleich nicht berücksichtigt werden. Da sich der Erlass des vom BVerfG geforderten Maßstabsgesetzes in die Länge zieht, beschließt die Landesregierung B, die vom Land B zu leistenden Ausgleichszahlungen um 25% zu kürzen. Durch den Verrechnungsmodus nach dem Finanzausgleichsgesetz (FAG) ergeben sich hierdurch Fehlbeträge im Bundeshaushalt.

717 In einem Bundesstaat können die Gliedstaaten nicht so handeln als seien sie selbständig; sie müssen Rücksicht auf den Bund nehmen. Ebenso wenig darf der Bund die Existenz der Gliedstaaten vernachlässigen. Es besteht deshalb eine verfassungsrechtliche Pflicht der Gliedstaaten zum **bundesfreundlichen Verhalten** (Bundestreue), der eine Pflicht des Bundes zum länderfreundlichen Verhalten entspricht.[2] Stellt man beide Pflichten nebeneinander, so ergibt sich eine Verpflichtung zu gegenseitiger Rücksichtnahme im Bundesstaat, die auch das Verhältnis der **Bundesländer untereinander** einschließt.[3] Die Pflicht zum bundesfreundlichen Verhalten ist ein Satz des **ungeschriebenen Verfassungsrechts.**[4]

718 Auch unter den Verfassungen des Deutschen Reichs von 1871 und 1919 ist die »Bundestreue« als Rechtspflicht der Länder anerkannt worden.[5] Die in dem Begriff »Bundestreue« angedeutete Vermutung zuungunsten der Länder dürfte dadurch zu erklären sein, dass in einem neugegründeten Bundesstaat die zentrifugalen Tendenzen überwiegen, während in einem gefestigten Bundesstaat den zentralisierenden Tendenzen begegnet werden muss.

719 Der Grundsatz des bundes- bzw. länderfreundlichen Verhaltens ist in der Rechtsprechung des BVerfG mehrfach konkretisiert worden.[6] Kompetenzen, die Bund oder Ländern zugewiesen sind, dürfen nur unter Beachtung des Gebots der Rücksichtnahme auf die jeweils andere Ebene ausgeübt werden.[7] Bei Verhandlungen zwischen Bund und Ländern müssen alle Länder in gleichem Maße beteiligt werden.[8] Eine Verweigerung von Pflichten mit der Begründung, der andere Teil sei ihnen auch nicht nachgekommen, ist nicht statthaft (Verbot des *»tu quoque«*).[9] Darüber hinaus

2 Vgl. BVerfGE 8, 122 (138); 81, 310 (337 f.); 92, 203 (230 f.).
3 Vgl. *H. Bauer*, Die Bundestreue, S. 303 ff.
4 Vgl. *K. Stern*, Staatsrecht I, S. 699 ff.; BVerfGE 12, 205 (254); 43, 291 (348).
5 Vgl. *E. R. Huber*, Deutsche Verfassungsgeschichte seit 1789, Bd. III, 3. Aufl. 1988, S. 796; Bd. VI, rev. Nachdr. der 1. Aufl., 1993, S. 80 f.
6 Vgl. BVerfGE 6, 309 (361); 12, 205 (254).
7 Vgl. BVerfGE 1, 299 (315); 32, 199 (218); 43, 291 (348).
8 Vgl. BVerfGE 12, 205 (255 ff.).
9 So BVerfGE 8, 122 (140).

gibt es Hilfs-, Tätigkeits- und Mitwirkungspflichten, die aus dem Grundsatz der Bundestreue (Ländertreue) folgen.[10] Ein Beispiel für die Verletzung der Pflicht zum länderfreundlichen Verhalten durch den Bund bietet der 1960 unternommene Versuch der Bundesregierung, eine privatrechtliche Fernsehanstalt des Bundes zu gründen.[11] Der Bund hatte für diese Gründung nicht nur keine Kompetenz (Art. 30, 83 ff. GG), er verstieß auch durch die Art der Gründung (Verhandlungsstil, Errichtung einer GmbH) gegen den Grundsatz des länderfreundlichen Verhaltens.[12]

Im Verhältnis zu den Kompetenzen, die das Grundgesetz Bund und Ländern ausdrücklich zuweist, wirkt der Grundsatz des bundes- bzw. länderfreundlichen Verhaltens ergänzend und verhindert ihren Missbrauch. Das BVerfG hat in seiner Rechtsprechung entscheidend dazu beigetragen, dass es im bundesstaatlichen Rechtsverhältnis keine dramatischen Zuspitzungen gegeben hat.[13] 720

Im Ausgangsfall hat das Land B die Pflicht zum bundesfreundlichen Verhalten verletzt. Die Pflichtwidrigkeit liegt nicht allein darin, dass die Kürzung der Ausgleichsmittel rechnerisch zu Lasten des Bundes geht; sie ist schon dadurch gegeben, dass das Land B die durch das FAG begründeten (Bundes-)Pflichten nicht vollständig erfüllt. Soweit Zweifel an der Verfassungsmäßigkeit des FAG bestehen, ist der richtige Weg die (abstrakte) Normenkontrolle vor dem BVerfG.[14] Selbsthilfe der hier geübten Art ist in einem Bundesstaat unzulässig. 721

III. Vorrang des Bundesrechts (Art. 31 GG)

Fall 61: Das am 1.1.1982 in Kraft getretene Staatshaftungsgesetz vom 26.6.1981 (BGBl. I, S. 553) regelte die Haftung für hoheitliches Handeln des Bundes und der Länder umfassend. Es wurde wegen fehlender Bundeskompetenz am 19.10.1982 vom BVerfG für nichtig erklärt (BVerfGE 61, 149). Welches Recht war zwischen dem 1.1. und dem 19.10.1982 anzuwenden, soweit Ansprüche wegen rechtswidrig-schuldlosem Handeln von Landesbehörden geltend gemacht wurden? 722

Der kürzeste Artikel des Grundgesetzes – »**Bundesrecht bricht Landesrecht**« – verspricht mehr, als er bei näherem Hinsehen zu halten vermag. Art. 31 GG schreibt nicht vor, dass Bundesrecht in jedem Fall dem Landesrecht vorgeht. Es wäre widersinnig, die Gesetzgebungskompetenzen zwischen Bund und Ländern zu verteilen, wenn der Bund mit der Rechtsfolge des Art. 31 GG auf die Gesetzgebungskompetenzen der Länder übergreifen könnte. Der Vorrang des Bundesrechts setzt voraus, dass dem Bund eine Gesetzgebungskompetenz eingeräumt ist. 723

Art. 31 GG ist mithin eine **Kollisionsnorm,** die anzuwenden ist, wenn **gültige** Bundes- und Landesgesetze nebeneinander stehen, aber einander widersprechen.[15] Sofern dem Bund für die betreffende Materie keine Kompetenz zukommt oder umgekehrt keine Landeszuständigkeit gegeben ist, handelt es sich nicht um gültige, sondern um (formell) **verfassungswidrige Gesetze,** die den Vorrang des Bundesrechts ausschließen. 724

10 Vgl. BVerfGE 8, 122 (138 f.); 56, 296 (322); vgl. auch *K. Stern,* Staatsrecht I, S. 702 f.
11 Vgl. oben Rn. 679.
12 So BVerfGE 12, 205 (255 ff.).
13 Vgl. *H. Bauer,* in: Dreier (Hrsg.), GG, Bd. II, Art. 20 (Bundesstaat), Rn. 39.
14 Vgl. BVerfGE 72, 330; 86, 148; 101, 158.
15 Vgl. BVerfGE 26, 116 (135); 36, 342 (363).

725 Im Ausgangsfall war das Staatshaftungsgesetz mangels Bundeskompetenz für den gesamten Bereich der (auch Länder und Gemeinden umfassenden) Staatshaftung nichtig.[16] Es konnte deshalb die landesrechtlichen Haftungsinstitute (enteignungsgleicher Eingriff) nicht über Art. 31 GG derogieren. Für die Zeit zwischen dem Inkrafttreten des Gesetzes und seiner Nichtigerklärung war deshalb das (richterrechtlich entwickelte) Institut des enteignungsgleichen Eingriffs (als Landesrecht) anzuwenden, weil Art. 31 GG nicht einschlägig war. Bei rechtswidrig schuldhaftem Handeln von Landesbehörden war Anspruchsgrundlage dagegen § 839 BGB/Art. 34 GG (Amtshaftungsanspruch). Inzwischen kommt dem Bund eine (konkurrierende) Gesetzgebungszuständigkeit für das gesamte Staatshaftungsrecht zu (Art. 74 Abs. 1 Nr. 25 GG), von der aber bezeichnenderweise noch kein Gebrauch gemacht worden ist.

726 Hauptsächlicher – wenngleich nicht unbestrittener[17] – Anwendungsfall des Art. 31 GG ist die Wahrnehmung einer konkurrierenden Gesetzgebungszuständigkeit durch den Bund, nachdem zunächst die Länder den betreffenden Gegenstand geregelt hatten.[18] Auch im Bereich der früheren Rahmengesetzgebungskompetenz des Bundes (Art. 75 GG a. F.) war es denkbar, dass Normenkollisionen durch Art. 31 GG bereinigt wurden. Das BVerfG hatte seinerzeit einen Widerspruch zwischen dem aufgrund des Art. 75 Abs. 1 S. 1 Nr. 3 GG a. F. erlassenen Bundesjagdgesetz und dem Niedersächsischen Landesjagdgesetz verneint.[19] Vertritt man die gegenteilige Auffassung, dass das LJagdG teilweise in Widerspruch zum BJagdG steht, würde ersteres insoweit durch das Bundesgesetz »gebrochen« – also derogiert werden. Diese Rechtsfolge wäre ohne Art. 31 GG nicht selbstverständlich (gewesen), weil (förmliche) Bundes- und Landesgesetze gleichrangig sind.

727 Art. 31 GG findet demgegenüber keine Anwendung, wenn die Länder von bundesgesetzlichen Regelungen abweichen können (Art. 72 Abs. 3 S. 1, 84 Abs. 1 S. 2 GG).[20] In diesen Fällen gilt der Vorrang der *lex posterior* (Art. 72 Abs. 3 S. 3, ggf. i. V. m. Art. 84 Abs. 1 S. 4 GG).

IV. Bundeszwang (Art. 37 GG)

728 Das Grundgesetz erlegt den Ländern eine Fülle von Pflichten auf, die sie dem Bund gegenüber zu erfüllen haben. Für den Fall, dass die Länder diesen Pflichten nicht nachkommen, ermächtigt Art. 37 GG den Bund, **Zwangsmaßnahmen** gegen die Länder zu ergreifen.

729 Der Bundeszwang steht in der Tradition der sog. »Reichsexekution« (Art. 19 RV, 48 Abs. 1 WRV), die unter bestimmten Voraussetzungen zum Einschreiten gegen ein Reichsland gegen dessen Willen ermächtigte.[21] Aus der Weimarer Epoche ist der sog. »Preußenschlag« bekannt, mit dem Reichskanzler *von Papen* die (sozialdemokratische) Staatsregierung Preußens absetzte.[22] Die Wurzeln des Bundes-

16 So BVerfGE 61, 149 (151).

17 Vgl. *K. Stern*, Staatsrecht I, S. 720 f.; *M. Gubelt*, in: v. Münch/Kunig (Hrsg.), GG, Bd. 1, Art. 31 Rn. 17 ff.

18 Vgl. *C. Pestalozza*, Thesen zur kompetenzrechtlichen Qualifikation von Gesetzen im Bundesstaat, DÖV 1972, S. 181 (190).

19 Vgl. BVerfGE 18, 305 (309).

20 So ausdrücklich Begründung, BT-Drucks. 16/813, S. 28.

21 Vgl. *E. R. Huber*, Deutsche Verfassungsgeschichte seit 1789, Bd. III, S. 1034 f.; Bd. VI, S. 731 ff.

22 Vgl. hierzu und zu anderen Fällen der Reichsexekution *E. R. Huber*, Deutsche Verfassungsgeschichte seit 1789, Bd. VI, S. 743.

zwangs reichen bis zum Deutschen Bund zurück. Ein Vorgehen gegen einzelne Mitgliedstaaten war nach der Wiener Schlussakte zulässig, wenn diese gegen Bundespflichten verstießen.[23]

Die Voraussetzungen des Bundeszwangs sind nach Art. 37 Abs. 1 GG: 730

- **Verletzung** von **Pflichten** nach dem Grundgesetz oder einem Bundesgesetz durch ein Land;
- **Beschluss** der **Bundesregierung;**
- **Zustimmung** des **Bundesrates.**

Die einzelnen Mittel des Bundeszwangs sind in Art. 37 GG nicht genannt, die 731
Ermächtigung ist vielmehr generalklauselartig und schließt alle »notwendigen Maßnahmen« ein.

Sie ähnelt damit **Art. 48** der Weimarer Reichsverfassung.[24] Der auf den ersten Blick 732
weite **Ermessensspielraum** des **Bundes** ist freilich nicht nur verfahrensrechtlich – durch das Zustimmungserfordernis –, sondern auch durch das materielle Recht begrenzt. Der Einsatz der Bundeswehr ist im Rahmen des Art. 37 GG nicht statthaft, weil nach Art. 87 a Abs. 2 GG die Streitkräfte nur eingesetzt werden dürfen, wenn das Grundgesetz dies ausdrücklich zulässt.[25] Darüber hinaus steht der Bundeszwang unter dem **Grundsatz der Verhältnismäßigkeit** (»notwendige Maßnahmen«). Das bedeutet nicht nur, dass das gewählte Mittel erforderlich sein muss, um den Zweck zu erfüllen; es muss sich auch zu dem angestrebten Ziel angemessen (proportional) verhalten. Im Streitfall kann das BVerfG angerufen werden, um über Maßnahmen des Bundeszwangs zu entscheiden.

Jenseits dieser Begrenzungen ist die Bundesregierung in der Wahl der Zwangsmittel 733
frei, sofern der Bundesrat zustimmt. In Betracht kommen Weisungen an das betreffende Land, die Entsendung von **Beauftragten** (»Kommissaren«), die ggf. an die Stelle der Landesorgane treten können.[26] Ebenso vorstellbar ist der Einsatz von Behörden anderer Länder für das betroffene Land.[27] Denkbar ist auch die zeitweilige oder endgültige Absetzung eines renitenten Landesparlaments und die Zuweisung dieser Aufgaben an ein anderes Landesparlament.[28]

Alle diese Mittel können jedoch nur eingesetzt werden, wenn sie sich als **erforderlich** 734
erweisen, also ein weniger einschneidendes Mittel keinen Erfolg verspricht. So muss das Land zunächst zur Erfüllung seiner Pflichten angehalten werden, ehe an die Einsetzung eines »Kommissars« gedacht werden kann. Auch die Ersatzvornahme ist nur verhältnismäßig, wenn andere Mittel versagen.

In Fall 60 (Kürzung von Ausgleichszahlungen) liegt fraglos eine Verletzung von Bundespflichten vor, 735
gegen die der Bund prinzipiell im Wege des Bundeszwangs vorgehen könnte. Als mildestes Mittel

23 Art. 31 WSA; vgl. dazu *E. R. Huber*, Deutsche Verfassungsgeschichte seit 1789, Bd. I, Nachdr. der 2. verb. Aufl., 1990, S. 634 f.

24 Art. 48 Abs. 1 WRV: »Wenn ein Land die ihm nach der Reichsverfassung oder den Reichsgesetzen obliegenden Pflichten nicht erfüllt, kann der Reichspräsident es dazu mit Hilfe der bewaffneten Macht anhalten.«

25 Für den Einsatz innerhalb der NATO und der UNO hat das BVerfG einen Parlamentsvorbehalt aus unterschiedlichen Bestimmungen des Grundgesetzes hergeleitet: vgl. oben Rn. 241 ff.

26 Vgl. *M. Gubelt*, in: v. Münch/Kunig (Hrsg.), GG, Bd. 1, Art. 37 Rn. 13.

27 Vgl. *K. Stern*, Staatsrecht I, S. 716 f.

28 Vgl. *K. Stern*, Staatsrecht I, S. 716 f.; a. A. *W. Höfling*, Das Institut der Parlamentsauflösung in den deutschen Landesverfassungen, DÖV 1982, S. 889 (893 f.).

käme die Weisung an die Landesregierung B in Betracht, die Ausgleichszahlungen im früheren Umfang wieder aufzunehmen. Erst wenn eine derartige Weisung nicht befolgt würde, wären andere Mittel in Erwägung zu ziehen.

736 Fälle des Bundeszwangs hat es in der Geschichte der Bundesrepublik bislang nicht gegeben. In normalen Zeiten werden die Voraussetzungen des Art. 37 GG auch kaum vorliegen. Überdies verhindert das BVerfG durch sein hohes Ansehen, dass es im Bund-Länder-Verhältnis zu nachhaltigen Friktionen kommt.

V. Moderne Gestaltungsformen bundesstaatlicher Zusammenarbeit

737 Die bisherigen Ausprägungen des Bundesstaatsprinzips ließen ein »entweder – oder« bei der Kompetenzverteilung erkennen: **Entweder** ist der Bund für eine Gesetzgebungsmaterie zuständig **oder** es sind die Länder; **entweder** besitzt der Bund eine Verwaltungskompetenz **oder** sie fällt den Ländern zu; **entweder** wird die Rechtsprechung vom Bund ausgeübt **oder** sie liegt bei den Ländern. Der Föderalismus hat in der Bundesrepublik daneben **Kooperationsformen** von Bund und Ländern bzw. der Länder untereinander entwickelt, die nur teilweise Aufnahme in die Verfassung gefunden haben, für die Staatspraxis aber ungemein bedeutsam sind. Sie bieten lebendige Anschauung dafür, dass der Bundesstaat trotz Trennung der beiden staatlichen Ebenen auf Zusammenarbeit angelegt ist.

1. Gemeinschaftsaufgaben, Verwaltungszusammenarbeit (Art. 91 a–e GG)

738 Als Gemeinschaftsaufgaben werden in Art. 91 a Abs. 1 GG die Verbesserung der regionalen Wirtschaftsstruktur sowie die Verbesserung der Agrarstruktur und des Küstenschutzes bezeichnet. Durch Bundesgesetz, das der Zustimmung des Bundesrates bedarf, werden die Gemeinschaftsaufgaben und die Einzelheiten der Koordinierung näher bestimmt (Art. 91 a Abs. 2 GG). In diesen Bereichen sind entsprechende Bundesgesetze ergangen, die die Gemeinschaftsaufgaben näher bestimmen und das Verfahren regeln.[29] Der gemeinsame Grundzug der Gemeinschaftsaufgaben besteht darin, dass der Bund an Rahmenplanung und Ausführung beteiligt ist und dafür zu einem wesentlichen Teil die Kosten trägt. Da den Ländern daran gelegen ist, die Kosten für Maßnahmen nach Art. 91 a Abs. 1 GG nicht allein zu tragen, ergibt sich eine Parallelität der Interessen von Bund und Ländern.

739 Der Ausbau und Neubau von Hochschulen einschließlich der Hochschulkliniken (Art. 91 a Abs. 1 Nr. 1 GG a. F.) ist als Gemeinschaftsaufgabe durch die Föderalismusreform abgeschafft worden. Das hierzu ergangene »Hochschulförderungsgesetz«[30] ist mit Ablauf des Jahres 2006 außer Kraft getreten (Art. 125 c Abs. 1 GG). Nach Art. 91 b Abs. 1 GG können Bund und Länder aufgrund von **Vereinbarungen** bei der Förderung von

29 Gesetz über die Gemeinschaftsaufgabe »Verbesserung der regionalen Wirtschaftsstruktur« v. 6.10.1969 (BGBl. I, S. 1861); Gesetz über die Gemeinschaftsaufgabe »Verbesserung der Agrarstruktur und des Küstenschutzes« v. 3.9.1969 (BGBl. I, S. 1573) i. d. F. der Bek. v. 21.7.1988 (BGBl. I, S. 1055).

30 Hochschulbauförderungsgesetz vom 1.9.1969 (BGBl. I, S. 1556).

- Einrichtungen und Vorhaben der wissenschaftlichen Forschung außerhalb von Hochschulen,
- Vorhaben der Wissenschaft und Forschung an Hochschulen und
- Forschungsbauten an Hochschulen einschließlich Großgeräten

zusammenwirken. Vereinbarungen über die Förderung von Wissenschaft und Forschung an Hochschulen bedürfen der Zustimmung aller Bundesländer (Art. 91 b Abs. 1 S. 2 GG).

Art. 91 a und b GG sind als Experimente des verfassungsändernden Gesetzgebers zu werten, die die an sie geknüpften Erwartungen nicht vollständig erfüllt haben.[31] Die Erfahrung mit derartigen Kooperationsformen nötigt zu einer Warnung vor der verbreiteten Annahme, schon in der Einräumung von Bundeskompetenzen die Lösung der entsprechenden Sachprobleme zu sehen. Die anhaltend prekäre Haushaltslage und Überschuldung des Bundes dürfte sich auf diesem Gebiet ohnehin als Korrektiv auswirken. Die Ersetzung des Gesetzes durch das flexiblere Instrument der Vereinbarung auf dem Gebiet der Wissenschaftsförderung darf allerdings als Fortschritt angesehen werden. **740**

Die stetig steigende Bedeutung moderner Informations- und Kommunikationstechnologien auch für die öffentliche Verwaltung (»E-Government«) macht eine stärkere Harmonisierung der verschiedenen informationstechnischen Systeme von Bund und Ländern erforderlich, damit Behörden effektiv mit anderen Behörden interagieren können. Zur Schaffung von Interoperabilität im IT-Bereich wurde deshalb mit Wirkung zum 1.8.2009 mit dem neu in das Grundgesetz eingefügten Art. 91 c[32] eine weitere fakultative Gemeinschaftsaufgabe geschaffen. Bund und Länder werden ermächtigt, bei der Planung, der Errichtung und dem Betrieb der für ihre Aufgabenerfüllung benötigten informationstechnischen Systeme zusammenzuwirken (Art. 91 c Abs. 1 GG) und die für die Kommunikation zwischen ihren Systemen notwendigen Standards und Sicherheitsanforderungen festzulegen (Art. 91 c Abs. 2 GG). Nach Absatz 4 errichtet der Bund zur Verbindung der informationstechnischen Netze des Bundes und der Länder ein Verbindungsnetz.[33] **740a**

Ebenfalls als neue fakultative Gemeinschaftsaufgabe eingefügt wurde Art. 91 d GG,[34] der es Bund und Ländern ermöglicht, zur Feststellung und Förderung der Leistungsfähigkeit ihrer Verwaltungen Vergleichsstudien durchzuführen und die Ergebnisse zu veröffentlichen. Ziel ist die Schaffung von Transparenz über »Leistungen, Qualität und Kosten der Verwaltung«, wodurch die Etablierung eines produktiven Qualitätswettbewerbs unter den Bundesländern gefördert werden soll.[35] **740b**

Gem. Art. 91 e Abs. 1 GG wirken Bund und Länder oder die nach Landesrecht zuständigen Gemeinden (Gemeindeverbände) auf dem Gebiet der Grundsicherung für Arbeitssuchende in der Regel in gemeinsamen Einrichtungen zusammen. Die mit **740c**

---

31 Krit. auch *W. Löwer,* in: v. Münch/Kunig (Hrsg.), GG, Bd. 1, Art. 28 Rn. 21; *H. Siekmann,* in: Sachs (Hrsg.), GG, Art. 91 a Rn. 6 ff.

32 Gesetz zur Änderung des Grundgesetzes v. 29.7.2009 (BGBl. I, S. 2248).

33 Einzelheiten bei *T. Siegel,* NVwZ 2009, S. 1128.

34 Gesetz zur Änderung des Grundgesetzes v. 29.7.2009 (BGBl. I, S. 2248).

35 Vgl. die Begründung des Gesetzentwurfs der Länder Baden-Württemberg und Bremen v. 24.3.2009, BR-Drucks. 262/09, S. 16.

dem 58. Änderungsgesetz zum Grundgesetz eingeführte Bestimmung war eine Reaktion auf ein Urteil des BVerfG, demzufolge die in § 44 b SGB II vorgesehenen Arbeitsgemeinschaften von Kommunen und Bundesagentur für Arbeit dem Grundsatz eigenverantwortlicher Aufgabenwahrnehmung widersprachen.[36] Nach Art. 91 e Abs. 2 GG ist es ebenfalls zulässig, dass Gemeinden diese Aufgaben allein wahrnehmen, sofern die oberste Landesbehörde zustimmt. Damit ist das ebenfalls im SGB II enthaltene „Optionsmodell" verfassungsrechtlich sanktioniert.

2. »Paktierender Föderalismus«

741 Auch jenseits der im Grundgesetz verfassten Gemeinschaftsaufgaben gibt es zahlreiche Kooperationsformen zwischen Bund und Ländern, die aus der Praxis geboren sind, sich in der Praxis bewährt haben, gleichwohl verfassungsrechtlich nicht immer leicht einzuordnen sind.[37] Der **»paktierende Föderalismus«** ist solange unbedenklich, als dem Bund auf diesem Wege nicht weitere Ingerenzrechte eingeräumt werden. Die vielberufenen »Sachzwänge« sollten nicht überbewertet werden, weil die Einflussnahme des Bundes nicht notwendig zu sachlich besseren Ergebnissen führt.[38]

3. Selbstkoordination der Länder

742 Erhebliche Bedeutung hat in der Staatspraxis die **Selbstkoordination der Länder** erhalten. Nicht überall, wo es einer länderübergreifenden Zusammenarbeit bedarf, muss der Bund eingeschaltet werden. Eine näherliegende Möglichkeit ist, dass die Länder von sich aus zusammenwirken und hierüber Vereinbarungen treffen.

743 Beispiele für derartige Vereinbarungen gibt es in reicher Zahl. Die »Ständige Konferenz der Kultusminister« (KMK) hat sich als Forum der Länderkoordination bewährt.[39] Aufgrund eines zwischen den Ländern abgeschlossenen Staatsvertrages ist auch die »Zentrale Vergabestelle für Studienplätze« (ZVS) geschaffen worden.[40] Das Zweite Deutsche Fernsehen ist ebenfalls eine gemeinsame Einrichtung der Bundesländer und somit eine Erscheinungsform der Selbstkoordination der Länder.[41]

744 Die genannten Beispiele zeigen, dass der Ruf nach neuen Bundeskompetenzen keineswegs schon dann berechtigt ist, wenn sich eine Angelegenheit als länderübergreifend darstellt. Die Länder haben vielmehr die Möglichkeit, eigene **Koordinationsformen** zu entwickeln, die eine Einflussnahme des Bundes überflüssig machen. In der Staatspraxis zeigt sich überdies, dass der sich hier anbietende Formenreichtum des Bundesstaates bei weitem nicht ausgeschöpft ist.

745 Das Bundesstaatsprinzip hat sich in der Bundesrepublik Deutschland ohne Frage bewährt, und man spricht mit Recht von einem **»stabilen« Föderalismus.**[42] Die – auch vom BVerfG unterstützte – unitarische Tendenz ist freilich unübersehbar. Sie wird nur teilweise durch die wachsenden Zustimmungsbefugnisse des Bundesrates

36 So BVerfGE 119, 331.
37 Vgl. zu den Formen der Kooperation zwischen Bund und Ländern *W. Rudolf,* in: Isensee/Kirchhof (Hrsg.), HdStR VI, § 141 Rn. 31 ff.
38 Vgl. *W. Rudolf,* in: Isensee/Kirchhof (Hrsg.), HdStR VI, § 141 Rn. 18; *H. Maurer,* Staatsrecht, § 10 Rn. 55 f.
39 Vgl. *H. Maurer,* Staatsrecht, § 10 Rn. 59.
40 Vgl. Staatsvertrag über die Vergabe von Studienplätzen v. 7.6.2007 (Nds. GVBl. 2007, S. 200).
41 Vgl. ZDF-Staatsvertrag i. d. F. v. 31.8.1991 (Nds. GVBl. 1991, S. 311).
42 Vgl. dazu *K. Stern,* Staatsrecht I, S. 663 m. w. N.

kompensiert. Gemessen an den Gesetzgebungs- und Verwaltungskompetenzen hat die Eigenständigkeit der Länder stetig abgenommen. Mitbestimmend hierfür war, dass der Bund sich vielfach finanziell engagierte und die Länder derartigen Verlockungen nicht widerstanden haben. Verfassungsrechtlich stellt sich die Frage, wo die Grenze erreicht ist, jenseits derer das Bundesstaatsprinzip selbst berührt ist (Art. 79 Abs. 3 GG).

VI. Zum Vergleich: Die Europäische Union

Obwohl die Europäische Union kein Bundesstaat, sondern nur ein Staatenverbund **746**
ist, ergeben sich im Verhältnis von Union und Mitgliedstaaten Probleme, die dem bundesstaatlichen Aufbau vergleichbar sind. Nach Art. 4 Abs. 3 EUV achten und unterstützen sich die Union und die Mitgliedsstaaten nach dem Grundsatz der loyalen Zusammenarbeit gegenseitig bei der Erfüllung der Aufgaben, die sich aus den Verträgen ergeben. Die Mitgliedstaaten ergreifen alle geeigneten Maßnahmen allgemeiner oder besonderer Art zur Erfüllung der Verpflichtungen, die sich aus den Verträgen oder den Handlungen der Organe der Union ergeben. Die Mitgliedstaaten unterstützen die Union bei der Erfüllung ihrer Aufgabe und unterlassen alle Maßnahmen, welche die Verwirklichung der Ziele der Union gefährden könnten. Mit diesen Vorschriften werden die Mitgliedstaaten zur Unionstreue verpflichtet, die im EUV im Vergleich zur Vorgängernorm des Art. 10 EGV noch deutlicher herausgestellt wird.[43]

VII. Rechtsprechung

BVerfGE 1, 117 (Horizontaler Finanzausgleich); **E** 6, 309 (Reichskonkordat); **E** 8, 122 (Volksbefragungsurteil); **E** 12, 205 (Deutschland-Fernsehen); **E** 13, 54 (Neugliederungsurteil); **E** 36, 342 (Beamtenbesoldung); **E** 39, 96 (Städtebauförderungsgesetz); **E** 72, 330; **E** 86, 148 (Länderfinanzausgleich); **E** 98, 218 (Rechtschreibreform); **E** 101, 158 (Länderfinanzausgleich); **E** 116, 327 (Finanzhilfe Berlin); **E** 127, 165 (Konjunkturpaket II, Zukunftsinvestitionsgesetz). **747**

VIII. Literatur

H. Bauer, Die Bundestreue, 1992; *A. Bleckmann,* Zum Rechtsinstitut der Bundestreue – Zur Theorie der subjektiven Rechte im Bundesstaat, JZ 1991, S. 900; *M. Brenner,* Der unitarische Bundesstaat in der Europäischen Union, DÖV 1992, S. 903; *H.-U. Erichsen,* Bund und Länder im Bundesstaat des Grundgesetzes, Jura 1986, S. 337; *J. A. Frowein,* Gemeinschaftsaufgaben im Bundesstaat, VVDStRL 31 (1973), S. 13; *R. Grawert,* Zusammenarbeit und Steuerung im Bundesstaat, Der Staat 14 (1975), S. 229; *U. Häde,* Die Ergebnisse der zweiten Stufe der Föderalismusreform, AöR 135 (2010), S. 541; *H.-G. Henneke,* Länderfinanzausgleich und Maßstäbegesetz, Jura 2001, S. 767; *K. Hesse,* Der unitarische Bundesstaat, 1962; *G. Kisker,* Kooperation im Bundesstaat, 1971; *H. Laufer/U. Muench,* Das föderative System der Bundesrepublik Deutschland, 1998; *I. v. Münch,* Gemeinschaftsaufgaben im Bundesstaat, VVDStRL 31 (1973), S. 51; *F. Ossenbühl,* Föderalismus nach 40 Jahren Grundgesetz, DVBl. 1989, S. 1230; *H. H. Rupp,* Länderfinanzausgleich – Verfassungsrechtliche und verfassungs- **748**

43 Vgl. zu Art. 10 EGV *A. Bleckmann,* Europarecht, 6. Aufl. 1997, Rn. 697 ff.; skeptisch *R. Streinz,* Europarecht, Rn. 169.

prozessuale Aspekte des Urteils des BVerfG vom 11.11.1999, JZ 2000, S. 269; *H.-P. Schneider,* Die bundesstaatliche Ordnung im vereinigten Deutschland, NJW 1991, S. 2448; *M. Seckelmann,* »Renaissance« der Gemeinschaftsaufgaben in der Föderalismusreform II?, DÖV 2009, S. 747; *T. Siegel,* IT im Grundgesetz, NVwZ 2009, S. 1128; *K. Stern,* Revitalisierung der bundesstaatlichen Ordnung im europäischen Kontext, NdsVBl. 2004, S. 321.

D. Der Rechtsstaat

Die dogmatische Bedeutung des **Rechtsstaatsprinzips,** das ausdrücklich nur in Art. 28 Abs. 1 S. 1 GG genannt wird, aber schon in Art. 20 Abs. 3 GG niedergelegt ist, besteht in erster Linie darin, die rechtsstaatlichen Institute des Grundgesetzes zusammenzufassen und auf einen Begriff zu bringen. Ähnlich wie das Bundesstaatsprinzip in Art. 20 Abs. 1 GG keinen beliebigen, sondern den durch das Grundgesetz verfassten Bundesstaat meint, ist das Rechtsstaatsprinzip kein abstrakter, verschiedenartiger Konkretisierung zugänglicher Rechtsgrundsatz, sondern eine **zusammenfassende** strukturelle **Festlegung.** 749

Aus dieser Sicht ist der Streit um den »formalen« oder »materialen« Rechtsstaatsbegriff in die Staatstheorie zu verweisen. Offenkundig ist, dass die **unmittelbare** – also nicht erst durch den Gesetzgeber vermittelte – **Geltung** der **Grundrechte** (Art. 1 Abs. 3 GG) die **Bindung** aller Staatsorgane an **Gesetz** und **Recht** (Art. 20 Abs. 3 GG) material determiniert. Durch das Grundgesetz wird folglich ein Rechtsstaat konzipiert, in dem sich rechtsstaatliche Verfahren und Verfahrensgarantien mit materialen **Gerechtigkeitsgehalten** verbinden. Ob die dichotomische Fragestellung – formaler *oder* materialer Rechtsstaat – die Realität eines Staates überhaupt treffen kann, bleibe dahingestellt. 750

Das Rechtsstaatsprinzip ist trotz seines zusammenfassenden Charakters mehr als die Summe seiner Teile. Das materiale Element nämlich – die **Gerechtigkeit** – besteht nicht ein für allemal, sondern muss »täglich erobert« werden. Rechtsstaatlichkeit ist deshalb – und diese Eigenart teilt sie mit den übrigen Strukturprinzipien des Art. 20 GG – zugleich **Zustand** und **Staatsziel.** 751

Im folgenden Abschnitt werden die wichtigsten Institute und Verfahren, über deren Zuordnung zum Rechtsstaatsprinzip im Schrifttum Einigkeit herrscht, dargestellt. In diesen Zusammenhang gehört auch das Bundesverfassungsgericht, das zwar Verbindung zu jedem Strukturprinzip des Grundgesetzes aufweist, gleichwohl die entscheidende **rechtsstaatliche** – nämlich den Vorrang der Verfassung sichernde – **Institution** des Grundgesetzes darstellt. 752

§ 14 Trennung und Zuordnung der Staatsfunktionen

753 In dem 1748 erschienen Buch des französischen Grafen *Charles de Montesquieu* »De l'Esprit des Lois« (Vom Geist der Gesetze) heißt es in dem Kapitel über die Verfassung Englands:

»Es gibt in jedem Staat drei Arten von Vollmacht: Die legislative Befugnis, die exekutive Befugnis in Sachen, die vom Völkerrecht abhängen, und die exekutive Befugnis in Sachen, die vom Zivilrecht abhängen.
Auf Grund der ersteren schafft der Herrscher oder Magistrat Gesetze auf Zeit oder für die Dauer, ändert geltende Gesetze oder schafft sie ab. Aufgrund der zweiten stiftet er Frieden oder Krieg, sendet oder empfängt Botschaften, stellt die Sicherheit her, sorgt gegen Einfälle vor. Aufgrund der dritten bestraft er Verbrechen oder sitzt zu Gericht über die Streitfälle der einzelnen Personen. Diese letztere soll richterliche Befugnis heißen, und die andere schlechtweg exekutive Befugnis des Staates.
Politische Freiheit für jeden Bürger ist jene geistige Beruhigung, die aus der Überzeugung hervorgeht, die jedermann von seiner Sicherheit hat. Damit man diese Freiheit genieße, muß die Regierung so beschaffen sein, daß kein Bürger einen anderen zu fürchten braucht.
Sobald in ein und derselben Person oder derselben Beamtenschaft die legislative Befugnis mit der exekutiven verbunden ist, gibt es keine Freiheit. Es wäre nämlich zu befürchten, daß derselbe Monarch oder derselbe Senat tyrannische Gesetze erließe und dann tyrannisch durchführte.
Freiheit gibt es auch nicht, wenn die richterliche Befugnis nicht von der legislativen und von der exekutiven Befugnis geschieden ist. Die Macht über Leben und Freiheit der Bürger würde unumschränkt sein, wenn jene mit der legislativen Befugnis gekoppelt wäre, denn der Richter wäre Gesetzgeber. Der Richter hätte die Zwangsgewalt eines Unterdrückers, wenn jene mit der exekutiven Gewalt gekoppelt wäre.
Alles wäre verloren, wenn ein und derselbe Mann bzw. die gleiche Körperschaft entweder der Mächtigsten oder der Adeligen oder des Volkes folgende drei Machtvollkommenheiten ausübte: Gesetze erlassen, öffentliche Beschlüsse in die Tat umsetzen, Verbrechen und private Streitfälle aburteilen.«[1]

754 *Montesquieu* hat die Gewaltenteilung also nicht als Idee entwickelt oder zur Durchführung empfohlen; er betrieb vielmehr das, was man heute »vergleichende Regimelehre« nennt. *Montesquieu* prüfte die Staaten Europas auf das von ihnen verwirklichte Maß an Gewaltenteilung und gelangte zum Schluss, dass überall dort, wo dieser Grundsatz nicht verwirklicht sei, Despotismus herrsche und es um die Freiheit des Bürgers schlecht bestellt sei. Seine These lässt sich dahin zusammenfassen, dass die Gewaltenteilung eine notwendige Bedingung bürgerlicher Freiheit darstellt. *Montesquieus* Analyse hilft uns auch heute noch beim Verständnis des mit »Gewaltenteilung« eher unscharf bezeichneten Strukturmerkmals moderner Staaten.

I. Trennung der Staatsfunktionen

755 Ausgangspunkt zum Verständnis des Gewaltenteilungsprinzips müssen die materiellen Staatsfunktionen sein oder – wie *Konrad Hesse* sie nennt – die »Grundtypen« staatlicher Aufgabenerfüllung.[2] Als solche bezeichnet *Montesquieu* die Gesetzgebung, die exekutive und die richterliche »Gewalt«. Gemeint ist hiermit – und diese Beobachtung behält bis heute ihre Gültigkeit –, dass sich diese Funktionen des Staates grundsätzlich voneinander unterscheiden. Zwar stand bei der exekutiven Befugnis für

1 Dt. Übersetzung von *K. Weigand,* 1965, S. 212 f.; ein Überblick über die historische Entwicklung der »Gewaltenteilung« gibt *G.-C. v. Unruh,* JA 1990, S. 290.
2 *K. Hesse,* Grundzüge, Rn. 487.

Montesquieu vor allem die Pflege der Beziehung zu auswärtigen Staaten – nach heutigem Sprachgebrauch also die »Auswärtige Gewalt«[3] – und die Kriegsführung im Vordergrund. Der moderne Sozialstaat hat demgegenüber sein Aufgabenfeld verlagert und zugleich beträchtlich erweitert; gleichwohl lässt sich auch hier von einer besonderen Funktion der »Vollziehung« sprechen. »Staatsfunktionen« sind also begrifflich die Formen, in denen der Staat seine **Aufgaben** erfüllt.[4]

1. Gesetzgebung (Rechtsetzung)

Die **Gesetzgebung** besteht aus der **Aufstellung genereller Regeln,** die für Bürger und Behörden ein *Sollen* enthalten. Normen beschreiben nicht gegenwärtige oder zukünftige Zustände, sondern schreiben etwas *vor,* richten also Gebote oder Verbote an Bürger und rechtsanwendende Instanzen.[5] Ihre Eigenart ist, generell zu sein, sich also an eine unbestimmte Zahl von Bürgern zu richten und darüber hinaus zeitlich und örtlich nicht festgelegt zu sein.[6] Es gibt zwar Normen, die nur einen bestimmten Fall betreffen – »Einzelfallgesetze«[7] –, gleichwohl sind es *Normen,* sofern ihre sprachliche Fassung sich nicht auf den Einzelfall beschränkt. Für die Normqualität ist es gleichgültig, ob das Gebot oder Verbot vom Parlament ausgesprochen wird (förmliches Gesetz oder »Parlamentsgesetz«) oder von der hierzu ermächtigten Verwaltung (Verordnung). Die rechtstheoretische Struktur ist in beiden Fällen die gleiche, so dass man besser den Begriff der »Gesetzgebung« für die hier in Rede stehende Staatsfunktion vermeidet und von **»Rechtsetzung«** oder **»Normgebung«** spricht.[8] **756**

2. Vollziehung

Unter »vollziehender Gewalt« (Art. 20 Abs. 2 und 3 GG) versteht man **Regierung** und **Verwaltung.**[9] Der Begriff ist also bewusst weiter gewählt als der der »Verwaltung«, gibt aber nicht wieder, dass diese Funktion keineswegs nur darin besteht, zu vollziehen, was andernorts festgelegt ist, sondern alles **staatliche Handeln** umfasst, das nicht Gesetzgebung oder Rechtsprechung ist.[10] Typischerweise besteht exekutivisches Handeln in der **Einzelentscheidung,** durch die Normen konkretisiert werden; doch ist auch alles andere – schlichte – exekutivische Handeln der »Vollziehung« zuzuordnen.[11] **757**

3. Rechtsprechung

Rechtsprechung ist die durch einen unbeteiligten (und unabhängigen) Dritten am Maßstab des Rechts in einem förmlichen Verfahren getroffene **Rechtsentscheidung.**[12] **758**

---

3 Vgl. unten Rn. 1074 ff.
4 Vgl. hierzu *K. Stern,* Staatsrecht II, S. 521 ff. m. w. N.
5 Vgl. *B. Rüthers/C. Fischer/A. Birk,* Rechtstheorie, 6. Aufl. 2011, Rn. 92 ff.
6 Vgl. *K. F. Röhl/H. C. Röhl,* Allgemeine Rechtslehre, 3. Aufl. 2008, S. 126 f., 196 ff.
7 Vgl. hierzu BVerfGE 25, 371 (398), das auch die Regelung von Einzelfällen durch Gesetz für grundsätzlich zulässig hält. Derartige, auf Einzelfälle beschränkte gesetzliche Regelungen, sind Einzelakte in Gesetzesform, aber keine *Normen.*
8 Vgl. *K. Stern,* Staatsrecht II, S. 560 ff.
9 Vgl. hierzu *K. Hesse,* Grundzüge, Rn. 530 ff.
10 Vgl. *J. Ipsen,* Allgemeines Verwaltungsrecht, 8. Aufl. 2012, Rn. 46 ff.
11 Vgl. *J. Ipsen,* Allgemeines Verwaltungsrecht, Rn. 285 ff.
12 Vgl. *K. Hesse,* Grundzüge, Rn. 547 ff.

Jedes dieser Definitionsmerkmale erfüllt eine besondere Abgrenzungsaufgabe. Streitentscheidung allein bedeutet noch nicht, dass es sich um Rechtsprechung handelt. Auch der Ausgleich von Interessen im Verwaltungsverfahren kann sich als Streitentscheidung darstellen. Hinzutreten müssen das förmliche Verfahren sowie die Neutralität und Unabhängigkeit des Entscheidenden.[13]

II. Konstituierung »besonderer« Organe

759 Mit der Kennzeichnung unterschiedlicher Staatsfunktionen wären wir über *Montesquieus* Analyse kaum hinausgekommen, denn die Differenzierung zwischen Gesetzgebung, »exekutiver« und »richterlicher« Befugnis war sein Ausgangspunkt. Entscheidend ist deshalb für die Sicherung bürgerlicher Freiheit, **welche Organe** diese Funktionen wahrnehmen.

760 Nach Art. 20 Abs. 2 S. 2 GG wird die Staatsgewalt »durch besondere Organe der Gesetzgebung, der vollziehenden Gewalt und der Rechtsprechung ausgeübt«. Das Grundgesetz schreibt also vor, dass die Staatsfunktionen von **unterschiedlichen** Organen wahrgenommen werden müssen. Damit ist eine **sachliche Funktionentrennung** erreicht, die den ihr zugedachten freiheitssichernden Zweck aber nur erreichen kann, wenn ihr eine **personelle Funktionentrennung** zur Seite gestellt wird. Anderenfalls bestünde die Gefahr, dass die unterschiedlichen Organe mit den gleichen **Organwaltern** besetzt werden, letztlich also die gleichen Amtswalter die Gesetze erlassen und ausführen. Die in Art. 20 Abs. 2 S. 2 GG vorgeschriebenen »besonderen« Organe entsprechen dem Grundsatz der Funktionentrennung deshalb nur, wenn sie sachlich und personell von den anderen getrennt sind.[14]

761 Das Rechtsinstitut, das die personelle Funktionentrennung sichern soll, wird als **»Inkompatibilität«** bezeichnet. Zwischen der Zugehörigkeit zur Legislative und zur vollziehenden Gewalt besteht zwar eine weitgehende, aber nicht absolute Inkompatibilität. Der Bundespräsident darf keiner gesetzgebenden Körperschaft angehören (Art. 55 Abs. 1 GG). Der Beamten-(Soldaten-)Status und die Mitgliedschaft im Bundestag sind ebenfalls unvereinbar (§§ 5 und 8 AbgG[15]). Gleiches gilt für Angestellte des öffentlichen Dienstes (§ 8 Abs. 3 AbgG). Nicht unvereinbar sind hingegen das Amt des Bundeskanzlers oder eines Bundesministers und die Mitgliedschaft im Bundestag.

762 Die in §§ 5 und 8 AbgG vorgesehene Inkompatibilität lässt sich nicht allein aus einer konsequenten Durchführung des Prinzips der Funktionentrennung erklären. Es sollen auch Konfliktsituationen vermieden werden, in die ein Abgeordneter geriete, der als Beamter den Weisungen seiner Vorgesetzten unterliegt. Die fehlende Inkompatibilität zwischen dem Amt des Bundeskanzlers bzw. dem Ministeramt und dem Parlamentsmandat zeigt überdies, dass eine Gegenüberstellung von Parlament und Regierung überholtem Verfassungsdenken entspringt. Regierung und Parlamentsmehrheit stehen heute als »Staatsleitung« der Opposition gegenüber.[16]

13 Vgl. *K. Hesse,* Grundzüge, Rn. 530 f.; *H. Maurer,* Staatsrecht, § 19 Rn. 3 ff.
14 Vgl. *H. Schulze-Fielitz,* in: Dreier (Hrsg.), GG, Bd. II, Art. 20 (Rechtsstaat) Rn. 69.
15 *Sartorius* I Nr. 48 = *Nomos ÖffR* Nr. 9 a.
16 Vgl. hierzu *K. Stern,* Staatsrecht I, S. 1032 ff.; BVerfGE 102, 224 (236): »Regierung und die sie unterstützende Parlamentsmehrheit bilden gegenüber der Opposition politisch eine Einheit.«

Die personelle Trennung zwischen Legislative und Rechtsprechung ist lückenlos. **763** Nach §§ 8 Abs. 1, 5 Abs. 1 AbgG ruhen die Rechte eines Richters, der ins Parlament gewählt wird. Umgekehrt verliert ein Abgeordneter sein Mandat, wenn er zum Richter am BVerfG gewählt wird (§ 3 Abs. 3 BVerfGG[17]). Inkompatibilitätsvorschriften gibt es auch für das Verhältnis von rechtsprechender und vollziehender Gewalt. Nach § 4 DRiG[18] darf ein Richter nicht zugleich Aufgaben beider Staatsfunktionen wahrnehmen.

Bislang lässt sich das Fazit ziehen, dass aufgrund des Art. 20 Abs. 2 S. 2 GG die **764** verschiedenen Staatsfunktionen unterschiedlichen Organen zugewiesen sind, zwischen denen im Wesentlichen Inkompatibilität besteht, so dass die Funktionentrennung nicht nur in sachlicher, sondern auch in personeller Hinsicht gewährleistet ist.

III. Zuweisung der Funktionen an die verschiedenen Staatsorgane

Die »Gewaltenteilung« wäre idealtypisch, wenn die drei Staatsfunktionen den jeweili- **765** gen »besonderen« Organen in der Weise zugewiesen wären, dass für die **Rechtsetzung** ausschließlich die **Parlamente,** für die **Vollziehung** nur **Regierung** und **Verwaltung,** für die **Rechtsprechung** ausnahmslos die **Gerichte** zuständig wären. Der Zuständigkeitsbereich der Organe würde sich dann mit der jeweiligen materiellen Staatsfunktion decken.

Die Zuständigkeiten der Staatsorgane beschränken sich nicht notwendig auf die ihnen **766** entsprechende materielle Staatsfunktion, sondern reichen in andere hinüber. Die Rechtsetzung zum Beispiel wird nicht allein von den Parlamenten ausgeübt, sondern ist als Verordnungsgebung Aufgabe auch der Exekutive. Gerichten obliegen außer der Rechtsprechungstätigkeit auch unterschiedliche exekutivische Aufgaben.[19] Das Parlament schließlich übt eine Reihe von Regierungsfunktionen aus.[20]

Die Überschneidungen von Organ und Funktion werden vom BVerfG insoweit für **767** verfassungsmäßig gehalten, als eine Gewalt nicht in den »Kernbereich« der anderen übergreift.[21] Welches der Kernbereich ist, lässt sich nicht leicht beantworten. Eine glatte Formel hat sich bislang nicht gefunden.[22] Der Kernbereich ist dahin umschrieben worden, dass seine Verletzung ein Übergewicht der einen über die anderen Gewalten bedeuten würde.[23] Dies ist freilich nur der eine Aspekt; die Funktionentrennung gewährleistet zudem eine spezifische Rationalität staatlicher Aufgabenerfüllung.[24] Neben der Rationalität spielt der Gesichtspunkt demokratischer Legitimation eine Rolle. Obwohl alle Staatsgewalt vom Volke ausgeht (Art. 20 Abs. 2 S. 1 GG),

17 *Sartorius* I Nr. 40 = *Nomos ÖffR* Nr. 8.

18 *Schönfelder* (Ergänzungsband) Nr. 97 = *Nomos ZivilR* Nr. 31.

19 Vgl. etwa die Aufgaben des Registergerichts (§§ 8 ff. HGB) und Grundbuchamts (§§ 1 ff. GBO); vgl. ferner *H. Schulze-Fielitz,* in: Dreier (Hrsg.), GG, Bd. II, Art. 20 (Rechtsstaat) Rn. 75; *K.-P. Sommermann,* in: v. Mangoldt/Klein/Starck, GG, Bd. 2, Art. 20 Rn. 211.

20 Grundlegend *W. Mößle,* Regierungsfunktionen des Parlaments, 1986.

21 Vgl. BVerfGE 9, 268 (280); 95, 1 (15).

22 Vgl. *K. Stern,* Staatsrecht II, S. 542.

23 Vgl. BVerfGE 9, 268 (279); 95, 1 (15); vgl. auch BVerfGE 49, 89 (125 f.); *K. Stern,* Staatsrecht II, S. 542; krit. zur »Kernbereichsthese« *N. Achterberg,* Probleme der Funktionenlehre, S. 189 f.

24 Vgl. *K. Hesse,* Grundzüge, Rn. 494; *K. Stern,* Staatsrecht II, S. 525.

sind die verschiedenen Staatsorgane in unterschiedlicher Weise demokratisch legitimiert. Auch hieraus lassen sich Rückschlüsse ziehen.[25]

768 Da das Prinzip der **Funktionentrennung** im Grundgesetz selbst angelegt und jede Funktion verfassungsrechtlich legitimiert ist, lässt sich aus dem Demokratieprinzip kein »allumfassender Parlamentsvorbehalt« ableiten.[26] Das BVerfG hat jedoch in Gestalt der »**Wesentlichkeitstheorie**« einen Parlamentsvorbehalt entwickelt, der ein Ausgreifen exekutivischer Regelungsbefugnisse verhindern soll.[27] Grundlegende, für das Gemeinwohl wichtige – und regelmäßig grundrechtsberührende – Fragen muss das Parlament selbst regeln. Im parlamentarischen Gesetzgebungsverfahren ist Öffentlichkeit und Einflussnahme gewährleistet, die der Verwaltungsentscheidung – wie dem Gerichtsurteil – fremd sind.[28] Der Parlamentsvorbehalt stellt deshalb ein wichtiges Institut zur Sicherung der im Grundgesetz vorgesehen Verfahren dar. Ließen sich – wegen Untätigkeit des Gesetzgebers – die Zuständigkeiten beliebig vertauschen, so würden auch die im Grundgesetz vorgesehenen Verfahren ihre Bedeutung verlieren.

IV. Einrichtung von Kontrollen

769 Das Bild der Trennung und Zuordnung der Staatsfunktionen bliebe unvollständig, vernachlässigte man ihre wechselseitige Kontrolle. Die Kontrolle von Regierung und Verwaltung ist im parlamentarischen Regierungssystem eine essentielle Aufgabe des Parlaments. Als Kontrollinstrumente dienen die bekannten parlamentarischen Institute von der mündlichen Frage bis zur Einrichtung eines Untersuchungsausschusses.[29] In der Staatspraxis ist allerdings die Kontrolle der Verwaltung durch die Rechtsprechung von größerer Bedeutung, denn alles Verwaltungshandeln unterliegt richterlicher Nachprüfung,[30] gleichgültig, ob diese durch die allgemeinen Verwaltungsgerichte oder andere Gerichte vorgenommen wird.

770 Auch die Gesetzgebungsorgane unterliegen einer begrenzten Kontrolle durch die Rechtsprechung. Das vom Grundgesetz vorausgesetzte richterliche Prüfungsrecht ermächtigt den Richter, jedes von ihm anzuwendende Gesetz auf seine Verfassungsmäßigkeit zu überprüfen.[31] Gelangt er zur Auffassung, dass ein entscheidungserhebliches Gesetz gegen das Grundgesetz verstößt, so ist er verpflichtet, es dem BVerfG zur Entscheidung vorzulegen (Art. 100 Abs. 1 GG).

771 Umgekehrt gibt es eine gewisse Kontrolle der Rechtsprechung durch die Parlamente. Soweit nämlich die Gerichte zu Ergebnissen gelangen, die der Gesetzgeber missbilligt, kann durch Gesetzeskorrektur eine Änderung der Rechtslage herbeigeführt werden.[32]

25 Vgl. *J. Ipsen*, Richterrecht und Verfassung, S. 196 ff.
26 Vgl. BVerfGE 49, 89 (125 f.); 68, 1 (87).
27 Vgl. BVerfGE 40, 237 (248 ff.); 84, 212 (226); 88, 103 (116); vgl. zum Ganzen *J. Ipsen*, DVBl. 1984, S. 1105; *K. Stern*, Staatsrecht I, S. 811 ff.
28 Dazu *J. Ipsen*, Richterrecht und Verfassung, S. 138 ff.
29 Vgl. oben Rn. 204 ff.
30 Vgl. unten Rn. 809 ff.
31 Vgl. unten Rn. 930 ff.
32 Vgl. *H. Maurer*, Staatsrecht, § 12 Rn. 15.

V. Gewaltenteilung in der Europäischen Union

Die Werte, auf die sich die Europäische Union gründet, sind die Achtung der Menschenwürde, Freiheit, Demokratie, Gleichheit, Rechtsstaatlichkeit und die Wahrung der Menschenrechte (Art. 2 EUV). An diese Grundsätze werden auch alle deutschen Staatsorgane bei der Verwirklichung eines vereinten Europas gebunden (Art. 23 Abs. 1 S. 1 GG). Zur Rechtsstaatlichkeit gehört untrennbar auch der Grundsatz der Gewaltenteilung.[33] Allerdings hat die Europäische Union noch zu keiner Form der Gewaltenteilung – Trennung und Zuordnung von Funktionen – gefunden, die den Verfassungen der Mitgliedstaaten vergleichbar wäre. Es bleibt vielmehr bei einer spezifisch **unionsrechtlichen Funktionsordnung.** Der Grund hierfür liegt in erster Linie in dem Umstand, dass das Europäische Parlament – auch nach Inkrafttreten des Reformvertrags – keine den staatlichen Parlamenten vergleichbaren umfassenden Gesetzgebungs- und Kontrollbefugnisse besitzt.[34] Da der Rat – und durch ihn die Mitgliedstaaten – die Union gegenwärtig noch immer dominiert, kann auch von einem System der »checks and balances«, das der Gewaltenteilung ebenfalls eigen ist, bislang nicht wirklich die Rede sein.[35] Die Gerichtsbarkeit der Union (EuGH, EuG, Fachgerichte) entspricht allerdings in vollem Umfang den Anforderungen des Gewaltenteilungsprinzips.[36] Auch die Kommission zeigt die für eine Exekutive typischen Kennzeichen und Zuständigkeiten. 772

Dass die Funktionsordnung innerhalb der Union dem klassischen Gewaltenteilungsprinzip nicht entspricht, ist auf ihre **mangelnde Staatsqualität** zurückzuführen und wird sich vermutlich erst ändern, wenn die Europäische Union zu einem **Bundesstaat** zusammengewachsen ist. Solange nämlich die »Unionsgewalt« nicht unmittelbar auf ein europäisches Volk zurückzuführen ist, sondern durch die Mitgliedstaaten legitimiert wird, stehen der zentralen Stellung des Parlaments strukturelle Hemmnisse im Wege. Nicht ausgeschlossen ist allerdings, dem Demokratieprinzip dadurch eine stärkere Betonung zu geben, dass dem Europäischen Parlament weitere Rechtsetzungs- und Kontrollbefugnisse eingeräumt werden, wie es durch den Vertrag von Lissabon auch geschehen ist. 773

33 Vgl. *H. Schulze-Fielitz,* in: Dreier (Hrsg.), GG, Bd. II, Art. 20 (Rechtsstaat) Rn. 39.
34 Vgl. oben Rn. 412.
35 A. A. *T. Oppermann/C. D. Classen/M. Nettesheim,* Europarecht, § 5 Rn. 15 ff.
36 Vgl. unten Rn. 868 f.

VI. Übersicht: Trennung und Zuordnung der Staatsfunktionen

774

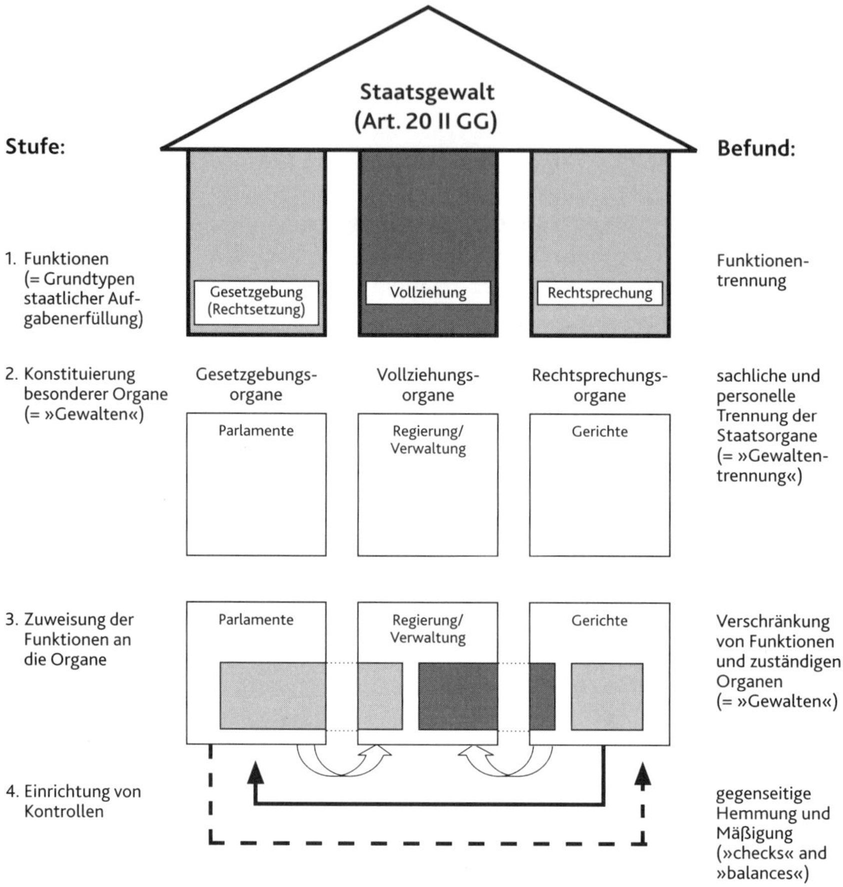

VII. Rechtsprechung

775 **BVerfGE** 18, 172 (Inkompatibilität von Amt und Mandat); **E** 22, 106 (Steuerausschüsse); **E** 25, 371 (Maßnahmegesetz: »Lex Rheinstahl«); **E** 34, 269 (Richterrecht: »Soraya«); **E** 54, 159 (Inkompatiblität von [Richter-] Amt und Mandat); **E** 68, 1 (NATO-Doppelbeschluss); **E** 75, 329 (Bindung des Strafrichters an Verwaltungsentscheidungen); **E** 77, 1 (Untersuchungsausschüsse).

VIII. Literatur

776 *N. Achterberg,* Probleme der Funktionenlehre, 1970; *J. Becker,* Gewaltenteilung im Gruppenstaat, 1986; *V. Busse,* Der Kernbereich exekutiver Eigenverantwortung im Spannungsfeld der staatlichen Gewalten, DÖV 1989, S. 45; *C. Görisch,* Die Inhalte des Rechtsstaatsprinzips, JuS 1997, S. 988; *J. Ipsen,* Richterrecht und Verfassung, 1975; *ders.,* Verfassungsrechtliche Schranken des Richterrechts, DVBl. 1984, S. 1102; *K.-U. Meyn,* Kontrolle als Verfassungsprinzip, 1982; *W. Mößle,* Regierungsfunktionen des Parlaments, 1986; *B. Pieroth,* Historische Etappen des Rechtsstaats in Deutschland, Jura

2011, S. 729; *B. Sinemus,* Der Grundsatz der Gewaltenteilung in der Rechtsprechung des Bundesverfassungsgerichts, 1982; *H.-J. Vogel,* Gewaltenvermischung statt Gewaltenteilung? Zu neueren Entwicklungen im Verhältnis der Verfassungsorgane zueinander, NJW 1996, S. 1505; *A. Voßkuhle/ A.-K. Kaufhold,* Grundwissen – Öffentliches Recht: Der Grundsatz der Gewaltenteilung, JuS 2012, 314; *R. Wank,* Gewaltenteilung, Jura 1991, S. 622.

§ 15 Die Rechtsgebundenheit der Staatsorgane

I. Dichotomie von »Gesetz und Recht« (Art. 20 Abs. 3 GG)

777 Nach Art. 20 Abs. 3 GG ist die **Gesetzgebung** an die **verfassungsmäßige Ordnung,** die **vollziehende Gewalt** und die **Rechtsprechung** sind an **»Gesetz und Recht«** gebunden. Das Grundgesetz geht davon aus, dass zwischen Gesetz und Recht ein Spannungsverhältnis möglich ist und verpflichtet die Staatsorgane gleichermaßen auf das »Recht«. Hierin liegt eine Abkehr von der für positivistisches Denken kennzeichnenden Gleichsetzung von Gesetz und Recht und eine Klarstellung, dass die Gesetzesform allein eine Bindung der Staatsorgane nicht zu erzeugen vermag, ein Gesetz vielmehr auch inhaltlich »Recht« sein muss.[1]

778 Die Möglichkeit **gesetzlichen Unrechts** bedeutet nicht, dass Exekutivorgane und Gerichte ihre Bindung an das einfache Gesetz beliebig überspielen könnten. Durch Art. 20 Abs. 3 GG sind die Staatsorgane vielmehr aufgerufen, alles Recht zu beachten und ggf. die Geltung der Verfassung gegenüber Gesetzen und untergesetzlichen Rechtsnormen durchzusetzen. Sofern Gesetz und Verfassung auseinander zu fallen drohen, sind Verfahren vorgesehen, um eine verbindliche Entscheidung herbeizuführen.[2]

II. Rechtsstaatliche Normenhierarchie

779 Die Rechtsordnung besteht aus verschiedenen Arten von Rechtsnormen, die als abstrakt-generelle Sollens-Vorschriften zwar eine gleiche Struktur aufweisen, aber einen verschiedenen Rang einnehmen. Die **Rangverschiedenheit** der **Rechtsnormen** bedeutet, dass rangniedere Vorschriften mit den ranghöheren übereinstimmen müssen.[3] Unzutreffend ist demgegenüber die Vorstellung, die höherrangigen umfassten inhaltlich die niederrangigen Normen und würden von diesen lediglich konkretisiert. Aus diesem Grunde ist auch das vielfach verwandte Bild einer »Normenpyramide«[4] zweifelhaft, denn es geht von einer geschlossenen Rechtsordnung aus, die auf den einzelnen Stufen räumlich zunimmt. Vor allem das Verhältnis von Verfassung und einfachem Gesetz lässt sich jedoch nicht allein als Prozess der Konkretisierung begreifen, weil die Verfassung nur punktuelle Regelungen trifft und nicht als unerschöpflicher Quell detaillierter Inhalte missverstanden werden sollte.

780 Ein Widerspruch zwischen einer höherrangigen und einer niederrangigen Norm hat die **Nichtigkeit** letzterer zur Folge. In dieser Rechtsfolge liegt eine wesentliche Voraussetzung für die Durchsetzung der **Verfassung** gegenüber dem einfachen Gesetz bzw. des einfachen Gesetzes gegenüber der untergesetzlichen Rechtsnorm: *lex superior derogat legi inferiori.*

---

1 Vgl. BVerfGE 34, 269 (286 f.).
2 Siehe unten Rn. 873 ff.
3 Vgl. *K. F. Röhl/H. C. Röhl,* Allgemeine Rechtslehre, 3. Aufl. 2008, S. 585 f.
4 Vgl. *U. Kramer,* JuS 2001, S. 962.

1. Verfassung

Die **Verfassung** ist **Gesetz,** unterscheidet sich aber von allen anderen Gesetzen durch ihren besonderen Entstehungsmodus. Verfassungen bilden regelmäßig den Neuanfang in historisch einmaligen Situationen. Sie sind Schöpfungen besonderer verfassunggebender Versammlungen – des *»pouvoir constituant«* –, der über eine besondere, historisch häufig einzigartige Legitimation verfügt. 781

In der deutschen Verfassungsgeschichte sind die Frankfurter Nationalversammlung, die 1848/49 die Paulskirchenverfassung ausarbeitete,[5] die Weimarer Nationalversammlung[6] und der Parlamentarische Rat[7] von besonderer Bedeutung gewesen. Im Gegensatz zur Frankfurter und Weimarer Nationalversammlung wurden die Mitglieder des Parlamentarischen Rates nicht unmittelbar vom Volk, sondern von den Landtagen der Bundesländer auf der Grundlage gleichlautender Landesgesetze gewählt. Die Verfassung des Norddeutschen Bundes (1867) und die Reichsverfassung von 1871 beruhten auf Verträgen zwischen den bis dahin souveränen deutschen Staaten und erfuhren die Zustimmung der jeweiligen Kammern.[8] 782

Verfassungen regeln die Einsetzung und die Kompetenzen der Staatsorgane, Verfahren der Rechtsetzung, nicht zuletzt – in Gestalt der Grundrechte – das Verhältnis von Bürger und Staat. Verfassungen enthalten nicht selten grundlegende Entscheidungen für das Gemeinwesen – »Staatszielbestimmungen« oder Strukturprinzipien –, aber auch punktuelle Regelungen, die in die Verfassung nur wegen ihres besonderen Geltungsmodus aufgenommen werden. 783

Kennzeichen der Verfassung ist die **erschwerte Abänderbarkeit.** Im Gegensatz zu einer unter der Weimarer Reichsverfassung verbreiteten Lehre stellt die erschwerte Abänderbarkeit nicht nur ein formales Kennzeichen der Verfassung dar, sie sichert vielmehr ihren Inhalt gegen Änderungen durch den einfachen Gesetzgeber.[9] 784

Die Besonderheiten der unterschiedlichen Rechtsnormen lassen sich am besten exemplarisch zeigen. Nimmt man als Beispiel den für unsere Zivilisation überaus wichtigen Bereich des **Straßenverkehrs,** so findet sich auf der Verfassungsebene nur eine Kompetenzzuweisung. Nach Art. 74 Abs. 1 Nr. 22 GG fällt dem Bund die Gesetzgebungskompetenz für »den Straßenverkehr« zu. Die Verfassung begnügt sich also mit einer punktuellen Regelung und überlässt die Ausgestaltung dieses Gegenstandes im Übrigen dem einfachen Gesetz. 785

2. Parlamentsgesetz

Das **einfache Gesetz** ist ein vom Parlament in einem besonderen Verfahren beschlossener Rechtssatz, der in der Regel wichtige sozialgestaltende Entscheidungen enthält.[10] Der gegenständliche Bereich der Parlamentsgesetze ist praktisch unbegrenzt; die Aufteilung der Gesetzgebung zwischen Bund und Ländern darf nicht den Blick dafür verstellen, dass grundsätzlich **alle** sozial relevanten **Sachverhalte** gesetzlicher Regelung zugänglich sind. Der Gesetzgeber ist hierbei nur durch die Verfassung – namentlich die Grundrechte – eingeschränkt. 786

5 Vgl. *E. R. Huber,* Deutsche Verfassungsgeschichte seit 1789, Bd. II, 3. Aufl. 1988, S. 587 ff.
6 Vgl. *E. R. Huber,* Deutsche Verfassungsgeschichte seit 1789, Bd. V, 1978, S. 1066 ff.
7 Vgl. *K. Stern,* Staatsrecht V, S. 1247 f., 1277 ff.
8 Vgl. *E. R. Huber,* Deutsche Verfassungsgeschichte seit 1789, Bd. III, 3. Aufl. 1988, S. 644 ff., 742 ff.
9 Siehe unten Rn. 1024 ff.
10 Vgl. *H. Maurer,* Staatsrecht, § 17 Rn. 7 ff.

787 Für den hier beispielhaft gewählten Bereich des Straßenverkehrs gibt es als einfachgesetzliche Regelung das Straßenverkehrsgesetz,[11] das keine »Verbesonderung« der Verfassung darstellt, sondern aufgrund der Kompetenzzuweisung aus Art. 74 Abs. 1 Nr. 22 GG die grundlegenden Gegenstände des Straßenverkehrs regelt. Hierzu gehören die Fahrerlaubnis (§ 2 StVG) ebenso wie die – vom BGB abweichende – Haftpflicht (§ 7 StVG) sowie Straf- und Bußgeldvorschriften (§§ 21 ff. StVG).

3. Rechtsverordnungen

788 **Rechtsverordnungen** sind Rechtssätze, die die Exekutive aufgrund einer **gesetzlichen Ermächtigung** erlässt. Wenn der Gesetzgeber die wesentlichen Fragen eines Lebensbereichs geregelt hat, entsteht – vor allem im Bereich der Verwaltung – häufig das Bedürfnis nach detaillierter Regelung. Für die Rechtsanwendung im Einzelfall fällt der Rechtsverordnung deshalb erhebliche Bedeutung zu. Statistisch gesehen beträgt die Zahl der (bundesrechtlichen) Rechtsverordnungen ein Mehrfaches von der der einfachen (Bundes-)Gesetze.[12]

789 Die abgeleitete Rechtsetzung birgt **Gefahren** für das **parlamentarische Regierungssystem.** Das Parlament könnte geneigt sein, durch weiträumige Ermächtigungen die eigentlichen Entscheidungen auf die Exekutive zu übertragen und ihr damit einen Einbruch in den parlamentarischen »Kernbereich« zu gestatten. Eine so weitgehende Verschränkung von Funktionen und Organen wäre mit der Stellung der volksgewählten Legislative und mit den im Grundgesetz verankerten Verfahren unvereinbar. Das Gesetzgebungsverfahren mit seinen Garantien für die Diskussion und Öffentlichkeit ist auch mit Zustimmung des Parlaments nicht durch das ganz anders geartete Verfahren der Verordnungsgebung ersetzbar. Art. 80 Abs. 1 GG fällt die Aufgabe zu, den Bereich exekutivischer Rechtsetzung zu begrenzen.

790 Durch Parlamentsgesetz können die **Bundesregierung,** ein **Bundesminister** oder die **Landesregierungen** zum Erlass von Rechtsverordnungen ermächtigt werden (Art. 80 Abs. 1 S. 1 GG). Die gesetzliche Ermächtigung muss nach **Inhalt, Zweck** und **Ausmaß** bestimmt sein (Art. 80 Abs. 1 S. 2 GG). Die Rechtsverordnungen wiederum müssen die gesetzliche Ermächtigung angeben (Art. 80 Abs. 1 S. 3 GG).

791 Im Bereich des Straßenverkehrsrechts ermächtigt § 6 StVG zum Erlass von Rechtsverordnungen mit näher bestimmtem Inhalt. Aufgrund des § 6 Abs. 1 StVG ist die Straßenverkehrsordnung (StVO) vom 16.11.1970[13] erlassen worden, die den Straßenverkehr in seinen Einzelheiten regelt.

792 Das **Gebot** der **Bestimmtheit** (Art. 80 Abs. 1 S. 2 GG) bezieht sich auf die gesetzliche Ermächtigung; dass auch die Rechtsverordnung selbst hinreichend bestimmt sein muss, ergibt sich aus allgemeinen rechtsstaatlichen Grundsätzen. Das BVerfG hat die Anforderungen an die Bestimmtheit der Verordnungsermächtigung nicht überspannt[14] und nur selten Verordnungsermächtigungen für nichtig erklärt.[15] Ist dies allerdings der Fall, sind auch die auf die Ermächtigung gestützten Rechtsverordnun-

---

11 *Schönfelder* Nr. 35 = *Nomos StrafR* Nr. 9.

12 Bundesgesetze (1.–16. WP) = 7.003; RVOen des Bundes (1.–16. WP) = 21.416; Quelle: Statistisches Bundesamt (Hrsg.), Statistische Jahrbücher 1959–2010.

13 *Schönfelder* Nr. 35 a = *Nomos StrafR* Nr. 10.

14 Vgl. BVerfGE 58, 257 (277 f.) m. w. N.; zur Entwicklung der Rechtsprechung vgl. *U. Ramsauer,* in: AK-GG, Art. 80 Rn. 65 ff.

15 Vgl. BVerfGE 23, 208 (224 ff.); demgegenüber hat die Rechtsprechung wiederholt beanstandet, dass Rechtsverordnungen den von der Ermächtigung gezogenen Rahmen überschritten, vgl. BVerfGE 51, 166 (173); 58, 283 (290); 65, 248 (259).

gen nichtig. Selbst wenn eine Verordnung für sich genommen keinerlei Rechtsverstoß enthält, teilt sie das Schicksal der Verordnungsermächtigung, weil sie als abgeleitete Rechtsetzung für sich allein nicht bestehen kann.[16] Nach Art. 80 Abs. 2 GG bedürfen bestimmte Typen von Rechtsverordnungen der Zustimmung des Bundesrates, der auf diese Weise an der Verwaltung des Bundes mitwirkt (Art. 50 GG).[17] Die erste Gruppe der zustimmungsbedürftigen Rechtsverordnungen ist die der sog. **»Verkehrsverordnungen«**, nämlich der Rechtsverordnungen auf dem Gebiet der Eisenbahn und des Post- und Fernmeldewesens. Die Zustimmungsbedürftigkeit kann hier durch (zustimmungsbedürftiges) Bundesgesetz **ausgeschlossen** werden.[18] Eine zweite Gruppe von Zustimmungsverordnungen bilden die Rechtsverordnungen, die aufgrund eines **zustimmungsbedürftigen Gesetzes** erlassen worden sind oder von den Ländern im Auftrag des Bundes oder als eigene Angelegenheit ausgeführt werden (sog. **»Föderativverordnungen«**).[19]

Nur Rechtsverordnungen der Bundesregierung bzw. eines Bundesministers sind nach Art. 80 Abs. 2 GG zustimmungsbedürftig. Werden die **Landesregierungen** ermächtigt, so bedürfen die von ihnen erlassenen Rechtsverordnungen **nicht** der Zustimmung des Bundesrates. Diese auf den ersten Blick wenig einleuchtende Differenzierung erklärt sich aus der Unterscheidung zwischen Bundesrecht und Landesrecht. Sofern ein Bundesorgan (Bundesregierung, Bundesminister) eine Rechtsverordnung erlässt, stellt diese **Bundesrecht** dar. Die Zustimmungsbedürftigkeit bedeutet also die Zustimmung eines Bundesorgans (des Bundesrates) zu einer bundesrechtlichen Regelung. Sofern Landesregierungen aufgrund einer bundesrechtlichen Verordnungsermächtigung Rechtsverordnungen erlassen, gehören diese zum **Landesrecht.** Maßgeblich für die Qualifizierung als Bundes- oder Landesrecht ist folglich nicht die Eigenart der Ermächtigung, sondern die Stellung des verordnungsgebenden Organs.[20] Die Zustimmung des Bundesrates zu Rechtsverordnungen der Landesregierungen würde deshalb bedeuten, dass ein Bundesorgan bei der Setzung von Landesrecht mitwirkt. Eine solche, die Eigenstaatlichkeit der Länder berührende Mitwirkung wird durch die Art. 80 Abs. 2 GG immanente **»föderative Sperre«** ausgeschlossen.[21] **793**

Art. 80 GG gilt nur für **bundesgesetzliche Ermächtigungen,** nicht für landesrechtliche Verordnungsermächtigungen. Sofern die Bestimmtheit einer landesrechtlichen Ermächtigung in Frage steht, ist die entsprechende Vorschrift des Landesverfassungsrechts heranzuziehen, die häufig mit der Fassung des Art. 80 Abs. 1 GG übereinstimmen wird.[22] Auch kommt eine entsprechende Anwendung des Art. 80 Abs. 1 S. 2 GG in Betracht.[23] **794**

---

16 Vgl. *J. Ipsen,* Allgemeines Verwaltungsrecht, 8. Aufl. 2012, Rn. 294.
17 Siehe oben Rn. 396 ff.
18 Vgl. oben Rn. 400.
19 Vgl. oben Rn. 398 f.
20 So BVerfGE 18, 407 (414).
21 Vgl. *Jarass/Pieroth,* GG, Art. 80 Rn. 18; *T. Mann,* in: Sachs (Hrsg.), GG, Art. 80 Rn. 36; *A. Wallrabenstein,* in: v. Münch/Kunig (Hrsg.), GG, Bd. 2, Art. 80 Rn. 57.
22 Vgl. Art. 61 Bad.-Württ. Verf.; 55 Bay. Verf.; 47 Berl. Verf.; 80 Brand. Verf.; 124 Brem. Verf.; 53 Hamb. Verf.; 181 Hess. Verf.; 57 Meckl.-Vorp. Verf.; 43 Nds. Verf.; 70 Nordrh.-Westf. Verf.; 110 Rh.-Pf. Verf.; 75 Sächs. Verf.; 79 Sachs.-Anh. Verf.; 38 Schl.-Holst. Verf.; 84 Thür. Verf.
23 So BVerfGE 58, 257 (277) m. w. N.

III. Vorrang und Vorbehalt des Gesetzes

1. Vorrang der Verfassung

795 Nicht eine rechtstheoretische Lehrmeinung von der »Stufenordnung der Rechtsnormen«,[24] sondern das **Grundgesetz** selbst bestimmt den Vorrang der Verfassung vor dem einfachen Gesetz und allen anderen staatlichen Willensäußerungen. Der Gedanke, dass der Verfassung ein erhöhter Rang zukommt und verfassungswidrige Normen nichtig sind, erscheint heute als Selbstverständlichkeit, weil er vielen Bestimmungen des Grundgesetzes zugrunde liegt.

796 Die Anerkennung des Geltungsvorrangs der Verfassung gegenüber dem einfachen Gesetz hat sich in der deutschen Staatsrechtslehre erst mit dem Grundgesetz durchgesetzt.[25] Noch unter der **Weimarer Verfassung** ist die Lehre »herrschend« gewesen, die Verfassung sei grundsätzlich ein Gesetz wie jedes andere, unterscheide sich von jenen aber durch ihre erschwerte Abänderbarkeit.[26] Die Besonderheit der Verfassung wurde also nicht darin gesehen, dass sie fundamentale, für das Gemeinwohl wichtige und den politischen Prozess bestimmende Regeln festlegt, sondern dass es zu ihrer Änderung einer qualifizierten Mehrheit bedurfte.[27] Damit wurden – was für eine positivistische Denkweise bezeichnend ist – Form und Inhalt verkehrt: Nach zutreffender Auffassung sind Verfassungsänderungen nur deshalb unter erschwerten Voraussetzungen möglich, weil man den Inhalt der Verfassung bewahren und vor dem leichtfertigen Zugriff des Gesetzgebers schützen will. Überdies beging die Lehre von der Gleichordnung von Gesetz und Verfassung einen Denkfehler. Zumindest den Bestimmungen über die **Verfassungsänderung** müsste ein höherer Rang als dem einfachen Gesetz zukommen, weil diese andernfalls mit einfacher Parlamentsmehrheit hätten geändert werden können.[28]

797 Der Geltungsvorrang der Verfassung ist dem neuzeitlichen Verfassungsbegriff immanent und wird in anderen Verfassungsstaaten vorausgesetzt. Sowie der Geltungsvorrang bestritten wird, wird im Grunde bereits die **Geltung** der **Verfassung** in Frage gestellt.[29]

2. Vorrang und Vorbehalt des Gesetzes

798 Unterhalb der Verfassung kommt dem **Parlamentsgesetz** der höchste Rang zu. Er geht allen anderen Staatsakten vor. Soweit eine untergesetzliche Rechtsnorm gegen ein einfaches Gesetz verstößt, ist sie nichtig. Der rechtswidrige Verwaltungsakt ist fehlerhaft, das gesetzwidrige Urteil im Rechtsmittelverfahren angreifbar.[30]

---

24 Grundlegend hierzu *H. Kelsen,* Reine Rechtslehre, 2. Aufl. 1960, S. 228 ff.

25 Vgl. zur geschichtlichen Entwicklung *R. Wahl,* Der Staat 20 (1981), S. 485 (488 ff.); vgl. *U. Scheuner,* in: Festgabe BVerfG I (1976), S. 40 f.

26 Vgl. unten Rn. 1024.

27 Vgl. hierzu *G.-F. Schau,* Das Verhältnis von Verfassung und einfachem Recht in der Staatsrechtslehre der Weimarer Republik, 2002.

28 Nachw. bei *J. Ipsen,* Rechtsfolgen der Verfassungswidrigkeit von Norm und Einzelakt, 1980, S. 57 ff.

29 Vgl. *R. Wahl,* Der Staat 20 (1981), S. 485.

30 Vgl. *J. Ipsen,* Rechtsfolgen der Verfassungswidrigkeit von Norm und Einzelakt, S. 209 ff.

Der »**Vorbehalt des Gesetzes**« bedeutet nichts anderes, als dass bestimmte Regelungen – insbesondere Einschränkungen von Grundrechten – dem Parlamentsgesetz »**vorbehalten**« sind. Weitergehende Lehren, die das Verwaltungshandeln schlechthin von gesetzlicher Ermächtigung abhängig machen wollten,[31] haben sich nicht durchsetzen können. Gleichwohl darf die Frage, ob dem parlamentarischen Regierungssystem des Grundgesetzes ein solcher »**Totalvorbehalt**« entspricht, noch als offen bezeichnet werden. Der Totalvorbehalt würde sich vor allem im Bereich der Subventionsvergabe auswirken, für die gegenwärtig häufig die Verwaltungsvorschrift als Rechtsgrundlage genügen muss.[32] 799

Das BVerfG hat in seiner jüngeren Rechtsprechung überdies eine Verpflichtung des parlamentarischen Gesetzgebers angenommen, in grundrechtssensiblen Bereichen die wesentlichen Fragen durch förmliches Gesetz zu regeln.[33] Die als »**Wesentlichkeitstheorie**« apostrophierte Judikatur besagt, dass auch jenseits der Gesetzesvorbehalte des Grundrechtsteils der Gesetzgeber zu eigener Normierung verpflichtet sein kann. Die vom BVerfG entschiedenen Fälle wiesen jeweils »Grundrechtsberührung« auf, ohne dass notwendig in Grundrechte **eingegriffen** wurde.[34] Die Verpflichtung des Gesetzgebers zur Regelung der »wesentlichen« Fragen verringert die Entscheidungskompetenzen der Verwaltung, die bei Untätigkeit des Gesetzgebers durch das Medium der Verwaltungsvorschriften tätig wird.[35] 800

IV. Rechtsetzung in der Europäischen Union

Durch die Gründungsverträge der Europäischen Union – das »**primäre Unionsrecht**«[36] – werden die Unionsorgane (Parlament, Rat, Kommission) entweder gemeinsam oder einzeln zur Rechtsetzung ermächtigt. Es gilt das Prinzip der **begrenzten Einzelermächtigung,** mit anderen Worten muss für jeden Rechtsetzungsakt eine primärrechtliche Ermächtigung nachgewiesen werden.[37] 801

Die Rechtsakte der Europäischen Gemeinschaft werden als »**sekundäres Unionsrecht**« bezeichnet. Die Verträge führen spezifizierte Rechtsakte auf, die nicht unerhebliche Differenzen zu den Normkategorien des mitgliedstaatlichen Verfassungsrechts aufweisen: 802

- Die **Verordnung** hat allgemeine Geltung, ist in allen ihren Teilen verbindlich und gilt unmittelbar in jedem Mitgliedstaat (Art. 288 Abs. 2 AEUV). Sie lässt sich am ehesten mit einem **einfachen Bundesgesetz** vergleichen, das in Ausübung der ausschließlichen oder konkurrierenden Gesetzgebungszuständigkeit[38] ergangen ist. Sie ist nicht mit der **Rechtsverordnung** nach Art. 80 GG zu verwechseln (oder zu vergleichen), weil Rat und Kommission – wie das Europäischen Parlament – selbst 803

31 Grundlegend *D. Jesch,* Gesetz und Verwaltung, 2. Aufl. 1968; *H. H. Rupp,* Grundfragen der heutigen Verwaltungsrechtslehre, 2. Aufl. 1991, S. 113 ff.
32 Vgl. *J. Ipsen,* Allgemeines Verwaltungsrecht, Rn. 446.
33 Vgl. oben Rn. 768.
34 Vgl. BVerfGE 40, 237 (249); 47, 46 (78 f.); 49, 89 (126); 108, 282 (311); *J. Ipsen,* DVBl. 1984, S. 1105.
35 Dazu *K. Stern,* Staatsrecht II, S. 654 ff.
36 Vgl. oben Rn. 50.
37 Vgl. *R. Streinz,* Europarecht, Rn. 539 ff.
38 Vgl. oben Rn. 550 ff.

Rechtssetzungsorgane der Union sind und somit keine vom Europäischen Parlament abgeleiteteten, sondern originäre Rechtssetzungsbefugnisse haben. Es handelt sich deshalb allein um eine *begriffliche* Identität.

804 • Die **Richtlinie** ist für jeden Mitgliedstaat, an den sie gerichtet wird, hinsichtlich des zu erreichenden Ziels verbindlich, überlässt jedoch den innerstaatlichen Stellen die Wahl der Form und der Mittel (Art. 288 Abs. 3 AEUV). Sie ist am ehesten mit einem **Rahmengesetz** zu vergleichen, das nach Art. 75 GG a. F. durch die Bundesländer ausgefüllt werden musste.[39] Sofern die Richtlinien der Union von den Mitgliedstaaten nicht innerhalb der vorgesehenen Frist umgesetzt werden, entwickeln sie unter Umständen **unmittelbare Geltung** und müssen von Behörden und Gerichten der Mitgliedstaaten angewandt werden.[40] Die »EU-Richtlinien« haben nichts mit den ebenfalls häufig als »Richtlinien« (»Steuerrichtlinien«) bezeichneten Verwaltungsvorschriften des deutschen Rechts zu tun, bei denen es sich nicht um »Recht« im Sinne des Art. 97 Abs. 1 GG handelt.[41]

805 • **Beschlüsse** sind in allen ihren Teilen verbindlich. Sind sie an bestimmte Adressaten gerichtet, so sind sie nur für diese verbindlich (Art. 288 Abs. 4 AEUV). Die Kategorie der Beschlüsse wurde durch den Vertrag von Lissabon eingeführt und tritt an die Stelle der **Entscheidung,** die in allen ihren Teilen für diejenigen verbindlich war, die sie bezeichnete (Art. 249 Abs. 4 EGV). Folglich umfasst der Beschluss zwar die Entscheidung, er muss aber im Unterschied zu ihr nicht mehr an einen bestimmten Adressaten gerichtet sein.

806 Ob das Primärrecht der Union darüber hinaus als **Verfassung** der **Europäischen Union** angesprochen werden kann, bleibt auch nach der Reform durch den Vertrag von Lissabon umstritten.[42] Letztlich hängt die Beantwortung dieser Frage von der Definition des Verfassungsbegriffs ab. Da die Europäische Union nach wie vor keinen Bundesstaat darstellt, ist die Frage nach dem Verfassungscharakter jedenfalls zu verneinen, wenn man unter »Verfassung« eine **Staatsverfassung** versteht. Zweifelsfrei bildet das Primärrecht jedoch für die Europäische Union die rechtliche Grundordnung, die in den Mitgliedstaaten als Verfassung bezeichnet wird.

V. Rechtsprechung

807 **BVerfGE** 34, 165 (Hessische Förderstufe); **E** 38, 348 (Zweckentfremdung von Wohnraum); **E** 40, 237 (Vollzugsordnung); **E** 41, 251 (Speyer-Colleg); **E** 42, 191 (Personenbeförderungsgesetz); **E** 45, 400 (Oberstufenneuordnung); **E** 47, 46 (Sexualkunde); **E** 49, 89 (Kalkar); **E** 57, 295 (Rundfunkordnung); **E** 58, 257 (Schulentlassung); **E** 58, 283 (Architektenhonorare); **E** 68, 1 (NATO-Doppelbeschluss); **E** 76, 1 (Familiennachzug); **E** 77, 170 (C-Waffen); **E** 77, 381 (Zwischenlager Gorleben).

39 Vgl. oben Rn. 580 sowie ausführlich *J. Ipsen,* Staatsrecht I, 17. Aufl. 2005, Rn. 568 ff.

40 Vgl. *R. Streinz,* Europarecht, Rn. 486 ff.

41 Vgl. *J. Ipsen,* Allgemeines Verwaltungsrecht, Rn. 142 ff.

42 Vgl. zur Lage vor dem Inkrafttreten des Vertrags von Lissabon *A. Bleckmann,* Europarecht, 6. Aufl. 1997, Rn. 532 ff.; vgl. *D. Grimm,* Braucht Europa eine Verfassung, JZ 1995, S. 581; *J. Schwarze,* Auf dem Wege zu einer europäischen Verfassung, DVBl. 1999, S. 1677.

VI. Literatur

H. H. v. Arnim, Zur »Wesentlichkeitstheorie« des Bundesverfassungsgerichts, DVBl. 1987, S. 1241; *S. Detterbeck,* Vorrang und Vorbehalt des Gesetzes, Jura 2002, S. 235; *R. Dreier,* Rechtsstaat im Spannungsverhältnis zwischen Gesetz und Recht, JZ 1985, S. 353; *ders.*, Der Begriff des Rechts, NJW 1986, S. 890; *C.-E. Eberle,* Gesetzesvorbehalt und Parlamentsvorbehalt, DÖV 1984, S. 485; *J. Ipsen,* Gefahren für den Rechtsstaat, NdsVBl. 1999, S. 225; *H. D. Jarass,* Der Vorbehalt des Gesetzes bei Subventionen, NVwZ 1984, S. 473; *D. Jesch,* Gesetz und Verwaltung, 2. Aufl. 1968; *M. Kloepfer,* Der Vorbehalt des Gesetzes im Wandel, JZ 1984, S. 685; *W. Krebs,* Vorbehalt des Gesetzes und Grundrechte, 1975; *ders.*, Zum aktuellen Stand der Lehre vom Vorbehalt des Gesetzes, Jura 1979, S. 304; *P. Kunig,* Das Rechtsstaatsprinzip, 1986; *A. Leisner,* Geeignetheit als Rechtsbegriff – Ein Beitrag zur Dogmatik des Rechtsstaatsprinzips, DÖV 1999, S. 807; *J. Pietzcker,* Vorrang und Vorbehalt des Gesetzes, JuS 1979, S. 710; *F. Rottmann,* Der Vorbehalt des Gesetzes und die grundrechtlichen Gesetzesvorbehalte, EuGRZ 1985, S. 277; *F. E. Schnapp,* Die Grundrechtsbindung der Staatsgewalt, JuS 1989, S. 1; *P. Selmer,* Der Vorbehalt des Gesetzes, JuS 1968, S. 489; *K.-P. Sommermann,* Verordnungsermächtigung und Demokratieprinzip, JZ 1997, S. 434; *C. Starck,* Der Gesetzesbegriff des Grundgesetzes, 1970; *ders.*, Vorrang der Verfassung und Verfassungsgerichtsbarkeit, in: ders./A. Weber (Hrsg.), Verfassungsgerichtsbarkeit in Westeuropa, Bd. 1, 2. Aufl. 2007, S. 11; *A. Ule,* Verordnungsänderung durch Gesetz und Gesetzesänderung durch Verordnung? – Anmerkungen zur Staatspraxis der Gegenwart –, DÖV 2001, S. 241; *R. Wahl,* Der Vorrang der Verfassung, Der Staat 20 (1981), S. 485; *ders.*, Grundrechte und Staatszielbestimmungen im Bundesstaat, AöR 112 (1987), S. 26; *M. Wehr,* Grundfälle zu Vorrang und Vorbehalt des Gesetzes, JuS 1997, S. 231, 419; *D. Wilke,* Bundesverfassungsgericht und Rechtsverordnungen, AöR 98 (1973), S. 196. 808

§ 16 Der Rechtsschutz durch unabhängige Gerichte

I. Rechtsweggarantie (Art. 19 Abs. 4 GG)

809 Die als Grundrecht ausgestaltete Rechtsweggarantie ist im Schrifttum als »formelles Hauptgrundrecht«,[1] als Schlussstein im Gewölbe des Rechtsstaates[2] gewürdigt worden. Ihre Tragweite ist außerordentlich, weil nahezu jedes exekutivische Handeln **richterlicher Kontrolle** zugeführt werden kann. Dadurch findet die Rechtsgebundenheit der Verwaltung ihre institutionelle Entsprechung. Zugleich wird ein Strukturmerkmal des durch das Grundgesetz verfassten Rechtsstaates festgelegt: Die **Letztentscheidungskompetenz** soll, soweit subjektive Rechte berührt sind, dem **Richter** zufallen.

1. Begriff der »öffentlichen Gewalt«

810 **Fall 62:** Bebauungspläne werden als Satzung beschlossen (§ 10 BauGB) und unterliegen damit der Normenkontrolle durch die Oberverwaltungsgerichte (§ 47 Abs. 1 VwGO). § 246 Abs. 2 S. 1 BauGB ermächtigt Hamburg (und Berlin), die Rechtsform der Bebauungspläne selbst zu bestimmen. In Hamburg sind Bebauungspläne als förmliche Gesetze erlassen worden.
Welchen Rechtsschutz gibt es gegen Bebauungspläne in Gesetzesform?

(nach BVerfGE 70, 35)

811 Für den Begriff der **»öffentlichen Gewalt«** im Sinne des Art. 19 Abs. 4 S. 1 GG gibt es zwei Auslegungsmöglichkeiten. Als Synonym zur »staatlichen Gewalt« (Art. 1 Abs. 1 S. 2 GG) würde er Legislative, Exekutive und rechtsprechende Gewalt umfassen. Setzt man die öffentliche Gewalt hingegen mit der »vollziehenden Gewalt« (Art. 20 Abs. 3 GG) gleich, so ergibt sich ein engeres Anwendungsfeld der Rechtsweggarantie.

812 Eine extensive Auslegung des Begriffs »öffentliche Gewalt« hätte eine Reihe von Ungereimtheiten zur Folge. Würde Rechtsschutz nicht nur gegen Akte der **vollziehenden Gewalt,** sondern auch gegen solche der **Rechtsprechung** gewährt, so bedeutete dies die Garantie eines unendlichen Instanzenzuges. Das BVerfG hat sich zu Recht auf den Standpunkt gestellt, Art. 19 Abs. 4 GG gewähre »Schutz durch den Richter, nicht gegen den Richter«,[3] und interpretiert den Begriff der »öffentlichen Gewalt« demgemäß restriktiv.[4]

813 Auch die (Parlaments-)**Gesetzgebung** kann nur um den Preis systematischer Widersprüche zur »öffentlichen Gewalt« im Sinne des Art. 19 Abs. 4 GG gerechnet werden. Das Grundgesetz sieht mit der Verfassungsbeschwerde (Art. 93 Abs. 1 Nr. 4 a GG) sowie der abstrakten (Art. 93 Abs. 1 Nr. 2 GG) und der konkreten Normenkontrolle (Art. 100 Abs. 1 GG) Verfahren vor, in denen das BVerfG über die Vereinbarkeit förmlicher Gesetze mit dem Grundgesetz entscheidet. Diese Verfahren regeln die richterliche Prüfung von Parlamentsgesetzen abschließend und dürfen

1 Vgl. *F. Klein,* VVDStRL 8 (1950), S. 88.
2 So *R. Thoma,* in: H. Wandersleb (Hrsg.), Recht – Staat – Wirtschaft III (1951), S. 9.
3 So BVerfGE 15, 275 (280); 92, 158 (185); st. Rspr.
4 Vgl. dazu die Ausführungen von *H.-J. Papier,* in: Isensee/Kirchhof (Hrsg.), HdStR, Bd. VI, 2. Aufl. 2001, § 154 Rn. 22 ff.

nicht als »Rechtsweg« im Sinne des Art. 19 Abs. 4 GG missverstanden werden. Der (Nichtverfassungs-)Richter wäre nach der grundgesetzlichen Systematik darauf beschränkt, ein Parlamentsgesetz auf seine Vereinbarkeit mit dem Grundgesetz zu prüfen, müsste es aber dem BVerfG vorlegen, sofern er es für verfassungswidrig hält (Art. 100 Abs. 1 GG). Ein gegen Gesetzgebungsakte durch Art. 19 Abs. 4 GG gewährter Rechtsschutz könnte folglich keine Letztentscheidungsbefugnis bedeuten. Das **richterliche Prüfungsrecht** indes wird bereits durch Art. 100 Abs. 1 GG vorausgesetzt. Das BVerfG hat deshalb zu Recht Gesetzgebungsakte nicht zur »öffentlichen Gewalt« im Sinne des Art. 19 Abs. 4 GG gerechnet,[5] sondern diesen Begriff mit der **»vollziehenden Gewalt«** im Sinne des Art. 20 Abs. 3 GG gleichgesetzt.[6]

Im Ausgangsfall wäre nach den bisher dargelegten Grundsätzen ein »Rechtsweg« gegen die als förmliche Gesetze erlassenen Bebauungspläne nicht gegeben. Allerdings hätten die Bebauungspläne im Verwaltungsstreitverfahren inzidenter auf ihre Verfassungsmäßigkeit überprüft und ggf. dem BVerfG nach Art. 100 Abs. 1 GG vorgelegt werden können. Das BVerfG hat diesen Weg nicht beschritten und stattdessen unter Berufung auf Art. 19 Abs. 4 i. V. m. Art. 3 Abs. 1 GG eine »verfassungskonforme Auslegung« des § 47 Abs. 1 VwGO vorgenommen. Bebauungspläne sollen auch dann der Normenkontrolle nach § 47 Abs. 1 VwGO unterliegen, wenn sie als förmliche Gesetze erlassen worden sind.[7] Damit allerdings hat das BVerfG sowohl gegen den eindeutigen Wortlaut des § 47 VwGO verstoßen als auch den Rang des förmlichen Gesetzes missachtet. Es gibt zu denken, dass nunmehr (freilich in einem Ausnahmefall) einem Verwaltungsgericht die Letztentscheidungskompetenz über die Gültigkeit eines (nachkonstitutionellen) Parlamentsgesetzes zufällt. Gleichwohl wird man dieser Entscheidung keine Neubestimmung des Begriffs der »öffentlichen Gewalt« entnehmen können. 814

2. Behauptung der Verletzung subjektiver Rechte

Fall 63: B ist rechtskräftig zu einer sechsmonatigen Freiheitsstrafe verurteilt worden. Das Gericht setzte die Strafe nicht zur Bewährung aus, weil es nicht annahm, B werde zukünftig keine Straftaten mehr begehen (§ 56 Abs. 1 StGB). B reicht bei der zuständigen Behörde ein Gnadengesuch ein, das zurückgewiesen wird. Gegen die Ablehnung des Gnadenerweises ruft B gem. § 23 EGGVG[8] das Oberlandesgericht an, dessen zuständiger Strafsenat seinen Antrag als unzulässig verwirft. In der Begründung heißt es, B könne nicht geltend machen, durch die Ablehnung des Gnadenerweises »in seinen Rechten« verletzt zu sein (§ 24 Abs. 1 EGGVG), weil es einen Anspruch auf Begnadigung nicht gebe. 815

(nach BVerfGE 25, 352)

Der Wortlaut des Art. 19 Abs. 4 GG erweckt den Eindruck, der Rechtsweg stehe nur demjenigen offen, der definitiv in seinen Rechten verletzt ist. Über die Frage der Rechtsverletzung sollen die Gerichte aber erst entscheiden. Art. 19 Abs. 4 S. 1 GG muss deshalb dahin ausgelegt werden, dass der Rechtsweg für denjenigen eröffnet ist, der *behauptet*, durch einen Exekutivakt in seinen Rechten **verletzt** zu sein.[9] 816

In Art. 19 Abs. 4 S. 1 GG ist ausdrücklich von **Rechten** die Rede, nicht von Grundrechten. Die Rechtsweggarantie ist selbst ein (Verfahrens-)**Grundrecht**. Sie beschränkt sich nicht auf den Schutz der Grundrechte, sondern erstreckt sich auf alle 817

5 So BVerfGE 24, 33 (49).
6 Vgl. BVerfGE 10, 264 (267).
7 So BVerfGE 70, 35 (57).
8 *Schönfelder* Nr. 95 a = *Nomos ZivilR* Nr. 30 a.
9 Vgl. BVerfGE 13, 132 (151); 27, 297 (305).

subjektiven Rechte und rechtlich geschützten Interessen, die durch hoheitliches Handeln beeinträchtigt werden können.[10]

818 Da die Rechtsweggarantie voraussetzt, dass **eigene Rechte** des Klägers (potentiell) verletzt sind, sind **Popularklagen** verfassungsrechtlich **nicht** garantiert.[11] Auf Art. 19 Abs. 4 GG können sich also diejenigen Bürger nicht berufen, die, ohne in eigenen Rechten verletzt zu sein, sich zum Anwalt der Allgemeininteressen machen. Das bedeutet nicht, dass der einfache Gesetzgeber weitergehende Rechtsschutzformen (etwa die Verbandsklage) nicht vorsehen **dürfte;**[12] verfassungsrechtlich geboten sind sie indes nicht.

819 Im Beispielsfall ist fraglich, ob B geltend machen kann, in »seinen Rechten« verletzt zu sein. Herkömmlich wird angenommen, dass es kein Recht auf Gnade geben könne, der Gnadenakt sich vielmehr außerhalb des Rechts oder über dem Recht bewege.[13] Diese Auffassung ist insoweit zutreffend, als es einen **Anspruch** auf Begnadigung nicht gibt. Dies bedeutet aber nicht, dass die Gnadenpraxis willkürlich gehandhabt werden dürfte. Art. 3 Abs. 1 GG fordert vielmehr eine gleichmäßige Handhabung, die von sachfremden Erwägungen frei sein muss. Dem Einzelnen muss deshalb ein Anspruch auf willkürfreie Entscheidung zuerkannt werden, der den Voraussetzungen des Art. 19 Abs. 4 GG genügt.[14] Diese Konsequenz hat das BVerfG bislang noch nicht gezogen,[15] immerhin ist aber der Widerruf einer Begnadigung unter Hinweis auf Art. 19 Abs. 4 GG gerichtlicher Kontrolle unterworfen worden.[16] Es erscheint jedoch nicht sachgerecht, im Fall der erstmaligen Entscheidung über einen Gnadenakt anders zu verfahren.[17]

3. Rechtsweg als Weg zu Gerichten

820 Der »**Rechtsweg**« nach Art. 19 Abs. 4 S. 1 GG ist der Weg zu Gerichten. Rechtsbehelfe, die eine Nachprüfung des Exekutivaktes lediglich durch vorgesetzte Behörden oder nichtrichterliche Spruchkörper vorsehen, genügen den Anforderungen des Art. 19 Abs. 4 GG nicht. Die Rechtsweggarantie gewährleistet hingegen nicht, dass über alle öffentlich-rechtlichen Streitfragen die **Verwaltungsgerichte** entscheiden. Dies geht bereits aus der subsidiären Zuständigkeit der ordentlichen Gerichte hervor (Art. 19 Abs. 4 S. 2 GG). Auch wird durch Art. 19 Abs. 4 GG kein Instanzenzug gewährleistet,[18] der im Übrigen mit dem Grundsatz der Rechtsschutzeffektivität kollidieren kann.

4. Grundsatz der »Rechtsschutzeffektivität«

821 Das BVerfG entnimmt Art. 19 Abs. 4 GG nicht nur eine Garantie des Rechtswegs, sondern sieht durch dieses Grundrecht auch die **Effektivität** des **Rechtsschutzes**

10 Vgl. *P. M. Huber,* in: v. Mangoldt/Klein/Starck, GG, Bd. 1, Art. 19 Rn. 385 ff.; *W. Krebs,* in: v. Münch/Kunig (Hrsg.), GG, Bd. 1, Art. 19 Rn. 59.
11 Vgl. *W. Krebs,* in: v. Münch/Kunig (Hrsg.), GG, Bd. 1, Art. 19 Rn. 58.
12 Vgl. *P. M. Huber,* in: v. Mangoldt/Klein/Starck, GG, Bd. 1, Art. 19 Rn. 344 f.; BVerfGE 22, 106 (110 f.).
13 Vgl. BVerfGE 25, 352 (358 ff.); ebenso BVerwG, DVBl. 1982, S. 1148 = BVerwG, NJW 1983, S. 188.
14 So die abw. Meinung von vier Richtern in BVerfGE 25, 352 (363 ff.).
15 Vgl. BVerfG, NJW 1978, S. 2591.
16 So BVerfGE 30, 108 (111).
17 Wie hier *W. Krebs,* in: v. Münch/Kunig (Hrsg.), GG, Bd. 1, Art. 19 Rn. 55.
18 Vgl. BVerfGE 65, 76 (90).

gewährleistet.[19] Das bedeutet zum einen, dass der von den Gerichten gewährte Schutz wirksam sein, insbesondere die Aufhebung der angegriffenen Exekutivakte ermöglichen muss. Zum anderen kann von einem »effektiven« Rechtsschutz nur die Rede sein, wenn er innerhalb angemessener Zeit gewährt wird.[20]

Die verschiedenen Aspekte der Rechtsweggarantie bergen einen Zielkonflikt in sich und können deshalb je für sich keinen Vorrang beanspruchen. Eine besonders intensive rechtliche Prüfung, die möglicherweise mehrere Instanzen umfasst, kann sich als ineffektiv erweisen, weil sie mehrere Jahre in Anspruch nimmt. Auf der anderen Seite genügt eine summarische Prüfung, wie sie für den einstweiligen Rechtsschutz typisch ist, dem Grundsatz der Rechtsschutzeffektivität unter Umständen deshalb nicht, weil sie es an Intensität fehlen lässt. **822**

II. Richterliche Unabhängigkeit (Art. 97 GG)

1. Sachliche Unabhängigkeit des Richters (Art. 97 Abs. 1 GG)

Fall 64: Der Illustriertenverlag B-GmbH ist auf Klage der Schauspielerin S vom Landgericht A wegen Verletzung des allgemeinen Persönlichkeitsrechts zu einem Schadensersatz von 125.000 € verurteilt worden. Der Verlag hatte in einer seiner Illustrierten eine erfundene »Lebensbeichte« der S veröffentlicht, die zahlreiche (ebenfalls erfundene) Details aus ihrem Intimleben enthielt. In der Begründung führte das Landgericht aus, der Anspruch auf Ersatz des immateriellen Schadens bei Verletzung des Persönlichkeitsrechts entspreche »gesicherter Rechtsprechung des Bundesgerichtshofs«. Auf die Berufung der Beklagten (GmbH) hebt das Oberlandesgericht das erstinstanzliche Urteil auf und weist die Klage ab. Der Senat führt aus, dass er sich der Rechtsprechung des BGH zum Ersatz des immateriellen Schadens nicht anschließen könne, weil sie gegen das Gesetz verstoße. Nach § 253 BGB dürfe Schadensersatz für immateriellen Schaden nur in den im Gesetz ausdrücklich aufgeführten Fällen gewährt werden. Das BGB sehe für Verletzungen des Persönlichkeitsrechts einen derartigen Schadensersatz nicht vor. Die Revision wird nach § 543 Abs. 1 Nr. 2 ZPO zugelassen. **823**

Die in Art. 97 Abs. 1 GG garantierte **sachliche Unabhängigkeit** bedeutet, dass der Richter bei seiner rechtsprechenden Tätigkeit **keinen Weisungen** unterworfen ist. Entgegen der Auffassung des BVerfG[21] richtet sich die Unabhängigkeit nicht nur gegen Einflussnahme aus dem Bereich der Exekutive; sie besteht grundsätzlich auch gegenüber Weisungen aus dem Bereich der rechtsprechenden Gewalt. Das schließt nicht aus, dass durch Gesetz im Einzelfall eine Bindung des Gerichts an die Entscheidung eines anderen festgelegt werden kann. **824**

Die richterliche Unabhängigkeit ist eine wesentliche institutionelle Voraussetzung für die Verwirklichung materieller Gerechtigkeit. Sie ist deshalb nicht als Privileg des Richters misszuverstehen. Gerade weil der Richter an das **Gesetz** (und das nichtgesetzliche Recht) **gebunden** ist, soll er im Übrigen von Weisungen frei sein. Erst wenn man Rechtsgebundenheit und Unabhängigkeit des Richters im Zusammenhang sieht, wird deutlich, dass in Art. 97 Abs. 1 GG letztlich die Rechtsidee ihren Niederschlag gefunden hat. Das (verfassungsmäßige) Gesetz kann nur solange beanspru- **825**

19 So BVerfGE 35, 382 (401).
20 Vgl. BVerfGE 55, 349 (369).
21 Vgl. BVerfGE 12, 67 (71); 31, 137 (140).

chen, »Recht« zu sein, wie seine Konkretisierung durch den Richter im Einzelfall von sachfremden Einflüssen frei bleibt.

826 Die Rechtsbindung des Richters bildet den Grund für seine Unabhängigkeit, sie ist nicht etwa als Einschränkung der richterlichen Unabhängigkeit zu begreifen. Der Richter ist insofern unabhängig, *weil* er an das Gesetz gebunden ist, nicht *obwohl* er dem Gesetz unterworfen ist. Nur scheinbar wird das Begriffspaar »Gesetz und Recht« (Art. 20 Abs. 3 GG) in Art. 97 Abs. 1 GG verengt. Unter »Gesetz« ist jede Rechtsnorm zu verstehen; Art. 97 Abs. 1 GG umfasst also auch das nichtförmliche Recht. Freilich ist die Bindung des Richters auf Normen mit Rechtsqualität beschränkt; nicht-rechtsförmliche Normen oder Rechtsprechungsakte vermögen ihn nicht zu binden.[22]

827 Die entscheidende Frage in unserem Ausgangsfall ist deshalb, ob die bekannte Rechtsprechung des Bundesgerichtshofs zum Ersatz des immateriellen Schadens bei Verletzungen des Persönlichkeitsrechts als »Gesetz« (Recht) im Sinne des Art. 97 Abs. 1 GG anzusehen ist. Es handelt sich hierbei um eine *contra legem* (§ 253 BGB!) vollzogene Richterrechtsbildung.[23] Rechtscharakter im Sinne des Art. 97 Abs. 1 GG wird ihr erst zugesprochen werden können, wenn sie sich zu **Gewohnheitsrecht** verdichtet hat; eine ständige höchstrichterliche Judikatur allein vermag die Rechtsbindung anderer Gerichte nicht auszulösen. Allerdings spricht vieles dafür, dass sich der Schadensersatz bei Persönlichkeitsrechtsverletzungen inzwischen zu Gewohnheitsrecht verdichtet hat. In diesem Fall hätte das OLG Art. 97 Abs. 1 GG verletzt, als es sich über die Rechtsprechung des BGH hinwegsetzte.

828 Durch Gesetz kann der Richter auch an Rechtsprechungs- und Exekutivakte gebunden werden. Die Prozessordnungen sehen vor, dass das Gericht an die Rechtsauffassung des Revisionsgerichts gebunden ist, sofern eine Sache zurückverwiesen wird.

829 Das Oberlandesgericht wäre in jedem Fall an die Rechtsauffassung des BGH gebunden, wenn die Sache zurückverwiesen würde (§ 563 Abs. 2 ZPO).

830 Da die Bindung aber durch Gesetz vorgeschrieben ist, ist die richterliche Unabhängigkeit gleichwohl nicht eingeschränkt.

2. Persönliche Unabhängigkeit (Art. 97 Abs. 2 GG)

831 **Fall 67:** R ist (planmäßiger) Richter am Landessozialgericht. Er gilt als »schwierig«; überdies ist seine juristische Qualifikation umstritten. Durch Änderung des Geschäftsverteilungsplans des Gerichts wird R praktisch beschäftigungslos. In drei Jahren wird ihm nur eine Sache als Berichterstatter anvertraut. Auf seine Gegenvorstellungen wird R vom Präsidenten des Gerichts geantwortet, er (R) sei »im Interesse der Rechtspflege und des Ansehens des Landessozialgerichts sowie im Hinblick auf die Gesundheit der Senatskollegen praktisch von jeder richterlichen Tätigkeit fernzuhalten«.
(nach BVerfGE 17, 252)

832 Die sachliche Unabhängigkeit des Richters wäre wenig wert, wenn der Richter gegen seinen Willen versetzt oder entlassen werden könnte. Die in Art. 97 Abs. 2 GG garantierte **»persönliche« Unabhängigkeit** ist deshalb die notwendige Voraussetzung

22 Vgl. BVerfGE 78, 214 (214); 87, 273 (278); 98, 17 (48).
23 Vgl. aber BVerfGE 34, 269; dazu *J. Ipsen*, DVBl. 1984, S. 1104.

dafür, dass die sachliche Unabhängigkeit des Richters keine theoretische Position bleibt.

Die prinzipielle **Unabsetzbarkeit** und **Unversetzbarkeit** des Richters muss freilich mit den Notwendigkeiten des Richterdienstrechts in Einklang gebracht werden. Zunächst ist die persönliche Unabhängigkeit nur für »hauptamtlich und planmäßig endgültig« angestellte Richter gewährleistet. Richter auf Probe (»Assessoren«) können also, da sie keine Planstelle innehaben, »auch gegen ihren Willen abgeordnet werden«. Auch muss das Recht Möglichkeiten vorsehen, einen Richter wegen Straftaten oder Dienstpflichtverletzungen aus dem Amt zu entfernen (§§ 63 ff. DRiG). 833

Im Beispielsfall sind förmliche Maßnahmen gegen R nicht getroffen worden, insbesondere ist kein Disziplinarverfahren eingeleitet worden. Durch Änderung des Geschäftsverteilungsplans sollte R vielmehr »kaltgestellt« werden. Eine solche Maßnahme, durch die dem Betroffenen praktisch das Amt genommen wird, ist durch kein Gesetz gedeckt. Das BVerfG hat deshalb zu Recht festgestellt, dass sie gegen Art. 97 Abs. 2 GG verstoßen hat.[24] 834

Art. 97 Abs. 2 S. 3 GG trifft Vorkehrungen für die Auflösung von Gerichten und die Veränderung ihrer Bezirke. Es leuchtet ein, dass notwendige Änderungen der Gerichtsorganisation nicht durch die Unabsetzbarkeit von Richtern behindert werden dürfen. 835

III. Der gesetzliche Richter (Art. 101 Abs. 1 S. 2 GG)

Fall 66: A ist wegen Landesverrats zu einer mehrjährigen Freiheitsstrafe verurteilt worden. Ein Antrag auf Wiederaufnahme des Verfahrens (§ 359 StPO) wird von dem zuständigen Gericht abgelehnt. Bei der Entscheidung wirkt ein Richter mit, der im früheren Strafverfahren als Ergänzungsrichter (§ 192 Abs. 2 GVG) eingesetzt war. A vertritt die Auffassung, dass dieser Richter nach § 23 Abs. 2 StPO ausgeschlossen sei und über seinen Wiederaufnahmeantrag insofern nicht der »gesetzliche« Richter entschieden habe. 836

(nach BVerfGE 30, 149)

Der mit grundrechtsähnlichem Rang (»Justizgrundrecht«) ausgestattete Anspruch auf den **gesetzlichen Richter** ist eine institutionelle Sicherung rechtsstaatlichen Verfahrens. Die Rechtsweggarantie und die richterliche Unabhängigkeit würden für sich genommen noch nicht ausschließen, dass durch Manipulation der Zuständigkeit Richter mit der Sache befasst werden, von denen man eine bestimmte Entscheidung erwartet. Das Gebot des gesetzlichen Richters bedeutet deshalb in erster Linie, dass die **Gerichtszuständigkeiten** im Vorhinein durch **Gesetz** festgelegt werden.[25] 837

Die **sachliche Zuständigkeit** der Gerichtszweige ist durch das Gerichtsverfassungsgesetz (GVG) und die Prozessordnungen (VwGO, FGO, ArbGG, SGG) festgelegt. Die **Verwaltungsgerichte** sind hiernach für »öffentlich-rechtliche Streitigkeiten nichtverfassungsrechtlicher Art« zuständig (§ 40 Abs. 1 VwGO), während vor die ordentlichen Gerichte alle »bürgerlichen Rechtsstreitigkeiten« gehören (§ 13 GVG). Die **Arbeitsgerichte** sind für bestimmte bürgerlich-rechtliche Streitigkeiten zwischen Arbeitgebern und Arbeitnehmern zuständig (§ 2 ArbGG), während die **Sozialge-** 838

24 So BVerfGE 17, 252 (259 ff.).
25 Vgl. BVerfGE 19, 52 (59 f.); 95, 322 (327 f.); st. Rspr.

richte und die **Finanzgerichte** als besondere Verwaltungsgerichte für bestimmte öffentlich-rechtliche Streitigkeiten zuständig sind (§§ 51 SGG, 33 FGO). Die **instanzielle Zuständigkeit,** die eine Sonderform der sachlichen Zuständigkeit darstellt, wird ebenfalls durch das GVG und die Prozessordnungen geregelt.

839 Auch die **örtliche Zuständigkeit** der Gerichte – die sog. »Gerichtsbezirke« – ist durch **Gesetz** festgelegt. Diese Gesetze ermächtigen gelegentlich zum Erlass von Rechtsverordnungen, die freilich den allgemeinen Voraussetzungen genügen müssen, die an Rechtsverordnungen zu stellen sind. Unterhalb der Ebene der sachlichen und örtlichen Zuständigkeit der Gerichte werden die speziellen Zuständigkeiten der einzelnen Spruchkörper durch **Geschäftsverteilungspläne** bestimmt. Auch diese müssen im Vorhinein festgelegt und dürfen nicht aus Anlass eines bestimmten Verfahrens geändert werden. Das BVerfG hat in einer Vielzahl von Entscheidungen hierfür Grundsätze aufgestellt.[26]

840 Der »gesetzliche Richter« wird zudem (negativ) dadurch bestimmt, dass **Richter** unter bestimmten Voraussetzungen von der Mitwirkung am Verfahren **ausgeschlossen** sind. Ein einzelner Richter, der dem sachlich und örtlich zuständigen Gericht und dem nach dem Geschäftsverteilungsplan zuständigen Spruchkörper angehört, ist gleichwohl nicht der »gesetzliche Richter«, wenn er kraft Gesetzes an einer speziellen Rechtssache nicht mitwirken darf. Sofern er entgegen dem gesetzlichen Ausschluss mitwirkt, liegt nicht nur ein Verfahrensfehler, sondern auch ein Verstoß gegen Art. 101 Abs. 1 S. 2 GG vor, der mit der Verfassungsbeschwerde gerügt werden kann (Art. 93 Abs. 1 Nr. 4 a GG).[27]

841 Nach § 23 Abs. 2 StPO sind diejenigen Richter von der Entscheidung über einen Wiederaufnahmeantrag ausgeschlossen, die an der angefochtenen Entscheidung bzw. an der Entscheidung über ein Rechtsmittel mitgewirkt haben. Unser Beispielsfall warf die Frage auf, ob ein Ergänzungsrichter, der gerade nicht an der Entscheidung »mitgewirkt«, aber das gesamte Verfahren verfolgt hat, nach § 23 Abs. 2 StPO ausgeschlossen ist. Das BVerfG hat diese Frage verneint, freilich mit der wenig überzeugenden Begründung, dass ein Richter auch an einen ihm schon bekannten Sachverhalt unvoreingenommen herantrete.[28] Zutreffend dürfte demgegenüber die auch im Minderheitsvotum vertretene Auffassung sein, dass die Funktion des Ergänzungsrichters als »Mitwirkung« im Sinne der Strafprozessordnung zu werten ist, im konkreten Fall also der Richter kraft Gesetzes ausgeschlossen war.

IV. Rechtsschutz in der Europäischen Union

842 Auch die Europäische Union stellt ein Rechtsschutzsystem zur Verfügung, das dem der nationalen Gerichtsbarkeit vergleichbar ist. Die Richter des Europäischen Gerichtshofs sind persönlich und sachlich unabhängig und werden von den Regierungen der Mitgliedstaaten im gegenseitigen Einvernehmen auf sechs Jahre ernannt (Art. 19 Abs. 2 EUV). Für das Gericht erster Instanz gelten die gleichen Grundsätze (Art. 254 Abs. 2 AEUV). Die Abgrenzungen der Zuständigkeiten zwischen dem EuGH und dem EuG bestimmen sich im Einzelnen nach Art. 256 AEUV. Die Zuständigkeiten

---

26 Vgl. BVerfGE 17, 294 (299 f.); 69, 112 (121 f.); 95, 322.
27 Vgl. BVerfGE 30, 165 (167).
28 So BVerfGE 30, 149 (156).

der dem EuG beigeordneten Fachgerichte werden in der Verordnung über deren Bildung festgelegt (Art. 257 AEUV).

V. Rechtsprechung

BVerfGE 14, 56 (Gemeindegerichtsbarkeit); **E** 17, 252 (Ausschluss von richterlicher Tätigkeit durch Geschäftsverteilungsplan); **E** 21, 139 (Ablehnung eines Nachlassrichters); **E** 24, 33 (Verfassungsbeschwerde gegen Vertragsgesetz); **E** 25, 352 (Gnadenentscheidung); **E** 30, 108 (Widerruf einer Gnadenentscheidung); **E** 30, 149 (unzulässige Mitwirkung eines Richters); **E** 34, 269 (»Soraya«); **E** 40, 272 (Rechtsschutzeffektivität); **E** 40, 356 (Erneute Wahl eines Bundesverfassungsrichters: »Fall Zeidler«); **E** 65, 76 (Asylverfahrensgesetz); **E** 65, 182 (Vorrang von Sozialplänen im Konkurs); **E** 70, 35 (Normenkontrolle von Bebauungsplänen in Gesetzesform); **E** 103, 44 (Fernseh-Rundfunkaufnahmen in Gerichtsverhandlungen); **BVerwG,** DVBl. 1982, S. 1147 = **BVerwG,** NJW 1983, S. 187 (Gnadenentscheidung). 843

VI. Literatur

O. Bachof, Über Fragwürdigkeiten der Gnadenpraxis und der Gnadenkompetenz, JZ 1983, S. 469; *W. Durner,* Verfassungsrechtliche Grundlagen und Grenzen des Richterrechts, JA 2008, S. 7; *R. Grawert,* Verfassungsmäßigkeit der Rechtsprechung, JuS 1986, S. 753; *W. Henckel,* Richter im demokratischen und sozialen Rechtsstaat, JZ 1987, S. 209; *G. Hirsch,* Auf dem Weg zum Richterstaat, JZ 2007, S. 853; *H. Huba,* Gnade im Rechtsstaat?, Der Staat 29 (1990), S. 117; *F. Hufen,* Verfassungsrechtliche Grenzen des Richterrechts, ZRP 2003, S. 248; *J. Ipsen,* Richterrecht und Verfassung, 1975; *ders.,* Verfassungsrechtliche Schranken des Richterrechts, DVBl. 1984, S. 1102; *O. R. Kissel,* Die Novelle 1999 zur Präsidialverfassung, NJW 2000, S. 460; *F. Klein,* Tragweite der Generalklausel im Art. 19 Abs. 4 des Bonner Grundgesetzes, VVDStRL 8 (1950), S. 67; *R. Lippold,* »Richterrecht« und die Prüfung seiner Verfassungsmäßigkeit, DVBl. 1989, S. 140; *H.-J. Papier,* Die richterliche Unabhängigkeit und ihre Schranken, NJW 2001, S. 1089; *T. Raiser,* Richterrecht heute, ZRP 1985, S. 111; *G. Roellecke,* Die Bindung des Richters an Gesetz und Verfassung, VVDStRL 34 (1976), S, 7; *B. Rüthers,* Demokratischer Rechtsstaat oder oligarchischer Richterstaat, JZ 2002, S. 365; *W.-R. Schenke,* Rechtsschutz gegen Gnadenakte, JA 1981, S. 588; *ders.,* Rechtsschutz gegen Normen, JuS 1981, S. 81; *D. Simon,* Die Unabhängigkeit des Richters, 1975; *C. Starck,* Die Bindung des Richters an Gesetz und Verfassung, VVDStRL 34 (1976), S. 43; *A. Voßkuhle/G. Sydow,* Die demokratische Legitimation des Richters, JZ 2002, S. 673. 844

§ 17 Das Bundesverfassungsgericht

I. Der Rechtsstatus des Bundesverfassungsgerichts

845 Nach Art. 92 GG wird die rechtsprechende Gewalt durch das **Bundesverfassungsgericht,** die Bundesgerichte und die Gerichte der Länder ausgeübt. Mit dieser Vorschrift ist verfassungskräftig entschieden, dass das Bundesverfassungsgericht (institutionell) Teil der rechtsprechenden Gewalt ist und (materiell) Rechtsprechung ausübt. Der Umstand, dass sich die eingehenden Regelungen über die Zusammensetzung und Zuständigkeit des BVerfG im Abschnitt über die Rechtsprechung finden und ihm nicht etwa ein eigener Abschnitt gewidmet ist, deutet auf den rechtsstaatlichen Ursprung des Gerichts hin.

846 Eine verbreitete Auffassung spricht dem BVerfG darüber hinaus die Qualität eines **»obersten Verfassungsorgans«** zu und zieht hieraus rechtliche Konsequenzen.[1] In § 1 Abs. 1 BVerfGG wird das BVerfG als ein »allen übrigen Verfassungsorganen gegenüber selbständiger und unabhängiger Gerichtshof des Bundes« gekennzeichnet. Die hierin angedeutete Doppelnatur des Gerichts – Gerichtshof und Verfassungsorgan – setzt freilich voraus, dass der Begriff des »Verfassungsorgans« verfassungsrechtlich überhaupt belangvoll ist. Untersucht man diese Frage, so fällt als erstes auf, dass die Begriffsschöpfung »Verfassungsorgan« in der Verfassung selbst nicht auftaucht und sprachlich überdies verunglückt ist. Organe sind **Werkzeuge** von **Personengesamtheiten,** die als solche nicht handlungsfähig sind.[2] Insofern ist es folgerichtig, von »Staatsorganen« zu sprechen und für die durch die Verfassung besonders hervorgehobenen Staatsorgane den Begriff der **»obersten Staatsorgane«** zu wählen. Für den Bund (im Gegensatz zu den Ländern) würde sich der Begriff **»oberstes Bundesorgan«** empfehlen, den das Grundgesetz selbst nennt (Art. 93 Abs. 1 Nr. 1 GG). Unter diesen – gleichzeitig die Parteifähigkeit im Organstreitverfahren kennzeichnenden – Begriff würde das BVerfG naturgemäß nicht fallen.

847 Beginnend mit dem sog. **»Statusbericht«**, einer Denkschrift des BVerfG über die eigene Rechtsstellung aus dem Jahre 1952,[3] ist eine Diskussion darüber geführt worden, ob dem BVerfG die Qualität eines »obersten Verfassungsorgans« zukomme. Der Gesetzgeber hat in § 1 Abs. 1 BVerfGG im Grunde nur das nachvollzogen, was das BVerfG zur eigenen Rechtsstellung entwickelt hat. Obwohl die herrschende Lehre dem Statusbericht inhaltlich im Wesentlichen gefolgt ist,[4] muss nach wie vor bezweifelt werden, dass der Begriff »Verfassungsorgan« oder »oberstes Verfassungsorgan« rechtlich ergiebig ist.[5]

848 Abgesehen davon, dass der Begriff selbst ein Fehlgriff ist, ließe er sich dahin deuten, dass alle Staatsorgane, die in der Verfassung genannt werden, als »Verfassungsorgane« anzusprechen sind, demgemäß die obersten Staatsorgane als »oberste Verfassungsorgane« zu qualifizieren wären. Will man bei dieser Qualifikation nicht von dem

---

1 Vgl. kritisch *K. Schlaich/S. Korioth,* Das Bundesverfassungsgericht, Rn. 30 ff.
2 Vgl. *H. Brox/W.-D. Walker,* Allgemeiner Teil des BGB, 35. Aufl. 2011, Rn. 729.
3 Abgedr. in: JöR 6 (1957), S. 144.
4 Vgl. *K. Stern,* Staatsrecht II, S. 345 m. w. N.
5 Skeptisch auch *K. Schlaich/S. Korioth,* Das Bundesverfassungsgericht, Rn. 30 f.

tatsächlichen Anteil an der Staatsleitung[6] ausgehen, der das BVerfG ohne Zweifel in die erste Reihe rücken würde, so müssten Kriterien für diesen Begriff des Verfassungsorgans genannt werden. Die Erwähnung in der Verfassung allein reicht zur Definition des »obersten Verfassungsorgans« nicht aus, weil auch **Bundesbank** (Art. 88) und **Bundesrechnungshof** (Art. 114 Abs. 2) im Grundgesetz erwähnt sind, die nach übereinstimmender Auffassung im Schrifttum nicht zu den »obersten« Verfassungsorganen gehören.[7] Soweit die Unabhängigkeit von anderen Verfassungsorganen als Definitionsmerkmal postuliert wird, würden allein **Bundestag** und **Bundesrat** übrig bleiben. Der **Bundespräsident** und die **Bundesregierung** (in Gestalt des Bundeskanzlers) werden bekanntlich von **anderen Staatsorganen** gewählt. Sieht man vom Kreationsakt, bei dem das BVerfG auch von anderen Staatsorganen (Bundestag und Bundesrat) abhängig ist, ab, so ließe sich als Definitionsmerkmal die Verfassungsunmittelbarkeit postulieren. Als verfassungsunmittelbar können diejenigen Staatsorgane bezeichnet werden, die (den Kreationsakt vorausgesetzt) unmittelbar aufgrund der Verfassung tätig werden können, weil ihre Kompetenzen dort niedergelegt und untereinander abgegrenzt sind.[8]

In diesem Sinne verfassungsunmittelbar wären **Bundestag, Bundesrat, Bundespräsident** und **Bundesregierung,** deren Kompetenzen sämtlich im Grundgesetz (und **849**
nicht etwa in einem einfachen Gesetz) zu finden sind. Für das BVerfG trifft diese Voraussetzung nur mit Einschränkungen zu. Zwar sind die wesentlichen Verfahrensarten in Art. 93 GG niedergelegt; Art. 94 Abs. 2 GG schreibt indes ein **Bundesgesetz** für Verfassung, Verfahren und Entscheidungsmodalitäten vor. Im Gegensatz zu den genannten Staatsorganen regelt das BVerfG folglich sein Verfahren nicht autonom, sondern prozediert nach einer (einfach-gesetzlichen) **Prozessordnung.** An dieser Stelle zeigt sich, dass Gerichts- und Verfassungsorganqualität im Kern unvereinbar sind: Dem (staatlichen) Gericht ist die rechtssatzförmige Prozessordnung eigen, während das (oberste) »Verfassungsorgan« – terminologische Bedenken einmal zurückgestellt – nach einer autonom gesetzten Geschäftsordnung verfährt. Die Geschäftsordnung des BVerfG wiederum ist mit der des Bundestages oder Bundesrates nicht vergleichbar. Zum einen fehlt hierfür die Ermächtigung in der Verfassung, zum anderen aber bestimmt das BVerfGG die Zusammensetzung des Gerichts und sein Procedere: Die Geschäftsordnung vermag nur Lücken zu füllen. Eine Bundestag, Bundesrat oder Bundesregierung vergleichbare Geschäftsordnungsautonomie kommt dem BVerfG nicht zu.[9]

Legt man die hier vertretene Definition des Begriffs »Verfassungsorgan« zugrunde, **850**
so lässt sich dem BVerfG nur eine »verfassungsorganähnliche« Rechtsstellung zuerkennen. Damit erscheint ausgeschlossen, dass das BVerfG aus einer vermeintlichen Organstellung **rechtliche Konsequenzen** zieht.[10] Die Kompetenzen des BVerfG sind in Gestalt der Verfahrensarten nach Art. 93 GG umschrieben und lassen sich nicht unter Rückgriff auf den Status erweitern. Die Zugehörigkeit zur rechtsprechenden Gewalt schließt es aus, dass das BVerfG auf dem Umweg über den Oberbegriff

6 Vgl. *K. Hesse,* Grundzüge, Rn. 669.
7 Vgl. nur *K. Stern,* Staatsrecht II, S. 344 f.
8 Vgl. *K. Stern,* Staatsrecht II, S. 344.
9 Kritisch auch *K. Schlaich/S. Korioth,* Das Bundesverfassungsgericht, Rn. 28.
10 Anders *K. Stern,* Staatsrecht II, S. 345 f.

»oberstes Verfassungsorgan« politische Handlungskompetenzen für sich in Anspruch nimmt, wie sie für Bundestag, Bundesrat oder Bundesregierung selbstverständlich und typisch sind.[11]

851 Nicht berührt wird hierdurch die **protokollarische Stellung** des Präsidenten des BVerfG, der als oberster Repräsentant der rechtsprechenden Gewalt seinen Platz neben Bundespräsident, Bundestagspräsident, Bundesratspräsident und Bundeskanzler findet. Auch die Ministerialfreiheit des BVerfG wird durch die hier vorgenommene Qualifizierung nicht in Frage gestellt. Die mit dem Statusbericht verfolgten (und erreichten) Ziele sind wesentliche Voraussetzungen für die Entwicklung der Verfassungsgerichtsbarkeit in der Bundesrepublik gewesen. Gleichwohl besteht Anlass zu betonen, dass allein die **Verfassung,** nicht eine vermeintliche Verfassungsorganqualität dem BVerfG die Legitimation für sein Handeln vermittelt.

II. Zur Organisation des Bundesverfassungsgerichts

1. Richterwahl (Art. 94 Abs. 1 GG)

852 Das Grundgesetz legt in Art. 94 Abs. 1 S. 2 fest, dass die Mitglieder des BVerfG je zur Hälfte vom **Bundestag** und vom **Bundesrat** gewählt werden. Angesichts der entscheidenden Bedeutung, die das BVerfG für die Auslegung des Grundgesetzes und damit für das Verhältnis von Bund und Ländern hat, war es sachgerecht, den Bundesrat als eigenständiges Kreationsorgan zu installieren und nicht auf die Zustimmung zu den Wahlakten des Bundestages zu beschränken. Das Grundgesetz bestimmt dagegen weder die Zahl der zu wählenden Richter noch die Mehrheiten, die zur Wahl erforderlich sind. In Ausfüllung des Gesetzesvorbehalts (Art. 94 Abs. 2 GG) ist das **Bundesverfassungsgerichtsgesetz** (BVerfGG) ergangen, das in § 2 bestimmt, dass das BVerfG aus zwei Senaten mit je acht Richtern besteht.

853 Die vom Bundestag zu wählenden Richter werden in einem indirekten Wahlverfahren gewählt (§ 6 BVerfGG). Der Bundestag wählt nach den Regeln der Verhältniswahl einen Wahlausschuss, der aus 12 seiner Mitglieder besteht (§ 6 Abs. 2 BVerfGG). Der **Wahlausschuss** (nicht zu verwechseln mit dem »Richterwahlausschuss«, der nach Art. 95 Abs. 2 GG bei der Berufung der Richter an den obersten Gerichtshöfen des Bundes tätig wird) spiegelt das Stärkeverhältnis der Fraktionen im Parlament wider; wegen der geringen Zahl seiner Mitglieder ist aber nicht gewährleistet, dass jede Fraktion einen Vertreter in das Gremium entsendet.

854 Zur Wahl sind 8 der 12 Stimmen des Wahlausschusses notwendig (§ 6 Abs. 5 BVerfGG). Das ungewöhnlich **hohe Quorum,** das im Parlament der verfassungsändernden Mehrheit (Art. 79 Abs. 2 GG) entspricht, erweist sich als überaus wichtige Vorkehrung dagegen, dass die herrschende politische Richtung durch Personalentscheidungen die Rechtsprechung des BVerfG zu beeinflussen sucht. Auch im Bundesrat sind bei der (direkten) Wahl zwei Drittel der Stimmen erforderlich (§ 7 BVerfGG). Das Erfordernis einer qualifizierten Mehrheit für die Wahl zum Bundesverfassungsrichter ist nicht durch das Grundgesetz vorgegeben, sondern eine Schöpfung des

11 Ebenso *K. Schlaich/S. Korioth,* Das Bundesverfassungsgericht, Rn. 32.

einfachen Gesetzgebers. Durch Änderungen des BVerfGG könnte es deshalb beseitigt werden. Entsprechende Versuche sind jedoch erfolglos geblieben.[12]

Art. 94 Abs. 1 GG ordnet in einer nicht sogleich verständlichen Formulierung (»das Bundesverfassungsgericht besteht aus Bundesrichten und anderen Mitgliedern«) an, dass ein Teil des Gerichts sich aus den Richtern an den **obersten Gerichtshöfen** des Bundes rekrutieren soll. Diese Bestimmung wird durch § 2 Abs. 3 BVerfGG dahin konkretisiert, dass **drei Richter** jedes Senats aus der Zahl der Richter an den obersten Gerichtshöfen des Bundes ausgewählt werden. Angesichts der Besonderheiten des Verfassungsrechts und der Verfassungsgerichtsbarkeit mögen Zweifel an der Berechtigung einer solchen »Quote« erhoben werden. Der Verfassungsrang der Grundsatzentscheidung lässt demgegenüber nur die Frage zu, ob die obersten Gerichtshöfe des Bundes mit drei Richtern in jedem Senat angemessen repräsentiert sind. **855**

2. Wahlvoraussetzungen und Rechtsstellung der Richter

Gewählt werden kann, wer 40 Jahre alt ist und die Befähigung zum Richteramt nach dem Deutschen Richtergesetz besitzt (§ 3 Abs. 1 und 2 BVerfGG). Für das Amt des Bundesverfassungsrichters besteht eine strenge **Inkompatibilitätsregelung.** Mit der Ernennung scheiden die Richter aus dem gesetzgebenden Organ bzw. der Regierung von Bund oder Ländern aus (§ 3 Abs. 3 BVerfGG). Eine andere berufliche Tätigkeit als die eines Hochschullehrers ist mit der richterlichen Tätigkeit unvereinbar (§ 3 Abs. 4 BVerfGG). **856**

Die **Amtszeit** der Richter dauert 12 Jahre (§ 4 Abs. 1 BVerfGG), eine anschließende oder spätere Wiederwahl der Richter ist ausgeschlossen (§ 4 Abs. 2 BVerfGG). Diese ursprünglich nicht im BVerfGG enthaltene Vorschrift soll verhindern, dass die richterliche Tätigkeit in irgendeiner Weise von den Aussichten auf eine Wiederwahl beeinflusst wird. Sofern die Richter das 68. Lebensjahr vollendet haben, scheiden sie aus dem Amt aus, auch wenn die Amtszeit von 12 Jahren noch nicht abgelaufen ist (§ 4 Abs. 1 i. V. m. Abs. 3 BVerfGG). Die Richter am BVerfG sind Richter im Sinne des Art. 97 GG, also unabhängig und nur dem Gesetz unterworfen. Die Vorschriften des Deutschen Richtergesetzes gelten für die Richter des Bundesverfassungsgerichts jedoch nur insoweit, als sie mit der »besonderen Rechtsstellung dieser Richter« nach Grundgesetz und BVerfGG vereinbar sind (§ 69 DRiG). **857**

Die den Bundesverfassungsrichtern zukommende **persönliche Unabhängigkeit** (Art. 97 Abs. 2 GG) schließt es ein, dass sie nur in einem gesetzlich bestimmten förmlichen Verfahren aus dem Amt entfernt werden können. Nach § 105 Abs. 1 BVerfGG kann das BVerfG den Bundespräsidenten in besonderen Fällen ermächtigen, einen Richter des Bundesverfassungsgerichts zu entlassen. Voraussetzung ist eine rechtskräftige Verurteilung wegen einer strafbaren Handlung oder eine grobe Pflichtverletzung; überdies muss das Plenum die Einleitung eines solchen Verfahrens, das der Präsidentenanklage (Art. 61 GG) nachgebildet ist, beschließen (§ 105 Abs. 2 BVerfGG). **858**

Die einzelnen Rechtsvorschriften des BVerfGG lassen die tatsächliche Stellung der Richter im Verfassungsleben nur in groben Umrissen erkennen. Hier entfaltet sich ein **859**

12 Vgl. *A. Baring*, Außenpolitik in Adenauers Kanzlerdemokratie, Bd. 2, 1971, S. 156 f.

Bereich, in dem die vermeintliche Qualität des Bundesverfassungsgerichts als »oberstes Verfassungsorgan« eine Rolle spielt. Soweit durch protokollarische Maßnahmen das Ansehen des BVerfG erhöht wird, sind sie auch verfassungspolitisch wünschenswert. Rechtliche Privilegien allerdings sind nicht sachgerecht und dürften in einer parlamentarischen Demokratie keinen Platz haben.

III. Das Bundesverfassungsgericht im Spannungsverhältnis von Recht und Politik

860 Der zentrale Einwand, der gegen die Verfassungsgerichtsbarkeit im Allgemeinen, insbesondere aber die Rechtsprechung des BVerfG erhoben wird, lautet, dass Politik im Gewand des Rechts betrieben werde.[13] Der Vorwurf eines *»gouvernement des juges«* ist nicht von vornherein zurückzuweisen, angesichts einer Verfassung wie dem Grundgesetz aber zu pauschal.

861 Zunächst muss berücksichtigt werden, dass Verfassungsrecht seinem Wesen nach **politisches Recht** ist, d. h. sein Gegenstand allemal politisch bedeutsame Fragen sind. Wird die Verfassungsmäßigkeit eines Gesetzes angezweifelt, das politisch umstritten war, oder streiten Verfassungsorgane über Kompetenzen – etwa die Auflösung des Bundestages –, so hat der Rechtsstreit von vornherein eine politische Dimension. Damit ist aber nicht gesagt, dass der Richter **parteiisch** oder **parteipolitisch** entscheidet. Die politische Relevanz eines Rechtsstreits hat zunächst mit der Art der Entscheidungsfindung nichts zu tun.

862 Der gegen die Verfassungsgerichtsbarkeit erhobene Einwand, Politik im Mantel des Rechts zu betreiben, stützt sich zugleich auf das Verfassungsrecht als solches, das vorgeblich Interpretationsspielräume enthalte, die politische Wertungen notwendig mache. Soweit dieser kritischen Haltung die Vorstellung einer Dichotomie von Recht und Politik zugrunde liegt, darf sie als widerlegt gelten. Recht und Politik sind vielfach verwoben. Das Recht stellt sich als Zweck, Produkt, Rahmen und Maßstab der Politik dar.[14] Ein ganz wesentliches Ziel aller Politik ist es, durch das Medium des Gesetzes Politik zu Recht »gerinnen« zu lassen. Der politische Prozess wäre ohne die im Grundgesetz und anderen Gesetzen enthaltenen Verfahrensregeln nicht zu domestizieren. Letztlich liefert das Recht den Maßstab, an dem alle Politik zu prüfen ist, scheidet also politische Zielvorstellungen, die mit der Verfassung zu vereinbaren sind, von jenen, die im Gegensatz zur Verfassung stehen.[15] Angesichts dieser vielfältigen Verwobenheit lassen sich Recht und Politik nicht als wesensmäßige Gegensätze, sondern als verschiedene Pole der Sozialgestaltung begreifen.[16] Zu weit geht allerdings die Auffassung, es ließe sich nur kritisieren, *welche Politik* das BVerfG betreibe, weil Politik für die Verfassungsgerichtsbarkeit unausweichlich sei.[17] Politik ist freie Sozialgestaltung im Rahmen des Rechts, also **zweckgerichtet** und **normbegrenzt.** Rechtsentscheidungen sind hingegen in erster Linie **normbestimmt,** weisen also ganz

13 Vgl. hierzu *H. Simon,* in: Benda/Maihofer/Vogel, Handbuch des Verfassungsrechts, § 34 Rn. 46 f. m. w. N.; *K. Stern,* Verfassungsgerichtsbarkeit zwischen Recht und Politik, 1980.

14 Vgl. *D. Grimm,* JuS 1969, S. 502.

15 Vgl. *D. Grimm,* JuS 1969, S. 502 f.

16 Vgl. *J. Ipsen,* Rechtsfolgen der Verfassungswidrigkeit von Norm und Einzelakt, S. 198.

17 So *P. Häberle,* in: ders. (Hrsg.), Verfassungsgerichtsbarkeit, S. 4.

andere Legitimationsgrundlagen auf.[18] Die politische Entscheidung will richtig, d. h. erfolgreich, zukunftsweisend sein; die Rechtsentscheidung dagegen beansprucht, **gerecht** zu sein, d. h. mit dem Recht übereinzustimmen. Wenn hiergegen der Einwand erhoben wird, dass die (politische) Motivation verfassungsrechtlicher Entscheidungen nicht immer zutage träte, angesichts der Dehnbarkeit verfassungsrechtlicher Begriffe vielmehr jede Entscheidung in Anspruch nehmen könne, am Maßstab des Rechts ausgerichtet zu sein, so ist darauf zu entgegnen, dass derartige Entscheidungen im Einzelfall *falsch* sein mögen, die Möglichkeit von Rechtsentscheidungen im Verfassungsrecht aber nicht schlechthin in Frage stellen.

Dieser Befund wird am Beispiel von Kompetenzvorschriften des Grundgesetzes **863** besonders augenfällig. Die Art. 73 und 74 GG enthalten ebenso wie die Art. 83 ff. oder 92 ff. GG sehr genaue Abgrenzungen für die jeweiligen Kompetenzen von Bund und Ländern. Derartige Vorschriften ermöglichen Rechtsentscheidungen in gleichem Maße, wie sie in jedem anderen Rechtsgebiet getroffen werden.

Zuzugeben ist, dass die **Grundrechte** nicht immer die gleiche rechtliche Eindeutigkeit **864** wie andere Verfassungsbestimmungen besitzen und deshalb der Konkretisierung bedürfen. Gleichwohl wäre es verfehlt, die Grundrechte als Generalklauseln zu bezeichnen, deren Ausfüllung in das **Belieben** des Verfassungsrichters gestellt ist. Jedes Grundrecht steht in einer bestimmten verfassungsgeschichtlichen Tradition, soll spezifischen Gefährdungen begegnen und in Gestalt seiner Schranken wiederum bestimmte staatliche Handlungen zulassen.[19] Es bedarf großer – vom BVerfG in mehr als sechs Jahrzehnten hervorragend geleisteter – Präzisionsbemühungen, um die Grundrechte zu konkretisieren; derartige Entscheidungen aber sind ohne Zweifel **»Rechtsentscheidungen«**.

Die Eigenart des Verfassungsrechts ist zwar in ihrer Verwobenheit mit der Politik zu **865** sehen, sie führt aber nicht notwendig dazu, dass Verfassungsgerichte Anteil an politischen **Grundentscheidungen** haben. Hinzukommen muss – und hier mag die Kritik am Bundesverfassungsgericht eher berechtigt sein – der Wille zu aktiver Sozialgestaltung durch das Medium des Richterspruchs.[20] Hierin darf nicht sogleich die Usurpation organfremder Kompetenzen gesehen werden. Die rechtsstaatliche Tradition ist in Deutschland im Vergleich zur demokratischen soviel älter, dass Rechtsentscheidungen (oder solche, die vorgeben, durch das Recht determiniert zu sein) häufig auf **größeren Konsens** stoßen als im politischen Prozess getroffene Mehrheitsentscheidungen.[21] Beleg hierfür liefern die vielfachen Versuche der jeweils unterlegenen Seite, die parlamentarische Niederlage im Bundestag durch einen Sieg in Karlsruhe auszugleichen. Aufgrund dieser Übung kann der Eindruck entstehen, dass Gesetze oder andere Grundsatzentscheidungen erst »wirksam« werden, wenn sie verfassungsrichterliche Bestätigung gefunden haben. Diese Gewohnheit mag auch zum richterlichen Selbstbewusstsein beigetragen haben, in Angelegenheiten von politischer Relevanz jeweils die Letztentscheidungskompetenz zu besitzen. Die Ein-

18 Vgl. *J. Ipsen,* Rechtsfolgen der Verfassungswidrigkeit von Norm und Einzelakt, S. 198 ff.

19 Vgl. *J. Ipsen,* Staatsrecht II, 15. Aufl. 2012, Rn. 127 ff.

20 Vgl. zu der vergleichsweise zurückhaltenden Praxis des österreichischen Verfassungsgerichtshofs *K. Korinek,* VVDStRL 39 (1981), S. 31 f.

21 Vgl. *K. Schlaich,* VVDStRL 39 (1981), S. 115 f., andererseits hat sich das BVerfG seine Position im Gefüge der Staatsfunktionen erst erkämpfen müssen. Vgl. *J. Ipsen,* Der Staat der Mitte, S. 75 ff.

fügung des BVerfG in die übrigen Staatsfunktionen, die Verbindung von rechtsstaatlichem und demokratischem Prinzip wird im Ergebnis nur gelingen, wenn das Bundesverfassungsgericht sich seiner **Gerichtsqualität** und damit verbunden seiner **Rechtsgebundenheit** bewusst bleibt. Die Überzeugungskraft seiner Urteile beruht darauf, dass die Verfassung ausgelegt wird, nicht darauf, dass freie Abwägungen vorgenommen oder salomonische Urteile gefällt werden. Je weiter sich das BVerfG in das politische Terrain vorwagt – möge es hierzu auch geradezu gedrängt werden –, desto eher verliert es seine spezifische Legitimation, die nicht in der Kompetenz einer Entscheidung überhaupt, sondern in der zur **Rechtsentscheidung** liegt.

866 Die dem BVerfG vielfach angeratene **richterliche Selbstbeschränkung** (*»judicial self-restraint«*)[22] vermag das Spannungsverhältnis zwischen den Institutionen allein nicht aufzulösen. Beispiele aus der Verfassungsgeschichte zeigen, dass Gerichte sich der Zurückhaltung befleißigt haben, als Rechtsschutz dringlich gewesen wäre. Zurückhaltung ist freilich geboten, soweit es sich um Prognosen[23] handelt, denn der Richter vermag in die Zukunft ebenso wenig zu schauen wie der Gesetzgeber. Zurückhaltung ist besonders auf Gebieten erforderlich, die – wie das Feld der Außenpolitik[24] – nur in geringem Maße normativ bestimmt sind. Es wäre eine verfassungsrichterliche Anmaßung, eine bestimmte Politik aus der Verfassung »abzuleiten«, um sie den hierfür zuständigen Organen sodann als mit dem Vorrang der Verfassung versehen zu präsentieren.

867 Jenseits kritischer Einwände gegen einzelne Entscheidungen ist insgesamt festzustellen, dass dem BVerfG ein überragender Anteil am Aufbau der parlamentarischen Demokratie in der Bundesrepublik zukommt. Die Grundsatzentscheidungen haben je auf ihrem Gebiet zur Konsensbildung beigetragen und sind regelmäßig in ihrer juristischen Qualität (und ihrem ethischen Anspruch) bis heute von hohem Wert. Das BVerfG bildet überdies gegenüber den **politischen Parteien** ein gewisses **Gegengewicht,** so dass deren Dominanz in Grenzen gehalten worden ist. Trotz der historischen Leistung und der nicht wegzudenkenden Stellung im politischen System der Bundesrepublik wird das BVerfG seine integrierende Wirkung nur dann weiterhin erfolgreich entfalten können, wenn (institutionell) die Gerichtsqualität und (materiell) die Normgebundenheit seine Tätigkeit bestimmen. Aus der Letztentscheidungsbefugnis in vielen Verfassungskonflikten darf sich nicht ein Bewusstsein der Souveränität – der Innehabung oberster Gewalt – entwickeln, die in einer Demokratie nur beim Volk liegen kann (Art. 20 Abs. 2 S. 1 GG).

IV. Der Europäische Gerichtshof als Verfassungsgericht der Europäischen Union

868 Dem **Europäischen Gerichtshof** ist die Aufgabe zugewiesen, die Wahrung des Rechts bei der Auslegung und Anwendung der Verträge zu sichern (Art. 19 EUV). Unbeschadet der Frage, wieweit das **Primärrecht** als **Verfassung** der Europäischen Union anzusehen ist, kommt dem Europäischen Gerichtshof die Funktion eines

22 Vgl. *K. Stern,* Staatsrecht II, S. 958 ff.
23 Vgl. *F. Ossenbühl,* Festgabe BVerfG I, 1976, S. 484; BVerfGE 16, 147 (181); 30, 250 (263).
24 Vgl. *G. F. Schuppert,* Die verfassungsgerichtliche Kontrolle der Auswärtigen Gewalt, insbes. S. 207 ff. und unten Rn. 1121 ff.

Verfassungsgerichts zu, d. h. er entscheidet Rechtsstreitigkeiten **zwischen** den Unionsorganen, zwischen Unionsorganen und Mitgliedstaaten und zwischen den Mitgliedstaaten.[25]

Obwohl es bis zum Inkrafttreten des Reformvertrags noch keinen primärrechtlichen Grundrechtskatalog gab, hat der Europäische Gerichtshof in seiner Rechtsprechung die in den Verfassungen der Mitgliedstaaten gemeinsamen Grundrechte bzw. die Menschenrechte der Europäischen Menschenrechtskonvention angewandt; entsprechend wurden die in der Europäischen Grundrechtscharta aufgeführten Grundrechte herangezogen.[26] Der Europäische Gerichtshof erfüllte auch insofern die Aufgaben eines Verfassungsgerichts. Mit dem Vertrag von Lissabon sind die in der Charta der Grundrechte der Europäischen Union niedergelegten Rechte, Freiheiten und Grundsätze gemäß Art. 6 Abs. 1 EUV als für die Union verbindlich anerkannt und die Charta als den Verträgen rechtlich gleichrangig eingeordnet worden. Der EuGH wacht über die Gewährleistung der dort garantierten Grundrechte. 869

Der Europäische Gerichtshof wird als »**Motor der Integration**« bezeichnet.[27] Die Rechtsprechung des EuGH darf jedoch nicht dazu führen, dass die Unionskompetenzen entgegen dem Grundsatz der begrenzten Einzelermächtigung ausgedehnt werden.[28] Über die Frage, ob dies im Einzelfall geschehen ist, hat jedoch der EuGH und nicht die nationale Verfassungsgerichtsbarkeit zu entscheiden. 870

V. Rechtsprechung

BVerfGE 20, 1 (Ablehnung des Richters Leibholz); **E** 72, 296 (Selbstablehnung des Richters Herzog); **E** 73, 330 (Ablehnung des Richters Simon); **E** 102, 192 (Selbstablehnung des Richters Jentsch); **E** 108, 122 (Selbstablehnung des Richters Jentsch). 871

VI. Literatur

R. Alexy, Verfassungsrecht und einfaches Recht – Verfassungsgerichtsbarkeit und Fachgerichtsbarkeit, in: VVDStRL 61 (2002), S. 7; *E. Benda/E. Klein/O. Klein,* Verfassungsprozessrecht, 3. Aufl. 2012; *A. Bleckmann,* Zu den Methoden der Gesetzesauslegung in der Rechtsprechung des BVerfG, JuS 2002, S. 942; *E.-W. Böckenförde,* Die Methoden der Verfassungsinterpretation – Bestandsaufnahme und Kritik, NJW 1976, S. 2089; *ders.,* Verfassungsgerichtsbarkeit: Strukturfragen, Organisation, Legitimation, NJW 1999, S. 9; *W. Brohm,* Die Funktion des BVerfG – Oligarchie in der Demokratie?, NJW 2001, S. 1; *R. Dreier/F. Schwegmann* (Hrsg.), Probleme der Verfassungsinterpretation, 1976; *R. Gaier,* Die Durchsetzung verfassungsgerichtlicher Entscheidungen, JuS 2011, S. 961; *D. Grimm,* Recht und Politik, JuS 1969, S. 501; *ders.,* Verfassungsgerichtsbarkeit im demokratischen System, JZ 1976, S. 697; *P. Häberle* (Hrsg.), Verfassungsgerichtsbarkeit, 1976; *ders.,* Verfassungsgerichtsbarkeit zwischen Politik und Rechtswissenschaft, 1980; *W. Hassemer,* Politik aus Karlsruhe, JZ 2008, S. 1; *G. Hermes,* Verfassungsrecht und einfaches Recht – Verfassungsgerichtsbarkeit und Fachgerichtsbarkeit, 872

25 Vgl. *R. Streinz,* Europarecht, Rn. 415 ff.
26 Vgl. *R. Streinz,* Europarecht, Rn. 738 ff.
27 *T. Oppermann/C. D. Classen/M. Nettesheim,* Europarecht, § 5 Rn. 152 ff.; *I. Pernice,* Die Dritte Gewalt im europäischen Verfassungsverbund, EuR 1996, 27 ff.
28 Vgl. zum Grundsatz der begrenzten Einzelermächtigung *T. Oppermann/C. D. Classen/M. Nettesheim,* Europarecht, § 11 Rn. 3 ff.

in: VVDStRL 61 (2002), S. 119; *W. Heun,* Verfassungsrecht und einfaches Recht – Verfassungsgerichtsbarkeit und Fachgerichtsbarkeit, in: VVDStRL 61 (2002), S. 80; *C. Hillgruber,* Ohne rechtes Maß? Eine Kritik der Rechtsprechung des Bundesverfassungsgerichts nach 60 Jahren, JZ 2011, S. 861; *D. Hömig,* Das Kooperationsverhältnis zwischen Bundesverfassungsgericht und Europäischem Gerichtshof für Menschenrechte, NdsVBl. 2011, S. 126; *F. Hufen,* Bundesverfassungsgericht und Landesverfassungsgericht nach der Föderalismusreform – Zwischen Einheit und Eigenständigkeit der Verfassungsräume, NdsVBl. 2010, S. 122; *J. Ipsen,* Rechtsfolgen der Verfassungswidrigkeit von Norm und Einzelakt, 1980; *J. Isensee,* Bundesverfassungsgericht – quo vadis?, JZ 1996, S. 1085; *M. Jestaedt,* Der „Europäische Verfassungsgerichtsverbund" in (Verfahrenskenn-)Zahlen: Die Arbeitslast von BVerfG, EuGH und EGMR im Vergleich, JZ 2011, S. 872; *ders.*, Verfassungsrecht und einfaches Recht – Verfassungsgerichtsbarkeit und Fachgerichtsbarkeit, DVBl. 2001, S. 1309; *F. Kirchhof,* Grundrechtsschutz durch europäische und nationale Gerichte, NJW 2011, S. 3681; *ders.*, Die Rolle der Landesverfassungsgerichte im deutschen Staat, VBlBW 2003, S. 137; *P. Kirchhof,* Die Aufgaben des Bundesverfassungsgerichts in Zeiten des Umbruchs, NJW 1996, S. 1497; *M. Knauff,* Das Verhältnis zwischen Bundesverfassungsgericht, Europäischem Gerichtshof und Europäischem Gerichtshof für Menschenrechte, DVBl. 2010, S. 533; *M. Kriele,* Recht und Politik in der Verfassungsrechtsprechung, NJW 1976, S. 777; *P. Kunig,* Verfassungsrecht und einfaches Recht – Verfassungsgerichtsbarkeit und Fachgerichtsbarkeit, in: VVDStRL 61 (2002), S. 34; *J. Limbach,* Das Bundesverfassungsgericht und der Grundrechtsschutz in Europa, NJW 2001, S. 2913; *F. C. Mayer/M. Walter,* Die Europarechtsfreundlichkeit des BVerfG nach dem Honeywell-Beschluss, Jura 2011, S. 532; *A. Paulus,* Gesetzliche Regelungslücken nach Entscheidungen von BVerfG und EuGH, NJW 2011, S. 3686; *M. Polzin,* Das Rangverhältnis von Verfassungs- und Unionsrecht nach der neuesten Rechtsprechung des BVerfG, JuS 2012, S. 1; *G. Roellecke,* Zum Problem einer Reform der Verfassungsgerichtsbarkeit, JZ 2001, S. 114; *ders.*, Roma locuta – Zum 50-jährigen Bestehen des BVerfG, NJW 2001, S. 2924; *W.-R. Schenke,* Verfassungsgerichtsbarkeit und Fachgerichtsbarkeit, 1987; *K. Schlaich,* Die Verfassungsgerichtsbarkeit im Gefüge der Staatsfunktion, VVDStRL 39 (1981), S. 99; *ders./S. Korioth,* Das Bundesverfassungsgericht, 9. Aufl. 2012; *B. Schlink,* Abschied von der Dogmatik. Verfassungsrechtsprechung und Verfassungsrechtswissenschaft im Wandel, JZ 2007, S. 157; *H.-P. Schneider,* Verfassungsgerichtsbarkeit und Gewaltenteilung, NJW 1980, S. 2103; *G. F. Schuppert,* Die verfassungsrechtliche Kontrolle der auswärtigen Gewalt, 1973; *ders.*, Funktionell-rechtliche Grenzen der Verfassungsgerichtsbarkeit, 1980; *C. Starck,* Das Bundesverfassungsgericht im politischen Prozeß der Bundesrepublik, 1976; *ders.*, Verfassungsgerichtsbarkeit und Fachgerichte, JZ 1996, S. 1033; *K. Stern,* Verfassungsgerichtsbarkeit zwischen Recht und Politik, 1980; *A. Voßkuhle,* Stabilität, Zukunftsoffenheit und Vielfaltssicherung – Die Pflege des verfassungsrechtlichen »Quellcodes« durch das BVerfG, JZ 2009, S. 917; *ders.*, Der europäische Verfassungsgerichtsverbund, NVwZ 2010, S. 1.

§ 18 Verfassungsgerichtliche Verfahrensarten

Die **Zuständigkeiten** des **Bundesverfassungsgerichts** werden nicht durch eine Generalklausel umschrieben, sie sind vielmehr im Grundgesetz und im Bundesverfassungsgerichtsgesetz **erschöpfend** aufgezählt. Im Gegensatz zu den Zivil- und Verwaltungsgerichten, deren Zuständigkeit durch die rechtliche Eigenart der Streitigkeit (bürgerlich-rechtliche – § 13 GVG – oder öffentlich-rechtliche Streitigkeit nichtverfassungsrechtlicher Art – § 40 Abs. 1 VwGO) begründet wird, wird der Zugang zum BVerfG durch eine **Enumeration** von Verfahrensarten bestimmt. Es genügt folglich nicht, dass eine Rechtsstreitigkeit ihrer Natur nach »verfassungsrechtlich« ist, das BVerfG ist zur Entscheidung nur befugt, wenn eine **Verfahrensart** zur Verfügung steht. Das durch Art. 93 GG festgelegte Enumerationssystem der Verfahrensarten (oder auch: »Aktionensystem«) macht es notwendig, in jedem Fall eigens zu prüfen, ob eine Entscheidungszuständigkeit des BVerfG (in Gestalt einer der Verfahrensarten) gegeben ist. Der verfassungsprozessuale Anteil verfassungsrechtlicher Aufgabenstellungen entfällt deshalb im Wesentlichen auf die Frage, ob eine Verfahrensart gegeben ist und ihre besonderen Zulässigkeitsvoraussetzungen im Einzelfall vorliegen. **873**

Entgegen dem von einer Enumeration der Verfahrensarten vermittelten Eindruck sind die **Entscheidungskompetenzen** des BVerfG **umfassend.** Das BVerfG hat durch seine Interpretation der Verfahrensvorschriften und des materiellen Rechts (insbesondere der Grundrechte) dafür gesorgt, dass ein vor dieses Forum getragener Rechtsstreit verfassungsrechtlich umfassend geprüft und abschließend entschieden wird. **874**

Die einzelnen Verfahrensarten unterscheiden sich voneinander nicht nur im Hinblick auf den jeweiligen Gegenstand, der in ihnen behandelt wird; sie legen das BVerfG auch bei der zu treffenden Entscheidung (dem »Entscheidungstenor«) fest. Die Nichtigkeit einer Norm kann zum Beispiel im Normenkontrollverfahren und im Verfassungsbeschwerdeverfahren, nicht aber im Organstreitverfahren festgestellt werden, obwohl die verfassungsrechtliche Prüfung einer Norm auch im Rahmen einer Organstreitigkeit möglich ist. Die Verfahrensarten bestimmen insofern nicht nur den Zugang zum BVerfG, sondern legen auch fest, wie die **Entscheidung** des **BVerfG** in den einzelnen Verfahren lauten kann. Insofern wird durch das Enumerationssystem die Verfassungsgerichtsbarkeit in ihrem Verhältnis zu den anderen Staatsfunktionen bestimmt und abgegrenzt. **875**

Die wichtigsten Verfahrensarten werden in Art. 93 Abs. 1 GG aufgezählt. Art. 93 Abs. 1 Nr. 5 GG verweist auf die »übrigen in diesem Grundgesetz vorgesehenen« Fälle. Damit sind jene Verfahrensarten gemeint, die sich verstreut über das ganze Grundgesetz finden und nicht noch einmal in Art. 93 Abs. 1 GG wiederholt werden. Gemeinsam ist den Art. 93 Abs. 1 GG unterfallenden Verfahrensarten der Verfassungsrang, was nichts anderes bedeutet, als dass sie nur durch Verfassungsänderung verändert oder beseitigt werden können. Art. 93 Abs. 3 GG räumt demgegenüber auch dem **einfachen Gesetzgeber** die Möglichkeit ein, weitere Entscheidungszuständigkeiten des BVerfG zu **begründen.** Von dieser Möglichkeit ist aber nur vereinzelt Gebrauch gemacht worden.[1] Die Entscheidungszuständigkeiten des BVerfG werden gegenwärtig zum weitaus größten Teil durch das Grundgesetz bestimmt. **876**

---

1 Zu nennen sind insbesondere folgende Zuständigkeiten: § 105 BVerfGG; § 33 II PartG; § 50 III

877 Die im Grundgesetz verstreuten und in Art. 93 Abs. 1 GG genannten Entscheidungszuständigkeiten des BVerfG werden in § 13 BVerfGG zusammengefasst. Die Aufzählung folgt dem Aufbau des Grundgesetzes, beginnt also mit der ersten im Grundgesetz genannten Entscheidungskompetenz (Art. 18 GG) und endet mit der letzten dem BVerfG übertragenen Zuständigkeit (Art. 126 GG). Mit der Aufzählung in § 13 BVerfGG werden nicht nur die Entscheidungszuständigkeiten des BVerfG zusammengefasst, sie bietet auch einen Schlüssel für die in der Verfahrenspraxis verwandten Aktenzeichen.[2]

878 Jeder der in § 13 BVerfGG genannten Verfahrensarten sind im dritten Teil des BVerfGG »besondere Verfahrensvorschriften« zugeordnet. Die Frage, ob eine Verfahrensart im konkreten Fall statthaft ist, lässt sich deshalb erst aus einer Zusammenschau der grundgesetzlichen und der einfachgesetzlichen Vorschriften beantworten.

I. Organstreitverfahren (Art. 93 Abs. 1 Nr. 1 GG, §§ 13 Nr. 5, 63 ff. BVerfGG)

879 **Fall 67:** Am 6.1.1983 löste der Bundespräsident auf Vorschlag des Bundeskanzlers den 9. Deutschen Bundestag auf und setzte für den 6.3.1983 Neuwahlen an. Mehrere Bundestagsabgeordnete, die aufgrund der vorzeitigen Beendigung der Legislaturperiode ihr Mandat verloren und keine Aussicht hatten, wiederum in den Bundestag gewählt zu werden, vertraten die Auffassung, die Bundestagsauflösung sei verfassungswidrig, weil die Voraussetzungen des Art. 68 Abs. 1 GG nicht vorgelegen hätten.

(nach BVerfGE 62, 1)

1. Rechtsnatur der Organstreitigkeit

880 Die Organstreitigkeit ist ein kontradiktorisches Verfahren zwischen **obersten Bundesorganen** über die ihnen durch das Grundgesetz zugewiesenen **Kompetenzen.** Obgleich der in Art. 93 Abs. 1 Nr. 1 GG verwandte Begriff »Rechte und Pflichten« eine andere Deutung zuließe, bilden nicht subjektive Berechtigungen, sondern objektive Zuständigkeiten den Gegenstand des Verfahrens. Ihre Verletzungen können das betroffene Bundesorgan oder Teile desselben geltend machen. Die Organstreitigkeit bietet eine wesentliche Voraussetzung dafür, dass Kompetenzkonflikte nicht durch schlichte Machtausübung, sondern durch **Rechtsentscheidung** beendet werden. Sie ist gleichzeitig ein Verfahren zur Sicherung des Verfassungsrechts, denn in ihr wird aus Anlass von Streitigkeiten über Organkompetenzen auch »über die Auslegung dieses Grundgesetzes« entschieden.

VwGO; § 39 II 2, 3 SGG; § 26 III EuWG; § 24 V 3 des Gesetzes über das Verfahren bei Volksentscheid, Volksbegehren und Volksbefragung nach Art. 29 VI GG (vom 30.7.1979; BGBl. I, S. 1317).

2 Den in § 13 BVerfGG aufgeführten Verfahrensarten werden Buchstaben in alphabetischer Reihenfolge zugeordnet (§ 13 Nr. 1 = A; § 13 Nr. 2 = B; § 13 Nr. 3 = C usw.). Nur die im Wege der Novellierung in § 13 BVerfGG aufgenommene Verfassungsbeschwerde (§ 13 Nr. 8 a = R) fällt aus diesem System heraus. Der jeweils zuständige Senat des Bundesverfassungsgerichts wird mit einer arabischen Ziffer bezeichnet, so dass auf diese Weise die Aktenzeichen des Bundesverfassungsgerichts neben der Senatszuständigkeit auch die Verfahrensart bezeichnen, in der das BVerfG entschieden hat.

2. Zulässigkeitsvoraussetzungen

a) Parteifähigkeit (§ 63 BVerfGG)

Art. 93 Abs. 1 Nr. 1 GG nennt als parteifähig nur die »**obersten Bundesorgane**« oder andere Beteiligte, die durch das Grundgesetz oder in einer Geschäftsordnung eines obersten Bundesorgans mit eigenen Rechten ausgestattet sind. Die notwendige Konkretisierung der Parteifähigkeit wird durch § 63 BVerfGG vorgenommen. Hiernach können Antragsteller und Antragsgegner (Parteien) nur der **Bundespräsident,** der **Bundestag,** der **Bundesrat,** die **Bundesregierung** »und die im Grundgesetz oder in den Geschäftsordnungen des Bundestages und des Bundesrates mit eigenen Rechten ausgestatteten **Teile** dieser Organe« sein. Als solche Organteile kommen im Falle des Bundestages vor allem **Fraktionen** und **Ausschüsse** in Betracht. Das gleiche gilt für anerkannte Gruppen (§ 10 Abs. 4 GOBT).[3] 881

Untersuchungsausschüsse des Bundestages haben einen eigenen verfassungsrechtlichen Status (Art. 44 GG). Wird dieser Status durch Maßnahmen anderer Bundesorgane beeinträchtigt, ist der Untersuchungsausschuss nach § 63 BVerfGG parteifähig. Das BVerfG gesteht darüber hinaus den im Untersuchungsausschuss vertretenen Fraktionen die Parteifähigkeit im Organstreitverfahren zu.[4] 882

Teile der Bundesregierung sind die **Bundesminister,** die ebenfalls im Organstreitverfahren parteifähig sind, sofern ihnen ein eigener verfassungsrechtlicher Status eingeräumt ist (Art. 43 Abs. 2, 53 S. 1 und 2, 58 S. 1, 65 S. 2 GG). Eine besonders herausgehobene verfassungsrechtliche Stellung hat zudem der **Bundesminister der Finanzen** bei der Bewilligung überplanmäßiger und außerplanmäßiger Ausgaben (Art. 112 GG). Die Art und Weise, in der er von dieser Kompetenz Gebrauch macht, kann Gegenstand eines Organstreitverfahrens sein.[5] 883

Abgeordnete des Deutschen Bundestages sind im Organstreit **parteifähig,** soweit sie den ihnen eingeräumten Abgeordnetenstatus verteidigen. Art. 38 Abs. 1 GG erschöpft sich nicht in der Regelung der Wahlrechtsgrundsätze, sondern räumt den Abgeordneten eine eigene Rechtsstellung ein.[6] Hierzu gehören das Rederecht im Bundestag und ein begrenztes Mitwirkungsrecht.[7] Im Einzelnen ist zu prüfen, ob eine Rechtsstellung dem einzelnen Abgeordneten oder nur den Abgeordneten als Mitgliedern einer Fraktion eingeräumt ist. 884

Im Ausgangsfall ging es um den Abgeordnetenstatus schlechthin, der bei regulärer Beendigung der Wahlperiode den Antragstellern noch erhalten geblieben wäre. Insofern ist die den Abgeordneten durch Art. 38 Abs. 1 GG eingeräumte verfassungsrechtliche Stellung betroffen. Das BVerfG hat zu Recht angenommen, dass Abgeordnete zur Verteidigung dieser Rechtsstellung im Organstreit parteifähig sind. 885

Entgegen dem klaren Wortlaut des § 63 BVerfGG hält das BVerfG auch **politische Parteien** im Organstreitverfahren für parteifähig.[8] Den Hintergrund dieser Recht- 886

3 So BVerfGE 84, 304 (318).
4 So BVerfGE 67, 100 (124).
5 BVerfGE 45, 1 (3).
6 So BVerfGE 2, 143 (164); 84, 304 (321); 96, 264 (278); 99, 19 (29).
7 Vgl. BVerfGE 10, 4 (10 f.).
8 BVerfGE 4, 27 (30 f.); 82, 322 (335); 85, 264 (284); st. Rspr.

sprechung bildet die besonders von *Gerhard Leibholz* vertretene Auffassung, das Recht müsse den Besonderheiten des »Parteienstaates« Rechnung tragen.[9] Abgesehen davon, dass das Parteienstaatsdogma in seiner Rigidität zweifelhaft ist, gibt es für die Parteifähigkeit politischer Parteien im Organstreitverfahren keinen hinreichenden Grund. Parteien sind keine Staatsorgane, sondern – wie das BVerfG an anderer Stelle hervorgehoben hat[10] – in der Gesellschaft wurzelnde politische Gruppierungen. Soweit sie im Bundestag vertreten sind, sind ihre Fraktionen parteifähig und können ggf. sogar Anträge im Organstreitverfahren in Prozessstandschaft für den ganzen Bundestag stellen. Im Übrigen sind politische Parteien als gesellschaftliche Gruppierungen berechtigt, bei Beeinträchtigung ihrer Rechtsstellung durch hoheitliche Gewalt Verfassungsbeschwerde zu erheben. Es besteht kein Anlass, die Rechtsschutzmöglichkeiten *contra legem* auszuweiten und die politischen Parteien (gleichgültig, ob sie im Bundestag vertreten sind oder nicht) durch Zuerkennung der Parteifähigkeit im Organstreitverfahren auf die Ebene oberster Bundesorgane zu heben.[11] Das BVerfG wäre gut beraten, seine Judikatur zu § 63 BVerfGG zu überprüfen und ggf. zu revidieren.

b) Antragsbefugnis (§ 64 Abs. 1, 2 BVerfGG)

887 Der konkrete Antrag eines parteifähigen Organs ist nach § 64 Abs. 1 BVerfGG nur zulässig, wenn geltend gemacht wird, dass es durch eine »**Maßnahme oder Unterlassung**« des Antragsgegners in seiner verfassungsrechtlichen Rechtsstellung verletzt oder unmittelbar gefährdet ist. Diese von der Antragsberechtigung (Parteifähigkeit) zu unterscheidende »**Antragsbefugnis**« setzt voraus, dass es sich überhaupt um ein rechtlich erhebliches Verhalten handelt und eine Verletzung der Rechte des Antragstellers durch dieses Verhalten **möglich** ist.[12]

888 Das BVerfG hat bei einer Äußerung der Bundesregierung über die verfassungsfeindliche Zielsetzung einer Partei die Rechtserheblichkeit verneint.[13] Auch der Rüge eines Abgeordneten durch den Präsidenten des Deutschen Bundestages maß es keine Rechtserheblichkeit bei.[14]

889 Im Ausgangsfall steht die Rechtserheblichkeit der Auflösung des Bundestages nach Art. 68 GG außer Frage. Möglich erscheint es auch, dass der Abgeordnetenstatus durch diese Maßnahme verletzt ist. Die Abgeordneten waren folglich antragsbefugt.[15]

890 »Maßnahme« im Sinne des § 64 Abs. 1 BVerfGG kann auch der Erlass eines **Gesetzes** sein.[16] Im Organstreitverfahren können deshalb grundsätzlich Gesetze auf ihre Verfassungsmäßigkeit überprüft werden. Voraussetzung ist allerdings, dass sie den **An-**

9 Vgl. *G. Leibholz*, Strukturprobleme der modernen Demokratie, 3. Aufl. 1967, S. 93 ff.
10 Vgl. BVerfGE 20, 56 (101).
11 Vgl. *J. Ipsen*, in: Sachs (Hrsg.), GG, Art. 21 Rn. 50 ff.; *R. Streinz*, in: v. Mangoldt/Klein/Starck, GG, Bd. 2, Art. 21 Rn. 147.
12 Vgl. *E. Klein*, in: Benda/Klein/Klein, Verfassungsprozessrecht, Rn. 1020.
13 Vgl. BVerfGE 13, 123 (125); 40, 287 (293 f.); 57, 1 (6 f.).
14 So BVerfGE 60, 374 (381 ff.).
15 So BVerfGE 62, 1 (31); zur Antragsbefugnis von Abgeordneten vgl. ferner BVerfGE 70, 324 (350); 80, 188 (209).
16 Vgl. *E. Klein*, in: Benda/Klein/Klein, Verfassungsprozessrecht, Rn. 1032 m. w. N.

tragsteller in seiner verfassungsrechtlichen Rechtsstellung verletzen können (und nicht etwa nur – objektiv – verfassungswidrig sind).

Sofern nach § 64 Abs. 1 BVerfGG eine **Prozessstandschaft** gegeben ist, braucht nur geltend gemacht zu werden, dass das Organ selber durch die Maßnahme in seinen Kompetenzen verletzt ist. Die Prozessstandschaft erweist sich damit als Institut des **Minderheitenschutzes.**[17] Eine mögliche Rechtsverletzung soll auch dann verfassungsgerichtlicher Klärung zugeführt werden können, wenn die Mehrheit des Organs – etwa des Bundestages – auf eine solche Klärung verzichtet. 891

Denkbar wäre im Ausgangsfall auch der Antrag einer Bundestagsfraktion mit der Begründung gewesen, die verfassungsrechtliche Rechtsstellung des Bundestages als solchem sei durch die Auflösung verletzt worden. Ein solcher Antrag wäre zulässig gewesen, weil die Fraktionen im eigenen Namen auch die Rechtsstellung des Bundestages verteidigen können (Prozessstandschaft). Der Antrag wäre selbst dann zulässig gewesen, wenn die Mehrheit des Bundestages ein verfassungsgerichtliches Vorgehen ausdrücklich abgelehnt hätte. 892

Im Antrag muss die Bestimmung des Grundgesetzes bezeichnet werden, gegen die die Maßnahme oder Unterlassung des Antragsgegners verstoßen haben soll (§ 64 Abs. 2 BVerfGG). Der Antrag muss innerhalb von sechs Monaten, nachdem die Maßnahme oder Unterlassung bekannt geworden ist, gestellt worden sein (§ 64 Abs. 3 BVerfGG). 893

c) Entscheidung (§ 67 BVerfGG)

Das BVerfG stellt in seiner Entscheidung fest, ob die beanstandete Maßnahme oder Unterlassung gegen das Grundgesetz verstößt. Das Gericht ist also nicht in der Lage, eine Maßnahme aufzuheben bzw. den Antragsgegner zu einer Aufhebung zu verurteilen. Das Feststellungsurteil aber bindet alle Staatsorgane (§ 31 Abs. 1 BVerfGG), so dass eine weitere Vollziehung verfassungswidriger Maßnahmen nicht in Betracht kommt. Der Antragsgegner ist verpflichtet, die getroffenen Maßnahmen wieder rückgängig zu machen. 894

Im Ausgangsfall hätte das BVerfG bei Begründetheit der Anträge nur entschieden, dass der Bundespräsident durch die Auflösung des Bundestages gegen Art. 68 (bzw. 38 Abs. 1) GG verstoßen hat. Der Bundespräsident hätte hingegen nicht zur Aufhebung seiner Maßnahme verurteilt werden können. Wegen der Verbindlichkeit der Entscheidung des BVerfG (§ 31 Abs. 1 BVerfGG) wäre der Bundespräsident verpflichtet gewesen, die Auflösung des Bundestages rückgängig zu machen. 895

II. Bund-Länder-Streitigkeit (Art. 93 Abs. 1 Nr. 3 GG, §§ 13 Nr. 7, 68 ff. BVerfGG)

Fall 68: In der Öffentlichkeit wird die Frage kontrovers diskutiert, ob atomare Mittelstreckenraketen auf dem Territorium der Bundesrepublik stationiert werden sollen. Mehrere Gemeinden erklären sich zu »atomwaffenfreien Zonen«. Andere bereiten eine Volksbefragung vor, bei der die wahlberechtigten Bürger über ihre Auffassung zur Waffenstationierung befragt werden sollen. Für das Verfahren sollen die Vorschriften des Kommunalwahlgesetzes entsprechend gelten. 896

(nach BVerfGE 8, 122)

17 Vgl. *E. Klein,* in: Benda/Klein/Klein, Verfassungsprozessrecht, Rn. 1022 ff.

1. Rechtsnatur und Ausgestaltung des Verfahrens

897 Wie das Organstreitverfahren ist die **Bund-Länder-Streitigkeit** ein kontradiktorisches Verfahren, setzt also einen zwischen den (Prozess-)Parteien streitigen Gegenstand voraus. Ergeben sich derartige Streitigkeiten zwischen Bund und Ländern, so ist der Weg zur Organstreitigkeit versperrt, weil auf der einen Seite die **Bundesrepublik** als solche (nicht nur ihre Organe) und auf der anderen Seite die **Länder,** also auf beiden Seiten **Staaten** stehen. Neben der Organstreitigkeit bedurfte es deshalb einer besonderen Verfahrensart, um Streitigkeiten zwischen Bund und Ländern zu entscheiden.

898 Parteifähig sind der Bund (die Bundesrepublik Deutschland) und die Länder (§ 68 BVerfGG). Für den Bund kann nur die **Bundesregierung,** für die Länder nur die jeweilige **Landesregierung** den Antrag stellen (§ 68 BVerfGG). Die Parlamente sind folglich nicht antragsbefugt und können auf Bund-Länder-Streitigkeiten allenfalls hinwirken.

899 Da es sich bei der Bund-Länder-Streitigkeit um ein der Organstreitigkeit nachgebildetes kontradiktorisches Verfahren handelt, werden die Vorschriften der §§ 64–67 BVerfGG für entsprechend anwendbar erklärt (§ 69 BVerfGG). Dies bedeutet: Der Antragsteller muss unter Nennung der verletzten Verfassungsvorschrift darlegen, dass ein ihm gerade gegenüber dem Antragsgegner tatsächlich zustehendes Recht durch ein Handeln oder Unterlassen des Antragsgegners möglicherweise verletzt oder unmittelbar gefährdet wird.[18] Ferner muss der Antrag binnen sechs Monaten nach Kenntnis von der Maßnahme gestellt werden (§ 64 Abs. 3 BVerfGG). Abweichend von dieser Frist setzt § 70 BVerfGG für die Anfechtung eines Bundesratsbeschlusses nach Art. 84 Abs. 4 S. 2 GG (Feststellung der Rechtsverletzung durch ein Land bei der Aufsichtsverwaltung) eine **Monatsfrist** fest.

900 Im Ausgangsfall erscheint die Antragsbefugnis der Bundesregierung zunächst fraglich, weil überhaupt keine Maßnahme (eines Landes), sondern allein Maßnahmen von Gemeinden, die selbst Körperschaften des öffentlichen Rechts sind, vorlagen. Allerdings stehen die kommunalen Selbstverwaltungskörperschaften unter der Rechtsaufsicht der Länder. Das Bundesland, in dem die hier aktiv gewordenen Gemeinden liegen, könnte es insofern unterlassen haben, durch rechtsaufsichtliche Maßnahmen die Gemeinden an der Durchführung einer solchen Volksbefragung zu hindern. Das BVerfG hat in einem parallelen Fall entschieden, dass den Ländern keinerlei Kompetenz auf dem fraglichen Gebiet zukommt und sie gegen den Grundsatz des bundesfreundlichen Verhaltens verstoßen, wenn sie rechtsaufsichtliche Maßnahmen gegenüber ihren Gemeinden unterlassen.[19] Im Ausgangsfall wäre deshalb ein Antrag der Bundesregierung, einen Verstoß des betreffenden Landes gegen Art. 73 Abs. 1 Nr. 1 GG und den Grundsatz des bundesfreundlichen Verhaltens (wegen Unterlassens rechtsaufsichtlicher Maßnahmen) festzustellen, nach §§ 68, 69 i. V. m. 64 BVerfGG zulässig (und begründet).

2. Zur gegenwärtigen Bedeutung der Bund-Länder-Streitigkeit

901 Obwohl die föderativen Streitigkeiten eine der Wurzeln der Verfassungsgerichtsbarkeit schlechthin darstellen, hat die Bund-Länder-Streitigkeit keine wesentliche Bedeutung gewinnen können.[20] Dies ist zunächst darauf zurückzuführen, dass förmliche

18 So BVerfGE 81, 310 (329) m. w. N.
19 Vgl. BVerfGE 8, 122 (124).
20 Vgl. *K. Schlaich/S. Korioth,* Das Bundesverfassungsgericht, Rn. 102 ff.

Aufsichtsmaßnahmen im Bereich der Art. 84 und 85 GG, für die das Bund-Länder-Streitverfahren gedacht ist (Art. 93 Abs. 1 Nr. 3: »... insbesondere bei der Ausführung von Bundesrecht durch die Länder und bei der Ausübung der Bundesaufsicht«), kaum getroffen worden sind. Das BVerfG musste sich erstmals 1990 mit einer auf Art. 85 Abs. 3 GG gestützten Weisung beschäftigen,[21] nachdem der energiepolitische Konsens zwischen den großen Parteien zerbrochen war.

Soweit die **Verfassungsmäßigkeit** von **Normen** im Streit steht, stellt die **abstrakte Normenkontrolle** die geeignetere Verfahrensart dar. Die Normenkontrolle kennt keine Fristen; der Antrag in der Bund-Länder-Streitigkeit muss dagegen innerhalb von sechs Monaten nach Bekanntwerden der »Maßnahme« (Inkrafttreten der Norm) gestellt werden (§ 64 Abs. 3 i. V. m. § 69 BVerfGG). Überdies kann ein Gesetz im Bund-Länder-Streitverfahren (ebenso wie im Organstreitverfahren) nicht für nichtig erklärt werden. Das BVerfG ist vielmehr darauf beschränkt, den **Verstoß** gegen das Grundgesetz **festzustellen.**[22] 902

Letztlich aber dürfte die geringe Bedeutung der Bund-Länder-Streitigkeit dafür sprechen, dass der Föderalismus in der Bundesrepublik stabil und keinen wesentlichen Belastungen ausgesetzt ist. 903

III. Abstrakte Normenkontrolle (Art. 93 Abs. 1 Nr. 2 GG, §§ 13 Nr. 6, 76 ff. BVerfGG)

Fall 69: Mit dem 5. Gesetz zur Reform des Strafrechts vom 18.6.1974 (BGBl. I, S. 1297) wurde die Strafbarkeit des Schwangerschaftsabbruchs neu geregelt. Kern der Neuregelung war § 218 a StGB, demzufolge ein Schwangerschaftsabbruch nicht strafbar sein sollte, wenn seit der Empfängnis nicht mehr als 12 Wochen verstrichen seien. Eine große Zahl von Bundestagsabgeordneten sowie die Regierungen mehrerer Bundesländer hielten diese sog. »Fristenlösung« für mit dem Grundgesetz unvereinbar. 904

(nach BVerfGE 39, 1)

1. Rechtsnatur der abstrakten Normenkontrolle

Unter »**Normenkontrolle**« ist die Prüfung eines Rechtssatzes auf seine Übereinstimmung mit höherrangigem Recht – insbesondere mit dem Grundgesetz – zu verstehen. Als »abstrakt« wird eine Normenkontrolle bezeichnet, die nicht durch einen bei einem Gericht anhängigen, »konkreten« Rechtsstreit veranlasst worden ist. 905

Die abstrakte Normenkontrolle stellt nach Auffassung des BVerfG ein **objektives Verfahren** zum Schutze der Verfassung dar.[23] Anders als bei den kontradiktorischen Verfahren gibt es im Normenkontrollverfahren keine »Parteien« (und keine »Parteifähigkeit«). Obwohl Kompetenzverletzungen den Anlass zu einem Normenkontrollverfahren geben können, streiten die antragsberechtigten Organe nicht für »ihre« Kompetenzen, sondern geben lediglich den Anlass zur Prüfung der Norm. Im 906

21 Vgl. BVerfGE 81, 310 (»Schneller Brüter«); dazu *W. Pauly*, Weisungsabwehr in der Bundesauftragsverwaltung, DÖV 1989, S. 884; *F. Ossenbühl*, Weisungen des Bundes in der Bundesauftragsverwaltung, Der Staat 28 (1989), S. 31; vgl. ferner BVerfGE 84, 25 (»Schacht Konrad«).
22 Vgl. BVerfGE 24, 300 (351).
23 Vgl. BVerfGE 1, 396 (407).

Rubrum der Entscheidungen erscheinen deshalb nur die »Antragsteller«; im Gegensatz zur Organstreitigkeit fehlt es an einem »Antragsgegner«.

907 Aus der Rechtsnatur des Normenkontrollverfahrens hat das BVerfG gefolgert, dass der Verfahrensgegenstand dem Antragsteller nach Antragstellung entzogen sei. Das Gericht hält sich auch nach Rücknahme des Antrags für befugt, über die Verfassungsmäßigkeit der betreffenden Norm zu entscheiden, sofern ein »öffentliches Interesse« hierfür bestehe.[24] Damit erweist sich der Normenkontrollantrag als zweischneidige Angelegenheit. Sofern er gestellt wird, um einen politischen Erfolg zu erringen, ist zu bedenken, dass das BVerfG unter Umständen auch dann entscheidet, wenn der Antragsteller den Antrag aus Gründen politischer Opportunität zurücknimmt. Fraglich bleibt, ob es mit der Gerichtsqualität des BVerfG vereinbar ist, dem Antragsteller die Verfügung über den Streitgegenstand zu entziehen.

2. Zulässigkeitsvoraussetzungen

a) Antragsberechtigung

908 Der Kreis der Antragsberechtigten ist durch Art. 93 Abs. 1 Nr. 2 GG festgelegt und durch einfaches Gesetz nicht erweiterbar. Antragsberechtigt sind die **Bundesregierung,** eine **Landesregierung** oder ein **Viertel**[25] der **Mitglieder** des **Deutschen Bundestages.** Die Begrenzung der antragsberechtigten Organe – in deutlichem Gegensatz etwa zur Parteifähigkeit bei Organstreitverfahren – zeigt den »objektiven« Charakter der abstrakten Normenkontrolle.

909 Der Umstand, dass der **Bundesrat** nicht zum Kreis der antragsberechtigten Organe gehört, erstaunt angesichts der Antragsberechtigung der **Landesregierungen** nicht. Soweit Normenkontrollverfahren aufgrund von Verletzungen der Landeskompetenzen eingeleitet werden, sind die Landesregierungen hierfür die geeigneten Organe.[26]

910 Der Bundestag ist nicht als solcher antragsberechtigt, die Antragsberechtigung fällt vielmehr einem Viertel seiner Mitglieder zu. Art. 93 Abs. 1 Nr. 2 GG dient insofern dem **Minderheitenschutz,** denn im Regelfall wird die **parlamentarische Opposition** ein Normenkontrollverfahren beantragen.

911 Im Ausgangsfall ist das 5. Strafrechtsreformgesetz vom Bundestag verabschiedet worden. Die Abgeordneten der in der Opposition stehenden CDU/CSU-Fraktion beantragten die Normenkontrolle. Entsprechende Anträge wurden von mehreren Landesregierungen gestellt.[27]

b) Prüfungsgegenstand

912 Art. 93 Abs. 1 Nr. 2 GG ist im Hinblick auf den Prüfungsgegenstand wörtlich zu nehmen; es geht um die Prüfung von **Bundesrecht** bzw. **Landesrecht,** nicht allein um die Kontrolle von Bundesgesetzen oder Landesgesetzen. Prüfungsgegenstand kann deshalb jede Rechtsnorm sein, die vom Bund oder den Ländern erlassen worden bzw. ihnen zuzurechnen ist.[28]

---

24 Vgl. BVerfGE 1, 396 (414); 8, 183 (184); 25, 308 (309).
25 Gesetz zur Änderung des Grundgesetzes vom 8.10.2008 (BGBl. I, S. 1926).
26 Vgl. aber unten Rn. 928.
27 Vgl. BVerfGE 39, 1 (2).
28 Vgl. *E. Klein,* in: Benda/Klein/Klein, Verfassungsprozessrecht, Rn. 676 f.

Auf Bundesebene sind dies: 913

- förmliche Bundesgesetze
- von Bundesorganen erlassene Rechtsverordnungen
- von bundesunmittelbaren Körperschaften oder Anstalten des öffentlichen Rechts erlassene Satzungen.

Auf Landesebene sind dies: 914

- förmliche Landesgesetze
- von Landesorganen erlassene Rechtsverordnungen
- von landesunmittelbaren Körperschaften oder Anstalten des öffentlichen Rechts erlassene Satzungen
- Satzungen der kommunalen Gebietskörperschaften.

Die weite Fassung des Prüfungsgegenstandes (Recht = jede Rechtsnorm) erklärt sich 915
aus der föderalen Struktur der Bundesrepublik. Die Rechtsetzung der Länder ist grundsätzlich von der des Bundes getrennt, die Bundesorgane sind deshalb nicht befugt, landesrechtliche Bestimmungen oder Satzungen »aufzuheben«. Die Länder wiederum können die Rechtsetzung des Bundes nur über den Bundesrat beeinflussen. Die abstrakte Normenkontrolle schafft insofern die Möglichkeit, jede Rechtsnorm der jeweils anderen staatlichen Ebene zur verfassungsgerichtlichen Überprüfung zu stellen.

Der Begriff »Recht« setzt voraus, dass die betreffende Rechtsnorm bereits in Kraft 916
getreten ist. Aus guten Gründen hat das BVerfG eine **vorbeugende Normenkontrolle** für **unzulässig** erklärt.[29] Sie wäre schon deshalb zu verneinen, weil auch das Rechtssetzungsverfahren die Verfassungsmäßigkeit von Normen gewährleistet. Diese Verfahrensgarantien würden bei vorzeitiger Anrufung des BVerfG gegenstandslos. Allerdings soll es ausreichen, wenn der betreffende Rechtssatz verkündet, aber noch nicht in Kraft getreten ist.[30] Genau genommen liegt in diesem Fall noch kein »Recht« vor, denn dies entsteht erst mit dem Inkrafttreten der Norm. Es wäre gleichwohl eine überflüssige Förmlichkeit, lediglich den Zeitpunkt des Inkrafttretens abzuwarten, um den Antrag auf Normenkontrolle stellen zu können.

Eine Ausnahme von dem Grundsatz, dass eine vorbeugende Normenkontrolle nicht 917
statthaft ist, wird im Bereich der völkerrechtlichen Verträge gemacht.[31] Da die Wirksamkeit derartiger Verträge sich nach den Normen des Völkerrechts richtet, also nicht vom innerstaatlichen Verfahren abhängig ist, könnte der Fall eintreten, dass sich die Bundesrepublik völkerrechtlich verpflichtet, obwohl der Vertrag **verfassungswidrig** ist. Um diese aufgrund der Verschiedenheit der Rechtsordnungen denkbare Konstellation zu vermeiden, hält das BVerfG einen Antrag auf Prüfung von Vertragsgesetzen (Art. 59 Abs. 2 GG) für zulässig, bevor der Bundespräsident sie **ausfertigt** und **verkündet.**[32] Das parlamentarische Verfahren muss jedoch abgeschlossen sein. Das BVerfG hält die Bundesregierung für verpflichtet, das Inkrafttreten eines völkerrechtlichen Vertrages solange hinauszuzögern, bis dem Gericht Gelegenheit zu einer Entscheidung gegeben worden ist.[33]

29 So BVerfGE 1, 396; 79, 311 (327); st. Rspr.
30 So BVerfGE 1, 396 (410).
31 Vgl. unten Rn. 1121 ff.
32 So BVerfGE 1, 396 (413).
33 So BVerfGE 36, 1 (15).

c) Antragsbefugnis (§ 76 Abs. 1 BVerfGG)

918 Nach § 76 Abs. 1 Nr. 1 BVerfGG ist ein Antrag auf abstrakte Normenkontrolle nur **zulässig,** wenn ein antragsberechtigtes Organ eine Norm (wegen ihrer Unvereinbarkeit mit dem Grundgesetz oder sonstigem Bundesrecht) für nichtig hält. § 76 Abs. 1 Nr. 1 BVerfGG geht damit im Wortlaut über Art. 93 Abs. 1 Nr. 2 GG hinaus, der »Meinungsverschiedenheiten oder Zweifel« über die Vereinbarkeit einer Norm mit dem Grundgesetz oder sonstigem Bundesrecht genügen lässt. § 76 Abs. 1 BVerfGG wird daher in der Literatur teilweise für verfassungswidrig gehalten[34] bzw. verfassungskonform eingeschränkt.[35] Das BVerfG sieht jedoch in § 76 BVerfGG eine verfassungskonforme Konkretisierung des Art. 93 Abs. 1 Nr. 2 GG[36] und erkennt damit dem Gesetzgeber aufgrund von Art. 94 Abs. 2 S. 1 GG die Befugnis zu, die Zulässigkeitsvoraussetzungen auch abweichend vom unmittelbaren Normgehalt des GG einengend festzulegen.[37]

919 Viel zu wenig Beachtung wird der Konstellation geschenkt, dass ein antragsberechtigtes Organ eine Norm für *gültig* hält, nachdem sie durch ein **Gericht,** eine **Verwaltungsbehörde** oder ein **anderes Organ** wegen vorgeblicher Verfassungswidrigkeit nicht angewendet worden ist (§ 76 Abs. 1 Nr. 2 BVerfGG). Die Vorschrift setzt damit die **Prüfungskompetenz** der entsprechenden Organe und Behörden voraus. Sie hat in der Praxis keine große Bedeutung erlangt, weil Behörden kaum je zu selbständiger Normenkontrolle neigen bzw. die Anwendung gesetzlicher Vorschriften von übergeordneten Behörden (Ministerien) angeordnet werden kann. Gerichte müssen nachkonstitutionelle Gesetze dem BVerfG zur Entscheidung vorlegen, sofern sie diese für verfassungswidrig halten (Art. 100 Abs. 1 GG). Es bleibt aber der Bereich vorkonstitutioneller Gesetze und untergesetzlicher Rechtsnormen, deren Geltung auf diese Weise zum Gegenstand der abstrakten Normenkontrolle gemacht werden kann.

920 Über die in ihrer Verfassungsmäßigkeit nicht unumstrittenen Zulässigkeitsvoraussetzungen nach § 76 Abs. 1 BVerfGG hinaus ist kein **Rechtsschutzbedürfnis** oder sonstiges spezifisches Interesse an der Klärung der Rechtsfrage erforderlich.[38] Die Eigenart der abstrakten Normenkontrolle als objektives Verfahren zum Schutz der Verfassung und die geringe Zahl von antragsberechtigten Organen machen eine weitere »Subjektivierung« überflüssig. Auch der vielfach verwendete Begriff des **»Klarstellungsinteresses«** erscheint nicht unproblematisch.[39]

3. Prüfungsmaßstab und Entscheidung

921 Förmliche Bundesgesetze können nur am **Grundgesetz** gemessen werden, förmliche Landesgesetze am Grundgesetz und an förmlichen Bundesgesetzen (Art. 31 GG). Untergesetzliches Landesrecht lässt sich sowohl am Maßstab des Grundgesetzes wie an dem anderen Bundesrechts prüfen. Offen bleibt, ob **untergesetzliches Bundesrecht** nur am Maßstab des Grundgesetzes oder auch am Maßstab förmlicher **Bundes-**

34 Vgl. *K. Stern,* Staatsrecht II, S. 986.
35 Vgl. *G. Robbers,* JuS 1994, S. 397 f.; *K. Grupp,* JA 1998, S. 671 (673).
36 Vgl. BVerfGE 96, 133 (137).
37 Vgl. hierzu *M. Sachs,* JuS 1998, S. 755 (756).
38 So BVerfGE 52, 63 (80).
39 Vgl. *C. Pestalozza,* Verfassungsprozeßrecht, § 8 II Rn. 14; wie hier: *E. Klein,* in: Benda/Klein/Klein, Verfassungsprozessrecht, Rn. 694.

gesetze zu messen ist.[40] Art. 93 Abs. 1 Nr. 2 GG lässt kaum einen Auslegungsspielraum, denn es ist nur von der Vereinbarkeit von »Bundesrecht« mit »diesem Grundgesetze« die Rede. § 76 Abs. 1 Nr. 1 BVerfGG geht auch hier über die Verfassung hinaus, ließe sich aber in diesem Fall (verfassungskonform) restriktiv auslegen, so dass im Ergebnis untergesetzliches Bundesrecht allein auf seine Übereinstimmung mit dem Grundgesetz zu prüfen wäre.

Das BVerfG prüft in seiner neueren Rechtsprechung im Normenkontrollverfahren 922
vorab die Vereinbarkeit einer **Rechtsverordnung** – also einer untergesetzlichen Rechtsnorm – mit einem (einfachen) **Bundesgesetz** und begründet dies damit, dass sich nur so feststellen lasse, ob für die Prüfung einer Übereinstimmung der Verordnung mit dem Grundgesetz überhaupt ein tauglicher Gegenstand – nämlich eine gültige Rechtsnorm – gegeben sei.[41] Allerdings bleibt festzustellen, dass es für den Erlass untergesetzlicher Rechtsnormen gem. Art. 80 Abs. 1 GG einer Ermächtigung bedarf, so dass eine hiervon nicht mehr gedeckte Vorschrift zugleich auch verfassungswidrig ist.[42] Im Normenkontrollverfahren kann daher auch überprüft werden, ob sich eine untergesetzliche Rechtsnorm in dem von der Ermächtigungsgrundlage gezogenen Rahmen bewegt.[43]

In seiner Entscheidung stellt das BVerfG fest, ob die zur Prüfung gestellte Norm mit 923
dem Grundgesetz (oder im Falle des Landesrechts mit übrigem Bundesrecht) vereinbar ist oder nicht. Gelangt das Gericht zur Auffassung, die Norm sei verfassungs-(bundesrechts-)widrig, so erklärt es sie für **nichtig** (§ 78 BVerfGG). Das BVerfG ist in der Entscheidungspraxis allerdings zunehmend dazu übergegangen, Normen lediglich für **»verfassungswidrig«** zu erklären, wenn die Folgen einer Nichtigerklärung nicht absehbar oder zu weittragend erscheinen.[44] Damit sind Entscheidungsvarianten und Gestaltungsspielräume eröffnet worden, die die Rechtsnatur des Normenkontrollverfahrens und die Gerichtsqualität des BVerfG in Frage stellen. Die »Verfassungswidrigerklärung« hat sich überdies als zweifelhafter Entscheidungsmodus herausgestellt, denn sie soll allenthalben dazu führen, dass die Norm nicht mehr anwendbar ist.[45] In den schwierigen sog. »Chaosfällen« nützt dies allerdings wenig. Inzwischen ist das BVerfG in Einzelfällen dazu übergegangen, das Außer-Kraft-Treten von Gesetzen *pro futuro* anzuordnen und damit den Zeitpunkt zu bestimmen, bis zu dem eine gesetzliche Neuregelung vorliegen muss.[46]

Die Auswirkungen einer Verwerfungsentscheidung auf Hoheitsakte sind beschränkt. 924
Nicht mehr anfechtbare Entscheidungen bleiben von der Nichtigerklärung einer

---

40 Verneinend: *E. Klein,* in: Benda/Klein/Klein, Verfassungsprozessrecht, Rn. 691; *C. Pestalozza,* Verfassungsprozeßrecht, § 8 II Rn. 11.

41 So BVerfGE 101, 1 (30 f.).

42 Vgl. BVerfGE 51, 166 (173).

43 Vgl. *K. Schlaich/S. Korioth,* Das Bundesverfassungsgericht, Rn. 131; *K. Stern,* in: BK, GG, Art. 93 Rn. 264.

44 Vgl. *J. Ipsen,* Rechtsfolgen der Verfassungswidrigkeit von Norm und Einzelakt, S. 107 ff.; *K. Schlaich/S. Korioth,* Das Bundesverfassungsgericht, Rn. 394 ff.; vgl. auch *J. Blüggel,* Unvereinbarerklärung statt Normkassation durch das BVerfG, 1998; *P. E. Hein,* Die Unvereinbarerklärung verfassungswidriger Gesetze durch das BVerfG, 1988, jew. m. w. N.

45 Vgl. BVerfGE 37, 217 (262); *K. Schlaich/S. Korioth,* Das Bundesverfassungsgericht, Rn. 417 ff. m. w. N.

46 Nachw. bei *J. Blüggel,* Unvereinbarerklärung statt Normkassation durch das BVerfG, S. 96 ff.

Norm grundsätzlich unberührt (§ 79 Abs. 2 S. 1 BVerfGG). Sofern eine derartige Entscheidung allerdings noch Folgewirkungen zeitigt – etwa in Gestalt der Zwangsvollstreckung –, sind diese unzulässig (§ 79 Abs. 2 S. 2 BVerfGG). Eine Ausnahme bilden rechtskräftige **Strafurteile,** gegen die ein Wiederaufnahmeverfahren zulässig ist, sofern sie auf einer für nichtig erklärten Norm beruhen (§ 79 Abs. 1 BVerfGG).

925 § 79 BVerfGG lässt zwar einige Zweifelsfragen offen, stellt insgesamt aber einen tragfähigen Kompromiss zwischen den Grundsätzen der **Gerechtigkeit** und der **Rechtssicherheit** dar. Sofern eine Norm für nichtig erklärt wird, ist sie zwar *ex tunc* (von Anfang an) unwirksam; sie ist aber solange als gültig angesehen worden, dass man ihre (tatsächlichen) Wirkungen im Rechtsverkehr nicht schlechthin austilgen kann. Der Gesetzgeber bedient sich hierbei des Kunstgriffs, die **Einzelakte** gegenüber der (nichtigen) **Norm** zu verselbständigen und deren Bestand (sofern sie unanfechtbar sind) zu sichern.[47] Durch diese Regelung sind auch die Betroffenen keineswegs benachteiligt: Sie hätten, als die betreffenden Hoheitsakte noch anfechtbar waren, ihrerseits Rechtsbehelfe einlegen und damit selber zur Klärung der verfassungsrechtlichen Situation beitragen können.[48]

926 Die Entscheidung des BVerfG im Normenkontrollverfahren hat **Gesetzeskraft** (§ 31 Abs. 2 S. 1 BVerfGG). Für alle rechtsanwendenden Organe ist bindend entschieden, ob die betreffende Norm mit der Verfassung (oder sonstigem Bundesrecht) übereinstimmt oder nicht. Die entsprechende Entscheidungsformel ist im Bundesgesetzblatt zu veröffentlichen (§ 31 Abs. 2 S. 3 BVerfGG). Eine Bindung auch der Wissenschaft vermag § 31 Abs. 2 BVerfGG demgegenüber nicht zu erzeugen.[49] Insofern wird man gelegentlich auf die Auffassung stoßen, ein Gesetz sei »an sich« verfassungswidrig, obwohl das BVerfG es für verfassungsmäßig gehalten habe. Diese Positionen trotz gegenteiliger Judikatur des BVerfG zu behaupten, liegt im Interesse der wissenschaftlichen Auseinandersetzung, von der auch das BVerfG profitieren kann. Nicht vertretbar ist es demgegenüber, die Rechtsgeltung eines vom BVerfG für nichtig erklärten Gesetzes anzunehmen. Die Gesetzeskraft der Entscheidung hat vielmehr zur Folge, dass das Gesetz nicht (mehr) zur Rechtsordnung zählt. Vertreten lässt sich deshalb nur, die Entscheidung des BVerfG sei inhaltlich »falsch« gewesen. § 31 Abs. 2 BVerfGG steht der wissenschaftlichen Annahme entgegen, ein für nichtig erklärtes Gesetz sei weiterhin in Geltung.

927 Im Ausgangsfall hat das BVerfG § 218 a StGB für teilnichtig erklärt.[50] Im Wege der einstweiligen Anordnung (§ 32 BVerfGG) ist die Indikation zum Schwangerschaftsabbruch nach 12 Wochen (§ 218 b StGB a. F.) auf Schwangerschaftsabbrüche in den ersten zwölf Wochen für anwendbar erklärt und erweitert worden.[51] Der Schwangerschaftsabbruch ist seit jeher Gegenstand einer verfassungsrechtlichen Kontroverse mit entgegengesetzten wissenschaftlichen (und ethischen) Positionen. Auch die Entscheidungen des BVerfG sind nachdrücklich kritisiert worden.[52] *Nicht* vertretbar ist indes die Annahme, § 218 a StGB habe auch nach dem Urteil des BVerfG gegolten.

47 Vgl. *J. Ipsen,* Rechtsfolgen der Verfassungswidrigkeit von Norm und Einzelakt, S. 276 f.
48 Vgl. *E. Klein,* in: Benda/Klein/Klein, Verfassungsprozessrecht, Rn. 1386.
49 So zu Recht *K. Schlaich,* VVDStRL 39 (1981), S. 141.
50 Vgl. BVerfGE 39, 1 (2).
51 So BVerfGE 39, 1 (3).
52 Vgl. *C. Starck,* in: v. Mangoldt/Klein/Starck, GG, Bd. 1, Art. 1 Rn. 94; *H. Dreier,* in: Dreier (Hrsg.), GG, Bd. I, Art. 1 I Rn. 66 ff. m. w. N.

Ein spezielles Normenkontrollverfahren ist nach **Art. 93 Abs. 1 Nr. 2 a GG** für den Fall vorgesehen, dass Meinungsverschiedenheiten darüber bestehen, ob ein Bundesgesetz den Voraussetzungen des Art. 72 Abs. 2 GG entspricht. Außer den bereits nach Art. 93 Abs. 1 Nr. 2 GG Antragsberechtigten können der Bundesrat oder die Volksvertretung eines Landes den Antrag stellen. Mit der gegenüber Art. 93 Abs. 1 Nr. 2 GG erweiterten Antragsberechtigung soll die Justiziabilität des Art. 72 Abs. 2 GG verbessert werden.[53] Die Antragsberechtigung auch der Landesregierungen ist überflüssig, weil diese bereits nach Art. 93 Abs. 1 Nr. 2 GG antragsberechtigt sind und es sich auch bei Art. 93 Abs. 1 Nr. 2 a GG um ein Verfahren der abstrakten Normenkontrolle – freilich mit eingeschränktem Prüfungsgegenstand und Prüfungsmaßstab – handelt.[54] 928

IV. Konkrete Normenkontrolle (Art. 100 Abs. 1 GG, §§ 13 Nr. 11, 80 ff. BVerfGG)

Fall 70: Vor dem Landgericht – Schwurgericht – V ist der Polizeibeamte R angeklagt, den rauschgiftsüchtigen L mit drei Schüssen getötet zu haben. Das Schwurgericht wertet diesen Vorgang als heimtückische Tötung zur Verdeckung einer anderen Straftat und damit als Mord gem. § 211 StGB. Es hält die obligatorische lebenslange Freiheitsstrafe für Mord allerdings für mit Art. 1, Art. 2 Abs. 2 S. 2 i. V. m. Art. 19 Abs. 2 und Art. 3 Abs. 1 GG unvereinbar. 929

(BVerfGE 45, 187)

1. Richterliche Kompetenz zur Prüfung der Verfassungsmäßigkeit von Gesetzen

Art. 100 Abs. 1 GG ist nur verstehbar vor dem Hintergrund des sog. **»richterlichen Prüfungsrechts«**, das den Gegenstand der beherrschenden rechtlichen Kontroverse des konstitutionellen Staatsrechts bildete.[55] Rund ein Jahrhundert wurde mit nicht nachlassendem Eifer die Frage diskutiert, ob der Richter berechtigt sei, aus Anlass eines Rechtsstreits Gesetze auf ihre Verfassungsmäßigkeit zu überprüfen und ggf. nicht anzuwenden, wenn er von ihrer Verfassungswidrigkeit überzeugt war.[56] Während die Meinungen hierüber im Zeitalter des Konstitutionalismus noch geteilt waren, wurde dem Richter diese Kompetenz unter der Weimarer Reichsverfassung von der Rechtsprechung zugestanden.[57] Art. 100 Abs. 1 GG setzt diese historische Kontroverse und ihr Ergebnis voraus; es kann deshalb unter dem Grundgesetz keinem Zweifel mehr unterliegen, dass jeder Richter befugt ist, Gesetze auf ihre Verfassungsmäßigkeit zu überprüfen.[58] Während unter der Weimarer Reichsverfassung noch Bedenken aus dem Umstand hergeleitet wurden, dass ein solches »diffuses Prüfungs- 930

53 Vgl. den Bericht der Gemeinsamen Verfassungskommission, BT-Drucks. 12/6000, S. 33.

54 Vgl. *G. Sturm/S. Detterbeck,* in: Sachs (Hrsg.), GG, Art. 93 Rn. 60 f.; *J. Wieland,* in: Dreier (Hrsg.), GG, Bd. III, Art. 93 Rn. 62; *E. Klein,* in: Benda/Klein/Klein, Verfassungsprozessrecht, Rn. 708.

55 Vgl. *E. R. Huber,* Deutsche Verfassungsgeschichte seit 1789, Bd. III, 3. Aufl. 1988, S. 1055 ff.

56 Vgl. die Darstellung bei *J. Ipsen,* Rechtsfolgen der Verfassungswidrigkeit von Norm und Einzelakt, S. 23 f.

57 Vgl. RGZ 111, 320 (322 f.); vgl. *H. Maurer,* Das richterliche Prüfungsrecht zur Zeit der Weimarer Verfassung, DÖV 1963, S. 683.

58 Unstr.; vgl. nur BVerfGE 2, 406 (410 f.); 34, 320 (323).

recht« der Rechtssicherheit abträglich sei,[59] unternimmt es Art. 100 Abs. 1 GG, das »Prüfungsrecht« des Richters in ein verfassungsgerichtliches **Normenkontrollverfahren** überzuleiten.

931 Der Richter hat hiernach zu prüfen, ob ein von ihm anzuwendendes Gesetz (formell und materiell) mit der Verfassung vereinbar ist. Gelangt er zu der Auffassung, dass dies nicht der Fall ist, darf er das Gesetz – anders als dies im Konstitutionalismus postuliert wurde – nicht seiner vermeintlichen Nichtigkeit wegen unangewendet lassen, sondern muss es dem BVerfG zur autoritativen Entscheidung vorlegen. Die **Normprüfungskompetenz** fällt folglich jedem Richter zu, während die **Normverwerfungskompetenz** beim BVerfG **monopolisiert** ist.

2. Zulässigkeitsvoraussetzungen

a) Vorlageberechtigung

932 Vorlageberechtigt ist jeder **Richter,** für dessen Entscheidung es auf die Gültigkeit der betreffenden Norm ankommt. Es muss sich nicht notwendig um ein »erkennendes« (also in einer Streitsache urteilendes) Gericht handeln. Auch im Bereich der Freiwilligen Gerichtsbarkeit oder anderer gerichtlicher Tätigkeit (einschließlich der Strafverfolgung) kann es zu einem Vorlagebeschluss kommen. Das Gericht wendet sich unmittelbar an das BVerfG, braucht also nicht Entscheidungen höherer Instanzen abzuwarten.

933 Im Ausgangsfall findet ein Strafverfahren vor der Schwurgerichtskammer des Landgerichts statt, die zur Vorlage berechtigt wäre.

b) Vorlagefähige Norm

934 Nur förmliche (Bundes- oder Landes-)Gesetze können nach Art. 100 Abs. 1 GG dem BVerfG zur Entscheidung vorgelegt werden. Der in Art. 100 Abs. 1 S. 1 GG gebrauchte Gesetzesbegriff ist als **»förmliches Gesetz«** zu interpretieren.[60]

935 Die richterliche Prüfungskompetenz erstreckt sich auch *(a maiore ad minus)* auf **untergesetzliches Recht.**[61] Soweit der Richter zur Überzeugung gelangt, dass eine derartige Rechtsnorm (Verordnung, Satzung) verfassungswidrig ist, kann er sie im konkreten Rechtsstreit (wegen ihrer Nichtigkeit) unangewendet lassen.[62] An der förmlichen Nichtigerklärung ist er (soweit es sich nicht um ein verwaltungsgerichtliches Normenkontrollverfahren handelt) allerdings gehindert, weil die Verfassungsmäßigkeit einer Norm in normalen Gerichtsverfahren nicht Streitgegenstand sein kann.[63] Auch kann eine höhere Instanz zur Auffassung gelangen, die (untergesetzliche) Norm sei **verfassungsmäßig** und damit **anzuwenden.** Eine solche Divergenz in der Rechtsprechung ist insofern unschädlich, als den Gerichtsentscheidungen in diesen Fällen keine Gesetzeskraft zukommt.

59 Vgl. *E. R. Huber,* Deutsche Verfassungsgeschichte seit 1789, Bd. VI, rev. Nachdr. der 1. Aufl., 1993, S. 560 ff.; *J. Ipsen,* Rechtsfolgen der Verfassungswidrigkeit von Norm und Einzelakt, S. 57 ff.
60 So BVerfGE 17, 208 (210); st. Rspr.
61 Vgl. BVerfGE 48, 29 (35).
62 Vgl. BVerfGE 1, 184 (197 ff.); 48, 29 (35); *E. Klein,* in: Benda/Klein/Klein, Verfassungsprozessrecht, Rn. 779.
63 Vgl. *E. Klein,* in: Benda/Klein/Klein, Verfassungsprozessrecht, Rn. 753.

Der Grund für die Differenzierung zwischen förmlichen Gesetzen und untergesetzlichen Rechtsnormen liegt darin, dass man nur den parlamentarischen Gesetzgeber (und nicht etwa den Verordnungs- oder Satzungsgeber) vor einer »diffusen« Prüfungskompetenz schützen zu müssen glaubte. Soweit Gerichte untergesetzliches Recht unangewendet lassen, kann der fragliche Rechtssatz von den antragsberechtigten Organen zum Gegenstand der abstrakten Normenkontrolle gemacht werden (§ 76 Abs. 1 Nr. 2 BVerfGG), so dass letztlich eine Entscheidung des BVerfG herbeigeführt werden kann.[64] 936

Das BVerfG hat die Vorlagepflicht auf nachkonstitutionelles **Recht,** also auf Gesetze, die nach dem **Inkrafttreten** des **Grundgesetzes** am 23.5.1949 (Art. 145 Abs. 2 GG) erlassen worden sind, beschränkt.[65] Es hat diese in Art. 100 Abs. 1 GG nicht angelegte Einschränkung damit begründet, der vorkonstitutionelle Gesetzgeber brauche gegen den Zugriff des Richters nicht »geschützt« zu werden.[66] 937

Im Ausgangsfall könnte die Vorlagepflicht, weil es sich um eine Vorschrift des vorkonstitutionellen StGB (15.5.1871!) handelt, zweifelhaft sein. Soweit eine Vorlagepflicht nicht besteht, kann der Richter das (für nichtig gehaltene) Gesetz bei seiner Entscheidung unberücksichtigt lassen, was bei § 211 Abs. 1 StGB bedeutet haben würde, dass die lebenslange Freiheitsstrafe nicht zwingend gewesen wäre. 938

Die durch das BVerfG vorgenommene Einschränkung der Vorlagepflicht lässt sich nur aus der einzigartigen Situation in der Anfangszeit der Bundesrepublik erklären, in der weite Bereiche vorkonstitutionellen Rechts auf ihre Übereinstimmung mit dem Grundgesetz zu prüfen waren. Ein Verwerfungsmonopol des BVerfG für diese Rechtsmassen hätte in vielen Bereichen zum Stillstand der Rechtspflege geführt. Die Judikatur des BVerfG lässt sich also **pragmatisch** rechtfertigen, **dogmatisch** aber nicht begründen. Ein förmliches Gesetz erlangt seine Dignität nicht durch den nachkonstititutionellen Gesetzgeber, der in seiner konkreten Zusammensetzung ja gleichfalls der Geschichte angehört; es nimmt seinen Rang in der Normenhierarchie vielmehr aufgrund seines besonderen Verfahrens und der Wichtigkeit seines Gegenstandes ein. Das vorkonstitutionelle Recht ist, soweit es mit der Verfassung übereinstimmt, ausdrücklich übernommen worden (Art. 123 GG). 939

Das BVerfG hat sich alsbald veranlasst gesehen, seine restriktive Judikatur zur Vorlagepflicht zu revidieren. Soweit nämlich der (nachkonstitutionelle) Gesetzgeber ein vorkonstitutionelles Gesetz **»in seinen Willen aufgenommen«** habe, soll es der Vorlagepflicht unterfallen.[67] Wenn man den Ausgangspunkt der Rechtsprechung für zutreffend hält, ist dieser Gedanke folgerichtig. Gesetzgeberische Akte wie Novellierungen, Änderungen oder Neuverkündungen eines Gesetzes machen ein vorkonstitutionelles Gesetz (oder einzelne Normen) zu nachkonstitutionellem Recht.[68] 940

Im Ausgangsfall ist § 211 StGB, der in seiner Ursprungsfassung die Todesstrafe vorsah, durch das 3. StrÄndG vom 4.8.1953 (BGBl. I, S. 735) geändert worden und hat seine geltende Fassung durch das 1. StrRG vom 25.6.1969 (BGBl. I, S. 645) erhalten. Es kann deshalb keinen Zweifel daran geben, dass nach den vom BVerfG entwickelten Grundsätzen diese Strafnorm (wie das StGB 941

64 Vgl. oben Rn. 904 ff.
65 So BVerfGE 2, 124 (128 ff.); 70, 126 (129); 97, 117 (122 f.); st. Rspr.
66 So BVerfGE 2, 124 (129).
67 So BVerfGE 6, 55 (65); st. Rspr.
68 Vgl. als Beispiel aus der Judikatur BVerfGE 7, 282 (290); 11, 126 (131 f.); 13, 290 (294).

insgesamt) vom nachkonstitutionellen Gesetzgeber »in seinen Willen aufgenommen« worden ist. Das Landgericht war deshalb zur Vorlage nach Art. 100 Abs. 1 GG verpflichtet.

c) Entscheidungserheblichkeit

942 Nach Art. 100 Abs. 1 GG muss es auf die »Gültigkeit« des Gesetzes bei der Entscheidung »ankommen«. Die hiermit umschriebene **Entscheidungserheblichkeit** der in ihrer Verfassungsmäßigkeit angezweifelten Norm wird durch § 80 Abs. 2 BVerfGG dahin konkretisiert, dass eine Vorlage in ihrer Begründung angeben muss, »inwiefern von der Gültigkeit der Rechtsvorschrift die Entscheidung des Gerichts abhängt«. Das Gericht muss deshalb im Vorlagebeschluss darlegen, dass es »bei Gültigkeit der Vorschrift zu einem anderen Ergebnis kommen würde als im Falle ihrer Ungültigkeit und wie es dieses Ergebnis begründen würde«.[69]

943 In der Entscheidungserheblichkeit offenbart sich der prinzipielle Unterschied zwischen konkreter und abstrakter Normenkontrolle. Während die abstrakte Normenkontrolle ein objektives Verfahren zum Schutz der Verfassung ist, soll die konkrete Normenkontrolle nur dem anhängigen Rechtsstreit dienen.[70] Kommt es für dessen Entscheidung überhaupt nicht darauf an, ob die betreffende Norm verfassungsmäßig ist oder nicht (was nichts anderes bedeutet als: ob sie **gültig** oder **nichtig** ist), so kann ihre Verfassungsmäßigkeit dahingestellt bleiben. Die konkrete Normenkontrolle bietet insofern keine Möglichkeit, aus Anlass eines Rechtsstreits verfassungsrechtlich interessante Fragen durch das BVerfG entscheiden zu lassen.

944 Im Ausgangsfall war die Frage, ob § 211 Abs. 1 StGB verfassungsmäßig ist, zweifellos entscheidungserheblich. Da nach Auffassung der Schwurgerichtskammer die Mordmerkmale zu bejahen waren, hätte das Gericht den P zu lebenslanger Freiheitsstrafe verurteilen müssen. Würde die (ausnahmslose) lebenslange Freiheitsstrafe dagegen gegen Grundrechte verstoßen und damit nichtig sein, hätte das Gericht eine zeitige Freiheitsstrafe verhängen können. Das BVerfG hat § 211 Abs. 1 StGB für verfassungsmäßig erklärt, freilich mit der Maßgabe, dass dem Verurteilten die Chance verbleiben muss, der Freiheit wieder teilhaftig zu werden.[71] Aufgrund dieser Entscheidung ist § 57 a StGB ergangen, demzufolge eine lebenslange Freiheitsstrafe nach 15 Jahren unter besonderen Voraussetzungen zur Bewährung ausgesetzt werden kann.

d) Überzeugung von der Verfassungswidrigkeit der Norm

945 Die Vorlage nach Art. 100 Abs. 1 GG ist nur zulässig, wenn der Richter von der Verfassungswidrigkeit der Norm **überzeugt** ist. Diese Überzeugung muss im Vorlagebeschluss ausdrücklich begründet werden (§ 80 Abs. 2 BVerfGG). Idealtypisch setzt die Vorlage voraus, dass der Richter das Gesetz »an sich« wegen seiner Nichtigkeit unangewendet lassen würde. In der **Verfahrenspraxis** erweist sie sich allerdings nicht selten als Versuch, auf kurzem Wege eine verfassungsgerichtliche Entscheidung in einer strittigen Rechtsfrage zu erlangen. Das BVerfG versucht, der großen Zahl von Vorlagen durch strenge Anforderungen an den Begriff der Entscheidungserheblichkeit Herr zu werden.[72] Die Unzulässigkeit der Vorlage kann überdies durch einstimmigen Beschluss der Kammer festgestellt werden (§ 81 a S. 1 BVerfGG).

---

69 So BVerfGE 35, 303 (306); vgl. ferner BVerfGE 65, 308 (314 f.); 84, 233 (236 f.); st. Rspr.
70 So BVerfGE 42, 42 (49): »Teil eines einheitlichen Prozesses, ein Zwischenverfahren«.
71 So BVerfGE 45, 187 (LS 3).
72 Beispiele in: BVerfGE 51, 161 (164); 77, 259 (261); 77, 340 (342 ff.); 88, 187 (194); 92, 277 (312 f.).

3. Normenkontrollentscheidung

Soweit der Vorlagebeschluss zulässig ist, handelt es sich um ein reguläres Normenkontrollverfahren. Die Vorschriften über die abstrakte Normenkontrolle (§§ 77–79 BVerfGG) sind anwendbar (§ 82 Abs. 1 BVerfGG). Die Entscheidung hat **Gesetzeskraft** (§ 31 Abs. 2 BVerfGG). Die Regelung der Rechtsfolgen bestimmt sich nach § 79 BVerfGG. 946

Im Ausgangsfall hat das BVerfG § 211 StGB »nach Maßgabe der Entscheidungsgründe« mit dem Grundgesetz für vereinbar erklärt. Da die Entscheidungsgründe darauf hinausliefen, einem zu lebenslanger Freiheitsstrafe Verurteilten die Chance zur Erlangung der Freiheit einzuräumen, standen sie der Verurteilung des R zu lebenslanger Freiheitsstrafe nicht im Wege. Vielmehr musste der Gesetzgeber tätig werden, um die Aussetzung einer lebenslangen Freiheitsstrafe zur Bewährung zu ermöglichen (§ 57 a StGB). 947

V. Verfassungsbeschwerde (Art. 93 Abs. 1 Nr. 4 a GG, §§ 13 Nr. 8 a, 90 ff. BVerfGG)

Fall 71: Aufgrund des Runderlasses des Ministeriums für Bildung, Wissenschaft, Forschung und Kultur des Landes Schleswig-Holstein vom 5.11.1996 sollten die Kinder an den Schulen Schleswig-Holsteins nach den neuen Rechtschreibregeln unterrichtet werden. Bis zum 31.7.1998 sollte eine Übergangsregelung gelten. E_1 und E_2, deren Kinder schulpflichtig sind, haben vor dem zuständigen Verwaltungsgericht eine einstweilige Anordnung beantragt, die aber abgelehnt worden ist. Die Beschwerde zum Oberverwaltungsgericht blieb ebenfalls erfolglos. 948

(BVerfGE 98, 218)

1. Rechtsnatur der Verfassungsbeschwerde

Die **Verfassungsbeschwerde** ist ein »dem Staatsbürger eingeräumter außerordentlicher Rechtsbehelf, mit dem er Eingriffe der öffentlichen Gewalt in seine Grundrechte abwehren kann.«[73] Sie bildet also keinen »Rechtsweg« im Sinne des Art. 19 Abs. 4 GG, der den Rechtsweg gegen alle Rechtsbeeinträchtigungen durch die öffentliche Gewalt garantiert. Mit Hilfe der Verfassungsbeschwerde lassen sich hingegen nur **Grundrechtsverletzungen** geltend machen. Auf der anderen Seite greift die Verfassungsbeschwerde weiter als die Rechtsweggarantie, denn sie ist – im Gegensatz zu Art. 19 Abs. 4 GG – nicht allein gegen exekutivische Akte gerichtet, sondern kann auch gegen Urteile oder – unter bestimmten Voraussetzungen – unmittelbar gegen Gesetze erhoben werden. 949

Das »Außerordentliche« der Verfassungsbeschwerde wird nicht allein in den dogmatischen Unterschieden zum Verwaltungs- oder ordentlichen Rechtsweg, sondern vor allem daran deutlich, dass aufgrund des Annahmeverfahrens (§§ 93 a–d BVerfGG) nur ein geringer Prozentsatz von Verfassungsbeschwerden überhaupt vom BVerfG (d. h. einem der beiden Senate) entschieden wird. Die Hauptschwierigkeit der Verfassungsbeschwerde ist aus der Sicht des Beschwerdeführers deshalb die **Annahme** 950

73 So BVerfGE 18, 315 (325). Eine Verfassungsbeschwerde kann nicht nur von (deutschen) Staatsangehörigen, sondern von »jedermann« (Art. 93 Abs. 1 Nr. 4 a GG) erhoben werden, soweit dieser Träger von Grundrechten ist.

zur **Entscheidung.** Ein solches – abgestuftes – Vorprüfungsverfahren gibt es bei keinem anderen Rechtsbehelf.

2. Zulässigkeitsvoraussetzungen

a) Beschwerdefähigkeit (Antragsberechtigung)

951 Nach Art. 93 Abs. 1 Nr. 4 a GG, § 90 Abs. 1 BVerfGG ist »**Jedermann**« berechtigt, Verfassungsbeschwerde zu erheben. Damit sind alle **natürlichen Personen** und **juristischen Personen** des **Privatrechts** erfasst; letztere freilich nur insoweit, als ihnen Grundrechte »ihrem Wesen nach« zustehen können (Art. 19 Abs. 3 GG). Juristische Personen des öffentlichen Rechts sind grundsätzlich nicht beschwerdefähig, weil die Verfassungsbeschwerde ein gegen die öffentliche Gewalt gerichteter Rechtsbehelf ist, juristische Personen des öffentlichen Rechts aber gerade einen Teil dieser öffentlichen Gewalt bilden.[74] Ausnahmen werden für solche juristischen Personen gemacht, denen spezifische Grundrechte – wie die Rundfunkfreiheit oder Wissenschaftsfreiheit – zustehen.[75]

b) Akt der »öffentlichen Gewalt«

952 Der Begriff »öffentliche Gewalt« in Art. 93 Abs. 1 Nr. 4 a GG umfasst – anders als in Art. 19 Abs. 4 GG – die **vollziehende Gewalt,** die **Rechtsprechung** und die **Gesetzgebung.** Grundsätzlich ist gegen jeden Akt einer der drei Gewalten die Verfassungsbeschwerde **statthaft.** Ob sie im Einzelfall **zulässig** ist, ist anhand der weiteren Zulässigkeitsvoraussetzungen zu entscheiden.

953 Im Ausgangsfall wird der Beschluss eines Oberverwaltungsgerichts und damit eine gerichtliche Entscheidung angegriffen. Gegen gerichtliche Entscheidungen gerichtete Verfassungsbeschwerden (»Urteilsverfassungsbeschwerden«) sind der häufigste Fall dieser Rechtsschutzform.

c) Beschwerdebefugnis

954 Ähnlich wie die Antragsberechtigten im Organstreit (§ 64 BVerfGG) muss der Beschwerdeführer behaupten, in einem seiner Grundrechte bzw. grundrechtsähnlichen Rechte verletzt zu sein. Die bloße Behauptung reicht freilich ebenso wenig wie bei vergleichbaren Zulässigkeitsvoraussetzungen (Antragsbefugnis, Klagebefugnis) aus. Die Rechtsverletzung muss vielmehr nach dem Sachvortrag des Klägers als **möglich** erscheinen. Das wird bei Exekutivakten und gerichtlichen Entscheidungen verhältnismäßig leicht zu entscheiden sein; bei Rechtsnormen ist die Möglichkeit einer (aktuellen) Rechtsverletzung schwieriger zu beurteilen.

955 Das BVerfG sieht die Beschwerdebefugnis nur als gegeben an, wenn der Beschwerdeführer in seinen Rechten »**selbst, gegenwärtig und unmittelbar**« verletzt ist.[76] Diese Prüfung gewinnt vor allem bei der Rechtssatzverfassungsbeschwerde Gewicht. Ebenso wenig wie andere Rechtsbehelfe soll die Verfassungsbeschwerde die Möglichkeit

74 So BVerfGE 45, 63 (78 ff.) – Stadt Hameln; 61, 82 (100 ff.) – Gemeinde Sasbach; 68, 193 (205 ff.) – Innungen; 75, 192 (195 ff.) – Kreissparkasse.
75 So BVerfGE 31, 314 (321 f.); 59, 231 (254 f.); 64, 256 (259).
76 Vgl. BVerfGE 64, 301 (319); 72, 1 (5 f.); 89, 155 (171); st. Rspr.

eröffnen, **ohne** eigene **Betroffenheit** das Verfassungsgericht anzurufen.[77] Problematisch ist die »Selbstbetroffenheit« allerdings, wenn eine Vorschrift Auswirkungen auf einen Beschwerdeführer hat, der nicht selbst zu den Adressaten der Norm gehört.[78] Die Rechtsprechung des BVerfG verläuft hier nicht geradlinig.[79] »Gegenwärtig« (»aktuell«, nicht nur »virtuell«) ist eine Rechtsverletzung nur dann, wenn sie nicht erst in der Zukunft eintritt.[80] Das »Außerordentliche« der Verfassungsbeschwerde zeigt sich wiederum in dem Umstand, dass die Rechtsverletzung **unmittelbar** sein muss, also kein weiteres Dazwischentreten eines Hoheitsaktes erfordert.[81]

Im Ausgangsfall haben E_1 und E_2 geltend gemacht, sie seien durch die Einführung der neuen Rechtschreibregeln in den Schulen in ihrem Elternrecht nach Art. 6 Abs. 2 S. 1 GG verletzt. Weil eine solche Rechtsverletzung als möglich erschien, war die Verfassungsbeschwerde zulässig.[82] Die Beschwerdeführer konnten auch geltend machen, selbst, gegenwärtig und unmittelbar in ihrem (Eltern-)Recht verletzt zu sein. *Selbst* hätten sie verletzt sein können, weil nicht etwa die Verletzung von Grundrechten der Kinder, sondern eigene Grundrechte (Art. 6 Abs. 2 S. 1 GG) als verletzt behauptet worden sind. *Gegenwärtig* war die behauptete Rechtsverletzung, weil die Einführung der neuen Rechtschreibregeln alsbald nach dem Erlass erfolgte. *Unmittelbar* war die behauptete Rechtsverletzung, weil es nicht noch eines weiteren Umsetzungsaktes bedurfte, um die Rechtschreibregeln einzuführen. 956

d) Frist

Die Verfassungsbeschwerde muss nach § 93 Abs. 1 S. 1 BVerfGG binnen eines Monats erhoben werden. Gegen ein Gesetz ist die Verfassungsbeschwerde binnen eines Jahres nach Inkrafttreten statthaft (§ 93 Abs. 3 BVerfGG).[83] Diese Fristen sind sehr genau zu nehmen, insbesondere müssen innerhalb der Frist alle Zulässigkeitsvoraussetzungen erfüllt sein. Es reicht nicht aus, zunächst nur »Verfassungsbeschwerde« zu erheben, um sie dann nach Verstreichen der Frist zu begründen. Nach Fristablauf kann die Verfassungsbeschwerde nur noch in tatsächlicher oder rechtlicher Hinsicht ergänzt werden.[84] 957

e) Erschöpfung des Rechtswegs (§ 90 Abs. 2 BVerfGG)

Soweit gegen die Akte der öffentlichen Gewalt der **Rechtsweg** eröffnet ist, muss dieser grundsätzlich **erschöpft** sein, bevor eine Verfassungsbeschwerde zulässig ist (§ 90 Abs. 2 S. 1 BVerfGG). Gegen Exekutivmaßnahmen ist zum Beispiel regelmäßig der **Verwaltungsrechtsweg** gegeben (§ 40 Abs. 1 VwGO). Da es Aufgabe der Verwaltungsgerichte ist, hoheitliche Maßnahmen auch auf ihre Übereinstimmung mit der Verfassung (insbesondere den Grundrechten) zu überprüfen, wäre es widersinnig, alternativ die Verfassungsbeschwerde zuzulassen. 958

77 Vgl. BVerfGE 49, 1 (8).
78 Grundlegend *T. Koch*, Der Grundrechtsschutz des Drittbetroffenen, 2000.
79 Vgl. BVerfGE 13, 230 (232 f.); 34, 338 (340); 46, 120 (137); 53, 1 (14); 77, 84 (100).
80 Vgl. BVerfGE 60, 360 (371); 72, 1 (5 f.); 97, 157 (164).
81 Vgl. BVerfGE 53, 1 (14); 97, 157 (164); 100, 313 (354).
82 So BVerfGE 98, 218 (243 f.).
83 Bei rückwirkenden Gesetzen beginnt die Frist ab Verkündung des Gesetzes zu laufen, vgl. BVerfGE 32, 157 (162); 62, 374 (382); 64, 367 (376); st. Rspr.
84 Vgl. *G. Robbers*, Verfassungsprozessuale Probleme, S. 31.

959 Im Ausgangsfall ist gegen die Einführung der neuen Rechtschreibregeln durch ministeriellen Erlass deshalb zutreffend das Verwaltungsgericht angerufen worden, weil es sich um eine öffentlich-rechtliche Streitigkeit nichtverfassungsrechtlicher Art handelte (§ 40 Abs. 1 S. 1 VwGO).

960 Das Gleiche gilt für Gerichtsentscheidungen, gegen die noch ein Rechtsmittel möglich ist. Diese bieten jeweils die Chance, dass die angegriffene Entscheidung in der nächsten Instanz korrigiert wird. Auch soweit verwaltungsgerichtliche Normenkontrollverfahren statthaft sind (§ 47 VwGO), ist die Verfassungsbeschwerde (vorerst) unzulässig.

961 Im Ausgangsfall ist gegen den ablehnenden Beschluss des Verwaltungsgerichts Beschwerde zum zuständigen Oberverwaltungsgericht erhoben worden (§ 146 VwGO). Das Verfahren des vorläufigen Rechtsschutzes nach der VwGO endet in der Beschwerdeinstanz; gegen den Beschluss über die Beschwerde ist kein (ordentlicher) Rechtsbehelf mehr gegeben (§ 152 Abs. 1 VwGO). Der Rechtsweg war im Ausgangsfall somit erschöpft.[85]

3. Das Annahmeverfahren (§§ 93 a–d BVerfGG)

962 Nach Art. 94 Abs. 2 S. 2 GG kann durch Bundesgesetz ein besonderes »**Annahmeverfahren**« für Verfassungsbeschwerden vorgeschrieben werden. Dieses Annahmeverfahren ist in §§ 93 a–d BVerfGG geregelt. Verfassungsbeschwerden sind hiernach einer besonderen Vorprüfung durch eine beim zuständigen Senat gebildete »**Kammer**« (§ 15 a BVerfGG) unterworfen (§§ 93 b, c BVerfGG). Dem Annahmeverfahren ist in der Verfahrenspraxis eine allein in der Geschäftsordnung des BVerfG geregelte erste Beurteilung der Verfassungsbeschwerde durch am BVerfG tätige Beamte vorgeschaltet (§§ 60 Abs. 2, 61 GOBVerfG). Sofern bei einer Verfassungsbeschwerde die Annahme zur Entscheidung nicht in Betracht kommt, weil sie offensichtlich unzulässig ist oder unter Berücksichtigung der Rechtsprechung des BVerfG offensichtlich keinen Erfolg haben kann, wird sie ins **allgemeine Register** eingetragen (§ 60 Abs. 2 a GOBVerfG) und der Beschwerdeführer durch ein »**Belehrungsschreiben**« über die Rechtslage unterrichtet. Sofern er richterliche Entscheidung begehrt, wird der Vorgang in das Verfahrensregister übertragen und eine Kammerentscheidung herbeigeführt (§ 61 Abs. 2 GOBVerfG). Da in der Verfahrenspraxis regelmäßig eine richterliche Entscheidung begehrt wird, dürften sich die gegen diese »Zugangshürde« erhobenen Bedenken[86] mittlerweile erledigt haben.

963 Die aus jeweils drei Richtern bestehenden Kammern haben Verfassungsbeschwerden gem. § 93 a Abs. 2 BVerfGG zur Entscheidung anzunehmen,

- sofern ihnen **grundsätzliche** verfassungsrechtliche **Bedeutung** zukommt oder
- wenn es zur **Durchsetzung** der in § 90 Abs. 1 BVerfGG genannten **Rechte** angezeigt ist; dies kann auch der Fall sein, wenn dem Beschwerdeführer durch die Versagung der Entscheidung zur Sache ein besonders schwerer Nachteil entsteht.[87]

---

85 So BVerfGE 98, 218 (244).

86 Vgl. *B. Schlink,* NJW 1984, S. 90 f.; *K. Schlaich/S. Korioth,* Das Bundesverfassungsgericht, Rn. 259 f.

87 Vgl. im einzelnen *K. Schlaich/S. Korioth,* Das Bundesverfassungsgericht, Rn. 262 ff. m. w. N.

Im Ausgangsfall hat das BVerfG die Verfassungsbeschwerde wegen ihrer grundsätzlichen verfassungsrechtlichen Bedeutung zur Entscheidung angenommen und über sie in der Sache entschieden, obwohl die Beschwerdeführer sie vor der Entscheidung des BVerfG zurückgenommen hatten.[88] **964**

Im Übrigen kann die Kammer die Annahme der Verfassungsbeschwerde **ablehnen** (§ 93 b S. 1 BVerfGG). **965**

Bereits gegen den Beschluss der Kultusministerkonferenz (KMK) vom 1.12.1995, dessen Gegenstand die Einführung der neuen Rechtschreibregelungen war, waren Verfassungsbeschwerden erhoben worden. Die 3. Kammer des Ersten Senats nahm die Verfassungsbeschwerden nicht zur Entscheidung an, weil die Beschwerdeführer nicht geltend machen konnten, in ihrem Elternrecht *unmittelbar* betroffen zu sein.[89] Der Beschluss der KMK nämlich musste von den einzelnen Bundesländern erst umgesetzt werden, so dass erst die Umsetzungsakte geeignet waren, die Beschwerdeführer in ihren Rechten zu verletzen. **966**

Nach § 93 c Abs. 1 S. 1 BVerfGG kann die Kammer der Verfassungsbeschwerde auch **stattgeben,** wenn die Voraussetzungen der Annahme in Gestalt der zweiten Alternative (Durchsetzung der Grundrechte) vorliegen und sie offensichtlich **begründet** ist. Die Nichtig- oder Unvereinbarerklärung eines Gesetzes bleibt dem Senat vorbehalten (§ 93 c Abs. 1 S. 3 BVerfGG). **967**

Die Entscheidungen der Kammer ergehen durch einstimmigen Beschluss (§ 93 d Abs. 3 S. 1 BVerfGG). Erzielt die Kammer weder über die Ablehnung noch über die Stattgabe die notwendige Einstimmigkeit, entscheidet der **Senat** über die Annahme (§ 93 b S. 2 BVerfGG), die beschlossen ist, wenn wenigstens **drei Richter** ihr zustimmen (§ 93 d Abs. 3 S. 2 BVerfGG). **968**

Die Zugangshürden haben die (erwünschte) Folge, dass der Senat nur bei einem geringen Prozentsatz der Verfassungsbeschwerden eine Entscheidung in der Sache trifft (und nicht nur die Annahme der Verfassungsbeschwerde ablehnt). Dieses Ergebnis ist seit jeher kritisiert worden.[90] Auf der anderen Seite erscheint es offensichtlich, dass das BVerfG nicht in der Lage ist, auch nur einen wesentlichen Teil der jährlich eingehenden Verfassungsbeschwerden[91] in der Sache zu entscheiden. Allerdings zeigt die jüngste Umgestaltung des Annahmeverfahrens eine mit dem Gedanken des **Individualrechtsschutzes** nur schwer zu vereinbarende Funktion der Verfassungsbeschwerde: der individuelle Rechtsschutz steht nur bei **schweren Grundrechtsbeeinträchtigungen** im Vordergrund. Im Übrigen wird die Grundrechtsbeeinträchtigung instrumentalisiert, bietet dem BVerfG also nur den **Anlass** zur Klärung einer **verfassungsrechtlichen Frage.** **969**

Im Ausgangsfall hatten die Beschwerdeführer ihre Verfassungsbeschwerde am 6.7.1998, also nach der mündlichen Verhandlung am 12.5.1998, zurückgenommen. Das BVerfG hielt die Rücknahme für unwirksam, weil das öffentliche Interesse einer Entscheidung den verfassungsgerichtlichen Individualrechtsschutz (auf den die Beschwerdeführer hätten verzichten können) bei weitem überwogen habe.[92] Auch an dieser Entscheidung lässt sich ablesen, dass die Verfassungsbeschwerde sich zunehmend zum Anlass entwickelt hat, grundlegende verfassungsrechtliche Probleme verfassungsgerichtlicher Entscheidung zuzuführen. **970**

88 Vgl. BVerfGE 98, 218 (242 f.).
89 Vgl. BVerfG (3. Kammer des Ersten Senats), NJW 1996, S. 2221.
90 Vgl. *K. Schlaich/S. Korioth,* Das Bundesverfassungsgericht, Rn. 268 m. w. N.
91 Vgl. unten Rn. 972.
92 So BVerfGE 98, 218 (242 f.).

VI. Übersichten

1. Verfassungsgerichtliche Verfahrensarten

971

Verfahrensarten	Gesetzliche Regelung	Antragsberechtigung	Gegenstand des Verfahrens	Entscheidung/Wirkung
Organstreitigkeit (BvE)	Art. 93 I Nr. 1 GG §§ 13 Nr. 5, 63–67 BVerfGG	- Bundespräsident - Bundestag - Bundesrat - Bundesregierung - Teile dieser Organe (§ 63 BVerfGG) - Parteien (BVerfGE 4, 27)	Kompetenzverletzung oder Gefährdung durch - Maßnahmen - Unterlassungen der in § 63 BVerfGG genannten Organe (§ 64 I BVerfGG)	Feststellung, ob Maßnahme oder Unterlassung gegen GG verstößt (§ 67 BVerfGG) - Bindungswirkung der Entscheidung (§ 31 I BVerfGG)
Bund-LänderStreitigkeit (BvG)	Art. 93 I Nr. 3 GG §§ 13 Nr. 7, 68–70 BVerfGG	- Bundesregierung - Landesregierung (§ 68 BVerfGG)	Entsprechende Geltung des § 64 BVerfGG (§ 69 BVerfGG)	Entsprechende Geltung des § 67 BVerfGG (§ 69 BVerfGG)
Abstrakte Normenkontrolle (BvF)	Art. 93 I Nr. 2 GG §§ 13 Nr. 6, 76–79 BVerfGG	- Bundesregierung - Landesregierung - Bundestag (1/4 der Mitglieder) (§ 76 BVerfGG)	Prüfung der Vereinbarkeit von Bundesrecht und Landesrecht (förmliche Gesetze und RVOen) mit dem - Grundgesetz - sonstigem Bundesrecht (§ 76 BVerfGG)	Feststellung der - Vereinbarkeit - Nichtigkeit des entsprechenden Rechtssatzes (§ 78 BVerfGG)Entscheidung hat Gesetzeskraft (§ 31 II BVerfGG)
Konkrete Normenkontrolle (BvL)	Art. 100 I GG §§ 13 Nr. 11, 80–82 BVerfGG	Jedes Gericht (Aussetzungs- und Vorlagebeschluss) Art. 100 I GG	Prüfung der Vereinbarkeit förmlicher Gesetze (nicht RVOen) mit dem GG, vorkonstitutionelle Gesetze jedoch nur, wenn Gesetzgeber sie »in seinem Willen aufgenommen hat« (BVerfGE 6, 55, st. Rspr.)	Entsprechende Geltung der §§ 77–79 BVerfGG (§ 82 I BVerfGG) Entscheidung hat Gesetzeskraft (§ 31 II BVerfGG)

Verfassungsbeschwerde (BvR)	Art. 93 I Nr. 4 a GG §§ 13 Nr. 8 a, 90–96 BVerfGG	»Jedermann« (§ 90 I BVerfGG)	Verletzung von Grundrechten (grundrechtsähnlichen Rechten) durch die öffentliche Gewalt (§ 90 I BVerfGG)	– Feststellung der Verletzung durch Maßnahme oder Unterlassung – Aufhebung entspr. Entscheidungen (Gericht) – Nichtigkeitserklärung des entsprechenden Gesetzes (§ 95 BVerfGG) Bindungswirkung (§ 31 I BVerfGG) bzw. Gesetzeskraft der Entscheidung (§ 31 II BVerfGG)

2. Entscheidungen des BVerfG gegliedert nach Verfahrensarten

Entscheidungen des BVerfG gegliedert nach Verfahrensarten 972

Verfahrensart	2011	1951–2011
Organstreitigkeiten	2	97
Bund-Länder-Streitigkeiten	1	27
Abstrakte Normenkontrollen	1	109
Konkrete Normenkontrollen davon	8	1.261
– Senatsentscheidungen	1	1.043
– Beschlüsse der Kammern (seit 11.8.1993)	7	218
Verfassungsbeschwerden* davon	5.613	166.608
– Senatsentscheidungen	16	4.034
– Beschlüsse der Kammern	5.597	162.574
Wahl- und Mandatsprüfungen	13	171
Weitere Verfahrensarten	0	125
Einstweilige Anordnungen	95	1.847
	5.733	170.120

* Von allen Verfassungsbeschwerden (insgesamt: 185.172) waren 4.401 erfolgreich (= 2,4%).

Quelle: Gesamtstatistik des BVerfG, Stand: 31.12.2011 (im Internet unter www.bverfg.de).

VII. Verfahrensarten vor dem Europäischen Gerichtshof

1. Vertragsverletzungsklage (Art. 258 AEUV)

973 Hat nach Auffassung der Kommission ein Mitgliedstaat gegen eine Verpflichtung aus den Verträgen verstoßen, so gibt sie eine mit Gründen versehene Stellungnahme hierzu ab; sie hat dem Staat zuvor Gelegenheit zur Äußerung zu geben (Art. 258 Abs. 1 AEUV). Kommt der Staat dieser Stellungnahme innerhalb der von der Kommission gesetzten Frist nicht nach, so kann die Kommission den Gerichtshof der Europäischen Union anrufen (Art. 258 Abs. 2 AEUV). Die **Vertragsverletzungsklage** wird auch als »Aufsichtsklage« bezeichnet.[93] Das **Vorverfahren** dient der außergerichtlichen Beilegung der Streitigkeit.

974 Mit der Vertragsverletzungsklage wird ein kontradiktorisches Verfahren eingeleitet, das gleichzeitig dazu dient, die Unionsrechtsordnung zu wahren.[94] Stellt der Gerichtshof fest, dass ein Mitgliedstaat gegen eine Verpflichtung aus diesem Vertrag verstoßen hat, so hat dieser Staat die Maßnahmen zu ergreifen, die sich aus dem Urteil des Gerichtshofes ergeben (Art. 260 Abs. 1 AEUV). Das Urteil ist mithin ein **Feststellungsurteil,** das die Möglichkeit einschließt, dass der verurteilte Mitgliedstaat seinen Vertragspflichten wiederum nicht nachkommt. In diesem Fall ist erneut eine Vertragsverletzungsklage statthaft, die allerdings nicht nur auf die Feststellung der Vertragsverletzung gerichtet ist, sondern mit der auch die Verurteilung des Mitgliedstaats zur Zahlung eines Pauschalbetrags oder Zwangsgelds beantragt werden kann (Art. 260 Abs. 2 UAbs. 2 AEUV).

975 Die Vertragsverletzungsklage (Aufsichtsklage) weist deutliche Parallelen zur Bund-Länder-Streitigkeit (Art. 93 Abs. 1 Nr. 3 GG) auf. Die nach Art. 258 Abs. 1 AEUV im Vorverfahren abzugebende Stellungnahme ist mit der staatsrechtlichen »Mängelrüge« (Art. 84 Abs. 4 S. 1 GG) vergleichbar.

976 Trotz der auf die Strukturgemeinsamkeiten zwischen Union und Bundesstaat zurückzuführenden Ähnlichkeiten der Verfahren darf nicht übersehen werden, dass Antragsteller nach Art. 258 AEUV nur die **Kommission** sein kann, während bei der Bund-Länder-Streitigkeit auch ein Bundesland antragsberechtigt ist (§ 68 BVerfGG). Die Mitgliedstaaten können den Gerichtshof anrufen, wenn sie der Auffassung sind, dass ein anderer Mitgliedstaat gegen eine Verpflichtung aus den Verträgen verstoßen hat (Art. 259 Abs. 1 AEUV). Vor Klageerhebung muss der Mitgliedstaat jedoch die Kommission mit der Angelegenheit befassen (Art. 259 Abs. 2 AEUV).

2. Nichtigkeitsklage (Art. 263 AEUV)

977 Der EuGH ist für Klagen zuständig, die ein Mitgliedstaat, das Europäische Parlament, der Rat oder die Kommission wegen Unzuständigkeit, Verletzung wesentlicher Formvorschriften, Verletzung der Verträge oder einer bei seiner Durchführung anzuwendenden Rechtsnorm oder wegen Ermessensmissbrauchs erhebt (Art. 263 Abs. 2 AEUV). Die Klage kann erhoben werden wegen Gesetzgebungsakten sowie Handlungen des Rates, der Kommission und der Europäischen Zentralbank, soweit es sich nicht um Empfehlungen oder Stellungnahmen handelt, und Handlungen des Europäischen Parlaments des Europäischen Rates mit Rechtswirkungen gegenüber

93 Vgl. *R. Streinz*, Europarecht, Rn. 622.
94 Vgl. *M. Herdegen*, Europarecht, § 9 Rn. 4.

Dritten (Art. 263 Abs. 1 AEUV). Klagen des Rechnungshofes, der EZB und des Ausschusses der Regionen sind nur zur Wahrung ihrer Rechte statthaft (Art. 263 Abs. 3 AEUV).

Klagegegenstand können demnach **alle Maßnahmen** sein, die dazu bestimmt sind, Rechtswirkungen zu erzeugen.[95] Unzulässig sind Klagen gegen Primärrecht, weil dieses nicht durch das Handeln von Unionsorganen erzeugt worden ist.[96] 978

Soweit die Klage begründet ist, erklärt der EuGH die angefochtene Handlung für nichtig (Art. 264 Abs. 1 AEUV). Erklärt der Gerichtshof eine Handlung für nichtig, so bezeichnet er, falls er dies für notwendig hält, diejenigen ihrer Wirkungen, die als fortgeltend zu betrachten sind (Art. 264 Abs. 2 AEUV). 979

Die Nichtigkeitsklage weist Ähnlichkeiten mit der Organstreitigkeit auf, weil alle Unionsorgane – ggf. unter Einschränkungen – Beteiligte des Verfahrens sein können. Da auch die Mitgliedstaaten den EuGH im Wege der Nichtigkeitsklage anrufen können, ist insoweit die Parallele zur Bund-Länder-Streitigkeit zu ziehen. 980

Die Nichtigkeitsklage enthält aber auch Elemente des abstrakten Normenkontrollverfahrens, weil die angefochtenen Handlungen für nichtig erklärt werden, soweit die Klage begründet ist (Art. 264 Abs. 1 AEUV). Die Nichtigerklärung ist mit der Entscheidung nach § 78 BVerfGG zu vergleichen und zeitigt vergleichbare Folgeprobleme.[97] Als Beispiel für die Nichtigerklärung einer Richtlinie ist das Urteil des EuGH vom 5.10.2000 zu nennen, in dem auf (Nichtigkeits-)Klage der Bundesrepublik Deutschland die Tabakwerberichtlinie (98/43/EG) für nichtig erklärt worden ist.[98] 981

3. Untätigkeitsklage (Art. 265 AEUV)

Unterlässt es das **Europäische Parlament,** der **Europäische Rat,** der **Rat,** die **Kommission** oder die Europäische Zentralbank unter Verletzung der Verträge, einen **Beschluss** zu fassen, so können die Mitgliedstaaten und die anderen Organe der Union beim Gerichtshof Klage auf Feststellung einer Vertragsverletzung erheben. Dies gilt entsprechend für die Einrichtungen und sonstigen Stellen der Union, die es unterlassen, tätig zu werden (Art. 265 Abs. 1 AEUV). Die Klage ist nur zulässig, wenn das in Frage stehende Organ, die Einrichtung oder die sonstige Stelle zuvor aufgefordert worden ist, tätig zu werden. Hat es binnen zwei Monaten nach dieser Aufforderung nicht Stellung genommen, so kann die Klage innerhalb einer weiteren Frist von zwei Monaten erhoben werden (Art. 265 Abs. 2 AEUV). Der EuGH entscheidet im Wege des Feststellungsurteils (Art. 265 Abs. 1 AEUV). Im Falle der Verurteilung haben die Organe, die Einrichtung oder die sonstige Stelle die Pflicht, die im Urteil des EuGH bezeichneten Maßnahmen zu ergreifen (Art. 266 Abs. 1 AEUV). Soweit durch die Unterlassung ein Schaden entstanden ist, kann ein Schadensersatzanspruch geltend gemacht werden (Art. 266 Abs. 2 i. V. m. Art. 340 Abs. 2 AEUV). 982

Auch die Untätigkeitsklage weist Parallelen zur Organstreitigkeit nach Art. 93 Abs. 1 Nr. 1 GG auf, die auch mit der Behauptung angestrengt werden kann, der Antragsgegner habe durch **Unterlassung** 983

95 Vgl. *R. Streinz*, Europarecht, Rn. 635.
96 Vgl. *R. Streinz*, Europarecht, Rn. 638 m. w. N.
97 Vgl. oben Rn. 921 ff.
98 Vgl. EuGH, Slg. 2000, I-8419.

einer Maßnahme die Rechte des Antragstellers verletzt (§ 64 Abs. 1 BVerfGG). Da gem. Art. 265 Abs. 1 AEUV auch die Mitgliedstaaten klageberechtigt sind, weist die Untätigkeitsklage insoweit Gemeinsamkeiten auch mit der Bund-Länder-Streitigkeit (Art. 93 Abs. 1 Nr. 3 GG) auf, auf die § 64 BVerfGG entsprechend anzuwenden ist (§ 69 BVerfGG).

4. Vorabentscheidungsverfahren

984 Eine praktische bedeutsame Verfahrensart stellt das Vorabentscheidungsverfahren (Art. 267 AEUV) dar. Der Gerichtshof entscheidet im Wege der Vorabentscheidung

- über die Auslegung der Verträge,
- über die Gültigkeit und die Auslegung der Handlungen der Organe, Einrichtungen oder sonstigen Stellen der Union

auf Vorlage des Gerichts eines Mitgliedstaates (Art. 267 Abs. 2 AEUV). Der Europäische Gerichtshof entscheidet im Vorabentscheidungsverfahren über die Übereinstimmung von Sekundärrecht mit den Verträgen, nicht jedoch über die Auslegung nationalen Rechts bzw. die Übereinstimmung nationalen Rechts mit dem Unionsrecht.[99] Die Frage muss für den Rechtsstreit entscheidungserheblich sein.

985 Die Vorlageberechtigung der Gerichte der Mitgliedstaaten verdichtet sich zur Vorlageverpflichtung, wenn ein einzelstaatliches Gericht zu entscheiden hat, dessen Entscheidungen nicht mehr mit Rechtsmitteln des innerstaatlichen Rechts angefochten werden können (Art. 267 Abs. 3 AEUV).

986 Das Vorabentscheidungsverfahren weist Parallelen zur konkreten Normenkontrolle nach Art. 100 GG auf, weil auch dieses ein Verfahren auf Vorlage eines Gerichts ist.[100] Im Einzelnen allerdings gibt es wesentliche Unterschiede, insbesondere im Hinblick auf die Entscheidungserheblichkeit. Im Unterschied zum Verfahren der konkreten Normenkontrolle, für die die Vorschriften der abstrakten Normenkontrolle entsprechend gelten (§ 82 Abs. 1 BVerfGG), sind die Wirkungen der Vorabentscheidung primärrechtlich nicht geregelt. In der Rechtsprechungspraxis stellt der EuGH allerdings die Ungültigkeit oder Gültigkeit eines Sekundärrechtssatzes fest.[101]

986a Der Reformvertrag von Lissabon hat damit am bisherigen Rechtsschutzsystem und den gerichtlichen Verfahrensarten festgehalten und insgesamt weitgehend die Regelungen des EGV bei insgesamt geringfügigen Erweiterungen und Modifizierungen (vgl. Art. 258 ff. AEUV) übernommen.[102]

VIII. Rechtsprechung

987 **1. Organstreitverfahren: BVerfGE** 10, 4 (Rederecht des Abgeordneten); **E** 24, 300 (Wahlkampfkostenerstattung); **E** 44, 125 (Öffentlichkeitsarbeit der Bundesregierung); **E** 45, 1 (Über- und außerplanmäßige Ausgaben); **E** 62, 1 (Auflösung des Bundestages); **E** 68, 1 (Raketenstationierung); **E** 70, 324 (Antragsbefugnis von Abgeordneten und Fraktionen); **E** 71, 299 (Antragsfrist); **E** 74, 44 (Parteifähigkeit politischer Parteien); **E** 80, 188 (Rechtsstellung fraktionsloser Abgeordneter – »Wüppe-

99 Vgl. *R. Streinz*, Europarecht, Rn. 683 f.
100 Vgl. oben Rn. 929.
101 Vgl. hierzu *M. Herdegen*, Europarecht, § 9 Rn. 35; *R. Streinz*, Europarecht, Rn. 690.
102 Vgl. dazu *T. Oppermann/C. D. Classen/M. Nettesheim*, Europarecht, § 14 Rn. 60 f.; *R. Streinz/C. Ohler/C. Herrmann*, Der Vertrag von Lissabon zur Reform der EU, S. 93 ff.

sahl«); **E** 90, 286 (AWACS-UNOSOM); **E** 94, 351 (Überprüfung von Abgeordneten); **E** 100, 266 (Kosovo-Einsatz der Bundeswehr); **E** 104, 310 (Aufhebung der Immunität eines Bundestagsabgeordneten); **E** 104, 151 (Zustimmung der Bundesregierung zum neuen strategischen Konzept der NATO); **E** 104, 197 (Rechte der Minderheit in Untersuchungsausschüssen); **E** 108, 251 (Durchsuchung und Beschlagnahme im Büro eines Abgeordneten-Mitarbeiters); **E** 114, 121 (Auflösung des 15. Deutschen Bundestages); **E** 118, 277 (Nebeneinkünfte); **E** 118, 244 (ISAF); **E** 126, 55 (Bundeswehreinsatz Heiligendamm).

2. Bund-Länder-Streitigkeit: BVerfGE 1, 14 (Südweststaat); **E** 6, 309 (Reichskonkordat); **E** 8, 122 (Volksbefragung über Atomwaffen); **E** 12, 205 (»Deutschland-Fernsehen-GmbH«); **E** 41, 291 (Finanzhilfen des Bundes); **E** 81, 310 (Weisungsrecht bei Bundesauftragsverwaltung – »Schneller Brüter«); **E** 84, 25 (Weisungsrecht bei Bundesauftragsverwaltung – »Schacht Konrad«); **E** 102, 167 (Abstufung einer Bundesstraße); **E** 104, 249 (Informales Handeln bei Auftragsverwaltung).

3. Abstrakte Normenkontrolle: BVerfGE 10, 20 (Stiftung »Preußischer Kulturbesitz«); **E** 36, 1 (Grundlagenvertrag); **E** 39, 1 (§ 218 a StGB); **E** 48, 127 (Kriegsdienstverweigerung); **E** 52, 63 (Parteispenden); **E** 55, 274 (Ausbildungsplatzförderungsgesetz); **E** 61, 149 (Staatshaftungsgesetz); **E** 69, 1 (Kriegsdienstverweigungers-Neuordnungsgesetz); **E** 88, 203 (Schwangerschaftsabbruch); **E** 95, 335 (Überhangmandate); **E** 101, 1 (Hennenhaltungsverordnung); **E** 101, 158 (Länderfinanzausgleich); **E** 105, 315 (Lebenspartnerschaftsgesetz); **E** 106, 62 (Neuregelung der Altenpflege); **E** 128, 1 (Gentechnikgesetz).

4. Konkrete Normenkontrolle: BVerfGE 6, 55 (Besteuerung von Ehegatten); **E** 37, 271 (Gemeinschaftsrecht/Grundrechte – »Solange-Beschluss«); **E** 39, 334 (Extremisten-Beschluss); **E** 45, 187 (§ 211 StGB – Lebenslange Freiheitsstrafe); **E** 49, 89 (§ 7 AtomG – »Kalkar«); **E** 52, 1 (Art. 14 GG – »Kleingarten«); **E** 53, 257 (Versorgungsausgleich); **E** 58, 300 (Art. 14 GG – »Nassauskiesung«); **E** 70, 134 (Entscheidungserheblichkeit); **E** 104, 373 (Ausschluss von Familiendoppelnamen); **E** 105, 61 (Wehrpflicht); **E** 105, 73 (Besteuerung von Beamtenpensionen und Renten); **E** 107, 150 (Elterliches Sorgerecht für nichteheliche Kinder); **E** 108, 1 (Rückmeldegebühr an Universitäten in Baden-Württemberg).

5. Verfassungsbeschwerde: BVerfGE 6, 32 (»Elfes-Urteil«); **E** 7, 198 (»Lüth-Urteil«); **E** 7, 377 (Apothekenurteil); **E** 20, 162 (»Spiegel-Urteil«); **E** 25, 256 (»Blinkfüer«-Entscheidung); **E** 30, 1 (»Abhör-Urteil«); **E** 30, 173 (»Mephisto-Beschluss«); **E** 34, 165 (Hessische Förderstufe); **E** 35, 79 (»Hochschul-Urteil«); **E** 35, 202 (»Fall Lebach«); **E** 43, 291 (»Numerus-clausus-Urteil«); **E** 50, 290 (Mitbestimmungsgesetz); **E** 51, 222 (»Europawahlgesetz«); **E** 53, 30 (»Mülheim-Kärlich-Beschluss«); **E** 56, 54 (»Fluglärm«-Entscheidung); **E** 65, 1 (Volkszählungs-Urteil); **E** 69, 315 (»Brockdorf-Beschluss«); **E** 75, 192 (»Sparkassen-Beschluss«); **E** 93, 1 (»Kreuz im Klassenzimmer«); **E** 94, 49 (Asylrecht; Sichere Drittstaaten); **E** 94, 115 (Asylrecht; Sichere Herkunftsstaaten); **E** 94, 166 (Asylrecht; Flughafenverfahren); **E** 94, 372 (Werbeverbot für Apotheker); **E** 98, 218 (Rechtschreibreform); **E** 100, 313 (Überwachung des Fernmeldeverkehrs); **E** 102, 26 (Frischzellen-Therapie); **E** 102, 447 (Benetton-Werbung I); **E** 102, 370 (Zeugen Jehovas); **E** 103, 1 (Singularzulassung von Rechtsanwälten bei Oberlandesgerichten); **E** 103, 44 (Fernsehaufnahmen in Gerichtsverhandlungen); **E** 103, 142 (Durchsuchung einer Wohnung); **E** 104, 337 (Ausnahme vom Schächtverbot für Muslime); **E** 104, 357 (Verkaufsoffene Sonntage für Apotheken); **E** 107, 186 (Versandhandel von Impfstoffen); **E** 107, 275 (Benetton-Werbung II); **E** 119, 331 (Hartz IV – Arbeitsgemeinschaften).

IX. Literatur

988 *E. Benda/E. Klein/O. Klein,* Verfassungsprozessrecht, 3. Aufl. 2012; *D. Ehlers,* Organstreitverfahren vor dem Bundesverfassungsgericht gemäß Art. 93 Abs. 1 Nr. 1 GG, §§ 13 Nr. 5, 63 ff. BVerfGG, Jura 2003, S. 315; *M.-E. Geis/H. Meier,* Grundfälle zum Organstreitverfahren, Art. 93 I Nr. 1 GG, §§ 13 Nr. 5, 63 ff. BVerfGG, JuS 2011, S. 699; *M.-E. Geis/O. Schmidt,* Grundfälle zur abstrakten und zur konkreten Normenkontrolle, JuS 2012, S. 121; *M.-E. Geis/S. Thirmeyer,* Grundfälle zur Verfassungsbeschwerde, Art. 93 I Nr. 4 a GG, §§ 13 Nr. 8 a, 90 ff. BVerfGG, JuS 2012, S. 316; *R. Grote,* Der Verfassungsorganstreit: Entwicklung, Grundlagen, Erscheinungsformen, JZ 2011, S. 729; *C. Gusy,* Die Verfassungsbeschwerde, 1988; *J. Ipsen,* Rechtsfolgen der Verfassungswidrigkeit von Norm und Einzelakt, 1980; *V. Lipp,* Europäische Justizreform, NJW 2001, S. 2657; *H. Lechner/R. Zuck,* Bundesverfassungsgerichtsgesetz, 6. Aufl. 2011; *D. Majer,* Verfassungsgerichtsbarkeit und Bund-Länder-Konflikt, 1981; *S. Muckel,* Zulässigkeit einer Vorlage nach Art. 100 I GG, JA 2011, S. 952; *S. Mückl,* Die abstrakte Normenkontrolle vor dem Bundesverfassungsgericht gemäß Art. 93 I Nr. 2, 2 a, §§ 13 Nr. 6, 6 a, 76 ff. BVerfGG, Jura 2005, S. 463; *M. Nettesheim,* Die Zulässigkeit von Verfassungsbeschwerden und Richtervorlagen nach Art. 23 GG, NVwZ 2002, S. 932; *C. Pestalozza,* Verfassungsprozeßrecht, 3. Aufl. 1991; *G. Robbers,* Verfassungsprozessuale Probleme in der öffentlich-rechtlichen Arbeit, JuS 1994, S. 397; *ders.*, Verfassungsprozessuale Probleme in der öffentlich-rechtlichen Arbeit, 2. Aufl. 2005; *K. Schlaich,* Die Verfassungsgerichtsbarkeit im Gefüge der Staatsfunktionen, VVDStRL 39 (1981), S. 99; *ders./S. Korioth,* Das Bundesverfassungsgericht, 9. Aufl. 2012; *B. Schlink,* Zugangshürden im Verfassungsbeschwerdeverfahren, NJW 1984, S. 89; *H. Sodan,* Der Grundsatz der Subsidiarität der Verfassungsbeschwerde, DÖV 2002, S. 925; *K. Stein,* Die Parteifähigkeit der Untergliederungen politischer Parteien im verfassungsgerichtlichen Bundesorganstreitverfahren, DÖV 2002, S. 713; *U. Steiner,* Der Richter als Ersatzgesetzgeber: Richterliche Normenkontrolle – Erfahrungen und Erkenntnisse, NJW 2001, S. 2919; *R. Zuck,* Das Recht der Verfassungsbeschwerde, 3. Aufl. 2006.

E. Das Sozialstaatsprinzip

Nach Art. 20 Abs. 1 GG ist die Bundesrepublik Deutschland ein »demokratischer und sozialer Bundesstaat«. In Art. 28 Abs. 1 GG ist von den Grundsätzen des »republikanischen, demokratischen und sozialen Rechtsstaates« die Rede. Neben die bereits behandelten Strukturprinzipien der **Demokratie,** des **Föderalismus** und der **Rechtsstaatlichkeit** tritt damit eine vierte Größe, die dem Staat der Gegenwart sein unverwechselbares Gepräge gibt. Der Umstand, dass das »**Sozialstaatsprinzip**« in beiden Vorschriften nur als Adjektiv erscheint, ändert an seiner grundlegenden Bedeutung nichts; auch die fundamentalen Prinzipien der Republik und Demokratie erscheinen sprachlich als Attribute des Rechtsstaats. 989

Der Begriff des »Sozialstaats« oder des »sozialen Rechtsstaats« lässt sich nur vor dem Hintergrund der Geschichte der letzten 100 Jahre verstehen. Der Sozialstaat stellte eine Fortentwicklung, aber auch partielle Überwindung des bürgerlichen Rechtsstaats des 19. Jahrhunderts angesichts der Herausforderungen der »sozialen Frage« dar. Mit der Entwicklung des bürgerlichen zum sozialen Rechtsstaat haben sich auch die Legitimationsgrundlagen des Staates verschoben. Der Staat sichert nicht nur »Freiheit und Eigentum«, sondern er schafft zwischen Freiheit und Gleichheit einen Ausgleich.[1] 990

Der moderne Sozialstaat ist notwendig ein **Interventionsstaat,** der die Grenzen zwischen Staat und Gesellschaft als fließend erscheinen lässt, wenn nicht gar aufhebt. Die Legitimation seines Handelns liegt nicht zuletzt darin, wieweit der soziale Ausgleich gelingt, während der bürgerliche Rechtsstaat am Maß der Freiheitssicherung bzw. seinen außenpolitischen (nicht selten kriegerischen) Erfolgen gemessen wurde. 991

Die – auch in anderen Ländern Europas zu beobachtende – Entwicklung vom bürgerlichen zum sozialen Rechtsstaat ist durch das Sozialstaatsprinzip des Art. 20 Abs. 1 GG zum verfassungsrechtlichen Gebot geworden. Der in Art. 20 Abs. 1 GG verwandte Indikativ stellt keineswegs eine Beschreibung des Zustands dar, sondern enthält ein rechtliches Sollen. Alle Versuche, die verpflichtende Wirkung des Sozialstaatsprinzips auf dem Wege der Interpretation zu umgehen oder zu relativieren, indem man es allein als »Programm« ansieht,[2] müssen an dem eindeutigen Wortlaut des Art. 20 Abs. 1 GG scheitern. Auch der Vorschlag, wegen der vermeintlichen Unvereinbarkeit von Sozialstaatlichkeit und Rechtsstaatlichkeit im Zweifel dem rechtsstaatlichen Prinzip den Vorrang einzuräumen,[3] hat sich zu Recht nicht durchgesetzt.[4] 992

Die Einigkeit über die normative Geltung des Sozialstaatsprinzips darf aber nicht darüber hinwegtäuschen, dass im Einzelnen durchaus Unsicherheit über seine inhaltliche Tragweite herrscht. Die unterschiedlichen Meinungen, die hierzu in der Litera- 993

1 Vgl. die grundsätzlichen Ausführungen in BVerfGE 5, 85 (198).
2 Vgl. *E. Forsthoff,* VVDStRL 12 (1954), S. 8 ff.
3 So *E. Forsthoff,* VVDStRL 12 (1954), S. 14 f.
4 Vgl. schon *O. Bachof,* VVDStRL 12 (1954), S. 39 ff.; heute h. M., vgl. die Nachw. bei *K. Stern,* Staatsrecht I, S. 887.

tur vorgetragen werden, spiegeln zugleich das Spektrum politisch-weltanschaulicher Positionen wider. Schon dieser Umstand muss skeptisch stimmen. Die Strukturprinzipien des Art. 20 Abs. 1 GG erschienen uns bisher in erster Linie als zusammenfassende Umschreibung von Verfassungsinstituten, die zwar über die Summe ihrer Teile hinausweisen, aber keine isolierten Generalklauseln darstellen. Das Demokratieprinzip des Art. 20 Abs. 1 GG ist nicht beliebiger Interpretation zugänglich, sondern verstehbar nur im Zusammenhang mit Art. 38 GG und den demokratischen Institutionen. Aufgrund seiner prinzipiellen Bedeutung weist es wiederum über diese hinaus, ist von diesen aber doch auch nicht zu trennen. Für das Bundesstaats- und das Rechtsstaatsprinzip gilt ähnliches. Es wäre deshalb schon systematisch überraschend, wenn sich das Sozialstaatsprinzip von den übrigen Strukturprinzipien des Art. 20 Abs. 1 GG prinzipiell unterschiede.

994 Art. 20 Abs. 1 GG enthält **keine Antizipation** einer bestimmten **Sozialutopie,** die von Verfassungs wegen verfolgt werden müsste und deren Ablehnung folgerichtig »verfassungswidrig« wäre. Der Rechtsnatur der Sozialstaatsklausel als Strukturprinzip dürfte es deshalb eher entsprechen, einen Mindestbestand an sozialer Sicherheit zu **garantieren,** darüber hinaus aber weitere Bestrebungen nach sozialer Gerechtigkeit zu **legitimieren.** Die Sozialstaatsklausel stellt insofern zugleich ein Strukturmerkmal des (existierenden) Staates und eine (noch zu verwirklichende) Staatszielbestimmung dar.

995 Folgerichtig genügen verschiedene sozialstaatliche Konzeptionen gleichermaßen den verfassungsrechtlichen Anforderungen, wenn sie das Mindestmaß sozialen Ausgleichs garantieren. Da das Sozialstaatsprinzip unausweichlich im Spannungsfeld zwischen Freiheit und Gleichheit, Individuum und Gemeinschaft steht, wird dem Grundgesetz nicht gleichzeitig ein präexistentes Sozialmodell zur Aufhebung dieser Spannung unterstellt werden können.[5]

996 Zwei tatsächliche Rahmenbedingungen sprechen entschieden für das hier angedeutete Verständnis des Sozialstaatsprinzips. Zum einen sind sozialstaatliche Einrichtungen abhängig von den zur Verfügung stehenden **Finanzmitteln,** letztlich also vom Steueraufkommen. Die staatliche Sozialgesetzgebung der letzten sechs Jahrzehnte belegt die Konjunkturabhängigkeit sozialstaatlicher Aktivitäten auf das Deutlichste. Sozialstaatliche Errungenschaften lassen sich deshalb auf dem jeweils höchsten Niveau, das sie erreicht haben, verfassungsrechtlich *nicht* garantieren, weil auch der Konjunktureinbruch nach sozialstaatlichem Ausgleich verlangt. Hinzu kommt, dass gerade sozialstaatliche Einrichtungen ständig den Stoff politischer Auseinandersetzungen bilden – ein von Parteien zur politischen Profilierung bevorzugtes Feld. Die Entscheidung über Präferenzen oberhalb eines verfassungsrechtlich durch das Grundrecht auf ein menschenwürdiges Existenzminimum (Art. 1 Abs. 1 i. V. m. Art. 20 Abs. 1 GG)[6] garantierten Standards ist dem **demokratischen Willensbildungsprozess** anheimgestellt, in dem wiederum die Verantwortlichkeit entweder des Einzelnen oder der Gemeinschaft betont werden kann. Die Annahme, dieses Potential politischer Kontroversen sei von Verfassungs wegen überflüssig, weil die Sozialstaatsklausel für jede konjunk-

5 Bezeichnend *M. Kittner,* in: AK-GG, 2. Aufl. 1989, Art. 20 Abs. 1–3 IV Rn. 42: »Freiheit für die vielen ist nur möglich durch die Beschränkung der Freiheit weniger.« Ein solcher Satz kann als verfassungsrechtliche Norm aus dem Sozialstaatsprinzip nicht hergeleitet werden.

6 BVerfGE 125, 175; dazu *J. Ipsen,* Staatsrecht II, 15. Aufl. 2012, Rn. 240 a.

turelle Situation passende Handlungsanweisungen enthalte, erscheint wenig überzeugend.[7] Die Sanktion gegen gesetzliche Einschränkungen von Sozialleistungen dürfte in Gestalt schrumpfender Stimmenanteile bei Wahlen überdies empfindlicher sein als das rechtlich kaum zu begründende Verdikt der Verfassungswidrigkeit.

7 Vgl. BVerfGE 65, 182 (193 f.).

§ 19 Die Bundesrepublik als Sozialstaat

997 Die Erscheinungsformen des Sozialstaates sind so vielfältig, dass sie sich einer knappen Darstellung entziehen. Sie lassen sich überdies nicht allgemein über das Medium des Gesetzes erschließen. Soziale Rechte im engeren Sinne unterliegen zwar dem **Gesetzesvorbehalt** und können nur insoweit geltend gemacht werden, als ihre Voraussetzungen und ihr Inhalt durch die **Vorschriften** des **Sozialgesetzbuchs** im einzelnen bestimmt sind (§ 2 Abs. 1 SGB I). Ausdrücklich wird durch § **31 SGB I** bestimmt, dass Rechte und Pflichten in den Sozialleistungsbereichen des Gesetzbuchs nur begründet, festgestellt, geändert oder aufgehoben werden dürfen, soweit ein Gesetz es vorschreibt oder zulässt. Sozialstaatliches Handeln in einem weiteren Sinne unterliegt damit nicht notwendig dem Gesetzesvorbehalt und ist überdies von der – auf kommunaler Ebene geleisteten – **»Daseinsvorsorge«** nicht scharf zu trennen. Unserem Grundgedanken folgend, das Sozialstaatsprinzip in erster Linie als zusammenfassende Beschreibung verfassungsrechtlicher Institute zu sehen, wird man zunächst das Grundgesetz selber in den Blick nehmen müssen. Dass die Sozialstaatsklausel als Staatszielbestimmung notwendig über den Bestand hinausweist und es folglich keinen verfassungsrechtlichen *numerus clausus* sozialstaatlicher Einrichtungen geben kann, sei dabei vorausgesetzt.

I. Grundgesetzliche Ausformungen des Sozialstaatsprinzips

1. Bewältigung der Kriegsfolgen

998 Die Bewältigung der Kriegsfolgen war zur Zeit der Entstehung des Grundgesetzes das vordringliche, nahezu alle Bürger betreffende Problem. Hierzu waren staatliche Maßnahmen eines solchen Umfangs notwendig, wie sie herkömmliche Vorstellungen vom liberalen Rechtsstaat zu sprengen geeignet waren. Die Versorgung der Kriegsbeschädigten und Kriegshinterbliebenen bzw. Kriegsgefangenen, die Wiedereingliederung der Flüchtlinge und Vertriebenen, die Schaffungen neuen Wohnraums sowie der Lastenausgleich waren die Aufgaben, die von der Bundesrepublik bewältigt werden mussten und deren Bewältigung bis heute noch nicht vollständig abgeschlossen ist.

2. Sozialversicherung

999 Das Grundgesetz weist in Art. 74 Abs. 1 Nr. 12 dem Bund die konkurrierende Gesetzgebungszuständigkeit für die Bereiche der Sozialversicherung einschließlich der Arbeitslosenversicherung zu. In Art. 87 Abs. 2 GG heißt es, dass diejenigen »sozialen Versicherungsträger«, deren Zuständigkeitsbereich sich über das Gebiet eines Landes hinaus erstreckt, als bundesunmittelbare Körperschaften des öffentlichen Rechts geführt werden. Der umfassende, für den modernen Sozialstaat schlechthin prägende Bereich der **Sozialversicherung** erscheint im Grundgesetz nur in der nüchternen Form der Gesetzgebungs- und Verwaltungskompetenz. Gleichwohl kann nicht zweifelhaft sein, dass das Sozialstaatsprinzip eine öffentliche Renten-, Kranken-, Arbeitslosen- und Unfallversicherung garantiert. Das heißt nicht, dass ein einmal erreichtes Niveau der Versicherungsleistungen ohne Rücksicht auf veränderte Rahmenbedingungen gewährleistet ist; es bedeutet vielmehr, dass die Ver-

fassung die staatliche Zuständigkeit für die Sozialversicherung anerkennt und billigt. Wenn in Art. 20 Abs. 1 GG von einem »sozialen« Bundesstaat die Rede ist, so ist damit notwendig ein Staat gemeint, der sich der Sozialversicherung als eigener Aufgabe annimmt bzw. sie auf staatsunmittelbare Verwaltungseinheiten überträgt. Der Sozialstaatsgrundsatz umfasst deshalb zweifelsfrei eine Form öffentlicher Sozialversicherung; ein Staat, der sich diesem Bereich verschließen würde, könnte nicht als »Sozialstaat« bezeichnet werden.[1]

3. Sozialhilfe

Art. 74 Abs. 1 Nr. 7 GG weist dem Bund die konkurrierende Gesetzgebungszuständigkeit für die »öffentliche Fürsorge« zu. Im Gegensatz zum Bereich der Sozialversicherung, in dem prinzipiell ein Gegenseitigkeitsverhältnis von Versicherungsbeiträgen und -leistungen besteht, handelt es sich bei der **»öffentlichen Fürsorge«** um Hilfe für Bedürftige. Was im Laufe der Geschichte privater Initiative (Armenpflege) oder kirchlichem Wirken (Caritas) überlassen war, ist als legitimer Bereich staatlichen Handelns anerkannt und stellt für eine wachsende Zahl von Menschen die unentbehrliche Lebensgrundlage dar. 1000

einseitig

4. Arbeitsrecht, insbesondere Arbeitsschutz

Die dem Bund in Art. 74 Abs. 1 Nr. 12 GG zugewiesene Kompetenz für das »Arbeitsrecht« einschließlich der Betriebsverfassung, des Arbeitsschutzes und der Arbeitsvermittlung lässt ein bedeutsames Feld sozialstaatlicher Tätigkeit erkennen. Der gesamte Produktionsprozess ist, soweit er nicht allein durch tarifvertragliche Regelungen bestimmt ist, von sozialstaatlicher Gesetzgebung geprägt. Die Vielzahl der Gesetze, die in Ausfüllung dieser Gesetzgebungskompetenz ergangen ist, kann hier nicht aufgezählt werden. Zu vermerken bleibt jedoch, dass Art. 74 Abs. 1 Nr. 12 GG die Eigenständigkeit des Arbeitsrechts gegenüber dem bürgerlichen Recht und damit ein »**Sonderrecht** der **Arbeitnehmer**« als der sozial abhängigen Beschäftigten voraussetzt. 1001

5. Ausbildungsförderung

Am Beispiel der **»Ausbildungsbeihilfen«** (Art. 74 Abs. 1 Nr. 13 GG) lässt sich illustrieren, wie der Sozialstaat binnen weniger Jahre fortschreitet. Was zunächst als in seiner Verfassungsmäßigkeit nicht unbestrittene staatliche Gewährung (»Honnefer Modell«) erschien, ist mittlerweile eine als selbstverständlich anerkannte Einrichtung des Sozialstaats.[2] Am Beispiel der Ausbildungsbeihilfen lässt sich gleichzeitig erkennen, dass ein einmal gewährtes Anspruchsniveau keineswegs verfassungsrechtlich abgesichert, die Art und Weise der Ausbildungsförderung vielmehr gesetzgeberischem Ermessen anheim gestellt ist. 1002

1 Ebenso *K. Stern*, Staatsrecht I, S. 895.
2 Vgl. *E. A. Blanke/R. Deres*, Ausbildungsförderungsrecht, 36. Aufl. 2011.

II. Das Sozialstaatsprinzip in der Rechtsprechung des Bundesverfassungsgerichts

1003 Das BVerfG hat sich in einer Fülle von Entscheidungen mit dem Sozialstaatsprinzip befasst und ihm in seiner Rechtsprechung in behutsamer Weise Konturen verliehen. Wenn es in der Regel darauf verzichtet hat, dem Sozialstaatsprinzip spezielle Regelungsgehalte zu substituieren oder gar konkrete Ansprüche aus ihm abzuleiten, so entspricht das seinem hier betonten zusammenfassenden Charakter. Überdies *ist* die Bundesrepublik ein Sozialstaat, d. h. dass das einfache Gesetz das Sozialstaatsprinzip ausformt. Im Vordergrund der Rechtsprechung des BVerfG stand deshalb jeweils die Prüfung, ob Gesetze verschiedener Sachbereiche den Anforderungen des Sozialstaatsprinzips genügen.

1. Allgemeine Bedeutung des Sozialstaatsprinzips

1004 Das BVerfG betont sehr früh, dass das Sozialstaatsprinzip bei der Auslegung von Gesetzen eine Bedeutung haben kann.[3] Es enthalte die Forderung nach »sozialer Gerechtigkeit« staatlicher Maßnahmen und schreibe eine gleichmäßige Verteilung der Lasten vor:

> »Wenn als ein leitendes Prinzip aller staatlichen Maßnahmen der Fortschritt zu ›sozialer Gerechtigkeit‹ aufgestellt wird, eine Forderung, die im Grundgesetz mit seiner starken Betonung des ›Sozialstaats‹ noch einen besonderen Akzent erhalten hat, so ist auch das ein der konkreten Ausgestaltung in hohem Maße fähiges und bedürftiges Prinzip. Was jeweils praktisch zu geschehen hat, wird also in ständiger Auseinandersetzung aller an der Gestaltung des sozialen Lebens beteiligten Menschen und Gruppen ermittelt. Dieses Ringen spitzt sich zu einem Kampf um die politische Macht im Staat zu. Aber es erschöpft sich nicht darin. Im Ringen um die Macht spielt sich gleichzeitig ein Prozeß der Klärung und Wandlung dieser Vorstellung ab. Die schließlich erreichten Entscheidungen werden gewiß stets mehr den Wünschen und Interessen der einen oder anderen Gruppe oder sozialen Schicht entsprechen; die Tendenz der Ordnung und die in ihr angelegte Möglichkeit der freien Auseinandersetzung zwischen allen realen und geistigen Kräften wirkt aber ... in Richtung auf Ausgleich und Schonung der Interessen aller.«[4]

1005 Auf der anderen Seite hebt das BVerfG den **Spielraum des Gesetzgebers** zu eigener Gestaltung zwischen der Freiheit des einzelnen und den Anforderungen der sozialstaatlichen Ordnung[5] hervor. Das Sozialstaatsprinzip verpflichte den Staat zwar, für eine gerechte Sozialordnung zu sorgen, es beschränke ihn jedoch nicht auf ausschließlich staatliche Maßnahmen.[6]

1006 Die **Fürsorge für Hilfsbedürftige** wird als selbstverständliche Verpflichtung des Sozialstaats angesehen.[7] Auf der anderen Seite soll die Fürsorge nicht so weit gehen, den Bürger durch Zwang davon abzuhalten, Risiken einzugehen.[8] Die Sozialversicherung wird als »prägnanter Ausdruck« des Sozialstaatsprinzips angesehen.[9] Allerdings hält das BVerfG das System der Sozialversicherung in seiner derzeit bestehenden Form **nicht** für verfassungsrechtlich **garantiert.**[10]

3 So BVerfGE 1, 97 (105).
4 So BVerfGE 5, 85 (198).
5 So BVerfGE 1, 97 (105); 59, 231 (263); 97, 169 (185); st. Rspr.
6 So BVerfGE 22, 180 (204).
7 Vgl. BVerfGE 40, 121 (133); 43, 13 (19).
8 So BVerfGE 59, 172 (213).
9 Vgl. BVerfGE 28, 324 (348).
10 So BVerfGE 39, 302 (314 f.).

Dem Sozialstaatsprinzip kommt eine besondere Bedeutung bei der Auslegung von Grundrechten und grundrechtseinschränkenden Gesetzen zu; es kann nach Auffassung des BVerfG jedoch nicht seinerseits Grundrechte beschränken.[11] Wenngleich das Sozialstaatsprinzip die Pflicht des Staates begründet, für eine gerechte Sozialordnung zu sorgen, besagt es nichts darüber, wie diese Aufgabe im Einzelnen zu verwirklichen ist. Wegen seiner »Weite und Unbestimmtheit« enthält es nach Auffassung des BVerfG regelmäßig keine »unmittelbaren Handlungsanweisungen«, die durch die Gerichte ohne gesetzliche Grundlage in einfaches Recht umgesetzt werden könnten.[12] In erster Linie sei es Aufgabe des Gesetzgebers, das Sozialstaatsprinzip zu verwirklichen.[13] 1007

2. Sozialstaatsprinzip und »Daseinsfürsorge«

Nach Auffassung des BVerfG entspricht es dem Sozialstaatsprinzip am meisten, soziale Ausgleichsleistungen nur dort zu gewähren, wo ein Bedarf besteht.[14] Es sei geradezu ein Ausfluss des Sozialstaatsprinzips, nur dem zu helfen, der zur Selbsthilfe nicht in der Lage sei.[15] Umgekehrt soll es dem Sozialstaatsprinzip widersprechen, wenn Mittel der Allgemeinheit auch in Anspruch genommen werden können, ohne dass eine wirkliche Bedürftigkeit vorliegt.[16] 1008

3. Sozialstaatsprinzip und Sozialversicherung

Der Schwerpunkt der verfassungsrechtlichen Judikatur lag bei der Prüfung von Gesetzen der sozialen Sicherung am Maßstab des Sozialstaatsprinzips. Das BVerfG hat hier jeweils die gesetzgeberische Gestaltungsfreiheit betont und demgemäß regelmäßig keine Verstöße gegen das Sozialstaatsprinzip feststellen können.[17] Gelegentlich allerdings – so bei dem Ausschluss eines durch eine Berufskrankheit der Mutter vor der Geburt geschädigten Kindes von der gesetzlichen Unfallversicherung – hat es das Sozialstaatsprinzip als verletzt angesehen.[18] 1009

III. Schranken des Sozialstaates?

Der Sozialstaat ist notwendig **Verteilungs- und Umverteilungsstaat.** Die gewaltigen Finanzmassen, die der moderne Sozialstaat benötigt, müssen zunächst durch Steuern oder andere Abgaben erhoben werden: der Leistungsstaat, der den einen begünstigt, erscheint dem anderen als klassischer Eingriffsstaat, der um seiner Sozialleistungen willen die Steuern ständig erhöhen muss. Der Sozialstaat kann deshalb nicht allein aus einer Perspektive, nämlich der Gewährung von Leistungen, gesehen werden. Er 1010

11 BVerfGE 59, 231 (262 f.).
12 So BVerfGE 65, 182 (193).
13 Vgl. BVerfGE 1, 97 (105); 65, 182 (193); 75, 348 (359 f.); st. Rspr.
14 Vgl. BVerfGE 17, 1 (11).
15 So BVerfGE 17, 38 (56).
16 So BVerfGE 9, 20 (35).
17 BVerfGE 16, 286 (304); 18, 257 (267); 23, 135 (144 f.); 24, 220 (235); 36, 73 (84); 36, 237 (245); 39, 316 (326); 40, 121 (133); 43, 13 (19 ff.); 43, 213 (226 f.); 51, 115 (121 ff.); 62, 323 (332 f.); 75, 348 (359 f.); 98, 169 (204); 102, 254 (314).
18 Vgl. BVerfGE 45, 376 (385 ff.); dazu auch BVerfGE 75, 348 (359 f.).

erschließt sich in seiner Komplexität nur, wenn man den gesamten Vorgang der Umverteilung im Blick hat.[19]

1011 Entscheidend ist für die Frage, wieweit die Verfassung selbst für den Sozialstaat Beschränkungen enthält, dass auch der Sozialstaat **Staat** ist, und deshalb alle staatsgerichteten, rechtsstaatlichen Sicherungen anwendbar bleiben. Der Rechtsstaat tritt hierbei freilich mit dem Sozialstaat nicht in eine Art Konkurrenz, die auf Verfassungsebene letztlich nur durch eine »Abwägung« aufzulösen wäre. Die rechtsstaatlichen Grundsätze – Vorrang und Vorbehalt des Gesetzes, Übermaßverbot und Rechtsweggarantie – werden durch den Sozialstaatsgedanken nicht relativiert. Gegenüber dem Zugriff des Steuergesetzes können insofern alle Grundrechte und alle rechtsstaatlichen Sicherungen in Anspruch genommen werden, die das Grundgesetz enthält.

1012 Von »Schranken des Sozialstaats« zu sprechen,[20] bedeutet insofern etwas anderes, als der Begriff zunächst nahe legt. Da das in Art. 20 Abs. 1 GG niedergelegte Sozialstaatsprinzip keine unmittelbaren Anspruchspositionen vermittelt, bedarf es auch nicht der – dem Gesetzesvorbehalt der Grundrechte vergleichbaren – Beschränkung. Dem Gesetzgeber ist vielmehr die **Gestaltungsaufgabe** gestellt, individuelle Freiheit mit sozialer Gerechtigkeit zu vermitteln. Das geschieht notwendig auf einer abstrakten, womöglich nur ideologischen Ebene, denn was (sozialstaatlich) **geleistet** wird, ist mit dem, was (eingriffsstaatlich) **gefordert** wird, nicht identisch. Dem Staat ist deshalb die Aufgabe gestellt, die verschiedenen Strukturprinzipien des Art. 20 Abs. 1 GG zu entfalten, ohne dass das eine das andere von vornherein zu beschränken geeignet wäre.

1013 Im Ergebnis wird man sozialstaatlicher Dynamik die gleichen Grenzen setzen müssen wie staatlicher Dynamik überhaupt. Durch das Sozialstaatsprinzip wird zum einen anerkannt, dass die staatlichen Aufgaben in kaum vorstellbarem Maße zugenommen haben.[21] Gegenüber diesem nahezu allzuständigen Staat bedarf es ähnlicher rechtsstaatlicher Sicherungen individueller Freiheit und ähnlicher Wachsamkeit wie gegenüber dem bürgerlichen Rechtsstaat des 19. Jahrhunderts. Dies gilt besonders zu einem Zeitpunkt, in dem die sozialen Sicherungssysteme die Grenzen ihrer Finanzierbarkeit überschritten haben und erhebliche Zuschüsse der Staatshaushalte erfordern. Der allenthalben postulierte »Umbau des Sozialstaates« bedeutet deshalb auf verfassungsrechtlicher Ebene, dass das Sozialstaatsprinzip mit anderen Verfassungsprinzipien in Einklang gebracht wird.

---

19 Vgl. hierzu *P. Kirchhof*, JZ 1982, S. 305.
20 Vgl. hierzu *K. Stern*, Staatsrecht I, S. 918.
21 Das Ausmaß staatlichen Engagements in diesem Bereich lässt sich nicht zuletzt daran ablesen, dass die Aufwendungen für die soziale Sicherung mehr als 50% der Ausgaben im Bundeshaushalt ausmachen; vgl. Rn. 1014.

IV. Übersicht: Der Bundeshaushalt

Volumen des Bundeshaushalts 2012 = 306,2 Mrd. €* 1014

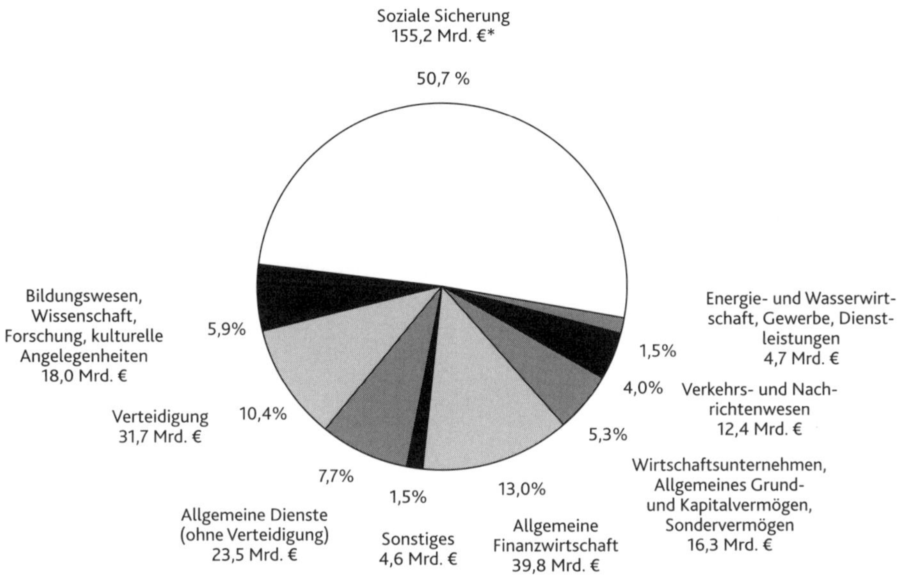

Quelle: Übersichten zum Bundeshaushaltsplan 2012, abrufbar unter http://www.bundesfinanzministerium.de/Content/DE/Downloads/Bundeshaushaltsplan/Haushaltsplan-2012.pdf?__blob=publicationFile&v=2 (Stand: 21. 6. 2012).

V. Sozialpolitik in der Europäischen Union

Nach Art. 3 EUV gehört es zur Aufgabe der Union, »soziale Gerechtigkeit und sozialen Schutz« zu fördern. Zu den Tätigkeiten der Union gehört eine **Sozialpolitik** mit einem **Europäischen Sozialfonds** (Art. 4 Abs. 2 lit. b], 151 ff., 162 ff. AEUV). Zur Erfüllung dieser Aufgaben werden dem Europäischen Parlament und dem Rat weitgehende Ermächtigungen zur Setzung von Sekundärrecht eingeräumt (Art. 153 Abs. 2 und 3 AEUV). Die Kommission fördert die Zusammenarbeit zwischen den Mitgliedstaaten in allen Bereichen der Sozialpolitik (156 Abs. 1 AEUV). Ausdrücklich besteht eine Verpflichtung jedes Mitgliedstaats, für Männer und Frauen gleiches Entgelt bei gleicher oder gleichwertiger Arbeit sicherzustellen (Art. 157 Abs. 1 AEUV). 1015

* Die Sozialleistungen insgesamt (Sozialbudget) betragen jedoch ein Mehrfaches und erreichten 2010 den Betrag von 760,6 Mrd. €. Die Sozialleistungsquote im Verhältnis zum Bruttoinlandsprodukt (2010: 2.498,8 Mrd. €) betrug damit 30,4% (Quelle: Sozialbudget 2010, S. 7, im Internet unter http://www.bmas.de/SharedDocs/Downloads/DE/PDF-Publikationen/a230-10-sozialbudget-2010.pdf?__blob=publicationFile [Stand: 21.6.2012]).

1016 Um die Beschäftigungsmöglichkeiten der Arbeitskräfte im Binnenmarkt zu verbessern und damit zur Hebung der Lebenshaltung beizutragen, ist ein Europäischer Sozialfonds (ESF) errichtet worden, dessen Ziel es ist, innerhalb der Union die berufliche Verwendbarkeit und die örtliche und berufliche Mobilität der Arbeitskräfte zu fördern sowie die Anpassung an die industriellen Handlungsprozesse und an Veränderungen der Produktionssysteme insbesondere durch berufliche Bildung und Umschulung zu erleichtern (Art. 162 AEUV). Der Fonds wird durch die Kommission verwaltet (Art. 163 Abs. 1 AEUV).

1017 Die Union trägt überdies zur Entwicklung einer qualitativ hochstehenden Bildung dadurch bei, dass sie die Zusammenarbeit zwischen den Mitgliedstaaten fördert und die Tätigkeit der Mitgliedstaaten erforderlichenfalls unterstützt und ergänzt (Art. 165 AEUV). In diesem Rahmen sind die Programme ERASMUS, SOKRATES und TEMPUS aufgelegt worden, die zu einem Netzwerk der Universitätspartnerschaften in der Europäischen Union und einem breiten Austausch von Studierenden geführt haben.[22]

VI. Rechtsprechung

1018 **BVerfGE** 1, 97 (Hinterbliebenenrente); **E** 5, 85 (197 f.) (KPD-Urteil); **E** 9, 124 (Armenrecht); **E** 18, 257 (Sozialversicherung); **E** 22, 180 (Bundessozialhilfegesetz); **E** 40, 65 (Krankenversicherung); **E** 65, 182 (Sozialplan im Konkurs); **E** 102, 254 (Wiedergutmachung von DDR-Enteignungsunrecht); **E** 125, 175 (Hartz IV); **BVerfG,** Urt. v. 18.7.2012 – 1 BvL 10/10 (Asylbewerberleistungsgesetz).

VII. Literatur

1019 *O. Bachof,* Begriff und Wesen des sozialen Rechtsstaats, VVDStRL 12 (1954), S. 37; *P. Badura,* Das Prinzip der sozialen Grundrechte und seine Verwirklichung im Recht der Bundesrepublik Deutschland, Der Staat 14 (1975), S. 17; *K.-J. Bieback,* Inhalt und Funktion des Sozialstaatsprinzips, Jura 1987, S. 229; *E. Eichenhofer,* Internationales Sozialrecht, 1994; *ders.*, Sozialrecht, 7. Aufl. 2010; *E. Forsthoff,* Begriff und Wesen des Sozialen Rechtsstaats, VVDStRL 12 (1954), S. 8; *P. Kirchhof,* Steuergerechtigkeit und sozialstaatliche Geldleistungen, JZ 1982, S. 305; *P. Krause,* Sozialstaat und Sozialrecht, JuS 1986, S. 349; *W. Leisner,* Darf der Staat gütig sein? – Förderung und Hilfe zwischen Sozialstaat und Rechtsstaat, NJW 2001, S. 1329; *G. Metzler,* Der deutsche Sozialstaat. Vom bismarckschen Erfolgsmodell zum Pflegefall, 2003; *F. E. Schnapp,* Was können wir über das Sozialstaatsprinzip wissen?, JuS 1998, S. 873; *C. Seiler,* Staatliches nehmen – Staatliches Geben, AöR 136 (2011), S. 95; *H. Siekmann,* Die Zuständigkeit des Bundes zum Erlass umfassender Rauchverbote nach In-Kraft-Treten der ersten Stufe der Föderalismusreform, NJW 2006, S. 3382; *W. Weber,* Die verfassungsrechtlichen Grenzen sozialstaatlicher Forderungen, Der Staat 4 (1965), S. 409; *H. F. Zacher,* Soziale Gleichheit: Zur Rechtsprechung des Bundesverfassungsgerichts, AöR 93 (1968), S. 341.

22 *T. Oppermann/C. D. Classen/M. Nettesheim,* Europarecht, § 34 Rn. 15, 23 ff.

F. Der Schutz der Verfassung

Die Verfassung als **Grundordnung** des Staates, des politischen Prozesses und damit der gesellschaftlichen Kräfte ist ständiger Bedrohung ausgesetzt. Der Basiskonsens, der eine Verfassung wie das Grundgesetz trägt, hat keine unbegrenzte Reichweite. Veränderte ökonomische und soziale Bedingungen mögen ein Übriges tun, um die gegenwärtige politische Ordnung als angreifbar oder ungerecht erscheinen zu lassen. Ein Kardinalproblem jeder Verfassung ist es deshalb, wie sie ihren eigenen **Schutz** garantieren kann. Freiheitlich-demokratische Verfassungen wie das Grundgesetz sehen sich hierbei der Herausforderung ausgesetzt, die Freiheit zu schützen, ohne sie zu stark einschränken zu müssen. 1020

Neben die Sicherung der Verfassung gegen Übergriffe von Staatsorganen oder Angriffe von dritter Seite tritt die Notwendigkeit, Vorkehrungen für Ausnahmesituationen zu treffen. Auch das Notstandsrecht dient insofern dem »Schutz der Verfassung«, als es die Außerkraftsetzung der ganzen Verfassung oder einzelner Teile verhindert, die staatliche Willensbildung aber den Bedingungen des Ausnahmezustands anpasst. Insoweit sei auf die 9. Aufl. dieses Lehrbuchs und die dort nachgewiesene Kommentarliteratur verwiesen. 1021

§ 20 Institute zur Sicherung der Verfassung

I. Der Bestandsschutz des Grundgesetzes

1022 **Fall 72:** Durch das Gesetz vom 24.6.1968 wurde das Grundgesetz an zahlreichen Stellen geändert und ergänzt. Unter anderem wurde Art. 10 Abs. 2 GG die Bestimmung hinzugefügt, dass Einschränkungen des Post- und Fernmeldegeheimnisses den Betroffenen nicht notwendig mitgeteilt zu werden brauchten und dass an die Stelle des Rechtswegs die Nachprüfung durch Organe der Volksvertretung treten könne. Art. 10 Abs. 2 S. 2 GG ist vielfach als »verfassungswidrig« bezeichnet worden. Worauf kann sich eine derartige Auffassung rechtlich stützen?

(nach BVerfGE 30, 1)

1023 Aufgrund der Erfahrungen der **Weimarer Epoche**, die mit der scheinbar legalen Errichtung einer Führerdiktatur zu Ende ging, steht das Grundgesetz unter dem Zeichen besonders starker Sicherungen gegen substantielle Änderungen. Hierzu gehören die **erschwerte Abänderbarkeit** (1.), das **Verbot** der **Verfassungsdurchbrechung** (2.) und die **»Ewigkeitsgarantie«**, also die Bestimmung eines änderungsfesten Bestands an Verfassungsgrundsätzen (4.). Die sog. **»Klarstellungsklausel«** (3.) ist aus aktuellem Anlass in das Grundgesetz eingefügt worden.

1. Erschwerte Abänderbarkeit der Verfassung (Art. 79 Abs. 2 GG)

1024 Das Grundgesetz kann nur durch ein Gesetz geändert werden, das eine Mehrheit von zwei Dritteln der Mitglieder des Bundestages und der Stimmen des Bundesrates findet. Anders als bei einfachen Gesetzen, für die die Mehrheit der anwesenden Bundestagsmitglieder ausreicht (Art. 77 Abs. 1 i. V. m. Art. 42 Abs. 2 GG), erfordert die **Verfassungsänderung** einen Konsens, der unter normalen politischen Verhältnissen die Opposition umschließen muss und dem die (meisten) Bundesländer (durch den Bundesrat) zustimmen.

1025 Der Grund für die erschwerte Abänderbarkeit ist in der deutschen Verfassungsdoktrin mittlerweile unumstritten.[1] Die Verfassung unterliegt erschwerten Abänderungsbedingungen, weil sie besonders wichtige und grundlegende Normen enthält, denen ihrer Bedeutung wegen eine erhöhte Bestandskraft eingeräumt worden ist. Diese Erkenntnis mag uns selbstverständlich erscheinen, musste sich aber erst durchsetzen. Der staatsrechtliche **Positivismus** sah es genau umgekehrt: Die Verfassung wurde dadurch definiert, dass sie nur unter erschwerten Bedingungen abgeändert werden konnte.[2] Hierbei blieb unberücksichtigt, dass die erschwerten Abänderungsbedingungen den Zweck haben (und hatten), dem – fundamentalen, inhaltlich gewichtigen – Gesetz eine gewisse Dauer zu verleihen.[3]

1026 Die erschwerte Abänderbarkeit ist ein Kennzeichen nahezu jeder Verfassung. Die Voraussetzungen für die Verfassungsänderungen sind verschieden hoch angesetzt. Zum Teil reichen mit qualifizierter Mehrheit gefasste Beschlüsse des Parlaments (und ggf. der zweiten Kammer), zum Teil sind Verfassungsreferenden (Volksabstimmun-

---

1 Vgl. *H. Dreier,* in: Dreier (Hrsg.), GG, Bd. II, Art. 79 II Rn. 13 ff.; *K.-E. Hain,* in: v. Mangoldt/Klein/Starck, GG, Bd. 2, Art. 79 Rn. 24 f.

2 Vgl. *G. Jellinek,* Allgemeine Staatslehre, 3. Aufl. 1914, Neudr. 1928, S. 534.

3 So *C. Schmitt,* Verfassungslehre, 10. Aufl. 2010, S. 18, 20.

gen) vorgesehen. Wenn die Änderungsbedingungen so beschaffen sind, dass sie nur selten erfüllt sein werden (wie in den Vereinigten Staaten[4]), sprechen wir von einer **starren** Verfassung. Erleichterte Änderungsbedingungen lassen eine Verfassung »beweglich« erscheinen.[5]

Beide Verfassungstypen haben Vor- und Nachteile; die Änderungsbedingungen stellen sich insofern als ambivalent dar. Setzt man sie zu hoch an, bleibt die Verfassung zwar stabil, fängt aber möglicherweise die wesentlichen gesellschaftlichen Kräfte nicht ein bzw. lässt eine extra-konstitutionelle Ordnung entstehen. Sind die Voraussetzungen einer Verfassungsänderung leicht erfüllbar, verfehlt die Verfassung unter Umständen ihre Aufgabe der Bewahrung einer politischen Ordnung.[6] **1027**

Art. 79 Abs. 2 GG modifiziert mit dem Erfordernis einer 2/3-Mehrheit in Bundestag und Bundesrat die Verfassungstradition.[7] In der Verfassungswirklichkeit stellt sich das Grundgesetz gleichwohl als Typ der flexiblen Verfassung dar. In den mehr als 60 Jahren der Geltung des Grundgesetzes hat es insgesamt 58 Änderungsgesetze gegeben, die das Grundgesetz zum Teil durchgreifend veränderten.[8] Nicht alle Verfassungsänderungen erscheinen im Nachhinein als unbedingt erforderlich. Die Eilfertigkeit bei Verfassungsänderungen mag auch darauf zurückzuführen sein, dass sich aufgrund der umfassenden verfassungsgerichtlichen Kontrollkompetenzen eine »praeterkonstitutionelle« Ordnung kaum entwickeln konnte. Gelegentlich ist der verfassungsändernde Gesetzgeber auch modischen Forderungen gefolgt. So haben etwa die Gemeinschaftsaufgaben nach Art. 91 a und b GG zunächst eine gewisse Konjunktur gehabt, mittlerweile will von ihnen kaum jemand noch etwas wissen.[9] **1028**

Art. 10 Abs. 2 GG ist durch verfassungsänderndes Gesetz, das den Voraussetzungen des Art. 79 Abs. 2 GG genügte, geändert worden. Aufgrund dieser Vorschrift lässt sich folglich gegen die »Verfassungsmäßigkeit« der Verfassungsänderung nichts einwenden. **1029**

2. Das Verbot der Verfassungsdurchbrechung (Art. 79 Abs. 1 S. 1 GG)

Nach Art. 79 Abs. 1 S. 1 GG kann das Grundgesetz »nur durch ein Gesetz geändert werden, das den Wortlaut des Grundgesetzes ausdrücklich ändert oder ergänzt«. Auch diese Vorschrift hat für uns etwas Selbstverständliches und ist nur aus der deutschen Verfassungsgeschichte heraus verstehbar. **1030**

4 Art. 5 U.S. Const.; vgl. hierzu *W. Brugger*, Einführung in das öffentliche Recht der USA, 2. Aufl. 2001, S. 196.

5 Vgl. *K. Hesse*, Grundzüge, Rn. 40.

6 Vgl. hierzu *K. Hesse*, Grundzüge, Rn. 36 ff.

7 Nach Art. 78 Abs. 1 RV erfolgten »Veränderungen der Verfassung ... im Wege der Gesetzgebung«, d. h. sie bedurften übereinstimmender Mehrheitsbeschlüsse im Bundesrat und Reichstag (Art. 5 RV). Sie »galten« als abgelehnt, wenn sie im Bundesrat 14 (von 58) Stimmen gegen sich hatten (Art. 78 Abs. 1 S. 2 RV). Art. 76 Abs. 1 WRV schrieb eine Mehrheit von zwei Dritteln der Anwesenden bei Anwesenheit von zwei Dritteln der gesetzlichen Mitgliederzahl des Reichtags vor. Im Reichsrat war ebenfalls eine Mehrheit von zwei Dritteln der abgegebenen Stimmen notwendig.

8 Zu den Verfassungsänderungen bis zur Wiedervereinigung vgl. *G. Robbers*, NJW 1989, S. 1325.

9 Vgl. zur Kritik etwa *I. v. Münch*, Gemeinschaftsaufgaben im Bundesstaat, VVDStRL 31 (1973), 54 ff.; *U. Mager*, in: v. Münch/Kunig (Hrsg.), GG, Bd. 2, Art. 91 a Rn. 55 ff.

1031 Nach Art. 76 Abs. 1 WRV konnte die (Weimarer) Verfassung

»im Wege der Gesetzgebung geändert werden. Jedoch kommen Beschlüsse des Reichstags auf Änderung der Verfassung nur zustande, wenn zwei Drittel der gesetzlichen Mitgliederzahl anwesend sind und wenigstens zwei Drittel der Anwesenden zustimmen.«

1032 Neben diesen die Verfassung ausdrücklich ändernden Gesetzen fanden in der Weimarer Epoche die sog. **»verfassungsdurchbrechenden« Gesetze** Anerkennung und Verbreitung.[10] Sie waren dadurch gekennzeichnet, dass sie sich gegen ein Verfassungsgebot richteten, es gegebenenfalls sogar außer Kraft setzten, den Text der Verfassung aber nicht ausdrücklich änderten. Mit ausdrücklichen Verfassungsänderungen hatten sie nur gemeinsam, dass sie mit der nach Art. 76 WRV notwendigen (qualifizierten) Mehrheit beschlossen wurden. Die Weimarer Staatsrechtslehre hielt derartige Verfassungsdurchbrechungen überwiegend mit der Begründung für zulässig, diese seien auch unter Geltung der Reichsverfassung von 1871 erlaubt gewesen. Durch die Weimarer Reichsverfassung habe sich an dieser Rechtslage nichts geändert, wie auch die inhaltlich übereinstimmenden Regelungen in Art. 78 Abs. 1 S. 1 der Reichsverfassung von 1871 (»Veränderungen der Verfassung erfolgen im Wege der Gesetzgebung«) und Art. 76 Abs. 1 S. 1 WRV zeigten. Das deutsche Staatsrecht unterscheide nicht zwischen der gesetz- und der verfassunggebenden Gewalt.[11] Folge der Anerkennung von Verfassungsdurchbrechungen war zwangsläufig, dass die Verfassung selbst keine Auskunft mehr darüber geben konnte, welches Recht wirklich »galt«.[12]

1033 An keinem Beispiel wird dies deutlicher als an dem »Gesetz zur Behebung der Not von Volk und Reich« vom 24.3.1933, dem sog. »Ermächtigungsgesetz«.[13] Nach Art. 1 des – mit der Mehrheit von zwei Dritteln der anwesenden Abgeordneten des Reichstages beschlossenen[14] – Ermächtigungsgesetzes konnten Reichsgesetze »außer in dem in der Reichsverfassung vorgesehenen Verfahren auch durch die Reichsregierung beschlossen werden«. Nach Art. 2 konnten die von der Reichsregierung beschlossenen Reichsgesetze von der Reichsverfassung abweichen, »soweit sie nicht die Einrichtung des Reichstages und des Reichsrates als solche zum Gegenstand« hatten. Die Verfassung – und damit der demokratische Rechtsstaat – wurde nach ihren eigenen Regeln beseitigt, obwohl der Wortlaut unverändert blieb.

1034 Für das Grundgesetz ist die Konsequenz gezogen worden, das Verbot der Verfassungsdurchbrechung ausdrücklich zu statuieren: **Art. 79 Abs. 1 S. 1 GG** lässt Verfassungsänderungen nur durch Änderung des Wortlauts zu. Ob ein Gesetz die Verfassung ändert, muss also von vornherein feststehen und erkennbar sein. Die qualifizierte Mehrheit nach Art. 79 Abs. 2 GG ist nur bedeutsam, wenn es sich um ein ausdrücklich verfassungsänderndes Gesetz handelt. Beschließt der Bundestag hingegen einstimmig ein Gesetz, das gegen das Grundgesetz verstößt, so wird seine Verfassungswidrigkeit auch dadurch nicht beseitigt, dass es die einhellige Zustimmung des Parlaments gefunden hat.

---

10 Vgl. *G. Anschütz,* Die Verfassung des Deutschen Reichs, 14. Aufl. 1933, Nachdr. 1968, S. 401 f.; RG, JW 1927, S. 2198; eingehend *E. R. Huber,* Deutsche Verfassungsgeschichte seit 1789, Bd. VI, 1981, S. 421 ff.

11 So *G. Anschütz,* Die Verfassung des Deutschen Reichs, S. 401; *F. Poetzsch-Heffter,* Handkommentar der Reichsverfassung, 3. Aufl. 1928, Art. 76 Anm. 2.

12 Nach *G. Anschütz,* Die Verfassung des Deutschen Reichs, S. 402 (in Fn. 3) war diese Praxis zwar »bedenklich, ja geradezu verwerflich«, aber gleichwohl »de lege lata nicht unzulässig.«

13 RGBl. I, S. 141; vgl. zum Zustandekommen *E. Wadle,* JuS 1983, S. 170.

14 Vgl. unten Rn. 1040.

Im Grunde ist mit der Klarstellung in Art. 79 Abs. 1 S. 1 GG nur ein Rechtszustand verdeutlicht, der für jeden Verfassungsstaat eine Selbstverständlichkeit darstellen müsste. Die Verfassung würde ihre Bedeutung als rechtliche Grundordnung einbüßen, ließe sie sich mit qualifizierter Parlamentsmehrheit ständig durchbrechen. Die von der herrschenden Lehre der Weimarer Zeit für zulässig gehaltene Verfassungsdurchbrechung hat dazu beigetragen, dass der Übergang zum Führerstaat, der sich aufgrund des Ermächtigungsgesetzes vollzog, als »legal« erscheinen konnte.[15] 1035

3. Die sog. »Klarstellungsklausel« (Art. 79 Abs. 1 S. 2 GG)

Der im Wege der **Verfassungsänderung** eingefügte Art. 79 Abs. 1 S. 2 GG[16] ist in seiner umständlichen Formulierung nicht ohne weiteres verständlich. Der gesetzgeberischen Intention nach sollte er die Verfassungsmäßigkeit der von der (ersten) Bundesregierung abgeschlossenen, in ihrer Verfassungsmäßigkeit aber bezweifelten Westintegrationsverträge absichern.[17] Der (später aufgehobene) Art. 142 a GG enthielt demgemäß die »Klarstellung«, dass die Bestimmungen des Grundgesetzes den Bonner und Pariser Verträgen vom 26. und 27.5.1952 nicht entgegenstünden. Art. 79 Abs. 1 S. 2 GG ist entweder **überflüssig** oder **verfassungswidrig.**[18] Über die Frage, ob ein Vertragsgesetz mit den Bestimmungen des Grundgesetzes übereinstimmt oder nicht, entscheidet allein das BVerfG verbindlich (Art. 93 Abs. 1 Nr. 2 GG). Auch eine Zwei-Drittel-Mehrheit des Bundestages vermag diese (Rechtsprechungs-)Kompetenz nicht an sich zu ziehen. Die »Klarstellung« durch »Ergänzung des Grundgesetzes« erscheint überflüssig, weil die Bundesregierung durch die Einbringung des Vertragsgesetzes und der Bundestag durch seine Zustimmung hinreichend zu erkennen gegeben haben, dass sie das betreffende Vertragsgesetz für **verfassungsmäßig** halten. Soweit Art. 79 Abs. 1 S. 2 GG dazu benutzt werden sollte, die Verfassungsmäßigkeit eines im normalen Gesetzgebungsverfahren beschlossenen Vertragsgesetzes »herzustellen«, fällt diese Vorschrift ins Leere. In diesem Fall nämlich wäre das Vertragsgesetz selber und seine parlamentarische Behandlung Gegenstand der verfassungsgerichtlichen Kontrolle, nicht die nachträglich mit verfassungsändernder Mehrheit beschlossene »Klarstellung«. Sollte hingegen die »Klarstellung« des verfassungsändernden Gesetzgebers als (auch das BVerfG) **bindende Entscheidung** über die Verfassungsmäßigkeit eines Vertragsgesetzes zu begreifen sein, verstieße diese Vorschrift gegen Art. 79 Abs. 3 GG, weil sie das Prinzip der Gewaltenteilung (Art. 20 Abs. 3 GG) berühren würde. Der verfassungsändernde Gesetzgeber wäre deshalb gut beraten, Art. 79 Abs. 1 S. 2 GG **ersatzlos** zu streichen. 1036

4. Grenzen der Verfassungsänderung (Art. 79 Abs. 3 GG)

Nach Art. 79 Abs. 3 GG ist eine Änderung des Grundgesetzes, durch die die Gliederung des Bundes in Länder und die Mitwirkung der Länder bei der Gesetzgebung oder die in Art. 1 **und** 20 GG niedergelegten Grundsätze berührt werden, unzulässig. Der Verfassungsgeber hat damit die Befugnis zur Verfassungsänderung eingegrenzt, ihr freilich nur die fundamentalen Grundsätze der **Menschenwürde**, das **Bundes-** 1037

15 Vgl. *H. A. Winkler,* Der lange Weg nach Westen, Bd. II, 5. Aufl. 2002, S. 13.
16 Gesetz zur Ergänzung des Grundgesetzes v. 26.3.1954 (BGBl. I, S. 45).
17 Vgl. zur Entstehungsgeschichte *H. Dreier,* in: Dreier (Hrsg.), GG, Bd. II, Art. 79 I Rn. 5.
18 So zutreffend *K. Hesse,* Grundzüge, Rn. 699.

staatsprinzip, das **Demokratieprinzip** und das **Prinzip** des **sozialen Rechtsstaats** entzogen. Auch diese Vorschrift lässt sich nur vor dem Hintergrund der Staatsrechtslehre der Weimarer Zeit verstehen.

1038 *Gerhard Anschütz,* der führende Kommentator der Weimarer Reichsverfassung, vertrat in seinem Kommentar zur »Verfassung des Deutschen Reiches« die Auffassung, die Verfassung stehe nicht über der Legislative, »sondern zur Disposition derselben«.[19] Das Parlament konnte demnach die Verfassung in jeder beliebigen Weise ändern – auch die Grundsätze der Republik, der Demokratie und des Parlamentarismus sollten hiervon nicht ausgenommen sein.[20] Die Auffassung *Anschütz'* darf für die Weimarer Staatsrechtslehre als herrschend gelten.[21] Sie ist insofern bemerkenswert, als eine der wichtigsten Errungenschaften moderner Verfassungsstaatlichkeit – der **Vorrang der Verfassung** – geleugnet wurde. *Carl Schmitt* hat in seiner Verfassungslehre die Fragwürdigkeit dieser Auffassung dargetan.[22] Er hielt die rein formale Sicht des Art. 76 WRV (der sich nach *Anschütz* darauf beschränkte, die erschwerte Abänderbarkeit der Verfassung festzulegen) für verfehlt, weil sie Ursache und Wirkung umkehre. Der Inhalt der Verfassung sei nicht aufgrund der erschwerten Abänderbarkeit etwas besonderes, vielmehr sollten diese Sätze ihrer fundamentalen Bedeutung wegen die Garantie der Dauer erhalten. Der formale Verfassungsbegriff mache die gesamte Verfassung zum Provisorium, gewissermaßen zu einem »Blankettgesetz, welches gemäß den Bestimmungen der Verfassungsänderungen jeweils ausgefüllt würde«.[23] *Carl Schmitt* begründete seine gegenteilige Auffassung mit der Unterscheidung von *»pouvoir constituant«* und *»pouvoir constitué«*, die auf den französischen Staatstheoretiker *Emanuel Sieyès* (1748–1836) zurückgeht.[24] Das Parlament sei – auch soweit es die Verfassung ändere – ein von der Verfassung eingesetztes Organ, also ein *pouvoir constitué.*[25] Es verdanke also seine Kompetenz allein der Verfassung, die von der verfassunggebenden Gewalt – dem *pouvoir constituant* – erlassen worden sei. Nur die Macht des *pouvoir constituant* aber sei unbeschränkt und unbeschränkbar, weil dieser an keine bestehende Verfassung gebunden sei. Jedem *pouvoir constitué* hingegen, also jedem von einer Verfassung eingesetzten Organ, kämen nur Kompetenzen zu, und Kompetenzen seien ihrer Natur nach **begrenzte Befugnisse.** Wenn das Parlament die Verfassung so umgestalte, dass die Staatsform verändert werde, überschreite es die Grenzen, die den Kompetenzen eines durch die Verfassung eingesetzten Organs gezogen seien.[26]

1039 Die von *Carl Schmitt* verfassungstheoretisch begründete Grenze der Verfassungsänderung ist dem modernen Verfassungsbegriff immanent: Die demokratischen Verfassungen der Gegenwart wollen einen bestimmen Rechtszustand auf Dauer festlegen. Bei aller Einsicht in die Zeitgebundenheit des Verfassungsrechts sollen die jeweils grundsätzlichen Entscheidungen unberührt bleiben. Insofern folgen aus dem Verfassungsbegriff **Grenzen** der **Verfassungsänderung.**[27] Würde man an ihnen nicht festhalten und das Parlament für berechtigt halten, die Staatsform zu ändern, so müsste man sich fragen, warum das Parlament hierzu befugt sein sollte, da es seine Entstehung dem verfassungsrechtlichen Rahmen verdankt, den es überschreiten will. Genau genommen nämlich würde ein solcher Akt sich nicht mehr im Rahmen der Verfassung vollziehen können, weil ein Parlament nicht mehr als *pouvoir constitué,* sondern als **verfassunggebende Versammlung** tätig würde. Eine die immanenten

19 So *G. Anschütz,* Die Verfassung des Deutschen Reichs, S. 401; vgl. auch oben Rn. 1032.

20 So *G. Anschütz,* Die Verfassung des Deutschen Reichs, S. 403.

21 Vgl. *E. R. Huber,* Deutsche Verfassungsgeschichte seit 1789, Bd. VI, S. 420; *G.-F. Schau,* Das Verhältnis von Verfassung und einfachem Recht in der Staatsrechtslehre der Weimarer Republik, 2002.

22 Vgl. *C. Schmitt,* Verfassungslehre, S. 18 ff.

23 So *C. Schmitt,* Verfassungslehre, S. 19.

24 Vgl. *E. Sieyès,* Politische Schriften 1788–1790, 1981, S. 170 ff.

25 So *C. Schmitt,* Verfassungslehre, S. 98.

26 Vgl. *C. Schmitt,* Verfassungslehre, S. 102 ff.

27 Vgl. *H. Dreier,* in: Dreier (Hrsg.), GG, Bd. II, Art. 79 III Rn. 14.

Grenzen der Verfassung überschreitende Verfassungsänderung ist im Grunde ein **Verfassungsumsturz,** der sich mit dem Mantel der Legalität umgibt.[28]

An keinem historischen Beispiel lässt sich dieser Befund deutlicher darstellen als an dem Ermächtigungsgesetz vom 24.3.1933. Wenn in diesem Gesetz statt des Reichstags auch die Reichsregierung zur Gesetzgebung ermächtigt wurde und diese auch von der Reichsverfassung abweichen durfte, so bedeutete das nichts anderes als die Beseitigung des Parlamentarismus und den Übergang zur *Führerdiktatur.* Der Reichstag hat mit dem Ermächtigungsgesetz folglich ein neues Regierungssystem geschaffen. Dies war in der Sache ein revolutionärer Akt, weil das Parlament im Legalitätszusammenhang der Verfassung (folgerichtig) nicht die Befugnis haben kann, die Grundlage seiner eigenen Existenz zu beseitigen. Das Ermächtigungsgesetz kann deshalb nicht als »legal« angesehen werden, sondern wies sowohl im Gesetzgebungsverfahren als auch in seinem Inhalt nur den Schein der Legalität auf.[29] 1040

Durch Art. 79 Abs. 3 GG werden die der Verfassung immanenten Grenzen ausdrücklich benannt und damit positiviert. Die bekannte Frage, ob sich Art. 79 Abs. 3 GG in der Weise umgehen lässt, dass man ihn selber abändert, ist umstritten, aber eindeutig zu verneinen: Die Vorschrift, die die Bestandsgarantie enthält, sichert auch den eigenen Bestand, mögen hierfür Gründe der Normlogik[30] oder wiederum immanente Grenzen der Verfassungsänderung[31] angeführt werden. Wollte man Art. 79 Abs. 3 GG ausdrücklich gegen Abänderung sichern, käme dies einem *regressus ad infinitum* gleich, denn der Bestand dieser Vorschrift müsste wiederum (durch eine weitere Vorschrift) garantiert werden. Die Bestandsgarantie umfasst deshalb nicht nur die Grundsätze des **Art. 1** und **20 GG,** sondern auch **Art. 79 Abs. 3 GG.** Die gegenteilige Auffassung[32] relativiert in bedenklicher Weise und ohne überzeugende Begründung ein wichtiges Institut der Verfassungssicherung. 1041

Bemerkenswert ist, dass das Bundesstaatsprinzip durch Art. 79 Abs. 3 GG eine doppelte Garantie erfährt. Zum einen heißt es nämlich, dass eine Änderung des Grundgesetzes, durch die die Gliederung des Bundes in Länder und die grundsätzliche Mitwirkung der Länder bei der Gesetzgebung berührt werden, unzulässig ist. Zum anderen aber wird das Bundesstaatsprinzip als ein in Art. 20 GG »niedergelegter Grundsatz« garantiert. Man wird aus der doppelten Garantie des Föderalismus durch Art. 79 Abs. 3 GG schließen können, dass der Verfassungsgeber gerade dieses Prinzip besonders schützen und damit den in Deutschland vielfach vorhandenen Tendenzen zum Einheitsstaat entgegentreten wollte. Das Bundesstaatsprinzip ist aus der Sicht der Verfassung also nicht lediglich ein mögliches Ordnungsprinzip, sondern wird gleichrangig neben das Demokratieprinzip, das Rechtsstaatsprinzip und das Sozialstaats- sowie das republikanische Prinzip gestellt. 1042

Die Frage, ob über Art. 1 Abs. 3 GG auch die Grundrechte der Art. 2–19 GG gegen Änderungen geschützt sind, ist ebenfalls zu verneinen. In ersten Kommentierungen zum Grundgesetz ist zwar die Auffassung vertreten worden, dass Art. 1 Abs. 3 GG eine 1043

28 Vgl. *E. R. Huber,* Deutsche Verfassungsgeschichte seit 1789, Bd. VI, S. 420 f.

29 Illegal war auch das Abstimmungsverfahren im Reichstag, weil durch Änderung der Geschäftsordnung beschlossen worden war, dass auch solche Abgeordnete als anwesend »galten«, die tatsächlich nicht anwesend waren (und sein konnten), weil sie bereits verhaftet worden waren; vgl. hierzu *W. Frotscher/B. Pieroth,* Verfassungsgeschichte, 11. Aufl. 2012, Rn. 617 ff.

30 So *M. Sachs,* in: ders. (Hrsg.), GG, Art. 79 Rn. 80; *K. Stern,* Staatsrecht I, S. 115.

31 Insbes. *H. Ehmke,* Grenzen der Verfassungsänderung, S. 98 ff.

32 Vgl. *B.-O. Bryde,* in: v. Münch/Kunig (Hrsg.), GG, Bd. 2, Art. 79 Rn. 27; *H.-U. Evers,* in: BK, GG, Art. 79 Abs. 3 Rn. 133.

Art »**Kettenreaktion**« für die übrigen Grundrechte auslöse.[33] Diese Auffassung mag verfassungspolitisch für wünschenswert gehalten werden, sie ist jedoch mit dem Wortlaut des Art. 79 Abs. 3 GG nicht zu vereinbaren. Wenn es dort heißt, die in Art. 1 **und** 20 GG niedergelegten Grundsätze seien der Änderung entzogen, so bedeutet dies etwas anderes, als wenn die Art. 1–20 GG für unabänderbar erklärt würden. Die insoweit eingeschränkte Bestandsgarantie der Grundrechte führt indes nicht dazu, dass alle Grundrechte (außer der Menschenwürde) abgeschafft werden könnten. Eine Demokratie ohne Meinungs-, Versammlungs- und Vereinigungsfreiheit ist schlechthin undenkbar, ein Sozialstaat ohne Schutz von Ehe und Familie nicht sozial und ein Rechtsstaat ohne Schutz subjektiver Rechte ausgeschlossen. Gleichwohl ist nicht jedes einzelne Grundrecht in seinem gegenwärtigen Bestand der Verfassungsänderung entzogen. Man wird es als verfassungstheoretisch richtige Entscheidung des Verfassungsgebers ansehen müssen, den Geltungsbereich der »Ewigkeitsklausel« zu begrenzen: Nur das **schlechthin Fundamentale** soll der Verfassungsänderung entzogen sein; im Übrigen will das Grundgesetz den verfassungsändernden Gesetzgeber nicht präjudizieren.[34]

1044 Eine bedeutsame Konsequenz der Bestandsgarantie des Art. 79 Abs. 3 GG liegt darin, dass auch verfassungsändernde Gesetze der **Überprüfung** durch das **BVerfG** zugänglich sind. Ein verfassungsänderndes Gesetz nämlich, das einen der in Art. 1 und 20 GG niedergelegten Grundsätze »berührt«, ist unzulässig (verfassungswidrig) und damit nichtig. Verfassungsändernde Gesetze können deshalb mit der Behauptung angegriffen werden, sie verstießen gegen die Grundsätze des Art. 1 und 20 GG. Sie sind damit tauglicher Gegenstand der konkreten und abstrakten Normenkontrolle sowie der Verfassungsbeschwerde.[35]

1045 Im Ausgangsfall hatte das BVerfG über einen von einer Landesregierung gestellten Normenkontrollantrag zu entscheiden. Die Landesregierung vertrat die Auffassung, Art. 10 Abs. 2 S. 2 GG sei verfassungswidrig, weil das (in Art. 20 Abs. 3 GG niedergelegte) Rechtsstaatsprinzip einen lückenlosen Rechtsschutz verbürge und dieser gegen Abhörmaßnahmen nicht eröffnet sei. Das BVerfG hielt den Antrag für zulässig, aber unbegründet, weil umfassender Gerichtsschutz nicht zu den in Art. 20 GG niedergelegten Grundsätzen gehöre.[36] Drei dissentierende Richter haben demgegenüber die Auffassung vertreten, dass Art. 10 Abs. 2 S. 2 GG *verfassungswidrig* sei.[37]

II. Verfassungsschutz im Innenbereich

1046 **Fall 73:** B bewirbt sich um die Einstellung als Beamter auf Probe in den öffentlichen Dienst. Trotz hinreichend guter Zeugnisse wird seine Bewerbung mit der Begründung abgelehnt, er sei Mitglied einer verfassungsfeindlichen Partei. B macht geltend, dass über die Verfassungswidrigkeit nach Art. 21 Abs. 2 GG nur das BVerfG zu entscheiden habe.

(vgl. dazu BVerfGE 39, 334)

---

33 So *K. G. Wernicke,* in: BK, GG (Erstbearb.), Art. 1 Erl. II 5 b.

34 Vgl. *H. Dreier,* in: Dreier (Hrsg.), GG, Bd. II, Art. 79 III Rn. 26; *K.-E. Hain,* in: v. Mangoldt/Klein/Starck, GG, Bd. 2, Art. 79 Rn. 43 f.

35 Vgl. *O. Klein,* in: Benda/Klein/Klein, Verfassungsprozessrecht, Rn. 546; *E. Klein,* in: Benda/Klein/Klein, Verfassungsprozessrecht, Rn. 676, 774.

36 Vgl. BVerfGE 30, 1 (28).

37 Vgl. BVerfGE 30, 1 (33).

1. Verfassungstreue des Beamten

Die Verfassungstreue des Beamten wird meist aus der Sicht des Art. 21 Abs. 2 GG gesehen und zum sog. »Parteienprivileg« in einen Gegensatz gestellt. Nicht selten wird es als Widerspruch empfunden, dass eine Partei ungehindert agieren kann, die Mitgliedschaft in ihr aber ein Hindernis für die Einstellung in den öffentlichen Dienst bildet.[38] 1047

Auch bei dieser Frage gilt es, die Erfahrungen der Weimarer Epoche zu berücksichtigen. Nach einem bekannten Wort war Weimar eine »Republik ohne Republikaner«. Zur Verteidigung der Verfassung fand sich letztlich kaum jemand bereit. Mehrere im Reichstag vertretene Parteien waren entschiedene Gegner des demokratischen Staates, den sie durch parlamentarische Mitarbeit hätten gestalten sollen. Die »Systemparteien«, vor allem die SPD und das Zentrum, wurden schon wegen ihres grundsätzlichen Eintretens für die Weimarer Republik angefeindet. Auch Beamtenschaft (Richterschaft!) und Militär, die im Wesentlichen noch monarchisch gesonnen waren, lehnten den Weimarer Staat weithin ab. Wenn ein Staat aber nicht einmal von jenen Kräften gestützt wird, die in seinem Dienst stehen, leidet er an einem *inneren Widerspruch*. Es ist kein Zufall, dass die Weimarer Republik sich gegenüber den verfassungsfeindlichen Bestrebungen nicht zu behaupten vermochte. 1048

Die Weimarer Epoche bildet den historischen Hintergrund, vor dem auch die Bestimmungen des **Beamtenrechts** und des **Richterdienstrechts** zu sehen sind, die die Bediensteten des Staates zur Loyalität verpflichten. Nach §§ 7 Abs. 1 Nr. 2 BBG,[39] 7 Abs. 1 Nr. 2 BeamtStG[40] dürfen nur solche Bewerber in das Beamtenverhältnis berufen werden, die die Gewähr dafür bieten, dass sie jederzeit für die freiheitliche demokratische Grundordnung im Sinne des Grundgesetzes eintreten. Wortgleich ist die Formulierung in § 9 Nr. 2 DRiG. Die Vorschriften fordern nicht nur, dass die Beamten und Richter die Verfassung nicht ablehnen, vielmehr wird ein Engagement für die freiheitliche demokratische Grundordnung verlangt. 1049

Ohne die Extremistendiskussion hier in ganzer Breite aufnehmen zu können, sei festgestellt, dass eine derartige Verpflichtung zur gesteigerten Loyalität gegenüber den Grundprinzipien der Verfassung schlechterdings nicht verfassungswidrig sein kann. Das Grundgesetz unterscheidet sich von der Weimarer Verfassung gerade dadurch, dass es eine wertgebundene Ordnung ist und Instrumente bereitstellt, die verfassungsmäßige Ordnung auch gegen Angriffe »von innen« zu schützen. Die Verfassungstreue ist nicht als eine Art »Geheimnisschutz« misszuverstehen, sie wird vielmehr aus der grundsätzlichen Erwägung heraus verlangt, dass ein öffentlich-rechtliches Dienst- und Treueverhältnis (Beamtenverhältnis) die Loyalität gegenüber den Grundwerten der Verfassung voraussetzt. 1050

Die viel diskutierte Extremistenproblematik beginnt erst jenseits der durch die Vorschriften des öffentlichen Dienstrechts geforderten **Verfassungstreue.** Die Frage nämlich ist, auf welche Weise die Loyalität eines Bewerbers überprüft und gegebenenfalls festgestellt werden kann. Die Kritik kann sich also nicht dagegen richten, dass das einfache Gesetzesrecht zu hohe Anforderungen an die Loyalität des Beamten stellt, sondern allenfalls dagegen, dass Bewerber für den öffentlichen Dienst einer 1051

38 Vgl. *J. Ipsen*, in: Sachs (Hrsg.), GG, Art. 21 Rn. 206 f.
39 *Sartorius* I Nr. 160 = *Nomos ÖffR* Nr. 31.
40 *Sartorius* I Nr. 150 = *Nomos ÖffR* Nr. 30.

Überprüfung durch die Verfassungsschutzämter ohne begründeten Anlass unterworfen werden. Das Kernproblem besteht darin, dass Parteien, die von der **Exekutive** als verfassungsfeindlich qualifiziert werden, gleichwohl ungehindert operieren dürfen und an der staatlichen Parteienfinanzierung teilhaben.

1052 Im Ausgangsfall stellt sich also nicht die Frage, ob die Verfassungstreue als Einstellungsvoraussetzung verfassungsmäßig ist. Fraglich erscheint vielmehr, ob die Mitgliedschaft in einer (nicht verbotenen) Partei eine hinreichende Begründung für die Ablehnung eines Bewerbers für den öffentlichen Dienst ist. Das BVerfG hat es für zulässig gehalten, die Mitgliedschaft in einer »verfassungsfeindlichen« Partei bei der Prüfung der Verfassungstreue eines Bewerbers zu berücksichtigen.[41] Diese Auffassung ist nicht ohne Widerspruch geblieben, weil sie der Exekutive die Entscheidung über die Verfassungsfeindlichkeit einer Partei überlässt, ohne dass diese verpflichtet wäre, auf ein Parteiverbot (Art. 21 Abs. 2 GG) hinzuwirken.[42] Gerade dieser Effekt aber sollte nach der früheren Rechtsprechung zum »Parteienprivileg« vermieden werden.[43] Insofern wäre es folgerichtig gewesen, die Mitgliedschaft in einer (nicht verbotenen) Partei allein nicht als Ablehnungsgrund genügen zu lassen. Der Europäische Gerichtshof für Menschenrechte hat es als Verstoß gegen die EMRK angesehen, dass eine Angehörige des öffentlichen Dienstes aus dem Dienst mit der Begründung entfernt wurde, sie habe für eine »verfassungsfeindliche« Partei kandidiert.[44]

2. Präsidentenanklage und Richteranklage (Art. 61, 98 Abs. 2 GG)

1053 Das Grundgesetz enthält keine Möglichkeit, den für eine fünfjährige Amtszeit gewählten Bundespräsidenten abzuwählen. An die Stelle einer (für den Bundeskanzler in Art. 67 GG vorgesehenen) »politischen« Abwahl tritt die **Präsidentenanklage** nach Art. 61 GG, die vom Bundestag oder Bundesrat wegen vorsätzlicher Verletzung des Grundgesetzes oder eines anderen Bundesgesetzes vor dem BVerfG erhoben werden kann. Der Beschluss muss von einer Mehrheit von zwei Dritteln der Mitglieder des Bundestages oder des Bundesrates gefasst werden; es ist also eine **verfassungsändernde Mehrheit** erforderlich. Das BVerfG kann den Bundespräsidenten, sofern es die vorsätzliche Verletzung des Grundgesetzes für gegeben hält, seines Amtes für verlustig erklären (Art. 61 Abs. 2 GG).

1054 Die Anklage von Organwaltern findet sich typischerweise, wenn keine unmittelbare parlamentarische Verantwortlichkeit besteht. Die konstitutionellen Verfassungen enthielten vielfach das Institut der **»Ministeranklage«**, denn das Parlament konnte einen vom König (Fürsten) ernannten Minister nicht absetzen.[45] Weder in der Verfassungsgeschichte noch in der Gegenwart ist die Anklage eines Organwalters allerdings praktisch geworden. Ein Bundespräsident, dem eine Anklage nach Art. 61 GG drohte, würde zweckmäßigerweise zurücktreten. Gleichwohl ist die Präsidentenanklage

41 So BVerfGE 39, 334 (359).
42 Vgl. abw. Meinung des Richters *Rupp*, in: BVerfGE 39, 334 (378 f.).
43 Vgl. BVerfGE 12, 296 (305 f.).
44 Vgl. EGMR, EuGRZ 1995, S. 590; vgl. hierzu *H. H. Klein*, in: Maunz/Dürig, GG, Art. 21 Rn. 584.
45 Tit. X § 5 BayVerfUrk (1818) = *E. R. Huber*, Dokumente I, 3. Aufl. 1978, Nr. 53, § 67 BadVerfUrk (1818) = *E. R. Huber*, Dokumente I, Nr. 54; § 199 WürttVerfUrk (1819) = *E. R. Huber*, Dokumente I, Nr. 55; Art. 109 HessVerfUrk (1820) = *E. R. Huber*, Dokumente I, Nr. 56; § 140 SächsVerfUrk (1831) = *E. R. Huber*, Dokumente I, Nr. 59; § 126 PaulskirchenVerf (1849) = *E. R. Huber*, Dokumente I, Nr. 108; Art. 61 PrVerfUrk (1861) = *E. R. Huber*, Dokumente I, Nr. 54.

nicht sinnlos, weil die Unabsetzbarkeit eines Amtswalters in einem parlamentarischen Regierungssystem nach einem Korrektiv verlangt.[46]

Vor dem Hintergrund der **Unabsetzbarkeit** – der persönlichen Unabhängigkeit (Art. 97 Abs. 2 GG)[47] – ist auch die **Richteranklage** gegen Bundesrichter nach Art. 98 Abs. 2 GG zu sehen. Anders als bei Art. 61 GG wird kein »vorsätzlicher« Verstoß gegen die Verfassung gefordert; auch muss der Verstoß nicht im Amt erfolgt sein. Im letzteren Fall wäre ohnehin der Tatbestand der Rechtsbeugung (§ 339 StGB) erfüllt, der zu einem Strafverfahren führen würde. Der Sinn der Richteranklage ist vielmehr ein anderer. Sie bietet die Möglichkeit, die **Impermeabilität** des Justizapparates zu durchbrechen, wenn verfassungsfeindliche Aktionen von Richtern in Rede stehen. Die persönliche Unabsetzbarkeit nämlich macht den Richter gegenüber Maßnahmen der Exekutive unangreifbar. Für Disziplinarverfahren sind ebenfalls Richter (»Richterdienstgerichte«) zuständig. 1055

Der Antrag nach Art. 98 Abs. 2 GG muss vom **Bundestag** gestellt werden. Eine (verurteilende) Maßnahme des BVerfG bedarf einer Zwei-Drittel-Mehrheit in dem entscheidenden Senat. Schon an der qualifizierten (nicht einmal für die Nichtigerklärung eines Gesetzes erforderliche) Mehrheit zeigt sich das Außergewöhnliche der Richteranklage, die bislang noch nicht erhoben worden ist. 1056

3. Verfassungssicherung durch parlamentarische Kontrolle

Während für Beamte die Einhaltung des Verfassungsrechts durch Disziplinarvorschriften gesichert werden soll, für unabsetzbare Staatsorgane (Bundespräsident, Bundesrichter) besondere Anklageverfahren vorgesehen sind, unterliegen die Mitglieder der Bundesregierung allein der **parlamentarischen Kontrolle.** Nach § 8 BMinG findet ein Disziplinarverfahren gegen Mitglieder der Bundesregierung nicht statt. Die Mitglieder der Bundesregierung sind zwar wie jeder Bürger den Strafgesetzen unterworfen; Verstöße gegen die Verfassung aber sind nicht notwendig strafbar. In derartigen Fällen setzen die parlamentarische Kontrolle und die Kontrolle durch die öffentliche Meinung ein. Welches Fehlverhalten zu welchen Konsequenzen drängt, ist mehr eine Frage der politischen Kultur als des Verfassungsrechts. Voraussetzung für die Entwicklung von derartigen Konventionalregeln politischer Kultur ist freilich die Einsicht, dass nicht allein das **Strafrecht** die Grenzen rechtlichen **Dürfens** bestimmt. 1057

III. Die Abwehr verfassungsfeindlicher Bestrebungen

Fall 74: F ist Chefredakteur und Verleger einer als rechtsradikal bekannten Zeitung. Seine nationalistischen, antisemitischen und rassistischen Veröffentlichungen erregen im In- und Ausland immer wieder Aufsehen. Nicht selten wird die Existenz dieser Publikationen im Ausland als Beleg dafür angesehen, dass es in der Bundesrepublik ernstzunehmende neonazistische Tendenzen gibt. 1058
(nach BVerfGE 38, 23)

46 Vgl. *M. Nierhaus,* in: Sachs (Hrsg.), GG, Art. 61 Rn. 4; *I. Pernice,* in: Dreier (Hrsg.), GG, Bd. II, Art. 61 Rn. 8 f.
47 Vgl. oben Rn. 831 ff.

1. Nachrichtendienstlicher Verfassungsschutz

1059 Dem Bund steht nach Art. 73 Nr. 10 b GG die ausschließliche Gesetzgebungskompetenz »zum Schutze der freiheitlichen demokratischen Grundordnung, des Bestandes und der Sicherheit des Bundes oder eines Landes (Verfassungsschutz)« zu. In Ausführung dieser Kompetenz ist das **Bundesverfassungsschutzgesetz** vom 20.12.1990[48] ergangen, das die Zuständigkeit des **»Bundesamtes für Verfassungsschutz«** – einer Bundesoberbehörde nach Art. 87 Abs. 1 S. 2 GG – und dessen Zusammenarbeit mit den Verfassungsschutzbehörden der Länder regelt. Neben dem Bundesamt für Verfassungsschutz gibt es als weitere Nachrichtendienste den **»Bundesnachrichtendienst«** (BND)[49] und den **»Militärischen Abschirmdienst«** (MAD)[50].

1060 Die Aufgabenverteilung sieht im Wesentlichen so aus, dass das Bundesamt für Verfassungsschutz Nachrichten über Bestrebungen, die gegen die innere Ordnung gerichtet sind, sammelt, während der Bundesnachrichtendienst sog. »nachrichtendienstliche Auslandsaufklärung« betreibt, also für Spionage und Gegenspionage zuständig ist. Auf innenpolitischem Gebiet darf der Bundesnachrichtendienst nicht tätig werden.[51] Der Militärische Abschirmdienst beschränkt sich demgegenüber auf die Bundeswehr und hat innerhalb der Bundeswehr besondere Sicherheitsaufgaben.[52]

2. Abwehr konkreter Gefahren für die Verfassung

1061 Sofern konkrete Gefahren für die Schutzgüter der Verfassung bestehen, sind die Nachrichtendienste nach dem **G 10**[53] berechtigt, den Fernmeldeverkehr abzuhören sowie Brief- und Postsendungen zu öffnen. Hierin liegt ein Eingriff in das Grundrecht aus Art. 10 GG, der durch den schon genannten Gesetzesvorbehalt (Art. 10 Abs. 2 GG) gedeckt ist. Das G 10 ist allerdings so umständlich formuliert, dass sein Anwendungsbereich zunächst nicht deutlich wird. Voraussetzung für die Überwachung des Post- und Fernmeldeverkehrs ist der Verdacht bestimmter (staatsgefährdender) Straftaten (§ 3 G 10). Die sog. **»strategische Überwachung«** des nicht leitungsgebundenen Fernmeldeverkehrs durch den BND (§ 3 G 10 a. F.) ist vom BVerfG für teilweise verfassungswidrig erklärt worden.[54]

1062 Die Kontrolle der Abhörmaßnahmen obliegt einem besonderen Kontrollgremium des Bundestages. Sofern die Abhörmaßnahme abgeschlossen ist und dem Betroffenen nach § 12 G 10 mitgeteilt wurde, kann auf Feststellung der Rechtswidrigkeit der Maßnahme geklagt werden. Aufgabe der Nachrichtendienste ist daneben das Sammeln allgemein zugänglicher Informationen. Bestimmte politische »Szenen« werden »observiert«, also in ihrer wechselnden Zusammensetzung und ihren Aktivitäten

48 *Sartorius* I Nr. 80.
49 Gesetz über den Bundesnachrichtendienst vom 20.12.1990 (BGBl. I, S. 2954).
50 Gesetz über den Militärischen Abschirmdienst vom 20.12.1990 (BGBl. I, S. 2954).
51 Vgl. *M. Brenner*, Bundesnachrichtendienst im Rechtsstaat, 1990, S. 170 ff.
52 Vgl. *K. Dau*, Rechtsgrundlage für den MAD, DÖV 1991, S. 663 ff.
53 *Sartorius* I Nr. 7 = *Nomos ÖffR* Nr. 7.
54 Vgl. BVerfGE 100, 313 (315).

verfolgt.[55] Aus der Speicherung der Daten, die auf diese Weise gewonnen werden, ergeben sich u. U. datenschutzrechtliche Probleme.[56]

3. Grundrechtsverwirkung, Vereins- und Parteiverbot (Art. 18, 9 Abs. 2, 21 Abs. 2 GG)

Nach **Art. 18 GG** können **Grundrechte,** insbesondere die Meinungsfreiheit, die Versammlungsfreiheit und die Vereinigungsfreiheit – die sog. »Kommunikationsgrundrechte« – **verwirkt** werden, sofern sie zum Kampf gegen die freiheitliche demokratische Grundordnung missbraucht werden. Die Verwirkung wird durch das BVerfG ausgesprochen, tritt also entgegen dem ersten Anschein nicht *ipso iure* ein. Ziel dieses Verfassungsinstituts ist es, Gegner der Verfassungsordnung aus dem Prozess der öffentlichen Meinungs- und Willensbildung auszuschalten. In Art. 18 GG offenbart sich ebenso wie in Art. 9 Abs. 2 und 21 Abs. 2 GG die Grundentscheidung für die streitbare (oder »wehrhafte«) Demokratie.[57] 1063

Im Ausgangsfall könnte der Bundestag, die Bundesregierung oder eine Landesregierung den Antrag stellen, das Grundrecht der Meinungs- und Pressefreiheit des F für verwirkt zu erklären (§ 36 BVerfGG). Das BVerfG hält darüber hinaus eine »ernsthafte Gefahr für den Bestand der freiheitlich-demokratischen Grundordnung« zur Begründetheit eines Antrags nach Art. 18 GG für erforderlich.[58] Dieses in Art. 18 GG nicht enthaltene Tatbestandsmerkmal ist nicht zweifelsfrei, weil verfassungsfeindliche Bewegungen nicht erst dann unterbunden werden sollten, wenn sie zu einiger Bedeutung gelangt sind. Im Ausgangsfall wäre es Tatfrage, ob die Voraussetzungen des Art. 18 GG gegeben sind. 1064

Art. 21 Abs. 2 GG weist eine Reihe struktureller Gemeinsamkeiten mit Art. 18 GG auf. Auch für das Parteiverbot ist das BVerfG zuständig; Voraussetzung für ein Verbot ist es, dass eine Partei 1065

»nach ihren Zielen oder nach dem Verhalten ihrer Anhänger darauf (ausgeht), die freiheitliche demokratische Grundordnung zu beeinträchtigen oder zu beseitigen oder den Bestand der Bundesrepublik Deutschland zu gefährden.«

Im Gegensatz zu den bisher gestellten Anträgen auf Verwirkung der Grundrechte, die beide zurückgewiesen wurden,[59] waren die Verbotsanträge gegen die SRP[60] und gegen die KPD[61] erfolgreich. Das Verfahren gegen die NPD ist nach erheblichen Irritationen wegen der Zusammenarbeit führender Parteifunktionäre mit Verfassungsschutzbehörden eingestellt worden.[62] 1066

Für das Verbot von **Vereinigungen** nach Art. 9 Abs. 2 GG sind der Bundesinnenminister bzw. die Landesinnenminister zuständig. Die Voraussetzungen und das Verfahren sind im **Vereinsgesetz** vom 5.8.1964[63] niedergelegt. Das Verbot ist ein Ver- 1067

55 Vgl. dazu BVerwGE 110, 126 (128 ff.).
56 Vgl. *H. Bäumler,* Datenschutz beim Verfassungsschutz, AöR 110 (1985), 30 ff.; *A. F. Rosenauer,* Datenschutz beim Verfassungsschutz, 1998.
57 Vgl. die Nachw. bei *A. Sattler,* Die rechtliche Bedeutung der Entscheidung für die streitbare Demokratie, S. 11 ff.
58 So BVerfGE 38, 23 (25).
59 Vgl. BVerfGE 11, 282; 38, 23.
60 Vgl. BVerfGE 2, 1.
61 BVerfGE 5, 85.
62 BVerfGE 107, 339; vgl. dazu *J. Ipsen,* JZ 2003, S. 485.
63 *Sartorius* I Nr. 425 = *Nomos ÖffR* Nr. 81.

waltungsakt und kann vor den Verwaltungsgerichten angefochten werden. Wird das Verbot von einem Landesinnenminister ausgesprochen, ist in erster Instanz das Oberverwaltungsgericht des betreffenden Landes zuständig (§ 48 Abs. 2 VwGO). Gegen das vom Bundesinnenminister ausgesprochene Verbot ist Klage zum Bundesverwaltungsgericht statthaft, das im ersten und einzigen Rechtszug entscheidet (§ 50 Abs. 1 Nr. 2 VwGO).[64]

1068 Die präventiven Maßnahmen nach Art. 9 Abs. 2, 18 und 21 Abs. 2 GG setzen kein **strafbares Verhalten** voraus. Die freiheitliche demokratische Grundordnung als solche ist gegen Zuwiderhandlungen strafrechtlich nicht geschützt. Soweit allerdings konkrete Maßnahmen (Anordnung der Grundrechtsverwirkung, Vereins- oder Parteiverbot) erfolgt sind, sind Zuwiderhandlungen unter Strafe gestellt (§§ 84, 85 StGB).

4. Strafrechtlicher Verfassungsschutz

1069 Ein von den präventiven Maßnahmen des Verfassungsschutzes zu trennendes Instrumentarium des Staatsschutzes stellt das **Strafrecht** zur Verfügung. Im Strafgesetzbuch dient ihm eine große Zahl von Straftatbeständen. Der erste Abschnitt des Besonderen Teils des StGB enthält unter der Überschrift »Friedensverrat, Hochverrat und Gefährdung des demokratischen Rechtsstaates« eine Reihe von Straftaten, die als »politisch« zu bezeichnen sind, was heißen will, dass sie einen Bezug zur demokratischen Grundordnung besitzen. Abgesehen vom Hochverrat finden sich hier auch die Straftaten der Fortführung einer für verfassungswidrig erklärten Partei (§ 84 StGB), der Verstoß gegen ein Vereinigungsverbot (§ 85 StGB), das Verwenden von Kennzeichen verfassungswidriger Organisationen (§ 86 a StGB), verfassungsfeindliche Sabotage (§ 88 StGB), verfassungsfeindliche Verunglimpfung des Staates und der Verfassungsorgane (§§ 90 a und b StGB). Dem Staatsschutz – aber auch dem Schutz individueller Rechtsgüter – dienen überdies die Strafvorschriften über die Vorbereitung einer schweren staatsgefährdenden Gewalttat (§ 89 a StGB) und über die Aufnahme von Beziehungen (§ 89 b StGB) sowie der Anleitung zu ihrer Begehung (§ 91 StGB), die durch das Gesetz zur Verfolgung der Vorbereitung von schweren staatsgefährdenden Gewalttaten vom 30.7.2009 in das Strafgesetzbuch eingefügt worden sind.[65]

IV. Zum Vergleich: Die Europäische Union

1070 Da die Europäische Union keine Staatsqualität besitzt, kann von einem besonderen »Staatsschutz« oder »Verfassungsschutz« keine Rede sein. Allerdings wirkt die Union gem. Art. 67 Abs. 3 AEUV darauf hin,

> »durch Maßnahmen zur Verhütung und Bekämpfung von Kriminalität sowie von Rassismus und Fremdenfeindlichkeit, zur Koordinierung und Zusammenarbeit von Polizeibehörden und Organen der Strafrechtspflege und den anderen zuständigen Behörden sowie durch die gegenseitige Anerkennung strafrechtlicher Entscheidungen und erforderlichenfalls durch die Angleichung der strafrechtlichen Bestimmungen ein hohes Maß an Sicherheit zu gewährleisten.«

---

64 Vgl. z. B. BVerwGE 61, 218 (»Wehrsportgruppe Hoffmann«); 80, 299 (»Hells Angels«).
65 BGBl. I, S. 2437.

Zu diesem Zweck ist ein Europäisches Polizeiamt (Europol) eingerichtet worden, das insbesondere für die Datenerhebung und -speicherung auf Unionsebene zuständig ist (Art. 87 f. AEUV). 1071

V. Rechtsprechung

BVerfGE 2, 1 (SRP-Urteil); **E** 5, 85 (KPD-Urteil); **E** 11, 282 (Grundrechtsverwirkung); **E** 30, 1 (»Abhör-Urteil«); **E** 38, 23 (Grundrechtsverwirkung: »Frey«); **E** 39, 334 (»Extremisten-Beschluss«); **E** 63, 266 (Zulassung als Rechtsanwalt); **E** 100, 313 (»Strategische Überwachung«); **E** 107, 339 (NPD); **E** 113, 63 (Aufnahme in Verfassungsschutzbericht: »Junge Freiheit«); **E** 119, 247 (Angemessene Beamtenalimentation); **BVerwGE** 61, 218 (»Wehrsportgruppe Hoffmann«); **E** 80, 299 (»Hells Angels«); **E** 110, 126 (Observation: »Die Republikaner«); **BVerwG**, NVwZ-RR 2011, S. 14 (Verbot des Vereins „Heimattreue Deutsche Jugend"). 1072

VI. Literatur

Zu I.: *H. Ehmke,* Grenzen der Verfassungsänderung, 1953; *K. Hesse,* Bundesstaatsreform und Grenzen der Verfassungsänderung, AöR 98 (1973), S. 1; *G. Robbers,* Die Änderungen des Grundgesetzes, NJW 1989, S. 1325; *S. Schaub,* Der verfassungsändernde Gesetzgeber 1949–1980, 1984; *K. Stern,* Die Bedeutung der Unantastbarkeitsgarantie des Art. 79 Abs. 3 für die Grundrechte, JuS 1985, S. 329; *E. Wadle,* Das Ermächtigungsgesetz – Eine Erinnerung, JuS 1983, S. 170. 1073

Zu II.: *E. Denninger,* Verfassungstreue und Schutz der Verfassung, VVDStRL 37 (1979), S. 7; *J. Isensee,* Der Beamte zwischen Parteifreiheit und Verfassungstreue, JuS 1973, S. 265; *M. Kenntner,* Aktuelle Rechtsprechung des Bundesverfassungsgerichts zum Beamtenrecht, JZ 2008, S. 340; *ders.*, Sinn und Zweck der Garantie des hergebrachten Berufsbeamtentums, DVBl. 2007, S. 1321; *H. H. Klein,* Verfassungstreue und Schutz der Verfassung, VVDStRL 37 (1979) S. 53; *M. Kriele,* Der rechtliche Spielraum einer Liberalisierung der Einstellungspraxis im öffentlichen Dienst, NJW 1979, S. 1; *K. Stern,* Die Verfassungstreue des Beamtenbewerbers – eine Verfassungsforderung, ZBR 1978, S. 381.

Zu III.: *C. Arndt,* Kontrolle der Nachrichtendienste bei der Post- und Fernmeldeüberwachung in der Bundesrepublik Deutschland und in den Vereinigten Staaten von Amerika, DÖV 1986, S. 169; *H. Bäumler,* Der Auskunftsanspruch des Bürgers gegenüber den Nachrichtendiensten, NVwZ 1988, S. 199; *C. Gusy,* Die Rechtsstellung der Nachrichtendienste, Jura 1986, S. 296; *J. Ipsen,* Rechtsfragen des NPD-Verbots, NJW 2002, S. 866; *ders.*, Das Ende des NPD-Verbotsverfahrens, JZ 2003, S. 485; *A. Sattler,* Die rechtliche Bedeutung der Entscheidung für die streitbare Demokratie, 1982; *B. Schlink,* Das nachrichtendienstliche Mittel, NJW 1980, S. 552; *ders.*, Nochmals: Die Befugnisse des Verfassungsschutzes, NJW 1981, S. 565; *W. Schreiber,* Inkongruenz von parlamentarischer Kanzler- und parlamentarischer Ministerverantwortlichkeit im Bereich der Nachrichtendienste?, DVBl. 1986, S. 974; *J. Schwabe,* Hoheitlicher Verfassungsschutz mit Jedermannsbefugnissen, NJW 1980, S. 2396; *ders.*, Nochmals: Die Befugnisse des Verfassungsschutzes, NJW 1981, S. 566.

G. Die Bundesrepublik in der Staatengemeinschaft

Angesichts wachsender politischer, wirtschaftlicher und militärischer Verflechtungen können Staaten heute nicht mehr allein als Inhaber höchster, unabgeleiteter Gewalt (Souveränität) gesehen werden; staatliche Wirklichkeit erschließt sich nur, wenn man ihre Einbindung in die Staatengemeinschaft im Blick behält. Das gilt in besonderem Maße für die Bundesrepublik Deutschland, für die das Grundgesetz den Weg in die Staatengemeinschaft vorgezeichnet hat. 1074

Schon die **Präambel** enthält die Willensbekundung des Deutschen Volkes, »in einem vereinten Europa dem Frieden der Welt zu dienen«. In **Art. 1 Abs. 2 GG** bekennt sich das Deutsche Volk zu »unverletzlichen und unveräußerlichen Menschenrechten als Grundlage jeder menschlichen Gemeinschaft, des Friedens und der Gerechtigkeit in der Welt.« **Art. 25 GG** erklärt die »allgemeinen Regeln des Völkerrechts« zu Bestandteilen des Bundesrechts, die den Gesetzen vorgehen und für die Bewohner des Bundesgebietes unmittelbar Rechte und Pflichten erzeugen. Nach **Art. 26 Abs. 1 GG** sind »Handlungen, die geeignet sind und in der Absicht vorgenommen werden, das friedliche Zusammenleben der Völker zu stören, insbesondere die Führung eines Angriffskrieges vorzubereiten«, verfassungswidrig und unter Strafe zu stellen. Dieser **»völkerrechtsfreundlichen Tendenz«** des Grundgesetzes steht die **»supranationale Option«** des **Art. 24 GG** zur Seite, nach der der Bund durch Gesetz Hoheitsrechte auf zwischenstaatliche Einrichtungen übertragen bzw. sich unter Beschränkung seiner Hoheitsrechte einem »System gegenseitiger kollektiver Sicherheit einordnen kann«. 1075

Sieht man diese Bestimmungen im Zusammenhang, so spricht aus ihnen die Absage des Verfassungsgebers an nationale Autarkie und politische Sonderwege, wie sie für die deutsche Geschichte kennzeichnend sind. Mit diesem Bekenntnis hat die Bundesrepublik erst die Voraussetzungen dafür geschaffen, nach Krieg und Nachkriegszeit wieder in die Staatengemeinschaft aufgenommen zu werden. Tatsächlich hat die Bundesrepublik ihre – im Grundgesetz vorausgesetzte – Souveränität erst im Gegenzug zur Integration in das westliche Bündnis erlangt. Die noch verbliebenen Vorbehaltsrechte der Vier Mächte sind erst mit der Wiedergewinnung der Deutschen Einheit abgelöst worden. 1076

§ 21 Die auswärtigen Beziehungen

1077 Nach traditionellem Sprachgebrauch bezeichnet man den Inbegriff der staatlichen Zuständigkeiten für die Beziehungen zu auswärtigen Staaten oder anderen Völkerrechtssubjekten als **»auswärtige Gewalt«**.[1] Die »auswärtige Gewalt« ist also kein Organ oder keine Gruppe von Organen – der gesetzgebenden, vollziehenden oder rechtsprechenden Gewalt vergleichbar –; sie kennzeichnet vielmehr ein Bündel staatlicher Zuständigkeiten, *cum grano salis:* eine Staatsfunktion. Weniger missverständlich und deshalb vorzugswürdig ist die in Art. 32 Abs. 1 GG gebrauchte Wendung »Pflege der Beziehungen zu auswärtigen Staaten«, verkürzt: die **»auswärtigen Beziehungen«**. Da im Bundesstaat alle Staatsaufgaben zwischen Bund und Ländern aufzuteilen sind, stellt sich auch für die auswärtigen Angelegenheiten die Frage, wem die **Verbandskompetenz** zufällt (I.). Soweit der Bund für die auswärtigen Angelegenheiten zuständig ist, muss die Zuständigkeit der **Bundesorgane** geklärt werden (II.). Überdies ist fraglich, wieweit die Staatsorgane auf dem Gebiet der auswärtigen Beziehungen **verfassungsgerichtlicher Kontrolle** unterliegen (III.).

I. Bundes- und Landeskompetenzen im Bereich der auswärtigen Beziehungen

1078 **Fall 75:** Die Bundesregierung beabsichtigt, im Rahmen eines Kulturabkommens mit der französischen Regierung zu vereinbaren, dass Französisch im Schulunterricht der Bundesrepublik und umgekehrt Deutsch im französischen Schulunterricht als erste Fremdsprache gewählt werden können.

1. Wäre die Bundesregierung staatsrechtlich befugt, eine solche Vereinbarung zu treffen?
2. Wäre die Rechtslage anders, wenn die Bundesregierung den Vertrag »vorbehaltlich der nach der bundesstaatlichen Ordnung der Bundesrepublik notwendigen Zustimmungsakte« abschließen würde?
3. Würde sich an der Rechtslage etwas ändern, wenn die Bundesregierung in dem Vertrag lediglich die Verpflichtung eingegangen wäre, »darauf hinzuwirken, dass die französische Sprache im Schulunterricht gleichberechtigt sein soll«?

1. Abschluss- und Transformations-(Vollzugs-)kompetenz

1079 Die Rechtsbeziehungen der Staaten (und anderer Völkerrechtssubjekte) untereinander bestimmen sich nach dem **Völkerrecht.** Wenn völkerrechtliche Verträge zwischen Staaten geschlossen werden, so erzeugen sie regelmäßig keine unmittelbaren Rechte und Pflichten auf der Ebene des nationalen Rechts; diese entstehen erst durch Akte nationaler Gesetz- oder Verordnungsgebung. Soweit man das Völkerrecht und das nationale Recht als zwei getrennte Rechtskreise betrachtet (»dualistische Theorie«), muss folglich ein **Transformationsakt** stattfinden, kraft dessen aus der **völkerrechtlichen Verpflichtung** eine Verpflichtung des nationalen Rechts wird.[2] Soweit Völkerrecht und nationales Recht hingegen als Bestandteile einer **einheitlichen Rechtsord-**

1 Vgl. nur *E. Menzel,* Die Auswärtige Gewalt der Bundesrepublik Deutschland, VVDStRL 12 (1954), S. 179.

2 Vgl. *M. Schweitzer,* Staatsrecht III, Rn. 424 ff.; die Theorie geht im Wesentlichen auf *H. Triepel,* Völkerrecht und Landesrecht, 1899, Nachdr. 1958, S. 111, zurück.

nung angesehen werden (»monistische Theorie«[3]), bedarf es einer solchen »Transformation« nicht.[4] Da völkerrechtliche Verträge sich aber nicht von selbst vollziehen (»non-self-executing«), werden in jedem Fall nationale Rechtsakte notwendig, die die völkerrechtlichen Verpflichtungen »vollziehen«.[5]

Die Frage, ob das Verhältnis von Völkerrecht zum nationalen Recht zutreffender durch eine monistische oder eine dualistische Sicht (oder eine »vermittelnde« Theorie) begriffen werden kann, soll hier offen bleiben. Letztlich sind dabei rechtsphilosophische Positionen im Streit. Für unseren Zusammenhang ist entscheidend, dass zwischen dem Abschluss völkerrechtlicher Verträge – der **»Abschlusskompetenz«** – und den notwendigen Akten nationalstaatlicher Rechtsetzung – nenne man sie Transformation oder Vollzug – unterschieden werden muss. 1080

2. Bundeskompetenzen im Bereich der auswärtigen Beziehungen

Nach Art. 32 Abs. 1 GG ist »die Pflege der Beziehungen zu auswärtigen Staaten Sache des Bundes«. Die Vorschrift statuiert ersichtlich eine Ausnahme zu Art. 30 GG, nach der für alle staatlichen Befugnisse und Aufgaben eine Zuständigkeitsvermutung zugunsten der Länder besteht. Der Grund hierfür liegt auf der Hand: Nach außen soll ein Staat mit einer Stimme sprechen und sich nicht in föderaler Zersplitterung darstellen. Der **Abschluss völkerrechtlicher Verträge,** der ja die wichtigste Form der »Pflege der Beziehungen zu auswärtigen Staaten« darstellt, fällt deshalb grundsätzlich in die Kompetenz des Bundes.[6] 1081

Würde man die »Abschlusskompetenz« des Bundes nicht weiter eingrenzen, so ergäbe sich ein unübersehbarer Konflikt: Der Bund wäre zwar nach Art. 32 Abs. 1 GG zum Abschluss völkerrechtlicher Verträge befugt, er könnte diesen aber innerstaatlich keine Geltung verschaffen, soweit ihm für den betreffenden Sachbereich keine Gesetzgebungskompetenz zusteht. Mit anderen Worten bestünde die Möglichkeit, dass der Bund sich **völkerrechtlich** zu Leistungen verpflichtet, die er **staatsrechtlich** nicht zu erbringen vermag. Einigkeit nämlich besteht bei der Auslegung des Art. 32 Abs. 1 GG insoweit, als die bundesstaatliche Kompetenzordnung im Übrigen – also die Art. 70 ff. und 83 ff. GG – durch diese Vorschrift nicht berührt wird.[7] 1082

Nach der **»zentralistischen« Auffassung** soll die durch Art. 32 Abs. 1 GG dem Bund zugewiesene Einflusskompetenz gleichwohl von der – ggf. den Ländern zustehenden – Transformations-(Vollzugs-)kompetenz getrennt werden.[8] Der Bund ist nach dieser Auffassung zu jedwedem Vertragsschluss befugt und trägt damit das Risiko, dass eine völkerrechtliche Verpflichtung nicht erfüllt werden kann (und die 1083

3 Vgl. hierzu *A. Verdross/B. Simma,* Universelles Völkerrecht, 3. Aufl. 1984, §§ 72 ff. m. w. N.

4 Der monistischen Theorie entspricht demgemäß die These von der »Adoption« des Völkerrechts, vgl. *M. Schweitzer,* Staatsrecht III, Rn. 420 ff.

5 So auch *A. Verdross/B. Simma,* Universelles Völkerrecht, § 848, die von einer »Inkorporation« der Völkerrechtsnorm in das staatliche Recht als Voraussetzung ihres Vollzugs sprechen; vgl. ferner *R. Geiger,* Grundgesetz und Völkerrecht, S. 170 f.

6 Vgl. *O. Rojahn,* in: v. Münch/Kunig (Hrsg.), GG, Bd. 1, Art. 32 Rn. 14.

7 Weitergehend das frühere Schrifttum, vgl. *W. Grewe,* Die auswärtige Gewalt der Bundesrepublik, VVDStRL 12 (1954), S. 167 ff., 177; *E. Menzel,* VVDStRL 12 (1954), S. 206.

8 Hierfür *J. Kölble,* Auslandsbeziehungen der Länder?, DÖV 1965, S. 147 f.; *H.-J. Friehe,* Kleines Problemkompendium zum Thema »Kulturabkommen des Bundes«, JA 1983, S. 121 f.; *M. Zuleeg,* in: AK-GG, Art. 32 Rn. 19 ff.

Bundesrepublik insofern vertragsbrüchig wird), weil die innerstaatlichen Transformations-(Vollzugs-)akte unterbleiben.

1084 Für den Ausgangsfall bedeutet dies, dass nach der »zentralistischen« Rechtsauffassung die Bundesregierung befugt wäre, ein Abkommen über die Stellung des französischen Sprachunterrichts an Schulen abzuschließen. Die innerstaatliche Durchsetzung der (völkerrechtlichen) Verpflichtungen gegenüber den (für diesen Bereich ja ausschließlich zuständigen) Bundesländern wäre ein vom Bund einzugehendes und politisch zu kalkulierendes Risiko, das er freilich durch Bundesstaatsvorbehalte oder Bemühungsklauseln (wie unter 2. und 3. des Beispielsfalls) verhindern könnte.

1085 Nach der **»föderalistischen« Auffassung** soll der Bund nach Art. 32 Abs. 1 GG von vornherein nur zum Abschluss solcher Verträge befugt sein, die er in eigener Kompetenz transformieren (vollziehen) kann.[9] Die »föderalistische« Ansicht stützt sich hierbei im Wesentlichen auf Art. 32 Abs. 3 GG, der den Ländern eine beschränkte Abschlusskompetenz einräumt.[10]

1086 Legt man die »föderalistische« Auffassung zugrunde, so wäre der Bund zum Abschluss des fraglichen Kulturabkommens staatsrechtlich nicht befugt. Die Aufnahme eines Bundesstaatsvorbehalts (2.) würde an dieser Rechtslage nichts ändern, weil nach dieser Ansicht die Abschlusskompetenz sich in ihrem Umfang nach der Transformations-(Vollzugs-)kompetenz richtet, diese aber unverrückbar bei den Ländern liegt.

1087 Systematisch spricht manches für die »föderalistische« Auffassung. Es fällt schwer anzunehmen, dass das Grundgesetz dem Bund *»plein pouvoir«* zum Abschluss völkerrechtlicher Verträge einräumt, die er innerstaatlich nicht transformieren (vollziehen) kann. In der Staatspraxis nämlich würden vom Bund eingegangene völkerrechtliche Verpflichtungen als vollendete Tatsachen auf die bundesstaatliche Ordnung einwirken und die Länder einem schwer erträglichen Zwang zu entsprechender Rechtsetzung aussetzen.

1088 Auf der anderen Seite spricht schon der Wortlaut des Art. 32 Abs. 3 GG dagegen, dem Bund bei fehlender Transformations-(Vollzugs-)kompetenz die Abschlusskompetenz schlechthin zu verweigern. Nach Art. 32 Abs. 3 GG »können« die Länder, soweit sie für die Gesetzgebung zuständig sind, Verträge mit auswärtigen Staaten schließen. Wäre mit dieser Vorschrift beabsichtigt gewesen, den Ländern eine ausschließliche Abschlusskompetenz einzuräumen, würde eine andere sprachliche Form gewählt worden sein (etwa die in Art. 59 Abs. 1 S. 2 GG: »Er schließt im Namen des Bundes die Verträge mit auswärtigen Staaten«). Art. 32 Abs. 3 GG ist deshalb dahin auszulegen, dass die Bundesländer zwar (mit Zustimmung der Bundesregierung) Verträge mit auswärtigen Staaten abschließen **können,** ihnen aber nicht die **ausschließliche Abschlusskompetenz** in Sachbereichen, für deren Gesetzgebung sie zuständig sind, eingeräumt wird.[11]

1089 Wenn aber weder die »zentralistische« noch die »föderalistische« Auslegung des Art. 32 GG vollständig zu überzeugen vermag, ist Raum für eine **vermittelnde Auffassung.** Da der Bund einerseits über den Abschluss völkerrechtlicher Verträge nicht befugt sein kann, die bundesstaatliche Kompetenzverteilung auszuhöhlen, ihm

9 Vgl. *M. Nettesheim,* in: Maunz/Dürig, GG, Art. 32 Rn. 62; *O. Rojahn,* in: v. Münch/Kunig (Hrg.), GG, Bd. 1, Art. 32 Rn. 42 ff.; vgl. *R. Geiger,* Grundgesetz und Völkerrecht, S. 111 f.

10 Vgl. *O. Rojahn,* in: v. Münch/Kunig (Hrsg.), GG, Bd. 1, Art. 32 Rn. 42.

11 Ähnlich *M. Zuleeg,* in: AK-GG, Art. 32 Rn. 20.

aber die Abschlusskompetenz nicht schlechthin abzusprechen ist, erscheint es angemessen, das Eingehen völkerrechtlicher Verpflichtungen vom Einverständnis der Länder abhängig zu machen. Dieses Vorgehen entspricht der Staatspraxis und ist in einer besonderen Absprache zwischen Bund und Ländern (dem sog. »Lindauer Abkommen«[12]) niedergelegt. Hiernach wird dem Bund eine Abschlusskompetenz auch im Bereich der ausschließlichen Gesetzgebungskompetenz der Bundesländer zugestanden. Vor der völkerrechtlichen Verbindlichkeit entsprechender Verträge aber ist der Bund verpflichtet, das **Einverständnis** der **Länder** (nicht zu verwechseln mit der Zustimmung des Bundesrates) einzuholen. Im Vorfeld des Vertragsabschlusses steht der Bundesregierung die **»Ständige Vertragskommission der Länder«** als Gesprächspartner zur Verfügung.[13]

Im Ausgangsfall wäre die Bundesregierung prinzipiell befugt, einen Vertrag auch über den Fremdsprachenunterricht an Schulen abzuschließen. Da der innerstaatliche Kompetenzmangel aber nur durch das vorherige Einverständnis der Bundesländer kompensiert werden kann, wäre es angezeigt, den Vertrag nur mit einer Bundesstaatsklausel abzuschließen. Mit der ersteren Vertragsfassung würde der Bund völkerrechtliche Verpflichtungen eingehen, die er staatsrechtlich nicht zu erfüllen vermag. Unbedenklich wäre der Abschluss eines Vertrages mit einer Bemühensklausel, weil die völkerrechtliche Verpflichtung des Bundes sich darauf beschränkt, auf die Bundesländer einzuwirken. Nach dem »Lindauer Abkommen« wäre das Einverständnis der Bundesländer in allen Fallvarianten einzuholen, bevor der Vertragstext endgültig niedergelegt wird. 1090

3. Teilhabe der Bundesländer an den auswärtigen Beziehungen

Den Bundesländern verbleibt angesichts der Grundsatzentscheidung des Art. 32 Abs. 1 GG, die Pflege der auswärtigen Beziehungen dem Bund zu übertragen, nur ein schmaler Bereich von Kompetenzen. Durch Art. 32 Abs. 2 GG ist ihnen ein Anhörungsrecht zugestanden, sofern die »besonderen Verhältnisse« eines Landes berührt sind. »Besondere Verhältnisse« im Sinne des Art. 32 Abs. 2 GG sind nur berührt, wenn ein einzelnes oder mehrere Bundesländer anders als alle anderen Bundesländer durch einen Vertrag betroffen werden.[14] Das Anhörungsrecht ist nicht gegeben, wenn der Bund Verträge abschließt, deren Transformation (Vollzug) in die Kompetenzen der Länder fällt; hier sind keine »besonderen Verhältnisse« eines Landes, sondern Gesetzgebungskompetenzen aller **Bundesländer** berührt. 1091

Das Anhörungsrecht nach Art. 32 Abs. 2 GG ist die im Vergleich zu dem im Lindauer Abkommen vorgesehenen »Einverständnis« schwächere Mitwirkungsform; die Länder können den Vertrag, zu dem sie gehört werden müssen, nicht verhindern.[15] 1092

Im Ausgangsfall ist für eine Anhörung nach Art. 32 Abs. 2 GG kein Raum, da hierfür die Abschlusskompetenz des Bundes Voraussetzung ist. Überdies sind keine »besonderen Verhältnisse« eines Bundeslandes, sondern die Gesetzgebungskompetenzen aller Bundesländer durch das Abkommen berührt. 1093

---

12 Text bei *O. Rojahn*, in: v. Münch/Kunig (Hrsg.), GG, Bd. 1, Art. 32 Anh.; *I. Pernice*, in: Dreier (Hrsg.), GG, Bd. II, Art. 32 Rn. 48.

13 Vgl. *O. Rojahn*, in: v. Münch/Kunig (Hrsg.), GG, Bd. 1, Art. 32 Rn. 52.

14 Beispiele bei *I. Pernice*, in: Dreier (Hrsg.), GG, Bd. II, Art. 32 Rn. 32 ff.

15 So auch *R. Streinz*, in: Sachs (Hrsg.), GG, Art. 32 Rn. 44; *O. Rojahn*, in: v. Münch/Kunig (Hrsg.), GG, Bd. 1, Art. 32 Rn. 29.

1094 Soweit die Bundesländer für die Gesetzgebung zuständig sind, können sie mit Zustimmung der Bundesregierung selbst **Verträge** mit **auswärtigen Staaten** schließen (Art. 32 Abs. 3 GG). Diese Bestimmung eröffnet den Bundesländern keine Befugnis zu eigener **Außenpolitik,** sondern trägt allein der bundesstaatlichen Kompetenzordnung Rechnung. Durch den Zustimmungsvorbehalt wird ausgeschlossen, dass sich einzelne Bundesländer in Gegensatz zur Außenpolitik der Bundesregierung setzen. Die Zahl der von den Bundesländern mit auswärtigen Staaten geschlossenen Verträge ist gering, deren Inhalt meist technischer Natur.[16]

1095 Nicht zu den »Verträgen mit auswärtigen Staaten« im Sinne des Art. 32 Abs. 3 GG gehören die zwischen den Bundesländern und dem Heiligen Stuhl abgeschlossenen **Konkordate.** Obwohl die Qualität des Heiligen Stuhls als Völkerrechtssubjekt unumstritten ist und die Konkordate als völkerrechtliche Verträge zu qualifizieren sind, hat das BVerfG sie von der Anwendung des Art. 32 Abs. 3 GG ausgenommen.[17] Die Rechtsprechung dürfte sich weniger auf systematische Erwägungen gründen; sie ist vielmehr von den Bemühungen gekennzeichnet, den Ländern bei der Gestaltung ihrer schulischen Verhältnisse größere Eigenständigkeit (und Unabhängigkeit vom Zustimmungsvorbehalt nach Art. 32 Abs. 3 GG) einzuräumen. Nach der Rechtsprechung des BVerfG folgt die Kompetenz der Bundesländer zum Abschluss von Konkordaten aus Art. 30 (i. V. m. Art. 70) GG, während Art. 32 Abs. 3 GG als Spezialbestimmung außer Anwendung bleiben soll.[18]

II. Zuständigkeit der Bundesorgane im Bereich der auswärtigen Beziehungen

1096 **Fall 76:** Die Bundesregierung steht in Verhandlungen mit den Regierungen mehrerer NATO-Staaten über die Anschaffung neuer Transportflugzeuge für die jeweiligen Luftstreitkräfte. Durch ein gemeinsames Vorgehen versprechen sich die Verteidigungsminister einen günstigeren Stückpreis und einen erleichterten Austausch der Ersatzteile. Die Bundesregierung beabsichtigt, 73 Transportflugzeuge zu einem Gesamtpreis von 8 Mrd. € zu bestellen. Diese und die Stückzahl der anderen NATO-Staaten sollen in einem Abkommen vereinbart werden. Die Opposition im Bundestag macht geltend, das Abkommen bedürfe der Zustimmung des Bundestages. Außerdem müssten Bundesrat und Bundespräsident mitwirken, bevor es völkerrechtlich in Kraft treten könne.

1. Pflege der auswärtigen Beziehungen als exekutivische Kompetenz

1097 Die Pflege der Beziehungen zu auswärtigen Staaten stellt sich im Wesentlichen als **Kompetenz** der **Exekutive** dar. Nach Art. 59 Abs. 1 S. 1 GG vertritt der **Bundespräsident** den Bund **völkerrechtlich.** In anderem Zusammenhang ist bereits darauf hingewiesen worden, dass mit dieser allgemeinen Vertretungsbefugnis der deutschen Verfassungstradition (und einer Vermutung des Völkerrechts) Rechnung getragen wird, die Vertretungsbefugnis staatsrechtlich – gewissermaßen im »Innenverhältnis« – aber beschränkt ist.[19] Das Gleiche gilt für die in Art. 59 Abs. 1 S. 2 GG (als Unterfall

16 Vgl. *B. Kempen,* in: v. Mangoldt/Klein/Starck, GG, Bd. 2, Art. 32 Rn. 88; *U. Beyerlin/Y. Lejeune,* Sammlung der internationalen Verträge der Länder der Bundesrepublik Deutschland, 1994.
17 So BVerfGE 6, 309 (362).
18 Hierzu *O. Rojahn,* in: v. Münch/Kunig (Hrsg.), GG, Bd. 1, Art. 32 Rn. 12 m. w. N.
19 Vgl. oben Rn. 484 ff.

der völkerrechtlichen Verträge) genannte **Vertragsabschlusskompetenz.** Der Bundespräsident hat keinen Anspruch darauf, an den Vertragsverhandlungen beteiligt zu werden, noch ist er zu einer eigenen Außenpolitik ermächtigt.[20] Auch die **Beglaubigung** (der Botschafter, die die Bundesrepublik in einem auswärtigen Staat – dem »Empfangsstaat« – vertreten) und der **Empfang** der **Gesandten** (nämlich der Botschafter auswärtiger Staaten in der Bundesrepublik) sind protokollarisch-repräsentative Befugnisse, die auf keinen Anteil an der politischen Entscheidung hindeuten. Der Schwerpunkt der Kompetenzen im Bereich der auswärtigen Beziehungen liegt bei der **Bundesregierung,** hier insbesondere beim Bundeskanzler, der die Richtlinien der (in diesem Fall Außen-)Politik bestimmt (Art. 65 S. 1 GG), und dem **Bundesaußenminister,** der das Auswärtige Amt selbständig und in eigener Verantwortung leitet (Art. 65 S. 2 GG). Der Auswärtige Dienst gehört zur bundeseigenen Verwaltung mit eigenem Verwaltungsunterbau (Art. 87 Abs. 1 S. 1 GG).[21] Mittelbehörden sind die Botschaften, untere Verwaltungsbehörden die Konsulate.

Vertragsverhandlungen werden in jedem Fall von der **Bundesregierung** (Bundes- 1098
kanzler, Bundesaußenminister oder Bevollmächtigte) geführt. Kraft ihrer völkerrechtlichen Vertretungsbefugnis könnte die Exekutive grundsätzlich Verträge mit **völkerrechtlicher Verbindlichkeit** abschließen.[22] Staatsrechtlich sind der Exekutive jedoch Grenzen gesetzt, die wiederum zu einer Inkongruenz des (völkerrechtlichen) Könnens im Außenverhältnis und des (staatsrechtlichen) Dürfens im Innenverhältnis führen könnten.

Im Ausgangsfall gehört es zu den Kompetenzen der Bundesregierung, mit den 1099
Regierungen anderer NATO-Staaten Verhandlungen über die Beteiligung an einem Rüstungsprojekt zu führen. Auch der Abschluss des Vertrages würde in die Zuständigkeit der Bundesregierung fallen. Eine andere Frage ist es, ob vor der völkerrechtlichen Verbindlichkeit des Vertrages noch andere Bundesorgane zu beteiligen sind; dies hängt von Art und Inhalt des Vertrages ab.

2. Beteiligung von Bundestag und Bundesrat an Verträgen mit auswärtigen Staaten (Art. 59 Abs. 2 GG)

Die vom Bund geschlossenen völkerrechtlichen Verträge lassen sich im Hinblick auf 1100
ihre Transformation (ihren Vollzug) in die Kategorien der **»Staatsverträge«** (Art. 59 Abs. 2 S. 1 GG) und der **»Verwaltungsabkommen«** (Art. 59 Abs. 2 S. 2 GG) einteilen. Als »Staatsverträge« werden die völkerrechtlichen Verträge bezeichnet, deren Transformation (Vollzug) staatsrechtlich nur die gesetzgebenden Körperschaften (Bundestag und Bundesrat) vornehmen können. »Verwaltungsabkommen« sind die von der Bundesrepublik abgeschlossenen völkerrechtlichen Verträge, die nicht Staatsverträge sind, deren Transformation (Vollzug) die Bundesregierung also in eigener Zuständigkeit – gegebenenfalls mit Zustimmung des Bundesrates – vornehmen kann. Die »Verwaltungsabkommen« werden unterteilt in die von der Bundesregierung

20 Vgl. oben Rn. 487.
21 Vgl. oben Rn. 652 ff.
22 Vgl. Art. 7 Nr. 2 a) des Wiener Übereinkommens über das Recht der Verträge vom 23.5.1969 (BGBl. II, 1987, S. 757) = *Sartorius* II Nr. 320.

abgeschlossenen »Regierungsabkommen« und die von den Fachministern abgeschlossenen »Ressortabkommen«.[23]

1101 Im Ausgangsfall kommt es entscheidend darauf an, ob es sich bei dem in Aussicht genommenen Abkommen um einen »Staatsvertrag« oder ein »Regierungsabkommen« handelt. Hierfür ist nicht ausschlaggebend, wie der Vertrag selbst bezeichnet ist, sondern welche Mitwirkungsakte anderer Organe erforderlich sind.

1102 Die Mitwirkung der Gesetzgebungsorgane am Abschluss völkerrechtlicher Verträge erklärt sich abermals aus der Verschiedenheit völkerrechtlichen »Könnens« und staatsrechtlichen »Dürfens« der Bundesregierung. Aufgrund ihrer Vertretungsmacht könnte die Bundesregierung mit auswärtigen Staaten jeden beliebigen Vertrag abschließen und ihm völkerrechtliche Verbindlichkeit verleihen. Staatsrechtlich allerdings würden ihr die Kompetenzen zur Transformation (zum Vollzug) des Vertrages fehlen. Die Bundesrepublik würde dann völkerrechtliche Verbindlichkeiten eingehen, die sie innerstaatlich nicht erfüllen könnte, und sich gegenüber dem Vertragspartner ersatzpflichtig machen.

1103 Art. 59 Abs. 2 S. 1 GG beugt einer solchen Frage vor, indem er die »Staatsverträge« von der Zustimmung des Bundestages unter Mitwirkung des Bundesrates abhängig macht. Das parlamentarische Verfahren der **»Vertragsgesetzgebung«** beginnt also, nachdem der Vertrag unterzeichnet worden ist, aber bevor er völkerrechtliche Wirksamkeit erlangt hat.

1104 In der Staatspraxis werden **einphasige** und **mehrphasige Verfahren** des Abschlusses völkerrechtlicher Verträge unterschieden.[24] Während im einphasigen Verfahren der Vertrag mit seiner Unterzeichnung völkerrechtliche Verbindlichkeit erlangt, fallen Unterzeichnung und Eintritt der Verbindlichkeit beim mehrphasigen Verfahren auseinander. Gewöhnlich wird nach Abschluss der Verhandlungen der Vertragstext von den (besonders bevollmächtigten) Verhandlungsführern **»paraphiert«**, d. h. vorläufig festgelegt, indem diese ihre Initialen (Paraphen) darunter setzen. Es folgt die **Unterzeichnung des Vertragstextes,** die bei Staatsverträgen regelmäßig vom Bundesaußenminister (Ressortminister) oder vom Bundeskanzler vorgenommen wird. Mit der Unterzeichnung wird der Text endgültig festgelegt. Die Mitwirkungsakte anderer Staatsorgane werden regelmäßig durch eine **»Ratifikationsklausel«** gesichert, d. h. durch eine Vertragsbestimmung, nach der der Vertrag der besonderen Bestätigung (Ratifikation) bedarf. Auf die Ratifikation (genauer: den Austausch von Ratifikationsurkunden) folgt die völkerrechtliche Verbindlichkeit des Vertrages.

1105 Im Ausgangsfall wäre es theoretisch möglich, dass der Bundesverteidigungsminister mit den Verteidigungsministern der übrigen Staaten einen Vertrag vereinbarte, der sogleich völkerrechtliche Wirksamkeit erlangte und dessen Abschlussverfahren als »einphasig« zu kennzeichnen wäre. Ein solches Verfahren wäre allerdings nicht angezeigt, wenn es zur Transformation (zum Vollzug) des Vertrages weiterer Mitwirkungsakte bedürfte.

1106 Das sich nach deutschem Staatsrecht richtende Verfahren der **Vertragsgesetzgebung** liegt zwischen der Unterzeichnung des Vertrages und seiner Ratifikation. Der Vertragstext steht zwischen den Vertragspartnern fest, so dass der Bundestag hieran

23 Vgl. O. *Rojahn,* in: v. Münch/Kunig (Hrsg.), GG, Bd. 1, Art. 59 Rn. 80.

24 Hierzu *W. Heintschel v. Heinegg,* in: K. Ipsen, Völkerrecht, § 10 Rn. 8 ff.; *M. Schweitzer,* Staatsrecht III, Rn. 143 ff.

nichts zu ändern vermag: Er hat nur die Wahl zwischen **Zustimmung** und **Ablehnung.** Sofern der Bundestag den geschlossenen Vertrag ablehnt, wird die Bundesrepublik gleichwohl nicht vertragsbrüchig, denn die Ratifikationsklausel soll ja gerade die Mitwirkung der gesetzgebenden Körperschaften sicherstellen.

Die Zustimmung des Bundestages ist nach Art. 59 Abs. 2 S. 1 GG bei Verträgen erforderlich, die sich »auf **Gegenstände** der **Bundesgesetzgebung** beziehen«, zu deren Transformation (Vollzug) es also eines Bundesgesetzes bedürfte. Diese Bestimmung bedarf keiner weiteren Erläuterung. Wenn nur der Bundestag die (innerstaatlichen) Voraussetzungen für die (völkerrechtliche) Erfüllung des Vertrages schaffen kann, so ist es folgerichtig, das Inkrafttreten des Vertrages von seiner Zustimmung abhängig zu machen. 1107

Im Ausgangsfall ist Gegenstand der vertraglichen Vereinbarung die Anschaffung von Transportflugzeugen, für die Mittel im Bundeshaushalt bereitgestellt werden müssen. Die Bereitstellung von Haushaltsmitteln ist ein Gegenstand der Bundesgesetzgebung (Art. 59 Abs. 2 S. 1 GG), weil der Haushaltsplan des Bundes durch das Haushaltsgesetz festgestellt wird (Art. 110 Abs. 2 S. 1 GG). Allerdings müssen die Mittel nur in der Höhe im Haushaltsplan enthalten sein, wie sie im betreffenden Haushaltsjahr benötigt werden. Sofern jedoch der Bundeshaushalt kommender Haushaltsjahre belastet wird, bedarf es insoweit einer Verpflichtungsermächtigung (§§ 16 BHO, 22 HGrG). Ein von der Bundesregierung geschlossener Vertrag über die Beschaffung der Transportflugzeuge bedürfte deshalb der *Zustimmung* des Bundestages in Form eines Gesetzes. Auch der *Bundesrat* wäre zu beteiligen. 1108

Der Zustimmung in Form eines Vertragsgesetzes bedürfen weiterhin auch Verträge, »welche die politischen Beziehungen des Bundes regeln« (Art. 59 Abs. 2 S. 1 1. Alt. GG). Die Weite des Begriffs **»politische Beziehungen«** scheint auf eine weiträumige parlamentarische Beteiligung bei völkerrechtlichen Verträgen hinzudeuten, denn politische Bedeutung kommt nahezu jedem völkerrechtlichen Vertrag zu. Das BVerfG hat indes frühzeitig festgestellt, dass ein Vertrag nicht schon dann die »politischen Beziehungen des Bundes« regelt, wenn er sich nur ganz allgemein mit öffentlichen Angelegenheiten, dem Gemeinwohl oder den Staatsgeschäften befasst.[25] Hinzukommen muss nach Auffassung des BVerfG, dass er »wesentlich und unmittelbar« die Existenz des Staates, seine territoriale Integrität, seine Unabhängigkeit, seine Stellung und sein Gewicht unter den Staaten oder die Ordnung der Staatengemeinschaft betrifft.[26] 1109

Hintergrund dieser restriktiven Auslegung ist die Auffassung des BVerfG, Art. 59 Abs. 2 S. 1, 1. Alt. GG konstatiere eine »Ausnahmebefugnis der Legislative im Bereich der Exekutive«[27] und damit eine Durchbrechung der Gewaltenteilung.[28] Das BVerfG hat diese Auffassung später relativiert[29] und insgesamt eine parlamentsfreundlichere Tendenz eingeschlagen.[30] 1110

25 So BVerfGE 1, 372 (381).
26 So BVerfGE 1, 372 (381 f.).
27 So BVerfGE 1, 372 (394).
28 So BVerfGE 1, 351 (369).
29 So BVerfGE 68, 1 (85): »Die betroffenen Sachbereiche, in denen diese Mitwirkung verfassungsrechtlich gewährleistet ist, und die Handlungsform, in der das von Verfassungs wegen geschieht, sind auch politisch wie rechtlich von solchem Gewicht, daß sie nicht als Ausnahmen angesprochen werden können. Geschichtlich gesehen drückt sich in diesen Regelungen die Tendenz zur verstärkten Parlamentarisierung der Willensbildung im auswärtigen Bereich aus.«
30 Vgl. insbes. BVerfGE 90, 286.

1111 Im Ausgangsfall ist auch bei großzügigerer Auslegung des Art. 59 Abs. 2 S. 1 1. Alt. GG nicht anzunehmen, dass der beabsichtigte Vertrag »die politischen Beziehungen des Bundes« regelt, mag ihm auch eine gewisse politische Bedeutung zukommen. Es bleibt aber dabei, dass er sich auf die »Gesetzgebung des Bundes« bezieht, weil nur das Parlament die erforderlichen Mittel im Wege der Haushaltsgesetzgebung bewilligen kann.[31]

1112 Die in Art. 59 Abs. 2 S. 1 GG gebrauchte Wendung »Zustimmung oder Mitwirkung« trägt dem Umstand Rechnung, dass der Bundesrat am Gesetzgebungsverfahren in verschiedener Weise mitwirkt. Sofern es sich um einen Vertrag handelt, der sich »auf Gegenstände der Bundesgesetzgebung bezieht«, sind die Vorschriften des Grundgesetzes über die Zustimmungsbedürftigkeit von Gesetzen anwendbar. Bei Verträgen, die die »politischen Beziehungen des Bundes regeln«, ist der Bundesrat hingegen auf die Möglichkeit des Einspruchs beschränkt, weil das Grundgesetz derartige Vertragsgesetze nicht für zustimmungsbedürftig erklärt.[32]

1113 Im Ausgangsfall bedürfte das Vertragsgesetz nicht der Zustimmung des Bundesrates, weil es sich bei dem Haushaltsgesetz um ein Einspruchsgesetz handelt.[33]

1114 Das Vertragsgesetz wird im **Gesetzgebungsverfahren** nach **Art. 76 ff. GG** erlassen. Insoweit gelten die allgemeinen Regeln. Die Gesetzesinitiative liegt allerdings bei der Bundesregierung, da diese den Vertrag aushandelt. Der Gesetzentwurf wird zunächst dem Bundesrat zugeleitet, der Stellung nehmen kann (Art. 76 Abs. 2 GG). Im Bundestag wird ein Vertragsgesetz nur in zwei Beratungen (»Lesungen«) behandelt (§ 78 Abs. 1 GOBT). Der Grund hierfür ist einfach: Die zweite Beratung von Gesetzentwürfen ist (auch) für Änderungsanträge bestimmt (§§ 81 ff. GOBT). Da völkerrechtliche Verträge aber in ihrem Inhalt festliegen und durch das Parlament nicht verändert werden können, erübrigt sich die zweite Beratung herkömmlichen Inhalts. Nach der ersten Beratung wird der Entwurf des Vertragsgesetzes den zuständigen Ausschüssen überwiesen, die – wie bei jeder anderen Vorlage – ihren Bericht erstatten.

1115 Vertragsgesetze werden mit **einfacher Mehrheit** beschlossen. Sofern es sich um Zustimmungsgesetze handelt, bedürfen sie der Zustimmung des Bundesrates. Gegen Einspruchsgesetze kann der Bundesrat nach Abschluss des Vermittlungsverfahrens Einspruch einlegen, der wiederum durch die absolute Mehrheit des Bundestages zurückgewiesen werden kann (Art. 77 Abs. 3 und 4 GG).[34]

---

31 Str., wie hier *M. Zuleeg,* in: AK-GG, Art. 59 Rn. 27 m. w. N.; *B. Kempen,* in: v. Mangoldt/Klein/Starck, GG, Bd. 2, Art. 59 Rn. 72; *I. Pernice,* in: Dreier (Hrsg.), GG, Bd. II, Art. 59 Rn. 36; *O. Rojahn,* in: v. Münch/Kunig (Hrsg.), GG, Bd. 1, Art. 59 Rn. 26; vgl. ferner *A. Bleckmann,* Grundgesetz und Völkerrecht, 1975, S. 224 unter Hinweis auf die Staatspraxis, die allerdings verschiedentlich zu Problemen geführt hat.

32 Vgl. *O. Rojahn,* in: v. Münch/Kunig (Hrsg.), GG, Bd. 1, Art. 59 Rn. 28; *I. Pernice,* in: Dreier (Hrsg.), GG, Bd. II, Art. 59 Rn. 46; *R. Streinz,* in: Sachs (Hrsg.), GG, Art. 59 Rn. 48.

33 Art. 110 Abs. 2 S. 1 GG: »Der Haushaltsplan wird für ein oder mehrere Rechnungsjahre, nach Jahren getrennt, vor Beginn des ersten Rechnungsjahres durch das Haushaltsgesetz festgestellt.« Art. 110 Abs. 3 GG: »Die Gesetzesvorlage nach Absatz 2 S. 1 sowie Vorlagen zur Änderung des Haushaltsgesetzes und des Haushaltsplanes werden gleichzeitig mit der Zuleitung an den Bundesrat beim Bundestage eingebracht; der Bundesrat ist berechtigt, innerhalb von sechs Wochen, bei Änderungsvorlagen innerhalb von drei Wochen, zu den Vorlagen Stellung zu nehmen.«

34 Vgl. oben Rn. 349.

3. Beteiligung des Bundespräsidenten an der Vertragsgesetzgebung

Dem **Bundespräsidenten** fällt nach Abschluss des Gesetzgebungsverfahrens die Aufgabe zu, das Vertragsgesetz nach Gegenzeichnung durch den Bundeskanzler (zuständigen Bundesminister) **auszufertigen** und zu **verkünden** (Art. 82 Abs. 1 GG). Hierbei hat er – ebenso wie bei anderen Gesetzen – die formelle und materielle Prüfungskompetenz. Eine Bewertung der politischen Opportunität des Vertrags darf der Bundespräsident dagegen nicht vornehmen. Sofern er keine verfassungsrechtlichen Bedenken erhebt, hat er das Gesetz auszufertigen und zu verkünden. Die **Verkündung** des Vertragsgesetzes im Bundesgesetzblatt ist nicht zu verwechseln mit der ebenfalls vom Bundespräsidenten vorzunehmenden »**Ratifikation**«. Das Inkrafttreten des Vertragsgesetzes ist vielmehr die staatsrechtliche Voraussetzung dafür, dass der Bundespräsident den **Vertrag** gegenüber dem Vertragspartner als Voraussetzung für das völkerrechtliche Inkrafttreten **bestätigen** kann.[35] 1116

Sollte die Bundesregierung im Ausgangsfall den Vertrag *ohne* parlamentarische Beteiligung bzw. Ratifikationsklausel abschließen, würden auch die Kompetenzen des Bundespräsidenten verletzt, der das entsprechende Vertragsgesetz hätte ausfertigen und verkünden müssen. Die Ratifikation demgegenüber *kann*, muss aber nicht notwendig im Vertrag vorgesehen sein. Durch das Fehlen einer Ratifikationsklausel würde der Bundespräsident in seinen Rechten nicht verletzt. 1117

4. Verwaltungsabkommen (Art. 59 Abs. 2 S. 2 GG)

Verwaltungsabkommen sind alle völkerrechtlichen Verträge, die weder die politischen Beziehungen des Bundes regeln noch sich auf Gegenstände der Bundesgesetzgebung beziehen. Damit scheidet eine Beteiligung des Bundestages aus, denn bei diesen Verträgen bedarf es keiner Transformation (keines Vollzugs) durch Bundesgesetz. Allerdings bedürfen die Verwaltungsabkommen gegebenenfalls der **Zustimmung** des **Bundesrates**, der nach Art. 50 GG auch bei der »Verwaltung des Bundes« mitwirkt. 1118

Die Zustimmung des Bundesrates zu Verwaltungsabkommen (Regierungsabkommen oder Ressortabkommen) ist erforderlich, wenn zur Erfüllung des Vertrages innerstaatlich Rechtsverordnungen (Art. 80 Abs. 2 GG) oder Verwaltungsvorschriften (Art. 84 Abs. 2, 85 Abs. 2 GG) notwendig sind, denen der Bundesrat zustimmen muss. Sind diese Voraussetzungen nicht gegeben, können völkerrechtliche Verträge ohne Beteiligung des Bundesrates in Kraft treten. 1119

Wären im Ausgangsfall die notwendigen Mittel bereits in den Haushaltsplan eingestellt bzw. in Form von Verpflichtungsermächtigungen vorgesehen, könnte der Vertrag als »Verwaltungsabkommen« abgeschlossen werden. Sofern der Bundesverteidigungsminister den Vertrag abschließt, würde es sich um ein »Ressortabkommen« handeln, bei Abschluss durch den Bundeskanzler um ein »Regierungsabkommen«. 1120

III. Die verfassungsrechtliche Kontrolle von Akten der »auswärtigen Gewalt«

Fall 77: Am 8.11.1972 wurde der zwischen der Bundesrepublik Deutschland und der Deutschen Demokratischen Republik ausgehandelte Grundlagenvertrag paraphiert. Am 21.12.1972 wurde der 1121

35 Vgl. die unter V. abgedruckte Ratifikationsurkunde zum »Zwei-plus-Vier-Vertrag« (Rn. 1134).

Vertrag unterzeichnet. Der Bundestag stimmte dem Vertragsgesetz am 11.5.1973 zu. Der Bundesrat erhob keinen Einspruch. Das Vertragsgesetz wurde am 6.6.1973 verkündet (BGBl. II, S. 421). Der Austausch der Ratifikationsurkunden erfolgte am 20.6.1973; entsprechend trat der Vertrag am 21.6.1973 in Kraft (BGBl. II, S. 559).
Am 28.5.1973 beantragte die Bayerische Staatsregierung beim BVerfG festzustellen, dass der Grundlagenvertrag mit dem Grundgesetz nicht vereinbar und deshalb nichtig sei. Zur Begründung trug sie vor, der Vertrag verstoße gegen das Wiedervereinigungsgebot und eine Reihe anderer Vorschriften des Grundgesetzes.

(nach BVerfGE 36, 1)

1. Vertragsgesetz als Gegenstand der abstrakten Normenkontrolle (Art. 93 Abs. 1 Nr. 2 GG)

1122 Ziel des Verfahrens der Vertragsgesetzgebung ist es, den **völkerrechtlichen Vertrag** in nationales Recht zu **transformieren** (nach anderer Auffassung: zu vollziehen). Das Vertragsgesetz ist folglich »Bundesrecht«, das den Vertrag umfasst und innerstaatlich anwendbar macht. Als **Bundesrecht** kann jedes Vertragsgesetz zum Gegenstand der abstrakten Normenkontrolle gemacht werden. Nach den vom BVerfG zur Zulässigkeit eines Normenkontrollantrags entwickelten Grundsätzen könnte ein gegen ein Vertragsgesetz gerichteter Normenkontrollantrag erst gestellt werden, wenn alle Akte des Gesetzgebungsverfahrens abgeschlossen sind, das Gesetz also ausgefertigt und verkündet worden ist.[36] Diese Grundsätze sind für die Normenkontrolle von Vertragsgesetzen modifiziert worden. Ein Antrag ist schon dann zulässig, wenn das **Verfahren** der gesetzgebenden Körperschaften **abgeschlossen** ist, Ausfertigung und Verkündung des Gesetzes durch den Bundespräsidenten aber noch ausstehen.[37] Zur Begründung hat das BVerfG ausgeführt, dass nach Möglichkeit das völkerrechtliche Inkrafttreten eines verfassungswidrigen Vertrages verhindert werden müsse. Wenn aber der Bundespräsident ein Vertragsgesetz – in der Überzeugung, es sei verfassungsmäßig – ausfertige und verkünde, so werde er den völkerrechtlichen Vertrag regelmäßig auch ratifizieren. Damit sei aber genau die Situation gegeben, die verhindert werden solle, dass nämlich ein verfassungswidriger Vertrag völkerrechtliche Wirksamkeit erlange.[38]

1123 Im Ausgangsfall bedurfte der »Grundlagenvertrag« als Vertrag, der »die politischen Beziehungen des Bundes« regelte, der Zustimmung des Bundestages (Art. 59 Abs. 2 S. 1 GG). Obwohl die DDR im Verhältnis zur Bundesrepublik nach Rechtsprechung des BVerfG nicht »Ausland« war, fand Art. 59 Abs. 2 GG uneingeschränkt Anwendung.[39] Der Antrag der Bayerischen Staatsregierung war folglich zulässig, nachdem der Bundestag dem Vertragsgesetz am 11.5.1973 zugestimmt und der Bundesrat am 25.5.1973 beschlossen hatte, »keinen Antrag nach Art. 77 GG zu stellen«.

1124 Das BVerfG sieht die Bundesregierung als verpflichtet an, zwischen der parlamentarischen Beratung des Vertragsgesetzes und der Ratifikation des Vertrages ausreichend Zeit für eine Prüfung durch das BVerfG zu lassen. Das Gericht hält es mit der Entscheidung des Grundgesetzes für eine umfassende Verfassungsgerichtsbarkeit für unvereinbar, dass ein anhängiges Normenkontrollverfahren durch von der Exekutive gesetzte Termine überspielt wird.[40]

36 So BVerfGE 1, 396 (410); vgl. oben Rn. 916.
37 Vgl. BVerfGE 1, 396 (413); vgl. oben Rn. 917.
38 So BVerfGE 1, 396 (412 f.).
39 Vgl. BVerfGE 36, 1 (LS 1).
40 Vgl. BVerfGE 36, 1 (15).

Die Ratifikation des Grundlagenvertrages war für den 20.6.1973 vorgesehen, also 14 Tage nach seinem Inkrafttreten. Die Entscheidung des BVerfG erging am 31.7.1973. In der Entscheidung ist ein Unbehagen darüber spürbar, über das Gesetz zu einem Vertrag entschieden zu haben, der bereits seine völkerrechtliche Wirksamkeit erlangt hatte.[41] 1125

2. Inhaltliche Kontrolle völkerrechtlicher Verträge durch das Bundesverfassungsgericht

Die inhaltliche Kontrolle völkerrechtlicher Verträge durch das BVerfG wirft die prinzipielle Frage auf, wieweit politische Entscheidungen gerichtlicher Kontrolle zugänglich sind. Das BVerfG bekennt sich zum **»judicial self-restraint«,**[42] ohne dass immer deutlich würde, worin die Selbstbeschränkung liegt. 1126

Die Kontrolle völkerrechtlicher Verträge durch das BVerfG lässt sich nicht durch die Dichotomie von **Recht** und **Politik** einfangen, denn hierbei handelt es sich um verschiedene Pole der Sozialgestaltung, nicht um wesensmäßige Gegensätze.[43] Überdies ist es angesichts der Tendenz, Politik zu »verrechtlichen«, unmöglich, ihren Bereich gegenüber dem des Rechts abzugrenzen. Es kann im Gegenteil eine besonders subtile (und oft gewählte) Strategie der Politik sein, sich als rechtlich vorgegeben und damit als der (politischen) Diskussion entzogen darzustellen. 1127

Der Zugang zu der gleichwohl erforderlichen Abgrenzung zwischen verfassungsrichterlicher Kontrollkompetenz und politischer Entscheidungskompetenz der Staatsleitung lässt sich nur über die Struktur der politischen Entscheidung gewinnen, der ein prognostisches Element wesenseigen ist. Politische Prognosen sind regelmäßig keiner Widerlegung fähig, sondern können nur durch andere (politische) Prognosen ersetzt werden. Daraus folgt, dass das BVerfG selbst Prognosen anstellen müsste, wenn es politische Entscheidungen kontrollierte. Damit würde es aber – genau genommen – die Funktion der Organe der Staatsleitung übernehmen.[44] 1128

Einer solchen Funktionsübernahme steht die bei den Organen der Staatsleitung und des BVerfG je verschieden geartete demokratische **Legitimation** entgegen. Nur die Organe der Staatsleitung (Parlamente und Regierung) sind durch Wahlen zu politisch aktivem Handeln legitimiert und müssen hierfür öffentlich Rechenschaft ablegen. Die mittelbare demokratische Legitimation des BVerfG schließt gerade nicht die gleichberechtigte Teilhabe am politischen Prozess ein, sondern zielt auf die Wahrung der Verfassung. Das BVerfG kann auf Dauer seine spezifische, aus der Verfassung gezogene Legitimation nur wahren, wenn es nicht in eine Konkurrenz mit den politischen Entscheidungsträgern tritt und sich – was nicht dasselbe ist – politischer Argumentation enthält. 1129

Das Grundvertragsurteil ist unter diesem Gesichtspunkt kontrovers diskutiert worden.[45] Namentlich die verfassungsrechtliche Ausdeutung des Wiedervereinigungs- 1130

41 So BVerfGE 36, 1 (15) unter Hinweis auf BVerfGE 35, 257 (261 f.).

42 So BVerfGE 36, 1 (14).

43 Vgl. oben Rn. 860 ff.

44 Vgl. im Einzelnen *G. F. Schuppert,* Die verfassungsgerichtliche Kontrolle der auswärtigen Gewalt, 1973, S. 219 ff.; *K. Hailbronner,* Kontrolle der auswärtigen Gewalt, VVDStRL 56 (1997), S. 14 ff.

45 Vgl. *U. Scheuner,* Die staatsrechtliche Stellung der Bundesrepublik – Zum Karlsruher Urteil über den Grundvertrag, DÖV 1973, S. 581; *C. Tomuschat,* Auswärtige Gewalt und verfassungsgerichtliche Kontrolle, DÖV 1973, S. 801; *G. F. Schuppert,* Verfassungsgerichtsbarkeit und Politik, ZRP

gebots ist auf Kritik gestoßen. Zutreffend dürfte sein, dass es sich bei dem Wiedervereinigungsgebot um eine **politische Zielvorstellung** handelte, die nur durch außenpolitische Strategien verwirklicht werden konnte. Die verfassungsrechtliche Verankerung dieses Ziels bedeutete nicht, dass die eine politische Strategie verfassungsmäßig, die andere aber verfassungswidrig war. Jede Politik nämlich beruht auf einer Prognose, die man für falsch halten mag, die aber verfassungsrechtlicher Beurteilung nicht zugänglich ist. Solange also das Ziel der staatlichen Einheit Deutschlands überhaupt verfolgt wurde, ließen sich weitere Direktiven für die Politik aus der Verfassung nicht ablesen. Die historischen Ereignisse der Jahreswende 1989/90, die schließlich zur Wiedergewinnung der Deutschen Einheit führten und weder vorhergesehen wurden noch vorhersehbar waren, mahnen zusätzlich zu äußerster Zurückhaltung des BVerfG bei Prognosen auf dem Gebiet der Außenpolitik.

IV. Übersichten: Völkerrechtliche Verträge

1. Verbandskompetenzen (Abschluss und Transformation)

1131

	ausschließliche oder konkurrierende Gesetzgebungskompetenz des Bundes	Gesetzgebungskompetenz der Länder
Abschlusskompetenz	Bund (Art. 32 I GG)	Bund mit Einverständnis der Länder oder Länder mit Zustimmung der Bundesregierung (Art. 32 III GG)
Transformations-(Vollzugs-)kompetenz	Bund (Art. 70 ff. GG)	Länder (Art. 70 I 1 GG)

2. Vertragsarten und Mitwirkungsakte von Bundestag und Bundesrat

1132

Vertragsart	Verträge mit auswärtigen Staaten (Art. 59 I 2 GG)			
	Staatsverträge (Art. 59 II 1 GG)		Verwaltungsabkommen (Art. 59 II 2 GG)	
	»politische« Verträge	Verträge betr. Bundesgesetzgebung	Regierungsabkommen	Ressortabkommen
Zustimmung des Bundestages	(Vertrags-) Gesetz	(Vertrags-) Gesetz	nein	nein
Mitwirkung des Bundesrates	wie bei Einspruchsgesetz	Zustimmungs- oder Einspruchsgesetz	ggf. Zustimmung (RVO, VV)	ggf. Zustimmung (RVO, VV)

1973, S. 257; *D. Wilke/G. Koch,* Außenpolitik nach Anweisung des Bundesverfassungsgerichts?, JZ 1975, S. 233.

3. Verfahren des Vertragsabschlusses

1133

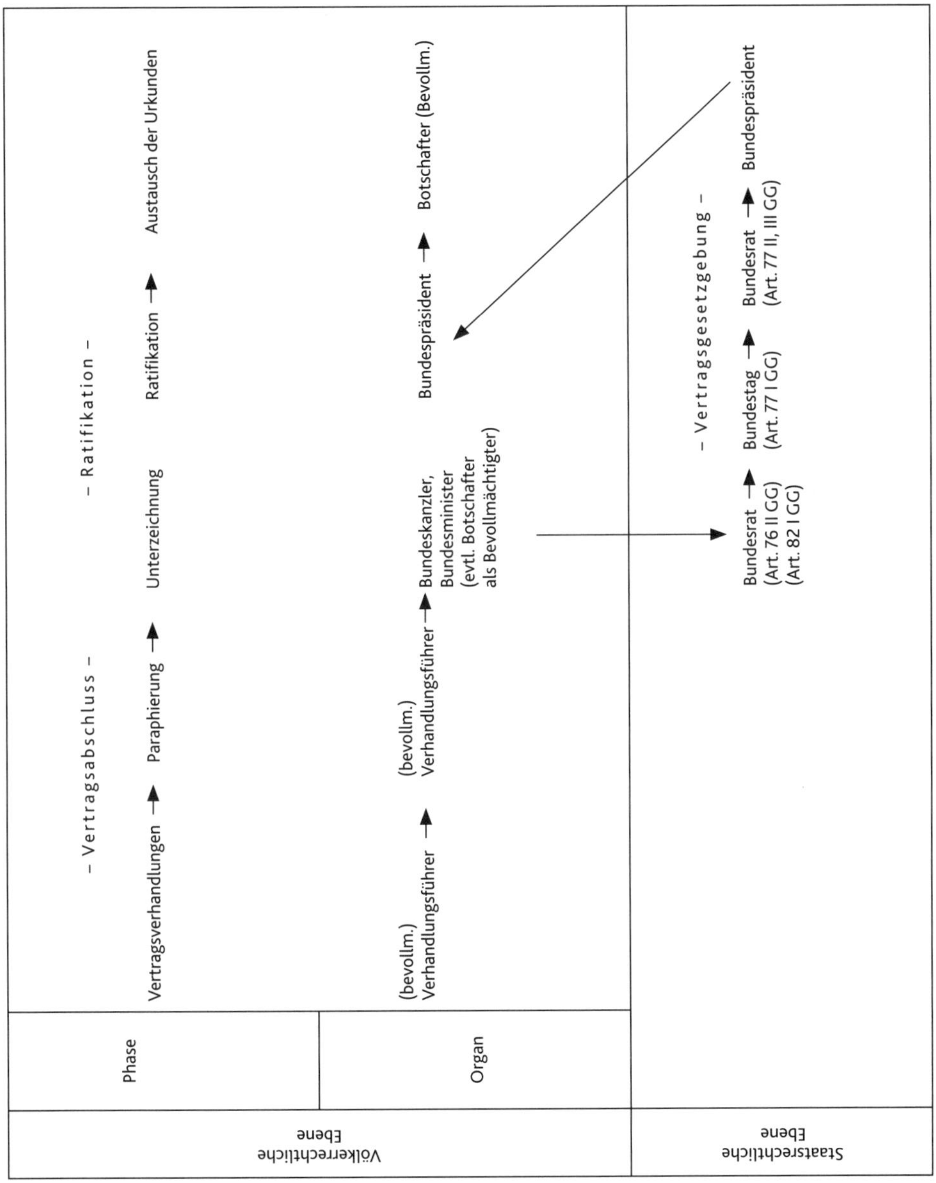

V. Beispiel einer Ratifikationsurkunde

1134

Ratifikationsurkunde
der
Bundesrepublik Deutschland

zu dem Vertrag
über die abschließende Regelung in bezug auf
Deutschland

Nachdem der in Moskau am 12. September 1990 von der Bundesrepublik Deutschland

unterzeichnete

Vertrag über die abschließende Regelung
in bezug auf Deutschland sowie die vereinbarte
Protokollnotiz zu diesem Vertrag,

deren Wortlaut beigefügt ist, in gehöriger Gesetzesform die verfassungsmäßige Zustimmung gefunden haben, erkläre ich hiermit, daß ich den Vertrag und die Protokollnotiz bestätige.

Bonn, den

Der Bundespräsident

Der Bundesminister des Auswärtigen

VI. Die auswärtigen Beziehungen der Europäischen Union

1135 Vor Inkrafttreten des Reformvertrags war im Hinblick auf die Beziehungen der Europäischen Union zu **Drittstaaten** – also solchen Staaten, die nicht Mitgliedstaaten der Union sind – zwischen der Europäischen Gemeinschaft als solcher und der Europäischen Union zu unterscheiden. Nur die Europäische Gemeinschaft besaß Rechtspersönlichkeit (Art. 281 EGV) und war hinsichtlich ihrer **Völkerrechtsfähigkeit** anerkannt.[46] Nach der Neukonstituierung der Europäischen Union ist diese nunmehr Rechtsnachfolgerin der EG und besitzt Rechtspersönlichkeit (Art. 47 EUV). Die Union kann deshalb Verträge mit Drittstaaten abschließen, soweit ihre

46 Vgl. *R. Streinz,* Europarecht, Rn. 1180 f.; *ders.*, Europarecht, 8. Aufl. 2008, Rn. 675.

Verbandskompetenz reicht.[47] Schon für die Gemeinschaft wurde angenommen, dass ihren Kompetenzen im Verhältnis zu den Mitgliedstaaten (»Innenkompetenzen«) solche zum Abschluss völkerrechtlicher Verträge (»Außenkompetenzen«) entsprechen.[48] Dies bedeutet aber, dass eine ausdrückliche Ermächtigung der Unionsorgane durch Primärrecht gegeben sein muss.

Das Vertragsabschlussverfahren und damit die Organkompetenz richten sich nach **1136** Art. 218 AEUV. Die Parallele zu Art. 59 Abs. 2 GG liegt auf der Hand. Allerdings kommt dem Europäischen Parlament keine dem Bundestag nach Art. 59 Abs. 2 S. 1 GG vergleichbare Mitwirkungsfunktion zu.

Die Verschmelzung von EG und EU auf eine einheitliche Europäische Union durch **1137** den Vertrag von Lissabon wird augenfällig durch das neu geschaffene Amt des »Hohen Vertreters der Union für Außen- und Sicherheitspolitik (Art. 18 EUV)«. Der Hohe Vertreter leitet die Gemeinsame Außen- und Sicherheitspolitik der Union. Er trägt durch seine Vorschläge zur Festlegung dieser Politik bei und führt sie im Auftrag des Rates durch. Er handelt ebenfalls im Bereich der Gemeinsamen Sicherheits- und Verteidigungspolitik (Art. 18 Abs. 2 EUV). Der Hohe Vertreter führt den Vorsitz im Rat »Auswärtige Angelegenheiten« (Art. 18 Abs. 3 EUV) und ist einer der Vizepräsidenten der Kommission (Art. 18 Abs. 4 S. 1 EUV). Er sorgt für die Kohärenz des auswärtigen Handelns der Union und ist innerhalb der Kommission mit deren Zuständigkeiten im Bereich der Außenbeziehungen und der Koordinierung der übrigen Aspekte des auswärtigen Handelns der Union betraut (Art. 18 Abs. 4 S. 2, 3 EUV).

Insgesamt ist allerdings trotz der umfangreichen Bestimmungen in Titel V des EUV **1138** n. F. die materielle Substanz der bisherigen Regelungen nicht wesentlich verändert worden. Hinsichtlich der Gemeinsamen Außen- und Sicherheitspolitik (Art. 23 ff. EUV) erfolgt durch den Reformvertrag zwar eine etwas stärkere Verschränkung mit der Rechtsordnung der Union, die GASP behält jedoch ihren weitgehend intergouvernementalen Charakter.[49]

VII. Rechtsprechung

BVerfGE 1, 396 (Bonner/Pariser Verträge); **E** 4, 157 (Saar-Statut); **E** 6, 309 (Konkordats-Urteil); **E** 36, 1 (Grundlagenvertrags-Urteil); **E** 40, 141 (Ost-Verträge); **E** 84, 90 (Einigungsvertrag); **E** 89, 155 (»Maastricht-Urteil«); **E** 116, 271 (Bund-Länder-Haftung für EU-Anlastungen). **1139**

VIII. Literatur

M. Borchmann, Auswärtige Aktivitäten der Bundesländer – Recht und Realität, VR 1987, S. 1; *ders.*, Die Souveränität der Bundesländer nach außen, VR 1989, S. 87; *B. Fassbender*, „Staatliche Befugnisse und Aufgaben" im Sinne von Art. 30 GG als innere und auswärtige Kompetenzen des Bundes und der Länder, DÖV 2011, S. 714; *ders.*, Triepel in Luxemburg – Die dualistische Sicht des Verhält- **1140**

47 Vgl. *S. Hobe*, Europarecht, § 6 Rn. 43 ff.
48 Vgl. *A. Bleckmann*, Europarecht, 6. Aufl. 1997, Rn. 1382 ff.
49 Instruktiv zum auswärtigen Handeln der Union *R. Streinz/C. Ohler/C. Herrmann*, Der Vertrag von Lissabon zur Reform der EU, S. 129 ff., 136 ff.

nisses zwischen Europa- und Völkerrecht in der »Kadi-Rechtsprechung« des EuGH als Problem des Selbstverständnisses der Europäischen Union, DÖV 2010, S. 333; *U. Fastenrath,* Kompetenzverteilung im Bereich der auswärtigen Gewalt, 1986; *W. Frenz,* Die Verdrängung des Lindauer Abkommens durch Art. 23 GG – Mitwirkungsrechte der Länder bei gemischten Abkommen, die ausschließliche Länderkompetenzen erfassen, DVBl. 1999, S. 945; *K. Hailbronner,* Kontrolle der auswärtigen Gewalt, VVDStRL 56 (1997), S. 7; *T. Hoppe,* Drum prüfe, wer sich niemals bindet – Die Vereinbarung zwischen Bundesregierung und Bundestag in Angelegenheiten der Europäischen Union, DVBl. 2007, S. 1540; *P. Kunig,* Auswärtige Gewalt, Jura 1993, S. 554; *D. Murswiek,* Die Fortentwicklung völkerrechtlicher Verträge: verfassungsrechtliche Grenzen und Kontrolle im Organstreit, NVwZ 2007, S. 1130; *H.-J. Papier,* Abschluß völkerrechtlicher Verträge und Föderalismus – Lindauer Abkommen, DÖV 2003, S. 265; *J. Saurer,* Rechtsverordnungen zur Umsetzung europäischen Richtlinienrechts, JZ 2007, S. 1073; *G. F. Schuppert,* Die verfassungsgerichtliche Kontrolle der auswärtigen Gewalt, 1973; *C. Trüe,* Die Bundesstaatlichkeit der Bundesrepublik Deutschland – Auswirkungen auf die Umsetzung völkerrechtlicher Verträge und ihren Vollzug, JuS 1997, S. 1092.

§ 22 Die Mitgliedschaft der Bundesrepublik in internationalen Organisationen

Fall 78: Am 11.9.2001 wurde ein Anschlag auf das World Trade Center in New York verübt, der einer Terrororganisation zugeschrieben wurde, die in Afghanistan und anderen islamischen Staaten Stützpunkte unterhält. Der Sicherheitsrat der Vereinten Nationen stellte mit der Resolution 1368 (2001) vom 12.9.2001 eine Bedrohung des internationalen Friedens und der Sicherheit fest, gegen die das Recht der individuellen und kollektiven Selbstverteidigung gegeben sei. Am gleichen Tag beschloss der NATO-Rat, dass die Terrorangriffe als Angriff auf alle Bündnispartner im Sinne der Beistandsverpflichtung des Art. 5 des NATO-Vertrages zu betrachten seien. Am 7.10.2001 begann die Operation ENDURING FREEDOM, die zunächst von den Vereinigten Staaten und Großbritannien geführt wurde. Am 16.11.2001 beschloss der Deutsche Bundestag seine Zustimmung zur Entsendung von Einsatzkräften der Bundeswehr nach Afghanistan. 1141

Die politische, wirtschaftliche und militärische Zusammenarbeit zwischen der Bundesrepublik Deutschland und anderen Staaten findet in einer Vielzahl **internationaler Organisationen** statt, deren Mitglied die Bundesrepublik ist. Der Beitritt zu internationalen Organisationen (oder ihre Gründung) erfolgt durch **völkerrechtlichen Vertrag,** der innerstaatlich nach Art. 59 Abs. 2 GG zu behandeln ist.[1] Soweit internationale Organisationen einen eigenen Willen bilden (gegebenenfalls Recht setzen), wenden sich derartige Akte regelmäßig an die Mitgliedstaaten, die völkerrechtlich verpflichtet sind, sie in innerstaatliches Recht zu transformieren (bzw. innerstaatlich zu vollziehen). 1142

Durch diese Konstruktion wird die **staatliche Souveränität** (Innehabung höchster, unabgeleiteter Staatsgewalt) nicht beeinträchtigt: Staatsgewalt übt nur der jeweilige Mitgliedstaat aus, möge er hierzu auch völkerrechtlich verpflichtet sein. Eine andere Rechtslage entsteht, wenn Staaten Hoheitsgewalt auf internationale Organisationen übertragen, deren Willens- und Rechtsakte also innerhalb des (Mitglied-)Staates **unmittelbar** gelten. 1143

Das Grundgesetz sieht in **Art. 24 Abs. 1** ausdrücklich vor, dass der Bund »Hoheitsrechte auf zwischenstaatliche Einrichtungen« übertragen kann. Von dieser (in der deutschen Verfassungsgeschichte neuartigen) **»supranationalen Option«**[2] hat die Bundesrepublik nachhaltig Gebrauch gemacht. Im Einzelnen kann allerdings fraglich sein, ob die Bundesrepublik bereits Hoheitsrechte übertragen oder sich lediglich zu einem bestimmten (staatlichen) Handeln verpflichtet hat. 1144

Die internationalen Organisationen lassen sich hinsichtlich ihrer räumlichen Erstreckung (universal oder regional), ihrer Aufgabenstellung (generell oder speziell) sowie der Form der Zusammenarbeit in Gestalt der **Koordination** oder **Subordination** unterscheiden.[3] Bei einer Typisierung darf indes nicht übersehen werden, dass internationale Organisationen jeweils ihre eigene Entstehungsgeschichte haben und über eigene Rechtsgrundlagen verfügen, die genauerer Untersuchung bedürfen. Insoweit 1145

1 Vgl. oben Rn. 1100 ff.
2 So *K. Stern,* Staatsrecht I, S. 518.
3 Vgl. *V. Epping,* in: K. Ipsen, Völkerrecht, § 31 Rn. 5 ff.

muss auf Spezialdarstellungen zum Recht der internationalen Organisationen verwiesen werden.[4]

I. Vereinte Nationen (UNO)

1146 Die Vereinten Nationen sind eine universale Organisation mit der (generellen) Zielsetzung

- den internationalen Frieden und die internationale Zusammenarbeit aufrechtzuerhalten;
- freundschaftliche Beziehungen unter den Nationen zu entwickeln, die auf der Achtung des Grundsatzes gleicher Rechte und der Selbstbestimmung der Völker beruhen;
- eine internationale Zusammenarbeit bei der Lösung internationaler Probleme herbeizuführen.[5]

1147 Die Hauptorgane der UNO sind die **Generalversammlung,** der **Sicherheitsrat,** das **Sekretariat** (mit dem Generalsekretär) und der **Internationale Gerichtshof** (Den Haag).

1148 Die UNO verfügt über eine Vielzahl von Nebenorganen und Unterorganisationen, deren Wirkungsgrad ebenfalls universal ist, die jedoch nur spezielle Aufgaben erfüllen. Eine weitere Gruppe bilden die »**Sonderorganisationen**« der UNO, die ebenfalls ein spezielles Aufgabenfeld haben. Die Bundesrepublik Deutschland ist seit dem 18.9.1973 Mitglied der Vereinten Nationen.[6] Bis in die jüngste Zeit ist streitig gewesen, ob es angesichts des Art. 87 a Abs. 2 GG verfassungsrechtlich gestattet ist, dass die Bundesrepublik sich an militärischen Aktionen der Vereinten Nationen beteiligt. Das BVerfG vertritt die Auffassung, dass Art. 87 a Abs. 2 GG derartigen Einsätzen nicht entgegenstehe, die Bundesrepublik mit dem Beitritt zur UNO vielmehr die mit diesem System kollektiver Sicherheit typischerweise verbundenen Aufgaben übernommen habe (Art. 24 Abs. 2 GG).[7]

1149 Im Ausgangsfall hat der Sicherheitsrat der Vereinten Nationen am 12.9.2001 beschlossen, dass eine Angriffshandlung gegen die Vereinigten Staaten (Art. 39 UNO-Charta) vorlag. Nach Art. 1 der »Aggressionsdefinition«[8] der UN-Vollversammlung vom 14.12.1974 bedeutet Aggression die Anwendung von Waffengewalt durch einen *Staat.* Entsprechend müssen Angriffshandlungen durch die Streitkräfte eines Staates erfolgen (Art. 3 Aggressionsdefinition). Allerdings ist auch das Entsenden »bewaffneter Banden, Gruppen, Freischärler oder Söldner durch einen Staat oder für ihn« eine Angriffshandlung, wenn sie mit Waffengewalt Handlungen gegen einen anderen Staat von so schwerer Art ausführen, dass sie den oben angeführten Handlungen gleichkommen, oder die wesentliche *Beteiligung* an einer solchen Entsendung (Art. 3 g der Aggressionsdefinition). Im Ausgangsfall hat zwar nicht der Staat selber – das »Taliban-Regime« – gehandelt, für den Anschlag wurde vielmehr eine auf afghanischem Territorium geduldete und geförderte Terrororganisation verantwortlich gemacht. Derartige Handlungen sind jedoch dem Staat zuzurechnen, der sie duldet

4 Vgl. etwa *I. Seidl-Hohenveldern/G. Loibl*, Das Recht der Internationalen Organisationen einschließlich der Supranationalen Gemeinschaften.

5 Vgl. Art. 1 UNO-Charta (*Sartorius* II Nr. 1).

6 Vgl. Gesetz vom 6.6.1973 (BGBl. II, S. 430), mit dem der Deutsche Bundestag den Beitritt zur UNO zustimmte. Die Generalversammlung beschloss die Aufnahme am 18.9.1973.

7 Vgl. BVerfGE 90, 286.

8 »Aggressionsdefinition« vom 14.12.1974 = *Sartorius* II Nr. 5.

bzw. fördert, und erfüllen die Voraussetzungen des Begriffs der Angriffshandlung. Nach Art. 4 der Aggressionsdefinition ist die Aufzählung nach Art. 3 überdies nicht erschöpfend; der Sicherheitsrat kann feststellen, dass andere Handlungen ebenfalls eine Aggression nach den Bestimmungen der Charta darstellen.

II. Nordatlantik-Vertrag (NATO)

Die NATO stellt eine regionale Organisation mit spezieller Zielsetzung, nämlich der **kollektiven Selbstverteidigung** dar. Zweifelhaft ist, wieweit die NATO als »supranationale« Organisation angesprochen werden kann. Obwohl die Befehls- und Kommandogewalt über der NATO zugeordnete (»assignierte«) Streitkräfte der NATO-Staaten mit wenigen Ausnahmen erst im Konfliktfall auf die Kommandostäbe der NATO übergeht,[9] ist das BVerfG der Ansicht, die Bundesrepublik habe nach Art. 24 Abs. 1 GG **Hoheitsrechte** auf die **NATO** übertragen.[10] 1150

Zentrale Bestimmung des Nordatlantik-Vertrages[11] ist Art. 5, in dem die Vertragsparteien vereinbaren, 1151

»daß ein bewaffneter Angriff gegen einen oder mehrere von ihnen in Europa oder Nordamerika als ein Angriff gegen sie alle angesehen werden wird; sie vereinbaren daher, daß im Falle eines solchen bewaffneten Angriffs jede von ihnen in Ausübung des in Art. 51 der Satzung der Vereinten Nationen anerkannten Rechts der individuellen oder kollektiven Selbstverteidigung der Partei oder den Parteien, die angegriffen werden, Beistand leistet, indem jede von ihnen unverzüglich für sich und im Zusammenwirken mit den anderen Parteien die Maßnahmen, einschließlich der Anwendung von Waffengewalt, trifft, die sie für erforderlich erachtet, um die Sicherheit des nordatlantischen Gebiets wiederherzustellen und zu erhalten.«

Die NATO-Staaten errichten einen **Rat,** in dem jeder von ihnen vertreten ist, um Fragen zu prüfen, die die Durchführung des Vertrags betreffen (Art. 9 NATO-V). 1152

Der NATO-Rat hat am 12.9.2001 erklärt und am 4.10.2001 bestätigt, dass mit dem Anschlag auf das World Trade Center ein bewaffneter Angriff auf die Vereinigten Staaten im Sinne des Art. 5 NATO-V erfolgt sei. Der damit (erstmalig) erklärte »Bündnisfall« verpflichtete die NATO-Staaten zu Maßnahmen, die sie jeweils für erforderlich erachteten, um die Sicherheit des nordatlantischen Gebiets wiederherzustellen. Nach der Rechtsprechung des BVerfG bedurfte die Entsendung deutscher Streitkräfte der vorherigen Zustimmung des Bundestages, die am 16.11.2001 erfolgte. Die Zustimmung des Bundestages ist nicht zu verwechseln mit der Feststellung des Verteidigungsfalls (Art. 115 a Abs. 1 GG), die auch vom Bundestag (mit Zustimmung des Bundesrates) getroffen wird, aber voraussetzt, dass das *Bundesgebiet* mit *Waffengewalt* angegriffen wird. 1153

III. Europarat

Der Europarat ist eine **regionale Organisation** mit genereller Zielsetzung. Der Europarat wurde am 5.5.1949 gegründet. Ihm gehören gegenwärtig 47 europäische Länder an (so dass von einer **gesamteuropäischen Organisation** gesprochen werden kann).[12] Seine Aufgabe besteht nach Art. 1 a) der Satzung darin, 1154

9 Vgl. *H. Fischer,* in: K. Ipsen, Völkerrecht, § 60 Rn. 44.
10 So BVerfGE 68, 1 (93 ff.).
11 Nordatlantikvertrag vom 4.4.1949 = *Sartorius* II Nr. 65.
12 Die Europäische Union hat demgegenüber 27 Mitgliedstaaten. Mit weiteren europäischen Staaten sind Beitrittsverhandlungen geplant oder bereits aufgenommen.

»einen engeren Zusammenschluß unter seinen Mitgliedern zu verwirklichen, um die Ideale und Grundsätze, die ihr gemeinsames Erbe sind, zu schützen und zu fördern und um ihren wirtschaftlichen und sozialen Fortschritt zu begünstigen.«[13]

1155 Organe des Europarats sind das **Ministerkomitee,** die **Parlamentarische Versammlung** und das **Sekretariat.** Wachsende Bedeutung kommt daneben dem **Europäischen Gerichtshof für Menschenrechte** zu, der zum Schutz der **Europäischen Menschenrechtskonvention** eingesetzt worden ist. Den Bürgern der Mitgliedstaaten steht aufgrund der EMRK[14] die Möglichkeit offen, den Europäischen Gerichtshof für Menschenrechte gegen Grundrechtsbeeinträchtigungen durch Mitgliedstaaten anzurufen.[15] Damit ist eine einheitliche Rechtsschutzform für ca. 800 Mill. Menschen geschaffen worden.

IV. Rechtsprechung

1156 **BVerfGE** 68, 1 (NATO-Doppelbeschluss); **E** 77, 170 (»C-Waffen-Lagerung«); **E** 90, 286 (»AWACS«, »UNOSOM II«); **E** 104, 151 (Strategisches Konzept der NATO); **E** 118, 244 (ISAF).

V. Literatur

1157 *M. Borchmann,* Die Bundesgesetzgebung zu internationalen Abkommen in den Jahren 1999 und 2000, NJW 2001, S. 480; *M. Brenner/D. Hahn,* Bundeswehr und Auslandseinsätze, JuS 2001, S. 729; *K. Fehn/B. J. Fehn,* Die verfassungsrechtliche Zulässigkeit von Blauhelmeinsätzen der Bundeswehr, Jura 1997, S. 621; *U. Fink,* Verfassungsrechtliche und verfassungsprozeßrechtliche Fragen im Zusammenhang mit dem Kosovo-Einsatz der Bundeswehr, JZ 1999, S. 1016; *C. Gramm,* Verfassungsrechtliche Grenzen der Zusammenarbeit mit auswärtigen Staaten im Hoheitsbereich, DVBl. 1999, S. 1237; *M. Nolte,* Der AWACS-Einsatz in der Türkei zwischen Parlamentsvorbehalt und Regierungsverantwortung, NJW 2003, S. 2359; *R. Schmidt,* Der Verfassungsstaat im Geflecht der internationalen Beziehungen, VVDStRL 36 (1978), S. 65; *W. Schroeder,* Verfassungs- und völkerrechtliche Aspekte friedenssichernder Bundeswehreinsätze – BVerfG, NJW 1994, 2207, JuS 1995, S. 398; *T. Stein/C. v. Buttlar,* Völkerrecht, 12. Aufl. 2009; *I. Seidl-Hohenveldern/G. Loibl,* Das Recht der Internationalen Organisationen einschließlich der Supranationalen Gemeinschaften, 7. Aufl. 2000; *E. Staebe,* Die Europäische Menschenrechtskonvention und ihre Bedeutung für die Rechtsordnung der Bundesrepublik Deutschland, JA 1996, S. 75; *C. Tomuschat,* Der Verfassungsstaat im Geflecht der internationalen Beziehungen, VVDStRL 36 (1978), S. 7; *A. Verdross/B. Simma,* Universelles Völkerrecht, 3. Aufl. 1984; *D. Wiefelspütz,* Parlamentsvorbehalt und Parlamentsbeteiligungsgesetz. Die Beteiligung des Bundestages bei Auslandseinsätzen der Bundeswehr, AöR 135 (2010), S. 616.

13 Amtl. Übersetzung unter http://conventions.coe.int/Treaty/ger/Treaties/Html/001.htm.

14 Konvention zum Schutze der Menschenrechte und Grundfreiheiten vom 4.11.1950 (BGBl. II 1952, S. 685, 953 = *Sartorius* II Nr. 130).

15 Art. 34 EMRK: »Der Gerichtshof kann von jeder natürlichen Person, nichtstaatlichen Organisation oder Personengruppe, die behauptet, durch eine der Hohen Vertragsparteien in einem der in dieser Konvention oder den Protokollen dazu anerkannten Rechte verletzt zu sein, mit einer Beschwerde befaßt werden. Die Hohen Vertragsparteien verpflichten sich, die wirksame Ausübung dieses Rechts nicht zu behindern.«

Sachverzeichnis

Die Zahlen bezeichnen die Randnummern.

Abgeordnete
- Aufwandsentschädigung 315 ff.
- Entschädigung 316, 320
- Fragerecht 313
- fraktionslose 258, 261, 312 f.
- Immunität 298, 301 ff.
- Indemnität 297, 299, 301
- Inkompatibilität 761, 856
- Organstreitverfahren 884
- Rechtsstellung 290 ff., 788 f.
- Rederecht 313, 884
- Redezeit 258
- Richter am Bundesverfassungsgericht 763
- Strafverfolgung 301, 306 f.
- Verhaltensregeln 324 f., 327

Abschirmdienst, militärischer 1059 f.
Abstimmungen 129 f.
Abweichungskompetenz 556, 579 ff.
Amnestie 513
Amsterdamer Vertrag 46
Angelegenheiten, auswärtige s. Beziehungen, auswärtige
Anstalten, bundesunmittelbare 913
- s. a. Bundesverwaltung; Verwaltung, bundeseigene

Anwendungsvorrang 542, 581
Arbeitsgerichtsbarkeit 693 f., 703
Atomgemeinschaft, Europäische 44 f.
Auftragsverwaltung 398, 612, 634, 636 ff., 646, 670, 792
- Entsenden von Beauftragten 644 f.
- Informationsrecht 644
- länderfreundliches Verhalten 642
- Wahrnehmungskompetenz 643
- Weisungsbefugnis 641 f., 644 f.

Ausbildungsförderungsgesetz 1002
Ausführung der Gesetze 355 f., 534, 609 ff., 616, 624, 630, 647 ff.
- als eigene Angelegenheit 398, 612, 613 ff., 618, 640, 792
- im Bundesauftrag s. Auftragsverwaltung
- Verwaltung, bundeseigene s. dort

Ausgaben, Bewilligung 883
Ausgleichsmandate 117 f.
Auslandsdeutsche 77
Auslegung, verfassungskonforme 814
Ausnahmezustand 1021

Baurecht 590, 615
Beamte
- Loyalität 1049 ff.
- Verfassungstreue 1047, 1050 ff.

Bedarfskompetenz 556, 569 ff.
Begnadigung 815, 819
Behörden 611, 623, 650, 658, 666, 919
- Aufbau 653, 659
- Bundesober- s. Verwaltung, bundeseigene
- Einrichtung 370, 374, 640, 648
- Errichtung 617, 656
- Landes- 611 f., 629, 641, 645, 647, 670 ff.
- Mittel- 640, 647, 653, 655 f., 661, 1097
- oberste Bundes- 458, 641, 672
- Organisation 355, 360, 369, 616 ff.
- Unter- 653, 655 f., 661

Bevölkerungsstruktur 66
Beziehungen, auswärtige 755, 1077
- Kompetenzen der Bundesländer 1091
- Kompetenzen der Bundesregierung 1097
- Kompetenzen des Bundeskanzlers 1097
- Verbandskompetenz 1077

Binnenmarkt, europäischer 55, 683, 1016
Bürgerinitiativen 144
Bundesaufsicht 626 ff., 636, 641 ff., 901
- Entsendung von Beauftragten 629
- Informationsrecht 629

Bundesaußenminister 1097 f.
Bundesbahn 683
Bundesbank 848
Bundesfinanzminister 462, 638, 883
Bundesfinanzverwaltung 653
Bundesgebiet, Neugliederung 126
Bundesgerichte 511, 692, 695, 697 ff., 702, 845
- Bundesdisziplinargericht 699
- Bundespatentgericht 698, 702, 704
- gemeinsamer Senat 696
- großer Senat 696
- Truppendienstgerichte 699, 702, 704
- Wehrstrafgerichte 700

Bundesgerichtshof 214, 511, 693, 698, 701 f., 703, 823, 827
Bundesgesetz s. Gesetz
Bundesgesetzblatt 495, 926, 1116
Bundeshauptstadt 598
Bundeshaushalt s. Haushalt
Bundesinnenminister 194, 1067
Bundeskanzler
- Beziehungen, auswärtige s. dort
- Geschäftsleitungsbefugnis 425
- Immunität 424
- Indemnität 424

- Inkompatibilität 761 f.
- Kommandogewalt 462
- Misstrauensvotum, konstruktives s. dort
- Organisationsgewalt 425, 437, 439, 587
- Rechtsstellung 424
- Richtlinienkompetenz 425, 427, 432, 436
- Rücktritt 454 f.
- Vertragsverhandlungen 1098
- Vertrauensfrage s. dort
- Vertretungsbefugnis, völkerrechtliche 484, 1098
- Vorschlagsrecht 435
- Wahl 201, 419, 421 ff.
Bundeskanzleramt 441, 520
Bundesländer
- Abschluss völkerrechtlicher Verträge 1088, 1095
- ausgleichsberechtigte 716, 721
- ausgleichspflichtige 716, 721
- bestehende 30
- bundesfreundliches Verhalten 642, 717, 719 ff., 900
- Bund-Länder-Streitigkeit s. dort
- Gebietsänderung 126 f., 131
- Kulturhoheit 539, 545, 600
- neue 29, 31 f.
- Organisationshoheit 363, 378
- Selbstkoordination 742 f.
- Verfassungen 714
- und Verfassungsänderung 1024
- Verwaltungszuständigkeit 363, 366, 609 ff., 614 ff., 745
- Zuständigkeitsvermutung 543 ff., 614, 692, 1081
Bundesminister 296, 404, 417, 424, 431, 435, 491
- Entlassung 466 f.
- Erlass von Rechtsverordnungen 790, 793
- Gegenzeichnung 521
- Geschäftsbereich 457 ff.
- Inkompatibilität 761 f.
- Organstreitverfahren 883
- Ressort 440, 458 ff., 463, 465, 491
- Rücktritt 467
- Verantwortlichkeit 463 ff., 467
Bundesministerien, klassische 461
Bundesnachrichtendienst 1059 f.
Bundesorgan, oberstes 846, 880, 881, 886
Bundespflichten 715, 729 f., 735
- s. a. Bundestreue
Bundespost 683
Bundespräsident 477, 483 ff., 848, 851, 858
- Amtszeit 1053
- Auflösung des Bundestages 285 ff., 442, 450, 502 ff., 508, 879, 895
- Ausfertigung von Gesetzen 349, 395, 494 f., 502, 917, 1116, 1117, 1122
- Beglaubigung der Gesandten 1097
- Begnadigungsrecht 511 f., 513 f.
- Entlassung der Bundesminister 466
- Ernennung der Bundesminister 435
- Ernennung von Amtsträgern 491 f., 502, 523
- Gegenzeichnung 521, 524, 1116
- Immunität 519
- Indemnität 519
- Inkompatibilität 761
- Integrationsfunktion 523
- Organstreitverfahren 881
- Präsidentenanklage 526 f., 858 f., 1053 f.
- Prüfungskompetenz, formelle 495, 1116
- Prüfungskompetenz, materielle 496 ff., 1116
- Ratifikation s. Vertrag, völkerrechtlicher
- Repräsentationsfunktion 487, 496, 523
- Reservefunktion 523
- Verfassungsunmittelbarkeit 849
- Verkündung von Gesetzen 494 f., 917, 1116 ff., 1122
- Vertragsschlusskompetenz 1097
- Vertretungsbefugnis, völkerrechtliche 484 ff., 491, 502, 523 f., 1097
- Vorschlagsrecht 421, 423
- Wahl s. Bundesversammlung
Bundesrat 337 ff.
- Abstimmung 342 f.
- Beschlussfähigkeit 341
- Bund-Länder-Streitigkeit 899
- Einspruch 350, 382 ff., 390 f., 395
- Einspruchsgesetz s. dort
- »erster« Durchgang 225 f.
- Europakammer 347
- Feststellung einer Rechtsverletzung 632 f.
- Grundrechtsverwirkung, Antrag 1063
- Königsteiner Abkommen 348
- Mitgliedschaft 340, 343
- Normenkontrolle, abstrakte 909
- Organstreitverfahren 881
- Parteiverbot, Antrag auf 188 f.
- Präsident 348, 851
- Präsidentenanklage 1053
- Staatsverträge s. dort
- Stellungnahme zu Regierungsvorlagen 225, 1114
- Stimmabgabe 343
- Stimmen der Länder 340, 342
- Stimmführer 345 f.
- und Verfassungsänderung 1024
- Verfassungsunmittelbarkeit 849
- Zusammensetzung 339
- Zustimmung 350 ff., 368 f., 370, 373 ff., 382, 388, 394 f., 397 ff., 404 f., 619, 624 f., 629, 634, 640, 655, 657, 730, 792 f., 1115, 1118 f.
- s. a. Zustimmungsbedürftigkeit
- Zustimmungsgesetz s. dort
- Zwei-Drittel-Mehrheit 1024, 1028, 1053
Bundesrechnungshof 848
Bundesrecht, Vorrang 723 f.

Bundesregierung 417 ff.
- Abschluss völkerrechtlicher Verträge 1096, 1098, 1114
- Aufsichtsmaßnahme 630 ff.
- Außenpolitik 1094
- Beziehungen, auswärtige s. dort
- Bundeszwang 730, 733
- Bund-Länder-Streitigkeit 898, 900
- Einzelweisungen 634
- Erlass von Rechtsverordnungen 790, 793
- erste 1036
- Europäische Union 221, 242, 267, 538
- Gesetzesinitiative s. dort
- Grundrechtsverwirkung, Antrag 1064
- Kabinettsprinzip 469, 472
- Kanzlerprinzip 419 ff., 469 f.
- Kollegialorgan 441, 469
- Normenkontrolle, abstrakte 908
- Organstreitverfahren 881
- Parteiverbot, Antrag auf 188 f.
- Ressortprinzip 457 ff., 470
- Verfassungsunmittelbarkeit 849
- Vertragsverhandlungen 1097 f.
- Verwaltungsabkommen s. dort
- Verwaltungsvorschriften s. dort
- Zustimmungsvorbehalt 1094 f.

Bundesrichter 491

Bundesstaat 23, 39, 43, 58, 62, 531 ff., 550, 609, 646, 709 ff., 749, 999, 1077
- länderfreundliches Verhalten 717 ff.

Bundesstaatsprinzip 187, 531 ff., 626, 737, 745, 749, 993, 1037, 1042

Bundestag 201 ff.
- Abgeordnete s. dort
- Ältestenrat 258, 271
- Amtszeit 286
- Anfrage, große 207 f., 210, 271, 464
- Anfrage, kleine 208, 210, 271, 464
- Anfrage, mündliche 209 f., 464, 769
- Anhörungen 262
- Auflösung 286 f., 442, 450, 502 ff., 861, 879, 889, 895
- Ausschüsse s. Bundestagsausschüsse
- Behörde 254
- Beschlussfähigkeit 233, 236 f.
- Debatte 207 f.
- Diskontinuität 283
- Europäische Union, Mitwirkung 221, 242, 267, 408, 538
- Fragestunde 209
- Fraktionen s. dort
- Geschäftsordnung 229 ff., 238, 256, 262, 268, 275, 849
- Geschäftsordnungsautonomie 230, 273, 849
- Gesetzgebungsfunktion 223 ff.
- Gesetzgebungsnotstand s. dort
- Grundrechtsverwirkung, Antrag 1064
- Hearings 262
- Interpellationsrecht 206, 210
- Kompetenzeinbuße 242, 409
- Kontrollfunktion 204 ff.
- Legislaturperiode s. dort
- Lesungen s. Gesetzentwürfe
- Lobbyismus 323 ff.
- Mandatsverteilung 107 ff.
- Mitgliederzahl 107, 273, 391
- Normenkontrolle, abstrakte 908, 910
- Organstreitverfahren 881, 892
- Parlamentsbeschlüsse, schlichte s. dort
- Parteiverbot, Antrag auf 188 f.
- Plenum 260, 297, 384
- Präsident s. dort
- Präsidium 209, 326 f.
- Redezeitbegrenzungen 313
- Repräsentationsfunktion 246 ff.
- Richteranklage 1055 f.
- Schriftführer 203, 257
- Sitzungsvorstand 257
- Sitzverteilung 95
- Staatsverträge s. dort
- Tagesordnung 208
- Untersuchungsausschüsse s. dort
- und Verfassungsänderung 1024
- Verfassungsorgan 848
- Verfassungsunmittelbarkeit 849
- Wahlfunktion 201 ff.
- Wahlperiode 279 ff., 885
- Wehrbeauftragter s. dort
- Zitierrecht 204, 206
- Zustimmung (völkerrechtliche Verträge) 1100 ff.
- Zwei-Drittel-Mehrheit 1024, 1028, 1036, 1053

Bundestagsausschüsse 204, 254, 260 ff., 267, 297, 325, 464, 519
- Anhörungen 262
- Arbeitsweise 262
- Aufgaben 260
- Beratungen von Gesetzentwürfen 228, 231 f.
- Berichterstatter 263
- Beschlussempfehlung 263
- Besetzung 261
- fraktionslose Abgeordnete 261
- Organstreitverfahren 881
- Verfassungsrang 260
- Vorsitzende 315, 321

Bundestagspräsident 253, 258, 318, 320, 325, 851
- Abwahl 256
- Sitzungsleitung 255
- Vertretung des Bundestages 253
- Wahl 203, 256, 271

Bundestagswahlen 21, 73, 85, 105, 121, 145, 155, 167, 423, 450
- s. a. Wahlrecht, Mehrheitswahlrecht, Verhältniswahlrecht, Wahlsystem, Wahlrechtsgrundsätze

Bundestreue 689, 717 ff.

– s. a. Bundesländer
Bundesumweltministerium 635, 645
Bundesverfassungsgericht 214, 845 ff.
- Aktionensystem 873
- Beziehungen, auswärtige 1077, 1121
- Bund-Länder-Streitigkeit s. dort
- Doppelnatur 846
- Entscheidungstenor 875
- Entscheidungszuständigkeiten 873 ff., 876
- Geschäftsordnung 849
- Grundrechtsverwirkung 962
- Institution, rechtsstaatliche 752
- judicial self-restraint 866, 1126
- Kammer 962 ff.
- Ministerialfreiheit 851
- Normenkontrolle, abstrakte s. dort
- Normenkontrolle, konkrete s. dort
- Organstreitverfahren s. dort
- Parteiverbot 185, 188, 192 ff., 1065
- Plenum 858
- und Politik 860 ff.
- Präsident 851
- Präsidentenanklage 526 f., 858, 1053
- Präsidialräte 962
- Richteranklage 1055 f.
- richterliche Selbstbeschränkung 866
- Sozialgestaltung durch Richterspruch 865
- und Sozialstaatsprinzip 1003 ff.
- Verfahrensarten, Enumeration 873 ff.
- Verfassungsbeschwerde s. dort
- Verfassungsorgan, oberstes 846 ff., 859
- Verfassungsunmittelbarkeit 848 ff.
- Verwerfungsmonopol 931
- Wahl der Mitglieder 201 f., 852 ff.
- Zwei-Drittel-Mehrheit 1056
Bundesverfassungsrichter 854, 856 ff., 864
- Amtszeit 857
- Entlassung 858
- Inkompatibilität 856
- Wiederwahl 857
Bundesversammlung 516 f., 526
Bundesverwaltung 534, 636, 646 ff., 673 f., 677 f., 681
- Außenstelle, dislozierte 674, 677
- fakultative 650
- Körperschaften, bundesunmittelbare 651, 664 ff.
- mittelbare 649 f., 665
- obligatorische 650
- privatrechtliche Organisationsform 685
- Typenzwang 673 ff.
- unmittelbare 649 f., 666
- Zentralstellen 674
- s. a. Verwaltung, bundeseigene
Bundeswehr 732, 1078, 1148
- s. a. Streitkräfte
Bundeszuständigkeiten, Enumeration der 544
Bundeszwang 469, 728 ff.
- Zustimmung des Bundesrates 730
- Zwangsmittel 733
Bund-Länder-Streitigkeit 897 ff., 901 ff., 975, 980, 983
- Parteifähigkeit 898
- Verfahren, kontradiktorisches 897, 899

Chancenausgleich s. Parteien
Chancengleichheit s. Parteien

Delegation 701
- horizontale 265
- vertikale 265
Demokratie
- parlamentarische 62, 304, 417, 443, 859, 867
- parlamentarisch-rechtsstaatliche 350
- parteienstaatliche 157, 291
- repräsentative 134, 246
- streitbare 185, 1063
Demokratieprinzip 62, 477, 865, 1037, 1042
Despotismus 754
Deutsche Bahn AG 683
Dienst, öffentlicher 77 f., 192, 1047, 1051
Direktmandate 103, 105, 110, 115 ff., 119, 160, 194, 274, 295
Diskontinuität s. Bundestag
Diskriminierungsverbote 75
Divisorverfahren 109, 111 f.
Doppelzuständigkeit 542, 581
Drei-Elemente-Lehre 5 f.

Ebenen, staatliche 23
Einheit, deutsche 27 ff.
Einrichtungen
- kommunale 166
- öffentliche 164
- zwischenstaatliche 1075
Einspruchsgesetz 350, 352 f., 369 f., 378, 382 ff., 390 ff., 652, 1115
Einzelfallgesetz s. Gesetz
Erfolgschance (der Wählerstimme) 96, 100
Erfolgswert (der Wählerstimme) 96 f., 104
Erforderlichkeitsklausel 539, 567, 570 ff., 587
Erststimme 113 f.
Europäische Fachgerichte 705, 772, 842
Europäische Gemeinschaften s. Gemeinschaften, Europäische; Gemeinschaftsrecht
Europäische Kommission s. Kommission, Europäische
Europäische Menschenrechtskonvention 869, 1052, 1155
Europäische Union s. Union, Europäische
Europäischer Gerichtshof s. Gerichtshof, Europäischer
Europäischer Rat 136, 414, 474, 528, 982
Europäischer Verfassungsvertrag 49
Europäisches Gericht erster Instanz 705, 772, 842

Europaparlament 51, 194, 242, 329 ff., 982, 1136
- und Bundesregierung 221
- und Bundestag 221, 242
- Gesetzgebungsbefugnisse 242, 332
- Kontrollbefugnisse 330 f.
- nationale Parlamente 221, 242
- Repräsentationsfunktion 330, 333
- Wahlen 136 ff.
Europaparteien 144, 197
Europarat 77 f., 1154 f.
Europawahlgesetz 137
Europol 1071
Ewigkeitsgarantie 1023, 1043
- s. a. Verfassung

Finanzausgleich, horizontaler 716
Finanzgerichtsbarkeit 693
Finanzmonopole 654
Finanzverfassung 357, 534
Föderalismus 409, 533, 711, 737, 903, 1042
- paktierender 741
- stabiler 745
Föderalismuskommission 541
Föderalismusreform 356, 539 ff., 545, 548, 555, 576 f., 587, 619 ff., 739
Föderativverordnungen 399, 792
Fraktionen 201, 225 ff., 238, 254, 258, 268 ff., 297, 313, 436, 459, 853, 884
- Mindeststärke 271, 273, 274 f.
- Organstreitverfahren 881, 886, 892
- Rechte 271
- Vorsitzende 315, 321
Fraktionsstärke 165 f., 273
Fünf-Prozent-Klausel s. Sperrklausel
Funktionentrennung 265, 755, 760 ff., 765 ff.

Gebietskörperschaft 8
Gemeinden 647, 725, 896
Gemeinschaft, örtliche 144, 156
Gemeinschaften, Europäische 44 ff., 1135
- auswärtige Beziehungen 1135 ff.
- Entscheidungen 805
- und Europäische Union 47 ff.
- Gemeinschaftsorgane 45, 51
- Gemeinschaftsrecht s. dort
Gemeinschaftsaufgaben 670, 738 ff., 1028
Gemeinschaftsrecht 50 f.
Gerichte
- Geschäftsverteilungsplan 831, 834, 839 f.
- Zuständigkeit, instanzielle 838
- Zuständigkeit, örtliche 839 f.
- Zuständigkeit, sachliche 838, 839
Gerichtsbarkeit
- freiwillige 932
- ordentliche 693
Gerichtshof, europäischer 54, 705, 772, 842, 868 ff.
- Nichtigkeitsklage 977 ff.
- Untätigkeitsklage 982 f.
- Verfassungsgericht der EU 868
- Vertragsverletzungsklage 973 ff.
- Vorabentscheidungsverfahren 984 ff.
Gerichtsorganisation 694
Gesetz
- Änderungs- 368 ff., 373 ff.
- Ausführung als eigene Angelegenheit s. Ausführung der Gesetze
- Bundes- 222 ff., 553 f., 609 ff., 614, 616, 619 f., 624, 626, 640, 672, 730, 738, 788, 913, 921, 1106
- Einzelfall- 756
- förmliches 756, 813 f., 913, 921, 934
- Leistungs- 637
- nachkonstitutionelles 919, 937, 940
- Parlaments- 756, 813 f.
- Rahmen- 541, 546, 580, 587
- verfassungsänderndes 498, 1024 ff., 1044
- verfassungsdurchbrechendes 1032
- verfassungswidriges 498, 724, 795, 921 f., 1034, 1044
- Vertrags- s. dort
- Vollzug s. Ausführung der Gesetze
- vorkonstitutionelles 919, 937 ff.
- Zustandekommen 390, 495
- zustimmungsbedürftiges s. Zustimmungsbedürftigkeit, Bundesrat
Gesetzentwürfe 223, 228, 271, 1114
- Änderungsanträge 228, 271, 1114
- Beratung 228, 231
- Fristen 231
- Lesungen 228, 1114
Gesetzesbeschlüsse 223, 233 ff., 250, 283, 286
Gesetzesinitiative
- des Bundesrates 223 f., 534
- der Bundesregierung 223 ff., 1114
- des Bundestages 223 ff.
Gesetzesvorbehalt s. Vorbehalt des Gesetzes
Gesetzgeber
- nachkonstitutioneller 939 ff.
- verfassungsändernder 36, 740, 1028, 1036, 1043
Gesetzgebung 756, 760, 777, 786, 813, 952
- »Blitzgesetz« 231
- Europäische Union 407 f.
- Verfahren 23, 223 ff., 283, 768, 789, 1112 f., 1116, 1122
- Vertrags- 983, 1103, 1106, 1112
Gesetzgebungsnotstand 502
Gesetzgebungszuständigkeit 408, 495, 539 ff., 543 ff., 609, 655, 659, 661, 667, 745
- Annex-Kompetenz 594 f.
- aus der Natur der Sache 553 f., 596 ff.
- ausschließliche 351, 546, 550 ff., 661, 1059, 1089
- der Länder 539, 542, 544 ff., 551, 568, 575, 579, 581 f., 583 ff., 616, 619, 723 ff., 1088 f., 1091 ff.
- des Bundes 539 ff., 550 ff., 555 ff., 586, 588 f., 591 ff., 619, 622, 677 f., 723 ff., 1107
- Europäische Union 408 f.

- Grundsatz- 588 f.
- konkurrierende 351, 539, 541, 555 ff., 726 f., 999 f.
- kraft Sachzusammenhangs 592 f.
- Rahmen- 541, 546, 580, 587
- Straßenverkehr 560, 562,785, 787
- ungeschriebene 591 ff.
- und Verwaltungszuständigkeit 677 f.
- Wirtschaft, Recht der 585
Gewalt
- öffentliche s. dort
- rechtsprechende 692, 763, 811, 824, 845, 850 f., 1077
- staatliche 811
- verfassungsgebende 38, 1032, 1038
- vollziehende 417, 537, 757, 760 f., 763, 777, 811 ff., 952, 1077
Gewalt, auswärtige s. Beziehungen, auswärtige
Gewalt, öffentliche 18, 20, 164, 950, 958
- Begriff 811 ff., 952
Gewaltenteilung 265 f., 753 f., 765, 1036
- Durchbrechung 1110
- vertikale 536
Gewaltenteilungsprinzip 755
Gleichheitssatz
- allgemeiner 161
- formaler 100, 161 f., 165, 318
- materialer 161 f.
Gliedstaat 23, 535, 630, 709, 711, 715, 717
Gnadenerweis s. Begnadigung
Grundfreiheiten 56
Grundmandate 103, 110
Grundmandats-Klausel 103
Grundordnung, freiheitliche demokratische 186 f., 1049, 1059, 1063 ff., 1068
Grundrechte 864, 949, 951, 958, 1007, 1011 f., 1063 ff.
- Bestandsgarantie 1043
- Kommunikations- 1063
- Verwirkung 1063 ff., 1068
Grundrechtecharta, Europäische 57 a

Haushalt 716, 1111
Haushaltsplan 259, 440
- Sperrvermerk 259, 266
Haushaltsvollzug 266
Hoheitsrechte
- Übertragung 54, 58, 538
Homogenitätsprinzip 712

Inkompatibilität 761 ff.
Instanzenzug 812, 820

Kabinett s. Bundesregierung
Karenzzeit 581, 619
Kernkompetenz 556 ff.
Kirchen 90, 94, 159
»Klarstellungsklausel« 1036 f.
Koalitionen 72, 120
Koalitionsparteien 435
Koalitionsregierung 435
Königsteiner Abkommen s. Bundesrat
Körperschaften
- bundesunmittelbare 664, 913, 999
- des öffentlichen Rechts 8, 11, 666, 913
- s. a. Bundesverwaltung; Verwaltung, bundeseigene
Kommission, Europäische 51, 330 f., 334, 412 ff., 473 f., 686, 772, 801, 803, 973, 976 f., 982, 1015 f., 1137
- Kontrolle 412
- Organisation 473 f., 1137
- Wahl 330 f., 474
- Zuständigkeiten 473, 686, 803, 973, 976 f., 982, 1015
Kommunalwahlen 156, 194
Kommunalwahlrecht 59
Kompetenzkontrollverfahren 577 f., 587, 928
Kompetenztitel s. Gesetzgebungszuständigkeit
Konstitutionalismus 477, 482, 930 f.
Kriminalität, internationale 57
Kulturabkommen 1078, 1086

Landesregierung 337 ff., 424, 630 ff., 790, 793, 898, 908 f., 1045
Landesverfassungen 132 ff.
Landeswahlausschuss 147
Landtagswahlen 142, 144 ff., 155, 194
Legislative 761, 763, 789, 811, 1038, 1110
Legislaturperiode 280 f., 287, 879
lex posterior 542, 581, 619, 727
Lindauer Abkommen 1089 f.
Lissabon-Urteil 39, 43, 58, 242 a
Lissabon, Vertrag von 49 f., 52, 55, 57 a ff., 135 f., 242 f., 330 ff., 414, 473 f., 528, 606, 746, 772 f., 805 f., 869, 986 a, 1137 f.
Listen-
- anwartschaft 79 ff., 194
- privileg 82, 107, 155 f.
- verbindung 95, 104
- vorschlag 89
- wahl 82
- s. a. Wahlrecht

Maastricht-Vertrag 46 f., 55, 58
Mandat
- freies 195, 291 f., 294, 343
- parteigebundenes 291
Mandatsverlust
- Parteiausschluss 295
- Parteiaustritt 295
- Parteiverbot 194 f.
- bei Wahlprüfung 122
Mehrheitswahlrecht 21, 64 ff., 96, 120
- absolutes 63
- relatives 63, 68, 113

Meinung, öffentliche 158
Menschenrechte 186, 772, 869, 1052, 1075, 1155
Minderheit, nationale 110, 142
Ministeranklage 1054
Mischverwaltung 669 ff., 672
- Verbot der 669 ff.
Misstrauensvotum, konstruktives 220, 285 ff., 451 ff., 466, 503
Modellgesetzgebung 582
Montanunion 44, 46

NATO
- Bündnisfall 243, 1153
- und Bundestag 243 f.
- und Vereinte Nationen 242
Negatives Stimmgewicht 121 a
Nordatlantik-Vertrag 241, 1150 ff.
Normenkontrolle, abstrakte 576 f., 721, 813, 902, 905 f., 908, 916, 918 ff., 936, 943, 946, 981, 986, 1044
- Antragsberechtigung 908 ff.
- Entscheidung 921 ff.
- Kompetenzkontrollverfahren 575, 928
- Prüfungsgegenstand 912 ff.
- Rechtsnatur 905
- Rechtsschutzbedürfnis 920
- Vertragsgesetz 1122
Normenkontrolle, konkrete 813, 930 ff., 986, 1044
- Entscheidung 946
- Entscheidungserheblichkeit 942 ff.
- Normprüfungskompetenz, richterliche 930
- Prüfungsrecht, richterliches s. dort
- Vorlagepflicht 937 ff.
Normenkontrolle, vorbeugende 916 f.
- Verträge, völkerrechtliche 917
Normenkontrollverfahren 277, 826 f., 875, 909 f., 922, 928, 930, 935
Normenpyramide 779
Notar 499
Notstandsrecht 1021

Opposition 186, 215, 224, 276 f., 762, 910 f., 1024, 1096
Option, supranationale 1075, 1144
Ordnung
- bundesstaatliche 533, 709, 711, 1037, 1087
- extra-konstitutionelle 1027
- politische 1020, 1027
- praeter-konstitutionelle 1028
- sozialstaatliche 1005
- verfassungsmäßige 712 f., 1050
Organisationen
- internationale 1142 f., 1145
- supranationale 48, 54, 59, 1150
- zwischenstaatliche 48
Organstreitverfahren 875, 880 ff., 890, 897, 899, 902, 906, 980, 983
- Antragsbefugnis 887
- durch Abgeordnete 313
- durch Organteile 881, 892
- durch politische Parteien 169 f., 886
- Entscheidung 894
- Parteifähigkeit 846, 881 ff., 908
- Prozessstandschaft 886, 891 f.
- Verfahren, kontradiktorisches 880
Organwalter 15, 760

Parlament
- europäisches s. Union, Europäische; Europaparlament
- Funktionen 200, 250
- Funktionsverlust 265
- »Verbeamtung« des Parlaments 252
- s. a. Bundestag
Parlamentarischer Rat 37
Parlamentarismus 250 f., 316, 482, 916, 1038, 1040
Parlamentsbeschlüsse, schlichte 218 ff., 221, 286, 466, 595
Parlamentsgesetz 786, 790, 799 f.
Parlamentsvorbehalt 244 f., 445, 447, 768
Parteien 143 ff.
- Ämterpatronage 157
- Auflösung 193
- Aufstellungsverfahren für Kandidaten u. Vertreter 123, 151
- Ausschluss 79, 83 f.
- Austritt 82
- Begriff 143 ff.
- Chancengleichheit 162 f., 165 ff., 168, 171, 186
- Demokratie, innerparteiliche 150
- Einziehung des Vermögens 193
- Finanzierung, staatliche 173 ff., 1051
- Gründung 147 f.
- in der Europäischen Union 197
- Institution, verfassungsrechtliche 154
- Instrumentalisierung des Staates 158
- Listenprivileg s. dort
- Ordnung, innere 149 f.
- Organstreitverfahren 169 ff., 886
- Rechenschaftsbericht 179 ff.
- Sanktionen 181
- Transparenzgebot 179
- Verbot s. Parteiverbot
- Verfassungsbeschwerde 170, 886
- verfassungsfeindliche 189, 1046, 1051 f.
- Verfassungswidrigkeit 185, 189 ff., 1046
- Verhältnis zum Staat 153 ff.
- Wahlfehler 123, 151
- Wahlverfahren, innerparteiliches 123
- Willensbildung 123, 150 f.
- Zugang zu öffentlichen Einrichtungen 164, 166 ff.
Parteienfinanzierung s. a. Parteien
- Basisfinanzierung 174

- Festsetzungsverfahren 179
- Gesamtvolumen 174
- Globalzuschüsse 175
- Grundsätze 174 ff.
- Mitgliedsbeiträge 174, 176, 182 f.
- mittelbare 173, 182
- Neuordnung 176
- Obergrenze, absolute 174, 177 f.
- Sockelbetrag 175
- Spenden 174, 176, 182 f.
- Stimmenkonto 175
- Teilfinanzierung 174
- unmittelbare 173, 174 ff.
- Wahlerfolg 175
- Wahlkampfkostenerstattung 173
Parteienprivileg 192, 1047, 1052
Parteienstaat 158, 291, 294, 323, 886
Parteiensystem 64 f., 72, 101, 120, 161
Parteispenden
- steuerliche Begünstigung 173, 182 f.
Parteiverbot 194, 195, 1065 ff.
- konstitutive Wirkung 192 f.
- Verfahren 188 ff.
- Vollzug 193
Person, juristische 9 ff., 666
- des öffentlichen Rechts 11, 14 ff., 665, 673, 951
- des privaten Rechts 10, 14, 148, 951
Personenverband 7 f.
Plebiszite 131 f., 134, 135, 423
Politikwissenschaft 2
Popularklage 818
Positivismus 729
Posterioritätsregel 542, 581, 619, 727
Privatisierung
- Bundesbahn 683
- Bundespost 683
Privatrecht 18
- Flucht in das 679 ff.
Prüfungsrecht, richterliches 770, 813, 930, 935 f.

Quorum 85, 89, 130, 854

Rathausparteien 144
Ratifikation s. Vertrag, völkerrechtlicher
Rechtsanwendungsrecht 618 f.
- s. a. Ausführungen der Gesetze, Verwaltungsverfahren
Rechtsetzung 756, 765, 916
- s. a. Gesetzgebung
Rechtsprechung 534, 537, 627 f., 757 f., 760, 763, 769 f., 777, 812, 845, 952
Rechtsschutzeffektivität 820 ff.
Rechtsstaat 712, 750, 809, 989 ff., 998, 1011, 1033, 1037, 1043, 1069
Rechtsstaatsbegriff 750
Rechtsstaatsprinzip 749, 751 f., 865, 992, 1042, 1045
Rechtsverordnung 349, 395, 397, 468, 788, 792 f., 839, 913
- Bestimmtheit der Ermächtigung 790 f., 794
- Föderativverordnung s. dort
- Verkehrsverordnung s. dort
- Zustimmungsbedürftigkeit s. dort
Rechtsweg 813, 816, 820 f., 949 ff., 958 ff.
Rechtsweggarantie 809, 811, 817 f., 820 ff., 937, 949, 1011, 1022
Regierung s. Bundesregierung
Regierungssystem 66, 125, 350, 420, 477
- konstitutionelles 477, 480, 531
- parlamentarisches 200, 216, 284, 287, 417, 477, 482, 492, 496, 499 f., 516, 522, 769, 789, 799, 1054
- präsidentielles 477
- Weimarer Republik 480
Regierungschef 66, 420, 437 f., 443, 484, 492
- s. a. Bundeskanzler
Regierungsvorlagen
- »erster Durchgang« 225
- Stellungnahme des Bundesrates 225 f.
Regierungswechsel 72
Reichsexekution 729
Reichskanzler 420, 427, 479
Reichspräsident 130, 420, 478 ff., 527
Reichsrat 337, 1033
Reichsregierung 1033, 1040
Reichstag 92, 130, 337, 420, 466, 479, 481, 1031, 1033, 1040, 1048
Repräsentation 246 ff., 343
Repräsentationsprinzip 134
Republik 714
Ressort s. Bundesminister
Reststimmen 112
Richter
- am Bundesverfassungsgericht s. Bundesverfassungsrichter
- gesetzlicher 837 ff.
Richter, Unabhängigkeit der 695, 825 f., 828, 837, 858 f., 1055
- und Geschäftsverteilungsplan 834
- persönliche 832
- und Rechtsgebundenheit 825 f.
- sachliche 824, 832
Richteranklage 1055 ff.
Richterdienstgerichte 1055
Richterauswahlausschuss 490, 853

Souveränität, staatliche 35, 1074
Sozialfonds, Europäischer 1015 f.
Sozialgerichtsbarkeit 693
Sozialstaat 755, 919, 990 f., 997, 999, 1002 f., 1006, 1010 ff., 1043
Sozialstaatlichkeit 992
Sozialstaatsprinzip 989, 992, 995 ff., 999, 1003 ff., 1012 f., 1042
Sozialversicherung 999, 1006, 1009

Sperrklausel 72, 95, 100 ff., 104, 106, 110, 167, 273, 274 f.
Sperrwirkung 558 ff.
- sachliche 561 ff.
- zeitliche 559 f.
Staat 1 ff.
- als Gebietskörperschaft 11, 15
- als juristische Person 9 ff.
- als Völkerrechtssubjekt 5, 484
Staaten, auswärtige 1077, 1081, 1094, 1097, 1102
Staatenbund 531
Staatenverbund 43, 58 f., 242, 412, 412, 528, 604, 746
Staatsbegriff 1 ff.
Staatsfunktionen 755, 759 f., 765 ff., 867, 1077
Staatsgebiet 5
Staatsgewalt 5, 127 f., 477, 536 f., 760, 767, 1008, 1143
Staatshaftung 222, 543, 547, 722, 725
Staatslehre 2 f.
Staatsoberhaupt 477, 482, 484 f., 489, 491, 496, 511, 714
- s. a. Bundespräsident, Reichspräsident
Staatsorgane 17, 19, 125, 205, 218, 846, 848 f.
- oberste 15, 19 f., 21 f., 154, 339, 417, 848
Staatsphilosophie 4
Staatsqualität
- der Europäischen Union 43, 58 f.
Staatsrecht 17 ff.
- konstitutionelles 930
Staatsschutz 701
Staatsverträge 128, 1100 f., 1103
- Mitwirkung des Bundesrates 1103, 1112
- Transformation 1100, 1107
- Unterzeichnung 1104
- Zustimmung des Bundestages 1103, 1106 ff.
Staatsvolk 5
Staatszielbestimmungen 43, 783, 994, 997
Steuer
- Bundes- 638
- Einkommen- 481, 638
- Gemeinschafts- 638
- Körperschafts- 638
- Umsatz- 638
Steueraufkommen 996
Steuergeheimnis 211, 216
Stimmabgabe 86 f., 91 f., 119, 121
Stimmenkonto 175
Stimmensplitting 115, 119, 121
Streitkräfte 33, 462, 482, 732, 1148 f., 1150
Systemparteien 1048
Systemverschiebung 371 f., 376
System kollektiver Sicherheit 1148

Überhangmandat 105, 112, 115 ff., 121, 273, 517
Unabhängigkeit, richterliche s. Richter
Ungleichbehandlung 161, 162 f.
Union, Europäische 43, 46 ff., 221, 242 f., 267, 333 f., 407, 412, 414, 473, 528, 538, 604, 705, 746, 772 f., 806, 842, 1070, 1137
- Amsterdamer Vertrag 46
- Asylpolitik 57
- Aufenthaltsrecht 59
- Ausschuss für Angelegenheiten der 267
- Außen- und Sicherheitspolitik 47, 56, 1137 f.
- auswärtige Beziehungen 1135 ff.
- Binnenmarkt 55, 683, 1016
- Einwanderungspolitik 57
- Europäische Gemeinschaft 46 ff.
- Grundlagen der 55 ff.
- Haushalt 332
- Justiz und Inneres 47, 57
- Kommunalwahlrecht 59
- Kompetenz-Kompetenz 604
- Lissabon, Vertrag von 57 a ff., 135 f., 242 f., 329 ff., 414, 474, 528, 604, 746, 773, 805, 986 a, 1015, 1138 a
- Maastricht-Vertrag 46 f., 55, 58
- Mitwirkung des Bundesrates 407 ff., 538
- Mitwirkung des Bundestages 221, 242, 267, 407, 538
- Organe 51, 412 f., 538, 801, 868, 978, 980, 1135
- Rat 412 ff., 465, 977, 982, 1137
- Rechtsetzungsakte 409, 538, 801 ff.
- Rechtsetzungskompetenzen 51 f., 242, 407, 601 f.
- Rechtsschutz 842
- Säulen der 47, 57
- Sozialpolitik 1015 f.
- Staatenverbund 43, 58 f., 242, 412, 412, 528, 604, 746
- als Staatsziel 43
- Unionsbürgerschaft 59, 138
- unionsrechtliche Funktionsordnung 772
- Unionstreue 746
- Vertrag über die 46 f.
- Wirtschafts- und Währungsunion 55
Unionsrecht
- Beschluss 805
- Grundsatz der Subsidiarität 604
- primäres 50, 687, 801, 868, 978, 1135
- Prinzip der begrenzten Einzelermächtigung 604, 686, 801
- Richtlinie 688, 804, 981
- sekundäres 51 f., 802 ff.
- Transformation 54
- Verordnung 803
- Vollzug 686 ff.
- Vorrang 53 f.
Untersuchungsausschüsse 212 ff., 769
- Akteneinsicht 216
- Einsetzung 212
- Organstreitverfahren 882
UNO s. Vereinte Nationen

Verantwortung, politische 465
Vereine
- eingetragene 148
- nichtrechtsfähige 148
Vereinigungen
- Verbot 1067 f.
- verfassungswidrige 192
Vereinte Nationen 5, 1146 ff., 1151
- Aktionen, militärische 1148
- Charta der 1149
- Einsatz deutscher Streitkräfte 1148
- NATO 1151
- System kollektiver Sicherheit 1148
Verfassung 26 ff., 781 ff.
- Abänderbarkeit, erschwerte 1023, 899 ff., 1038
- Bestand, änderungsfester 1023
- Bestandsgarantie 39, 1041, 1044
- bewegliche 1026
- bundesstaatliche 709, 711
- flexible 1028
- Identität 58
- konstitutionelle 1054
- neue 37, 40
- Schutz der 1021
- starre 1026
- Vorrang der 795 ff., 1038
Verfassungsänderung 28, 62, 131, 186, 354, 358, 498, 531, 592, 597, 710, 712, 714, 739, 796, 876, 1028, 1034, 1036, 1043
- ausdrückliche 1032
- Grenzen 1037 ff., 1041
- Mehrheit 1024, 1034
- Voraussetzungen 1026 f.
Verfassungsbegriff, formaler 1038
Verfassungsbeschwerde 813, 875, 949 ff., 1044
- Annahmeverfahren 950, 962 ff.
- Beschwerdebefugnis 954 ff.
- durch politische Parteien 170 f., 886
- Frist 967
- Rechtssatz- 955
- Rechtswegerschöpfung 958
- Vorprüfung 950, 962
Verfassungsdurchbrechung 498, 1023, 1032, 1034
Verfassungsgebot 1032
Verfassungsgerichtsbarkeit 860, 901, 1124
- s. a. Bundesverfassungsgericht
Verfassungsneuschöpfung 40
Verfassungsordnung 186
Verfassungsorgan 225, 265, 279 f., 523, 861, 1069
- Begriff 846 ff.
- Bundesverfassungsgericht 846 ff.
- oberstes 846 ff.
Verfassungsrecht 21, 50, 153 f., 230, 861 f.
Verfassungsrevision 39 f., 539, 574 f.
Verfassungsschutz 650, 1059, 1069
- Ämter für 1051
- Bundesamt für 1059 f.
- präventiver 1069
- strafrechtlicher 1069
Verfassungssystem 173
Verfassungstypen 1027
Verfassungsumsturz 1039
Verhältniswahlrecht 21, 63, 70 ff., 90, 96 f., 106, 114, 117, 121
- personalisiertes 106, 120
Verkehrsverordnungen 399, 400, 792
Vermittlungsausschuss 222, 271, 382 ff., 395, 469
Vermittlungsverfahren 283, 326, 349, 382 ff., 395
- bei Einspruchsgesetzen 382, 384 f., 985, 1115
- bei Zustimmungsgesetzen 388
Verteidigungsfall 462, 700
Vertrag, völkerrechtlicher 1079 f., 1095, 1118, 1142
- Abschlusskompetenz 1079 f., 1085 ff., 1093, 1097 ff.
- Bundesstaatsklausel 1086, 1090
- Einverständnis der Länder 1089 f.
- Inkrafttreten 485, 1122
- Konkordate 1095
- Kontrolle, inhaltliche 1126
- Normenkontrolle, abstrakte 917, 1122
- Ratifikation 485, 1104 f., 1116, 1124 f.
- Staatsverträge s. dort
- Transformation 1079, 1100, 1102, 1107, 1118, 1122, 1142
- Transformationskompetenz 1083, 1085 f., 1088, 1091
- Verfahren, einphasiges 1104
- Verfahren, mehrphasiges 1104
- Verwaltungsabkommen s. dort
- Zustimmung des Bundesrates 1089
Vertragsgesetz 917, 1036, 1109, 1112 ff., 1116 ff.
Vertrauensfrage 220, 285, 288, 442 ff., 503 ff.
- Auflösungslage, formelle 505 ff.
- Auflösungslage, materielle 505 ff.
Vertretungsbefugnis, völkerrechtliche
- des Außenministers 484
- des Bundeskanzlers 484
- des Bundespräsidenten 484 ff., 491, 502, 523 f., 1097
Verurteilung, strafgerichtliche 74 f.
Verwaltung 609 ff., 757, 765, 788, 800
- Auftrags- s. dort
- Bundes- s. dort
- Finanz- 638, 653 f., 670
- gesetzesakzessorische 675, 681
- Gesetzmäßigkeit der 186, 798
- Landes- 612 ff., 646 f.
- Misch- s. dort
Verwaltung, bundeseigene 646 ff., 685
- auswärtiger Dienst 1097
- Bundesoberbehörden 651, 659 ff., 665, 667, 677, 1059
- mit eigenem Verwaltungsunterbau 651, 653 ff., 677, 1097
- s. a. Bundesverwaltung

Verwaltungsabkommen 1100, 1118 f.
- Regierungsabkommen 1100 f., 1119 f.
- Ressortabkommen 1100, 1119 f.
- Transformation 1100, 1118
- Zustimmung des Bundesrates 1118 f.
Verwaltungsaufbau 609 ff.
Verwaltungsgerichtsbarkeit 693 f.
Verwaltungsrecht 18 f.
Verwaltungsrechtsweg 171, 950, 955, 958
Verwaltungstypen 610 ff., 648, 651, 664
Verwaltungsverfahren 355, 359, 366, 369 ff., 374 f., 616 f., 622, 640, 758
Verwaltungsvorschriften 402 ff., 469, 623 ff., 640, 799 f., 1119
- der Bundesregierung 624 f., 640, 648, 666
- Zustimmung des Bundesrates 404, 624 f., 640
Völkerrecht 5, 917, 1075, 1097
- und nationales Recht 1079 f.
Volksabstimmung 125, 131, 479, 1026
Volksbefragung 124 ff., 133, 544, 896, 900
Volksbegehren 125 f., 129 ff.
Volksentscheid 125 f., 128 ff.
Volkssouveränität 62, 186
Vollkompetenz 555, 580 f.
Vorbehalt des Gesetzes 400, 676, 799 f., 997, 1011 f., 1061
- Totalvorbehalt 799

Wahl-
- berechtigte 68, 174
- beteiligung 175 f.
- empfehlungen 94
- gebiet 63, 68, 102, 174
- kampf 93, 152, 174
- kreise 63, 68, 98, 113 ff., 121 a, 160, 194, 274
- propaganda 93
- Ungültigkeitserklärung 122 f.
- vorbereitungen 88
- vorgang 88
- s. a. Wahlrecht, Wahlrechtsgrundsätze, Wahlsystem
Wahlausschuss 201 f., 853 f.
Wahlfehler 122 f., 151
Wahlkampfkostenerstattung s. a. Parteienfinanzierung 174 f.
Wahlkreis 121 a, 174
Wahlkreisgeometrie 98
Wahlmännergremium 80 f.
Wahlprüfung 122
Wahlprüfungsrecht
- materielles 122
- prozedurales 122
Wahlprüfungsverfahren 151
Wahlrecht 66 f., 73, 75 ff., 100
- aktives 75
- Auslandsdeutsche 77
- Ausschluss vom 75
- s. a. Mehrheitswahlrecht, Verhältniswahlrecht, Wahlsystem, Wahlrechtsgrundsätze
Wahlrechtsgrundsätze 21, 73 ff., 98, 139, 884
- Allgemeinheit 73, 75 ff.
- Freiheit 73, 90 ff.
- Geheimheit 73, 85 ff.
- Gleichheit 73, 96 ff., 121 a, 161 f.
- Unmittelbarkeit 73, 79 ff.
Wahlrechtsvertrag 102
Wahlsystem 21, 63 ff., 73, 106 ff., 119 ff.
Wahlverfahren
- innerparteiliches 123
Wehrbeauftragter, Wahl 201
Weimarer Epoche 1023, 1032, 1048
Weimarer Republik 64, 466, 480, 531, 1048
Wesentlichkeitstheorie 768, 800
Wiederholungswahl (bei Parteiverbot) 194
Willensbildung
- demokratische 134
- parteiinterne 151
- politische 143, 145
Willkürverbot 161
Wirtschaftsgemeinschaft, Europäische 44, 46

Zählwert (der Wählerstimme) 96, 100
Zentralbank, Europäische 55, 977, 982
Zentralstaat 23, 535, 550, 659, 709, 711
Zölle 654
Zurechnungssubjekt, rechtsfähiges 10
Zustimmungsbedürftigkeit
- Aufspaltung von Gesetzen 378 ff.
- Gesetze 350, 352 ff., 361, 363, 368 ff., 378 ff., 919 ff., 1112
- Rechtsverordnungen 397 ff., 792 f., 1119
- Verwaltungsvorschriften 404, 624 f., 640
Zustimmungsgesetz 350 ff., 369 f., 378, 388 f., 394, 400, 652, 1115
Zustimmungsvermutung 543 ff., 583, 597, 614, 681
Zweitstimme 95, 103 ff., 108, 110 ff., 114 f., 117, 119, 121, 174, 273 ff.